JN412253

성서와 고사성어가 소통하다

한경석 지음

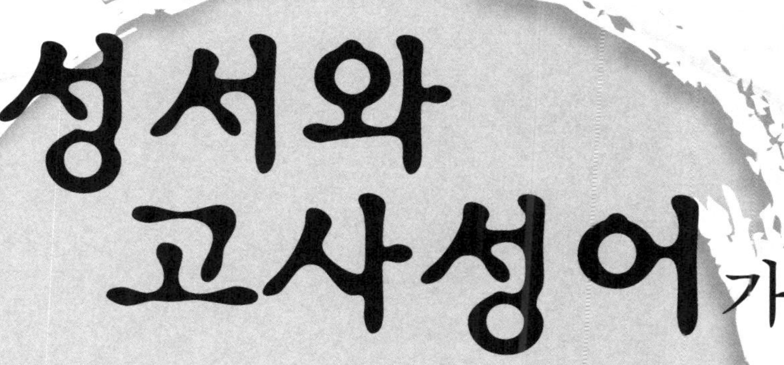

성서와 고사성어가 소·통·하·다

한경석 지음

동양 고전에 담긴 이야기들이 성경을 만나 꽃을 피우다

들소리

| 추천의 글 |

저자와 나는 대학 동기 동창으로 40년 지기知己이다. 그는 다양한 학문의 폭을 넓혀왔고, 후진 양성을 위해서 오랫동안 교수로 수고를 했으며, 영적 지도자로서 교회를 섬기고 있는 분이다.

틈틈이 써오던 고사성어故事成語에 나타난 유래와 의미를 성서와 접목시켜 지적으로나 영적으로 깊은 감동을 주고 있어 기쁘게 생각해 왔는데, 이것을 책으로 발간하게 됐다니 의미가 크다 할 수 있다.

세계적인 지식인이나 관료들은 공석이나 사석에서 고사성어를 즐겨 사용하고 있다. 수천 년 동안의 중국 역사 속에서 탄생한 고사성어를 사용하니 말의 뜻이 깊고 더 풍성해진다. 또 상황에 맞는 고사성어는 말하는 사람의 의중을 함축하기 때문에 표현도 고상해질 뿐더러 듣는 사람들에게 깊은 인상을 주게 되고, 그 유래와 의미를 살피다보면 현대를 살아가는 이들에게 강한 메시지를 전해주기도 한다.

우리나라 말의 어휘 중 70%가 한자어에 기초를 두고 있는 상황에서 한자 학습은 필수적인 교육 과정이다. 특히 우리나라는 중국과 오랜 역사적 경험을 공유해왔고, 앞으로도 다양한 분야에서 함께 해야 하는 현실에 직면해 있다. 중국인들의 생각과 사유 방식을 이해할 또 한 부분의 중요성을 이 책을 통해서 만나게 될 것이다.

특히 이 책은 고사성어와 성서聖書를 만나게 함으로 상호 진리의 꽃을 피우게 하니 더 없이 귀한 책이라 생각하여 적극 추천한다.

2014년 5월 29일

성결대학교 총장 주 삼 식

| 머리말 |

우리나라는 오랫동안 한자漢子 문화권에서 살아왔기 때문에 알게 모르게 우리의 일상은 한자의 정신이 스며들어 있다. 한자어는 어휘를 풍부하게 구사하는 능력이 있게 했고, 지식과 인격의 깊이를 알게 했다. 고사성어는 유래에 얽힌 이야기를 통해 역사에 대한 이해를 높일 수 있고, 얽힌 사건에 담긴 교훈적인 내용을 통해 많은 사람들에게 가치관 형성과 인성교육에 많은 도움을 얻을 수 있게 했다.

특히 고사성어는 동양권의 역사와 인간사에서 선인先人들의 사고思考가 형성된 주옥珠玉같은 명언들이 담겨 있기 때문에 아무리 세월이 흐르더라도 그 가치는 변함이 없을 것이다. 그래서 고사성어는 우리의 일상생활을 윤기 있게 하고 언어 표현을 풍부하게 해 주는 언어의 보물창고와 같다.

세계는 고사성어 열풍이 불고 있다. 고사성어에 나타난 유래는 정치, 경제, 문학, 국방, 교육, 언론 등 여러 분야에서 교과서나 교훈처럼 빠짐없이 사용되고 있다. 특히 세계적으로 유명한 관료들이나 지식인들이 연설을 할 때나 글을 쓸 재 빠짐없이 사용하고 있으며 심지어 교회 강단에서 목회자들의 설교를 깊이 있게 했다.

이 책은 「성서와 고사성어가 소통하다」는 제목처럼 영감靈感으로 된 하나님의 말씀과 선인들의 고사성어가 만나게 되니 상호 꽃을 피우게 될 것이다.

이 책을 출간할 수 있도록 자료들을 제공해 주신 국어학자이자 나의 형님이신 한광석 선생님, 들소리 양승록 국장님께 감사드린다. 그리고 사랑하는 가족들에게 책으로 사랑을 전한다.

2014년 5월 29일

저자 한 경 석

차 례

part 2.

part 1

가담항설 ~ 득룡망촉

청렴清廉이란 말은 성품性品이 고결高潔하고 탐욕貪慾이 없다는 말이다. 그러나 문제는 '누가 청렴하다고 인정하며, 청렴하다는 기준을 어디에다 두느냐'는 것이다.

조선시대 황희 정승을 청렴한 대표적 인물로 꼽고 있지만 성경에서는 소년시절에 바벨론에 포로로 잡혀가서 정치인으로 성장한 인물, 다니엘이다.

낭중지추라는 고사성어는 주머니 속에 든 송곳이란 뜻으로 재주가 뛰어난 사람은 스스로 두각을 나타내게 된다는 의미이다.

가담항설(街談巷說)

근거 없이 떠도는 말

街 거리 가
談 말씀 담
巷 거리 항
說 말씀 설

가街는 도시 중심의 번화가, 담談은 이야기, 항巷은 골목의 거리, 설說은 말씀이라는 글자가 각각 결합한 것으로, 가담街談이나 항설街談 모두 거리에서 주고받는 말이나 이야기로서 근거 없이 떠도는 말들을 뜻한다.

베드로전서 3:10
그러므로 생명을 사랑하고 좋은 날 보기를 원하는 자는 혀를 금하여 악한 말을 그치며 그 입술로 거짓을 말하지 말고 악에서 떠나 선을 행하고 화평을 구하며 그것을 따르라.

조자건曹子建은 삼국지三國志에 등장한 조조曹操의 셋째 아들로서 어린 시절부터 시문時文에 능했고 성품이 곧고 강직하여 조조가 총애하여 조자건曹子建을 태자로 책봉冊封하려고 했던 일로 형兄 조비曹丕 즉위 후에 미움을 받아 괴로운 나날을 보내다 병을 앓아 요절한 비운의 인물이다. 그는 일반인들의 우아하지 못한 노래도 쓸모가 있다면서 길거리에 떠도는 말도 반드시 가려서 들을 만하니 수레 끌채를 두드리며 부르는 노래나 보통사람의 생각도 가볍게 여겨서는 안 된다고 했다.

가담항설은 임금이 민간의 풍속風俗을 살피기 위한 좋은 자료가 되기 때문에 하급관리인 패관稗官에게 이것을 채집採集하여 기록하게 했다. 이를 패관문학稗官文學:패관들이 민간에서 수집한 이야기에 내용을 더하거나 빼거나 하여 새로운 형태로 발달시킨 문학이라고 부르기도 했는데 일부에서는 패관소설稗官小說이라고 폄하貶下하기도 했다. 하지만 이것이 꼭 뜬소문만은 아니었다. 가담항설이 현실로 이어지는 일이 종종 있기 때문이다. '아니 땐 굴뚝에 연기가 나랴'라는 속담처럼….

오늘날 인터넷에 떠돌고 있는 네티즌들의 글을 수집 정리하여 정부 관리나 정치인들, 그리고 모든 사람들이 나라의 발전과 소속된 단체를 위해서 좋은 자료로 인용한다면 더 없이 좋을 것이지만, 진정 애국애족의 마음으로 외치는 진언眞言을 외면한다면 무슨 소망이 있겠는가! 진언을 외면할 때 비어非語가 활개 치는 것은 당연한 현상이라고 할 수 있다. 그래서 이 세상은 유비통신유언비어 통신이 난무해 사회가 혼란해지고, 개인의 인격과 신변에 심각한 타격을 가하는 경우가 많다.

2012년 8월 태풍 '볼라 벤'이 불어 올 때, 기상청 홈페이지에 1시간에 12만9천583명이 접속해 접속자 수가 사상 최고기록을 경신했다고 한다. 그 이유는 트위터와 휴대전화 문자를 중심으로 태풍과 관련해 과도한 불안감을 조성하는 유언비어가 퍼졌기 때문이다. 내용은 '볼라벤의 방향이 한반도로 향하여 한반도 전체가 헬 게이트hell gate:지옥의 문 지역이 됐다', '기상청은 바깥에 나가면 자살행위일 것이라고 예상하고 있다'는 등의 유언비어가 확산되면서 양초와 손전등, 라면 등 생필품 사재기가 일어났고, 시민들을 두려움에 떨게 하였다.

야고보 사도는 혀는 큰 배를 움직이게 하는 키와 같은 것이며, 작은 지체지만 곧 불이요 온 몸을 더럽히는 것이고, 삶의 수레바퀴를 불사르는 것이라며 이 불은 지옥 불에서 난다약 3:4~6고 했다. 또한 사도 베드로도 "생명을 사랑하고 좋은 날 보기를 원하는 자는 혀를 금하여 악한 말을 그치며 그 입술로 궤휼을 말하지 말라" 벧전 3:10고 했으며, 사도 바울도 "누추함과 어리석은 말이나 희롱의 말이 마땅치 아니하니 돌이켜 감사하는 말을 하라"엡 5:4고 말씀하셨다.

우리의 입에서 누추한 불평과 원망 등의 부정적인 말이 나오지 않게 하고 감사하는 입술이 되라는 것이다. 불평은 또 다른 불평을 낳고, 감사는 또 다른 감사를 가져온다는 사실을 알아야 한다.

심리학자들의 말에 의하면 "감사합니다", "고맙습니다"라고 말하면 뇌의 왼쪽 부분이 활성화되어 스트레스가 완화되고 행복을 느끼게 되는데 이것은 '재설정reset' 버튼을 누르는 것과 같은 효과가 있다고 한다.

그러므로 하나님의 형상대로 지음 받아 좋은 날 보기를 원하는 우리는 천국언어天國言語인 감사와 찬송의 열매를 맺고 화평을 구하는 언어를 사용해야 할 것이다.

가렴주구(苛斂誅求)

세금을 가혹하게 거두어들임

苛 가혹할 가
斂 거둘 렴
誅 벨 주
求 구할 구

가렴苛斂은 '매웁게 거둔다', '주구誅求'는 '꾸짖어서 구함'이다. 즉 꾸짖어서 반드시 자기의 요구에 부응하게 하고자 하는 것이니, 결국 강압적으로 윽박지르고 꾸짖어서 세금을 거둔다는 말이다.

잠 1:13~16
우리가 온갖 보화를 얻으며 빼앗은 것으로 우리 집을 채우리니 너는 우리와 함께 제비를 뽑고 우리가 함께 전대 하나만 두자 할지라도 내 아들아 그들과 함께 길에 다니지 말라 네 발을 금하여 그 길을 밟지 말라 대저 그 발은 악으로 달려가며 피를 흘리는데 빠름이니라.

권력자들이 자신의 영욕을 채우기 위하여 행패를 부리면서 국민들로부터 세금을 가혹하게 거둘 때가 있었다. 고문진보古文眞寶에 유종원柳宗元의 포사자설捕蛇者說이라는 글에는 가렴주구로 인하여 고통 받는 백성의 모습이 잘 나타나 있다.

중국 영주에는 기이한 뱀이 나타났는데, 검은 색 바탕에 흰색 무늬였다. 뱀이 초목에 닿으면 초목이 말라 죽었고, 사람이 물리면 치료할 방법이 없이 죽어갔다. 이런 독뱀이지만 중풍이나 팔다리가 굽는 병, 악성종양 등을 치료하는 데 효과가 있었다고 한다. 그래서 왕은 이 뱀을 잡게 하고, 일 년에 두 마리를 바치는 사람에게는 세금을 감면해 주었다. 그래서인지 뱀을 잡기도 어려울 뿐더러 목숨을 걸고 잡아야 하는 위험 부담이 있었음에도 영주 사람들은 앞 다투어 뱀을 잡아들였다.

어느 날, 이 마을에 삼대에 걸쳐 이 일에 종사하고 있는 장 씨가 꽤나 슬퍼 보여서 그 까닭을 묻자 "제 조부와 부친이 뱀에 물려 죽었고, 저도 몇 번이나 죽을 뻔했지요."라고 대답한다. "그러면 차라리 세금을 내고 안전하게 살면 될 것이 아니요?"라고 말하니 "이전부터 뱀 잡는 일을 하지 않았다면 저는 아마 오래 전에 죽었을 것입니다. 우리 가문 삼대가 이곳에서 살았지만 생활이 나아지기는커녕 날로 궁핍해졌습니다. 먹고 살 길을 찾아 떠돌다가 굶주림과 추위, 그리고 전염병에 걸려서 지금은 열에 하나도 남아있지 않은 실정입니다. 또 나라에서 거둬가는 세금이 많아 혹독한 관리가 마을에 와서 소란을 피우면 마을 사람들은 물론 가축들까지 놀라 움츠리며 눈치를 보지만, 저는 일 년에 두 번 뱀을 바칠 때만 지나면 당분간 시달림을 받지 않는답니다. 대체로 일 년 중 죽음을 무릅쓰는 때는 두어 번이고, 나머지는 편히 지낼 수 있는 것이지요. 그러니 어찌 제가 이 일을 마다하겠습니까?"

여기서 유래된 고사성어가 가렴주구이다. 이와 유사한 고사성어가 있으니 가정맹어호苛政猛於虎다. 하루는 공자가 태산을 지나는데 한 부인이 무덤 앞에서 슬피 울고 있는 것이 아닌가? 그 사연은 시아버지와 남편 그리고 자식까지 호랑이에게 물려 죽었다는 것이다. 공자가 다른 곳으로 가면 되지 않겠느냐고 물으니 "여기에는 가혹한 정치가 없습니다."라고 대답하였다. 이 말을 들은 공자가 제자들에게 "너희들은 이것을 기억해 두어라. 가혹한 정치는 호랑이보다 더 무서운 것이다."라고 말했다고 해서 가정맹어호라는 고사성어가 유래된 것이다.

이스라엘의 역사 중에 부끄러운 역사를 꼽으라면 기원전 930

년 남 유대 왕국과 북 이스라엘 왕국으로 분열된 사건이다. 분열과 갈등의 역사에는 솔로몬의 아들 르호보암이 등장한다. 그는 마흔 살에 왕위에 등극했지만 이스라엘 민족을 비극의 운명 속으로 몰아넣은 비운의 왕이 된 것이다. 솔로몬이 죽자 그의 휘하에 있던 사람들이 몰려와서 "당신의 아버지 솔로몬 왕이 우리의 멍에를 무겁게 하였는데 당신이 우리의 고역과 메운 무거운 멍에를 가볍게 해주면 당신을 왕으로 섬기겠다"왕상 12:4고 했다. 그 말을 들은 르호보암이 솔로몬을 섬겼던 원로들에게 자문을 구하자 "왕이 백성을 섬기는 자세로 일하시고 백성들에게 좋은 말로 대답하면 그들이 영원히 당신을 왕으로 삼고 종이 될 것이다"라고 조언해 주었다. 하지만 르호보암은 그 말을 무시하고 함께 자란 젊은 사람들의 말을 듣고 "나는 부왕父王의 허리보다 굵으니 너의 멍에를 더 무겁게 하고, 전갈 채찍으로 너희를 징계하리라"고 하면서 무거운 세금을 부과함과 동시에 학정으로 백성들을 괴롭혔고, 벧엘과 단에 우상을 만들어 놓고 하나님께 죄를 범하게 되었다. 그 이후로 이스라엘의 분열과 갈등의 역사가 시작되었다.

우리나라는 5년마다 대통령을 세우는데 우리 기독교인들이 먼저 기도하면서 신중을 기해야 할 것이다. 대선 후보자들이 표를 의식해 공약을 세우고 막상 정책을 추진 할 때는 백성들에게 가혹한 정치가 될 때도 있다. 가혹한 정치란 대통령과 국회나 정부에만 있는 것이 아니라 각계각층에 정치가 있고 심지어 교계에도, 교회 내에서도 일어나고 있다. 이런 가혹한 정치가 있는 곳에는 탄식의 눈물이 있고, 하나님은 그 탄식을 들으시고 눈물을 보신다는 것을 기억하면서 과거사에서 나타나는 가혹정치의 결과를 반면교사로 삼아야 할 것이다.

각골난망(刻骨難忘)

은혜를 마음에 새겨 잊지 않음

刻 새길 각
骨 뼈 골
難 어려울 난
忘 잊을 망

각골刻骨은 뼈에 새가다, 난망難忘은 잊기 어려움이라는 뜻으로 남에게 입은 은혜를 뼈마음에 새겨 잊지 않음을 의미하는 말이다.

시편 18:1~2
나의 힘이 되신 여호와여 내가 주를 사랑하나이다. 여흐와는 나의 반석이시요 나의 요새시요 나를 건지시는 이시요 나의 하나님이시요 내가 그 안에 피할 바위시요 나의 방패시요 나의 구원의 뿔이시요 나의 산성이시리로다

중국 전국시대에 한나라의 국고 재정을 관리하는 벼슬아치가 있었다. 그런데 어느 날 관리하는 돈을 잃어버리고 말았다. 만약 이 돈을 배상하지 않으면 목숨으로 대신해야 하는 곤란에 빠져 그는 심히 고민했다. 이 사실을 알게 된 한 대감이 그를 호출했다. 평소에 엄하기가 짝이 없는 대감이기에 '이제는 죽었구나'고 벌벌 떨면서 대감에게 찾아가서 무릎을 꿇고 죽기를 기다리고 있었다. 그러나 뜻밖에도 대감은 측은히 여기면서 잃어버린 돈을 대신 갚아 주는 것이 아닌가. 목숨을 구하게 된 관리는 너무나 감사해서 "엄교후은 백골난망嚴教厚恩 白骨難忘입니다."라고 말한 데서 유래된 고사성어이다.

일생을 하나님께 대한 각골난망의 삶을 산 사람을 꼽으라면 다

윗일 것이다. 다윗은 한평생 찬양과 감사로 살면서 자신의 신앙을 이렇게 고백했다. "여호와 하나님이여 나는 누구이오며 내 집은 무엇이기에 나에게 이에 이르게 하셨나이까"대상 17:16. 다윗은 원래 베들레헴이라는 작은 마을, 이름 없는 집안에서 태어나서 날마다 양을 치면서 생계를 유지한 목자였다삼상 16:1. 그런 자신을 이스라엘의 왕으로 세워주셨으니 심히 영광스러웠을 것이다. 하나님이 세워주시지 않았다면 그는 산과 들에서 양을 치면서 때가 되면 양털을 깎으며 일생을 보냈을 것이다. 다윗은 늘 하나님 앞에서 '내가 어떤 과정을 통해 지금 이 자리까지 왔는가, 비천한 양치기 신분에서 존귀한 한 나라의 왕이 된 것은 전적으로 하나님의 은혜다'라고 생각했을 것이다.

어느 날 들녘에 나가 양을 돌보는데 아버지가 사람을 보내 급히 집에 들어오라는 소식을 듣고 아무 이유도 모른 채 집에 돌아왔고, 자기 의지와는 상관없이 일방적인 하나님의 은혜로 기름부음을 받게 되었다삼상 16:13. 곰곰이 생각해 보면서 모든 것이 주님의 인도하심이라는 뼈에 새겨진 은혜를 기억하면서 "주께서 주의 종에게 베푸신 영예에 대하여 이 다윗이 다시 무슨 말씀을 하오리이까 주께서는 주의 종을 아시나이다"대상 17:18라고 고백을 한 것이다. 다윗은 자신에게 베푸신 은혜를 생각할 때에각골난망 드릴 것은 '감사의 찬송'이었다. 그래서 다윗은 한 나라의 왕이지만 만물을 다스리시는 하나님의 뜻을 이 땅에 펼치시는 하나님께 쓰임받는 존귀한 왕이란 자긍심을 가지고 하늘 아버지의 시각으로 땅을 향해 정치를 하는 왕이 되었다.

다윗은 시편 18:1에서 "나의 힘이 되신 여호와여 내가 주를 사랑하나이다."라며 심중心中에 있는 사랑을 노래했고, "여호와는 나의 반석이시요 나의 요새시요 나를 건지시는 이시요 나의 하나님이시요 내가 그 안에 피할 바위시요 나의 방패시요 나의 구원의 뿔이시요 나의 산성이시리로다"시 18:2라고 고백했다.

이렇듯 하나님은 우리의 영과 육의 구원의 힘이 되심을 믿어야 한다. 우리는 죄인이다. 사람이 죄인인 이유는 아담의 후손으로 태어났기 때문이요, 또 스스로 죄를 범했기 때문이다. 그러므로 죄의 삯은 사망이란 말씀처럼 반드시 죽을 수밖에 없으며 죽음 후에는 반드시 심판대에 설 인생이다.

이 세상에서 죄를 해결하지 못하고 죽은 사람은 영원한 지옥에 떨어지게 되어 있다. 그래서 영혼의 구원이라는 말은 죄의 문제를 해결하는 것이며 지옥 갈 사람이 천국 가게 되는 것을 말한다. 죄가 해결 된 사람은 영혼의 구원을 받은 사람이다. 그래서 바울 사도는 "그러면 이제 우리가 그의 피로 말미암아 의롭다 하심을 받았으니 더욱 그로 말미암아 진노하심에서 구원을 받을 것이니"롬 5:9라고 말씀하면서 십자가의 은혜를 베푸신 예수님은 우리들의 구원에 힘이 되심을 밝히고 있다. 뿐만 아니라 하나님은 사울과 압살롬의 공격에서 피할 길을 주시고 이방나라의 공격에서 승리로 이끌어 주셨고, 죄악을 사하시고 질병을 치료해 주시는 치료와 용서의 하나님이시니시 103:2,3 어찌 하나님의 은혜를 생각하며 각골난망하지 않을 수 있겠는가?

각자위정(各自爲政)

저마다 자기 멋대로 행동한다

各 각각 각
自 스스로 자
爲 할 위
政 정사 정

각자위정이라는 고사성어는 사람이 저마다 자기 멋대로 행동한다는 말로, 전체의 조화나 타인과의 협력을 고려하지 않고 자기주장과 행동만을 내세우면 그 결과가 뻔하다는 뜻이다.

시편 133:1, 3
형제가 연합하여 동거함이 어찌 그리 선하고 아름다운고…, 거기서 여호와께서 복을 명령하셨나니 곧 영생이로다.

중국 춘추시대에 송宋나라 양공이 진晉나라 문공과 연합했다는 일로 송나라와 초楚나라의 사이가 멀어졌다. 초나라는 이미 정鄭나라와 동맹국으로 있던 터라 실력을 과시하기 위해 정나라에게 송나라를 치게 했다. 결전을 앞두고 송나라의 대장 화원華元은 군사들의 사기를 돋우기 위해 양고기를 특식으로 지급하여 먹게 했으나 마차를 모는 양짐羊斟에게는 양고기를 주지 않았다. 그 이유는 마차를 모는 사람은 실제적으로 전쟁과 관계가 없다고 여겼기 때문이었다.

드디어 접전이 시작되었고 화원은 양짐이 모는 마차 위에서 지휘를 하였지만 승패가 나지 않자 화원이 양짐에게 마차를 적의 병력이 허술한 오른쪽으로 돌리라고 명령했다. 그러나 양짐은 반대로 정나라 병력이 밀집해 있는 왼쪽으로 마차를 몰고 가는 것이다. 당황한 화원이 방향을 바꾸라고 소리치자 양짐은 "어제 양고기를 군사들에게 먹인 것은 장군의 판단에 따라 한 일이지만 오늘 이 일은 나의 생각대로 한 것입니다"라고 말을 하고 곧바로 정나라 군사가 모여 있는 곳으로 마차를 몰았다.

결국 화원은 정나라 군사에게 붙잡히고 말았고 송나라 군사는 전의를 잃고 패하여 250여명의 군사가 사로잡히고 사공司空 : 토지와 민사를 맡아보는 관원까지 포로가 되고 말았다. 정나라 군사는 모두 460량의 병거兵車를 포획하는 등 대승을 거두었는데, 송나라의 대패는 바로 양짐이 화원의 지휘에 따르지 않았기 때문이었다는 유래에서 나온 고사성어이다.

십자가를 앞에 두신 예수님은 "아버지께서 내 안에 내가 아버지 안에 있는 것 같이 그들도 다 하나가 되어 우리 안에 있게 하사…"요 17:21라고 기도하셨다. 이 기도에서 생각할 수 있는 것은 우리가 누구를 만나는 것도 중요하지만 만남을 통해서 하나 되는 것이 더 중요하다는 것이다. 귀한 만남이지만 하나가 되지 못한다면 '차라리 만나지 말았으면 좋았을걸' 하는 탄식이 나오기 마련이기 때문이다.

동질적同質的인 입장에서 행복과 기쁨은 하나되는 데 있고, 인간의 모든 불행과 비극은 나누어지는 데서 온다. 오늘날 우리 가정과 사회와 국가의 문제도 서로 나누어지는 데서 초래된다고 말할 수 있다. 부모와 자식이 갈라지고, 부부가, 형제가, 친구가, 교인이, 남북이 갈라짐으로 모든 비극이 초래된 것이다.

갈라짐은 곧 죄요 멸망이다. 그 이유는 인간의 존재가 본래 하나님으로부터 왔고, 인간의 피와 살을 서로 나눔으로부터 왔기 때문이다.

성 어거스틴은 "우리가 하나님에게로 가까이 갈수록 존재가 충만해지고 하나님에게서 멀어질수록 비존재가 된다."고 했다. 예수님께서도 저들이 "하나가 되게 하소서"라고 기도하셨다. 하나님과 우리가 하나가 될 때 구원이 이루어지고, 부부가 하나가 될 때 그 가정은 행복하고, 교회가 하나가 될 때 주님의 거룩한 의를 나타내며 세상 사람들이 빛 된 교회라 할 것이다. 교인들이 하나가 될 때 부흥되는 것은 물론이지만 하나님의 축복이 넘치게 될 것이다.

하나 되지 못하고 갈라지고 분리되고 헤어지게 되면 아픔과 고통과 불행이 따르기 마련이다. 우리가 하나를 이룰 때 마귀의 공격을 막을 수 있고 승리의 길로 나갈 수가 있다. 우리가 하나 된다면 미움, 이기심, 욕심도 없는 오직 사랑 안에서 천국의 삶을 영위해 나갈 수 있다.

"그는 우리의 화평和平이신지라 둘로 하나를 만드사 중간에 막힌 담을 허시고"엡 2:14라는 말씀처럼 예수님께서는 친히 화평이 되셔서 하나님과 우리 사이의 가로막힌 담을 허시기 위해서 십자가를 지신 것이다. "형제가 연합하여 동거함이 어찌 그리 선하고 아름다운고… 거기서 여호와께서 복을 명령하셨나니 곧 영생이로다."시 133:1,3 연합하는 것은 하나님께서 보시기에 선하고 아름다운 것이며 그 모습을 보신 하나님이 우리의 삶에 영육간의 복을 명하실 것이다.

각주구검(刻舟求劍)

시세의 변천을 모르는 어리석음

刻 새길 각
舟 배 주
求 구할 구
劍 칼 검

각주구검이라는 고사성어는 강물에 빠뜨린 칼을 찾기 위해 뱃전에 새긴다는 의미로, 시대의 변천을 모르고 어리석고 융통성이 없음을 말한다. 동의어는 각선구검刻船求劍인데, 주舟와 선船은 모두 '배'라는 뜻을 담고 있으므로 같은 의미이다.

야고보서 2:17, 22
이와 같이 행함이 없는 믿음은 그 자체가 죽은 것이라, 영혼 없는 몸이 죽은 것 같이 행함이 없는 믿음은 죽은 것이니라.

중국 전국시대 초楚나라에 한 사람이 배를 타고 양자강을 건너가다가 강 가운데쯤에서 허리에 찬 칼을 빠트리고 말았다. 그 모습을 본 사공은 순간적으로 강물 속에 손을 집어넣어 칼을 찾으려 했지만 혼탁한 물 때문에 도저히 찾을 수가 없었다. 그 모습을 본 사람들 중에 한 사람이 안타까워 하며 이렇게 말했다.

"앗! 어떻게 하죠? 지금 물속으로 들어가 찾아볼까요?"

그러자 칼을 빠뜨린 사람이 말하기를

"우선 강을 건너세. 그리고 나중에 찾도록 하지."

"나중에 어떻게 찾지요?"

"지금 칼을 빠뜨린 곳에 표시를 해두면 될 게 아닌가?"

"표시를 하다니요?"

그 말을 들은 그 사람은 갑자기 단검을 꺼내 뱃전에다가 표시를 하더니만 이렇게 말했다.

"내 칼은 이곳에서 떨어졌기 때문에 표시를 한 거네, 잠시 후 배가 도착하면 표시한 곳을 찾으면 될 것이니 걱정이 없잖은가?"

이윽고 배가 도착하자 칼 주인이 물로 내려 뱃전에 표시를 해 두었던 곳에서 칼을 찾으니 찾아질 리가 만무하였다. 사람들은 그 사람의 어리석고 미련함을 비웃었다. 여기서 유래된 고사성어가 각주구검이다. 시세는 강물처럼 흘러가는데 낡은 것만 고집하는 미련함과 어리석음을 비유적으로 이르는 말이다.

많은 사람들이 성공과 출세를 얻기 위해서 무던히 노력하지만 성취 후에 그것으로 만족한 사람은 거의 없다. 뭔가 2%가 부족함을 느끼며 공허한 마음을 갖게 된다. 그 이유는 성공과 출세에 대한 목표는 설정하고 노력했지만 성취 후의 목표를 설정하지 않았기 때문이다.

마태복음 19장 16절 이하에 그와 같은 한 사람을 만나게 된다. 이 사람에 대해서 마태는 청년마 19:20으로, 마가는 한 사람막 10:17으로, 누가는 관원눅 1:18이라고 소개하고 있어서 정확하게 어떤 사람이라고 말하기는 어렵지만 재물이 많고 괜찮은 직업을 갖고 있는 엘리트 청년이었다는 것은 분명하다. 이 청년은 예수님께 찾아와서 이렇게 질문을 하였다.

"선한 선생님이여 내가 무엇을 하여야 영생을 얻을 수 있으리이까?"

예수님은 지체 없이 말씀하셨다.

"네가 생명에 들어가려면 계명을 지켜라, 살인, 간음, 도둑질을 하지 말고, 부모를 공경하고 이웃을 네 몸과 같이 사랑하라."

그러자 청년은 그런 계명은 이미 다 지켰다고 말하고 있다.

문제는 이 청년은 예수님의 답변을 이해하지 못하는 어리석음이 있다. 이웃을 자신의 몸처럼 사랑하라는 말씀을 이해하지 못하고 있다. 사랑이라는 것은 입으로만 말하는 것이 아니요, 어느 가수가 불렀던 노래처럼 연필로 쓰는 것도 아닌데 이 청년은 희생과 헌신이 포함된 사랑을 이해하지 못하고 있다. 결국 희생과 헌신을 포함한 예수님의 요구에 슬픈 기색을 띠고 돌아가 버린 것이다.

이 청년은 다른 계명은 다 지켰다고 하지만 모든 계명의 첫 출발인 사랑이 없으면 소용 없다는 것을 알지 못한 것이다. 종은 울릴 때 종이고, 믿음은 역사가 나타날 때 믿음 되고, 사랑은 땀을 흘리는 수고와 헌신과 희생이 있을 때 사랑이 되는 것이다.

사랑은 모든 율법을 완전하게 하는 것이기에 하나님은 우리를 사랑하사 독생자를 십자가에 못 박게 하시기까지 사랑하신 것이다. 완전한 율법은 사랑이다. 완전한 사랑은 수고와 헌신과 희생임을 잊지 말아야 할 것이다.

간담초월(肝膽楚越)

보는 관점에 따라 다르다

肝 간 간
膽 쓸개 담
楚 모형 초
越 넘을 월

간담초월이라는 고사성어는 보는 관점에 따라서 간과 쓸개가 보인다는 뜻이다.

누가복음 6:37
비판하지 말라 그리하면 너희가 비판을 받지 않을 것이요 정죄하지 말라 그리하면 너희가 정죄를 받지 않을 것이요 용서하라 그리하면 너희가 용서를 받을 것이요.

춘추시대 노魯나라에 왕태王駘라는 사람은 형벌을 받아 발이 잘려 외발이었지만 덕망이 높아 문하생이 많았다. 이상하게 생각한 상계常季가 공자에게 이렇게 묻게 되었다.

"왕태는 죄를 지은 자인데도 불구하고 찾는 사람이 많고, 별로 가르치는 것이 없는데도 그를 찾는 사람은 반드시 흡족해서 돌아갑니다. 무언의 가르침이 있는 모양입니다. 몸은 비록 불구일지라도 덕이 넘치는 것을 보면 참으로 이상한 일입니다."

그러자 공자는 이렇게 말했다.

"그는 성인이라 한번 찾아가고 싶은데 아직 기회가 없었다. 나는 그를 스승으로 우러르고 싶을 정도이다. 노나라뿐만 아니라 천하를 이끌고 함께 따르고 싶을 만큼 존경하고 있다."

"그럼 그분은 도대체 어떻게 마음을 다스리는 것일까요?"

"그는 사생死生을 초월하고 있다. 비록 천지가 무너지더라도 함께 떨어지지 않을 정도이고, 물物과 도道와의 관계를 잘 알고 있으며, 물物과 함께 움직이지 않을 만큼 변화로부터도 초월해 있다. 게다가 자연의 변화에 순응하여 이에 거스르지 않고, 도道의 근본을 잘 지키고 있다."

"그것은 무슨 뜻입니까?"

"마음을 달리하는 자의 눈으로 보면 간담도 초월이며, 마음을 같이 하는 자의 눈으로 보면 만물은 하나다. 그 사람은 귀나 눈으로 외물을 좇지 않고 마음을 덕의 화합에 두고 있다. 사물의 같음을 보고 다름을 보지 않으며, 사생을 하나로 보고 있다. 비록 발을 잘렸지만 그것을 흙에 떨어뜨린 것처럼 조금도 마음에 두고 있지 않으니 정말 훌륭한 인물이다."

여기서 유래된 고사성어가 간담초월이다.

톨스토이의 글 가운데 이런 이야기가 있다.

집에서 일하던 두 종이 하루는 서로 싸우고 있었다. 이유는 서로의 별명을 부르다가 감정이 상하게 된 것이다. 몸이 마른 종은 뚱뚱한 종에게 곰이라고 불렀고, 뚱뚱한 종은 마른 종에게 원숭이라고 부른 것이 언쟁과 다툼이 되었다.

이 모습을 바라본 주인이 이런 말을 하면서 서로의 불화를 중재시켜 갔다. 몸이 마른 종에게는 이렇게 말했다.

"네가 저 사람을 곰이라 불렀지, 너는 저 사람이 곰같이 보이기 때문에 곰이라고 부르게 된 것이 아니다. 네 마음속에 곰과 같은 마음이 도사리고 있기 때문에 저 사람을 곰이라 부른 것이다."

몸이 뚱뚱한 종에게는 이렇게 말했다.

"네가 저 사람을 원숭이라고 불렀지, 그것은 네 속에 원숭이 같은 마음이 있기 때문에 저 사람이 원숭이처럼 보여진 것이다."

우리의 마음이 어떠냐에 따라서 시각이 달라질 수 있다는 것이다.

예수님은 "형제의 눈 속에 티는 보고 네 눈 속에 들보는 깨닫지 못하느냐, 네 눈 속에 들보가 있는데 어찌 형제에게 말하기를 나로 네 눈 속에 있는 티를 빼게 하라 하겠느냐"고 말씀하셨다마 7:3~4. 자기를 재는 잣대와 상대방을 재는 이중 잣대로 판단하지 말아야 한다. 비판을 받지 않으려면 비판하지 말아야 한다. 비판하는 비판으로 비판을 받을 수 있다는 것이다마 7:1~2.

예수님의 다른 사람을 비판하는 문제에 관한 가르침은 아주 간단명료하게 "하지 말라"이다. 우리 인간은 어느 누구도 비판할 권한이 없다는 말이다. 그런데도 많은 사람들이 날카로운 비판을 해야만 지혜로운 사람인 것으로 착각한다.

비판하고 정죄할 수 있는 분은 오직 죄가 없으신 주님뿐이지만 용서하셨다. 현장에서 간음하다가 잡혀 온 여인은 돌에 맞아 죽을 것을 각오했을 것이다. 그러나 예수님은 "너희 중에 죄 없는 자가 먼저 돌로 치라"요 8:7고 말씀하셨다. 이는 죄 있는 자가 죄인을 정죄할 수 없다는 말씀이다.

그리스도 예수의 사람들은 나의 잣대, 이중 잣대로 평가하지 말아야 한다. 하나님의 긍휼하심을 받은 사람들은 남을 정죄하거나 섣불리 판단하지 말아야 한다. 그 이유 중에는 요셉이 마리아가 임신한 사정을 처음에는 몰랐던 것처럼 상대방의 사정을 내가 전혀 모르는 경우도 있기 때문이다.

간장막야(干將莫耶)

명검도 사람의 손이 가야만 빛난다

干 방패 간
將 장수 장
莫 없을 막
耶 어조사 야

간장막야라는 고사성어는 중국 춘추시대 말기에 만들어진 두 자루의 명검을 도장刀匠인 간장干將과 그의 아내 막야莫耶가 음양陰陽의 조화로 만들었다는 유래에서 나타난 말이다.

히브리서 4:12
하나님의 말씀은 살아 있고 활력이 있어 좌우에 날선 어떤 검보다도 예리하여 혼과 영과 및 관절과 골수를 찔러 쪼개기까지 하며 또 마음의 생각과 뜻을 판단하나니….

오嗚나라 왕 합려闔閭는 도장刀匠인 간장干將을 불러 명검名劍 두 자루를 만들어 바치라는 명령을 내렸다. 어명을 받은 간장은 청동으로 만들어야 명검을 만들 수 있다는 것을 알고 청동을 녹이기 시작하였다. 그러나 3년이 넘도록 노력하고 애를 써도 청동은 녹지 않았다. 하루속히 명검을 만들어 오라는 왕의 독촉은 끊이지 않았기에 도장 부부는 애가 타지 않을 수 없었다

그러던 어느 날 쪽잠을 자던 아내 막야莫耶에게 꿈을 통해서 한 귀인이 나타나 비법을 가르쳐 주었는데, 남편의 머리카락과 손톱을 용광로에 넣은 뒤 삼백 명의 소녀가 불철주야 기도하는 마음으로 풀무로 바람을 넣으면 청동이 녹는다는 것이다. 잠에서 깨어난 막야가 남편에게 꿈 이야기를 하게 되었고, 두 부부는 꿈대로 머리카락과 손톱을 용광로에 넣고 삼백 명의 소녀를 불러들여

온 정성을 다하여서 불철주야 기도하면서 풀무를 돌려 바람을 넣으니 그제야 청동이 녹더라는 것이다.

그래서 간장이 명검 두 자루를 만들었는데, 양의 기운이 있는 한 자루의 검에 간장, 음의 기운이 있는 또 한 자루의 검에 막야라는 명칭을 붙였다.

훗날 중국 유학자 순자荀子는 당대의 명검들을 소개하는 중에 이렇게 말했다.

"간장막야와 같은 명검이라도 그 자체로서는 명검이 될 수 없고 숫돌에 갈지 않으면 무딘 칼일 뿐이다. 그러므로 명검도 사람의 노력이 없으면 자를 수 없듯이 어떤 일이든지 최선의 노력과 공을 들여야만이 일을 제대로 성취할 수 있다."

도장刀匠이었던 간장干將과 그의 아내 막야莫耶가 검을 만들었다고 해서 유래된 고사성어가 간장막야이다.

"하나님의 말씀은 살아 있고 활력이 있어 좌우에 날선 어떤 검보다도 예리하여 혼과 영과 및 관절과 골수를 찔러 쪼개기까지 하며 또 마음의 생각과 뜻을 판단하나니"히 4:12, "…성령의 검 곧 하나님의 말씀을 가지라"엡 6:17. 여기서 말하고 있는 검은 '마카이라'라는 검이다. 이 검의 특징은 좌우에 예리한 날이 서있다. 이 칼을 베냐민 사람 게라의 아들 왼손잡이 에훗이 길이가 한 규빗 되는 좌우에 날선 칼을 만들어 그의 오른쪽 허벅지 옷 속에 차고 있다가 치명적으로 사용했던 적이 있다삿 3:16.

이런 특성의 검을 성경에서는 성령의 검으로 사용하고 있으며, 이 검을 '하나님의 말씀'이라고 부르고 있다. 여기서 '말씀'인 성령의 검은 하나님의 말씀인 성경 또는 예수 그리스도의 복음에 성령이 역사 하셔서 우리 각자에게 적용된 말씀을 의미하는 것이다. 특히 성령의 검인 말씀은 원수 마귀를 물리치는 데 치명적인 무기가 되는 것이다. 영적인 대적 마귀가 호시탐탐 넘어뜨리려는 공격태세에 우리는 노출되어 살고 있기 때문에 영적무기인 성령의 검을 항상 예비하고 있어야 한다.

그러나 중요한 사실은 성령의 검을 사용하기 위해서는 예수님과 성경을 잘 알아야 한다. 우리에게 구원을 이루게 하는 믿음도 이 말씀에서 나오고, 말씀은 성령의 감동으로 된 것이기에 성경을 읽고, 듣고, 지켜 행하는 생활로 성령의 검을 더욱 예리게 한다는 것을 잊지 말아야 할 것이다.

때로는 설교를 통해서 성령의 검이 임할 때가 있다. 그 검을 받으면 놓치지 말고 마음에 품어야 한다. 그리고 검말씀을 항상 가지고 다니다가 마귀를 대적하는 데 사용해야 한다. 그 말씀은 원수를 무너뜨릴 수 있는 성령의 검이 되기도 하지만 내 영혼의 썩어진 곳을 치료하여 영혼이 영원히 살게 하는 수술용 칼이 되기도 하기 때문이다.

갈택이어(竭澤而漁)

눈앞의 이익만을 추구한다

竭 다할 갈
澤 못 택
而 어조사 이
漁 고기잡이 어

갈택이어라는 고사성어는 연못을 말려 고기를 얻는다는 말로, 눈앞의 이익을 취하고 장래는 생각하지 않는다는 뜻이다.

사무엘상 23:17
곧 요나단이 그에게 이르기를 두려워하지 말라 내 아버지 사울의 손이 네게 미치지 못할 것이요 너는 이스라엘 왕이 되고 나는 네 다음이 될 것을 내 아버지 사울도 안다 하니라.

춘추시대 진晋나라 문공文公은 초나라와 접전을 앞두고 있었다. 그러나 초나라는 병력이 막강하여 승리할 방법이 없어서 문공은 호언狐偃에게 자문을 구하게 되었다.

"병력이 강한 초나라를 이길 방법이 없겠소?"

그러자 호언은 이렇게 말했다.

"예절을 중시하는 사람은 번거로움을 두려워하지 않고 싸움에 능한 자는 속임수를 싫어하지 않으니 속임수를 쓰십시오. 전쟁은 이기는 것이 중요하지 예의는 필요 없습니다."

그 말을 들은 문공은 다시 이옹李雍에게 호언의 뜻이 어떠냐고 묻게 되었다.

"연못의 물을 퍼내어 물고기를 잡으면 잡지 못할 리 없지만 그 훗날에는 잡을 물고기가 없게 될 것이고, 산의 나무를 모두 불태워서 짐승들을 잡으면 잡지 못할 리 없지만 뒷날에는 잡을 짐승이 없을 것입니다. 지금 속임수를 써서 위기를 모면한다 해도 영원한 해결책이 아니요 그것은 임시방편일 뿐입니다."라면서 이옹은 흐언의 뜻에 동의하지 않았다.

눈앞의 이익만을 위하는 것은 먼 훗날 화를 초래한다는 뜻에서 유래된 고사성어가 갈택이어다.

황금알을 낳는 거위가 매일 황금알을 낳아주므로 노부부에게 커다란 기쁨이었다. 그러던 노부부는 그 거위 뱃속에 황금알이 얼마나 있는지 궁금했고, 거위의 뱃속을 갈라 황금을 꺼내어 순식간에 부자가 되기를 바라는 욕심으로 칼로 거위의 배를 갈랐다. 하지만 그 속에는 아무 것도 없고 거위만 잃고 말았다. 이 내용은 이솝우화에 소개된 동물담動物譚 가운데 치우담痴愚譚:어리석은 이야기에 속한다. 순리에 따라 지혜와 인내로 살지 않고 무리한 욕심을 부리면 화를 자초하고 만다는 교훈이 담긴 내용이다.

아도니야는 다윗의 사랑을 받은 아들이었음에도 불구하고 다윗이 노쇠한 틈을 노려 "스스로 높여서 내가 왕이 되리라"왕상 1:5는 마음을 품었다. 그리고 다윗의 휘하에 있는 요압 장군과 제사장 아비아달과 음모하여 군사력을 모으고 왕이 다 된 것처럼 잔치를 베풀고 있었다. 그러나 다윗은 하나님께서 말씀하신 대로대상 22:9~10 솔로몬을 왕으로 삼으므로 아도니야와 함께 있던 무리들은 뿔뿔이 흩어졌고 아도니야는 솔로몬을 대하면 죽임을 당할까 염려해서 제단의 뿔을 움켜잡았다가 얼마 후 솔로몬에게 용서를 빌고 돌아왔다.

그 후, 그는 다윗의 말년에 몸을 따뜻하게 하려고 얻어온 수넴 여인 아비삭과 결혼하게 해달라는 망언을 했다가 이 소식이 솔로몬에게 알려져 결국 솔로몬의 명령으로 여호야다의 아들 브나야에 의해 죽임을 당하고 말았다.

우리에게 일어나는 일을 하나님의 시각에서 해석할 수 있는 믿음의 눈이 있어야 한다. 인간적으로 볼 때는 아도니야의 마음이 이해가 된다. 외모나 서열로 볼 때 솔로몬보다는 자신이 선왕의 왕위를 잇는 것이 맞기 때문이다. 그러나 이것은 어디까지나 인간적인 생각이다. 인간적인 생각은 하나님의 뜻에 역행하기 때문이다. 그 결과 아도니아는 비극적인 최후를 맞게 된 것이다.

요나단은 사울의 사랑하는 아들로 대를 이을 수 있는 유력한 적자손이지만 명분보다 하나님의 뜻을 알고 생각했기에 다윗에게 "너는 이스라엘의 왕이 되고 나는 네 다음이 될 것을 내 아버지 사울도 안다"삼상23:17고 말할 수 있었다.

다윗과 요나단의 관계는 정치적 라이벌이요, 죽고 죽이는 정권 쟁탈의 암투가 벌어질 수도 있는 사이였다. 그럼에도 다윗과 요나단의 우정과 사랑은 하나님 뜻을 생각하며 신실하게 아름답게 맺어갔다.

오늘날도 누구나 어디에서든지 하나님의 뜻에 따라 순리대로 살아가는 사람들 속에서 다윗과 요나단을 발견할 수 있을 것이다.

강노지말(强弩之末)

강한 화살도 끝에는 힘이 약하다

强 강할 강
弩 쇠뇌 노
之 갈 지
末 끝 말

강노지말이라는 고사성어는 강한 활에서 쏘아진 화살도 마지막에는 힘이 없다는 말로 강대한 힘도 최후에는 약하여 비단 구멍조차 뚫지 못하여 아무것도 할 수 없게 된다는 의미이다.

야고보서 4:6
그러나 더욱 큰 은혜를 주시나니 그러므로 일렀으되 하나님이 교만한 자를 물리치시고 겸손한 자에게 은혜를 주신다 하였느니라.

한漢나라 왕 고조 때, 흉노족匈奴族이 국경을 자주 침범해 노략질을 일삼고 심지어 젊은 여자까지 끌어가는 일이 자주 일어나자 고조는 도저히 그냥 두고 볼 수 없어 흉노족을 정벌하기 시작했는데, 그들을 얕보다가 포위망에 갇히게 되었다. 다행히 전투 경험이 많은 진평이라는 장수의 묘책으로 구사일생 탈출하여 궁으로 돌아오게 되었다. 그런 일이 있은 뒤 흉노족과 화친을 맺고 매년 사신을 보내어 공물을 바치는 등 유화 정책을 폈으나 날이 갈수록 흉노족의 횡포가 심하고 만행이 잦아 소소한 전쟁이 끊이지 않았다. 그러던 중 무제가 왕의 자리에 오른 후 흉노족을 섬멸하기로 방침을 정하고 대신들과 숙의에 숙의를 거듭했는데, 대신 중에서 어사대부가 전쟁을 극구 반대하는 것이다.

무제는 어사대부에게 이렇게 말했다. "다른 대신들은 반대하지 않는데 그대만이 반대하는 이유가 뭔지 말해 보시오."

"전하! 우리 군사들은 오랜 전쟁으로 지칠 대로 지쳐 있으며 사기가 완전히 땅에 떨어져 있습니다. 급히 서둘러 전쟁터에 내보내면 지난번처럼 대패할 우려가 있기 때문입니다."

그러자 무제는 "그럼 군사들에게 쌀밥과 맛있는 고기도 먹이고, 외출외박을 주어 술집에서 젊은 여자 살 냄새도 맡게 하면 될 거 아니오?"

그 말을 들은 어사대부는 "물론 그런 방법도 군사들의 사기를 올리고 지친 심신을 회복시키는 데 큰 도움이 되겠습니다만 병사들은 나이 많은 탓에 전쟁터에 나가도 승산이 없으면 줄행랑 칠 궁리만 할 것입니다."

그 말을 들은 한무제는 걱정스러운 표정을 지었다. 그러자 어사대부는 "전하, 활시위를 당기면 처음에는 힘차게 바람을 가르고 나아가다가 일정한 거리에 이르면 힘이 약해져 마지막에는 얇은 비단도 뚫지 못하게 되지요."

그 말을 들은 한무제는 "그 말은 맞는 것 같소. 그러면 어사대부는 좋은 방안을 갖고 있소?" 하고 물었다.

"전하, 전쟁터에 내보내기 전에 병사들을 다시 훈련시켜 정신무장이 되면 그때 가서 흉노족을 정벌하러 나서는 것이 좋을 듯합니다."

그 말을 들은 한무제는 어사대부를 칭찬했다. 여기서 유래된 고사성어가 강노지말이다.

조선을 건국한 이성계도 신궁神弓으로 유명했고, 정조 역시 50발의 화살을 쏘면 49발을 명중시킬 정도였다. 하지만 정조는 49발을 명중시키면 마지막 화살은 일부러 허공이나 풀숲에 쐈는데 그 이유는 완벽한 경지에 이르면 교만에 빠지기 쉽다는 것을 알 고 있었기 때문이다.

사람이 교만하게 된 이유가 몇 가지 있다. 그 중에 대표적인 것은 재물이 많거나시 49:6, 지식이 있어서고전 4:6, 또한 뜻이 강퍅해서단 5:20 교만하다는 것이다. 그러나 가장 교만해지기 쉬운 것은 자신이 뭔가를 이루고 난 후에 교만하기 쉬운 경우를 볼 수 있다.

사울은 이스라엘의 초대 왕을 지낸 사람이지만 결국은 교만해서 하나님께서 버리신 것이다. 그러나 교만하여 죽음 앞에까지 이르렀던 히스기야는 회개하고 겸손할 때 생명을 연장시키시고 축복하셨다. 교만한 사람은 허무한 것에 교만한 경우가 많다. 겸손한 사람에게 은혜를 주신다는 말씀을 늘 묵상하면서 겸손히 살다가 하나님의 은혜를 입는 성도들이 되어야 할 것이다.

어거스틴에게 레이나라고 하는 제자가 있었다. 하루는 어거스틴이 볼일이 있어서 제자를 불렀다. 그런데 스승이 부르는데도 레이나는 대답이 없었다. 옆방에 분명히 있는 것 같은데 응답이 없자 거듭해 불러보았지만 여전히 대답이 없다. 화가 난 어거스틴은 제자가 있는 방문을 신경질적으로 열었다. 그 순간 아차하고 뉘우쳤다. 레이나는 무릎을 꿇고 앉아 하나님께 간절한 기도를 드리고 있었던 것이다.

너무도 간절히 기도에 몰두하다 보니 스승의 부르는 소리를 듣지 못했던 것이다. 어거스틴은 부끄러워 몸 둘 바를 몰라 기도가 끝나기를 기다렸다가 제자에게 간청했다. "너의 발로 내 목을 밟고 서서 교만한 어거스틴아, 교만한 어거스틴아, 교만한 어거스틴아 이렇게 세 번 소리쳐다오." 그는 그렇게 사과를 했다고 한다.

개과천선(改過遷善)

잘못을 뉘우치고 고쳐 착하게 됨

改 고칠 개
過 허물 과
遷 옮길 천
善 착할 선

개과천선이라는 고사성어는 지난날의 잘못을 뉘우치고 고쳐 착하게 됨을 뜻하는 말이다.

누가복음 3:8~9
그러므로 회개에 합당한 열매를 맺고 속으로 아브라함이 우리 조상이라 말하지 말라 내가 너희에게 이르노니 하나님이 능히 이 돌들로도 아브라함의 자손이 되게 하시리라 이미 도끼가 나무 뿌리에 놓였으니 좋은 열매 맺지 아니하는 나무마다 찍혀 불에 던져지리라.

진晉나라 혜재 때 양흠楊羨 지방에 주처周處라고 하는 괴걸怪傑이 있었다. 그의 아버지 주방周紡은 동오東嗚 파양 태수를 지냈으나 불행히도 주처가 젖먹이일 때 세상을 떠나므로 아버지의 가르침과 보살핌에서 벗어나 점점 망나니로 변해 하루 종일 빈둥거리거나 방탕한 생활을 하며 지냈다. 그런데다가 남달리 몸이 강인하고 힘도 보통 사람이 도무지 따르지 못할 정도여서 걸핏하면 남을 두들겨 팼기 때문에 마을 사람들은 그와 마주치는 걸 두려워했다. 마을 사람들은 남산의 호랑이, 장교長橋의 교룡蛟龍과 더불어 주처를 삼해三害라고 여겼는데, 삼해가 모두 없어지면 우리가 평안할 것이라고 했다.

그러나 주처가 철이 들어감에 따라 자신의 과오를 깨닫고 지난 허물을 과감히 고쳐 새로운 사람이 되겠다고 굳은 결심을 하였지만 주처를 바라보는 사람들의 시선은 변하지 않았다. 그러자 주처는 "내가 어떻게 해야 내가 변화된 것을 알아주겠소?"라고 말하자, 눈엣가시 같은 주처가 호랑이와 교룡에게 죽기를 바라는 마음으로 "호랑이와 교룡을 물리치고 오면 믿겠다"고 말했다. 그 말을 들은 주처는 목숨을 건 사투 끝에 호랑이와 교룡을 죽이고 마을로 돌아왔지만 아무도 반갑게 맞아주는 사람이 없었다. 그래서 그는 정든 고향을 등지고 동오에 가서 대학자 육기陸機와 육운陸雲 두 형제를 만나 솔직 담백하게 "전에 저는 나쁜 짓을 헤아릴 수 없이 많이 했습니다. 그러나 이제부터는 뜻을 세워 착한 사람이 되려고 노력하고 있습니다. 하지만 너무 늦은 감이 있어 두렵습니다."고 말을 하였다. 그러자 "자네는 나이가 아직 젊네! 절대 늦지 않았으니 굳은 의지를 가지고 지난 허물을 고쳐 새로이 착한 사람이 된다면 자네의 앞길은 무한한 것일세."하고 육운이 격려를 했다. 이때부터 주처는 뜻을 세워 동오에서 글을 배웠고 이후 10여 년 동안 품덕品德과 학문을 닦고 익혀 마침내 유명한 대학자가 되었다는 것에서 개과천선이 유래됐다.

개과천선의 대표적인 인물은 바울 사도다. 그는 주님을 만나기 전에 예수 믿는 사람들에게 엄청난 해악을 끼친 인물이었다. 바울은 유대교에 심취된 열성 신앙을 가지고 있던 사람으로서 하나님의 뜻이 담긴 율법의 가르침에 따라 하나님을 위한 정의로운 일을 수행한다는 사명감으로 예수 믿는 성도들에게 악을 행하고 있었던 것이다. 그러나 다메섹에서 부활의 주님을 만난 후에는 사울큰 자이 바울작은 자로 개명되고 개과천선하여 복음을 위해 고난과 핍박을 당하다가 결국 순교하기에 이르게 되었다.

여기 개과천선의 삶을 산 한 사람이 있다.

“주모! 여기 술 더 가져와.” 한참 후에 청년이 술을 잔뜩 마시고 돈도 내지 않고 주막을 나가지만 주인은 청년을 그냥 보낼 수밖에 없었다. 청년이 나가자 주인은 화를 내며 욕을 퍼붓는데 “누가 저 놈 잡아가지도 않나? 저런 놈은 이 세상에 아무 필요 없는 나쁜 놈이야!” 그 청년의 이름은 김익두 였다. 그래서 김익두의 별명은 ‘안악골의 호랑이’였다. 이런 깡패 망나니가 스왈론 선교사를 통해 예수 그리스도를 영접하게 되었다. 깡패 김익두가 아니라 그리스도인 김익두로 점점 변화되었다.

하루는 김익두가 부흥회에 참석하려고 산길을 걷다가 너무 더워서 웃옷을 벗어 놓고 시원한 바람에 땀을 식히고 있는데 술 취한 사람이 오더니 “너 왜 나보다 먼저 올라 온 거야?”라며 김익두를 사정없이 때렸다. 김익두는 아무런 저항도 하지 않고 매를 맞다가 술 취한 사람에게 “다 때렸습니까?”라고 묻자 그는 “다 때렸다”라고 대답했다. 그러자 김익두는 “예수는 내가 믿고 복은 형님이 받으셨군요”라고 말을 하면서 “내가 김익두입니다”라고 말을 하자, 그 사람의 얼굴색이 하얗게 변하더니 “살려 주십시오”라고 빌더라는 것이다. 김익두는 그를 데리고 교회에 참석하게 되었고, 이 일을 계기로 해서 그 사람은 예수를 진실하게 믿게 되었고 훗날 장로까지 되었다고 한다.

그리스도인의 개과천선이란 지극히 큰 자가 지극히 작은 자로 변화되는 겸손이다. 자신이 옳다고 여기는 일이 아니라 주님께서 옳다고 인정하시는 일을 위해서 변화되는 삶을 말하는 것이다.

개권유익(開卷有益)

책을 펴 읽으면 유익하다는 뜻

開 열 개
卷 책 권
有 있을 유
益 더할 익

개권유익開卷有益이라는 고사성어는 책을 펴 읽으면 유익有益하다는 뜻으로, 독서를 권장하는 말이다.

디모데후서 3:16~17
모든 성경은 하나님의 감동으로 된 것으로 교훈과 책망과 바르게 함과 의로 교육하기에 유익하니 이는 하나님의 사람으로 온전하게 하며 모든 선한 일을 행할 능력을 갖추게 하려 함이라.

승수연담록繩水燕談錄은 송宋나라 왕벽지王闢之가 남송南宋 고종高宗 이전의 잡다한 일화들을 모아 엮은 책인데, 이 책에는 독서讀書를 무척 좋아했던 송나라 태종太宗의 이야기가 실려 있다. 그는 주로 역사 책을 읽었으며 밤이 새는 줄도 모르고 글을 읽기 일쑤였다. 때문에 태종은 이방李昉 등 십여 명의 학자들을 시켜 사서辭書:백과사전를 편찬하도록 하였다.

태종의 명을 받은 학자들은 이전以前에 발간發刊된 많은 책들을 널리 인용하는 등 7년 동안의 작업을 통하여 태평편류太平偏流라는 서명書名과 함께 55개 부분으로 일천 권에 달하는 방대한 분량의 사서를 완성하게 되었으나 그 책은 태평연간太平年間에 편찬됐으므로 그 연호를 따서 '태평총류太平總類'라고 하였다.

태종은 책 출간을 매우 기뻐하며 매일같이 탐독하다가 책 이름을 '태평어람太平御覽'이라 고치고 정무에 시달리는 와중에도 하루에 세 권씩 읽는 규칙은 변함이 없었다. 이를 본 신하들이 그의 건강을 깊이 염려함을 알게 된 태종은 웃으면서 신하들에게 "책을 펼치면 이로움이 있다. 그러므로 나는 조금도 피곤함을 느끼지 않으니 너무 염려들 말라."고 말을 했다. 이때부터 '개권유익開卷有益'은 책을 읽으면 유익하다는 뜻으로 쓰이기 시작했다.

목사 고시 시취를 담당했던 목사님이 목사 후보생들에게 "아무개 전도사는 성경을 몇 독이나 했습니까?"라며 차례대로 물었다. 후보생들마다 자기가 성경을 읽은 횟수를 말하는 소리를 듣고 나는 그들보다는 더 읽었다고 생각되어서 "저는 일곱 번 읽었습니다." 라고 당당하게 말을 했다. 그렇게 말하고 내심은 많이 읽었다고 칭찬할 것으로 생각하고 있었다. 그러나 시취를 담당했던 목사님은 다른 후보생들에게 묻고 나서는 실망하는 어조로 "목사가 되려면 적어도 일백 독 이상은 해야 합니다. 그러나 목사가 된 후로도 열심히 성경을 읽어 일백 독 이상하기를 바랍니다."라고 당부했다.

그 말을 듣는 순간 표현은 하지 못했고 "예, 그렇게 하겠습니다." 라고 말을 했지만 속마음은 "아니 어떻게 일백 독을 해! 과연 목사들이 성경 일백 독을 하고 목사된 사람이 몇 명이나 된다고…" 하며 불편해 했었다.

목회 경력이 30년 중반이 지난 지금 내 마음에 강하게 남아 있는 생각이 자리 잡고 있었다. 그때 일백 독 하기 전까지 목사 안수를 받지 말라고 말씀하시면서 시취에서 탈락시켰더라면 나는 현재 어떤 사람이 되었을 것인가라는 생각이다. 일백 독을 못해서 다른 길을 갔든지, 아니면 일백 독을 해서 더 훌륭한 목사가 되었든지….

모든 성경은 하나님의 감동으로 된 것으로 교훈과 책망과 바르게 함과 의로 교육하기에 유익하니 이는 하나님의 사람으로 온전하게 하며 모든 선한 일을 행할 능력을 갖추게 하려 함이라"딤후 3:16~17고 했다.

성경은 바른 신앙을 가르치며 천국으로 인도하는 하나님의 말씀이다. 그 이유는 성령의 감동으로 기록되었고 인간의 지식으로 기록된 것이 아니기 때문이다. 성령의 감동을 받은 40여 명의 다양한 계층의 저자들에 의해 1,600여 년의 장구한 세월에 걸쳐서 기록되었고 내용과 주제에 있어서 통일성을 가지고 있으며 어떠한 오류가 없는 정확 무오한 하나님의 말씀이다. 특히 성경은 죄에 빠져 영원히 죽을 수밖에 없는 인생들을 어떻게 구원하시는가 하는 하나님의 구속사를 기록한 책이며, 우리에게 구원의 길을 가르쳐주는 말씀이다. 그러나 성경은 인생의 구원을 지식적으로 배워서 이루게 하는 것이 아니라 성령의 감동으로 된 말씀을 우리가 읽을 때 우리의 마음을 성령으로 감동시켜 주시어 하나님의 뜻을 사람들에게 나타내신다. 성경을 읽을 때 성령께서 우리 마음의 눈을 밝혀 하나님의 뜻을 깨닫게 하시는 것이다.

성경을 떠나서 하나님의 뜻을 발견할 수 없고, 하나님의 말씀을 떠나서는 구원이 이루어질 수 없다. 그래서 예수님께서는 "사람이 떡으로만 살 것이 아니요 하나님의 입으로 나오는 말씀으로 살 것이라"고 하셨다마 4:4. 우리가 육신의 양식을 먹지 못하면 병들거나 생명을 유지할 수 없는 것처럼 우리의 영도 마찬가지로 영의 양식을 섭취하지 않으면 영이 병들고 영이 살 수 없는 것이다.

거안제미(擧案齊眉)

밥상을 눈썹 높이로 들어 올린다

擧 들 거
案 밥상 안
齊 가지런할 제
眉 눈썹 미

거안제미라는 고사성어는 밥상을 눈썹 높이로 들어 공손히 남편 앞에 가지고 간다는 뜻으로, 아내가 남편을 공경함을 일컫는 말이다.

에베소서 5:22~24
아내들이여 자기 남편에게 복종하기를 주께 하듯 하라 이는 남편이 아내의 머리됨이 그리스도께서 교회의 머리됨과 같음이니 그가 바로 몸의 구주시니라 그러므로 교회가 그리스도에게 하듯 아내들도 범사에 자기 남편에게 복종할지니라.

후한 때, 양홍梁鴻이란 학자가 있었다. 그는 백란伯鸞 부평현 사람으로 집이 가난했지만 절개가 굳고 지조가 있는 선비였다. 당시 세상이 혼란해 도道가 펼쳐지지 않는다고 보았던 양홍은 시류에 영합해 관직에 나아가는 대신 조용히 은거하고자 했다. 그는 같은 고을에 살고 있는 맹광이란 여인이 양홍처럼 어질고 능력이 있는 사람에게 시집을 가고 싶다"는 말을 전해 듣고 그녀를 만나보았다. 맹광은 용모는 추안이고 힘이 장사며 나이가 30이 넘었지만 그와 대화를 하는 중에 품성이 아름다움을 보고 반해 기꺼이 그녀를 아내로 맞이하게 되었다. 이들 부부는 패능 산속에 은거하며 옷감을 짜고 책을 읽거나 거문고를 연주하며 유유자적悠悠自適:속세를 떠나 아무것에도 매이지 않고 자유로우며 편안하게 삶했다. 그러던 어느 날 양홍이 수도인 낙양을 지나다가 지나치게 호사스럽게 지어진 대궐의 전각을 보고는 '백성의 고초가 얼마나 컸을까?'라고 한탄하는 시를 지었다.

이 시를 본 황제 장제章帝는 몹시 화를 내며 양홍을 체포하려고 하자 이에 양홍 부부는 지금의 저장성 일대인 오지방으로 도피하여 고백통이란 부잣집의 방앗간 일을 해주며 근근이 끼니를 이어갔다. 이때 양홍이 일을 마치고 집에 돌아가면 맹광은 항상 밥상을 정성스럽게 눈썹 높이까지 들어 올려 남편에게 바쳤다. 이 모습을 본 고백통은 '아내가 남편을 이토록 공경하는 것을 보면 그는 분명히 범상한 인물이 아닐 것이다'라고 생각하여 양홍을 그의 집에 머물게 하며 우대해 주었다. 그 후 양홍은 많은 책을 저술해 역사에 이름을 남길 수 있게 되었다.

거안제미란 이처럼 남편을 존중하며 극진한 내조로 남편의 일을 성취시킨 맹광의 정신을 칭송한 고사성어다. 물질적으로는 빈곤했으나 정신적으로는 풍요롭고 따스했던 양홍의 가정 같은 고대인들의 삶은 우리에게 진정 소중한 것이 무엇인지 다시 한 번 생각해보게 한다.

바울 사도는 "아내들이여 자기 남편에게 복종하기를 주께 하듯 하라 이는 남편이 아내의 머리됨이 그리스도께서 교회의 머리됨과 같음이니 그가 바로 몸의 구주시니라 그러므로 교회가 그리스도에게 하듯 아내들도 범사에 자기 남편에게 복종할지니라"엡 5:22~24고 말씀하고 있다. 이 말씀에서 아내들의 귀에 거슬리는 말은 '복종'이란 단어요 '범사에 남편에게 복종하라'는 문장일 것이다. 특히 남편과 아내의 형평성의 문제가 있지 않느냐고 생각하기 쉽다. 그것은 남편의 의무보다 아내의 의무를 더 많이 강조하고 있기 때문이다. 그러나 여기서 복종하라는 말씀의 뜻과 그 시대의 배경을 살펴보면 충분히 이해할 수 있게 된다.

바울의 말씀은 무조건 남편의 말에 복종하라는 말이 아니라 하나님의 창조의 질서에 합당한 일에 복종이라는 말이다. 즉, 남편이 하나님의 창조 질서에 맞는 일을 행하는 것은 곧 하나님께 대한 복종을 의미한 말씀인 것이다. 그러므로 남편이 하나님의 창조의 질서를 파괴하거나 죄를 짓자고 하는 말 등 이기적인 남편의 행동에 복종해서는 안 될 것이다. 그 이유는 만약 하나님의 진리의 말씀에서 벗어난 행동에 복종하는 것은 곧 하나님께 불복종하는 것이기 때문이다. 남편이 진리의 말씀에서 행하는 일에는 당연히 순종해야 하겠지만 육신이 연약하여 순종치 못할 때가 있다. 그러기에 복종하라고 하신 것이다.

또 사도 베드로가 "아내 된 자들아 이와 같이 자기 남편에게 순복하라 이는 혹 도를 순종치 않는 자라도 말로 말미암지 않고 그 아내의 행위로 말미암아 구원을 얻게 하려 함이니…"벧전 3:1라고 권면하고 있는 내용이 현대인의 성경에는 "아내 된 여러분은 남편에게 순종하십시오. 그러면 주님의 말씀을 믿지 않던 남편들도 말없이 실천하는 여러분의 행동을 보고 하나님을 믿게 될 것입니다"라고 기록되고 있는 것을 볼 때, 남편에게 복종하고 순종하는 것은 남편을 구원하기 위한 목적에서 쓰였음을 알 수 있다.

그러므로 남편에게 복종하고 순종하는 것은 하나님의 창조의 질서에 순종하는 것이며, 가족을 구원하는 선행임을 기억해야 할 것이다.

견원지간(犬猿之間)

서로 미워하고 어울리지 못한 관계

犬 개 견
猿 원숭이 원
之 어조사 지
間 틈 간

견원지간犬猿之間이라는 고사어는 개와 원숭이가 서로 어울리지 못하고 미워하는 사이를 말한다. 또 견묘지간犬猫之間, 개와 고양이 관계라는 고사성어가 있다.

마태복음 26:39, 42
내 아버지여 만일 할 만하시거든 이 잔을 내게서 지나가게 하옵소서 그러나 나의 원대로 마옵시고 아버지의 원대로 하옵소서.

오랜 옛날, 사람이 개를 집에서 기르지 않던 시절에는 개들도 야생동물처럼 살았었다. 그러니 약육강식弱肉强食이란 말처럼 개들은 자연히 자기보다 약한 동물을 잡아먹고 살게 되어 몸집이 작고 눈에 잘 띄는 원숭이를 잡아먹고 살게 된 것이다. 원숭이는 예민한 후각을 가진 개가 더없는 강적이 아닐 수 없었기에 잡혀 먹히지 않으려고 으르렁대는 모습에서 견원지간犬猿之間이라고 부르게 된 것이다.

어느 날 한 노인이 바닷가에서 낚시를 하다가 큰 잉어를 잡게 되었다. 노인은 잉어를 과서 아내와 몸보신 할 것을 생각하니 신이 났다. 잉어를 잡아서 망태에 넣으려고 하는데 잉어가 눈물을 흘리는 것이다. 잉어의 눈물을 본 노인은 가엽게 생각하여 그만 물 속에 놓아 주었다.

다음날 노인이 바다에 가니, 비단 옷을 입은 한 소년이 노인에게 오더니만 큰 절을 하면서 "감사합니다."라고 말을 하는 것이다. 노인은 눈이 휘둥글 하여 소년에게 "그대가 누구이기에 절을 하면서 감사하다고 말하는가?"라고 물었다. 소년은 공손히 일어나 노인에게 "나는 어제 어르신에게 잡혔던 잉어입니다. 나는 용왕의 외아들입니다. 그리고 어제 있었던 일을 아버님에게 아뢰었더니 그 분을 용궁으로 초대해서 은혜를 갚겠다고 해서 이렇게 왔습니다."라고 말을 하는 것이다. 노인은 용왕의 아들의 안내를 받아 용궁에 들어가서 융숭한 대접을 받고 보배 구슬을 얻어 돌아온 뒤, 노인 부부는 큰 부자로 살게 되었다.

그런데 그 소식을 들은 이웃 마을 마음씨 나쁜 노파가 속임수를 써서 구슬을 훔쳐 가져가므로 노인의 집은 다시 가난해졌다. 그러자 그 집에서 기르던 개와 고양이는 주인의 은혜를 갚고자 이웃 마을 노파의 집으로 찾아가서 노파의 집쥐의 왕을 위협하여 구슬을 되찾아 돌아오게 되었다.

강을 건널 때 개는 헤엄을 치고 고양이는 개의 등에 업혀 구슬을 입에 물고 강을 건너오는데, 헤엄을 치던 개가 고양이에게 "구슬을 잘 간수하고 있느냐"고 자꾸 묻자 고양이는 대답하다가 구슬을 물에 빠뜨리고 말았다. 그 책임으로 서로 다투다가 개는 집으로 갔지만 면목이 없어진 고양이는 강가에서 떠돌이 생활을 하게 되었는데, 그때 마침 낚시꾼이 큰 잉어 한 마리를 잡아 올리는 것을 보게 되었다. 고양이는 살금살금 기어가 그 물고기를 훔쳐 와서 먹다가 물고기 뱃속에 구슬이 있는 것을 발견하고 그것을 물고 집으로 와서 주인에게 주었다. 주인은 고양이가 구슬을 가져오자 반가워서 고양이를 칭찬하고 개는 내쫓아 버렸다.

주인에게 쫓겨난 개는 모든 것이 고양이 탓이라며, 그 이후부터 고양이만 보면 미워하며 으르렁거렸다고 한다. 이런 우화로 개와 고양이 사이를 견묘지간犬猫之間이라고 불리게 되었다. 개와 원숭이의 관계, 개와 고양이의 관계를 엄밀하게 분석해 보면 그렇게 싸워야 할 관계나 아님에도 불구하고 싸우는 것은 상호간에 이해가 부족했기 때문이다.

우리 사회에서 나타난 갈등은 서로의 입장을 이해하지 못하고 자기주장만 앞세우기 때문이라고 할 수 있다. 서로간의 의견을 보면 모두가 건설적이지만 자기주장을 앞세우다보니 하나가 되지 못하고 갈등을 가져오는 경우가 너무 많다. 바울사도가 말씀한 대로 상대방을 나보다 낫게 여기는 마음이 없고, 상대방을 나보다 낮게 여기는 교만이 그 마음에 자리 잡고 있기 때문이라 할 수 있다.

이처럼 우리가 살아가는 세상에도 견원지간이나 견묘지간처럼 지내는 경우가 많다. 국가와 국가 사이는 물론, 어느 사회 조직과 공동체 내에도 있고, 가정과 가족들 사이에서도 심지어 그리스도의 사랑으로 모였다는 교회에서도 갈등으로 나타나고 있다. 이것 역시 상대방을 이해하지 못해서 나타나고, 상대방을 나보다 낫게 생각하는 것이 아니라 낮게 생각하는 교만 때문이라 할 수 있다. 그러나 우리가 진정 화목하기 위해서는 나보다 상대방의 뜻을 존중하고, 상대방보다 하나님 뜻을 생각하는 자세가 되어야 할 것이다.

십자가를 앞에 두고 예수님과 함께 하는 삶을 구현해가야 한다. 자신이 원하는 것을 구하는 것이 아니라 하나님의 뜻을 구하듯이, 내 뜻 보다 너의 뜻을, 내 뜻 보다 상대방의 뜻을 먼저 생각하는 성도가 되어야 할 것이다.

결초보은(結草報恩)

죽은 후에도 은혜를 갚는다

結 맺을 결
草 풀 초
報 갚을 보
恩 은혜 은

결초보은이라는 고사성어는 풀을 묶어서 은혜에 보답한다는 뜻으로, 죽은 뒤에라도 은혜를 갚는다는 말이다.

골로새서 1:6
이 복음이 이미 너희에게 이르매 너희가 듣고 참으로 하나님의 은혜를 깨달은 날부터 너희 중에서와 같이 또한 온 천하에서도 열매를 맺어 자라는도다

중국 춘추 시대에 위무자魏武子에게는 조희祖姬라는 젊은 애첩이 있었다. 위무자는 전쟁에 나갈 때면 위과魏顆와 위기魏錡라는 두 아들을 불러 놓고 "내가 전쟁에 나가 죽거든 애첩 조희를 양반의 집 좋은 사람을 골라 재가改嫁시키도록 하라."고 유언을 했다. 그러나 위무자가 나이가 들어 임종이 가까워지고 정신이 혼미해지니 말을 바꾸어 "내가 만일 병들어 죽으면 애첩 조희를 순장殉葬:함께 묻는 장례하라고 유언을 하고 세상을 떠나고 말았다.

위무자가 세상을 떠나자 두 아들은 아버지 장례문제로 의견이 엇갈렸다. 위기는 아버지가 유언한대로 순장을 치러야 한다는 것이고, 위과는 "아버지께서는 건강하셨을 때 재가시키라고 하셨다. 임종 때 말씀은 정신이 혼미해서 하신 말씀이다. 효자는 정신이 맑을 때 명령을 따른다"면서 순장은 안된다고 했다. 결국 위과의 뜻에 따라 조희를 재가 시켰다.

훗날 위과는 진秦나라와 전쟁을 치르게 되었는데, 용맹스럽게 싸웠지만 전력이 역부족인지라 패색이 짙어 있었다. 그때 갑자기 非夢似夢비몽사몽간에 "청초파!靑草坡, 청초파!"라는 소리가 들렸다. 청초파라는 소리가 무슨 소리인가를 생각하던 중에 청초파라는 곳이 실제로 그 근처 지명地名이라는 것을 알게 되었고, 그곳으로 진지를 옮겨 싸우라는 소리로 알고 청초파로 진지를 옮겨 싸우게 되었다.

위과가 멀리서 바라보니 진나라 적장 두회는 여전히 용맹을 떨치며 웬 노인이 풀을 잡아매어 두회가 탄 말의 발을 자꾸만 걸리게 하는 것이었다. 두회는 말에서 내려와 싸웠지만 그의 발 역시 묶였던 풀에 걸려 자꾸만 넘어지므로 위과는 두회를 생포하게 되었고 전쟁에서 승리를 거두게 되었다.

전쟁에서 승리를 한 후에 위과는 잠을 청하는데 그날 밤 꿈에 청초파를 외치면서 풀을 잡아매어 적군들의 말과 병사들을 쓰러뜨렸던 노인이 위과에게 나타났다. "당신은 누구십니까?" 그러자 그 노인은 "나는 조희의 아비 되는 사람입니다. 장군이 선친의 유명을 따라 내 딸을 좋은 곳으로 재가 시켜준 은혜를 갚기 위해 미약한 힘으로 잠시 장군을 도와 드렸을 뿐입니다."라고 말을 하면서 낮에 있었던 일을 설명하였다. 그러면서 그 노인은 장군의 그 같은 은덕으로 뒤에 자손이 왕이 될 것까지 일러 주었다. 여기서 유래된 고사성어가 결초보은이다.

이스라엘을 애굽에서 해방시키는 일과 40년이란 세월을 광야에서 이끌고 나왔던 지도자 모세는 느보산에서 죽기 전에 12지파별로 축복하고 이스라엘을 향하여 "너희는 행복한 사람이로다 여호와의 구원을 너같이 얻은 백성이 누구냐?"고 말을 한 적이 있었다. 이스라엘이 말한 구원이란 애굽에서 해방된 구원만을 말하는 것이 아니라 때때로 생명을 위해서 만나를 내려주신 것, 생수를 먹게 하신 것, 메추라기 고기를 먹게 하신 것도 생명을 위한 구원이다. 불과 구름기둥으로 인도하신 것, 40년간 광야 생활 중에도 옷이 해어지지 않았고 발이 부르트지 않았던 것도 하나님의 구원이다. 과연 그들이 하나님의 구원을 받을 만한 무슨 자격이 있었는가? 그럼에도 불구하고 이런 구원을 받았으니 모세가 "여호와의 구원을 너희같이 얻은 백성이 누구냐?"고 당연히 말할 수 있었던 것이다.

그럼 우리는 어떠한가? 이스라엘 백성들보다 더 큰 은혜를 받고 산다는 것을 알아야 한다. 하나님은 우리를 선택하셨고, 영원히 죽을 죄 값을 그 아들의 피로 값을 지불하시고 구원을 이루셨다. 우리는 이런 하나님의 은혜와 사랑 받는 백성이다. 온갖 저주의 세력으로부터 해방과 자유, 구원의 은혜를 주셨기에 행복한 사람이라고 고백해야 할 것이다.

우리에게는 나라가 있어 행복하다. 감사하게도 우리에게는 하나님의 나라와 조국 대한민국이 있기 때문에 두 배의 행복을 누리고 있는 사람들이다. 가정이 있어 행복하고, 섬기는 교회가 있어 행복하다. "착하고 충성된 종아 적은 일에 충성했으니 더 큰 것을 맡기겠노라"는 축복을 받을 수 있는 사명이 있어서 행복하고, 구하면 주시는 분이 우리와 함께 계시기에 행복하고마 7:7, 전심으로 주님을 찾으면 만나 주시는 하나님이 계시니 행복하지 않는가?렘 29:13

그러므로 우리는 결코 그 은혜를 잊지 말고 기뻐하고 감사하며 하나님의 선하시고 기뻐하시고 온전하신 뜻을 이루면서 살아야 할 것이다.

경당문노(耕當問奴)

농사를 지으려면 마땅히 종에게 물어야 한다

耕 밭갈 경
當 당할 당
問 물을 문
奴 종 노

경당문노라는 고사성어는 농사農事를 지으려면 마땅히 종에게 물어야 한다는 뜻이다.

로마서 12:3
내게 주신 은혜로 말미암아 너희 각 사람에게 말하노니 마땅히 생각할 그 이상의 생각을 품지 말고 오직 하나님께서 각 사람에게 나누어 주신 믿음의 분량대로 지혜롭게 생각하라.

중국 남북조시대南北朝時代에 송나라의 황제가 북위北魏를 침공할 계획을 세우고 전쟁의 전문가요, 군 총사령관인 심경지를 불러 물었다.

"어떻게 하면 전쟁에서 이길 수 있겠는가?"

왕의 말을 들은 심경지는 깊이 생각하던 끝에 이렇게 말을 했다.

"전하! 소인의 생각은 북위의 군사력이 우리나라보다 더 강합니다. 결국 전쟁에서 패할 것입니다."

그러나 황제는 군사 전문가인 심경지의 말을 믿지 않고 다른 문신들과 전쟁에 대해 다시 의논을 하는 것이 아닌가. 이 모습을 본 심경지는 안색이 변하여 황제에 찾아가서 항의했다.

"전하! 밭 가는 일은 마땅히 사내종에게 물어보고, 베 짜는 일은 마땅히 계집종에게 물어보라고 했거늘경당문노 耕當問奴, 지금 폐하께서는 전쟁에 관한 일을 글만 읽고 세상에 대한 실제 경험은 없는 백면서생白面書生들에게 물어서 어쩌겠다는 것입니까?"

이렇게 경당문노는 '모든 일은 그 분야의 전문가에게 물어야 한다.'는 뜻으로 쓰인 것이 유래가 되었다.

사람은 평생 배우며 살아가게 된다. 어떤 상황에서든지 배운다는 것은 부끄러운 것이 아니다. 모르는 것이 부끄러운 것이 아니라 모르면서도 묻지 않는 것이 부끄러운 일이다. 학교에 다니면서 질문을 자주 하는 학생이 공부를 잘 하듯이 사회생활을 하면서도 타인에게나 특히 자신에게 질문을 잘 하는 사람이 성공할 수 있는 사람이 되는 것이다.

위衛나라 대부大夫였던 공어孔圉는 매우 겸손하고 배우기를 좋아하는 사람이어서, 당시 사람들로부터 찬사와 칭송을 받은 사람이었다. 공어가 죽자 위나라 군주는 사람들로 하여금 그의 호학好學 정신을 배우고 계승하도록 하기 위하여, 그에게 문文이라는 봉호封號를 하사하였다. 그러자 공자孔子의 제자였던 위 나라의 자공子貢은 부정적으로 평가하면서 이렇게 말했다.

"공어에게는 잘못이 있으므로 사람들이 말하는 것만큼 그렇게 훌륭하지 않으며, 또한 그렇게 높은 평가를 받아서는 안 된다."

그리고 스승인 공자에게 이렇게 말했다.

"공어의 시호諡號는 무엇 때문에 문文이라 합니까?"

공자는 이렇게 답변했다.

"그는 영민하고 배우기를 좋아하여, 아랫사람에게도 묻기를 부끄러워하지 않았다敏而好學, 不恥下問. 그래서 그를 문文이라 하였던 것이다.”

바울사도가 “내게 주신 은혜로 말미암아…”롬 12:3라고 엄중하게 권하는 말 속에는 은사나 직분은 사람의 노력의 산물産物이 아니라 하나님의 은혜요 소명임을 포함하고 있는 말이기 때문에 은사와 직분을 사용할 때는 자신의 만용을 버리고 주님으로부터 위임받은 자세로 감당해야 할 것을 표현하고 있다. 은사나 직분을 위임받은 사람들에게 강하게 권하는 것은 “마땅히 생각할 그 이상의 생각을 품지 말라”는 것이다. 여기서 ‘생각할’이라는 말은 ‘의견을 가지고 생각하다’의 뜻으로 어떤 사실에 대한 평가나 견해를 말할 때, 자신의 처지나 조건에 맞는 생각을 할 때 쓰이는 말이다.

그 이상의 생각은 ‘분수에 넘치는 생각’, ‘자신을 분수에 맞지 않게 높이 평가’ 하는 것을 말한다. 이 말을 칼빈Calvin은 ‘지혜의 범위를 뛰어넘는 것’이라고 해석하고 있다. 즉, 하나님께서 각 사람에게 나눠 주신 ‘믿음의 분량’을 뛰어넘는 생각을 한다는 말이다.

‘믿음의 분량’이라는 말은 믿음이 물질처럼 측정되는 양적인 것을 말하는 것이 아니라 교회 안에는 다양한 기능들이 있어 각자 주어진 직분과 은사의 한계와 특성에 따라 다르다는 뜻이다고전 12:4~31. 그리고 ‘믿음’이란 하나님께서 각 사람에게 ‘나눠주신’ 것이기 때문에 자신이 받은 영적 은사의 성격을 알고 은사를 사용하되 그 이상은 하나님을 향한 뜨거운 열정이 아니라 하나님이 주신 사명 이상의 것이라는 것이다. 이것은 곧 교만이다. 그 이유는 “오직 하나님께서 각 사람에게 나누어 주신 믿음의 분량대로 지혜롭게 생각하라"는 말씀에 있는 '지혜롭게'는 '건전하며 겸손하게'의 뜻이 포함되어 있기 때문이다. 헬라 철학에서 지혜를 나타내는 단어인 '소프로쉬네'는 '겸손'謙遜과 '자제'自制를 나타낸다.

그러므로 '지혜롭게 생각하라'는 '분에 넘치는 오만한 생각을 버리고 건전하고 겸손한 생각을 가지라'는 것이다. 하나님께서 믿음의 분량대로 은사를 주셨다는 것은 각자의 직분과 역할이 다르다는 뜻이며 동시에 자신이 받지 아니한 직분의 영역은 침범해서는 안 된다는 뜻이다. 그러므로 그리스도인은 이러한 제한을 의식하고 그가 교회에서 수행해야 할 역할에 관한 그의 열망을 규제해야 할 필요가 있는 것이다.

계란유골(鷄卵有骨)

계란에도 뼈(骨)가 있다

鷄 닭 계
卵 알 란
有 있을 유
骨 뼈 골

계란유골이라는 고사성어는 계란에도 뼈骨가 있다는 뜻이지만, 속뜻은 운수가 나쁜 사람은 모처럼 좋은 기회라도 뜻대로 되지 않는다는 의미로 사용되는 말이다.

다니엘 6:4
총리들과 고관들이 국사에 대하여 다니엘을 고발할 근거를 찾고자 하였으나 아무 근거, 아무 허물도 찾지 못하였으니 이는 그가 충성되어 아무 그릇됨도 없고 아무 허물도 없음이었더라.

조선 세종 때, 영의정을 지낸 황희는 내외 관직을 두루 거친 인물로 그 관직을 자신의 치부 수단으로 삼지 않았던 청렴한 정승이다. 너무 청렴하다 보니 관복도 한 벌 밖에 없어서 매일 빨아 입고 다녔으며, 비가 오면 천정에서 빗물이 새어 물받이 놓는 초가집에서 살았다.

이 모습을 안타깝게 생각한 세종이 황희를 잘 살게 할 방도를 생각하는 중에 황희를 불러 놓고 "아무리 청렴하다지만 한 나라의 정승이 너무 가난하게 사는 것이 좋지 못하오, 그러니 내가 날을 정하여 그날에 한양 사대문四大門에 들어오는 물건은 모두 사서 보낼테니 그리 아시오!"라고 말했다. 그러자 황희는 그럴 수 없다고 펄쩍뛰며 사양했지만, 세종은 시종을 불러 계획대로 어명을 내렸다.

그러던 세종이 정한 날에 새벽부터 폭풍우가 몰아쳐 종일 멎지 않으므로 사대문을 드나드는 장사치라고는 한 사람도 없었다. 결국 문을 닫을 시간이 되자 한 시골 노인이 달걀 한 꾸러미를 들고 들어오는 것이 아닌가! 시종은 그것이라도 황희의 집으로 보내게 되었다. 그것을 받은 황희는 세종의 성은에 감격하며 삶아 먹으려고 했는데, 알마다 곯고 병아리가 되려고 뼈가 생긴 것들이라서 한 알도 먹지 못하게 된 것이다.

이 소식을 들은 세종은 "모처럼 좋은 기회도 뜻대로 되는 일이 없다"고 말했다는 데서 유래된 고사성어가 계란유골鷄卵有骨이다.

청렴清廉이란 말은 성품性品이 고결高潔하고 탐욕貪慾이 없다는 말이다. 그러나 문제는 '청렴하다고 누가 인정하며, 청렴하다는 기준을 어디에다 두느냐'는 것이다.

조선시대 황희 정승을 청렴한 대표적 인물로 꼽고 있지만 성경에서는 소년시절에 바벨론에 포로로 잡혀가서 정치인으로 성장한 인물, 다니엘이 있다. 이방 신을 섬기는 왕들을 계속 섬기는 중에 나라가 바벨론에서 메데와 파사로 바뀌는 중에도 계속 등용되었던 인물이었다. 그는 신앙적으로는 하나님을 신실하게 섬기어 하나님께 영광이 돌아가게 하는 생활을 하였지만, 자신의 나라를 정복하고 많은 백성들을 포로로 잡아갔던 바벨론 나라의 왕에게까지 인정받았던 사람이다.

"총리들과 고관들이 국사에 대하여 다니엘을 고발할 근거를 찾고자 하였으나 아무 근거, 아무 허물도 찾지 못하였으니 이는 그가 충성되어 아무 그릇됨도 없고 아무 허물도 없음이었더라."단 6:4

고 했다. 고발하려던 총리와 고관들이 다니엘의 뒷조사를 해보았지만 다니엘은 높은 공직에 있음에도 불구하고 공직자로서 부정부패가 전혀 없었고, 권력의 남용이나 뇌물 받는 것을 찾지 못했다. 부정이 그에게 없었다는 말이다. 다니엘의 고소할 허물을 찾지 못하자 "다니엘은 그 하나님의 율법에 대하여 그 틈을 얻지 못하면 그를 고소할 수 없으리라"단 6:5라고 말을 할 정도로 그의 청렴함과 신앙태도가 분명했다. 이것을 보아도 하나님과 많은 사람들에게 다니엘은 인정받았던 청렴한 사람임을 알 수 있다.

그들이 다니엘을 제거하는 방법은 다니엘의 신앙의 문제를 통하여 기회를 찾아야만 가능할 것이라고 했지만 다니엘은 하나님을 섬기는 일에 분명한 태도를 가지고 있었다. 특히 "이는 그가 충성되어…아무 허물도 없음이었더라단 6:4"고 말을 할 정도로 직무에도 태만히 하지 않았던 것이다. 결국 다니엘이 하나님을 향하여 기도하는 것으로 흠을 잡아 굶주린 사자굴 속에 던져짐을 받았지만, 다니엘이 하나님을 경외하는 것과 청렴한 그의 삶을 보시고 하나님은 다니엘을 사자의 입에서 구원하신 것이다.

다니엘은 느브갓네살 왕으로부터 벨사살 왕, 다리오 왕, 고레스 왕 등 4명의 왕이 나라를 다스릴 때마다 왕의 곁에서 충성스런 인물로 있었다는 것을 볼 때, 그가 얼마나 청렴한 사람으로 인정받았겠는가를 생각하게 된다.

그는 뜻을 정하여 왕들이 먹는 음식을 먹지 않았고, 뜻을 정하여 기도하였고, 뜻을 정하여 청렴한 삶을 살았기에 이방나라에서도 존귀히 여김을 받았고, 살아날 소망이 없는 굶주린 사자 굴에서도 하나님께서 구원하신 것이다.

고식지계(姑息之計)

임시방편으로 편한 것을 택하는 꾀

姑 시어미 고
息 아이, 숨 쉴 식
之 어조사 지
計 셈할 계

고식지계라는 고사성어는 부녀자나 어린아이가 꾸미는 계책 또는 잠시 모면하는 일시적인 계책으로, 근본 해결책이 아니라 즉흥적으로 편안한 것을 취하는 방법을 말한다.

사무엘상 15:22
여호와께서 번제와 다른 제사를 그의 목소리를 청종하는 것을 좋아하심 같이 좋아 하시겠나이까 순종이 제사보다 낫고 듣는 것이 숫양의 기름보다 나으니….

증자曾子는 중국의 유명한 철학자로서 사서삼경의 하나인 '대학'을 지은 사람으로 누구 앞에서나 거짓말을 하지 않은 사람으로 유명하다.

하루는 증자의 아내가 시장에 가려는데 아이가 울면서 따라왔다. 그의 아내는 아이를 달래고 시장에 다녀오기 위해서 이렇게 말했다.

"엄마가 금방 다녀와서 돼지고기 반찬을 해 줄게!"

그 말에 아이는 울음을 멈추고 좋아했다. 그러나 증자는 집안 사정상 아내가 돼지고기를 사 올 형편이 못된다는 것을 알고 고심 끝에 아이들에게 거짓말 해서는 안 된다는 생각에 집에 있는 돼지를 잡기로 했다.

아내가 시장에서 돌아오자 증자는 돼지를 잡으려고 우리를 열고 들어갔다. 아내는 깜짝 놀라 이를 말리며 물었다.

"급한 김에 우는 아이를 달래려고 한 말인데 정말 돼지를 잡으면 어떡해요?"

아내의 말을 들은 증자는 화를 내면서 이렇게 말했다.

"애들에게 어떻게 거짓말을 할 수 있소? 애들은 부모를 따라 배우고 부모의 가르침대로 자라나오. 지금 당신이 아이를 속이면 아이는 어머니를 믿지 못하게 되오. 그뿐만 아니다 부모가 한 말을 대수롭지 않게 생각할 것이오. 나는 우리 아이가 거짓말이 당연하다고 생각하며 살아가게 하고 싶지 않소!"

증자는 끝내 돼지를 잡아 온 가족들과 함께 먹었다고 한다. 이렇게 해서 증자는 아이에게 거짓말 하지 않는 부모라는 것을 보여 주었다.

그러던 증자가 위독한 병에 걸려 임종을 앞두고 있던 자리에 증자의 제자 약정자춘과 증자의 두 아들 증원과 증신이 병상을 지키고 있었다. 그런데 촛불을 들고 있는 동자가 증자에게 이렇게 말했다.

"선생님의 대자리가 참 멋있고 훌륭하네요. 대부大夫들이 사용하는 대자리 같은데요."

그 말을 들은 제자 약정자춘은 그만두라고 달했으나 동자는 또 묻는다.

"대부들의 대자리가 맞나요?".

그러자 증자는 겨우 목에서 나오는 소리로 이렇게 말했다.

"맞다. 계손 씨가 준 것을 아직 바꾸지 못하였다. 아들 원아, 나와 자리를 바꾸어라"

그러자 아들 원은 "병이 위독하므로 내일 바꾸겠습니다."라고 말했다. 하지만 증자는 잘못된 것을 고치고 죽겠다며 굳이 자리를 바꾸었다. 그런데 그러자마자 증자는 죽고 말았다. 특히 그는 "군자가 사람을 사랑할 때는 덕으로, 소인이 사람을 사랑할 때는 고식으로 한다."고 말을 했다. 즉 군자는 덕으로 사랑하기 때문에 오래가고 소인은 눈앞의 이익을 두고 사랑하기 때문에 오래가지 못한다는 것이다. 여기서 유래된 고사성어가 고식지계이다.

명심보감에 인무백세인 왕작천계人無百歲人 枉作千年計라는 글이 있다. 뜻은 "백년을 사는 사람이 없거늘, 부질없이 천년이나 살듯이 꿈을 꾼다"는 말이다.

이렇게 어리석게 살아가는 사람 중에는 사울이라는 사람이 있다.

그는 사무엘이 죽은 후, 블레셋 나라가 쳐들어오므로 전쟁에 불리함을 느끼고 상당히 불안해하고 있었다. 그래서 하나님께 기도했지만 사울을 버리신 하나님의 응답이 없자 신접한 여인을 찾아가게 되었고 결국 블레셋과의 전쟁에서 두 아들과 함께 죽음을 맞이하고 말았다.

그는 왕으로 선택되었을 때만 해도 스스로 자신을 작게 여길 정도로 겸손한 사람이었다삼상 15:17. 그러나 사무엘에게 기름부음을 받고 왕이 되어 고작 2년도 못되어 교만해져 분수에 맞지 않는 행동을 하였다. 그는 제사장만이 제사祭司 할 수 있는 하나님의 명령을 무시하고 번제를 드렸고, 자신이 직접 제사를 드린 데 대해 궁색한 변명을 늘어놓았다.

아말렉과의 전쟁을 앞두고 있을 때에 하나님께서는 아말렉을

쳐서 그들의 모든 소유를 남기지 말라삼상 15:3고 명령하셨지만, 막상 전쟁에서 승리하고 전리품 중에서 가장 좋고 기름진 소나 양은 진멸하기를 즐겨하지 않고 가치 없고 하찮은 것만 진멸하는 불순종을 나타냈다.

사무엘이 이 일을 책망하자 좋고 기름진 것으로 하나님께 제사를 드리려고 진멸하지 않았다고 변명을 하였고, 죽는 날까지 하나님이 세우신 다윗을 죽이려는 일로 세월을 보내고 있었다. 그 결과 하나님의 영과 은혜가 그에게서 떠나버렸고 결국 수치스러운 죽음에 이르고 말았다.

여호와께서 번제와 다른 제사를 그의 목소리를 청종하는 것을 좋아하심같이 좋아 하시겠나이까 순종이 제사보다 낫고 듣는 것이 숫양의 기름보다 나으니삼상 15:22….

고어지사(枯魚之肆)

枯 마를 고
魚 물고기 어
之 어조사 지
肆 방자할 사

어물전의 마른 물고기, 곤궁한 처지를 말함

고어지사라는 고사성어는 枯고는 나무 木목과 옛 古고를 합친 글자로서, 오래된 나무는 말라죽기 쉽다는 의미, 물고기 魚어와 肆사는 극에 달하다는 의미, 그러므로 고어지사는 마른 물고기乾魚라는 뜻으로 매우 곤궁한 처지를 비유한다.

점언 11:25
구제를 좋아하는 자는 풍족하여질 것이요 남을 윤택하게 하는 자는 윤택하여지리라.

장주莊周가 양식이 떨어져 감하후監河侯라는 지방 토후土侯에게 양식을 꾸러 갔다. 장주의 말을 들은 감하후는 이렇게 말했다.

"네 알았습니다. 그러나 지금 저의 형편이 어려우니 조세를 거둬들일 때가오면 그때 은 3백 냥을 빌려드리겠습니다."

당장 먹을 것이 없는 장주가 그 말을 듣고 불끈 화를 내면서 이렇게 말했다.

"제가 어제 올 때 길에서 나를 부르는 자가 있었습니다. 돌아보니 수레바퀴 자국 속에 붕어가 부르는 것입니다. 제가 붕어에게 물었습니다. 붕어에게 무슨 일로 그러느냐고 물으니 '나는 동해의 소신小臣이온데 갑자기 불어온 강한 바람에 날리어 이 구덩이에 떨어졌습니다. 이제는 날이 덥고 목이 갈하여 죽게 되었습니다. 그러니 저에게 물 한 통만 가져다주어 구해 주십시오'라고 갈

급한 마음으로 말했습니다. 그래서 나는 고개를 끄덕이며, 내가 지금 남쪽의 오월嗚越 왕에게 가는데 그에게 부탁하여 서강西江의 물을 보내서 너를 맞게 해주겠다고 했더니 붕어는 불끈 성을 내며, '나는 늘 나와 함께 있던 물을 잃었기 때문에 있을 곳이 없는 것이오. 나는 지금 물 한 말 혹은 한 되의 물만 있어도 살아날 수 있소. 그런데 당신이 그렇게 말하다니, 당신이 서강의 물을 보낼 즈음에는 어물전에나 가서 나를 찾는 게 나을 것'이라고 말했습니다."라고 말했다.

장주의 이야기를 들은 감하후는 깨닫는 바 있어 하인들에게 식량을 지워 보냈다 한다.

지금 당장 먹을 것이 없는 사람에게는 훗날의 황금 만 냥보다는 밥 한 그릇이 필요할 것이고, 물이 없어 죽어가는 물고기에게는 훗날 천지 대해로 돌아가게 하는 것보다는 한 동이의 물이 긴급히 필요할 것은 당연한 것이다.

육신의 고통과 슬픔 중에는 여러 가지가 있겠으나, 그 중에 먼저 해결해야 하는 있는 것은 경제적인 어려움과 배고픔이다. 그래서 하나님은 다음과 같이 말씀하셨다.

"네 하나님 여호와께서 네게 주신 땅 어느 성읍에서든지 가난한 형제가 너와 함께 거주하거든 그 가난한 형제에게 네 마음을 완악하게 하지 말며 네 손을 움켜쥐지 말고 반드시 네 손을 그에게 펴서 그에게 필요한 대로 쓸 것을 넉넉히 꾸어주라 삼가 너는 마음에 악한 생각을 품지 말라 곧 이르기를 일곱째 해 면제년이 가까이 왔다 하고 네 궁핍한 형제를 악한 눈으로 바라보며 아무것도 주지 아니하면 그가 너를 여호와께 호소하리니 그것이 네게 죄가 되리라. 너는 반드시 그에게 줄 것이요, 줄 때에는 아끼는 마음을 품지 말 것이니라 이로 말미암아 네 하나님 여호와께서 네가 하는 모든 일과 네 손이 닿는 모든 일에 네게 복을 주시리라"신 15:7~10.

탈무드에는 "구제하는 자가 제사 드리는 자보다 더 위대하다"라는 교훈이 있다. 이렇듯 우리들은 무엇보다 구제하기를 힘써야 하는 것이 하나님의 말씀을 순종하는 일이요 하나님의 축복을 받는 비결이다.

그래서 "흩어 구제하여도 더욱 부하게 되는 일이 있나니 과도히 아껴도 가난하게 될 뿐이니라"잠 11:24고 하셨으며, "구제를 좋아하는 자는 풍족하여질 것이요 남을 윤택하게 하는 자는 윤택하여지리라"잠 11:25고 하셨다.

실제로 구제를 많이 하는 사람들이 가난하게 사는 것을 본 적이 없는 것 같다. 많이 구제하는데 더 부자가 되고 엄청나게 아끼는 데도 가난하게 되는 경우를 흔히 볼 수 있다. 이것은 하나님의 명령이요 약속이기 때문이다.

고진감래(苦盡甘來)

苦 괴로울 고
盡 다할 진
甘 달 감
來 올 래

고생이 다하면 좋은 미래가 온다

고진감래라는 고사성어는 쓴 것이 다하면 단 것이 온다는 의미로, 고생이 다하면 좋은 미래가 온다는 뜻이다. 고진감래와 유사한 사자성어는 비극태래否極泰來라는 말이 있는데, 좋지 않은 일이 지나고 나면 좋은 일이 온다는 뜻이다. 반대어는 흥진비래興盡悲來라는 말이 있다.

야고보서 1:2~4
내 형제들아 너희가 여러 가지 시험을 만나거든 온전히 기쁘게 여기라 이는 너희 믿음의 시련이 인내를 만들어 내는 줄 너희가 앎이라.

청렴을 양식으로 삼고 살아가는 도종의陶宗儀:원나라 말기~명나라 초기라는 사람이 있었다. 그는 가난했기에 붓 대신 숯으로, 종이 대신에 나뭇잎을 사용할 정도였다. 이렇게 빈천한 생활 중에도 가난을 부끄러워하거나 한탄하지 않고 열심히 공부하여 오랜 고생 끝에 결국 학자로서 중국문학사에 빠지지 않는 인물로 성공하였다는 데서 유래된 고사성어가 고진감래이다.

성공에 대한 서적들에서 다양한 성공 비결을 소개하고 있지만, 단 한 문장으로 요약한다면 '목표를 정하고 정진하면 반드시 이루어진다'고 말할 수 있다. 그 과정에서 체감하는 고난을 극복해야 한다. 부활의 영광스런 면류관을 쓰려면 가시 면류관을 쓰고 자기 십자가를 지고 가는 인내가 있어야 하듯이…. 하루아침에 일확천금一攫千金을 누리려는 사람을 불한당不汗黨이라 한다. 땀을 흘리지 않고 살려는 사람으로서 혹시 일확천금이 생겼다고 할지라도 그 삶은 행복이 아니라 비극으로 끝나는 것임을 우리는 너무도 잘 안다.

인생은 경기와 같다. 단거리가 아니라 장거리 경주와 같은 것이다. 숱한 고난과 역경을 극복해야 하는 장거리 경기와 같다는 말이다. 인생을 마라톤으로 본다면 과정은 허들 경기와 같다. 허들 경기에 있어서 남녀의 허들 높이가 약간 다르다. 남자들이 뛰는 110m 허들의 높이는 1m 67cm이고 10개의 허들을 넘어야 한다. 허들 경기는 400m를 달리는 경기도 있고, 최초 영국에서 허들 경기를 했을 때에는 3000m의 경기도 있었다고 한다. 어느 경기 하나 힘들지 않는 경기는 없지만 허들 경기 장애물을 통과하는 경기는 더더욱 힘이 드는 경기이다. 이런 장애물을 통과하여 룰에 맞게 제일 먼저 들어온 사람이 금메달을 따고 영광을 누리게 되는 것이다.

경기 하는 사람들은 누구나 우승하기를 원하지만 원한다고 해서 다 성공하는 것이 아니다. 가장 큰 문제는 장애물이다. 성공이라는 최후의 지점을 향해 가려면 수많은 장애물을 넘어야 한다. 그 장애물을 제압하든지, 피하든지, 아니면 뛰어넘어야만 성공이라는 목표를 달성하게 되는 것이다.

신앙생활도 마찬가지다. 하나님께 온전한 영광을 돌리며 복된 생활을 하려고 할 때도 여러 가지 장애물이 나타나게 된다. 그런 장애물을 넘어야만 하나님께 인정도 받고 쓰임도 받게 되는 것이다.

성경에 등장하는 위대한 인물들을 살펴보면 고난과 역경, 그리고 환난과 시련이라는 걸림돌을 극복하게 될 때 쓰임을 받았다. 요셉은 자신을 죽이려다가 종으로 팔았던 형들이 걸림돌이었다. 또 억울하게 강간미수범으로 누명을 씌워 감옥생활을 하게 했던 보디발의 아내가 장애물이었다.

모세에게는 고라 자손들이 걸림돌이었고, 하나님의 명령을 받아 애굽에서 구원하려 했던 이스라엘 백성들이 걸림돌이였다. 다니엘도, 다윗도, 욥도, 걸림돌 때문에 많은 고난을 당했지만 걸림돌을 통과하므로 귀하게 쓰임 받는 축복의 사람이 되었다. 예수님도 마귀가 장애물이었고, 바리새인과 서기관 그리고 제사장들이 장애물이었다.

그러므로 우리가 알아야 할 것은 하나님께 크게 쓰임을 받고 많은 축복을 받은 사람일수록 걸림돌이 많았고 그 걸림돌을 뛰어넘었던 것이다. 그래서 사도 야고보는 "내 형제들아 너희가 여러 가지 시험을 만나거든 온전히 기쁘게 여기라 이는 너희 믿음의 시련이 인내를 만들어 내는 줄 너희가 앎이라 인내를 온전히 이루라 이는 너희로 온전하고 구비하여 조금도 부족함이 없게 하려 함이라"약 1:2~4고 했다.

욥은 시련의 아픔을 당한 후에 고난에 대해서 이렇게 정의했다. "내가 가는 길을 그가 아시나니 그가 나를 단련하신 후에는 내가 순금같이 되어 나오리라"욥 23:10.

고난은 사람을 힘들게 하는 걸림돌과 같은 것이 아니라 오히려 장성하게 하고 사람을 명품인생으로 만드는 도구이기도 하다.

고침무우(高枕無憂)

높은 베개를 베고 근심이 발을 펴고 잠을 잔다

高 높을 고
枕 베개 침
無 없을 무
憂 근심할 우

고침무우라는 고사성어는 높은 베개를 베고 근심걱정이 없이 발을 펴고 잠을 잔다는 뜻으로서 태평무사하다는 말이다.

사도행전 3:19
그러므로 너희가 회개하고 돌이켜 너희 죄 없이 함을 받으라 이같이 하면 유쾌하게 되는 날이 주 앞으로부터 이를 것이요.

전국시대戰國時代에 맹상군은 제나라의 국상으로 있으면서 세력이 대단하였고 그가 소유한 재산만해도 헤아릴 수 없이 많았다. 그의 수하에 풍환馮驩이란 식객이 있었는데 괴짜요 별종이었다.

하루는 맹상군이 풍환을 불러 놓고 설薛이란 곳에 가서 대부貸付금을 받아오라고 했다. 그러자 풍환은 맹상군에게 이렇게 물었다.

"빚을 받고 돌아올 때 사올 것은 없습니까?"

"아무거나 우리 집에 없는 걸로 사오게나!"

풍환은 빚진 사람들에게 일일이 찾아가서 맹상군께서는 당신들의 빚을 받지 않기로 하셨다고 말을 하면서 각종 계약서들을 거두어 모조리 불살라버리고 돌아왔다.

풍환이 이렇게 빨리 돌아온 것을 보고 맹상군이 물었다.

"그래 빚은 다 거둬들였는가?"

"네!"

주저 없이 대답하면서 이렇게 말했다.

"분부대로 대인 집에 없는 것을 사왔습니다. 소인이 보건대 대인께서는 보물과 미녀들은 얼마든지 있지만 의리가 없기에 의리를 사왔습니다."

이렇게 말하면서 계약문서들을 태워버린 일을 이실직고했다. 이 말을 들은 맹상군은 화가 머리끝까지 치밀어 올랐으나 억지로 참고 있었다. 그 후 일 년이 지나 맹상군은 어떤 일로 재상자리에서 밀려나 설이라는 곳으로 쫓겨갔을 때에 그곳 백성들은 떼를 지어 나와 맹상군을 맞이하면서 지난날에 베풀어준 은혜에 감사를 드리는 것이 아닌가. 이에 깊이 감동된 맹상군이 풍환을 보고 "그대가 사다 준 의리를 이제야 보게 되었구나!"라고 말하며 기뻐했다. 그때 풍환은 맹상군에게 이렇게 말했다.

"약삭빠른 토끼는 굴이 셋이 있다고 했습니다. 하지만 대인께서는 지금 하나밖에 없으니 베개를 높이 베고 편히 누워 잘 수 없습니다. 이제 두 개 더 있어야 합니다."

그 후 풍한은 맹상군을 위해 또 두 가지 대사를 성사시켰는데, 하나는 제나라 임금으로 하여금 맹상군을 다시 국상으로 등용하게 한 것이고, 다른 하나는 설이라는 곳에 맹상군을 위한 종묘를 세운 것이다. 이런 일들이 다 성사된 후, 풍환은 맹상군을 보고 "이제부턴 높은 베개를 베고 근심 없이 지낼 수 있게 되었습니다."라고 말했다는데서 유래된 고사성어가 고침무우다.

옛날부터 사람들은 사후死後를 위해 준비했다. 이집트의 피라밋도 왕들의 죽음 이후를 위해 준비한 무덤들이다. 지금도 많은 종교들이 죽음 후를 위해 준비하는 것을 가르친다. 살았을 때 좋은 일을 많이 하거나 공양을 많이 하는 것, 죽은 조상을 위해 제사를 지내는 것, 이 모든 것은 죽은 자들의 영원한 안식을 얻기 위함이라 생각했다.

예수님께서 부자와 나사로 비유를 통해서 가르쳐주신 말씀 눅 16:19~31들은 이러한 것들이 헛된 것들임을 가르쳐 주고 있다. 이 말씀에서 부자와 나사로 비유에서 인간이 죽음 후에 천국과 지옥이 있어서 어떤 사람이 들어가는가, 천국의 안식과 지옥의 고통이 어느 정도인가, 이 세상의 부유함도 잠깐이지만 고난도 잠깐이나 지옥의 고난과 천국의 안식도 영원하여 사람이 죽는 순간 사후의 세계가 결정되어지는데 거기에서는 어떤 방법으로도 나올 수 없다는 것을 가르쳐 주고 있다.

영원한 안식의 세계에 이르기 위해서는 "복음에는 하나님의 의가 나타나서 믿음으로 믿음에 이르게 하나니 기록된 바 오직 의인은 믿음으로 말미암아 살리라 함과 같으니라"롬 1:17는 말씀처럼 '오직 믿음'이다. 그러나 믿음으로 구원을 받기 위해서는 선행先行해야 할 것이 있는데 그것은 회개이다. 구원의 공로적인 기초는 그리스도께서 우리 죄를 대신하여 회개의 피 흘리심이었기 때문이다. 그러므로 구원을 이루기 위해서는 회개하고 믿는 자에게만 효력이 발생되는 것이다. 그래서 예수님께서 "때가 찼고 하나님 나라가 가까웠으니 회개하고 복음을 믿으라 하시더라"막 1:15 라고 말씀하셨고, 바울은 "하나님의 뜻대로 하는 근심은 후회할 것이 없는 구원에 이르게 하는 회개를 이루는 것이요…"고후 7:10, 베드로는 "너희가 회개하여 각각 예수 그리스도의 이름으로 세례를 받고 죄 사함을 얻으라"행 2:38 고 말씀한 것이다.

과유불급(過猶不及)

모든 일에 있어서 지나치면 미치지 못함과 같다

過 지날 과
猶 오히려 유
不 아닐 불
及 미칠 급

과유불급이라는 고사성어는 모든 것이 과하여 지나치면 미치지 못함과 같다는 뜻이다.

고린도전서 9:25
이기기를 다투는 자마다 모든 일에 절제하나니 그들은 썩을 승리자의 관을 얻고자 하되 우리는 썩지 아니할 것을 얻고자 하노라

孔子공자의 제자 중에 사師:자장라는 제자와 상商:상이라는 제자가 있었다. 이 두 사람은 대조적인 인물이다.

자장은 기상이 활달하고 생각이 진보적이어서 때로는 실수를 할 때가 있었고, 자하는 만사에 조심하며 현실적으로만 행동하므로 실수가 없는 대신 답답하다는 평을 받았다. 친구를 사귈 때도, 자장은 천하 사람이 다 형제라는 생각으로 모든 사람을 동등하게 쉽게 사귀였지만, 자하는 비록 많은 친구를 사귀지 못하더라도 한 번 친구를 사귀면 변함없는 사이가 되었다.

어느 날 子貢자공이 공자에게 찾아와서 물었다.

"선생님! 사자장와 상자하, 두 제자 중에 누가 더 어질다고仁 생각하십니까?"

공자는 똑똑한 사람이든 못 미치는 사람이든 각각 나름대로 남과 조화를 이루지 못한다는 면은 같기에 어느 쪽도 낫다고 할 수

없었기에 곰곰이 생각하다 이렇게 대답을 했다.

"사는 지나치고 상은 미치지 못한다."

그 말을 들은 자공이 다시 반문하였다.

"그럼 사가 낫단 말씀입니까?"

그 말을 들은 공자는 이렇게 대답을 했다.

"지나친 것은 미치지 못한 것과 같다"

여기서 유래된 고사성어가 과유불급過猶不及이다.

한국 사회는 50~60년이라는 짧은 기간에 비약적으로 성장했다. 이제 고도 성장기를 지나 선진국 초입에 도달하였다. 참 복된 나라가 된 것이다.

이제는 이 과유불급을 생각하면서 작은 부분을 하나하나 점검하고 보다 나은 나라가 되도록 노력할 시점인 것 같다. 가끔 젊은 이들이 '오버한다, 오버 페이스 한다'는 말을 하는 것을 듣는다. 이 말은 무슨 일이건 시작할 때의 마음은 본질적으로 합리적인 근거와 효과 등에 대해 많은 자부심을 갖고 시작하지만 어느새 과도한 욕심으로 자부심을 넘어 자만심에 빠져있을 때를 경계하기 위하는 뜻으로 사용한다. 이것은 브레이크가 고장 난 자동차를 타고 고속으로 달리는 것과 같이 위험스러운 일이 아닐 수 없다.

나라가 성장하면 정치, 경제, 사회, 문화, 교육 등도 병행해서 발전하는 것이 일반적이요 정상적이지만 우리 사회에서는 정치, 경제, 사회, 문화, 교육, 심지어 종교까지 과유불급 현상이 나타나고 있다. 일찍 축배를 들었다는 말이요, 자기 실력 이상으로 힘을 주고 있다는 말이다. 이것 역시 탈선의 위험의 길을 고속으로 달리는 것 같다고 말할 수 있다.

바울사도는 고린도전서 12장에서 각종 은사에 대해서 열거하면서 "더 큰 은사를 사모하라 내가 또한 가장 좋은 길을 너희에게 보이리라"고전12:31고 말씀하면서 고린도전서 13장으로 넘어가서 사랑을 언급하고 있다. 모든 은사는 귀한 것이지만 은사를 은사되게 하는 가장 귀한 은사는 사랑이라고 강조하고 있다. 그렇듯 바울은 사랑, 희락, 화평, 오래 참음, 자비, 양선, 충성, 온유라는 성령의 열매를 가르치시면서 마지막으로는 절제라는 성령의 열매를 말씀하셨다.

사랑이 없는 은사는 효능이 없는 은사요, 절제라는 성령의 열매야말로 모든 성령의 열매를 온전케 하는 열매라 할 수 있다. 그러므로 우리가 무슨 일을 하든지 절제 없이는 성공할 수 없으며 성공이 성공되게 하는 것이 절제임을 알아야 할 것이다. 그래서 바울 사도는 "이기기를 다투는 자마다 모든 일에 절제하나니 그들은 썩을 승리자의 관을 얻고자 하되 우리는 썩지 아니할 것을 얻고자 하노라."고전 9:25고 말씀하고 있다.

우리들은 영원히 썩지 아니할 영광을 얻기 위해서 나가는 사람이기에 더욱 절제해야 하며, 하나님께서 맡기신 영육간의 사명을 감당할지라도 "마땅히 생각할 그 이상의 생각을 품지 말고 오직 하나님께서 각 사람에게 나눠주신 믿음의 분량대로 지혜롭게"롬 12:3 해야 할 것이다.

관포지교(管鮑之交)

시세를 떠난 편안하고 두터운 우정

管 피리 관
鮑 절인 어물 포
之 어조사 지
交 사귈 교

관포지교라는 고사성어는 제나라의 관중과 포숙아 사이 같은 사귐이란 뜻으로 시세時勢를 떠나 친구를 위하는 두터운 우정을 일컫는 말이다.

요한복음 15:13~15
사람이 친구를 위하여 자기 목숨을 버리면 이보다 더 큰 사랑이 없나니 너희는 내가 명하는 대로 행하면 곧 나의 친구라 이제부터는 너희를 종이라 하지 아니하리니 종은 주인이 하는 것을 알지 못함이라 너희를 친구라 하였노니 내가 내 아버지께 들은 것을 다 너희에게 알게 하였음이라

제나라에 관중管仲과 포숙아鮑叔牙는 죽마고우竹馬故友로 둘도 없는 친구 사이였다. 관중은 젊은 시절 포숙아와 사귐에 대해서 감사한 마음을 다음과 같이 술회했다.

"포숙과 함께 장사를 하고 이익을 나눌 때, 나는 내 몫을 더 많이 가졌으나 포숙은 내가 가난한 줄 알았기에 나를 욕심쟁이라고 말하지 않았다. 내가 사업을 경영하였다가 실패했고, 세 번 벼슬길에 나갔다가 쫓겨나고 말았지만 포숙은 시운을 만나지 못했기 때문이라며 나를 우매하다 하지 않았다. 내가 세 번 싸웠다가 패해서 달아났지만 늙은 어머니를 모시고 있는 사람이어서 그렇다며, 나에게 겁쟁이라 하지 않았다. 공자公子 규糾가 패했을 때 동료이던 소홀召忽은 싸움에서 죽고 나는 잡혀 욕된 몸이 되었지만 포

숙은 나를 작은 일보다는 공명을 천하에 날리지 못하는 것을 부끄러워하는 줄을 알기 때문에 그렇다며 나를 욕하지 않았다. 나를 낳은 분은 부모이지만 나를 알아준 이는 포숙이다.”

관중은 양공襄公의 공자公子인 규糾의 측근이 되었고, 포숙아는 규의 동생인 소백小白의 측근으로 있을 때, 종제인 공손무지公孫無知의 반란으로 양공이 죽음을 당하자 관중은 규糾를 받들고 노魯나라로 망명했고 포속아는 소백小白을 받들고 거로 망명하게 되었다. 그러나 반란을 일으켰던 공손무지가 반대파에게 죽임을 당하여 제齊나라에는 왕위王位가 비어있었다. 규와 소백 가운데 먼저 제나라에 돌아온 자가 왕위에 오를 수 있는 기회가 왔다. 규는 소백보다 먼저 제나라에 돌아가려 했으나 뜻대로 되지 아니하였고 반대로 소백은 제나라로 향하였다.

이러한 정보를 얻은 관중은 규를 왕위에 앉히기 위해서는 소백을 죽이는 길 밖에 없음을 알고 소백이 제나라로 가는 도중에 매복하여 죽이려 하였으나 실패하고 말았다. 결국 소백은 제나라에 돌아와 왕위에 올랐으니 이가 곧 제환공齊桓公이다. 왕위에 오른 제환공은 규를 죽이고 관중 또한 죽이려 했으나 포숙아는 “왕께서는 천하를 다스리고자 하신다면 관중을 살려 주시는 것이 좋을 것 같습니다.”라면서 말리자 환공은 포숙아의 말에 따라 관중을 살려 주었을 뿐만 아니라 대부大夫에 임명하여 국정을 다스리게 하므로 관중은 대재상으로서 재능을 마음껏 발휘하여 환공을 춘추시대 제일의 지위에 올려놓게 되었다.

성경에서 관중과 포숙아와 같은 인물을 볼 수 있다. 요나단이 다윗을 사랑하는 대목에서 찾아 볼 수 있다. “요나단은 다윗을 자기 생명같이 사랑하여 더불어 언약을 맺었으며 요나단이 자기가 입었던 겉옷을 벗어 다윗에게 주었고 자기의 군복과 칼과 활과 띠도 그리하였더라"삼상 18:3~4는 말씀이다.

요나단이 다윗을 사랑하는 것은 단순한 우정에서 나온 것이 아니다. 아버지 사울은 다윗을 죽이려 했고, 다윗은 머지않아 이스라엘의 왕이 될 것을 알고 있었다. 자신이 계승해야 할 자리에 다윗이 앉아야 할 상황이 눈 앞에 있는 것이다. 이런 상황에서의 우정은 정권 앞에서의 우정이기보다는 하나님이 누구를 사랑하시고 왕위에 세우시고자 하신가를 생각하는 하나님의 계시적인 믿음에서 나타난 우정이다. 즉, 요나단은 현재 자신이 왕자로서 차기 왕이 되느냐의 여부보다도 '하나님이 누구를 왕으로 세우셨는가?'를 정확하게 파악하고 거기에 순종하며 사랑할 줄 아는 우정이다. 그래서 왕자가 입고 있는 옷, 장차 왕위를 계승할 자가 입을 옷을 벗어 다윗에게 입혔고, 요나단을 자기 생명을 사랑함 같이 다윗을 사랑했던 것이다삼상 20:17. 그들의 사랑과 우정은 상대방을 이해하고, 하나님의 섭리를 깨닫는 마음에서 나온 것이다.

우리는 다윗과 요나단의 우정을 부러워하고 그런 진실한 친구를 기대한다. 그러나 이 땅에서 그런 진실한 친구를 얻는다는 것은 그리 쉽지 않다. 그럼에도 우리에게 진실한 친구가 있으니 바로 예수 그리스도이시다. 예수님은 우리의 진실한 친구가 되시는 분이시다. 예수님은 우리가 무슨 말을 하든지 들으시는 분이시고, 그분에게 아무리 속에 있는 비밀을 말해도 문제가 되지 않는 분이시다. 우리의 비밀을 들으시고 문제를 해결하시는 분이다. 우리를 구원키 위해서 자기 몸을 십자가에 못 박혀 죽으신 친구이심을 잊지 말아야 한다.

괄목상대(刮目相對)

눈을 비비고 볼 정도로 학문과 재주가 늚

刮 비빌 괄
目 눈 목
相 서로 상
對 마주볼 대

괄목상대라는 고사성어는 과거에는 학문이나 재주가 변변치 않았지만 어느 날 다시 보니 실력이 부쩍 늘어 다른 사람처럼 보일 만큼 변해있을 때 사용하는 말이다.

고린도전서 13:11
내가 어렸을 때에는 말하는 것이 어린아이와 같고 깨닫는 것이 어린아이와 같고 생각하는 것이 어린아이와 같다가 장성한 사람이 되어서는 어린아이의 일을 버렸노라

삼국시대 오나라 왕嗚王 손권孫權에게는 여몽呂蒙이란 충성스런 장군이 있었다. 그는 전공戰功을 쌓아 졸병卒兵에서 장군까지 이르게 된 사람으로 촉나라의 명장 관우를 사로잡기도 했다.

어렸을 때 집안이 너무 가난하여 공부를 할 수 없어서 무식꾼일 수밖에 없었던 여몽에게 손권 왕은 이렇게 명했다.

"장군은 이 나라의 대관이니 지금부터 책을 많이 읽어 훌륭한 대관이 되기를 바라오. 학문을 쌓으라고 해서 경학經學 : 경제학 박사이 되라는 것이 아니고, 옛 사람이 남긴 병법을 이론적으로 익히기 위해서는 공부를 해야 하오"

이때부터 여몽의 공부는 그치지 않았으며, 그는 전지戰地에서도 손에서 책을 놓지 않고 학문에 정진하여 그의 학식은 경지에 이르게 되었다.

어느 날 중신重臣으로 유식한 재상 노숙魯肅이 여몽을 만나 대화를 나누다가 여몽이 너무나 박식해진 것에 놀라자, 여몽은 이렇게 말했다. "사별삼일 괄목상대士別三日 刮目相待, 선비가 삼 일 떠나있으면 눈을 비비고 볼 정도로 달라진다고 하잖소?" 여기서 유래된 고사성어가 괄목상대이다.

그 후, 여몽은 오랜 친구인 재상 노숙이 병사病死하자 여몽은 그 뒤를 이어 오나라 왕 손권을 보필하여 국세國勢를 성장시키는 데 공을 세웠고, 특히 촉蜀나라 땅을 차지하면 형주荊州:호남성湖南省를 오나라에 돌려주겠다던 약속을 이행하지 않는 유비劉備의 촉군蜀軍을 치기 위해 손권에게 은밀히 위魏나라의 조조曹操와 화해 제휴할 것을 진언하여 성사시키고, 형주를 관장하고 있던 촉나라의 명장 관우가 중원中原으로 출병하자 여몽은 이때를 놓이지 않고 출격하여 관우의 여러 성城을 하나하나 공략攻略한 끝에 마침내 관우까지 사로잡는 큰 공을 세움으로써 오나라의 백성들로부터 명장으로 추앙을 받게 되었다.

당구풍월堂狗風月, 서당 개 3년이면 풍월을 읊는다는 말이 있다. 예수님의 제자들은 예수님과 3년을 함께 하면서 보고 듣고 배워왔기 때문에 그들에게서 예수님의 능력, 예수님의 인품이 나타나야 했지만 3년이 지나도 그들에게서는 아무것도 찾을 수 없었다. 오히려 예수님을 팔아먹는 제자가 생겨났고, 누가 먼저랄 것이 없이 예수님을 비겁하게 배반하고 떠나는 천인공노天人共怒 할 모습이었다.

그러나 오순절 이후의 모습은 눈을 비비고 다시 볼 정도로 달라졌다. 각각 자기의 방언으로 말하고 이해하는 그들을 본 사람들이 놀라고 신기하게 생각하며 "이 말하는 사람들이 다 갈릴리 사람이 아니냐"행 2:7~8고 말할 정도였다. 특히 베드로가 공회에서 담대히 말함을 듣던 공회원들이 본래 학문 없는 범인으로 알았다가 눈을 비비고 볼 정도로 성장했고행 4:13, 앉은뱅이가 일어나고, 한 번 설교할 때에 3천명이나 회개하여 세례 받는 역사가 나타났고, 핍박이 그들에게 가해져도 더욱 더 담대히 복을 외칠 정도로 성장한 모습으로 변한 것이다.

우리는 우리의 신앙의 모습이 어떠한지를 먼저 바라볼 줄 알아야 한다. 또 타인이 나의 신앙의 연조와 생활을 어떻게 보고 있는지를 생각해야 한다. 예수님을 믿은 것만큼 믿음이 성장했는지, 믿음이 믿음 되게 하는 행함이 있는 믿음의 사람이 되었는지를 생각해 보아야 한다.

신앙생활을 하는 사람들 중에는 교회를 오래 다니면서 귀로만 들어 하나님을 아는 신앙이 있다. 그러던 중에 성령의 감동하심으로 하나님을 체험한 신앙으로 성장하는 경우가 있다. 욥과 같은 신앙이다. 욥은 악을 떠난 생활로 하나님과 사람들 앞에서 정직했고 순전한 사람이었지만 그의 믿음은 귀로 들어서 알았던 수준이었다. 그러나 고난을 당한 후에 "내가 주께 대하여 귀로 듣기만 하였사오나 이제는 눈으로 주를 뵈옵나이다"욥 42:5라고 고백한다. 이론으로, 지식으로만 알던 하나님을 실제로 인격적으로 체험했다는 것이다. 신앙은 후퇴하는 것이 아니라 성장하는 것이다. 어린아이와 같은 신앙이 장성한 신앙이 되어야 한다. 바울 사도가 "내가 어렸을 때에는 말하는 것이 어린아이와 같고 깨닫는 것이 어린아이와 같고 생각하는 것이 어린아이와 같다가 장성한 사람이 되어서는 어린아이의 일을 버렸노라"고전 13:11고 말씀한 대로 장성한 신앙이 되어야 한다.

교룡득수(蛟龍得水)

좋은 기회를 얻는 것을 비유하는 말

蛟 교룡 교
龍 용 룡
得 얻을 득
水 물 수

교룡득수라는 고사성어는 교룡은 뱀과 같은 모양의 전설상의 용으로 뜻을 이루지 못하는 영웅·호걸을 의미하지만, 득수는 교룡이 물을 얻었으니 영웅이 때를 만난다는 뜻이다.

잠언 16:9
사람이 자기의 길을 계획할지라도 그 걸음을 인도하시는 이는 여호와시니라.

중국 북조 후위後魏의 무제武帝는 남방의 양梁나라를 공격하기 위해 상서 이충李沖에게 출전할 군사를 선발하게 했다. 이때 전쟁에 자원하는 사람 중에 양대안楊大眼이란 하급관리가 있었다. 그러나 양대안은 이충의 눈에 차지 않아 별로 관심을 주지 않았다.

양대안은 자신의 재주를 보이겠다며 말의 등에 올라타고서는 어느 말들이 따라 잡을 수 없도록 달리기 시작했다. 이충은 그의 재주를 보고는 감탄하며 그를 군주의 관병으로 승진시켰다. 양대안은 너무나 기쁜 나머지 출정하기 전 그동안 같이 지내던 동료들에게 말했다.

"내가 쓰일 곳을 찾았으니, 이건 실로 교룡이 물을 만난 것과 같다. 이제부터 그대들과는 같은 대열에서 서 있지 않을 것이다."

여기서 비롯된 말이 교룡득수蛟龍得水이다.

그는 얼마 후 통군統軍으로 승진했으며, 여러 싸움을 통해 많은 공을 세우게 되었는데, 중국 남북조시대 북위의 명장. 남조에 진경지가 있다면 북조에는 양대안이 있다고 할 정도의 무장이 되었다.

준비된 자에게는 기회가 찾아온다. 준비된 자가 되기까지 뼈를 깎는 노력이 없으면 자기에게 돌아온 기회를 맞이할 수 없게 된다. 기회란 스스로 만들어 가는 것이라고 말들을 하지만 하나님을 믿는 사람들은 아무리 자신이 열심히 노력을 해서 기회를 얻어 위대한 일을 해냈다고 할지라도 그것을 자신의 노력 때문이라고 자화자찬하지 않는다. 그 이유는 자신의 노력보다 더 중요한 건 하나님께서 선한 손으로 도와주셨기 때문이라는 것을 알기 때문이다.

그래서 지혜의 왕 솔로몬은 "사람이 자기의 길을 계획할지라도 그 걸음을 인도하시는 이는 여호와시니라"잠 16:9고 했다. 그러므로 그리스도인은 좋은 기회를 얻을 때마다 교만하지 않고, 기회를 맞이하여 성공할 때마다 곁에서 도우시는 하나님께 영광 돌리게 되는 것이다.

창세기 39:2~3에 "여호와께서 요셉과 함께하심으로 그가 형통한 자가 되어 그의 주인 애굽 사람의 집에 있으니 그의 주인이 여호와께서 그와 함께하심을 보며 또 여호와께서 그의 범사에 형통하게 하심을 보았더라"고 했다.

또 "…여호와께서 요셉을 위하여 그 애굽 사람의 집에 복을 내리시므로…"창 39:5라는 말씀을 보면 요셉의 능력과 열심 때문에 주인집이 복을 받은 것이 아니라 전적으로 하나님께서 요셉을 위하여 복을 내리신 것을 알 수 있다.

요셉은 이런 마음으로 두 관원장들의 꿈을 해석할 때 "해석은 하나님께 있지 아니하나이까"창 40:8라고 말했고, 애굽왕 바로 앞에서도 "아니라 하나님께서 바로에게 편안한 대답을 하시리이다"창 41:16며 하나님이 하실 일을 보여주신다는 말로 겸손하게 하나님만 높였던 것이다.

이런 모습을 보신 하나님은 요셉이 얼마나 사랑스럽겠는가? 그런 요셉이었기 때문에 어느 누구도 요셉의 하는 일에 간섭하지 못할 정도로 하나님께서 높이신 것이다. 요셉은 비록 종으로 생활을 하지만 "주인이 그의 소유를 다 요셉의 손에 위탁하고 자기가 먹는 음식 외에는 간섭하지 않았더라"창 39:6고 했다. 요셉이 감옥에 갇혀있을 때에도 하나님은 간수장에게 은혜를 받게 하시며 요셉에게 감옥의 제반 사무를 맡기고서는 "그의 손에 맡긴 것을 무엇이든지 살펴보지 아니하였느니"창 39:23라 하였으니 간섭하지 않았음을 알 수 있다.

애굽의 총리가 됐을 때도 바로는 요셉에게 "네 허락이 없이는 수족을 놀릴 자가 없으리라"창 41:44고 했으며, 모든 백성들이 바로에게 찾아와서 양식을 구할 때도 "요셉에게 가서 그가 너희에게 이르는 대로 하라"창 41:55고 할 정도로 하나님께서 요셉을 높여 주셨던 것이다. 하나님은 교만한 자를 물리치시고 겸손한 자를 높여 주셨다.

성경에서 위대한 일이 일어났을 때마다 그 일을 행한 사람은 보이지 않고 하나님만이 높여지는 이유가 이것 때문이다. 이것이 바로 영성이고, 이것이 바로 우리가 세상을 바라보는 마음의 눈이 되어야 한다. 이 세상 모든 것이 다 주님의 뜻 가운데 있기 때문이다.

교주고슬(膠柱鼓瑟)

규칙만 고수하여 융통성이 없는 꽉 막힌 사람

膠 아교 교
柱 기둥 주
鼓 북 고
瑟 큰 거문고 슬

교주고슬이란 말은 거문고의 기둥을 아교로 붙여놓고 거문고를 탄다는 뜻으로, 규칙만 고수하여 융통성이 없는 꽉 막힌 사람을 이르는 말이다.

야고보서 2:14
만일 믿음이 있노라 하고 행함이 없으면 무슨 유익이 있으리요 그 믿음이 능히 자기를 구원하겠느냐.

조趙나라에 조사趙奢라는 훌륭한 장군이 있었다. 그에게는 괄括이라는 아들이 있어 兵書병서를 가르쳤는데, 매우 영리하여 병법에 관하여 아버지와 토론을 해도 부족함이 없었으며 오히려 아버지보다 더 지혜롭기도 했다. 이런 아들을 둔 어머니는 무척이나 자랑스러워했고 장군의 집에 장군이 났다고 무척이나 좋아했다. 그러나 아버지인 조사의 마음은 달랐다. 임종이 가까워오자 조사는 아내를 불러 이렇게 말했다.

"전쟁이란 생사가 달린 결전決戰으로, 장수의 이론만으로 승패가 결정되는 것이 아니니 앞으로 괄이 장수가 된다면 조나라가 큰 변을 당할 위험이 있게 될 것이오."

그러니 나라에서 괄을 대장으로 삼지 않도록 말려 달라는 것이다.

훗날 진나라가 조나라를 침략하면서 첩자를 보내 이런 유언비어를 퍼뜨렸다. "조나라의 염파廉頗장군은 늙어서 싸움을 하기 두려워하므로 두렵지 않지만 다만 혈기왕성한 괄이 대장이 될 것을 두려워하고 있다."

이 유언비어를 들은 조나라 왕은 명장인 염파 대신 괄을 대장으로 임명하려고 했지만, 대신大臣으로 있던 인상여藺相如가 왕에게 나와서 괄을 임명하는 것에 극렬히 반대하면서 이렇게 간하였다.

"왕께서 그 이름만을 믿고 괄을 대장으로 임명하려는 것은 마치 기둥을 아교로 붙여놓고 거문고를 타는 것과 같습니다. 괄은 단지 그의 아버지가 준 병법을 읽었을 뿐, 상황에 맞추어 변통할 줄 모릅니다."

그러나 조나라 왕은 인상여의 말을 무시하고 괄을 총사령관에 임명했고, 그 결과 인상여가 우려한 대로 최악의 참패를 맛보게 되었다. 실전 경험이 전혀 없는 괄이 병법이론兵法理論만으로 작전을 전개하다가 진나라의 함정에 빠져 40만이라는 대군을 모두 죽이는 중국 역사상 최악의 참패를 가져왔던 것이다. 여기서 유래한 교주고슬膠柱鼓瑟이라는 고사성어는 융통성이란 조금도 없고 얄팍한 지식만 믿고 나대는 졸장부를 일컫는 말이 되었다. 이 말을 줄여서 '교슬膠瑟'이라고도 사용한다.

바울사도는 "우리의 씨름은 혈과 육을 상대로 하는 것이 아니요…, 악의 영들을 상대함이라"엡 6:12고 했다. 악의 영, 사탄은 얼마나 간교한가? "사탄도 자기를 광명의 천사로 가장하나니…"고후 11:14라는 말씀처럼 사탄이 천사의 모습처럼, 때로는 하나님이 보내신 천사처럼 말을 해서 성도들을 미혹에 빠뜨린다. 심지어 예수님에게 와서 3가지 것으로 시험마 4:3~9을 한 적이 있었다. 예수님이 마귀를 대적할 수 있는 것은 혈과 육이 아니라 말씀이셨다. 예수님은 신명기의 말씀을 인용하시면서 사탄을 물리치신 것이다.

우리가 사탄과의 싸움에서 혈과 육이 아니라 하나님의 말씀으로 싸워야 하지만 우리가 구원을 이루기 위해서도 오직 말씀을 믿어야 한다. 그래서 바울 사도는 "복음에는 한 의가 나타나서 믿음으로 믿음에 이르게 하나니 기록된 바 오직 의인은 믿음으로 말미암아 살리라"롬 1:17고 했고, "믿음은 들음에서 나며 들음은 그리스도의 말씀으로 말미암았느니라"롬 10:17고 말씀하고 있다.

그런데 더 중요한 것은 믿음이 있지만 구원을 이루지 못할 수도 있다는 것이다. 사도 야고보는 "만일 믿음이 있노라 하고 행함이 없으면 무슨 이익이 있으리오 그 믿음이 능히 자기를 구원하겠느냐"약 2:14고 했듯이 행함이 없는 믿음은 그 자체가 죽은 믿음임으로 유익이 되지 못한 믿음이 되어버리고 만다. 알고 꿈만 꾸는 생활이 아니라 알고, 믿고, 순종하는 것이 구원과 축복을 이루는 생활이다.

'잠자는 사람은 꿈을 꾸지만 노력하는 사람은 꿈을 이룬다'는 말처럼, 믿음은 물론 성공적인 삶을 이루기 위해서는 믿음으로 순종하는 생활, 믿음으로 실천하는 생활이 중요하다. 그러므로 "믿음을 주옵소서"라고 기도할 것이 아니라 "하나님의 말씀을 믿고 순종하게 하옵소서"라고 기도하자. 주님께서 맡겨주신 것을 가지고 충성하면 더 큰 것을 맡겨 주신다고 약속하신 주님의 말씀을 믿고 "복내려 주옵소서"라고 기도할 것이 아니라 "이미 주신 복을 가지고 충성하는 자가 되게 하옵소서"라고 기도하는 성도가 되어야 한다.

구밀복검(口蜜腹劍)

口 입 구
蜜 꿀 밀
腹 배 복
劍 칼 검

겉으로는 친한 체하나 음해할 생각을 품음

구밀복검이라는 고사성어는 입으로 꿀 같은 말을 하지만 뱃속에는 무서운 칼이 들어있다는 말로, 겉은 친한 체하나 속으로는 음해할 생각을 품고 있음을 말한다.

마태복음 2:8
아기에 대하여 자세히 알아보고 찾거든 내게도 고하여 나도 가서 그에게 경배하게 하라"

중국 당唐 현종 때에 이임보李林甫라는 사람이 있었다. 장량과 제갈량, 강태공 등이 선하고 좋은 방면의 훌륭한 모사謀士라면 이임보는 나쁘고 악한 방면의 모사였다. 간사하기로는 조조와 필적할 인물이나 조조는 대인大人에 속하지만 이임보는 소인 중에 소인이었다. 그는 환관과 후궁들에게 뇌물을 주어 환심을 사고, 현종 황제의 총비 양귀비에게 잘 보여 마침내 재상의 자리에 오르게 되었다. 당시 양귀비에게 빠져 정사를 멀리하는 현종의 유흥을 부추기며, 죽을 때까지 19년간 현종의 측근에서 인사권을 휘두르고 국정을 좌지우지했던 인물이다.

그는 만약 자신의 권위에 위협적인 신하가 나타나면 가차 없이 제거했는데 그가 정적을 제거할 때에는 먼저 상대방을 한껏 추어올린 다음 뒤통수를 치는 표리부동表裏不同한 수법을 썼기 때문에 벼슬아치들은 모두 이임보를 두려워하며 이렇게 말했다. "이임보는 현명한 사람을 미워하고 능력 있는 사람을 질투하여 자기보다 나은 사람을 배척하고 억누르는 성격의 사람이다. 사람들이 그를 보고 입에는 꿀이 있고 배에는 칼이 있다."라고 말했는데 여기서 유래된 고사성어가 구밀복검이다.

결국 생전에는 권력을 등에 업고 권력의 칼을 휘둘렀으나 그가 죽자 후임 재상 양국충이 그의 행적을 모두 들추어 결국 모든 관직을 박탈당해 서민으로 강등되어 죽게 되었고, 그의 무덤도 파헤쳐지는 비운을 맞게 됐다. 악인은 남을 속여 해치려 하다가 오히려 자기가 속아 해를 당하는 법이다. 악한 마음을 먹고 남을 해치기 위해 올무를 놓지만, 그것은 결국 자신의 영혼을 스스로 조이는 올가미가 되고 마는 것이다.

우리 주위에도 놀라운 지식과 지혜를 가지고 선하게 사용하지 않고 악하게 사용하므로 인류에 악을 끼치는 일을 행하는 사람들을 보게 된다.

예수님 탄생 때 동방의 점성학자들이 '별의 한 징조'를 보고 메시아의 탄생을 축하하기 위해서 유대 베들레헴까지 찾아오게 되었다. 그러나 헤롯은 제사장들과 서기관들을 통하여 미가 선지자의 예언인, "베들레헴아 너는 유대 고을 중에서 가장 작지 아니하도다. 네게서 한 다스리는 자가 나와서 내 백성 이스라엘의 목자가 되리라" 미 5:2는 말을 듣기는 했지만 메시아 탄생의 하나님의 섭리에 관심이 없었다. 아니, 하나님의 섭리를 받아들이기가 싫었던 것이다.

결국 유대인의 왕으로 오실 메시아를 죽일 간악한 마음으로 동방박사들을 보내면서 "아기에 대하여 자세히 알아보고 찾거든 내게도 고하여 나도 가서 그에게 경배하게 하라"마 2:8고 했다. 헤롯이 그리스도를 찾는 목적은 겉으로는 '경배하려 한다'고 말했지만 그것은 거짓이었고 그리스도를 죽이려고 한 것이었다. "나도 가서 그에게 경배하게 하라"는 말이야말로 능청스럽고도 악한 거짓말이다. 오히려 헤롯은 "내게 알리라. 내가 그를 죽이리라"고 했어야 옳을 것이다. 결국 헤롯은 그리스도를 찾는 데 이르지 못했고 오히려 수많은 생명을 살해할 뿐이었다마 2:16.

이와 같이 사탄은 예수님을 경배해야 할 사람들의 마음에 악한 씨를 뿌려 거짓을 말하게 하고, 영원히 씻지 못할 죄를 범하게 한다. 그래서 사탄은 거짓의 아비요 거짓말 하는 영이라고 말씀하셨다요 8:44. 사탄은 하나님께서 명백히 금지하신 선악과를 앞에 두고도 "너희가 결코 죽지 아니하리라 너희가 그것을 먹는 날에는 너희 눈이 밝아져 하나님과 같이 되어 선악을 알 줄 하나님이 아심이니라"창 3:4~5며 정반대의 거짓말을 하여 넘어뜨린 것이다. 이렇게 에덴동산으로부터 시작된 사탄의 거짓된 미혹은 아담의 모든 후손을 거짓말 하는 영의 세력권 안에서 살게 했다. 그뿐 아니라 사탄은 예수님의 공생애 시작하기 전 40일 금식하신 것을 기회로 삼아 시험을 한 것이다.

"하나님의 아들이라면 돌들로 떡덩이가 되게 하라 하나님의 아들이어든 뛰어 내리라 하나님이 그 사자를 보내 받들게 하여 발이 돌에 부딪치지 않게 하리라 내게 엎드려 경배하라 천하 만국과 그 영광을 주리라"마 4:3~9. 화려한 육신의 정욕과 안목의 정욕과 이생의 자랑으로 미혹하고 시험한 것이다. 그러나 사탄은 어떻게 해서라도 예수 그리스도, 곧 하나님을 넘어 뜨리려는 구밀복검이 있었던 것이다. 물론 예수님은 이 모든 것을 능히 간파하시고 제압하셨다.

구우일모(九牛一毛)

자신의 일만 중요시 하고 남의 고통에는 관심 없다

九 아홉 구
牛 소 우
一 한 일
毛 털 모

구우일모라는 고사성어는 아홉 마리의 소 중에서 뽑은 한 개의 털을 달한다. 사람들은 자기 자신의 일만 중요하게 생각하고 남의 고통에는 관심 없다는 태도에 쓰이는 말이다.

마태복음 10:42
또 누구든지 제자의 이름으로 이 작은 자 중 하나에게 냉수 한 그릇이라도 주는 자는 내가 진실로 너희에게 이르노니 그 사람이 결단코 상을 잃지 아니하리라 하시니라.

중국의 漢한나라는 북쪽에 자리 잡고 있는 흉노족匈奴族들이 때때로 침략해 오므로 잠시도 편안할 날이 없었다. 참다못한 한나라 황제 무제武帝가 흉노족을 토벌하기 위하여 이릉李陵장군에게 5천명의 보병을 주어 흉노족을 토벌케 하였다. 이릉은 전쟁초반 10배가 넘는 흉노족이지만 잘 싸웠으나, 수적으로 너무 열세인데다가 후방지원이 없어 결국 패하고 이릉도 전쟁에서 죽은 줄 알고 있었다.

이듬해 전쟁 중에 죽은 줄 알았던 이릉이 흉노족에 투항하여 후대를 받고 있다는 소식이 알려졌다. 이 사실을 알게 된 무제는 크게 노하며 이릉의 일족을 참형하라고 명을 내림과 동시에 이릉이 흉노족에게 투항하게 된 이유에 대해 중신들에게 물었다. 그러나 조정의 중신뿐만 아니라 이릉의 동료들조차도 눈치만 살필 뿐 어느 누구하나 나서서 말하지 못했다. 그것은 공연히 왕의 심사를 건드렸다가 자기들까지 화를 입을까 두려워했기 때문이다.

이때 사마천司馬遷이 그들의 행태에 분개하며 이릉을 변론하고 나섰다. 그는 평소 이릉이 흉노족조차도 경외하는 이광의 손자이며 그가 국난에 자신의 목숨을 바쳐서라도 나라를 지킬 장수라는 것을 믿었기 때문이다. 사마천은 사가史家로서 사태의 진상을 냉철하게 통찰하고 무제에게 아뢰었다. "황공하오나 이릉은 적은 수의 보병으로 수많은 오랑캐와 싸워 그들의 간담을 서늘하게 했습니다. 그러나 지원군은 오지 않고 아군 속에서 조차 배신자들이 있어 패전할 수밖에 없었을 것이옵니다. 그가 흉노족에 투항한 것은 필시 훗날 황은에 보답할 기회를 얻고자 하는 고육책일 것이오니, 폐하께서 이 점을 아시고 이릉의 무공을 천하에 알리심이 마땅한 줄 아뢰옵니다."

사마천의 말에 무제는 더욱 노하여 사마천을 옥에 가두고 궁형宮刑에 처하게 했다. 궁형이란 남성의 생식기를 잘라내는 것으로 가장 수치스러운 형벌이다. 사람들은 이를 두고 이릉지화李陵之禍라고 일컬었다. 사마천은 이에 대해 친구인 임안任安에게 글을 쓸 때 자신이 받은 이 형벌을 최하급의 치욕이라고 말하면서 "내가 법에 따라 사형을 받는다고 해도 그것은 한낱 아홉 마리의 소 중에서 털 하나 빠지는 것과 같을 뿐이니 나와 같은 존재는 미물과 무엇이 다르겠는가? 또한 세상 사람들도 내가 죽는 것은 절개를 위해 죽는 것이 아니라 나쁜 말을 하다가 죄를 지어서 어리석게 죽었다고 말할 것 아닌가?"라고 털어놨던 것이다. 여기에서 유래된 고사성어가 구우일모이다.

사무엘상 25장에 보면 마온이란 곳에 나발이란 사람이 살고 있었다. 나발은 양이 삼천이요 염소가 일천 마리나 되는 부자였으나 완고하고 행사가 악하고 인색하고 은혜를 모르는 사람이었다. 이런 사람이지만 다윗은 한 동안 나발의 양떼들을 보호해 주기도 했다. 그러던 어느 날 다윗과 그 일행들이 사울을 피하여 다니는 중에 목마름과 굶주림에 지쳐있을 때, 소년들을 보내어 자신의 이름으로 문안케 하며 손에 있는 대로 보태주기를 바란다고 하였다. 다윗이 보낸 소년들의 말을 들은 나발은 "다윗은 누구며 이새의 아들은 누구뇨 근일에 각기 주인에게서 억지로 떠나는 종이 많도다 내가 어찌 내 떡과 물과 내 양털 깎는 자를 위하여 잡은 고기를 가져다가 어디로서인지 알지도 못하는 자들에게 주겠느냐"삼하 25:10~11고 말했다. 이런 모욕과 냉대에 다윗은 그러한 자를 공의로 응징함이 마땅하다고 생각하고 일행 4백 명에게 무장을 시키고 처단하려고 가게 되었다. 그러나 이 일을 뒤늦게 알게 된 나발의 아내 아비가일에 의해서 그 집이 망하지는 않았지만, 나발은 10일 후에 하나님의 징벌을 받아 심장마비로 죽고 말았다. 마땅히 보답할 일을 구우일모처럼 생각하다가 큰 불행을 당하게 된 것이다.

우리 주님은 "이 작은 자 중 하나에게 냉수 한 그릇이라도 주는 자는 내가 진실로 너희에게 이르노니 그 사람이 결단코 상을 잃지 아니하리라 하시니라"마 10:42 하셨다. 이는 자신의 안일함을 위해서 고난당하고 있는 사람들에 무관심과 외면해서는 안 된다는 말씀이요, 작은 것에 소홀히 여기지 않는 자의 상을 잊지 않으신다는 말씀이다.

군자불기(君子不器)

군자는 한 가지 재능에만 얽매이지 않고 원만해야 함

君 임금 군
子 아들 자
不 아닐 불
器 그릇 기

군자불기란 고사성어는 군자는 일정한 용도로 쓰이는 그릇과 같은 존재가 되어서는 안 된다는 뜻으로, 군자는 덕과 인, 지식을 겸비해야 하며 한 가지 재능에만 얽매이지 않고 두루 살피고 원만해야 한다는 의미이다.

열왕기상 2:2~3
내가 이제 세상 모든 사람이 가는 길로 가게 되었노니 너는 힘써 대장부가 되고, 네 하나님 여호와의 명령을 지켜 그 길로 행하여 그 법률과 계명과 율례와 증거를 모세의 율법에 기록된 대로 지키라 그리하면 네가 무엇을 하든지 어디로 가든지 형통할지라.

군자불기君子不器라는 고사성어는 군자의 크기는 물건을 담는데 불과한 그런 그릇이 아니기 때문에 지식이 좀 있다고 해서 누구나 군자는 아니며, 재물과 명예 그리고 권력을 가지고 있다고 해서 군자가 아니라, 군자는 지식과 아울러서 인격도 동시에 갖추고 덕을 실천하는 참된 인물이 군자라는 말이다. 오기와 아집, 편견과 독선을 부리는 그런 편협한 사람은 결코 군자가 아니다. 융통성이 풍부하고 포용력이 많은 인물이 군자이다.

성인군자라고 할 때 성인이나 군자나 모두 참된 인물을 말한다. 특히 성인군자聖人君子에서 성인聖人은 귀耳를 하늘로 향하고 하늘天에서 나온 말을 자신의 입口으로 땅에 들려주도록 하늘에서 맡겨준任 맡길 임=亻壬+人 사람을 말한다. 그러므로 군자君子란 스스로 자신의 입을 다스릴 줄 아는 사람君=〉尹 다스릴 윤+口 입 구이란 뜻이다.

내가 아는 사람이 장로 고시를 치를 때 "예수님은 누구신가?"라는 질문에 "예수님은 석가모니, 소크라테스, 공자와 함께 4대 성인 중에 한 사람입니다."라고 대답하여 떨어진 사람이 있었다. 이 사람은 배우기를 그렇게 배웠다. 어느 누구든지 그렇게 말을 해야 정답이라고 한다. 그러나 분명하게 알아야 할 것은 예수님은 성인군자가 아니다. 성인군자라는 말은 인간에게 쓰는 말이기에 예수님을 성인군자로 표현하는 것은 예수님이 누구인지 모르고 하는 말이다.

요한복음 1장에 보면 예수님을 말씀으로 표현하고 있다요 1:1. 그 말씀은 태초에 하나님과 함께 계셨고 하나님과 함께 만물을 창조하셨다고 했으며요 1:2~3, 말씀이 육신이 되어 세상에 오셨는데 하나님의 독생자요, 독생하신 하나님이라고 했다요 1:14,18. 즉, 만물을 창조하시고 그 만물을 새롭게 하실 하나님의 아들이요, 곧 하나님이라는 말이다.

그렇기 때문에 예수님의 사역은 인류를 위한 구원 사건이 되는 것이다. 구원은 어느 한 인간에게서 이루어지는 것이 아니라 인간이 아니신 오직 하나님만이 가능한 구원론적인 사건이기 때문이다.

이런 예수 그리스도를 믿고 따르는 사람들을 '그리스도인'이라 부른다. 즉, 거룩하신 예수님을 믿고, 따르고 닮아가는 사람들이 성인군자라는 말이다. 그러므로 성경에서 말씀하고 있는 성인군자인 그리스도인은 '영육간의 지식과 아울러 인격도 동시에 갖추고 그리스도인의 덕을 실천하면서 사는 사람인데 바로 예수님을 믿는 우리가 성인군자가 되어야 한다.

다윗은 임종을 앞두고 그의 아들 솔로몬에게 유언하기를 "너는 힘써 대장부가 되고…"왕상 2:2라고 유언한다. 대장부가 되는 비결은 여호와의 명령을 지켜 행하고, 율법에 기록된 대로 지키는 것이다. 그리하면 어디로 가든지 형통케 된다고 말씀하셨다. 또 마음과 성품을 다하여 하나님 앞에서 진실히 행하라고 했다. 그러면 솔로몬의 자손들이 이스라엘의 왕위에서 끊어지지 않겠다왕상 2:3~4는 하나님의 말씀을 상기하는 말로 유언했다. 다윗이 유언 후 세상을 떠나고 솔로몬이 왕위에 오르고 유언대로 행하니 그의 나라가 심히 견고하니라"왕상 2:12고 했다.

베드로 사도는 "너희는 택하신 족속이요 왕 같은 제사장들이요 거룩한 나라요 그의 소유된 백성이니"벧전 2:9라고 했다. 우리는 택함을 받은 족속, 왕, 왕 같은 제사장, 거룩한 나라, 하나님의 소유된 백성이다. 하나님과 사람들 앞에서 어디서나 존귀히 사용될 그릇들이다. 사사로이 사용될 그릇이 아님을 기억하면서 하나님이 필요로 하는 데 값지게, 존귀히 사용되어야 할 것이다.

군자삼락(君子三樂)

군자에게는 세 가지 즐거움이 있다

君 임금 군
子 아들 자
三 석 삼
樂 즐길 락

군자삼락이라는 고사성어는 군자에게는 세 가지 즐거움이 있다는 말로 첫째, 부모가 생존하고 형제가 무고하는 것, 둘째, 하늘과 사람에게 부끄럽지 않은 것, 셋째, 천하의 영재를 얻어 교육하는 일이다.

하박국3:17~18
비록 무화과나무가 무성하지 못하며 포도나무에 열매가 없으며 감람나무에 소출이 없으며 밭에 먹을 것이 없으며 우리에 양이 없으며 외양간에 소가 없을지라도 나는 여호와로 말미암아 즐거워하며 나의 구원의 하나님으로 말미암아 기뻐하리로다.

전국시대 철인으로 공자의 사상을 계승한 맹자는 군자유삼락君子有三樂이라고 했다. 군자에게는 세 가지 즐거움이 있다는 말이다.

첫째는 부모구존 형제무고父母俱存 兄弟無故, 양친이 다 살아 계시고 형제가 무고한 것이라고 혈육의 정을 이야기하고 있다. 실제로 자신의 성공과 실패를 사심私心 없이 가장 기뻐해 주고, 가슴 아프게 생각해 주는 이는 부모와 형제다. 부모형제가 온갖 정성을 다해서 희생하고 헌신하며 돕더라도 가장 아깝지 않고 기뻐하는 것이 부모형제의 마음이기 때문이다.

둘째는 앙불괴어천 부부작어인仰不愧於天 俯不怍於人, 하늘을 우러러 보면서 부끄러움이 없고 구부려 사람에게 부끄럽지 않은 것이라고 했다. 세상 누가 재물과 명예를 싫다는 사람이 있겠는가? 그래서 사람마다 자기가 정한 길을 가겠지만 내 분수에 맞지 않는다면 부끄러운 삶을 살 수 밖에 없다.

셋째는 득천하영재 이교육지得天下英才 而教育之, 천하의 영재를 얻어서 교육하는 것이라고 했다. 자식들이 반듯하게 자라서 성공한 사람이 된다면 부모로서 더 이상 바랄 것이 없는 즐거움일 것이다.

그러나 군자불기君子不器라고, 군자는 단순한 몇 가지 물질만 담는데 불과한 그런 그릇이 아니요 다양한 물질을 담는다는 말처럼 좀 더 차원 높은 뜻을 그릇에 채워야 한다. 나의 삶이 끝나면 없어질 육에 속한 것만을 채우기 위한 것보다는 영원히 없어지지 아니한 영의 것을 채울 수 있는 그릇이 되어야 한다.

하나님께서 아브라함에게 약속하신 일을 기억하시므로 이스라엘은 430년이란 애굽 생활을 청산할 수 있었다. 우여곡절 끝에 40년이란 광야의 연단 생활도 마치고 가나안에 들어와 살게 되었다. 그들이 가나안에서 하나님의 도우심으로 터전도 마련되었고, 열심히 식량공급을 위해 일을 했고, 추수 때가 되면 풍족한 것으로 부족함 없이 살 수 있었다.

그러던 어느 때부터 주변 나라의 폭군들이 쳐들어와 생명과도 같은 식량을 약탈해갔다. 이런 상황에서 이스라엘은 안보를 강화시키기 위한 방책으로 왕을 하나님께 요구하여 세우게 되었다. 그들의 요구에 의해서 왕들을 세우기는 했지만 그들은 좀 더 근본적인 것을 생각하지 못했던 것이다. 하나님이 약속하신 땅에 들어와서 윤택한 생활로 즐거워하는 중에 하나님을 잃어버리므로 주변 나라의 공격을 받게 된 것을 망각하고 왕만 세우면 나라가 안전할 것으로 생각하고 있었던 것이다.

이스라엘의 잘못된 삶에 대해서 예레미야 선지자는 시적詩的 수사법으로 이스라엘의 잘못을 지적하면서 강하고 오래된 민족이 와서 그들의 삶을 피해 입게 만들 것이라고 예언을 하게 되었다. "그들이 네 자녀들이 먹을 추수 곡물과 양식을 먹으며 네 양 떼와 소 떼를 먹으며 네 포도나무와 무화과나무 열매를 먹으며 네가 믿는 견고한 성들을 칼로 파멸하리라"렘 5:17.

예레미야가 파멸해가는 이스라엘에게 지적하고 싶었던 것은 이렇게 무력하게 무너지는 이유는 엉성한 군사대책 때문이 아니라 여호와를 무시했기 때문이라는 것이다. 여호와 하나님을 무시했던 이스라엘이 당해야 했던 대가는 엄청났다. 인간의 가장 기본적인 즐거움인 식량공급, 안보, 자녀 등 모든 것을 빼앗기는 수모를 당하고 만 것이다.

신앙이란 인간의 기본적인 즐거움을 떠받치고 있는 기둥과도 같은 것 같다. 우리는 단순히 식량공급, 안보, 자녀 등을 통해서 즐거움을 누리면 그만이라고 생각하기 쉽지만, 그것을 보이지 않게 보장해 주시는 분은 바로 하나님이라는 것을 깨닫는 사실이 더 중요하다는 것이다.

그래서 "너희 의인들아 여호와를 즐거워하라"시 33:1고 했으며, "의인은 여호와로 말미암아 즐거워하며 그에게 피하리니 마음이 정직한 자는 다 자랑하리로다"시 64:10라고 했다.

특히 하박국 선지자는 "비록 무화과나무가 무성하지 못하며 포도나무에 열매가 없으며 감람나무에 소출이 없으며 밭에 먹을 것이 없으며 우리에 양이 없으며 외양간에 소가 없을지라도 나는 여호와로 말미암아 즐거워하며 나의 구원의 하나님으로 말미암아 기뻐하리로다"합 3:17~18라고 했다.

군자는 세 가지의 즐거움을 가지고 있지만 신앙인은 오직 한 가지의 즐거움을 가지고 있다. 여호와 하나님만이 우리의 즐거움이요, 하나님의 말씀을 삼가 듣고 지키는 자들에게 주님의 축복이 있음을 기억하면서 하나님의 말씀을 듣고 지켜 행하므로 복의 근원되시는 하나님의 축복과 인도 가운데 즐거워하는 삶을 살아가야 한다는 것을 망각해서는 안 될 것이다.

금성탕지(金城湯池)

무쇠로 세운 성과 뜨거운 물로 가득찬 성 둘레의 못

金 쇠 금
城 성 성
湯 끓일 탕
池 못 지

금성탕지라는 고사성어는 적의 공격으로부터 이겨낼 수 있도록 성벽은 무쇠로 견고히 축성되었고, 성벽 밖으로는 펄펄 끓는 물을 둘러놓아 적이 함부로 공격할 수 없는 철옹성같이 만들어진 성을 말한다.

사무엘상 17:47
여호와의 구원하심이 갈과 창에 있지 아니함을 이 무리로 알게 하리라 전쟁은 여호와께 속한 것인즉 그가 너희를 우리 손에 넘기시리라.

중국 최초의 통일국가인 진나라 시황제始皇帝가 세상을 떠나자, 그동안 시황제에 눌려 있던 많은 나라가 자신들의 명예를 회복하고자 사방에서 반란군들이 각 고을에 쳐들어가 관청들을 차지하게 되었다.

그중에 무신군武信君의 세력이 가장 강하여 세력을 넓혀가는 중에, 산동성 범양현을 공격할 기세였다. 그 소식을 들은 범양현의 현령縣令 서공徐公은 도망갈 수도 없고, 맞서서 싸울 수도 없는 상황이라 당시에 달변가로 소문난 괴통蒯通의 도움을 받기 위해서 초청하게 되었다.

서공 앞에 초청받아온 괴통은 "진시황의 폭정으로 백성들의 원한은 하늘에 사무쳐 있기에, 각처에서 일어나는 군사들을 옹호하는 것입니다. 그 중에 무신 군이 가장 큰 세력을 만들어 곧 이곳으로 들이닥칠 것이니, 그렇게 되면 현령같은 관직에 있는 사람들이 가장 위험할 것입니다. 그러니 제가 무신군을 만나 이야기를 할 터이니, 공께서 무신군 앞에 가거든 그의 말을 듣고 그대로 행하시면 오히려 무신군에게 극진한 대우를 받게 될 것입니다." 라고 말하고 바로 무신군을 찾아가게 되었다.

"폐하께서 싸우시지 않고 각 성들을 취하실 수 있는 방법이 있습니다."

"그래, 말해 보시오."

"폐하께서 군사를 동원하여 성을 공략하여 빼앗고 그 성의 성주를 죽이는 것은 애꿎은 백성들의 피를 흘리게 될 것이고, 그러면 다른 성들의 성주들은 자신들의 목숨을 지키기 위해 더욱 견고하게 성을 지킬 것이 끓는 못에 둘러싸인 무쇠 성처럼 방비를 하게 되어 공략하기가 더욱 어려울 것입니다. 그러니 각 성들의 성주들로 스스로 손을 들고 폐하 앞에 나오도록 하는 것이 최상책입니다. 저에게 그와 같은 일을 할 적임자가 있습니다."

"그게 누구요?"

"범양 현령 서공입니다. 그는 폐하께 항복할 뜻을 가지고 있습니다. 그가 폐하를 찾아오면 폐하께서는 그를 극진히 우대해 주시면서 성주들을 설득해 달라고 부탁하시면, 그는 폐하의 은혜에 감사하여 적극적으로 그 일을 성사시킬 것입니다. 성주들 또한 폐하께서 범양 현령을 극진히 대우해 주는 것을 보면, 그들도 안심하여 폐하 앞에 앞 다투어 항복할 것입니다. 그러면 폐하는 수고하지 않으시고 많은 성을 얻으실 것입니다."

이 말에 무신 군은 기뻐하며 범양 현령 서공을 받아 극진히 대접해 주었다. 결과적으로 무신군은 힘들이지 않고 30여 성을 차지 할 수 있게 되었고, 범양 현령은 고을의 백성들에게 자신들을 안전하게 지켜주었다고 칭송을 받게 되었다. 여기서 유래된 고사성어가 금성탕지이다.

애굽을 탈출하여 40년의 광야생활을 마친 이스라엘 백성들이 하나님의 약속의 땅 가나안의 관문인 여리고 성까지 진군하였다. 여리고에 사람이 정착해서 산 것은 최초로 주전 7천년 경부터라고 보고 있다. 그러니까 여호수아가 점령하기 전에 벌써 열두 개 이상의 도시들이 이 터 위에 세워졌다 부서지기를 5천년 가까이 해온 셈이다. 그러니 새로운 도시들이 건설될 때마다 여리고는 더욱 견고했고, 여호수아가 점령하려던 시점에 이르러서는 여리고 터의 길이만 약 365m, 너비가 182m, 높이가 약 19m에 이르는 견고한 성으로 둘러 싸여 말 그대로 금성탕지요 금성철벽과 같은 성이었다.

이스라엘 백성은 하나님의 약속을 믿고 순종하여 매일 한 바퀴씩 여리고 성 주위를 돌고 있었다. 마지막 날에는 일곱 바퀴를 돌다가 일제히 소리를 지르며 진격을 할 때에 여리고 성이 무너져 정복하게 되었다.

여리고 성을 정복한 사람들은 입에 원망과 불평을 담고 살았던 사람들이었다. 그러나 금성탕지와 같은 여리고 성 앞에서도 하나님의 말씀이 이해가 되지 않지만 군소리 하지 않고 순종하여 여리고 성을 정복하게 되었다.

우리에게 금성탕지와 같은 견고한 문제들도 있다. 그 문제들 앞에서 기도만 하고 있거나 순종하라는 말씀이 현실에 맞지 않다고 생각하기 쉽다. 물론 현실에 맞지 않지만 순종할 때 이스라엘

앞에서 여리고 성을 무너뜨리신 분은 하나님이었다.

현실적으로는 불가능하지만, 다윗이 만군의 여호와의 이름으로 나갈 때 골리앗을 무너뜨려 승리하게 하신 분은 하나님이신 것처럼 우리가 기도하고 순종하며 나갈 때 우리 곁에 계신 하나님의 능력을 체험하는 역사가 나타날 것이다.

금슬상화(琴瑟相和)

거문고와 비파의 조화로운 음률처럼 화합하는 부부관계

琴 거문고 금
瑟 비파 슬
相 서로 상
和 화활 화

금슬상화에서 금은 작은 거문고, 슬은 큰 거문고를 가리키거나 비파라는 중국 악기를 뜻한다. 이 두 악기를 탈 때에 음률이 잘 어우러져 울림이 잘 조화된 것처럼 부부간의 금슬이 좋을 때 일컫는 말이다.

에베소서 2:14~16
그는 우리의 화평이신지라 둘로 하나를 만드사 원수 된 것 곧 중간에 막힌 담을 자기 육체로 허시고 법조문으로 된 계명의 율법을 폐하셨으니 이는 이 둘로 자기 안에서 한 새 사람을 지어 화평하게 하시고 또 십자가로 이 둘을 한 몸으로 하나님과 화목하게 하려 하심이라.

시경 소아小雅 상체편常棣篇에는 한 집안의 처자와 형제간의 우애를 노래한 구절이 있다. 주로 잔치 때 불렀던 노래다.

처자호합妻子好合이 여고금슬如鼓琴瑟이라.
형제기흡兄弟既翕이 화락차담和樂且湛이라.
아내와 자식이 화목함이 비파와 거문고를 타는 것 같다.
형제가 화합하니 화락하고 또 즐기는구나.

여기서 호합好合은 애정이 두터움과 화목함을 뜻하고, 고鼓는 북고로 흔히 쓰이지만 여기서는 악기를 연주하다는 뜻으로 쓰였다. 흡翕은 화합하다는 뜻으로, 잠湛은 즐길 탐耽으로 가정이 화목해야 모든 일이 잘 된다는 의미이다. 그래서 가화만사성家和萬事成이라는 말도 있다.

천자문에도 상화하목上和下睦하고 부창부수夫唱婦隨라는 말도 있다. 위아래가 함께 화목하고 남편이 노래하면 아내가 따라 부른다는 뜻이다. 그러므로 가정 화목의 기본은 부부간의 화목에서부터 시작된다고 말할 수 있다.

그리스도인에게는 어떠한 관계든 화목하게 지내는 것이 존재의 모습이요, 하나님 자녀들의 자세이다. 화목이란 말은 다른 말로 화평이라고 한다. 그래서 예수님은 산상수훈 중에 "화평하게 하는 자는 복이 있나니 그들이 하나님의 아들이라 일컬음을 받을 것임이요"마 5:9라고 말씀하셨다. 화평이라는 말을 헬라어로 "샬롬"이라고 하는데, 전쟁이나 분쟁이 없는 것을 말하기도 하고, 생활의 번영, 마음의 평화, 사람과의 화목, 그리고 하나님과 인간과의 화평을 뜻한다.

우리는 지은 죄로 하나님과 단절되어 사망의 그늘에서 살게 되었지만 하나님은 예수 그리스도를 보내시어 하나가 될 수 있도록 하셨다. 바로 십자가의 사랑이다. 그래서 바울 사도는 "그는 우리의 화평이신지라 둘로 하나를 만드사 원수 된 것 곧 중간에 막힌 담을 자기 육체로 허시고 법조문으로 된 계명의 율법을 폐하셨으니 이는 이 둘로 자기 안에서 한 새 사람을 지어 화평하게 하시고 또 십자가로 이 둘을 한 몸으로 하나님과 화목하게 하려 하심이라"엡 2:14~16고 하셨다. 그러므로 우리는 무엇보다도 하나님과 우리와의 화평이 성립되어야 할 것이다.

그리고 사람과의 화평이다. 예수님께서는 "예물을 제단에 드리려다가 거기서 네 형제에게 원망들을 만한 일이 있는 것이 생각나거든 예물을 제단 앞에 두고 먼저 가서 형제와 화목하고 그 후에 와서 예물을 드리라"마 5:23는 말씀으로, 사람과의 화평을 가르쳐 주셨다.

화평을 이루려면 성령을 받아야 한다. 성령의 열매 중에 하나가 화평이다. 성령을 받아야 화평을 이룰 수 있다. "오직 성령의 열매는 사랑 희락과 화평과 오래 참음과 자비와 양선과 충성과 온유와 절제니 이 같은 것을 금지할 법이 없느니라"갈 5:22~23고 했다.

성령이 임하면 악한 영이 사라지고, 우리의 마음에 불순한 것들이 사라지게 된다. 우리 마음에 불순한 것들이 가득차 있으면 평화를 만드는 일을 할 수 없다. 내 마음에 시기, 질투, 미움 등 악한 생각이 있으면 어떻게 화평케 하는 일을 할 수 있겠는가?

예수님과 함께 했던 제자들은 예수님과도 제자들과도 하나가 되지 못해서 예수님을 배반하고 떠나버리고 말았다. 그러나 오순절이 이르자 한 곳에 모여 기도할 때에 불의 혀같이 갈라지는 성령을 받아 죽기까지 주님의 말씀에 하나가 되는 사명을 감당하게 되었다.

우리가 서로 화평을 이루어야 하는 것은 인간의 기본 윤리보다, 하나님의 명령이기 보다 하나님의 자녀들의 모습이요, 그리스도인의 직책임을 잊지 말아야 한다. 같은 마음과 같은 뜻으로 온전히 합해야 하는 것은 교회 공동체의 존재 자체이다.

그리스도인은 어떤 관계든 "금슬상화"의 관계를 맺어야 한다. 하나님과 관계든, 교우들과의 관계든, 가족과의 관계든 어느 관계든 화평하게 하는 것은 하나님의 뜻이라는 것을 기억하면서 하나님의 자녀의 모습으로 살아가야 할 것이다.

금의야행(錦衣夜行)

錦 비단 금
衣 옷 의
夜 밤 야
行 갈 행

남이 알아주지도 않는 일을 함

금의야행이란 고사성어는 비단옷을 입고 밤길을 다닌다는 뜻으로, 아무 보람이 없는 일을 하는 것을 이르는 말이다.

신명기 15:10
너는 반드시 그에게 줄 것이요구제 줄 때에는 아끼는 마음을 품지 말 것이니라 이로 말미암아 네 하나님 여호와께서 네가 하는 모든 일과 네 손이 닿는 모든 일에 네게 복을 주시리라

진秦나라에 항우는 왕자 자영을 죽이고, 아방궁에 불을 지르고 시황제始皇帝의 무덤까지 파헤치는 등, 잔인한 행동을 서슴지 않았던 사람이었다. 그뿐만 아니라 유방이 창고에 쌓아둔 보물들을 약탈하고 여자들을 옆에 낀 채 방탕한 세월을 보내었다. 이런 모습을 지켜본 범증范增은 바른 제왕의 모습을 찾을 것을 간곡히 간했으나 항우는 들으려 하지 않을 뿐더러 오히려 재물과 미녀들을 손에 넣고 고향으로 돌아가려는 계획만을 세우게 되었다. 그 꼴을 보다 못한 한생韓生이 이렇게 말했다.

"함양은 사방이 산과 강으로 둘러싸여 있고 땅도 비옥하니 그곳을 도읍으로 정하시어 천하에 세력을 떨치소서."

그러자 항우는 혼잣말로 이렇게 중얼거렸다고 한다.

"부귀해졌는데도 고향에 돌아가지 않는 것은 비단옷을 입고 밤에 길을 가는 것과 같다. 누가 이것을 알아주겠는가?"

그러자 한생이 속으로

'세상 사람들이 말하기를 초나라는 원숭이에게 옷을 입히고 갓을 씌웠을 뿐이라고 하더니 그 말이 정말이구나.'라면서 항우를 꼬집게 되었다. 여기서 유래된 고사성어가 금의야행錦衣夜行이'다.

부모로부터 고아원에 버려진 한 아이가 자라서 초등학교에 갔지만 납부금을 낼 수가 없었고, 부모를 데려오라는 선생님의 책망을 견딜 수가 없어서 이렇게 외쳤다.

"나는 부모가 없단 말이예요!"

소리치면서 뛰쳐나와 다시는 학교로 돌아오지 않았다.

서울에 올라와 구걸을 하지만 깡패들이 돈을 뺏어 가기가 일수였다. 그런 우여곡절을 겪으며 성장하여 청년이 되지만 좋지 못한 일에 관여 되어 교도소에 들어가게 되었다. 거기서 우연히 보게 된 한 잡지에서 부모가 없는 한 아이가 야구 선수가 되는 게 꿈인데 야구 배트와 글러브를 살 돈이 없다는 소식, 그 동생은 등이 굽어져서 꼽추라고 애들이 놀리는데 그 동생의 등에 가방을 메어 굽은 등을 보이지 않게 했으면 좋겠다는 글을 읽게 되었다.

그 청년은 교도소에서 일하여 벌었던 돈을 털어서 그 아이에게 후원금을 보내주었다. 얼마 후에 편지가 왔다.

"아저씨가 보내주신 돈으로 야구 배트와 글러브도 사서 열심히 야구를 하고 있습니다. 제 동생도 메는 가방을 사서 등에 메어 주었더니 등이 보이지 않는다면서 이제는 학교를 잘 다닙니다. 감사합니다."

이 사람은 지금까지 누군가에게 감사하다는 말을 들어 본 적이 없었다. 내게 감사하는 사람이 있다는 것에 뜨거운 눈물을 흘렸다. 그는 출감 후에 철가방에 음식을 배달해서 다섯 명의 결손가정 아이들을 7년 동안 돕게 되었는데, 그 일이 미담美談으로 알려져서 청와대 초청을 받아서 대통령과 점심을 함께 하는 영광의 자리에 앉기도 했다.

그는 늘 생각하기를 '어떻게 하면 이런 아이들을 더 행복하게 해줄까? 아무개가 고등학교 졸업을 하는데 졸업 선물로 MP3를 사줄까? 아니면 옷 한 벌을 사줄까?' 이런 생각으로 즐거워하고, 혹 내가 만일 죽으면 이 아이들이 수혜자가 되도록 생명 보험까지 들었다. 어느 날 오토바이를 타고 음식을 배달하다가 교통사고가 나서 생명을 잃고 말았다. 그가 죽자 많은 사람들이 찾아와서 그의 장례식에서 애도한다. 이것이 '철가방 우수씨'라는 영화이다.

그의 집이 공개되었다. 고시원 1.5평짜리 캄캄한 방인데 그의 책상에는 "여호와는 나의 목자시니 내게 부족함이 없으리로다…." 시편 23편이 펼쳐 있었다. 그는 하나님을 목자로 삼고 살았던 아주 독실한 크리스천이었다. 그는 짧은 인생을 살았지만 다른 사람을 돕는 일에 삶을 드렸던 인물이었다.

그는 아무리 가난해도 남을 도울 수 있음을 교훈하고 있다. 나눔을 통해 진정한 행복과 보람된 삶을 살았음을 보여준 것이다. 어떤 사람은 많은 것을 가지고 부귀영화를 누리고 살아가고 있지만 어느 누가 부러워 할 사람이 없다. 어떤 사람은 철가방 우수씨처럼 어려운 환경에서도 남을 도와주며 인간답게 살아가지만 때로는 알아주지 못할 때가 있다. 그러나 하나님은 우리의 구제나 선을 기억하고 계신다는 것을 우리는 알아야 한다. "구제를 좋아하는 자는 풍족하여질 것이요 남을 윤택하게 하는 자는 윤택하여지리라"잠 11:25.

기산지절(箕山之節)

꺾이지 않는 굳은 신념을 말한다

箕 키 기
山 뫼 산
之 갈 지
節 절개 절

기산지절이란 고사성어는 굳은 절개나 자신의 신념에 충실한 것을 비유하는 말로, 기산의 절개라고 말한다.

다니엘서 6:10
다니엘이 이 조서에 왕의 도장이 찍힌 것을 알고도 자기 집에 돌아가서는 윗방에 올라가 예루살렘으로 향한 창문을 열고 전에 하던 대로 하루 세 번씩 무릎을 꿇고 기도하며 그의 하나님께 감사하였더라.

중국 전한前漢 말기末期의 정치가로 신왕조를 세운 성인 천자 요堯임금이 그의 아들인 단주에게 왕위를 계승하려 했으나, 불초하여 왕위를 넘겨주기에는 부족함이 많았으므로 고심하고 있었다.

그러던중 기산箕山이라는 산에 은거하고 있는 설방薛方에게 관직을 주려고 사자를 보냈다. 그 말을 들은 설방은 정계로 나갈 생각이 전혀 없었으므로 "요임금과 순임금 때, 허유許由와 소부巢父가 있었는데, 지금 임금께서 요순시대의 덕을 드높이려 하시니 저는 기산의 절개를 지키려고 합니다."라는 말로 자신도 벼슬자리를 거절했다. 여기서 설방이 말한 '기산지절'이란 요 임금 때 덕망이 높았던 선비 허유가 벼슬길에 나아가지 않고 기산에 은거하면서 절조를 지킨 이야기를 말한다.

그 이야기는 이러했다. 어느 날 요 임금이 허유에게 임금 자리를 양위하겠다는 말을 듣고 귀가 더러워졌다며 영천으로 뛰어가 귀를 씻고 있었다. 때마침 소부가 소에게 물을 먹이려고 이곳으로 향하고 있었는데 귀를 씻고 있는 허유의 행동을 보고 이상히 여겨 물었다.

"영천에 와서 귀를 씻는 까닭이 무엇이오?"

그 말을 들은 허유가 이렇게 말했다.

"요 임금이 자리를 양위한다 하지 않겠소! 나는 이 말을 듣고 내 귀가 더러워진 것 같아 냇가로 와서 씻는 것이오."

그러고는 곧장 기산으로 들어가 버렸다. 허유의 말을 들은 소부는 소에게 물 먹이려던 것을 멈추고 발을 돌리며 이렇게 말했다.

"더러운 말을 듣고 귀를 씻었으니 이 물도 더러워졌을 것이다. 그런 물을 소에게 먹일 수 없다."

그리고 소에게 물도 먹이지 않고 소부도 그 길로 기산으로 들어가 나무 위에 집을 짓고 살았다는 이야기다.

허유가 죽자 요 임금은 그를 기산에 묻고 무덤에 기산공신箕山公神이라 하였고, 두 사람의 절개와 지조를 일러 기산지절 또는 기산지조箕山之操라 부르게 되었다.

오늘날 권력을 위해서는 본래의 인격을 망가뜨려서라도 얻으려는 자들, 자신의 재능이나 능력을 조금만 인정받아도 그 방면의 권위자인 척하는 사람들이 되새겨볼 만한 고사성어다.

성경에서도 위기에서 굳건한 신앙의 절개를 지킨 인물들이 있다. 느부갓네살 왕이 만들었던 금 신상에게 절을 하지 아니하면 맹렬히 타는 풀무 불에 던져진다는 어명御名이 있었지만, 신앙의 절개를 지키기 위해서 절하지 아니하므로 일곱 배나 뜨거운 풀무

불에 던져지는 위험을 당하는 위기에서도 신앙의 절개를 지켰던 사드락, 메삭, 아벳느고다.

또 다리오 왕 때, 왕 외에 다른 어떤 신에게 기도하면 사자 굴에 넣기로 했다는 금령禁令에 어인御印이 찍힌 것을 알고도 자기 집에서 고국 예루살렘을 향해 창문을 열고 하루에 세 번씩 감사 기도하다가 사자굴 속에 던져졌던 다니엘이다단 6장. 또 바사 왕 아하수에로 때, 왕의 신임을 받은 하만에게 무릎을 꿇지 않는다는 이유로 자신과 유대인까지 멸하고자하는 대 위기를 맞이했지만, 그 위기에서도 신앙의 절개를 지킨 모르드개이다. 이들이 보여준 신앙의 절개와 그 결과를 통해서 영적인 절개의 신앙을 배울 수 있다.

그들은 자신이 하나님께 선택받은 유다인이라는 사실에 대해서 큰 자부심을 가지고 있었다. 그들은 생사화복을 주관하신 하나님이 자기와 함께 한다는 믿음을 갖고 있었고, 오직 하나님만이 전 세계의 사건과 왕국과 정사를 주관하시는 분임을 믿는 신앙으로 절개를 지킨 사람들이었다.

이런 신앙을 보신 하나님께서는 그들을 하만의 멸망의 위기, 일곱 배는 뜨거운 풀무, 사자굴 속에서도 건져내신 것이다. 이런 절개를 지킨 신앙으로 이방 나라의 왕들도 하나님께 영광을 돌리게 된 것이다.

오늘날도 하나님께서는 어떠한 어려움과 위기에서도 신앙의 절개를 지키고 하나님을 믿고 의지할 때, 결단코 버리지 않으시며 떠나지 않으시고 모든 위험과 환난에서 건져 주시고 높여 주시는 것을 잊지 말아야 할 것이다.

기호지세(騎虎之勢)

이미 시작한 일은 중도에서 그만둘 수 없다

騎 탈 기
虎 범 호
之 갈 지
勢 시세 세

기호지세라는 고사성어는 호랑이 등에 올라타고 달리는 기세라는 뜻으로, 이미 시작했기 때문에 중도에서 그만둘 수 없어 끝까지 가야 하는 형세를 말한다.

데살로니가후서 2:3~4
누가 어떻게 하여도 너희가 미혹되지 말라 먼저 배교하는 일이 있고 저 불법의 사람 곧 멸망의 아들이 나타나기 전에는 그 날이 이르지 아니하리니 그는 대적하는 자라 신이라고 불리는 모든 것과 숭배함을 받는 것에 대항하여 그 위에 자기를 높이고 하나님이라고 내세우느니라.

중국 남북조南北朝 말엽에 북조 최후의 왕조인 북주北周의 선제宣帝가 죽고 황태자皇太子가 무제武帝의 뒤를 잇자 외척으로 북주의 실세가 된 양견楊堅이 나라를 수습한다는 명목으로 왕궁에 들어가 북주를 소멸시키고 새롭게 한족漢族을 세우려는 계획을 세웠다. 이때 이미 양견의 뜻을 알고 있는 아내 독고獨孤 부인이 글을 보내왔다. '여보, 기호지세騎虎之勢입니다. 대세大勢는 정해졌습니다. 당신은 이미 호랑이를 올라타고 달리는 기세이므로 도중에서 내릴 수 없는 일입니다騎虎之勢 不得下. 만약 도중에서 내리면 호랑이에게 잡혀 먹히고 말 것입니다. 그러니 호랑이와 끝까지 가지 않으면 안 됩니다. 부디 목적을 달성하소서.'라는 내용이었다.

이에 용기를 얻은 양견은 선제의 뒤를 이어 즉위한 어린 정제靜帝

를 폐위시키고 선위의 형식을 밟아 스스로 제위帝位에 올라 나라를 세우니, 이것이 곧 수隋나라가 된 것이다.

그로부터 8년 후에 진陳나라를 쳐서 멸하고 마침내 천하통일의 대업을 달성한 후 수나라의 문제文帝가 되었다. 여기서 유래된 고사성어가 기호지세騎虎之勢이다.

하나님께는 천지를 창조하실 때마다 "좋았더라"고 말씀하셨다. 여섯째 되는 날에는 생물들과 짐승들을 만드시고 이 모든 창조물들을 다스릴 사람, 아담을 하나님의 형상대로 만드시고 대자연에 두시매 "하나님 보시기에 심히 좋았더라"창 1:31고 하셨다.

그 후, 하나님은 아담에게 "동산 각종 나무의 열매는 네가 임의로 먹되 선악을 알게 하는 나무의 열매는 먹지 말라 네가 먹는 날에는 반드시 죽으리라"창 2:16~17 경고하셨고, 아담을 돕는 배필인 하와를 아담의 갈비뼈를 취해서 만들어 가정을 이루도록 하셨다. 그런데 하나님께서 창조한 피조물 중에 간교한 뱀이 하와에게 다가와서 미혹하기 시작했다. 그럴듯한 말로 하나님께서 하시는 말씀을 더하거나 빼면서 미혹한 것이다. 하와는 뱀과 대화를 이루다보니 어느덧 뱀의 말에 말려들고 말았다. 대화에서 멈출 수 없는 상황까지 되어버렸는데 하나님의 말씀보다 뱀의 말을 더 믿게 된 것이다. 하나님의 경고를 불신하는 단계에 이르고 말았다.

이런 단계에 이르자 그들의 눈에는 선악을 알게 하는 나무의 열매가 보암직도 탐스럽기도 먹음직스럽기도 할 정도로 바른 판단을 하지 못하게 되었다. 결국 자신은 물론 남편 아담까지 먹게 하여 하나님의 경고를 저버리는 범죄를 저지르고 말았다.

우리 주위에는 그럴 듯한 이단 종교들이 많이 있다. 영적으로 깨어 있지 않으면 나도 모르는 그런 종교에 빠져 버린다. 그리고 한 번 빠지면 웬만해서는 거기서 빠져 나오지 못하여 영원히 지옥 불에 떨어져, 결국에는 부자와 나사로의 비유에서 부자가 지옥에서 후회하듯이 지옥에서나 깨닫고 후회하는 인생이 되어 버리고 만다.

사이비종교 상담사 P의 말에 의하면 이렇다.

"사이비에 빠진 사람은 중독이어서 상담으로는 어렵습니다. 한번 사이비에 빠지면 가족까지도 버리니 참으로 어렵죠, 마치 마약 중독자와 같다고 보아야 합니다. 눈에 뵈는 것이 없습니다. 사이비에 빠지면 끝장 날 때까지 거기에서 빠져나올 수 없습니다. 그러니 사도의 가르침을 잘 받아 초대교회를 잘 세워나갔던 성도들처럼, 섬기는 교회에서 주님의 종들의 가르침을 잘 받아 교회와 삶을 잘 세워나가는 믿음의 성도들이 되어야 합니다."

사이비에 빠진 자들은 호랑이 등에 탄 사람처럼 무섭게 돌진하게 되는데 죽기 아니면 까무러치기로 열심을 낸다. 그래서 신앙이 더 좋아 보이고 더 열정이 있는 것처럼 보이기도 한다.

지혜의 왕 솔로몬이 "어떤 길은 사람의 보기에 바르나 필경은 사망의 길이니라"잠언 14:12고 했듯이 사이비 집단들은 자신의 종교가 이단이라는 것을 감추기 위해서 그럴듯한 것으로 포장한다. 때로는 천사처럼 다가오지만 그 속에는 우리를 하나님의 자녀의 자리에서 무너뜨리기 위한 악한 영이 역사하고 있다는 것을 잊지 말아야 한다.

난공불락(難攻不落)

공격하기가 어려워 좀처럼 함락되지 않음

難 어려울 난
攻 칠 공
不 아닐 부
落 떨어질 낙

난공불락이라는 고사성어는 철옹성鐵甕城 같아서 금성철벽金城鐵壁과 같은 의미로 사용되고 있다. 점령하기 위해 수많은 군사를 투입했으나 좀처럼 공격하기가 어렵고 함락되지 않음을 의미하는 말이다.

시편 127:1
여호와께서 집을 세우지 아니하시면 세우는 자의 수고가 헛되며 여호와께서 성을 지키지 아니하시면 파수꾼의 깨어 있음이 헛되도다.

제갈량諸葛亮이 위魏나라 장수 학소昭가 지키던 진창陳倉을 공격하였으나 함락시키지 못하고 물러나면서 '난공불락의 성이로다'라고 탄식했다고 한다. 학소는 젊었을 때부터 군인이 되어, 수십 년간에 걸쳐 황하 서쪽의 변경을 지키는 방위사령관으로 잡호장군雜號將軍이라는 명예에 오르게 되었다. 변경 지역에는 한족과 이민족이 섞여 있었는데 학소의 지혜로운 리더십으로 그의 휘하에 있는 모든 병사들이 명령을 잘 따르므로 그가 있는 변방은 든든했다. 제갈량이 2차 북벌을 감행하면서 진창 성으로 향하자, 사마의司馬懿는 학소를 추천하여 진창 방위사령관으로 삼게 되었다. 학소는 성의 해자적의 침입을 막기 위해 성 주위를 둘러서 판 못를 깊게 파고 망루를 높여서 적의 공격에 대비하였다. 그리고 공명이 직접 지휘하는 군대가 사다리차로 공격해오면 불화살로 맞섰고, 충차沖車:성문돌

파기로 돌격하면 투석으로 막았다. 이렇게 하기를 20일 지나 드디어 지원군이 도착하자 공명은 진창의 포위를 풀고 기산으로 방향을 전환하면서 '난공불락의 성이로다'라는 말을 남겼다.

중국이 자랑하는 만리장성은 북방민족의 침입을 막기 위해서 인류 역사상 최대의 토목사업으로 건축된 성벽이다. 만리장성 성벽의 길이는 만 리가 넘는다 하여 만리장성이라고 불렀다고 한다. 실제의 길이는 21,196km이고 높이는 9m, 폭은 4.5m이며 망대는 약 100m 간격으로 세워졌고 망대의 개수는 약 28,000개가 된다고 한다. 그런데 이렇게 거대한 성벽과 많은 망대가 있는 성이었지만 중국은 끊임없는 외적의 침입을 받았고 수많은 약탈을 당하게 되었다고 한다.

사람이 아무리 지키려고 힘을 쓰고 애를 써도 하나님이 지켜주시지 않으면 성을 지키는 파수꾼의 수고가 헛될 수밖에 없다. 그래서 지혜의 왕으로 불려진 솔로몬은 "여호와의 이름은 견고한 망대라"잠 18:10는 말로 하나님께서 막아 주시고 보호해 주셔야 안전할 수 있다고 했고, "여호와께서 집을 세우지 아니하시면 세우는 자의 수고가 헛되며 여호와께서 성을 지키지 아니하시면 파수꾼의 깨어 있음이 헛되도다"시 127:1라고 했다.

1967년 6월 5일 이스라엘이 주변 아랍 국가들을 기습공격, 제3차 중동전쟁이 발발했다. 이 전쟁은 개전 6일 만에 끝나 '6일 전쟁'으로 더 널리 알려져 있다.

당시 국방 장관이었던 모세 다얀 장군은 그가 가진 모든 정보와 과학적인 데이터를 컴퓨터에 입력해 보았다. 과연 300만으로 아랍족속 3억을 이길 수 있겠는가? 컴퓨터의 대답은 뻔했다. "승리 불가. 불가능." 그 때 모세 다얀 장군은 컴퓨터를 닫아버리고 "우리는 과학으로 싸우지 않는다."고 외쳤다. 그리고 안식일이 지난 다음날 전쟁을 시작했다. 지켜본 세계 각 언론에서는 모두가 무모한 전쟁이라고 했다. 그러나 모세 다얀 장군은 "우리에게는 이 전쟁에서 승리할 수 있는 중대한 무기가 있기 때문에 전쟁에서 승리 한다"고 장담했다. 그리고는 "다음 안식일이 돌아오기 전에 이 싸움을 마치고 안식일을 지킬 것이다."라고 선언했는데, 과연 이스라엘은 엿새 만에 그 엄청난 아랍 연합군을 무찌르고 대승리를 거두었다.

각 나라의 기자들이 그에게 몰려와서 "당신이 말한 중대한 무기는 무엇입니까?"라고 물었다. 그때 모세 다얀은 주머니에 있는 성경을 꺼내어 시편 121편을 읽어 주었다.

"내가 산을 향하여 눈을 들리라 나의 도움이 어디서 올꼬 나의 도움이 천지를 지으신 여호와에게서로다… 여호와는 너를 지키시는 자라 여호와께서 네 우편에서 네 그늘이 되시나니 낮의 해가 너를 상치 아니하며 밤의 달도 너를 해치 아니하리로다 여호와께서 너를 지켜 모든 환난을 면케 하시며 또 네 영혼을 지키시리로다 여호와께서 너의 출입을 지금부터 영원까지 지키시리로다."

여호와 닛시, 하나님은 승리의 하나님이시다. 하나님은 견고한 망대이시고, 요새시요, 반석이 되시어 어떠한 어려움에 있을지라도 그에게 피하는 자들을 안전하게 지켜 주시는 분이다.

남귤북지(南橘北枳)

南 남녘 남
橘 귤나무 귤
北 북녘 북)
枳 탱자나무 지

남쪽의 귤나무를 북쪽에 심으면 탱자가 열린다

남귤북지는 남쪽 땅의 귤나무를 북쪽에 옮겨 심으면 탱자가 열린다는 뜻으로, 환경에 따라 만물의 성질이 변할 수 있고, 사람도 그 처해 있는 곳에 따라 선하게도 되고 악하게도 됨을 비유하여 이르는 말이다.

사무엘상 16:7
내가 보는 것은 사람과 같지 아니하니 사람은 외모를 보거니와 나 여호와는 중심을 보느니라.

춘추시대 말기에 제나라에 유명한 재상宰相이요, 공자도 그를 형님처럼 대했다고 하는 안자晏子는 지혜와 정략이 뛰어난 데다가 구변과 담력이 또한 대단해 그 이름이 널리 알려졌다.

초나라의 영왕靈王이 안자가 그토록 유명하니까 얼굴이나 한번 보았으면 하는 호기심과 그토록 많은 사람들이 입이 마르도록 칭찬하고 있는 안자의 코를 납작하게 만들어 주겠다는 타고난 심술로 초청하게 되었다.

초왕은 간단한 인사말이 끝나자마자 이렇게 말했다.

"제나라에는 그렇게도 사람이 없는 모양이오. 그대와 같은 사람을 사신으로 보내다니…."

키 작음을 비꼬는 말에 안자는 태연하게 말했다.

"제나라에는 사신을 보낼 때 상대나라에 맞게 사람을 고릅니다. 작은 나라에는 작은 사람을, 큰 나라에는 큰 사람을 골라 보내지요."

상대방을 놀려주려다가 보기 좋게 반격을 당하게 된 왕은 자기도 모르게 얼굴이 화끈 달아올랐다. 하지만 이렇게 첫 번째 계획이 실패로 돌아가자, 왕은 다시 두 번째 계획을 시도했다. 왕과 안자가 바라보고 있는 뜰 아래로 포졸들이 한 죄인을 묶어 앞으로 지나가도록 한 것이다. 그리고 왕이 그 포졸을 불러 물었다.

"그 죄인은 어느 나라 사람이고 무슨 죄를 졌느냐?"

"예! 제나라 사람인데 남의 물건을 훔쳤습니다."

왕은 입가에 미소를 띠며 안자에게 물었다.

"제나라 사람은 원래 도둑질을 잘하나보오?"

모욕적인 말에도 안자는 낯빛조차 변하지 않고 말했다.

"강남의 귤橘을 강북으로 옮겨 심으면 탱자枳가 되는 것은 토질 때문입니다. 저 사람이 제나라에 있을 때는 도둑질이 무엇인지 몰랐는데 초나라에 와서 도둑이 된 것을 보니 이곳의 풍토 때문인 것 같습니다."

왕은 그만 할 말을 잃었다. 자신이 세운 계획이 이렇게 참담한 실패로 돌아가자 그제야 안자의 뛰어난 기지와 대범함을 칭찬하면서 이렇게 말했다.

"선생을 욕보일 생각이었는데 결과는 과인이 도리어 욕을 당하게 되었구려!"

그리고 크게 잔치를 벌여 안자를 환대하는 한편 다시는 제나라를 넘볼 생각조차 안했다고 한다. 여기서 유래된 고사성어가 남귤북지南橘北枳다.

세상만사가 관점觀點에 따라 그 차이의 폭이 크게 벌어질 수 있다. 관觀은 볼 관으로 본다, 점點은 점 점, 사건을 말한다. 사건을 어떻게 보느냐가 관점이다.

예수님을 시험하려던 사람들이 현장에서 간음한 여인을 붙잡아 데리고 와서 율법의 관점으로는 죽이라고 했는데 당신은 어떻게 할 것이냐고 묻고 있었다. 그때 예수님은 율법을 완전케 하는 하나님의 사랑의 관점으로 용서하셨다.

가나안을 정탐한 10명의 보고자들은 환경을 바라보고, 그들과 비교하니 메뚜기와 같더라며 불가능하다고 보고를 하자 그 말을 들은 백성들은 밤새도록 통곡하고 원망했다. 부정적인 보고는 많은 사람들을 부정적인 사람으로 만들어 버리고 말았다.

그러나 여호수아와 갈렙은 가나안을 주시기로 약속하신 하나님을 본 것이다. 하나님과 그들을 비교해 보고 하나님이 기뻐하시면 가나안을 정복할 수 있고, "그들은 우리의 먹이라"고 보고할 수 있었다.

외모가 왜소하다고 습득한 지능지식, 지혜마저 부족할 리 없는 것이고 남南의 귤나무가 북北에서 탱자나무가 되는 일도 없을 것이다. 그래서 초왕의 왜소한 외모나 지역나라에 대한 편견이 안영의 원칙과 상식을 바탕으로 하는 기지의 역공을 받아 무안을 당할 수밖에 없었던 것이다.

하나님께서는 사람의 외모를 보시지 않고 중심을 보신다. 예수님께서도 "외모로 판단하지 말고 공의의 판단으로 판단하라"요 7:24고 말씀하셨다.

우리는 중심을 보시는 하나님 앞에서 외모를 꾸며 잘 보이려고 애쓸 것이 아니라 하나님이 기뻐하시는 아름다운 믿음의 중심을 보이기 위해 힘써야 할 것이다.

남원북철(南轅北轍)

마음과 행위가 모순되고 있음을 뜻한 말

南 남녘 남
轅 끌채 원
北 북녘 북
轍 바퀴자국 철

남원북철이라는 고사성어는 수레의 끌채는 남을 향하고 바퀴는 북으로 향한다는 뜻으로, 마음과 행위가 모순되고 있음을 말한다.

누가복음 12:20
어리석은 자여, 네 영혼을 오늘 밤 도로 찾으리니 그러면 네 예비한 것이 누구의 것이 되겠느냐.

전국시대, 막강한 군사력을 가지고 있는 제후국들은 늘 천하를 통일하여 천하수령이 되고자 하는 야심을 가지고 있었다. 그때 위魏나라 국왕도 조나라 수도 한단을 공략하기로 계획하게 되었다. 그 소식을 들은 계량季梁이 급히 돌아와 왕에게 나아갔다. 급히 온 계량을 보고 왕은 물었다.

"옷차림도 정리하지 않은 채 무슨 일로 이렇게 바삐 날 찾는고?"

"대왕님, 방금 길에서 이상한 일을 보았기에 대왕에게 말씀을 드립니다."

호기심이 동한 국왕은 무슨 일인가를 물었다.

"방금 저는 북쪽으로 가는 마차를 보았습니다. 그래서 마차 위에 있는 사람을 보고 어디로 가고 있느냐고 물었는데, 그 사람이 초나라로 가고 있다고 말했습니다. 이상하게 생각하여 초나라는 남쪽에 있는데 당신은 왜 북쪽으로 가고 있느냐고 물었습니다. 그러자 그 사람은 대수롭지 않게 나의 말은 상등의 말이니 아무렇게 가도 초나라에 갈 수 있다고 대답했습니다. 전 더욱 이상해서 또 물었습니다. 아무리 상등말일지라도 이는 초나라로 향하는 방향이 아니잖습니까? 그러자 그 사람은 '우려 마십시오, 노자를 많이 챙겼습니다'라고 대답했습니다. 저는 말이 통하지 않아 아무리 많은 노자를 챙겼다 할지라도 당신의 택한 길은 초나라로 향하는 길이 아니라고 말했습니다. 그러자 그 사람은 큰 소리로 웃으면서 난 달구지를 모는 기술이 뛰어나다면서 저의 권고도 마다하고 계속 북쪽으로 향했습니다."

이 말을 들은 왕은 큰 소리로 웃으면서 이렇게 말을 했다. "천하에 이렇게 둔한 자가 있는고?"

그러자 계량은 이렇게 말했다.

"대왕님은 각국 군주의 수령이 되길 바라고 있지 않습니까? 그렇다면 우선 천하 사람들의 신임을 얻어야 합니다. 그러나 대왕님은 우리가 조나라보다 땅이 좀 더 많고 군대가 좀 더 강하다고 믿고 타인을 정복해 자신의 위신을 높이려고 생각하고 있습니다. 이렇게 되면 대왕님의 목표와 점점 멀어질 뿐입니다. 달구지를 몰고가던 마부와 같이 남쪽의 초나라로 떠나면서 기어코 북쪽으로 향하고 있으니 갈수록 초나라와 점점 멀어지는 것과 마찬가지입니다."

그제야 국왕은 계량이 자신을 설복하고 있음을 깨닫고 고개를 숙이고 묵묵히 생각하던 중에 계량의 말에 일리가 있다고 생각하고 초나라를 공략하려던 계획을 취소했다고 한다. 여기서 남원북철이란 고사성어가 유래되었다.

예수님은 "내가 너희에게 이르노니 너희 의가 서기관과 바리새인보다 더 낫지 못하면 결코 천국에 들어가지 못하리라”마 5:20고 말씀하셨다. 바리새인들의 열심은 예수님도 인정하시지만 방향은 다르다는 것이다. 즉, 천국에 갈 수 있는 사람은 율법을 행하므로 가는 것이 아니라 믿음으로 가지만 믿음에서 나오는 행함이라야 한다는 것이다.

우리나라 1960년 GNP가 50달러, 경제적으로 너무 어려워 그래서 세계구호위원회로부터 구호물자들을 받고 살았다. 그래서 크리스천들은 모이면 경제적인 문제를 놓고 열심히 기도했고, 국민들은 근검 절약을 하면서 열심히 일한 결과 2014년 현재 우리나라 국민 총소득이 2만 달러가 되었다. 지구상에 있는 모든 나라들이 놀랄 정도로 발전했고, 한국 제품들이 세계에 나가서 이름을 날리는 국가가 되었다. 국민 개인적으로는 그때와는 비교가 안 될 정도로 부자가 되었다. 그런데 문제는 경제적인 혹한기에 하나님께 드린 기도가 여전히 우리 입에서 간절히 나오고 있다는 점이다. 얼마나 더 주셔야 만족하겠는가?

풍년이 들어 밭에 소출이 풍성하자 한 부자는 곡간을 크게 짓고 곡식을 가득 쌓아 놓은 후 자신에게 “내 영혼아, 여러 해 쓸 물건을 쌓아두었으니 평안히 쉬고, 먹고 마시고 즐거워하자”눅 12:19고 했다. 하나님은 “어리석은 자여, 네 영혼을 오늘 밤 도로 찾으리니 그러면 네 예비한 것이 누구의 것이 되겠느냐?”눅 12:20고 책망하셨다. 주님은 이 부자의 문제가 자기를 위하여 재물은 쌓아두었으나 하나님께 대해 부요하지 못했던 것이라고 말씀하셨다. 우리는 생각해야 한다. 이제는 어떻게 기도하고 어떻게 살아야 할지를…….

낭중지추(囊中之錐)

재능이 출중한 사람은 숨어 있어도 눈에 드러난다

囊 주머니 낭
中 가운데 중
之 어조사 지
錐 송곳 추

낭중지추라는 고사성어는 주머니 속에 든 송곳이란 뜻으로 재주가 뛰어난 사람은 스스로 두각을 나타내게 된다는 의미이다.

출애굽기 33:11
사람이 자기 친구와 이야기함같이 여호와께서는 모세와 대면하여 말씀하시며 모세는 진으로 돌아오나 눈의 아들 젊은 수종자 여호수아는 회막을 떠나지 아니하니라.

전국시대 말엽 조나라 혜문왕惠文王 때, 진나라가 침공하려는 정보를 듣고 초나라에 구원 군을 요청하여 위기를 극복한다는 방침을 세우고 외교 사절을 급파하기로 했다. 그때 혜문왕은 신하들을 향하여 물었다.

"이 막중한 임무을 수행하는 데 누가 적임이겠소?"

신하들은 왕의 아우 평원군이 적임자라고 아뢰므로 평원군이 국가 운명을 건 외교를 맡게 되었다. 평원군은 자기 식객들 가운데 20명을 선발하기로 하고 19명은 어렵지 않게 선발했으나 한 명을 찾지 못해 고심하고 있었다. 그때, 한 식객이 앞으로 나서며 말했다.

"상공, 저를 데려가시지요."

"그대는 누군가?"

"모수毛遂라고 합니다."

"내 집에 들어온 지 얼마나 되었지?"

"삼 년째입니다."

"뛰어난 재주는 숨겨져 있어도 주머니 속의 송곳처럼 밖으로 튀어 나와 남의 눈에 띄는 법인데 그대는 내 집에 온 지 삼 년이나 되었는데도 그러지 못했군!"

"그야 상공께서 한 번도 저를 주머니에 담아 주시지 않았으니 튀어나오고 말고가 어디 있겠습니까. 이번에 주머니에 담아만 보십시오. 송곳 끝 뿐 아니라 자루까지 드러내 보이겠습니다."

재치있는 대답에 평원군의 표정이 웃음으로 변하고 모수를 수행원으로 채용하여 함께 출발하게 되었다. 초나라에 도착한 평원군은 왕에게 선물을 진상하고 동맹 체결을 입술이 닳도록 역설했지만 초왕은 고개를 끄덕이기만 할 뿐 확실한 대답을 하지 않았다. 진땀을 흘리며 열심히 설득하고 있는 평원군을 보다 못한 모수가 칼자루에 손을 대고 앞으로 나와서 왕을 노려보며 큰 소리로 말했다.

"동맹하면 이익이 있다는 것은 명백한 이치인데, 왕께서는 왜 그처럼 망설이십니까? 빨리 결단을 내리십시오."

초왕은 깜짝 놀람과 동시에 노한 오조로 말했다.

"아니, 저 버릇없는 자는 누구냐?"고 묻자 평원군이 쩔쩔매며 "죄송합니다. 제 수행원입니다."

초왕은 모수를 보고 "과인은 지금 너의 주인과 이야기하고 있다. 건방지게 끼어들지 말고 물러나 있으렷다."

그러나 모수는 전혀 위축되지 않고 유창한 언변으로 동맹을 역설하고 있었다. 비록 그 말투는 무례하기 짝이 없어서 불쾌한 기분으로 듣고 있었지만 귀를 기울이는 동안에 자신도 모르게 빨려들어가고 마침내 완전히 설득 당했다.

"선생의 말씀은 참으로 시의적절하고 시원스럽기 그지없소. 과인의 무례를 용서하시오. 동맹을 허락하겠소."

"감사하오나, 말씀만으로는 의미가 없습니다. 여기에는 그만한 의식儀式이 따라야 합니다."라고 말한 후, 비둘기와 개와 말의 피를 담은 술잔을 왕에게 올려 먼저 한 모금 입에 대도록 한 뒤 평원군도 마시게 하고, 마지막으로 자기가 마시므로 두 나라의 동맹은 결성시키게 되었다. 평원군은 모수 덕분에 목적을 이룰 수 있었다. 여기서 낭중지추라는 고사성어가 유래되었다.

여호수아는 이스라엘 백성과 함께 노예생활을 했던 사람 중의 한 사람이었지만 애굽에서 나와서는 모세에게 큰 힘이 되었다. 탁월한 군사력 역량과 하나님께 대한 절대적 믿음을 소유한 사람으로서 40년간이나 모세를 주인처럼 섬겼던 사람이다. 결국 여호수아는 하나님으로부터 모세의 후계자로 지목받게 되어 이스라엘의 지도자로 피택되었다. 때로는 두렵고 떨리기도 했지만 오직 하나님의 말씀을 믿고 순종하며 나갈 때에 요단강이 갈라지고 여리고성을 점령하며 승승장구했던 지도자가 되었다.

그는 자신을 소개할 때에 모세의 수종자시종라고 말할 정도로 겸손했고수 1:1, 지도자 모세가 하나님과 대면하여 말씀을 듣고 있었을 때에 성전을 떠나지 아니하였고출 33:11, 나라가 어려움을 당할 때 기도하는 사람이었고수 7:6~7, 하나님이 우리와 함께 하신다는 임마누엘의 신앙으로민 14:9 순종하는 사람이었다수 1:7~8. 그는 호주머니의 송곳처럼 숨겨져 있었지만 대임大任 앞에서는 그 능력이 영적으로나 육적으로 두각을 나타낸 것이다. 오늘날에도 하나님께서는 여호수아와 같은 인물을 찾으심을 기억하자.

노마십가(駑馬十駕)

둔한 말도 열흘 동안 수레를 끌고 다닌다

駑 둔할 노
馬 말 마
十 열 십
駕 멍에 가

노마십가라는 고사성어는 말은 둔한 말이라도 열흘 동안 수레를 끌고 다닌다는 뜻으로, 재주 없는 사람이라도 열심히 노력하면 훌륭한 사람에 미칠 수 있음을 의미한다.

로마서 12:2~3
너희는 이 세대를 본받지 말고 오직 마음을 새롭게 함으로 변화를 받아 하나님의 선하시고 기뻐하시고 온전하신 뜻이 무엇인지 분별하도록 하라 내게 주신 은혜로 말미암아 너희 각 사람에게 말하노니 마땅히 생각할 그 이상의 생각을 품지 말고 오직 하나님께서 각 사람에게 나누어 주신 믿음의 분량대로 지혜롭게 생각하라.

순자의 수신 편에는 천리마는 하루에 천리를 달린다고 하지만 둔한 말일지라도 열흘 동안 달려간다면 이를 따를 수 있다夫驥一日而千里, 駑馬十駕則亦及之矣라는 말이 있다. 또 '반걸음이라도 쉬지 않으면 절룩거리며 가는 자라도 천리를 갈 수 있고, 흙을 쌓는 데도 멈추지 않고 쌓아나가면 언덕이나 산을 이룰 것이다.'라는 말도 있다.

노마駑馬란 둔하고 느린 말馬을 의미하는데, 재능이 없고 무능한 사람을 비유하기도 한다. 십가十駕란 열흘 동안의 노정路程을 말한다. 이는 곧 재주 없는 사람이라도 열심히 노력하면 훌륭한 사람에 미칠 수 있음을 비유한 것이다. 노마십가라는 고사성어는 여기서 유래된 것이다.

노마십가에 대해서 긍정과 부정적인 측면에서 생각할 수 있다. 먼저 긍정적인 측면이다. 토끼와 거북이의 경주라는 우화에서 토끼와 거북이가 산꼭대기까지 먼저 가기 경주를 했다. 토끼는 출발선에서 시작과 함께 뛰기 시작해서 순식간에 산 중턱에 오르게 되었다. 뒤를 돌아보니 거북이는 까마득한 뒤에서 땀을 뻘뻘 흘리면서 느릿느릿 기어오고 있었다. 교만한 토끼는 한잠을 자도 거북이는 여기까지 미치지 못할 것으로 생각하여 잠을 잤다. 중간에 잠시 자더라도 승리한다는 꿈을 가지고 있었다.

그러나 막상 잠에서 깨는 순간, 거북이는 목표 지점에서 만세를 부르고 있었다. 경주에서 토끼는 패배자가 되었고 승리의 꿈은 사라지고 말았다. 거북이는 내가 비록 발이 느려 승리는 못하더라도 경주이기 때문에 최선을 다하리라는 마음으로 목표를 향하여 꾸준히 올라갔다. 거북이의 꿈은 승리를 위한 경주는 아니었지만 최선을 다하므로 승리의 영광까지 얻게 된 것이다.

최선을 다하면 생각지 못했던 행운을 얻을 수 있다. 또한 꿈을 이루기 위해서라면 우리는 쉬지 않고 걷는 거북이가 되어야 한다. 닉슨은 "인간은 패배했을 때 끝나는 것이 아니라 포기 했을 때 끝나는 것이다."라고 했다. 세상에는 꿈을 꾸기만 하는 사람과 꿈을 현실로 바꾸는 사람이 있다. 꿈을 이루기 위해서는 거북이와 같이 최선을 다하는 것이다.

부정적인 측면이다. 노마십가라는 고사성어의 의미를 현실적으로는 동의하기가 어렵다. 재주 없는 사람이 아무리 열심히 해도 안 되는 것은 안 되는 것이다. 어느 정도까지 따라갈 수 있을지는 몰라도 그 이상은 불가능한 것이다. 특히 세상은 더디게 성장하는 나를 기다려주지도 않는다. 하루 만에 천리를 달리는 천리마를 노마가 열흘 동안 달려서 따라간다 한들 그것이 노마에게 무슨 유익이 되겠는가. 뱁새가 황새 좇아가다가 가랑이만 찢어지는 꼴 아닌가. 그런데 이 세상은 자꾸 그것을 요구한다. 앞서 가는 사람을 따라가야 거기에 무슨 성공이 보장되어 있는 것처럼 사람들을 불안하게 한다. 우리는 그것에 휘말리지 말아야 한다.

하나님께서는 각자에게 주신 은사대로 이 세상을 살아가도록 창조하셨다. 남의 뒤를 따라가는 것이 중요한 것이 아니라 하나님께서 자기에게 부여해 주신 고유한 달란트를 찾고 지키는 것이 중요하다. 천리마는 하루에 천리를 간다고 우쭐대지 말아야 하고, 노마는 하루에 10리 밖에 못가는 것에 낙심하지 말아야 한다. 중요한 것은 자신에게 주어진 길을 얼마나 성실하게 가느냐는 것이다.

신앙생활에서도 자신의 속도를 지키는 것이 중요하다. 남이 하니까 나도 한다는 생각보다는 하나님이 주신 은사대로 최선을 다하는 것이 중요하다. 빨리 달리는 것이 중요한 것이 아니라, 하나님의 은혜에 속도를 맞추는 것이 중요하다. 그래야 내가 하나님의 온전한 축복의 통로가 될 수 있게 됨을 알아야 한다.

한국 사람들은 무엇이든지 빨리 하는 것을 좋아한다. 빨리 하는 게 중요한 것이 아니라 원하는 것을 정확하게 이루는 것이 중요하다. 열심은 방향이 올바를 때 효과를 내는 것이지 방향이 올바르지 않으면 그 열심 때문에 오히려 낭패를 당하고 마는 것이다. 방향을 향해 알맞은 속도를 내기 위해서는 하나님만을 바라보아야 한다. 이스라엘이 광야에서 구름기둥을 따라서 행진하고 멈추었던 것처럼 하나님의 뜻을 바라보면서 주신 은사대로 최선을 다하여 순종하며 나갈 때, 모든 것을 선하게 이루어 주실 것이다.

노마지지(老馬之智)

늙은 말의 지혜라는 말로 연륜의 중요성을 말함

老 늙은이 노
馬 말 마
之 갈 지
智 지혜 지

노마지지라는 고사성어는 늙은 말이라고 해서 쓸모없는 것이 아니라 다 쓸 만한 데가 있다는 말로, 연륜에 따른 지혜있는 어른들의 중요성을 말한다.

전도서 12:13
일의 결국을 다 들었으니 하나님을 경외하고 그 명령을 지킬지어다. 이것이 사람의 본분이니라.

중국 춘추오패春秋伍霸의 한 사람인 환공桓公이 명재상 관중管仲과 대부 습붕隰朋을 대리고 고죽국孤竹國을 정벌하고 있었다. 금방 끝날 줄 알았던 전쟁이 생각지 않게 길어져 그해 겨울에 끝나게 되었다. 전쟁에 지치고 힘들어 귀국하는 길에 빨리 가는 길을 찾다가 병사들은 길을 잃어버리므로 방황하고 있었다. 이때 관중管仲이 '노마지지가용야老馬之智可用也, 이런 때 늙은 말의 지혜가 필요하다'라고 하자 즉시 늙은 말을 데려왔다. 그리고 늙은 말을 풀어놓고 그 뒤를 따르니 얼마 되지 않아 큰 길을 찾게 되었다는 말이다.

또 한 번은 병사들이 행군을 하다가 식수가 떨어져 갈증으로 고생하고 있었다. 이번에는 습붕隰朋이 "개미는 집을 질 때 여름엔 산 북쪽에, 겨울엔 남쪽 해가 잘 드는 쪽에 집을 짓는다. 흙이 한 치寸쯤 쌓인 개미집이 있으면, 거기서 땅속 일곱 자쯤 되는 곳에 물이 있는 법이다."라고 말을 하므로 군사들이 개미집을 찾아 그 곳을 파 내려가니 샘물이 솟아나 갈증을 해소할 수 있었다고 한다.

여기에 한비자韓非子는 한 마디 더 붙여 "관중의 총명과 습붕의 지혜로도 모르는 것일 때는 늙은 말과 개미를 스승으로 삼아 배우는 것을 수치로 여기지 않았다. 그런데 오늘날 사람들은 자신이 어리석음에도 성현들의 지혜를 배우려 하지 않는다."고 글을 써서 당시의 지식인들을 꼬집었다고 한다.

이 말을 들은 환공이 본인의 이상 나라를 자신보다 더 잘 다스리는 사람이 없고, 어느 누구도 자신을 따를 사람이 없다고 생각해 온 것을 뉘우치게 되었고 그 후부터 웬만한 일은 신하들의 의견을 넓게 듣고 정사에 반영했다고 한다.

지혜의 왕으로 불리는 솔로몬은 성경 가운데 세 권을 기록했다. 잠언, 전도서, 아가서이다. 아가서는 그의 나이가 젊었을 때 술람미라는 여자와 나누었던 뜨거운 사랑을 주제로 하고 있고, 잠언은 솔로몬의 나이가 중년이 되었을 때에 그의 원숙한 삶의 체험을 바탕으로 해서 지혜로운 삶이 무엇인지를 주제로 한 내용이다. 그러나 전도서는 솔로몬이 인생의 황혼기에 이르러 자기가 걸어온 인생의 발자취를 돌아보면서 기록한 책이다. 솔로몬은 잠언 첫 줄에 '솔로몬의 잠언이라'고 했고, 아가서 첫 줄에도 '솔로몬의 아가라'고 밝혔다. 그런데 전도서에는 아무리 살펴보아도 솔로몬이라는 이름이 나오지 않는다.

왜 솔로몬은 전도서에서 자기 이름을 쓰지 않았을까? 그 이유를 이렇게 생각해 볼 수 있다. 그는 하나님의 은혜로 지혜와 권력을 받아 남보다 엄청난 부귀와 영화를 누렸는데 육신이 너무 편해지니까 많은 처첩을 거느리고 육신의 쾌락에 젖어들기 시작했다. 처첩 중에는 이방 여인들도 있어서 거룩한 땅 이스라엘에 이방의 우상을 들여오고 산당까지 세워지게 되었다. 그런 일로 하나님의 징계가 솔로몬의 노년에 사방에서 대적하는 무리로 나타났고, 그의 자식의 대에 나라가 나눠진다는 하나님의 선고를 받게 되었다. 그제야 솔로몬은 자신의 잘못을 깊이 뉘우치고 참회했다. 그런 심정으로 쓴 것이 전도서라고 할 수 있다.

솔로몬이라는 이름의 뜻은 '샬롬-평화'라는 뜻이다. 솔로몬은 자기가 범죄하고 타락해서 나라에 환난이 생기고 평화가 사라졌기 때문에, 평화라는 뜻을 가진 '솔로몬'이라는 자기 이름을 떳떳하게 전도서에서는 밝힐 수가 없었을 것이다. 그래서 솔로몬은 자기를 낮추고 뉘우치는 심정으로 자신의 이름을 전혀 기록하지 않고 전도서에서는 언제나 전도자라고 칭하고 있다는 것이다.

지혜롭던 솔로몬이 어리석게 젊은 시절을 보내고 연륜에서 나오는 지혜의 말로 "전도자가 이르되 헛되고 헛되며 헛되고 헛되니 모든 것이 헛되도다 해 아래서 수고하는 모든 수고가 사람에게 무엇이 유익한고전 1:2~3절"라고 한다.

솔로몬은 "내 인생은 정말 아름답고 멋있었도다."라고 할 것 같은데 인생을 헛되게 살았다고 말하고 있다. 그는 진정으로 연륜에서 나오는 인생의 지혜의 삶을 말하기를 "일의 결국을 다 들었으니 하나님을 경외하고 그의 명령들을 지킬지어다 이것이 사람의 본분이니라"전 12:13 했다.

하나님을 경외하고 그 명령을 지키는 것이 사람의 본분이라는 것이다.

노생지몽(盧生之夢)

세상의 부귀영화는 한 날의 꿈과 같다

盧 밥그릇 노
生 날 생
之 어조사 지
夢 꿈 몽

노생지몽이라는 고사성어는 세상의 부귀영화가 모두 허무함을 이르는 말로 한 날의 꿈과 같다는 의미이다.

시편 90:4~6
주의 목전에는 천 년이 지나간 어제 같으며 밤의 한순간 같을 뿐임이니이다 주께서 그들을 홍수처럼 쓸어가시나이다 그들은 잠깐 자는 것 같으며 아침에 돋는 풀 같으니이다 풀은 아침에 꽃이 피어 자라다가 저녁에는 시들어 마르나이다.

당唐나라 현종 때, 여옹呂翁이라는 사람이 조나라의 수도 한단으로 가는 도중에 주막에서 노생盧生이란 젊은 청년을 만나 대화를 하였다. 노생이 "사내로 태어나서 세상의 혜택을 누리지 못하고, 가난에 쪼들리며 사니 이 꼴이 원…." 이 말을 들은 여몽이 '보기에는 건장한데 신세를 한탄하다니 어떻게 하여야 즐겁겠는가?" 노생은 "장군이 되고 재상이 되어 양명揚名하고 부귀영화를 다하여 집안이 번영하는 일이지요." 이렇게 이야기 하던 노생은 여옹이 준 베개를 베고 잠이 들었다.

이 때 여관 주인은 기장을 쪄서 식사 준비를 하고 있었다. 노생은 당대에서 으뜸가는 부호인 청하 최 씨의 딸에게 장가를 들었고, 과거 급제하여 하서도절도사로 임명을 받아 눈부신 공을 세워 중앙정부의 요직에 두루 역임하면서 천자에게도 인정을 받고, 사람들에게도 훌륭한 재상이라는 명성을 얻게 되었다. 그러나 동료들에게 미움을 받아 참소되어 포졸들에게 포위당하기도 했지만, 몇 년 후 노생에게 죄가 없다는 것이 밝혀져 다시 재상 직에 나가게 되었다. 이리하여 50여 년 동안 남과 비교할 수 없을 만큼 부귀영화를 누리며 살게 되었다. 말년에 노생은 재상의 자리를 거절했으나 만류하여 놓지 못하다가 겨우 성은聖恩을 입어 재상의 자리를 그만두었다. 그런데 그날 밤 노생은 깊은 잠에 빠졌다가 한참을 자고 기지개를 켜고 일어나 보니 옆에는 여옹이 있었고, 여관집 주인은 아직도 식사준비도 채 안된 상태였다.

"이게 꿈이었단 말인가?"

그 꿈 이야기를 듣던 여옹이 이렇게 말했다.

"세상일 또한 이와 같다네."

노생도 그렇다고 여기고 여옹의 가르침에 감사를 표하고 떠났다는데서 유래된 고사성어가 노생지몽이다.

모세는 인생에 대해서 아침에 돋는 풀과 같고, 아침에 피어 자라다가 저녁에는 시들어 말라버리는 꽃과 같다고 했다시 90:4~6. 욥은 고난 중의 인생에 대해서 베틀의 북과 같다고 했고욥 7:6, 이사야는 모든 육체는 풀이요 그 모든 아름다움은 들의 꽃 같다"사 40:6고 했으며, 야고보도 "생명이 잠깐 보이다가 없어지는 안개니라"약 4:14고 표현했다.

이렇게 짧은 수명을 갖고 살아가는 사람들의 대다수는 인생이 이렇게 짧고 신속히 날아간다는 것을 모르고 살다가 어느덧 흰머리가 되고 굵은 주름이 생기고 기력이 쇠하여지면 인생의 신속성에 대해서 깨달음과 동시에 인생의 허무함을 체감하게 된다. 그래서 솔로몬은 자신의 인생을 돌아보면서 “헛되고 헛되며 헛되고 헛되니 모든 것이 헛되도다”전 1:2, “내가 해 아래에서 행하는 모든 일을 보았노라 보라 모두 다 헛되어 바람을 잡으려는 것이로다”전 1:14라고 한 것이다. 그렇다면 이러한 인생을 살아가는 우리들로서 어떻게 하면 후회 없는 값진 인생을 살아갈 수 있을까? “풀은 마르고 꽃은 시드나 우리 하나님의 말씀은 영원히 서리라”사 40:8는 말씀처럼 세상은 이렇게 무상하고 순간적으로 변하지만 영원히 변치 않는 하나님의 말씀을 의지하고 살아갈 때 후회 없는 값진 인생을 살아갈 수가 있기에 하나님을 경외하는 마음으로 늘 하나님의 말씀을 묵상하면서 그 뜻대로 살아야 한다.

역사가 증명해 주는 현실을 기억해야 할 것이 있다. 우리가 잘 아는 것처럼 북미와 남미는 경제력에 있어서 비교가 안될 정도로 차이가 많이 난다. 왜 북미는 세계를 호령할 정도로 부강한 나라인데 남미의 많은 나라들은 경제적으로 고통을 당하고 있을까? 이 질문에 한 역사학자는 흥미 있는 주장을 했다. “북미에 도착한 청교도 선조들은 하나님God을 찾아왔으나 남미에 찾아온 스페인과 포루투갈 선조들은 황금Gold을 찾아왔기 때문”이라고 했다. 북미를 찾아온 선조들은 하나님을 찾았더니 금도 얻었는데 남미의 선조들은 금을 찾았더니 하나님도 잃고 금도 잃었다는 것이다.

우리는 무엇을 찾고 있는지 생각해야 할 것이다. 과연 나는 하나님을 찾고 있는지, 아니면 금을 찾고 있는지…. 욥이 말한 것처럼 인생은 전쟁과 같고, 베틀의 북과 같이 빨리 가는데 하나님의 나라와 그 의를 구하면 이 모든 것을 더하신다고 하셨는데, 이 모든 것을 구하다가 의를 구하지도 못하고 이 모든 것을 잃어버리고 세월을 보내고 있지는 않은지 생각해 봐야 할 것이다.

누란지위(累卵之危)

계란을 포개어 쌓아 놓은 것처럼 위험한 상태

累 묶을 누
卵 알 란
之 갈 지
危 위태할 위

누란지위란 고사성어는 둥근 계란을 포개 쌓아 놓은 것처럼 무너지기 쉽고 위태로운 상태라는 뜻을 말한다.

마태복음 7:26~27
나의 이 말을 듣고 행하지 아니하는 자는 그 집을 모래 위에 지은 어리석은 사람 같으리니 비가 내리고 창수가 나고 바람이 불어 그 집에 부딪치매 무너져 그 무너짐이 심하니라.

중국 전국시대에는 세객說客들이 많이 있었다. 능수능란한 말과 수단으로 출세를 하려는 지금의 외교관급에 해당하는 직급을 가지고 있는 사람들이다. 이들 중에 특히 여러 나라를 종횡縱橫으로 합쳐 경영하려던 모사謀士와 책사策士들이 있었는데, 이들을 종횡가縱橫家라고 부르기도 했다. 종횡가 중에 범저范雎라는 사람이 있었다. 그에게 제齊나라에 사신으로 가는 기회가 찾아왔다. 먼저 제나라로 갔던 수가가 외교사절로서 양왕襄王을 만나 외교를 펼쳤으나 아무런 성과를 얻지 못했기 때문이다. 그때 범저가 가서 양왕과 대신들에게 탁월한 언변을 쏟아 부어 그들의 마음을 사로잡는 공적을 세우게 되었다. 그러나 수가는 범저를 시기하여 첩자로 누명을 씌워 갖은 고문을 다하고 오물이 있는 곳에 갖다 버려 죽도록 하였다. 그러나 범저는 그 탁월한 언변으로 꼬여 그곳을 벗어나 정안평鄭安平이라는 사람을 찾아가 그곳에 몸을 숨기고 기거하며, 이름도 장록張祿으로 개명하면서 정안평을 잘 보필하며 날을 브내게 되었다.

그러던 어느 날 진나라에서 왕계王稽라는 사신이 위나라에 찾아왔는데, 정안평은 객사에 있는 왕계를 은밀히 찾아가 "우리나라에 장록이라는 선생이 있는데, 지금은 몸을 나타낼 수 없는 입장이라 이곳에 거하지만 진나라에 데려가시면 크게 쓸모가 있을 것입니다."라고 추천하였다. 그날 밤 왕계는 범저를 불렀고, 그의 화려한 언변과 화술에 감탄해마지 않았다. 이에 왕계는 돌아가는 길에 범저를 신하로 변장시켜 진나라로 데려가 왕에게 "전하! 위나라의 탁월한 세객說客이 있어서 데려왔습니다. 이 세객의 말로는 현재 진나타의 형편이 달걀을 쌓아 놓은 것과 같이 위태한 형편누란지위이라며, 자신을 등용하면 나라와 백성을 두루 평안하게 할 수 있다고 합니다."라고 천거 이유를 전했다.

소양왕은 일개 세객이 나라의 형편을 얘기하면서 자신이 그 문제를 해결할 수 있다는 말에 언짢았지만, 사람들의 눈도 있고, 기왕 데려온 것이라 낮은 말직을 주어 시험해 보기로 했다. 이에 범저는 자신이 가지고 있는 모든 역량을 발휘하여 소양왕의 신임을 얻었고 후로 먼 나라와 화친하면서 가까운 나라부터 먹어 들어간다는 '원교근공책遠交近攻策'으로 진나라의 위상을 높게 만든 공을 세우게 되었다. 이를 계기로 범저는 소양 왕에게 큰 신임을 얻게 되어 재상宰相이 되어 응후應候에 봉해졌고, 그의 지론인 원교근공책遠交近攻策은 진나라의 국시國是가 되었다. 여기서 누란지위라는 말이 유래되었다.

예수님께서 처음으로 선포하신 메시지는 "회개하라 천국이 가까이 왔느니라"였다. 그 후에 하나님의 나라, 천국에 대해서 가르쳐 주셨는데 이 말씀이 산상수훈이다. 그 안에 있는 모든 내용이 천국, 하나님의 나라와 관련이 되어 있다. 그리고 마지막 부분에 구원을 이루게 하는 믿음이 반석 위에 세워진 집과 같아야 한다고 가르치셨다. 이 반석은 예수님이요 말씀인데, 여기에 믿음의 집을 세우지 아니한 것은 모래위에 세운 집과 같아서 비가 오고 창수가 나고 바람이 불면 그 무너짐이 심하다고 말씀하셨다. 우리가 집을 세울 때에 반석과 같은 곳에 기초를 세워야지 모래위에 세운 기초는 금방 무너지고 만다. 예수님은 창세전에 하나님과 함께 계셨고 천지창조 시에도 하나님과 함께 계셨고 영원히 살아 역사하신 권능의 하나님이시다. 우리의 믿음을 예수님에게, 그의 말씀 위에 세울 때 온전한 구원을 이루는 집을 세우는 것이다.

1995년 일본 남부의 고베시 지역에 진도 7.2의 강진 발생으로 사망자 5249명, 부상자 2만 6804명, 이재민 약 20만 명에 이르고 물적 피해규모는 14조 이상으로 추정된 적이 있었다. 또 2008년에 삼국지의 고향이요 경치가 빼어나 평소 관광명소였던 중국 사천성四川省에 큰 지진이 일어나 단 2분 만에 폐허가 되면서, 지진재해로 인한 사망자 수가 14,463명, 실종자 수는 1,405명이고 폐허에 매몰된 인원수는 25,788명에 달한다고 보도된 적이 있었다. 아무리 아름답고 튼튼한 곳이라도 자연재해 앞에서는 속수무책이었다. 아무리 믿음이 있다고 할지라도 마귀가 흔들게 되면 우리의 믿음도 쓰러질 수밖에 없다. 그러므로 사망권세를 물리치시고 부활하신 예수님에게 믿음을 세우고 삶을 세우므로 영원히 안전함을 누리는 우리가 되어야 할 것이다.

담하용이(談何容易)

談 말씀 담
何 어찌 하
容 쉬울 용
易 쉬울 이

말하는 것처럼 실제는 쉽지 않다는 의미

담하용이라는 고사성어는 말하는 것은 쉽지만, 실제로 해보면 쉽지 않으므로 쉽게 하는 말을 삼가야 한다는 뜻이다.

야고보서 3:6
혀는 불이요 불의의 세계라 혀는 우리 지체 중에서 온 몸을 더럽히고 삶의 수레바퀴를 불사르나니 그 사르는 것이 지옥 불에서 나느니라.

전한前漢 중엽 무제武帝 시대에 동방삭東方朔이라고 이름하는 방사方士가 있었다. 그는 해학諧謔과 변설辯舌이 뛰어났고 서왕모의 복숭아를 훔쳐 먹어 장수하였으므로 삼천갑자 동방삭三千甲子 東方朔이라 일컬었던 사람이다. 갑자甲子란 60년을 말하기 때문에 속설이기는 하지만 동방삭이는 60×3000=18만년을 살았다는 것이다.

무제武帝가 전국의 인재를 모집할 때 동방삭은 황제에게 막힘이 없는 유창한 변설과 유머에 능하므로 사랑을 받았다. 그는 측근으로서 무제의 뜻을 받기만 한 것이 아니라 황실의 사치를 간하는 근엄함도 갖추었다. 그것이 계기가 되어 상시랑常侍郎이란 벼슬에 오르게 되었다.

어느 날 무제는 장안 근처에 황실 전용 사냥터 '상림원上林苑'을 만들려고 했다. 이때 동방삭은 국고를 비게 하고 백성의 생활 밑천을 빼앗는 짓이라며 반대했으나 무제는 듣지 않았다. 그 후 부국강병책을 건의했지만 듣지 않아 '비유 선생론非有 先生論'이라는 풍자문을 써서 간하게 되었다. 비유 선생론에는 비유 선생과 오왕이라는 허구의 인물이 문답을 나누는 형식으로 이루어졌다.

비유 선생은 오왕을 섬긴 지 3년이 지나도록 자기 의견은 조금도 말하지 않았다. 오왕이 나중에는 안달이 나서 무슨 말이든지 해보라고 재촉하자 비유 선생은, "좋습니다. 입을 여는 것은 간단한 일입니다."라고 말을 하고는 역사 이래 임금에게 간하다가 죽은 충신들의 행적과 이름을 말한 뒤 "입을 열기가 어찌 쉬운 일이겠습니까?"라고 하였다. 그리고 입을 열어 말하기를, 아부하고 아첨하여 등용된 인물과 임금이 포악했기 때문에 세상을 피해 살아간 인물의 행적을 들어 충신을 멀리하고 소인배를 등용한 어리석음을 말하고 "말하기가 어찌 쉬운 일이겠습니까?"라고 했다. 또 비유 선생은 현인이 밝은 군주를 만나 서로 도와가며 나라를 일으키고 융성하게 한 사례도 들어 군주로서의 올바른 마음가짐을 말하였다. 이 말을 들은 오왕은 감동하여 이후부터 여러 현인들의 간언을 받아들이고 정치를 개혁하여 마침내 오나라를 부강하게 하였다는 내용이다.

이런 일화를 동방삭이가 나라를 걱정하는 마음에 한무제에게 간언諫言 했지만 받아들여지지 않자 '비유선생지론'의 글을 통해서 간접적으로 간언을 한 것이다. 동방삭처럼 위험을 무릅쓰고 간언을 하는 것이 쉬운 일은 아니지만 그 말을 고맙게 여기고 실천한다면 자신의 발전은 물론이요 세상이 얼마나 아름답겠는가를 생각하게 하는 일화가 아닐 수 없다. 여기서 담하용이라는 고사성어가 유래되었다. 말은 누구나 무슨 말이든지 할 수는 있지만 스스로 말을 삼가고 근신하라는 의미가 있다.

위대한 지혜의 왕 솔로몬은 지혜의 문학서라고 할 수 있는 잠언에서 "명철한 사람의 입의 말은 깊은 물과 같고 지혜의 샘은 솟구쳐 흐르는 내와 같으니라"잠1 8:4고 말했고, "미련한 자의 입술은 다툼을 일으키고 그의 입은 매를 자청한다"6절고 했으며, "미련한 자의 입술은 그의 멸망이 된다"7절고 했다. 특히 "사연을 듣기 전에 대답하는 자는 미련하여 욕을 당한다"13절고 했다. 그래서 야고보 사도는 혀에 대해서 정의하기를 "혀는 불이요 불의의 세계라 혀는 우리 지체 중에서 온 몸을 더럽히고 삶의 수레바퀴를 불사르나니 그 사르는 것이 지옥 불에서 난다"약 3:6고 했다. 그러므로 그리스도 예수의 사람은 특히 한 입에서 단물찬송이 나오고, 쓴물저주이 동시에 나오는 것은 마땅치 아니하기에약 3:10~11 하나님으로부터 오는 지혜를 얻어 말을 하여 화평을 이루고 화평의 열매를 거둘 수 있어야 함을 명심해야 할 것이다.

신학교 교수님이 학생들에게 물었다. "교인 중, 아내가 세상을 떠나 슬픔을 당하고 있다. 그 분에게 무어라고 위로의 말을 하겠는가?" 한 학생은 "주님의 말씀으로 위로하고 기도하겠습니다." 다른 학생은 "천국에 갔으니까 천국에서 다시 만날 수 있을 것이라고 위로를 하겠습니다."라고 모두 한 마디씩 했다. 그러자 교수님이 대답하기를 "그 상황에 무슨 말이 위로가 되겠소! 아무 말 없이 꼭 안고 울어주면 그것이 큰 위로가 될 것이오."라고 말을 했다고 한다.

가슴으로 하는 말이 진실이요 상대방의 마음을 감동시킨다.

대공무사(大公無私)

사사로움에 치우치지 않고 공평하라

大 큰 대
公 공변될 공
無 없을 무
私 사사로울 사

대공무사라는 고사성어는 공평하여 사사로움이 없다는 말로, 대의를 위해 사사로움에 치우치지 않고 공평무사하게 일을 처리한다는 뜻이다.

시편 67:4
온 백성은 기쁘고 즐겁게 노래할지니 주는 민족들을 공평히 심판하시며 땅위의 나라들을 다스리실 것임이니라.

춘추시대 진晉나라 평공平公이 "남양南陽에 현령縣令자리가 비어 있어서 기황양祈黃洋에게 "남양에 누구를 현령으로 보내면 좋겠는가?" 라고 물었다. 기황양은 지체없이 "해호解狐를 보내면 임무를 훌륭히 수행할 것입니다."라고 대답했다. 그 말을 들은 평공은 "해호는 그대와 원수같이 지낸 사이로 알고 있는데 어찌하여 해호를 추천하는 것인가?"라고 물었다. 그러자 기황양은 "왕께서는 현령 자리에 누가 적임자인지를 물으셨지 누가 신과 원수지간이냐고 물으신 것은 아니지 않습니까?" 결국 해호를 남양 현령으로 보내게 되었는데, 훌륭하게 임무를 수행하게 되었다.

어느 날, 평공이 조정에 법을 집행할 사람이 필요해서 기황양에게 물었다. "조정에 법을 집행할 사람으로 누구를 임명하는 것이 좋겠소." 기황양은 이번에는 이렇게 말을 했다. "제 자식 기오祈吾가 임명됐으면 합니다." 이번에도 평공은 이상하다는 듯이 다시 물었다. "자기 아들을 추천하면 남들이 어떻게 생각하겠는가?" 그러나 기황양의 대답은 똑같았다.

"비록 제 아들이라도 자리에 적격이기에 추천한 것이지 사사로운 정으로 추천한 것이 아닙니다."

그 말에 감격한 평공은 기황양의 아들 기오를 그 자리에 앉혔고, 기오는 공명정대하게 일을 처리하여 칭송을 들었다고 한다.

이에 대하여 공자는 "기황양은 사람을 추천함에 있어 그 사람의 능력만을 기준으로 삼았을 뿐, 자신의 원수라고 배척하지도 않았고, 제 자식이라고 해서 남들의 눈치를 보지도 않았다. 이런 사람이야말로 대공무사大公無私하다고 할 만하다"고 평가했다.

목사님의 아들이라고 밝힌 어떤 이가 자신의 처지가 싫다면서 몇 가지 이유를 인터넷에 올렸다.

가난하니까 싫고,

옷이 몇 벌뿐이 없으니까 싫고,

일요일에 어디 가지도 못하니까 싫고,

예배를 억지로 3번 이상 드려야 하니까 싫고,

고난주간이 되면 TV나 컴퓨터 하지 못하니까 싫고,

교인 자녀와 싸우면 나만 혼나니까 싫다.

그 글에 대해 이런 답글이 올라왔다.

첫째 사람, "목회자 자녀든 아니든 사람으로 태어난 게 복이지요. 삶은 찬란한 환희니까요."

둘째 사람, "복에 겨운 말을 하네요…. 목회자 자녀이든 아니든 부모가 있다는 것은 행복입니다."

셋째 사람, "저처럼 부모님이 절에 다니시는 것보다는 백 번 천 번

낫습니다. 배부른 소리 하고 있고만… 정 힘들면 우리 부모님과 서로 바꿉시다."

남의 손에 들린 떡이 더 커 보이는 착각이나 비교의식 때문에 내 것을 불평하여 세상은 불공평하다고 말한다. 정말 세상은 불공평한 것일까? 하나님은 불공평하신 하나님이실까?

뇌성마비 송명희 시인이 쓴 시 "나"가 있다.

나, 가진 재물 없으나 나 남이 가진 지식 없으나
나, 남에게 있는 건강 있지 않으나
나, 남이 갖고 있지 않은 것 가졌으니
나, 남이 보지 못한 것을 보았고
나, 남이 듣지 못한 음성 들었으며
나, 남이 받지 못한 사랑 받았고
남이 모르는 것 깨달았네
공평하신 하나님이
나 남이 가진 것 나 없지만
남이 없는 것을 갖게 하셨네.

이 시인은 하나님은 공평하시다고 노래하고 있다. 중증장애를 가지고 있지만 난 남이 못 본 것을 보고 남이 듣지 못하는 것을 듣기 때문에 삶은 공평한 것이며 이 인생을 내신 하나님은 공평하신 분이라는 것이다.

"구름과 흑암이 그에게 둘렸고 의와 공평이 그 보좌의 기초로다"시 97:2.

도광양회(韜光養晦)

능력을 감추었다가 적절한 때에 발휘한다

韜 감출 도
光 빛 광
養 기를 양
晦 그믐 회

도광이란 '빛을 감추다', '양회'란 '어둠 속에서 은밀히 기르다'는 뜻으로 자신의 능력과 재능을 감추었다가 적절한 때에 발휘한다는 말이다.

잠언 16:9
사람이 마음으로 자기의 길을 계획할지라도 그의 걸음을 인도하시는 이는 여호와시니라.

동한東漢 때 소불위라는 사람이 있었다. 그의 아버지 소겸은 이호의 모함으로 사형을 당하고 말았다. 그 당시 겨우 18살이던 소불위는 아버지의 시신을 고향으로 가져와 땅속에 묻으면서 반드시 원수를 갚고 아버지의 장례를 정식으로 치르겠노라고 다짐했다. 그리고 자신의 어머니를 무도산 속에 숨겨두고 자신의 이름도 바꾸고 원한 갚을 날만을 기다리고 있었다.

몇 년 후 아버지를 죽게 한 이호가 국가의 돈과 곡식, 금과 비단 따위의 국가 재정을 맡은 대사농이라는 계급으로 승진했다. 그러자 소불위는 밤마다 몰래 그곳에 들어가 구덩이를 파기 시작했다. 그렇게 한 달이 지나 이호의 침소 아래까지 구덩이를 파는데 성공했다. 이호를 죽이려고 침소로 들어갔지만 공교롭게도 이호는 측간에 가고 없었고 소불위는 암살계획이 탄로나 도망쳤다. 대신 이호의 가솔들과 조상의 무덤을 파헤치는 등 다른 방법으로 복수를 했다. 이호는 소불위를 잡으려고 수단과 방법을 동원했지만 소불위는 신출귀몰神出鬼沒 같아서 잡지 못하자 분에 못 이겨 죽고 말았다. 개인적인 원한으로 소겸을 죽인 이호가 소불위는 끝내 죽이지 못하고 결국 자신이 화병으로 죽게 되었다. 그것은 소불위가 자신의 실체를 잘 감추었기 때문이다.

삼국시대 때 유비는 패성浿城에서 여포에게 패한 후 어쩔 수 없이 조조 휘하로 들어갔지만 조조가 자신을 해칠까 항상 염려하며 살았다. 조조 역시 같은 마음이었다. 유비는 조조의 경계심을 풀기 위해 후원에 채소를 심고 물을 주는 일로 자신의 재능을 숨기고 큰 뜻이 없음을 가장하고 있었다.

청매실青梅이 익어가는 어느 날, 조조가 유비에게 주연酒宴의 자리에 청하여 영웅담을 나누게 되었다. 술이 얼큰하게 오르자 조조가 손가락으로 유비와 자신을 번갈아 지적한 뒤 말을 했다.

"지금 세상에서 영웅은 그대와 나 뿐이오."

그 말을 들은 유비는 들고 있던 수저를 떨어뜨리며 깜짝 놀라는 시늉을 했다. 졸장부에 불과한 나를 영웅이라고 하니 놀라 자빠질 지경이라는 메시지를 준 것이다.

그때 갑자기 천둥이 치더니 큰비가 쏟아졌다. 유비는 이 기회를 틈타 이렇게 말했다.

"성인도 갑작스러운 천둥과 거센 바람에 얼굴빛이 변한다신뢰풍열 필변:迅雷風烈 必變는 논어에 기록된 말대로 갑자기 몰아친 천둥소리에 놀라 그만 손에 든 수저를 떨어뜨리고 말았습니다."

그 말을 들은 조조가 이렇게 말했다.

"천둥은 단지 하늘과 땅의 음기와 양기가 서로 충돌하여 일어나는 소리일 뿐인데 뭘 그리 무서워하시오?"

“저는 어려서부터 천둥소리를 무서워했습니다. 그런데 오늘 천둥이 치는데도 숨을 곳이 없어서 그만….”이라고 말했다.

그 말을 들은 조조는 속으로 비웃으며 유비를 간이 콩알만 한 변변치 못한 사람이라 생각하게 되었고, 그에 대한 경계심을 늦추었다고 한다. 이로써 유비는 자신의 광채를 감추는 계략을 써서 조조의 경계와 감시에서 자유로울 수 있었고, 후에 천하를 삼분하는 권력을 손에 거머쥐게 되었다. 여기서 유래된 고사성어가 도광양회韜光養晦이다.

다윗이 사울 왕의 칼을 피해 블레셋의 가드 왕 아기스에게 망명했을 때 고관들이 다윗을 알아보자 살아남기 위해서 미친 척해서 위기를 모면한 일이 있었다. 다윗은 소년 때부터 맹수와 싸웠던 용감한 사람이었다. 골리앗을 물리친 구국 영웅이다.

그런 다윗이었지만 생사의 기로에 섰을 때 미친 척하면서 살아남았다. 다윗이 구국 영웅답지 못하다며 오해를 할 수도 있겠지만, 자신의 머리에 기름을 부으셔서 왕으로 세우신 하나님의 사명을 위해서 살아남으려는 몸부림으로 생각할 수 있다. 특히 이 모습은 현실이 어렵다고 생명을 죽음과 쉽게 바꿔버리는 사람들에게 교훈이 되는 대목이 아닐 수 없다.

우리는 때로 상황이 불리할 때가 있다. 이럴 때는 자기를 낮추고 조용히 자신만의 힘을 키우는 지혜가 필요하다. 그리스도인의 힘을 키우는 지혜는 골방에 들어가서 기도하는 훈련이다. 공중권세 잡은 자는 우리를 통하여 하나님의 나라가 확장되는 것을 싫어하고 방해한다. 우리의 삶의 지경이 넓어지는 것이 싫어서 가로막는다.

그러나 우리는 힘이 없어서 속수무책이다. 내가 스스로 빛을 드러내려고 하면 당하기 때문이다. 해결 방법은 자신을 낮추고 어두운 골방으로 들어가 기도하여 하나님의 능력을 받아 어둠의 권세를 물리치기 위해서 밝음을 준비해야 한다.

사람이 마음으로 자기의 길을 계획할지라도 그의 걸음을 인도하시는 이는 여호와시기 때문이다잠 16:9.

동호지필(董狐之筆)

기록자가 조금도 거리낌이 없이 직필한다

董 바로잡을 동
狐 여우 호
之 갈 지
筆 붓 필

동호지필이란 고사성어는 동호의 붓이라는 뜻으로 기록을 담당한 자가 주위 사람들이나 권력을 의식하지 않고 정직하게 곧이곧대로 바르게 써서 남긴다는 뜻이다.

잠언 21:28
거짓 증인은 패망하거니와 확실히 듣는 자의 말은 힘이 있느니라.

춘추시대 진晉나라 임금 영공靈公은 아주 포악무도한 자였다. 그는 성안에 도원이라는 곳에서 새 사냥을 하는 중에 새를 쏘는 것보다 사람을 쏘는 것이 더 재미있을 것이라 생각하고 간신 도안가와 사람 맞추기 내기를 했다. 눈을 맞히되 팔이나 어깨를 맞히면 무승부로 하고 아무데도 못 맞히면 큰 잔으로 벌주를 마시기 하는 등 온갖 악행을 행하고 있었다. 죄 없는 백성들의 원성은 하늘을 찌르는 듯 했다.

그러자 임금의 악행에 백성들의 원성들을 보고 듣고 있던 재상宰相격인 조순趙盾은 임금에게 틈만 나면 바른 정사를 펴도록 간언을 하였으나 그것이 도리어 조순에게는 칼이 되어 돌아왔다. 영공은 조순의 말을 듣기보다는 오히려 그의 말에 늘 불만을 가지고 결국 조순을 죽이기로 결심하고 자객을 보냈다. 조순을 죽이기 위해 간 자객은 그의 높은 인품에 감동되어 조순을 죽이지 못하고 스스로 자결하고 말았다.

이 소식을 들은 영공은 더욱 그를 죽이고자 하여 자신의 자객들을 매복키시고 술자리를 마련하고 조순을 불렀다. 조순을 데리러간 군사 중에 평소 조순의 인품을 잘 아는 병사 하나가 조순에게 그 상황을 귀띔해 주었다. 그 말을 들은 조순은 그 길로 망명길에 올라 국경을 넘으려고 하는데 영공이 조천趙穿이라는 사람에게 시해弑害됐다는 소식을 듣게 되었다. 소식을 전해들은 조순은 국경을 넘지 않고 착잡한 심경으로 다시 도성으로 돌아왔다. 그런데 놀라운 것은 영공이 죽음을 당하게 된 사건을 문서로 남기는 사관史官인 동호董狐가 이일에 관하여 "조순이가 군주를 시해했다."는 것이다.

깜짝 놀란 조순이 동호를 찾아가 "그대는 어찌하여 나를 모함하는가? 내가 임금을 시해하지 않았다는 것은 모두가 다 알고 있는데"라고 말하자 이에 동호가 "물론 상공께서는 임금을 직접 시해하시지 않았습니다. 하지만 사건이 벌어졌을 때 국내에 있었고 조정에 돌아와서는 범인을 처벌하려 하지도 않았잖습니까? 국가 대임을 맡은 대신으로서 마땅히 해야 할 직무를 하지 않았으니, 그것이 직접 시해와 무엇이 다르다는 것입니까?"

동호의 지적에 조순은 할 말을 잃고 오명을 쓰게 된 것이다. 훗날에 공자孔子는 이 사건에 관해 "동호는 훌륭한 사관이었다. 권세에 눌리지 않고 법대로 올바로 직필했다. 또한 조순도 훌륭한 대신이었다. 법도를 올바로 잡기 위하여 누명도 감수하였으니, 다만 국경을 그대로 넘었더라면 책임은 면했을 텐데…."라고 말했다. 여기서 유래된 말이 동호지필董狐之筆, 혹은 동호직필董狐直筆이다.

삼일절은 1919년 3월 1일 우리나라가 일본의 식민통치에 항거하며 독립선언서를 발표하고, 우리 민족의 자주독립을 위해 태극기를 흔들며 평화적 시위를 전개한 날이다.

3.1운동의 희생자 규모는 시위진압과정에서 사망자 7,509명, 부상자 1만 5,961명, 구금자 4만 6,948명으로 추산하고 있다. 그런 일이 있고 나서 1923년 9월 1일 대지진이 일본 관동지방을 강타할 때, 대지진의 혼란 속에 '조선인이 폭동을 일으켰다', '조선인이 우물에 독약을 넣고 다닌다'는 유언비어가 순식간에 퍼졌다. 그 일로 일본 군대와 경찰 그리고 일본 사람들이 조선인들을 학살했는데, 당시 피살자 규모는 6천명, 2만2천명 등의 설이 있다. 나라 잃은 비극이 이렇게 나타난 것이다.

일본은 우리나라에 이렇게 반인륜적인 범죄를 저질러 놓았다. 한동안 우호적으로 나왔지만, 일본의 정치, 경제적인 문제가 생기다보니 갑자기 태도가 돌변하여 본색을 들춰내고 있다. 그 본색이 망언들로 나타나고 있다. 일본이 과거 우리나라에 대하여 사죄나 반성은 전혀 없고, 한국이 독도를 불법으로 점거하고 있다고 왜곡된 역사를 학생들에게 가르치고 있다. 또 위안부 피해자들을 성매매 여성에 비유하면서 일제 때 한국 여성들이 돈을 벌기 위해서 자원해서 왔다는 등 망언과 거짓말을 가르치고 있다는 것이다.

이 사실에 대해서는 모든 증거들이 있고 역사가 알고 있는데도 그렇게 반성하지도 않고 망언을 하고 있는 것을 생각해 볼 때, 우리는 이런 세상에서 살고 있음을 기억하면서 역사를 바로 남겨 후대에게 바로 가르치고, 바른 애국심을 심어 주어야 할 것이다.

득롱망촉(得隴望蜀)

得 얻을 득
隴 땅 이름 롱
望 바랄 망
蜀 나라이름 촉

인간의 욕심은 한도 끝도 없다

득롱망촉이라는 고사성어는 농서지방을 얻고 나니 촉나라 땅도 갖고 싶다는 뜻으로, 인간의 욕심은 끝이 없고 만족할 줄 모름을 비유한 말이다.

야고보서 4:1
너희 중에 싸움이 어디로부터 다툼이 어디로부터 나느냐 너희 지체 중에서 싸우는 정욕으로부터 나는 것이 아니냐

후한後漢의 시조 광무제光武帝가 천하를 통일하려는 뜻을 두고 제압을 할 때, 농서隴書의 외효隗囂와 촉蜀의 공손술公孫述을 제외한 모든 군웅들 대부분이 광무제에게 제압을 당하거나 귀순하게 되었다.

위기를 감지한 농서의 외효는 광무제와 수호修好하고 서주 상장군西州上將軍이란 칭호까지 받았는데 광무제에게 제압당할 수 없다는 마음으로 촉의 공손술과 손잡고 대항하려고 했다. 그러나 공손술은 이미 성成나라를 세우고 황제를 참칭僭稱하는 위치에 있는지라 외효의 사신을 냉대하여 돌려보내고 말았다. 이에 실망한 외효는 생각을 바꾸어 광무제와 수호를 강화하려 했으나 광무제가 신하될 것을 강요하므로 외효의 양다리 외교는 결국 실패로 끝나고 얼마 후 외효는 병으로 죽고 말았다. 외효가 죽자 그의 아들 외구순隗寇恂이 농서를 광무제에게 바치고 항복하므로 농서를 얻게 되었다.

이제 촉 땅만 남게 되었다. 이때 광무제의 중신들이 토벌을 건의

했지만 광무제는 저절로 귀복해 올 때까지 기다리는 여유를 보이면서 이렇게 말을 했다.

"인간은 만족할 줄 모른다고 하더니, 이미 농 땅을 얻고 나니 촉 땅까지 바라게 되는구나得隴望蜀. 매양 한 번 군사를 출발시킬 때마다 그로 인해 머리털이 희어진다."

그로부터 4년 후인 서기 37년建武13년, 이제까지의 정책을 바꾼 광무제는 마침내 촉 땅 토벌에 나서 천하통일을 완성하게 되었다. 여기서 득롱망촉이라는 고사성어가 유래되었다.

그 후 2백년이 지난 삼국시대 유비와 조조가 대립하였을 때도 이 득롱망촉이라는 말이 나온다.

후한 헌제獻帝 때, 촉 땅에 근거를 두고 있던 유비가 강남의 손권과 손을 잡고 연합전선을 구축했을 당시 조조는 이미 한중을 손에 넣고 농 땅마저 병합하였다.

이때 명장 사마의는 조조에게 건의하였다.

"조금만 더 진격하면 촉 땅도 쉽게 얻을 수 있습니다. 이 기회에 진격하여 유비를 치시지요."

그러나 조조는 거절하며 이렇게 말을 했다.

"사람은 만족하는 일이 없기 때문에 괴로운 것이다. 나는 광무제가 아니다. 이미 농 땅을 얻었는데 어찌 촉 땅까지 바랄 수 있겠는가."

결국 진격을 멈춘 조조는 헌제 23년서기223년, 한중에서 유비와 수개월에 걸친 공방전을 벌인 끝에 '계륵鷄肋'이란 말을 남기고 철수하였다. 여기서 말한 鷄肋계륵이란 닭 갈비인데, 먹을 것은 없지만 버리기는 아깝다는 뜻이다.

전쟁이란 죽음과 파괴와 손해와 굶주림과 헤어짐과 원수됨 등이 난무하다. 온갖 불행의 요소가 들어 있는 것이 전쟁이다. 범위를 좁힌 전쟁은 개인끼리의 다툼이다. 이것이 가정에 있게 되면 가정의 파괴요, 불행이다. 이것이 교회 안에 있게 되면 교회의 파괴요, 교회의 불행이다. 그러므로 어떤 일이 있어도 다툼과 싸움은 막아야 한다.

다툼은 과연 어디에서 오는 것일까? "너희 중에 싸움이 어디로부터 다툼이 어디로부터 나느냐 너희 지체 중에서 싸우는 정욕으로부터 나는 것이 아니냐"약 4:1. 성경에서는 전쟁, 싸움, 다툼이란 육체의 정욕에서 나오는 것이라고 정의했다.

짐승들이 먹이를 가지고 싸우는 것처럼 사람도 마찬가지다. 욕심 없으면 싸우지 않는다. 전쟁도, 싸움도, 다툼도, 마음의 갈등도 욕심으로부터 난다. 우리 영적생활의 최대의 적도 욕심이다. 그러므로 욕심을 극복하지 않는 한 하나님 앞에서 합당한 사람이 될 수 없다. 특히 욕심은 기도의 응답을 막는 장애물이다. 그래서 야고보 사도는 "구하여도 받지 못함은 정욕으로 쓰려고 잘못 구하기 때문이다"약 4:3 고 했다. 욕심 가지면 하나님도 떠나고, 사람도 떠나고, 친구도 떠나고 은혜도 떠나고, 복도 떠나고 온갖 불행만 불러오게 된다. 그래서 바울 사도는 "그리스도 예수의 사람들은 육체와 함께 그 정욕과 탐심을 십자가에 못 박았느니라"갈 5:24고 했다. 신앙생활이란 내 욕심을 십자가에 못 박는 것이다.

그러므로 가장 현명한 사람은 욕심 버리는 사람이다. 철저히 욕심을 버릴 때, 하나님께서는 빈 그릇에 은혜와 축복을 채워 주신다.

part 2

만한전석 ~ 화ㅇ부실

옷이나 물건은 씻어 깨끗하게 할 수는 있지만 마음은 우리가 씻을 수 없다. 다윗은 명경지수 같았지만 우리아의 아내를 범하고 우리아를 죽게한 묵묵하고 더러운 묵경지수默鏡止水가 되어 버렸다. 다윗은 자신이 이렇게 변할 줄 생각도 못했을 것이다. 그런 자신을 보면서 하나님께 "내 마음에 정한 마음을 창조하시고 내 안에 정직한 영을 새롭게 하소서"시 51:10라고 기도한 것이다.

수적천석이라는 고사 성어는 작은 물방울일지라도 끊임없이 떨어지면 결국은 돌을 뚫을 수 있다는 뜻으로 작은 노력이라도 끈기 있게 계속하면 큰일을 이룬다는 말이다.

만한전석(滿漢全席)

만주족과 한족의 전체의 요리

滿 찰 만
漢 한수 한
全 온전할 전
席 자리 석

만한전석은 중국 최고의 청나라 궁중식사로 알려져 있다. 문자 그대로 만주족과 한족의 전체의 요리라는 뜻인데, 3일 동안 계속해서 먹고 마시는 식사를 말한다.

이사야 22:13~14
너희가 기뻐하며 즐거워하여 소를 죽이고 양을 잡아 고기를 먹고 포도주를 마시면서 내일 죽으리니 먹고 마시자 하는도다. 만군의 여호와께서 친히 내 귀에 들려 이르시되 진실로 이 죄악은 너희가 죽기까지 용서하지 못하리라 하셨느니라 주 만군의 여호와의 말씀이니라.

중국 청조淸朝의 강희康熙 황제는 자신의 회갑回甲을 맞이하여 천자로서는 보기 드문 장수 재위를 기뻐하면서 이틀간에 걸쳐 전국에 65세 이상 되는 노인 2천 8백 명을 궁궐로 초청하여 천수연天壽宴이라는 대연회를 개최하였다. 그때 거대한 중국 대륙의 곳곳에서 개발된 요리 중에서 제일 맛있다고 평가된 음식들이 궁궐 안으로 들어오는 순간 어느 지방의 토속음식이 아니고 궁중요리라는 고귀한 신분을 얻게 되었다. 그 음식이 잔칫상에 오르면 만한전석滿漢全席이라 불리게 되었다.

만한전석의 궁중연회는 하루 두 번씩 사흘에 걸쳐 진행되었고, 한 차례는 음식이 네 개의 세트로 구성되어 있으며, 매 세트마다 주된 요리 하나에 네 개의 보조요리가 나왔다.

한 개의 주요리에 네 개의 보조 요리로 구성된 이유는 '모든 별이 하나의 달을 에워싼다중성봉월:衆星捧月'는 뜻에서 한 명의 황제를 여러 신하가 모시는 것을 상징하는 것이다.

중국 국기, 오성홍기伍星紅旗를 보면 빨강 바탕에 큰 별이 있고, 하나의 큰 별을 에워 쌓아 있는 작은 별큰 별은 중국공산당을 나타내고, 작은 별은 중화인민공화국 탄생 당시 노동자 · 농민 · 지식계급 · 애국적 자본가의 4계급을 의미한다.을 보면 왕권이나 권력의 절대성은 강희 황제 때나 지금이나 변함이 없어 보인다.

그 후부터 만한전석이라는 궁중 코스 요리로 불러지게 되었는데, 오늘날 만한전석은 자신의 경제력을 은근히 과시하는 음식이 되었다. 음식은 한 차례에는 20여 가지의 주요리와 보조 요리가 나오게 되었는데 모두 합하면 40여 가지나 나온다. 낙타 발바닥, 벼락 맞은 나무에서 자란 원숭이 뇌 버섯, 상어 지느러미샥스핀, 자라, 남자에게 특히 좋다는 사슴생식기, 겨울철 별미인 죽순 요리, 새끼 통돼지구이 등등…. 말 그대로 중국에서 펼쳐진 거대한 황제의 밥상 만한전석이다. 가격은 2만 위안부터 5만 위안 정도인데, 우리 돈으로는 350만원~880만 원 정도니, 돈이 없는 사람에게는 인터넷에서나 볼 수밖에 없다.

대장금이라는 드라마에서도 볼 수 있었듯이 우리나라 과거 임금들이 먹는 음식상을 보면 만한전석 못지않았다. 문제는 그 많은 음식을 즐겼던 중국 청조의 강희 황제의 수명은 66세였다고 한다.

세종대왕의 소변의 맛이 달았다고 한다. 그는 몸도 비중肥重했고, 병치레가 잦아서 27세부터 약을 먹기 시작했고 말년에 곁에 앉은 사람도 알아볼 수 없을 만큼 만성 안질을 앓았고, 발에 종창이 있어서 오래 걷지도 못했다고 한다.

훈민정음을 창제한 세종대왕이 훈민정음 창제 4년 후 54세에 세상을 떠나게 되었는데, 현대 의학자들 사이에서는 당뇨병으로 보고 있다. 조선의 역대 임금의 평균 수명이 47세이고 보면 비싸고 많은 보신용 음식을 많이 먹었다고 해서 장수한 것도 아니라 많이 먹으므로 수명이 단축되었다고 한다.

도스트예프스키는 "만일 지옥에서 붙는 불이 물질에 붙는 불이라면 견디기 쉬울 것이다. 이 몸이 타는 불이라면 견디기 쉬울 것이다."라고 했다. 셰익스피어는 "불신자들은 양심에 달린 수십, 수백 개의 혓바닥들이 쉬지 않고 지껄이는 고통을 당하게 될 것"이라고 했으며, 단테는 "이 곳을 들어가는 자는 희망을 버릴지어다." 라고 했다.

성경에도, 한 부자가 있어 자색 옷과 고운 베옷을 입고 날마다 호화로이 연락하다가 세상을 떠나 음부에 떨어졌는데, 음부에서 고통 중에, 아브라함과 그의 품에 있는 나사로를 보고 불러 그 손가락 끝에 물을 찍어 내 혀를 서늘하게 해달라고 했다눅 16:23~24. 얼마나 지옥이 고통스러운 곳인가를 가르쳐 주고 있는 장면이다. 지옥은 뜨거운 불꽃으로 인해 타죽지 않는 고통만 받는 끝없는 영원한 세계이다.

천국과 지옥은 상징적인 장소가 아니다. 세상 것을 다 잃고도 선택해야 할 곳이 천국이다. 무슨 일이 있어도 피해야 할 곳이 지옥이다. 그 길과 방법은 예수 그리스도를 믿는 것 밖에는 없다. 예수 그리스도 안에 천국이 있고, 영생이 있기 때문이다.

망양지탄(亡羊之歎)

남의 위대함을 보고 자신의 미흡함을 한탄한다

望 바랄 망
洋 큰 바다 양
之 어조사 지
歎 탄식할 탄

망양지탄이란 고사성어는 넓은 바다를 바라보고 감탄한다는 뜻으로 남의 위대함을 보고 자신의 미흡함을 부끄러워한다는 의미이다.

야고보서 4:6
그러나 더욱 큰 은혜를 주시나니 그러므로 일렀으되 하나님이 교만한 자를 물리치시고 겸손한 자에게 은혜를 주신다 하였느니라.

먼 옛날 황하 중류의 맹진孟津:허난 성에 하백河伯이라는 하신河神이 있었다. 어느 아침, 그는 금빛 찬란히 빛나는 강물을 보고 감탄하여 말했다.

"이런 큰 강은 달리 또 없을 거야."

"그렇지 않습니다."

뒤를 돌아보니 늙은 자라였다.

"그럼, 황하보다 더 큰 물이 있단 말인고?"

"그렇습니다. 해 뜨는 쪽에 북해北海가 있는데, 이 세상의 모든 강이 사시장철 그곳으로 흘러들기 때문에 그 넓이는 실로 황하의 몇 갑절이나 된다고 합니다."

"그런 큰 강이 있을까? 어쨌든 내 눈으로 보기 전엔 못 믿겠네."

황하 중류의 맹진을 떠나 본 적이 없는 하백은 늙은 자라의 말을 믿으려 하지 않았다. 가을이 오자, 황하는 연일 쏟아지는 비로 몇 갑절이나 넓어졌다. 그것을 바라보고 있던 하백은 문득 지난날 늙은 자라가 한 말이 생각나 이 기회에 강 하류로 내려가 북해를 한번 보기로 하고 출발하여 여러 날이 지나 하백이 북해에 이르게 되었다. 그곳의 해신海神인 약若이 반가이 맞이하였다.

"잘 왔소. 진심으로 환영하오."

손을 들어 허공을 가르자 파도는 가라앉고 눈앞에 거울 같은 바다가 펼쳐졌다.

"세상에는 황하 말고도 이처럼 큰 강이 있었단 말인가…!?"

하백은 이제까지 세상 모르고 살아온 자신을 심히 부끄러워하면서 이렇게 말했다.

"속담에 이르기를 백 가지 도를 듣고서는 자기만한 자가 없는 줄 안다고 했는데, 이는 나를 두고 하는 말이었습니다. 나는 북해가 크다는 말을 듣고도 이제까지 믿지 않았습니다. 지금 여기서 보지 않았더라면 나는 나의 단견短見을 깨닫지 못했을 것입니다."

북해의 신은 웃으며 "우물 안 개구리井中之蛙에게 바다에 대해 말해도 소용없음은 그가 사는 곳에 얽매어 있기 때문이고, 여름벌레에게 얼음에 대해 말해도 소용없음은 그가 시절에 묶여 있기 때문이오. 지금 그대는 벼랑 가에서 나와 큰 바다를 보고 비로소 그대의 어리석음을 깨달았으니 이제야말로 큰 이치를 말할 수 있게 된 것이 아니겠소?" 여기서 유래된 고사성어가 망양지탄이다.

바리새인은 이름 자체가 욕되거나 위신을 손상시키는 것이 아니다. 그들은 '분리하는 자'라는 뜻을 가지고 있는 당파로 당시 교권주의자들이 헬라화되는 경향에 철저히 반대하고 저들과 분리하여 모세 오경에서 가르치는 엄격한 율법을 준수하며 살았던 사람들이었다. 그래서 민중의 큰 영향력을 받아 당시 위정자들도 이들에 대하여 함부로 하지 못했고마 5:20, 법과 예언서 등 조상의 전통과 유전까지 기록한 구전 율법에도 식견이 높은 사람으로 평가되었다.

그런데 이들의 식견이 생각보다 높고 크지 못하다는 것이 예수님과의 만남을 통해서 드러나게 된다. 율법은 메시아의 오심과 동시에 끝나기 때문이다. 그들이 율법을 올바로 해석하고자 노력하고, 율법을 온전히 지키고자 노력한 이유도 오실 메시아를 흠 없고 티 없는 가운데 맞이하기 위함이었다.

여기서 오실 메시아를 맞이한다는 것은 오실 하나님 나라를 맞이하는 것을 의미한다. 즉, 율법이 대망하는 것은 하나님 나라였다. 그런데 그들은 정작 하나님 나라의 주인공 되신 예수께서 나타나셨을 때 예수를 메시야로 인정하지 않았고 사사건건 트집을 잡아 결국 예수님을 십자가에 못 박아 죽이고 말았다. 이들은 결국 율법을 통해서 보여주신 하나님 나라를 위한 삶을 못하고, 그저 율법의 닫힌 세계에만 살았던 우물 안 개구리정중지와:井中之蛙식이었다.

사람이 살고 있는 지구나 사람들이 연구해서 얻는 만물에 대한 식견은 대단한 것 같다. 그러나 이것들은 하나님의 창조물 중에 가장 작은 것 중에서도 극히 작은 일부분이란 것을 알아야 한다. 그렇다면 우리 자신이 알고 있는 영적, 지적인 식견은 얼마나 되겠는가? 여기서 우리는 더욱 겸손해야 할 것이다. 하나님은 교만한 자를 물리치시고 겸손한 자에게 은혜를 주심을 기억하고 겸손한 자세로 살아야 할 것이다.

명경지수(明鏡止水)

明 밝을 명
鏡 거울 경
止 발 지
水 물 수

맑은 거울과 조용한 물같은 마음

명경지수라는 고사성어는 맑은 거울과 조용한 물이라는 뜻으로, 티 없이 맑고 고요한 심경을 이르는 말이다.

시편 51:10
하나님이여 내 마음에 정한 마음을 창조하시고 내 안에 정직한 영을 새롭게 하소서.

정나라에 발이 한쪽이 없는 신도가申徒嘉라는 사람이 있었다. 그는 정나라의 명재상이라고 불리는 자산子産과 함께 현자賢者라고 높임을 받는 사람이었지만 자산은 항상 신도가를 무시했다.

하루는 자산이 신도가에게 "내가 그대보다 먼저 선생님을 하직하고 나갈 때는 그대는 잠시 남아 있게. 그대가 먼저 나가게 되었을 때는 내가 잠시 남아 있을 테니."

이튿날 두 사람은 또 같은 방에 함께 있게 되었는데 자산은 또 어제와 똑같은 말을 하고는 "지금 내가 먼저 나가려 하는데 뒤에 남아 주겠지. 설마 그렇게 못하겠다고 말하지는 않겠지. 그대는 재상인 나를 보고도 조금도 어려워하는 기색이 없는데, 그대는 자신을 재상과 같다고 생각하는가?"라고 말을 했다. 그러자 신도가는 "선생님 밑에 재상과 같은 것이 있을 수 있겠소. 당신은 자신이 재상이란 것을 자랑하여 남을 업신여기고 있는 거요. 나는 이런 말을 듣고 있소. 거울이 밝으면 먼지가 앉지 못한다鑑明則塵垢不止. 먼지가 앉으면 거울은 밝지 못하다. 오래 어진 사람과 같이 있으면 허물이 없다는 말이오. 그런데 지금 당신은 큰 도를 배우기 위해 선생님 밑에 다니면서 이 같은 세속적인 말을 하니 좀 잘못되지 않았소?"라고 말했다. 여기에 나오는 밝은 거울은 어진 사람의 때 묻지 않은 마음을 비유하고 있다.

또 공자의 고국이었던 노魯나라에 왕태王駘라는 학자가 있었다. 그는 일찍이 발을 잘리는 형벌을 받아 외짝 발만 있는 '올자兀者, 외짝다리'였으나, 워낙 학식과 덕행이 훌륭하여 평판이 높았다. 그 문하에 모여드는 제자도 많아 공자의 문하에서 배우는 사람의 수만큼 많았다. 그래서 공자의 제자인 상계常季는 그 점이 마음에 마땅치 않아 속으로 다소 불만스럽게 생각하고 공자에게 그 까닭을 물었다.

"스승님, 저 외다리는 어떤 인물입니까?"

그러자 공자는 이렇게 대답해 주었다.

"그 분은 천지자연의 실상實相을 환히 들여다보고, 바깥 물건外物에 끌려서 마음을 옮기는 일도 없고, 만물의 변화를 자연 그대로 받아들여 도道의 본원을 지키는 분이니라."

"수양이 그렇게 깊다 해도 어째서 많은 사람들로부터 흠모를 받고 있는지 잘 모르겠습니다."

"그것은 그의 마음이 무엇에도 흔들리지 않고 고요하기 때문이니라. 대개 사람들이 제 모습을 물에 비춰보려고 할 때에 흐르는 물보다 조용히 정지되어 있는 물을 거울로 삼을 것이다. 마찬가지로, 오직 언제나 변함없는 부동심不動心을 가진 사람이라면 남에게도 마음의 평안을 줄 수 있기 때문이니라."

이는 마음의 평정平靜한 상태를 고요히 머물러 있는 물止水에 비유한 것이다. 여기서 유래된 고사성어가 명경지수이다.

하나님은 사울을 폐하시고 이새의 아들 중에서 이스라엘의 왕으로 세우고자 사무엘 선지자를 이새의 집으로 가게 하셔서 왕으로 세우기 위해서 기름 부을 자를 찾게 하셨다. 엘리압부터 시작하여 집에 있는 일곱 명의 아들들을 보게 하셨지만 하나님은 택하지 아니하셨다. 마지막으로 막내 다윗이 양을 치고 있다는 말을 듣고 사람을 보내어 데리고 왔다. 사무엘이 다윗을 보니 얼글빛이 붉고 눈이 빼어나고 얼굴이 아름다웠다. 그 모습을 본 사무엘은 더 이상 지체하지 않고 다윗에게 기름을 부음으로 다윗이 하나님의 영에게 감동되었다삼상 16:12~13. 사무엘은 다윗의 거울과 같고 조용한 물과 같은 명경지수를 본 것이다.

예수님께서도 마음이 청결한 자가 하나님을 볼 것이라고 말씀하셨다마 5:8. 청결헬,Kataros은 근본적으로 깨끗한 상태를 말하는 것이 아니라 더러운 옷이나 천, 그리고 물건들을 빨아서 깨끗하게 된 청결을 말한다.

그러나 옷이나 물건은 씻어 깨끗하게 할 수는 있지만 마음은 우리가 씻을 수 없다. 다윗은 명경지수 같았지만 우리아의 아내를 범하고 우리아를 죽게한 묵묵하고 더러운 묵경지수黙鏡止水가 되어 버렸다. 다윗은 자신이 이렇게 변할 줄 생각도 못했을 것이다. 그런 자신을 보면서 하나님께 "내 마음에 정한 마음을 창조하시고 내 안에 정직한 영을 새롭게 하소서"시 51:10라고 기도한 것이다.

목후이관(沐猴而冠)

머리감은 원숭이가 갓을 쓴다

沐 머리감을 목
猴 원숭이 후
而 어조사 이
冠 갓 관

목후이관이라는 고사성어는 머리감은 원숭이가 갓을 쓴다는 말로 표면은 근사하게 꾸몄지만 속은 난폭하고 사려가 모자람을 의미하는 말이다.

잠언 18:12
사람의 마음의 교만은 멸망의 선봉이요 겸손은 존귀의 길잡이니라.

진秦나라 왕조 말년에 유방과 항우가 군사를 일으켜 진왕조의 통치를 반대해서 싸울 때의 일이다. 홍문연鴻門宴을 통해 유방劉邦으로부터 진秦의 수도 함양咸陽을 손에 넣은 항우項羽는 유방과 대조적인 행동을 취하게 된다. 도읍에 입성한 항우는 유방이 살려준 자영子嬰을 죽였고 아방궁阿房宮을 불사르고 석 달 동안 불타는 것을 안주 삼아 미인들을 끼고 승리를 자축했다. 또한 시황제始皇帝의 무덤까지 파헤치는 등 살인과 약탈 그리고 방화를 자행하고 함양을 폐허로 만들어 민심으로부터 멀어지고 있었다. 그러다 보니 항우의 눈에는 천혜의 요새로 패업霸業의 땅이었던 함양이 방화로 황폐하게 된 것이 마음에 들지 않아 자신의 고향 팽성彭城으로 돌아가기로 결심했다. 고향에 돌아가 자신의 성공을 과시하고 싶었던 것이다. 그래서 그는 동쪽 하늘을 바라보면서 "부귀한 뒤에 고향에 돌아가지 않는 것은 비단옷을 입고 밤길을 가는 것과 같다"고 외치며 금의환향錦衣還鄉의 기대에 부풀어 있었다.

이에 간의대부諫議大夫 한생韓生이 수차례 말렸지만 항우는 화를 내면서 그를 멀리하자 더 이상 항우의 고집과 어리석음을 말릴 수 없자 그는 물러나면서 이렇게 혼자말로 탄식하며 중얼거렸다.

"원숭이를 목욕시켜 관을 씌운 꼴이군沐猴而冠."

그런데 이 말을 항우가 듣고 말았다. 무식했던 그는 무슨 뜻인 줄 몰라 진평陳平에게 물었다. "폐하를 흉보는 말인데 세 가지 뜻이 있지요. 원숭이는 관을 써도 사람이 못 된다는 것, 원숭이는 꾸준하지 못해 관을 쓰고 조바심을 낸다는 것, 그리고 원숭이는 사람이 아니므로 만지작거리다 의관을 찢어버리고 만다는 뜻입니다." 그 말을 듣고 격분한 항우는 그를 끓는 기름 가마에 던져 삶아 죽이고 말았다. 죽을 때 한생이 이렇게 말했다. "두고 보아라. 유방이 너를 멸하리라. 역시 초나라 사람들은 원숭이와 같아 관을 씌워도 소용이 없지." 그러나 결국 천도를 감행한 항우는 결국 함양咸陽 뿐만 아니라 천하를 몽땅 유방에게 빼앗기고 마침내는 해하垓下에서 사면초가四面楚歌 속에 목숨을 끊고 말았다. 여기서 유래된 고사성어가 목후이관이다.

중국어에 다치다뤄대기대락:大起大落라는 말이 있다. '크게 일어나 크게 망했다'는 뜻으로 해석할 수 있다. 이런 케이스에 해당하는 대표적인 중국의 인물은 진秦나라 멸망 이후 혜성처럼 나타난 항우라 말할 수 있다. 그가 명문가 출신이기는 했어도 28세 때까지는 무명으로 있다가 갑자기 불쑥 나타나 천하를 제패했다. 그러나 3년 후 유방에게 드라마틱하게 패하여 역사의 무대 뒤편으로 다시 홀연히 사라졌다.

구약 성경에서도 사울 왕이 그렇다. 사울은 B.C 1080년경에 출생했다. 그가 사무엘을 통하여 이스라엘 왕으로 기름부음을 받을 때가 B.C 1040년경, 그의 나이 40세였다삼상 13:1. 사울의 행적은 약 40년간 성경에 기록되지 않았다. 말 그대로 혜성같이 나타나서 이스라엘 왕이 된 것이다. 그리고 1010년경 블레셋 전투에서 패전의 위기를 당하자 자결하고 말았다대상 10:6. 약 30년 동안 왕으로 살았지만 실상 하나님께서는 이미 사울을 버리셨기에삼상 15:23 하나님께서 인정하시는 왕의 기간은 불과 몇 달되지 못했던 것이다. 그나마 그 남은 기간도 나라를 위한 일에 대해서는 별로 없었고, 악신이 가득 차 다윗을 죽이려고 다닌 세월로 인생을 다 보내고 말았다. 한마디로 크게 일어났다가 크게 망한 꼴이다.

항우가 망하게 된 까닭은 교만했기 때문이다. 사울이 망하게 된 까닭도 겸손의 옷을 벗어버리고 교만의 옷으로 갈아입고 하나님의 말씀에 불순종하고 하나님께서 세우신 사무엘 제사장의 말을 청종하지 않았기 때문이다. 그러나 다윗은 우리아의 아내 밧새바를 범하고 충신 웃시아를 최전방에 보내어 전투에서 죽게 하는 죄를 범했지만 나단 선지자의 책망을 듣고 무릎을 꿇고 머리를 조아리며 눈물로 회개했을 때 하나님께서 다윗을 용서하시고 귀하게 사용하시므로 이스라엘을 부강한 나라로 성장시키는 왕이 될 수 있었다. 하나님은 교만한 사람을 물리치신다. 그래서 솔로몬은 '사람의 마음의 교만은 멸망의 선봉이요 겸손은 존귀의 길잡이니라'잠 18:12고 했다.

하나님은 겸손한 사람에게 은혜주시는 분임을 알고 하나님 앞에서는 물론 모든 사람 앞에서 항상 겸손하여 하나님과 사람들의 높임을 받는 우리가 되어야 할 것이다.

무용지용(無用之用)

쓸모없는 것이 오히려 큰 구실을 한다

無 없을 무
用 쓸 용
之 어조사 지
用 쓸 용

무용지용이라는 고사성어는 쓸모없는 것이 오히려 큰 구실을 한다는 뜻으로, 아무 쓸모없는 것처럼 보이는 것이 실제로는 필요 이상으로 쓰인다는 의미이다.

요한복음 1:12
영접하는 자 곧 그 이름을 믿는 자들에게는 하나님의 자녀가 되는 권세를 주셨으니

초나라 때, 은둔생활을 하고 있는 현자 광접여狂接輿가 공자에게 찾아와서 이렇게 말했다.

"산의 나무는 쓸모가 있으므로 벌목이 되고, 등불은 밝기 때문에 불이 붙여져 자기 몸을 태우고, 계피는 먹을 수 있는 것이기 때문에 사람들이 그 나무를 베게 되고, 옻은 칠로 쓰기 때문에 사람들이 칼로 쪼갠다. 사람은 모두 쓸모 있는 것의 쓸모만을 알고 쓸모없는 것의 쓸모를 알지 못한다."

이 말은 인의도덕으로, 난세에 유익한 일을 해보려고 애쓰는 공자의 태도를 풍자한 말이다.

장자는 외물편外物篇에서 교묘한 비유를 들어 무용한 것도 사용될 수 있다는 뜻으로 이렇게 설명했다. 하루는 혜자가 장자에게 이렇게 비평했다. "자네의 의론은 무용하기 짝이 없도다." 그러자 장자는

"아니, 무용하기 때문에 쓸모가 있다네. 인간이 서기 위해서는 발을 딛고 설 여지만 있으면 그만이지만, 그 자리만 남기고 둘레의 땅을 나락奈落의 밑까지 파버렸다고 생각해 보게. 그래도 발밑의 땅이 도움이 되겠는가."

혜자가 "그야 도움이 되지 않지."라고 말하자 장자는 "그렇다면 쓸모없는 것이 쓸모 있는 것이 되는 것 또한 알 수 있지 않은가"라고 말하면서 오히려 혜자를 꼬집어 주었다.

산목편山木篇에는 장자가 제자와 함께 산길을 가다가 가지가 무성한 큰 나무를 보았다. 그런데 부근에 있는 나무꾼은 이 큰 나무에는 손을 대려고 하지 않는다. 그 까닭을 물으니, 이 나무는 잘라 봐야 아무 소용이 없기 때문이라고 대답하는 것이다. 그러나 장자는 제자에게 "이 나무는 쓸모 없는 덕택으로 자기 천수를 다할 수가 있었구나"라고 말했다고 한다. 그날 밤 장자는 친척 집에서 묵게 되었는데 저녁 상에 기르고 있던 기러기가 올려져 있었다. "왠 기러기 고기냐"고 물으니 "이 기러기는 잘 울지 않는 쓸모없는 기러기이기 때문에 잡았다"는 것이다.

이때 제자가 장자에게 물었다. "통 모르겠습니다. 이쯤 되면 쓸모가 있는 것과 없는 것 중, 선생님께서는 대체 어느 편을 취하시겠습니까?" 장자는 빙그레 웃으며 "글쎄 말이다. 나라면 쓸모 있는 것과 없는 것의 중간에 있다고나 할까"라고 말했다고 한다.

예수님은 "인자를 파는 그 사람에게는 화가 있으리로다 그 사람은 차라리 나지 아니하였더라면 자기에게 좋을 뻔 하였느니라"막 14:21고 말씀하셨다. 여기서 예수님의 말씀 "자기에게"라는 말을 생각해 볼 필요가 있다. 하나님은 인류의 구속사救贖事적인 입장에서는 유다가 아니더라도 어느 누군가가 있어야 한다. 유다 개인적인 입장에서는 안타까운 일이지만 하나님의 구속사적인 입장에서는 필요한 존재이다. 하나님께서 자기 백성을 구원하시기 위해서 이방나라를 들어서 채찍으로 사용하시고 결국은 그들을 버리셨다. 그런 일로 하나님을 악하다고 할 수 없다. 다만 우리는 하나님의 뜻을 이루는 데 있어서 버림받는 반열에 있어서는 안 될 것이다. 그렇게 사용되는 사람들도 필요한데 하나님께서 창조한 만물들이 필요 없는 것이 어디 있겠는가?

각기득소各其得所라는 말이 있다. 모든 물건이 자리가 있다는 말로, 각자의 물건이 제 자리에 있을 때 아름답다는 말이다. 하물며 삼위일체의 하나님의 형상대로 창조한 우리가 얼마나 아름답고 존귀한 존재인가? 그래서 죄와 악으로 영원히 죽어야 하는 우리를 구원하시기 위해서 하나님이 사람의 몸을 입으시고 이 땅에 오셔서 멸시 천대 다 받으시고 십자가에 못 박혀 죽으시기까지 사랑하신 것이다.

그리고 부활하셔서 우리에게 부활의 소망을 주시고, "영접하는 자 곧 그 이름을 믿는 자들에게는 하나님의 자녀가 되는 권세를 주셨으니"요 1:12라는 말씀처럼 하나님의 자녀의 권세를 누리게 하시고, 나라를 유업으로 주셨다. 주님은 상한 갈대와 같고 꺼져가는 불빛 같은 우리를 끄지 않으셨으니 얼마나 귀한 존재인가를 생각하면서 하나님께는 감사하면서 세상에서는 믿음을 지키며 담대하게 살아야 할 것이다. 특히 우리는 주님의 지체들이기 때문에 어느 누구든지 무시하거나 필요 없다 할 수 없으므로 서로를 존 귀히 여겨 주님의 몸을 존 귀히 들어내는 지체가 되어야 할 것이다.

묵적지수(墨翟之守)

자신의 주장을 끝까지 지킴

墨 먹 묵
翟 꿩 적
之 갈 지
守 지킬 수

묵적지수라는 고사성어는 자기 소신을 끝까지 지키는 고집을 말한다. 때때로 융통성이 없음을 비유하기도 한다.

사도행전 4:19~20
하나님 앞에서 너희 말을 듣는 것이 하나님의 말씀을 듣는 것이 옳은가 판단하라 우리는 보고 들은 것을 말하지 아니할 수 없다.

초楚나라에 공수반公輸盤이란 사람이 공성기攻城機를 개발한 사람이다. 공성기란 성벽을 타고 넘을 수 있는 특수 사다리다. 공성기를 개발하고는 송宋나라를 쳐들어가려 하고 있었다. 소식을 들은 묵적墨翟이 급히 공수반을 찾아가 시치미를 떼고 이렇게 말했다.

"상공께 부탁할 일이 있어서 왔습니다."

"그게 무엇이오?"

"북쪽에 사는 어떤 작자가 나를 죽이려 합니다. 저는 대적할 힘이 없으니 상공께서 그 자를 죽여주십시오."

"나는 의를 중히 여기는 사람이니 남의 사사로운 원한에 개입하여 살인할 사람으로 보지 마시오."

"상공께서는 그토록 의를 중히 여기시면서 어찌하여 공성기를 만들어서 죄 없는 송나라 백성들을 죽이려고 하며, 초나라 군사들을 전장에서 죽게 하시는 것입니까? 이처럼 무익하고 불의한 일인 줄 알면서도 임금께 간언하지 않는다면 충신이라고 할 수 없으며, 간언을 해도 임금을 설득하지 못한다면 강직하다고 할 수 없을 것입니다."

정곡을 찔려 대꾸할 말이 없는 공수반은 묵적이 왕을 만나도록 주선하는 것으로 곤란한 처지에서 한 발짝 물러났다. 공수반에 이끌림을 받아 초왕 앞에 나간 묵적은 이렇게 간언을 하였다.

"화려한 수레를 갖고 있으면서 이웃의 헌 수레를 훔치려고 하는 자는 어떤 사람이라고 생각하십니까?"

"그야 도적놈 심보가 아니겠느냐."

"자기 집에 쌀밥과 고기반찬이 있으면서 이웃의 술찌끼를 훔치려고 하는 자는요?"

"그놈 역시 도적놈 심보지."

"값비싼 비단옷을 두고도 이웃의 헌 베옷을 훔치려고 하는 사람은 어떻습니까?"

"허허허, 마찬가지로 그놈도 도적놈 심보가 아니겠는가."

그 말이 끝나자 묵적은 무섭게 본론을 이야기 했다.

"전하의 나라는 사방 5천 리나 되고 송나라는 겨우 5백 리에 불과하니, 이것은 화려한 수레와 헌 수레의 비교나 다를 바가 없습니다. 전하의 나라의 넓은 산야에는 갖가지 짐승들이 수없이 뛰놀고, 양자강과 한수漢水에는 물 반 고기 반이라고 할 정도로 어종이 풍부한 반면에 송나라에는 그런 것이 없다시피 하니 이것은 쌀밥에 고기반찬과 술찌끼의 비교가 아니고 무엇이겠습니까. 또, 전하의 나라에는 수목이 울창하지만 송나라에는 변변한 숲 하나 없는 실정이므로 이것은 값비싼 비단옷과 헌 베옷의 비교에 해당할 것입니다. 이와 같은 명백한 우열의 조건에도 불구하고 초나라가 송나라를 침공하는 것은 방금 전하께서 말씀하신 도적의 심보와 다를 바가 없다고 생각합니다."

대꾸할 말이 없어진 왕은 우물쭈물하다가 겨우 말했다.

"과인은 운제계를 실험해 볼까 했을 뿐이오."

"외람된 말이오나, 그 운제계가 실은 별로 쓸모없는 물건인 줄 압니다."

그 말을 옆에서 듣고 있는 공수반이 자기 발명품을 깎아 내리는 말을 듣고 발끈했다. 그러자 묵적은 왕이 보는 앞에서 모의전模擬戰을 벌여 구전 전승을 거두었다. 결과를 본 왕은 송나라 침공 계획을 무산시켜 버렸다. 여기서 묵적지수라는 고사성어가 유래된 것이다.

다윗 왕이 웃시아의 아내 밧세바를 범하고, 웃시아를 최전방에서 전사하게 하는 악을 범했을 때, 하나님은 나단 선지자를 다윗에게 보내어 말씀하게 하셨다. "한 성읍에 양과 소가 심히 많은 부한 사람과 작은 암양 새끼 한 마리를 딸처럼 여긴 가난 사람이 있었는데, 부자집에 행인이 오자 가난한 사람의 양을 잡았습니다." 이 말을 들은 다윗 왕은 "여호와의 살아계심을 주고 맹세하노니 이 일을 행한 그 사람은 마땅히 죽을 자라"크게 노하였다. 그 말을 들은 나단 선지자는 다윗왕에게 "그렇게 악을 행한 자는 바로 당신이다"고 책망을 하였다. 다윗에게 나단의 책망이 없었더라면 다윗과 나단은 하나님께 어떤 사람으로 남겠는가를 생각하게 된다.

강단에서 선포하는 십자가, 회개, 지옥, 십일조 등의 설교가 너무 조심스러워진다. 강단에서 하나님의 말씀을 소신껏 전할 수 없고, 소신껏 전하는 설교가 듣기 싫어진다면 전하는 자나 듣는 자는 하나님께 어떤 사람인가를 생각해야 할 것이다.

문경지교(刎頸之交)

생사를 같이 하는 친한 사이

刎 찌를 문
頸 목 경
之 어조사 지
交 사귈 교

문경지교라는 고사성어는 친구를 위해서는 목이 달아나도 괜찮다는, 사귐이 있고 생사를 같이할 정도로 아주 친한 사이를 뜻하는 말이다.

요한복음 15:13~14
사람이 친구를 위하여 자기 목숨을 버리면 이 보다 더 큰 사랑이 없나니 너희는 내가 명하는 대로 행하면 곧 나의 친구라

중국 전국戰國시대에 진晉나라가 권력자들에 의하여 한, 위, 조韓. 魏. 趙 세 나라로 갈라졌다. 이 정립된 세 나라 현상을 이른바 삼진三晉시대라고 한다.

삼진 중 조나라에 인상여藺相如라는 인물이 있었다. 신분이 목현이라는 충신의 식객에 지나지 않았으나 당시 조나라가 보유한 중국천지 천하보물 화씨의 벽和氏之璧을 보전한 인물이다. 당시 천하를 호령하는 진秦나라 왕이 강국의 위력으로 보물을 탐했는데 인상여가 진왕을 꾸짖어 무색케 하고 진왕을 타일러 조나라 왕의 위신을 높이고 보물을 지키므로 상대부上大夫의 재상 자리까지 오르게 되었다.

닭 모가지 비틀 힘도 없게 생긴 인상여보다 낮은 벼슬에 불만을 품은 염파 장군은 인상여만 만나면 무안을 주고자 벼르고 있었지만 이 낌새를 눈치 챈 인상여는 멀리서 염파 행렬이 온다고 하면 피해 다녔다. 이 모습을 본 인상여의 부하는 그를 비겁한 사람으로 생각

하고 떠나려 할 때, 인상여는 그를 붙잡고 이렇게 타이르게 되었다. "자네는 염파와 진나라의 소양왕 중 누가 더 무서운가?" 이에 그의 신하가 "당연히 소양왕이지요"라고 대답을 했다. 그 말을 들은 인상여는 "나는 그 소양왕도 무서워하지 않고 그의 면전에서 그를 망신준 사람이다, 그런 내가 염파를 무서워하겠느냐?"고 말했다. 그 말을 들은 신하가 인상여에게 "그러면 염파 장군을 왜 피하시는지요?"

"진나라의 소양왕은 염파 장군을 두려워하고 있단다. 그러기에 그가 조나라를 함부로 쳐들어오지 못하는 것이지. 만약 우리 둘이 싸움을 벌인다면 그때는 소양왕이 바로 쳐들어와 우리나라는 망할 것이 뻔한 일이기에 내가 염파 장군을 피하는 것이 국가의 안위를 제일로 삼고 개인의 감정 따위는 생각지 않았기 때문이다"라고 타이르게 되었다.

이 말을 들은 신하는 즉시 무릎을 꿇었고, 이 이야기를 들은 염파 장군도 인상여의 넓은 마음을 헤아리지 못하고 험담과 무안을 주려 했던 자신의 모습에 부끄러워 그는 곧 웃통을 벗은 다음 태형笞刑에 쓰이는 형장荊杖을 짊어지고 인상여를 찾아가 섬돌 아래 무릎을 꿇고 "내가 부족해서 대감의 높은 뜻을 미처 헤아리지 못했소. 어서 나에게 벌을 주시오" 하고 염파는 진심으로 사죄했고 그날부터 두 사람은 "문경지교刎頸之交"를 맺었다고 한 데서 유래된 고사성어이다.

비참하게 십자가에 못박혀 있는 예수님을 향하여 "네가 하나님의 아들이어든 자기를 구원하고 십자가에서 내려오라"마 27:40고 희롱하는 말을 할 때, 예수님을 따르는 무리들 중에는 '저들 말대로 십자가에서 내려오셔서 저들을 물리치시고 왕이 되셨으면…' 하는 마음이 있지 않았을까 생각해 본다. 평소에 그런 기대를 가졌기 때문에 제자들은 예수님을 따랐던 것이다.

예수님의 능력을 보면 만국의 왕이 되고도 충분하셨다. 죽은 자가 살아나고, 불구자가 온전해졌고, 각 질병을 가진 자들이 치료되었다. 풍랑을 호령하시어 잔잔케 하셨고, 오병이어의 이적을 나타내셨고, 당시 종교계의 대표자들을 향하여 강하게 책망하셨던 분이셨다. 그런 분이 답답하실 정도로 침묵 속에서 십자가에 못 박혀 달려 있어야 하는가, 인상여의 부하처럼 예수님을 비겁하게 생각할 수 있었을 것이다.

예수님께서는 능력으로 왕이 되기 위해서 오신 것이 아니라 인류를 구원하시 위한 하나님의 뜻을 이루기 위함이셨다. 우리에게 생명을 얻게 하고 그 생명을 영원하게 하시기 위함이셨다.

"사람이 친구를 위하여 자기 목숨을 버리면 이 보다 더 큰 사랑이 없나니 너희는 내가 명하는 대로 행하면 곧 나의 친구라… 너희를 친구라 하였노니 내가 내 아버지께 들은 것을 다 너희에게 알게 하였음이라"요 15:13~15고 말씀하셨듯이 자기 목숨을 십자가에 내어주기까지 우리의 영원한 친구가 되기 위해서 오신 것이다. 우리가 고난을 당할 때에 함께 해주는 친구가 귀한 진정한 친구인데, 영원히 소멸되지 않는 지옥의 유황불에서 고난 받아야 할 우리들을 버리지 아니하고 십자가의 고난을 당하기까지 사랑하셨으니 이보다 더 귀한 친구를 어찌 잊어버릴 수 있겠는가?

문일지십(聞一知十)

하나를 들으면 열을 안다

聞 들을 문
一 한 일
知 알 지
十 열 십

문일지십이라는 고사성어는 하나를 들으면 열을 안다는 뜻으로, 일부분을 듣고 다른 만사를 이해한다는 말이다. 매우 영리함을 의미한다.

시편 49:20
존귀하나 깨닫지 못하는 사람은 멸망하는 짐승 같도다.

공자에게는 자공子貢과 안회顔回라는 제자가 있었다. 하루는 공자가 자공에게 묻기를 "너와 안회를 비교해 누가 더 낫다고 생각하느냐?" 그러자 자공이 이렇게 대답했다. "스승님! 제가 감히 안회와 어떻게 비교하겠습니까? 안회는 문일지십이고聞一知十:하나를 들으면 열을 아는 사람, 저는 문일지이聞一知二:하나를 들으면 둘을 깨우치는 사람입니다. 그러므로 저는 안회와 비교도 안됩니다." 그 말을 들은 공자는 말하기를 "안회를 따를 수 없는 사람은 자네만이 아니라 나도 따르지 못하는 점이 있다네." 당시 자공은 언어 능력이 뛰어난 사람이라 장사를 잘해서 부를 축적하며 살았지만, 안회는 덕행이 있는 인격자로 이름이 널리 알려져 있었다. 그런데 그는 끼니조차 잇기 어려울 정도로 가난했고 영양 부족으로 20대에 벌써 머리가 하얗게 세었고 젊은 나이에 죽고 말았다.

그러자 공자는 사랑하는 제자 안회가 죽었다는 소식을 듣고 "하늘이 나를 버리셨구나!"라고 슬퍼했다. 공자는 개인적으로 제자 중에서 안회를 가장 아껴서 후계자로 세우기를 마음에 두었다고 한다. 문일지십의 반의어로는 한 가지를 얻으면 열 가지를 잃는다는 뜻의 득일망십得一忘十이란 말이 있다. 이 말은 기억력이 좋지 않아 잘 잊어버리는 사람을 비유하는 말보다는 아무리 듣고 배워도 깨달음이 없는 사람을 비유해서 사용하는 고사성어이다.

모세가 구스 여인을 아내로 맞이한 일로 미리암과 아론이 모세를 비방할 때, 하나님께서는 모세와 아론 그리고 미리암을 회막 밖으로 불러내시고 "너희들 중에 선지자가 있으면 환상으로나 꿈으로 말하였겠지만, 모세에게는 하나님의 집에서 충성된 사람이기에 그에게는 직접 대면하여 명백히 말하였다. 모세가 하나님의 형상을 본 사람인데 어찌하여 그를 비방하기를 두려워하지 않느냐"고 말씀하시고 미리암에게 나병이라는 벌을 내리신 적이 있었다민 12:1~10.

그리고 얼마 후에 고라가 당을 지어 회막 안에 있는 지휘관 250명을 동원해서 모세에게 반역하므로 하나님께서 땅을 갈라 고라와 함께한 무리들을 삼키게 하셨고, 또 불을 내려서 250명이 죽게 하셨다. 그뿐만 아니라 그 일로 죽은 자 외에 염병에 죽은 자가 일만 사천 칠백 명이었다민 16:49. 그들은 지도자였지만 모세가 하는 일에 늘 불만이었다. 우발적으로 한두 번 불평한 것이 아니라 당을 지어 체계적이고 조직적으로 불평하였다.

고라의 아들 중 거기에 동조하지 않은 사람은 하나님의 진노에서 제외 되었다. 그들은 자기 아버지 고라가 당을 짓고 반역하여 심판당한 것을 다 보고 있었다. 하나님 앞에 엎드린 모세의 경건도 다 목격한 사람들이다. 그래서 그 아들들은 후손들에게 과거의 일을 가르쳐 주므로 그 후손 중의 한 사람이 조상들의 잘못된 행위와 하나님의 심판을 생각하면서 기록한 글 중에 "존귀하나 깨닫지 못하는 사람은 멸망하는 짐승 같도다"시 49:20라고 한 것이다. 이는 조상들의 범죄를 통한 하나님의 진로를 뼈저리게 생각하며 살아왔다는 증거이다. 보고 배운 바를 후손들에게 잊지 않도록 가르치고 교훈했다는 증거이다. 한 가지를 보고 열 가지 아니, 그 이상을 깨달은 것이다.

하나님의 형상대로 지음을 받은 존귀한 사람들이 깨달아야 하나님의 은총 속에서 살게 된다. 우리는 오늘날 십자가의 은혜로 구원의 은총을 받은 사람들이기에 깨달아야만 하나님의 자녀된 권세를 누리고 살 수 있다. 죄란 그냥 지나칠 수가 없고 반드시 벌을 받아야 된다. 죄의 값은 사망이다. 그러므로 하나님의 법을 어긴 죄인은 반드시 죽을 수밖에 없고 살아날 도리가 없다.

그런데 "하나님의 사랑이 우리에게 이렇게 나타난 바 되었으니 하나님이 자기의 독생자를 세상에 보내심은 저로 말미암아 우리를 살리려 하심이니라"요일 4:9는 말씀처럼 예수님이 육신으로 오셔서 십자가에서 대신 죽으시고 장사지내심을 받으므로 청산해 주셨으니 그 은혜가 백골난망이 아니겠는가? 어찌 그 은혜를 잊을 수 있으며 깨닫지 못할 수 있겠는가?

그러므로 우리는 문일지십의 그리스도인이 되어야 한다. 십자가의 도 하나만 들어도 세상의 모든 이치를 깨닫는 문일지십의 그리스도인 되어 하나님의 뜻을 이뤄야 한다.

백면서생(白面書生)

글만 읽고 세상에 대한 실제 경험이 없다

白 흰 백
面 얼굴 면
書 글 서
生 날 생

백면서생이라는 고사성어는 글을 읽어 얼굴이 창백한 사람이라는 뜻으로, 글만 읽어 세상 물정에 어둡고 경험이 없는 사람을 이르는 말이다.

야고보서 1:5~7
너희 중에 누구든지 지혜가 부족하거든 모든 사람에게 후히 주시고 꾸짖지 아니하시는 하나님께 구하라 그리하면 주시리라 오직 믿음으로 구하고 조금도 의심하지 말라 의심하는 자는 마치 바람에 밀려 요동하는 바다 물결 같으니 이런 사람은 무엇이든지 주께 얻기를 생각하지 말라.

남북조시대에 남조南朝의 송宋나라와 북조의 북위北魏는 강남江南의 사진四鎭을 둘러싸고 때로는 대립하고, 때로는 화의하는 외교적인 관계를 유지하였다. 북위의 태무제太武帝는 북쪽을 무력으로 통일한 다음 유연柔然의 침략에 대비하기 위해 서역西域의 여러 나라와 우호적인 외교 관계를 맺게 되었다. 그러자 송나라 제3대 문제文帝는 남쪽의 임읍林邑을 평정하여 북위와의 일대 결전에 대비하였다.

449년에 북위의 태무제가 유연을 선제공격하자 송나라의 문제는 이때가 숙적 북위를 공격할 절호의 기회라고 판단하여 문신들과 북위를 공격할 구체적인 방법을 논의하게 되었다. 이때 무관인 심경지는 이전에 결행한 북벌 출병의 전례를 들어 출병을 반대하고 다음과 같이 말했다. "폐하, 밭갈이는 종에게 물어보고, 베를 짜는 일은 하녀에게 물어보아야 합니다. 지금 폐하는 적국을 공격하려고 하면서 백면서생과 도모하면 어찌 적을 이길 수 있겠사옵니까?"

그러나 문제文帝는 심경지의 말을 듣지 않고 문인들의 의견을 받아들여 출병을 강행하였다가 크게 패하고 말았다. 심경지의 말에서 유래한 백면서생이란, 얼굴이 검은 무관과 대비하여 집 안에서 책만 읽어 창백한 얼굴의 문신들을 가리키며, 말로만 떠들고 전혀 경험이 없는 사람 또는 초년생을 비꼬아서 하는 말이다. 출전 경험이 많은 심경지는 비록 글에는 능숙하지 못하지만 어릴 때부터 무예를 연마하여 그 기량이 뛰어났다. 10세 때 동진東晉의 장군 손은孫恩이 반란을 일으켰을 때 사병私兵들을 이끌고 반란군을 진압할 정도였고, 40세 때는 이민족의 반란을 진압한 공로로 장군에 임명되었으며, 이후에도 혁혁한 전공을 세워 건무장군建武將軍에 임명되어 변경 수비군의 총수로 지내기도 했다.

용비어천가 2장에 "불휘 기픈 남간 바라매 아니 뮐쌔, 곶 됴코 여름 하나니. 새미 기픈 므른 가마래 아니 그츨쌔, 내히 이러 바라래 가나니."라는 노랫말이 있다. 그 뜻은 "뿌리가 깊은 나무는 바람에 흔들리지 아니하므로 꽃이 좋고 열매가 많이 열리고, 원천이 깊은 물은 가뭄에 끊이지 아니하므로 시내를 이루어 바다로 흘러간다."는 말이다.

사람에게도 뿌리가 있다. 요한은 "태초에 말씀이 계시니라 이 말씀이 하나님과 함께 계셨으니 이 말씀은 곧 하나님이시니라"요 1:1 라고 기록하고 있다. 태초에 하나님과 함께 계신 말씀은 은혜와 진리가 충만한 아버지의 독생자의 영광이라고 말씀하셨다. 즉 예수님이 하나님과 함께 한 뿌리가 된다는 말이요, 인간의 뿌리는 하나님께 있다는 말이다.

대부분의 과학이론은 사람의 뿌리를 아메바 같은 초등동물이라고 가르친다. 아메바가 진화를 거듭해서 원숭이 같은 포유류가 되고 원숭이에서 진화된 것이 사람이라는 것이다.

그러나 하나님의 말씀인 성경 첫 마디는 "하나님이 태초에 세상을 창조하셨다"고 하셨다. 그리고 하나님께서 흙으로 사람의 모양을 만드시고 생기 곧 생명을 불어 넣으시니 살아있는 영적 존재가 되었다고 말씀하고 있다. 많은 사람들은 성경이 사실이 아니라는 증거를 과학으로 증명하고 있다.

우리가 분명히 알아야 할 것은 성경은 과학의 용어로 쓰인 것이 아니란 것이다. 과학은 눈으로 보이는 사실Facts만 진리라고 주장하지만 성경은 사람이 말하는 것과는 다른 사실을 자주 말한다. 특히 하나님의 창조사역에 나타난 하나님의 능력은 인간의 지식이나 이성으로는 도저히 이해할 수 없는 기묘한 것으로, 아무리 과학이 발달한다고 해도 규명할 수 없는 신비에 속하는 일이기 때문이다.

따라서 우리 인간이 하나님의 창조와 지혜와 능력 앞에 취할 태도는 오직 믿음과 겸손한 마음으로 하나님께 지혜를 구하여 성령의 도우심을 받아야 한다. 지혜의 왕 솔로몬이 지혜를 구했듯이 우리들도 지혜를 구하여 하나님의 창조의 역사는 물론 영원한 구원과 이 땅의 축복을 구해야 할 것이다. "너희 중에 누구든지 지혜가 부족하거든 모든 사람에게 후히 주시고 꾸짖지 아니하시는 하나님께 구하라 그리하면 주시리라 오직 믿음으로 구하고 조금도 의심하지 말라 의심하는 자는 마치 바람에 밀려 요동하는 바다 물결 같으니 이런 사람은 무엇이든지 주께 얻기를 생각하지 말라"약 1:5~7.

백아절현(伯牙絶絃)

글만 읽어 세상에 대한 실제 경험이 없다

伯 맏 백
牙 어금니 아
絶 끊을 절
絃 악기줄 현

백아절현이라는 고사성어는 백아伯牙가 거문고 줄을 끊었다는 말로써, 전국시대에 거문고의 명수인 백아와 종자기의 우정을 가리키는 말로, 자신을 알아주는 절친한 벗이 죽거나 없어짐을 이르는 말이다.

로마서 12:2
너희는 이 세대를 본받지 말고 오직 마음을 새롭게 함으로 변화를 받아 하나님의 선하시고 기뻐하시고 온전하신 뜻이 무엇인지 분별하라.

중국 춘추전국시대 때, 원래 초나라 사람이지만 진나라에서 고관을 지낸 거문고의 명인 유백아兪伯牙가 있었다. 그는 어려서부터 총명하고 천부성이 높았으며 음악을 남달리 좋아해서 당시의 유명한 연주가 성연을 스승으로 모시고 음악을 공부하였다. 스승이 본 유아백은 명성 높은 연주가가 되었지만 더 높은 경지에 이르게 하기 위해서 동해에 계시는 성연의 스승 되는 방자춘에게 데리고 갔다. 드디어 동해의 봉래산에 이르자 스승 성연이 유백아에게 "내가 가서 스승님을 모시고 곧 돌아올테니 자네는 봉래산에서 우리를 기다리고 있게나"라고 말하고는 떠났지만, 며칠이 지나도 스승이 돌아오지 않자 유백아는 몹시 상심했다.

홀로 남아 바다를 바라보고 있는데 파도가 세차게 일고 섬의 삼림은 고요한데 지저귀는 새들의 울음소리는 구슬픈 노래와도 같았다. 순간 유백아는 영감이 떠올라 즉흥곡을 연주하였는데 그 연주는 슬프고 애절하였다. 그 후 유백아의 연주는 한 단계 높은 경지에 이르게 되었다.

사실 성연 스승은 의도적으로 유백아가 혼자서 대자연 속에서 일종의 감수성을 터득하게 하려 하였던 것이다. 유택아는 시간만 나면 산에 들어가 거문고를 연주하였는데, 허름한 옷을 입고 그 곳을 지나가던 종자기라는 나무꾼이 유백아의 거문고 소리를 듣고 맑은 자연을 형용하는 말로 "고산유수高山流水로구나" 즉 '높은 산과 그 곳에 흐르는 물이로다'라고 말을 하며 감탄하였다. 이런 인연으로 유백아에게는 자신의 음악을 정확하게 이해하는 종자기에게 말했다. "이 세상에서 당신만이 나의 마음의 소리를 알아듣는구려. 당신이야말로 나의 지기知己입니다." 그리하여 두 사람은 생사지교를 맺게 되었다고 한다.

하루는 두 사람이 놀러 갔다가 갑자기 비가 쏟아져 이를 피하기 위해 동굴로 들어갔다. 유백아는 비가 내리는 소리를 듣고 빗소리에 맞추어 거문고를 켰다.

처음에는 비가 내리는 곡조인 임우지곡霖雨之曲을, 다음에는 산이 무너지는 곡조인 붕산지곡崩山之曲을 연주하였다. 즉 처음 비가 쏟아지는 소리로 시작된 음률은 점점 힘이 들어가다가 나중에는 태산 전체가 와르르 무너지는 듯 한 격렬한 소리로 바뀌었다.

그때마다 종자기는 "하늘 높이 우뚝 솟는 느낌은 마치 태산처럼 웅장하구나"라고 했고, 큰 강을 나타내면 "도도하게 흐르는 강물의 흐름이 마치 황허강 같구나"라고 맞장구를 쳐주면서 그 음악에 심취한 나머지 비에 흠씬 젖는 것도 아랑곳하지 않고 덩실덩실 춤을 추기도 했다. 그 곡이 의미하는 바가 무엇인지를 조금도 틀리지 않게 정확히 이해하고 감상한 것이다.

이렇게 두 사람은 거문고를 매개로 서로 마음이 통하고, 음악 세계가 일치하는 절친 사이가 되었지만 불행하게도 종자기가 갑자기 병들어서 세상을 떠나게 되었다. 유백아는 오랫동안 슬퍼하다가 그토록 애지중지하던 거문고 줄을 스스로 끊어 버리고伯牙絶絃 죽을 때까지 다시는 거문고를 켜지 않았다고 한다. 유백아는 "자신의 음악을 알아주는 사람이 이 세상에 없는데 더 이상 음악이 무슨 가치가 있겠는가"라고 생각했기 때문에 거문고 줄을 끊어버리고 두 번 다시 거문고를 손에 잡지 않았다고 한다. 여기서 유래된 고사성어가 백아절연이다.

유백아와 종자기의 진실한 우정은 이기적인 현대사회를 고발하는 교훈이라 할 수 있다. 대인관계에서 상대방의 뜻을 이해하는 것이야말로 상대방에게 인정받고 그 마음을 얻을 수 있는 귀한 지혜라 할 수 있다. 특히 우리 예수 믿는 사람들이 하나님의 뜻을 이해하는 것이야말로 하나님께 영광을 돌림과 동시에 복을 받을 수 있는 조건이다.

그래서 바울 사도는 "너희는 이 세대를 본받지 말고 오직 마음을 새롭게 함으로 변화를 받아 하나님의 선하시고 기뻐하시고 온전하신 뜻이 무엇인지 분별하라"롬 12:2고 했다. 우리를 죄와 사망에서 건지시기 위해서 그리스도를 보내주신 뜻을 알아야 한다는 의미이다.

우리의 신앙의 기본은 예수님의 십자가의 고난으로 내가 살게 되었다는 것이다. 바로 이것을 믿는 믿음이 신앙의 기본이요 첫걸음이다. 이 믿음이 없이는 신앙의 전진도, 구원도 이룰 수 없다는 것을 알아야 한다.

복차지계(覆車之戒)

앞사람의 실패를 거울삼아 실패하지 말라

覆 엎을 복
車 수레 차
之 어조사 지
戒 경계 계

복차지계라는 고사성어는 앞에 가던 수레가 넘어져 난 바퀴자국은 뒤에 오는 수레의 교훈이라는 의미로, 이전 사람들의 실패를 거울삼아 후대는 현재를 돌아보아 실패하지 말라는 뜻이다.

누가복음 9:23
아무든지 나를 따라오려거든 자기를 부인하고 날마다 제 십자가를 지고 나를 따를 것이니라.

전한前漢 초기, 황제 효문제孝文帝는 황실 내분으로 인해 제위에 오른 사람이었다. 이 때문에 세력 있는 제후 중에서는 황제를 가볍게 여기는 자가 있었다. 이를 의식한 효문제는 가의, 진평, 주발 등 명신을 등용해 대책을 수립하고 국정을 쇄신했다. 명신과 가의는 대단한 수재로 어려서부터 소문이 자자하므로 하남 태수가 그를 눈여겨보다가 발탁했는데 소문을 들은 효문제가 중앙으로 끌어들여 가의가 20세 때 박사가 되게 했고, 일 년 만에 태중대부로 파격적인 승진을 시켰다. 그런데 효문제는 고조 유방의 서자이자 제2대 혜제의 동생으로 제후로 있다가 황실 내분의 와중에서 제위에 올랐기 때문에 세력 있는 제후 중에는 문제를 가볍게 여기는 자도 있었다. 이를 의식한 효문제는 젊은 가의에게 중책을 맡겨 국정을 쇄신코자 했다. 가의는 효문제의 뜻에 따라 정치를 바로잡기 위해 많은 건의를 했다. "앞서 가던 수레의 엎어진 바퀴 자국은 뒤에 가는 수레에 교훈이 됩니다覆車之戒. 저 옛날의 하夏, 은殷, 주周시대를 되돌아보면 왜 잘 다스려졌던가를 분명히 알 수 있습니다. 그 교훈에서 배우지 못한다면 성인聖人의 가르침을 어기는 것과 같아서 영화를 오래 누리지 못할 것입니다. 진秦나라가 일찍 망한 것을 우리 눈으로 분명히 보았습니다. 진나라가 망한 까닭은 진나라가 펴온 정책으로 알 수 있습니다. 이런 어리석음을 피하지 않으면 앞날이 암담합니다. 그러므로 앞 수레의 엎어짐을 보고 국가의 큰 계획을 세우고 대책을 세움이 마땅합니다."

그러므로 복차지계는 실패한 전철을 다시는 되풀이하지 않는다는 뜻이지만 반대로 생각하면 이전의 훌륭한 점은 귀감으로 삼는다는 뜻도 포함되어 있는 고사성어이다.

이스라엘은 유다, 베냐민 지파를 제외한 10지파가 분열하여 세워진 왕국이다. 약 209년간 존속해 19명의 임금이 나라를 다스렸지만 예후 등을 제외하고는 대부분 왕들은 여호와의 계명을 지키지 않거나 우상 숭배를 하여 여호와의 분노를 사게 되어 재앙과 외침을 당하여 북이스라엘 왕국이 쓸쓸히 역사의 현장에서 사라져버리고 말았다. 그 이유는 선왕先王들이 하나님을 잊어버리거나 배반하여 우상을 섬기며 이방 사람들을 따라 악을 행하다가 여호와의 징벌을 보았음에도 불구하고 그 전철前轍을 밟았기 때문이다. 또 유다 나라도 20명의 왕들이 왕국을 다스렸는데, 그때도 대부분 왕들이 선왕들이 범한 죄를 거듭 범하다가 징벌을 받았다.

그러나 '여호와는 나의 힘이시다'라는 뜻을 가진 히스기야 왕은 죄를 범한 선왕들을 따르지 아니하였다. 그 이유는 이스라엘이 앗수르기원전 722년에 멸망을 당한 원인은 하나님께 예배를 드려야 할 선왕과 백성들이 우상숭배로 하나님을 떠났기 때문이다는 것을 알았기 때문이다. 그래서 그는 왕위에 오르자 전철을 밟지 않기 위해서 유다의 종교개혁을 과제로 삼고 일차적으로 성전 중심의 개혁을 하고 예배의 개혁을 했던 것이다. 그 결과 그는 어디로 가든지 형통한 삶을 살았고왕하 18:7, 죽을병으로 모든 것을 정리해야 하는 순간에도 눈물로 간절히 기도하여 15년의 수명을 연장받기도 했다. 그는 나라와 개인의 위기가 있을 때 하나님의 도우심을 입어서 더 큰 태평성대를 경험하게 되었다. 우리도 믿음의 조상 히스기야의 신앙을 본받아 하나님의 능력을 체험하는 복차지계覆車之戒의 삶을 살아야 할 것이다.

예수님께서는 "아무든지 나를 따라오려거든 자기를 부인하고 날마다 제 십자가를 지고 나를 따를 것이니라"눅 9:23고 말씀하셨다. 오늘날 예수님을 따를 수 있는 사람은 예수님께서 십자가를 지신 것처럼 자기의 십자가를 지고 따라야 한다는 말씀이다. 십자가 뿐 아니라 예수님 사랑을 본받고, 예수를 믿는 사람은 예수님을 닮아야 한다는 말이다.

타종교인이나 비종교인들이라도 예수님에게 존경심을 표하는 것이 당연하다고 말한다. 그런 반면에 교회에 대하여는 고개를 젓는 경향이 많다. 예수를 믿을 마음은 있어도 교회 다닐 마음은 별로 없다는 사람도 적지 않다. 교회가 뭔가 크게 잘못되어 있다는 증거이다. 철학자 키에르케고르는 이 점을 이렇게 풍자했다. '그리스도는 물을 포도주로 변화시키셨는데 교회는 그 보다 더 어려운 일을 성공적으로 해냈다. 포도주를 다시 물로 원위치 시킨 것이다.'

비육지탄(髀肉之嘆)

허송세월로 기회를 얻지 못하여 탄식함

髀 넓적다리 비
肉 고기 육
之 갈 지
嘆 탄식할 탄

비육지탄이라는 고사성어는 장수가 전쟁에 나가지 못하여 넓적다리에 살이 피둥피둥 찌는 것을 한탄한다는 뜻으로, 본의 아니게 허송세월을 보내다가 활약할 기회를 얻지 못하는 것을 탄식한다는 말이다.

에베소서 5:15~17
너희가 어떻게 행할지를 자세히 주의하여 지혜 없는 자 같이 하지 말고 오직 지혜 있는 자 같이 하여 세월을 아끼라 때가 악하니라 그러므로 어리석은 자가 되지 말고 오직 주의 뜻이 무엇인가 이해하라

유비가 두각을 나타내지 못하고 세력이 강한 제후들 틈바구니에서 이리저리 유랑 생활하며 고생하던 시절의 이야기다. 유비에게 가장 큰 장벽으로 다가온 인물이 조조이다. 처음에는 유비에게 호감을 느껴 벼슬을 주선하는 등 지원을 아끼지 않았고 유비 역시 그를 의지했으나, 가슴 속에 웅대한 야망을 품고 있는 두 사람이 끝까지 협조하고 좋은 관계를 유지하기란 불가능한 일이었다.

관우가 유비에게 조조를 죽이자고 꾀한 일이 있었다. 유비는 그 말을 받아들이지 않았지만 그 일로 두 사람의 사이가 멀어지고 결국 유비는 조조의 공격을 받아 큰 타격을 입은 유비는 관우, 장비, 조운 등 추종자들과 함께 유랑 생활을 하게 되었다. 그러던 유비가 한때나마 안정을 되찾을 수 있었던 것은 형주에 있는 유표를 찾아가 의지하면서였다. 같은 한나라 종친이라는 이유로 유

표는 유비를 반갑게 맞아들여 신야성新野城을 내주고 거기서 군사력을 기르도록 배려해 주었기 때문이다.

그 후 유비는 신야성에서 4년 동안 마땅히 할 일 없이 지내는 중에, 유표로부터 연회에 초청을 받아 가서 함께 술을 마시다가 변소에 가게 되었는데, 거기서 자신의 넓적다리에 살이 많이 찐 것을 보았다 '그동안 얼마나 하는 일 없이 허송세월을 하고 있었단 말인가!' 눈물자국을 남긴 채 술자리로 돌아온 유비를 보고 유표가 물었다.

"도대체 어찌된 일이오?"

그러자 유비는 한숨을 쉬며 이렇게 대답했다.

"전에는 자주 말을 타고 다녀서 넓적다리에 살이 찔 겨를이 없었습니다. 요즘은 오랫동안 말을 타지 않아서 살이 많이 올랐군요. 세월은 덧없이 흘러 노년을 눈앞에 두고 있는데 아무런 공을 이루지 못하고 있으니 어찌 슬프지 않겠습니까?"

비육지탄이란 고사성어는 유비의 한탄의 말에서 유래 되었다.

일 년에 한 번씩은 이런 말을 하게 된다. "정초인가 싶었는데 벌써 연말이구나. 어느덧 저물어가는 해를 보면서 세월의 무상함을 느끼는 말이다. 나이가 들어 갈수록 세월이 더 빨리 흘러간다고 말들을 한다. 20대는 20km, 30대는 30km……. 7~80대는 7,80km로, 90대 이상은 언제 사고날지 모를 정도로 과속으로 달려간다는 말이다.

모세가 "우리의 연수가 칠십이요 강건하면 팔십이라도 그 연수의 자랑은 수고와 슬픔뿐이요 신속히 가니 우리가 날아가나이다."라고 말을 한 것을 볼 때, 자기 인생의 세월이 새가 신속하게 날아가는 것 같음을 느꼈을 것이다.

시간은 우리가 좋은 일을 할 때도 날아가 버리고, 잠을 잘 때도, 휴식을 취할 때도 날아가 버리니, 그 세월 속에서 악하게 살거나 게으르고 나태하여 부끄러움을 남기는 삶이 얼마나 원통할 것인가를 생각하지 않을 수 없다. 세월이 날아간 것만큼 인생의 마지막이 가까웠다는 것이요, 어떤 사람에게는 심판이 가까웠고, 어떤 사람에게는 천국이 가까워 주님 만날 날이 가까이 온 것이다.

흘러가는 물도 아끼라는 말이 있듯이 흘러가는 세월은 더욱 귀하게 생각하면서 아끼고 살아야 할 것이다. 특히 사람이 세상에 올 때는 순서가 있지만 세상을 떠날 때는 순서가 없기 때문에 항상 경계하는 마음으로 인생을 귀하게 살아야 할 것이다.

그래서 바울 사도는 "너희가 어떻게 행할지를 자세히 주의하여 지혜 없는 자 같이 하지 말고 오직 지혜 있는 자 같이 하여 세월을 아끼라 때가 악하니라 그러므로 어리석은 자가 되지 말고 오직 주의 뜻이 무엇인가 이해하라"엡 5:15~17고 말씀하신 것이다.

매일 마다 86,400원을 하루 동안에 사용해야 한다. 그러나 이 돈을 사용하지 않고 주머니나 통장에 넣어두면 그 날이 지나면서 사라져 버리는 돈이라면 어떻게 사용할 것인가?

하루 24시간, 1,440분, 86,400초가 누구에게나 매일 공평하게 주어지는 시간이다. 이것 역시 사용하지 않으면 살아지고 만다. 이 시간을 어떻게 사용해야 할 것인가? 어리석은 사람은 지나가는 시간을 붙잡으려고 하고, 지혜로운 사람은 시간이 올 때 민첩하게 붙잡아 사용한다고 한다.

세월을 잘 활용하는 사람에게는 선하지만 세월을 놓쳐버린 사람에게는 악하다는 것을 잊지 말아야 한다.

사면초가(四面楚歌)

도움을 받을 수 없는 고립된 상태

四 넉 사
面 낯 면
楚 나라 이름 초
歌 노래 가

사면초가라는 고사성어는 사면에서 들려오는 초나라 노래란 뜻으로, 사방이 빈틈없이 적에게 포위된 고립무원孤立無援의 상태다. 주위에 반대자 또는 적이 많아 고립되어 있는 처지를 말한다.

고린도후서 4:8~9
우리가 사방으로 욱여쌈을 당하여도 싸이지 아니하며 답답한 일을 당하여도 낙심하지 아니하며 박해를 받아도 버린 바 되지 아니하며 거꾸러뜨림을 당하여도 망하지 아니하고…….

진秦나라를 무너뜨린 초패왕楚覇王 항우項羽는 한왕漢王의 유방劉邦과 맞수였다. 그러다 보니 서로 천하를 차지하기 위하여 계속하여 전쟁을 일으키게 되었다. 그러나 서로의 전력이 비슷하여 승패가 나지 않는 상태에서 5년여의 세월이 흐르자 황우가 휴전을 제의하므로 유방은 홍구하남성의 가로하를 경계로 천하를 양분, 강화하기로 하고 각자의 도읍지로 가게 되었다. 항우는 초나라의 도읍지 팽성을 향해 철군 길에 올랐고, 유방劉邦은 서쪽의 한중漢中으로 철군하고 있었다.

그때 유방의 참모 장량과 진평이 유방에게 지금이 기회니 이때를 놓치지 말고 항우를 추격하여 그를 쳐야 한다고 유방을 구슬리므로 유방은 약속을 깨고 항우를 추격하게 되었다. 결국 항우는 유방에 쫓기게 되었고, 해하안휘성에서 한신韓信이 지휘하는 한

나라 대군에게 겹겹이 포위된 초나라 진영은 군사들의 숫자도 격감한 데다가 군량미마저 떨어져 사기가 말이 아니었다.

그런데 한밤중에 사방에서 초나라 노래 소리가 들려오는 것이다. 심신이 지칠 대로 지친 초나라 군사들은 전의를 잃고 그리운 고향의 노랫소리에 눈물을 흘리며 다투어 도망을 치거나 다수가 항복을 하게 되었다. 사실은 항복한 초나라 군사들로 하여금 초나라 노래를 부르게 한 장량의 작전이 효과를 본 것이다. 이때 항우는 깜짝 놀라서 외치듯 이렇게 말했다. "아니, 한나라는 벌써 초나라를 다 차지했단 말인가? 어찌 저렇게 초나라 사람들이 많은가?" 이미 끝장이라고 생각한 항우는 결별의 주연을 베풀고는 사랑하는 우미인虞美人이 사면초가의 애절한 노래를 부르자 비분강개悲憤慷慨 한 심정을 다음과 같이 읊었다고 한다.

力拔山兮氣蓋世역발산혜기개세 時不利兮騅不逝시불리혜추불서. 힘은 산을 뽑고 의기는 세상을 덮건만 때는 불리하고 추도 나아가지 않누나. 騅不逝兮可奈何추불서혜가내하 虞兮虞兮奈若何우혜우혜내약하 추가 가지 않으니 어찌하면 좋은가. 우虞야 우야 그대를 어찌할 거나.

그러자 우희도 이별의 슬픔에 목메어 화답하자 천하장사 항우의 빰에는 어느덧 몇 줄기의 눈물이 흘렀고, 좌우에 배석한 장수들이 오열嗚咽하는 가운데 우희는 항우의 보검으로 젖가슴에 꽂고 자결하고 말았다. 그날 밤, 불과 800여 기騎를 이끌고 중포위망을 탈출한 항우는 이튿날 혼자 적군 속으로 뛰어들어 수백 명을 벤 뒤 강만 건너편, 당초 군사를 일으켰던 땅 강동江東으로 갈 수 있는 오강烏江:안휘성 내까지 달려가게 되었다. 그러나 항우는 800여 강동 자제子弟들을 다 잃고 혼자 돌아가는 것이 부끄러워 스스로 목을 쳐 자결하고 말았는데 그때 나이는 31세였다고 한다.

바울은 "우리가 이 보배를 질그릇에 가졌으니 이는 심히 큰 능력은 하나님께 있고 우리에게 있지 아니함을 알게 하려 함이라 우리가 사방으로 욱여쌈을 당하여도 싸이지 아니하며 답답한 일을 당하여도 낙심하지 아니하며 박해를 받아도 버린바 되지 아니하며 거꾸러뜨림을 당하여도 망하지 아니하고 우리가 항상 예수의 죽음을 몸에 짊어짐은 예수의 생명이 또한 우리 몸에 나타나게 하려 함이라"고후 4:7~10고 말씀하셨다. 욱여쌈을 당한다는 말은 즙을 짜기 위해 포도를 짓누르는 상태를 말한다. 또 싸이지 아니한다는 말은 막다른 골목이나 궁지에 몰린다 해도 좌절하지 않는다는 의미이다.

우리는 죄와 마귀와 병과 가난과 죽음이 우리를 겹겹이 포위하고 있다. 그로 인해 염려와 근심, 불안과 초조, 절망 속에 살아가고 있다. 그러나 보배이신 예수 그리스도께서 십자가 위에서 죄를 멸하시고 마귀를 이기셨다. 질병을 속하시고 저주와 가난을 밟으시며 승리하셨다. 우리를 사방으로 둘러싸고 있는 모든 것들이 무너져 버린 것이다. 겉으로 볼 때 사면초가이고 욱여싸인 것 같이 보여도 싸이지 않음은 우리 안에 보배이신 예수 그리스도를 담고 있기 때문이다.

그러므로 우리가 사방으로 욱여쌈을 당해도 보배로우신 예수 그리스도를 마음에 품고 의지하면 아무리 생활에 즙을 짜는 듯한 괴로움이 있더라도 자유함을 얻게 되는 것을 알아야 한다.

사불급설(駟不及舌)

네 마리 말이 끄는 수레도 혀에는 미치지 못함

駟 사마수레 사
不 아닐 불
及 미칠 급
舌 혀 설

사불급설이라는 고사성어는 네 마리 말이 끄는 수레도 혀에는 미치지 못한다는 말로써, 소문은 빨리 퍼지니 말을 삼가라는 뜻이다.

잠언 10:11; 11:11; 13:3
의인의 입은 생명의 샘이라도 악인의 입은 독을 머금었느니라. 성읍은 정직한 자의 축복으로 인하여 진흥하고 악한 자의 입으로 말미암아 무너지느니라. 입을 지키는 자는 자기의 생명을 보전하나 입술을 크게 벌리는 자에게는 멸망이 오느니라.

자공이 공자에게 "스승님 어떻게 해야 좋은 정치라고 할 수 있습니까?"라고 묻자 공자는 "먹을 것이 풍족하고, 병사가 많으면 백성들이 믿을 것이다."고 했다. 다시 자공은 "먹을 것, 군사, 그리고 믿음 중에 부득불 한 가지를 버려야 한다면 어느 것이 먼저입니까?"라고 물었다. 공자는 "병을 먼저 버려야 한다."고 했다.

그 말을 들은 자공은 "부득이 먹을 것과 믿음 중에 하나를 버려야 한다면 어느 것이 먼저입니까?"라고 하자 공자는 "먹을 것을 버려야 한다. 예로부터 죽음은 있는 것이요. 백성들의 믿음이 없으면 존립할 수 없다."고 말을 했다.

공자와 자공이 대화하는 것을 본 사람이 있었는데, 그는 극자성棘子成이었다. 극자성은 언변이 좋고 재물을 모으는 경영 능력이 있어 많은 부를 누리고 있는 사람이다.

극자성이 자공에게 이렇게 말했다. "군자는 질만 있으면 되지 문이 필요하겠는가?" 여기서 말하는 질은 소박한 인간의 본성을 하고 문은 인간만이 가지는 예의범절 등 외면치레를 말하고 있다. 그러므로 극자성의 말은 군자는 바탕인 질만 충실한 것이 중요하지 어찌 형식적인 것에는 힘을 쓸 필요가 있겠느냐는 것이다.

그 말을 들은 자공이 말했다. "아깝도다! 그대의 말이 군자답기는 하지만, 네 마리 말이 아무리 빨리 달려도 혓바닥을 따라가지는 못한다. 문이 질과 같으며, 질이 문과 같으니, 호랑이와 표범의 털 없는 가죽이 개나 양의 털 없는 가죽과 같다."고 말을 하게 되었는데, 여기서 사駟는 네 마리의 말이 끄는 수레를 말한다. 그러므로 아무리 빠른 수레라도 한 번 버린 말을 붙들지는 못한다는 뜻이다. 그러므로 자공은 극자성에게 말을 조심히 하라고 꾸짖은 것이다. 여기서 사불급설이라는 고사성어가 유래되었다.

동서고금東西古今을 막론하고 말을 신중히 하는 것은 미덕美德이다. 그 사람의 말 자체가 인격人格을 대신하기 때문이다. 그래서 언여기인言如其人이라고 했다. '말은 그 사람의 인격이다'는 것이다. 이처럼 말이 중요했으므로 언어를 사용할 때는 신중을 기해야 했으니 그것이 군자君子의 필수조건이었다.

그러나 말에 신중을 기하지 않고 함부로 내뱉는 말을 방언謗言이라 했는데 이것을 시정잡배市井雜輩의 소행으로 치부했다. 그래서 삼촌설三寸舌, 세치의 혀를 어떻게 놀렸느냐에 따라 인격을 달리 평가받았으며 심지어는 일신의 영달과 망신이 극명하게 갈리기까지 했다.

전국시대 소진과 장의가 달변가로 제후를 요리해 부귀영화를 누렸다면, 은나라 비간은 혀를 함부로 놀려 심장에 구멍이 일곱 개나 뚫려야 했고, 한생은 탕확湯鑊:사람을 삶아 죽이기 위해 만든 커다란 가마솥의 형벌을 받았으며, 사마천은 거세去勢의 치욕을 감수해야 했다. 그래서 진의 부현은 "병과 화는 입에서 나온다"고 했으며, 풍도는 "입은 화의 문이요 혀는 몸을 베는 칼이다."라고 했다.

성경에도 "의인의 입은 생명의 샘이라도 악인의 입은 독을 머금었느니라"잠 10:11고 했고, "성읍은 정직한 자의 축복으로 인하여 진흥하고 악한 자의 입으로 말미암아 무너지느니라"잠 11:11고 했으며, "입을 지키는 자는 자기의 생명을 보전하나 입술을 크게 벌리는 자에게는 멸망이 오느니라"잠 13:3고 했다.

그런데 문제는 사람들마다 말하는 것이 자기 기준에 따라 말하기 때문에 말에 실수가 없으면 완전한 사람인데, 혀를 제어하는 일이 매우 어렵다는 것이다.

그래서 성경에는 혀를 제어하기 위해서는 혀에 재갈을 물려서약 1:26 더러운 말은 우리 입 밖에도 내지 말고 오직 덕을 세우는 데 소용되는 대로 선한 말을 하여 듣는 자들에게 은혜를 끼치게 하라고엡 4:29 교훈하고 있다.

그러므로 우리의 혀를 제어할 수 있도록 다윗처럼 "주여! 내 입 앞에 파수꾼을 세워 주옵소서. 주여! 내 입술의 문을 지켜주옵소서시 141:3. 그래서 축복이 되고 하나님의 영광을 나타내는 입술이 되게 하옵소서."라고 기도해야 한다.

삼고초려(三顧草廬)

인재를 구하러 누추한 곳까지 찾아다님

三 석 삼
顧 돌아볼 고
草 풀 초
廬 초막 려

삼고초려라는 고사성어는 초가집을 세 번 찾아간다는 뜻으로 사람을 맞이함에 있어 진심으로 예를 다한다는 의미이다.

시편 63:1
하나님이여 주는 나의 하나님이시라 내가 간절히 주를 찾되 물이 없어 마르고 황폐한 땅에서 내 영혼이 주를 갈망하며 내 육체가 주를 앙모하나이다.

후한後漢 말엽, 유비는 관우와 장비, 이 두 사람과 의형제를 맺고 한실漢室의 번성을 위해 군사를 일으켰다. 그러나 군기를 잡고 계책을 세워 전군을 통솔할 군사軍師가 없어 늘 조조에게 고전을 면치 못했다. 그러던 어느 날 유비는 은사인 사마휘司馬徽에게 군사를 천거해 달라고 청했다. 그러자 사마휘는 "복룡伏龍이나 봉추鳳雛 중 한 사람만 얻으시오."라고 말한다. 그러자 유비는 "대체 복룡은 누구고, 봉추는 누구입니까?"고 묻었지만 사마휘는 말을 흐린 채 대답하지 않았다. 그 후 제갈량의 별명이 복룡이란 것을 안 유비는 즉시 수레에 예물을 싣고 양양 땅에 있는 제갈량의 초가집을 찾아갔다. 그러나 제갈량은 집에 없어서 며칠 후에 다시 오겠다는 말을 남기고 돌아왔다. 그런데 며칠 후 또 찾아갔으나 출타했다는 이유로 만나주지 않는 것이다. 그러자 관우가 "저번에 다시 오겠다고 했는데. 이거, 너무 무례하지 않습니까? 듣자니 나이도 젊다던데…." 그러자 장비가 "그까짓 제갈공명이 뭔데! 형님, 이젠 다시 찾아오지 마십시오."라며 다시 찾겠다는 유비를 극구 만류하면서 불평을 했다. 그러나 유비는 "다음엔 너희들은 따라오지 마라."고 말을 하고 세 번째 방문 길에 나서게 되었다. 그 열의에 감동한 제갈량은 마침내 유비의 군사가 되어 적벽대전赤壁大戰에서 조조의 100만 대군을 격파하는 등 많은 전공을 세웠다. 그리고 유비는 그 후 제갈량의 헌책에 따라 위魏나라의 조조, 오나라의 손권과 더불어 천하를 삼분하고 한실漢室의 맥을 잇는 촉한蜀漢을 세워 황제라 일컬음을 받게 되었고, 지략과 식견이 뛰어나고 충의심이 강한 제갈량은 재상이 되었다고 한다.

아담은 하나님의 피조물 중에 아주 간교한 뱀의 유혹에 빠져 하나님께서 금한 열매를 따먹고 두려워하여 하나님의 낯을 피하여 동산 나무 사이에 숨어 있었다창 3:8. 아담은 지금 이 순간 하나님께서 "선악을 알게 하는 나무의 열매는 먹지 말라 네가 먹는 날에는 반드시 죽으리라"창 2:17는 하나님의 말씀이 기억나 두려워하고 있었다. 하나님께서 내리실 죽음이라는 벌과 에덴동산이란 축복된 땅에서 내쫓김을 당할 위기가 두려워 숨어 있는 것이다. 아담과 하와는 하나님의 낯을 피하여 숨어 지낸다고 해서 죄의 문제와 구원의 문제가 해결될 일이 아니다.

그렇다고 죄 지은 아담과 하와가 당당히 하나님 앞에 나설 수도 없는 입장이지만 적어도 이것을 먼저 생각했어야 한다. 동산에는 무수히 많은 열매은혜를 주셨다는 것이다. 비록 이들이 죄를 범해서 하나님의 무서운 심판을 눈앞에 두고 있지만 긍휼이 많으시고 사랑이 풍성하신 하나님을 생각했었더라면 그렇게 숨어 있는 것보다 회개하고 용서를 구하는 마음으로 하나님 앞에 찾아 나왔어야 한다. 삼고불초란 고사성어처럼 죄 지은 인간이 하나님께 찾아 나왔어야 한다. 그럼에도 불구하고 숨어 있는 그들에게 하나님께서 찾아 오셨다. 비록 에덴동산에서 내쫓김을 받지만 그들에게 생명의 길을 주셨다. 아담에게는 이마에서 땀을 흘려야만 먹을 수 있는 벌을 주셨지만 땀을 흘려 수확한 기쁨을 주셨고, 해산하는 고통을 주셨지만 해산 후에 자녀들을 낳고 기쁨을 갖게 하는 은혜를 주신 것이다. 가인도 죄를 범하여 낯을 들지 못하고 있을 때 하나님께서 찾아와 주셨고, 죽음을 당하지 않도록 표를 주셨다.

'목마른 사람이 우물을 판다'는 속담처럼 죄를 범하여 멸망의 손에 있는 우리가, 하나님의 은총이 절실한 우리가 하나님을 찾아야 당연한 것이다. 그러나 하나님이 사람의 몸을 입고 이 땅에 오셨다. 그러나 어느 누구도 그를 영접하지 않았다. 오히려 핍박하고 결국 십자가에 못 박아 죽게 했다. 그런 우리에게 비둘기와 같은 성령으로, 불과 같은 성령으로 다시 찾아오셔서 우리의 강팍한 마음을 변화시키시고 축복과 구원의 길을 열어주셨다.

그러므로 우리는 감사함으로 주님께 나아가야 한다. 사모하는 마음으로 하나님의 말씀으로 나아가야 한다. 보혈을 뿌려 세우신 성전을 향하여 성실히 나가야 한다. 하나님의 선하시고 기뻐하시고 온전하신 뜻을 이루며 주님께 찾아 나가야 한다. "하나님이여 주는 나의 하나님이시라 내가 간절히 주를 찾되 물이 없어 마르고 황폐한 땅에서 내 영혼이 주를 갈망하며 내 육체가 주를 앙모하나이다"시 63:1.

삼인성호(三人成虎)

三 석 삼
人 사람 인
成 이룰 성
虎 범 호

근거 없는 말도 셋이 하면 믿게 됨

삼인성호란 고사성어는 세 사람이 도모하여 저잣거리에 호랑이가 나타났다고 말을 하면 그것이 거짓말이라도 믿게 된다는 뜻이다.

잠언 24:12
네가 말하기를 나는 그것을 알지 못하였노라 할지라도 마음을 저울질하시는 이가 어찌 통찰하지 못하시겠으며 네 영혼을 지키시는 이가 어찌 알지 못하시겠느냐 그가 각 사람의 행위대로 보응하시리라

춘추전국시대 위魏나라 혜왕 때, 태자太子가 조趙나라에 인질로 가게 되자 혜왕은 태자의 수행원으로 방총龐蔥을 따라가게 했다. 방총은 조나라의 수도인 한단邯鄲: 중국 하북성 남부에 있는 도시으로 떠나기 하루 전에 심각한 얼굴로 혜왕에게 이렇게 여쭈었다.

"전하, 지금 누가 저잣거리에 호랑이가 나타났다고 한다면 전하께서는 믿으시겠나이까?"

그러자 혜왕은

"누가 그런 말을 믿겠소."

"하오면, 두 사람이 똑같이 저잣거리에 호랑이가 나타났다고 한다면 어찌하시겠나이까?"

"역시 믿지 않을 것이오."

"그럼 세 사람이 똑같이 아뢴다면 그땐 믿으시겠나이까?"

"그땐 믿을 것이오."

그 말을 들은 방총은 "전하, 저잣거리에 호랑이가 나타날 수 없다는 것은 불을 보듯 명백한 사실이옵니다. 하오나 세 사람이 똑같이 아뢴다면 저잣거리에 호랑이가 나타난 것이 되옵니다. 신은 이제 한단으로 가게 되었사온데, 한단은 위나라에서 저잣거리보다 억만 배나 멀리 떨어져 있사옵니다. 게다가 신이 떠난 뒤 신에 대해서 참언讒言을 하는 자가 세 사람만은 아닐 것이옵니다. 전하, 바라옵건대 그들의 헛된 말을 귀담아 듣지 마시오소서."

"염려 마시오. 과인은 누가 무슨 말을 하든 두 눈으로 본 것이 아니면 믿지 않을 것이오."

그런데 방총이 한단으로 떠나자마자 혜왕에게 참언을 하는 자가 있었다. 수년 후 볼모에서 풀려난 태자는 귀국했으나 혜왕에게 의심을 받은 방총은 끝내 귀국할 수 없었다.

비슷한 말로 '증삼살인'이라는 고사성어가 있다. 이 고사는 공자의 제자요 효행으로 유명한 증삼曾參의 일화에서 나온 말이다. 하루는 증삼의 어머니가 베를 짜고 있을 때 어떤 사람이 와서 증삼이가 사람을 죽였다고 고함을 쳤다. 처음엔 믿지 않았으나 두 사람, 세 사람이 와서 같은 말을 하자 그 말을 믿고 베를 짜다가 북을 던져 버리고 뛰어 나갔다고 한다. 삼인성호는 세 사람이 짜고 거짓말을 하면 처음에는 믿지 않다가 믿어지게 되고 훗날에 그 말이 거짓이라고 들통날지라도 세월이 흐르면 그 유언비어도 사람들 기억에서 지워지는 약점이 있다.

유언비어는 수천 년 동안 역사에서 끊이지 않았다. 그 중에 우리에게 가슴 아프게 기억된 사건은 주후 64년 로마 시가지에 대 화재가 발생한 사건이다. 그때 많은 사람들의 입에서는 '폭군 네로 황제가 화재를 일으켜 시민들은 화염에 죽어간 사람들을 슬퍼하고 있을 때 그는 화재를 찬양하며 시를 읊고 있었다"고 했다. 이 말을 들은 시민들이 네로에 대한 분노가 치닫자 네로는 자기 방어를 위하여 신속히 유언비어를 퍼트리게 되었다. 그것은 시민에게 미움을 사고 있는 기독교인들이 도시에 불을 지른 것이라고. 그리하여 시민들은 네로의 범죄와 그가 유언비어를 퍼트린 것을 알면서도 네로에게 화풀이를 하지 못하고 기독교인들에게 화풀이 하였다. 더구나 세월이 지나자 화재의 원흉인 네로를 잊어버리고 말았다.

오늘날 우리 사회에도 사회가 불안한 틈을 탄 유언비어로 사회를 더욱 불안하게 하고 있다. "010~XXXX~4040으로 걸려온 전화를 받으면 250,000원이 차감된다", "중국에서 10월 10일까지 인육을 먹는 날이라 밤늦게 돌아다니면 장기를 적출당한 후 살은 중국인이 먹는다"는 내용이 허위 문자나 트윗터를 통해 유포되면서 우리 사회를 불안으로 몰아가고 심지어 경제활동에도 큰 악영향을 미치고 있다.

바울 사도는 거짓말을 하는 자들은 미혹하는 영과 귀신의 가르침을 따르는 양심이 화인 맞는 자들이라딤전4:1 했고, 예수님도 그 속에 진리, 곧 하나님이 없기 때문에 거짓말을 하게 된다고 말씀하셨다요 8:44. 그래서 하나님께서는 이런 거짓말을 하는 자들을 보복하신다고 말씀하셨다렘 9:9. 아나니와와 삽비라 두 부부는 사도들과 사람들 앞에서 거짓말을 하여(성령을 속이는 일이라) 저주받아 죽고 말았다. 우리는 그리스도 안에서 새 사람이 되었기 때문에 하나님의 자녀다운 진실된 언어와 삶이 되어야 한다.

상경여빈(相敬如貧)

부부간에도 손님 대하듯 서로 존중함

相 서로 상
敬 공경할 공
如 같을 여
賓 손 빈

상경여빈이라는 고사성어는 부부간에도 손님 대하듯 서로 존중함을 뜻하는 말이다.

고린도전서 7:3~5
남편은 그 아내에 대한 의무를 다하고 아내도 그 남편에게 그렇게 할지라 아내는 자기 몸을 주장하지 못하고 오직 그 남편이 하며 남편도 그와 같이 자기 몸을 주장하지 못하고 오직 그 아내가 하나니.

중국 춘추시대 진晉나라에 서신이라는 사람이 노魯나라 사신으로 파견되었다가 돌아오는 길에 밭일을 하고 있는 한 남자를 보았다. 때마침 아내로 보이는 여인이 새참을 들고 남자 쪽을 향해 걸어가더니 상전에게 인사를 하듯 깍듯이 인사를 하고 가지고 온 새참을 두 손으로 공손히 받들어 올리자 남자도 똑같이 예의를 갖추어 여인이 새참을 받고 있었다.

부부 같아 보이는데 손님 대하듯, 상전 대하듯 하는 이 두 사람의 사이가 무척 궁금해진 서신은 다가가 인사를 건넸다. "나는 진나라의 대부 서신이라고 하오. 이곳을 지나다 두 사람을 보게 되었는데 어디에 사는 누구시오?" 그러자 남자가 "소인 극결郤缺이라고 합니다. 그리고 이 여인은 저의 아내 되는 사람입니다."라고 말을 하는 것이다. 그 말을 들은 서신은 깜짝 놀라면서 "그렇다면 혹시 자네의 부친이 대부이신 극예郤芮가 아니신가?" 그 말을 들은 극결은 두 손을 공손히 모으고 허리를 굽혀 "네 그렇습니다."라고 아뢰었다.

서신은 부부간에 서로 예의를 지키면서 가정을 꾸려나가는 모습에 감동을 받고 사람을 데리고 진나라로 돌아와서 문공왕에게 극결을 대신으로 천거했다. 문공왕이 알고 보니 극결은 극예의 아들임을 알게 되어 크게 노하였다. 그 이유는 문공이 왕으로 취임할 때 많은 사람들이 환영을 하고 찬성을 했지만 극예는 전형적인 반대파의 대표되는 인물이었고, 왕궁을 불살라 문공왕을 죽이려는 계획까지 세웠다가 살해된 사람의 아들이기 때문이다. 그러자 서신은 "고대 성인군자이셨던 순임금은 죄인 곤鯤을 살해했으나 그의 아들 우禹를 인재로 등용시키셨습니다. 또 제나라 명재상 관중은 제환공의 적이었으나 환공은 오히려 그를 국상으로 삼아 패업을 이루셨습니다. 상서尙書에 이르기를 '아비가 자식을 사랑하지 않고 아들이 부모를 공경하지 않으며 또 형이 아우에게 우애를 보이지 아니하고 아우가 형에게 공손하지 않았다고 해서 형벌이 연좌되어서는 안 된다'고 했습니다. 또 시경에 이르기를 무청을 뽑으면서 그 뿌리를 버리지 말라'고 했습니다. 그러므로 왕께서는 그 사람의 장점만 취하시면 될 것입니다."라고 말했다. 그 말을 들은 문공왕은 극결의 어떤 장점이 있어서 천거하게 되었느냐고 묻자 서신은 "극결 부부가 '상경여빈', 즉 부부간에도 서로 극진히 공경하는 모습을 보았습니다. 이런 사람은 백성을 덕으로 다스릴 것이고 군주께는 물론이며 나라의 강성과 안녕에 큰 도움이 될 것입니다."라고 말했다. 그 말을 들은 문공왕은 서신의 말대로 극결을 하군대부로 등용하게 되었는데, 극결은 백적의 왕을 사로잡는 공을 세우고, 서쪽의 융족과 화친을 이루는 공신이 되었다. 여기에서 유래된 고사성어가 상경여빈이다.

유대인 어머니들은 결혼을 앞둔 딸에게 당부하는 말이 있다 "네가 남편을 왕처럼 섬긴다면 너는 여왕이 될 것이다. 남편을 하인으로 여긴다면 너도 하녀가 될 뿐이다. 네가 자존심과 고집으로 남편을 무시하면 그는 폭력으로 너를 다스릴 것이다. 만일 남편의 친구나 가족이 방문하거든 밝은 표정으로 정성껏 대접하라. 그러면 남편이 너를 소중한 보석으로 여길 것이다. 항상 가정에 마음을 두고 남편을 공경하라. 그러면 그가 네 머리에 영광의 관을 씌워 줄 것이다."

가정을 집으로 비유한다면 집을 짓기 위해서는 최우선 과제는 기초를 잘 닦아야 한다. 가정의 기초는 무엇보다 하나님의 말씀이다. 말씀은 가정을 튼튼하게 하며 미래를 책임져 주기 때문에 말씀으로 기초를 닦아야 세파 속에서도 흔들리지 않는다. 말씀의 기초 위에 사랑과 복종의 두 기둥을 세워야 한다. 마치 솔로몬이 성전을 지을 때 성전 입구에 놋기둥을 세운 것처럼 사랑과 복종의 튼튼한 기둥을 세워야 한다. 기둥을 세웠으면, 믿음의 지붕을 올려야 한다. 지붕이 없다면 온갖 먼지가 들어오고 눈비가 들어오고 도둑이 침입하듯이 믿음의 지붕이 없으면 온갖 악하고 더러운 것, 세상적이고 마귀적인 것이 가정에 들어오지 못하게 될 것이다. 마지막으로는 이해와 용서의 창문을 내야 한다. 창문의 기능은 환기이고 밝음이다. 창문이 없는 집은 어둡고 냄새가 나 건강을 해치듯이 이해와 용서의 창문을 내면 항상 밝고 답답한 가슴을 시원하게 해줄 것이다. 무엇보다 중요한 것은 아내와 남편은 서로 존경의 음식을 나누어야 한다.

새옹지마(塞翁之馬)

인생의 길흉화복은 예측하기 어렵다

塞 변방 새
翁 노인 옹
之 어조사 지
馬 말 마

새옹지마라는 고사성어는 변방의 늙은 말馬이란 뜻으로 세상만사가 변전무상變轉無常하므로, 인생의 길흉화복吉凶禍福을 예측할 수 없다는 의미이다.

로마서 8:28
하나님을 사랑하는 자 곧 그 뜻대로 부르심을 입은 자에게는 모든 것이 합력하여 선을 이루느니라.

중국 북쪽 국경지대에 한 노인이 아들과 함께 몇 마리의 말을 키우며 살고 있었다. 그 노인에게는 몇 마리의 말이 전 재산이었다. 어느 날 기르는 말 중에 한 마리가 심술을 부리더니 아무런 까닭 없이 국경 너머로 도망가 찾을 수 없게 되었다. 소식을 들은 동네 사람들이 와서 안타까워하는 표정으로 노인에게 큰 손해를 보셨다며 위로해 주었다. 그 말을 들은 노인은 태연한 표정으로 "세상 살다 보면 나쁜 일도 있지만 좋은 일도 있겠지요."라고 말을 했다.

몇 달 후 뜻밖에도 도망갔던 말이 아주 예쁘고 훌륭한 말을 끌고 돌아와서 마당에서 뛰노는 것이다. 그 소식을 들은 동네 사람들이 몰려와서 큰 횡재를 했다고 축하해 주었다. 그러자 노인은 "말이 제 친구를 데리고 온 것이 좋은 일인지 나쁜 일인지 모르겠습니다만, 좋은 일이 생기면 또 안 좋은 일도 생기겠지요."라고 말을 하는 것이다.

집에 좋은 말이 생기자 말 타기를 좋아하던 노인의 아들이 말을 타다 그만 말에서 떨어져 다행히 목숨은 건졌으나 불행하게도 불구가 되고 말았다. 그러자 또 동네 사람들이 몰려와 혀를 차면서 하루아침에 아들이 불구가 되어 슬프겠다고 위로했다. 그러자 "노인은 할 수 없지요, 나쁜 일이 있으면 좋은 일이 또 있겠지요."라고 말을 하는 것이다.

여러 달 후 갑자기 오랑캐들이 쳐들어왔을 때 마을 젊은이들이 모두 군사로 뽑혀 싸움터에 나가게 되었고, 젊은이 전부가 전쟁에서 전사하였는데 노인의 아들만은 다리를 다쳐 싸움터에 나가지 않아 목숨을 건질 수 있었다. 마을 사람들이 다 부러워하자 노인은 "좋은 일이 있다고 기뻐하고 나쁜 일이 있다고 슬퍼할 필요가 없지요, 세상에는 이런 일도 있고 저런 일도 있듯이, 좋은 일이 있으면 나쁜 일도 일어날 수 있고 나쁜 일이 생기면 또 좋은 일도 생기지요."라고 말을 했다고 한다. 여기서 유래된 고사성어가 '새옹지마'이다. 이 말은 한마디로 인생에 있어서 길흉화복은 항상 바뀔 수 있기 때문에 미리 헤아릴 수 없다는 뜻이다.

요셉은 형들에 의해 인신매매를 당하게 되어 종이 되었고, 보디발 장군의 집에서는 강간 미수범이라는 거짓 누명을 쓰고 감옥에까지 들어가게 되었다. 그 때 요셉의 심정은 어떠했을까? 요셉의 심정에 대해서 이렇게 기록하고 있다. "그가 한 사람을 앞서 보내셨음이여 요셉이 종으로 팔렸도다 그의 발은 차꼬를 차고 그의 몸은 쇠사슬에 매였으니…"시 105:17~18. 발은 차꼬에, 그 몸은 쇠사슬에 매었다. 몸에 대하여 성경의 풋노트footnote는 혼魂으로 표현하고 있다. 요셉의 발과 몸이 단순히 쇠사슬에 매었다는 말이 아니라 요셉의 혼까지 쇠사슬에 메었다는 말이다. 정직하게 살려고 했고, 하나님 중심으로 살려고 했지만 그 결과가 종으로, 억울한 누명을 쓰고 죄수로 있게 된 자신을 생각해 볼 때, 기가 막혀 혼이 빠지는 듯한 상태였다는 말이다. 특히 "곧 여호와의 말씀이 응할 때까지라 그의 말씀이 그를 단련하였도다"시 105:19라는 말씀대로 요셉은 용광로에 쇠가 들어가 새빨갛게 되어 나온 쇠를 다시 망치로 내리쳐 연단하는 듯한 심적인 고통인 것이다.

그러나 요셉은 종의 자리에서 총무로, 죄수의 자리에서 죄수를 관리하는 총무로 인정받을 수 있었던 것은 여호와께서 요셉과 함께 하심으로 그가 형통한 자가 되었던 것을 보디발이 보고 알 수 있었다는 것이다창 39:2~3. 역으로 생각하면 요셉이 육체와 함께 혼까지 고통을 당하고 있지만 하나님을 향하여 원망하거나 떠나지 아니하고 철저히 하나님 중심으로 살았던 것이다.

그 결과 하나님의 계획하신 때가 되어서 애굽의 총리의 자리에 이르게 하신 것이다.

사람들이 '인간 만사 새옹지마'라고 세월에게 인생을 던져버리고 인생을 살아가고 있다. 그러나 하나님을 사랑하는 자는 합력하여 선을 이루시는 전화위복이 이루어질 수 있는 것임을 깨달아야 한다. 그 이유는 하나님은 생명과 복과 사망과 화를 주관하신 분이시기 때문이다신 30: 15. 그래서 바울은 "하나님을 사랑하는 자 곧 그 뜻대로 부르심을 입은 자에게는 모든 것이 합력하여 선을 이루느니라"롬 8:28고 말씀하셨다.

선시어외(先始於外)

가까이 있는 일부터 시작하라

先 먼저 선
始 비로소 시
於 어조사 어
外 밖 외

선시어외라는 고사성어는 먼저 외外부터 시작하라는 뜻으로, 가까이 있는 나너부터 또는 말한 사람제안자부터 시작하라는 의미이다.

누가복음 10:27
네 마음을 다하고 네 목숨을 다하고 네 힘을 다하고 네 뜻을 다해 주 네 하나님을 사랑하라.

전국시대, 연燕나라가 영토의 태반을 제齊나라에 빼앗기고 있을 때였다. 연나라는 북방에 위치하고 있어 때때로 강국의 침입을 받았던 미미한 나라였다. 이렇게 어려운 시기에 연소왕燕昭王이 즉위를 했기에, 어떻게 해서라도 국가 발전을 위한 인재를 모집했다. 그러나 지원하는 자가 없었는데, 그때 처음으로 재상 곽외郭隗가 지원하고 나섰다. 반가운 마음에 연소왕이 나라의 실지失地 회복에 필요한 인재를 모으는 방법을 재상에게 물었다.

"신은 이런 이야기를 들은 적이 있습니다. 옛날에 어느 왕이 천금을 가지고 천리마를 구하려 했으나 3년이 지나도 얻지 못했습니다. 그러던 어느 날, 잡일을 맡아보는 신하가 천리마를 구해 오겠다고 자청하므로 왕은 그에게 천금을 주고 그 일을 맡겼습니다. 그는 석 달 뒤에 천리마가 있는 곳을 알고 달려갔으나 애석하게도 그 말은 그가 도착하기 며칠 전에 죽었다고 합니다. 그렇지만 그가 죽은 말의 뼈를 금 오백이나 주고 사가지고 와서 하는 말이 쓸데없는 것이라도 소중히 다루면 현인은 그에 끌려 자연히 모여든다고 말했습니다.

그 말을 들은 왕은 노발대발하며 '과인이 원하는 것은 산 천리마다. 누가 죽은 말뼈에 오백 금을 버리라고 했느냐'며 크게 꾸짖었습니다. 그러자 그는 이제 세상 사람들이 천리마라면 그 뼈조차 거금으로 산다는 것을 안 만큼 머지않아 반드시 천리마를 끌고 올 것이라고 말했는데 과연 그 말대로 일 년이 안 되어 천리마가 세 필이나 모였다고 합니다. 그러므로 이제 소왕께서 천하인재를 얻으려 하신다면, 먼저 이 곽외부터 높이 등용하는 것으로부터 시작 하십시오先始於隗. 그리하면 저 같은 사람이 높이 등용되었다는 소문이 퍼지면 천하인재들이 천릿길도 멀다 않고 스스로 구름같이 모여 들 것입니다."

그 말을 들은 연소왕은 곽외의 말을 옳게 여겨 그를 위해 황금대黃金臺라는 궁전을 짓고 스승으로 예우하게 되었다. 이 일이 제국에 알려지자 천하의 현재가 다투어 연나라로 모여들었는데 그 중에는 조나라의 명장 악의를 비롯하여 음양설의 비조인 추연, 대정치가인 극신과 같은 큰 인물도 있었다. 이들의 보필을 받은 연소왕은 드디어 제국의 군사와 함께 제나라를 쳐부수고 숙원을 풀게 되었다. 여기에서 유래된 고사성어가 선시어외이다.

우리 사회에서 개혁이란 단어가 많이 사용되고 있다. 특히 정치, 경제, 종교계에서 많이 사용되고 있다. 그러나 개혁의 첫 출발은 타인이 아닌 자신부터이다. 자신이 먼저 개혁하지 못하고 타인을 향한 개혁의 외침은 아무런 의미 없이 울리는 꽹과리와 같을 것이다. 또 우리 사회에서 언젠가부터 노블리스 오블리제 Noblesse oblige라는 단어를 심심치 않게 사용하고 있다. 노블리스는 '귀족'을 뜻하는 말이고, 오블리제는 '의무'를 뜻하는 말로써 문자 그대로 직역하면 '귀족의 의무'라는 뜻이다.

본래 이 단어의 유래는 로마시대에 귀족들이 보여준 투철한 도덕의식과 솔선수범하는 공공정신을 높이는 데서 유래한 단어이다. 이런 단어가 우리 사회에서 갑자기 유행한 배경에는 우리 사회의 대표적인 귀족들이라고 할 수 있는 정치가나 기업가들이 존경받을 수 없이 살아가는 모습에서 기인했다고 할 수 있다.

로마의 귀족들은 가질수록 평민들과 더 나누고 더 배품으로 리더십의 존경을 유지했던 것이다. 그런데 이런 모습이 우리 사회에 고갈되어 있다는 것이 우리의 고민이 아닐 수 없다.

그런 의미에서 우리 그리스도인들도 모두가 신앙을 갖는 순간부터 특별한 특권을 누리는 사람, 영적인 귀족들이 된 것이다. 왜냐하면 하나님의 선택된 백성들이 되었기 때문이다. 천지를 지으신 하나님이 우리 아버지가 되시고, 우리가 하늘나라의 기업을 받게 되고, 영생을 소유하고, 우리가 기도하기만 하면 언제든지 응답받는 삶을 살 수 있게 되었다는 것은 정녕 특권중의 특권을 부여받은 인생이다.

그런데 문제는 우리가 하나님의 백성으로서 그런 특권에 부응하는 의무를 다하고 살아가고 있느냐는 것이다. 특권에는 반드시 책임과 의무가 수반되어야 하는데 책임과 의무는 다하지 않고 특권만 누리려고 해서는 안 되고, 특히 우리들은 영적인 노블리스이기 때문에 우리 자신부터 하나님 나라와 사회를 위해서 헌신하는 오블리제 의무를 다해야 할 것이다.

선즉제인(先則制人)

가까이 있는 일부터 시작하라

先 먼저 선
則 곧 즉
制 억제할 제
人 사람 인

선즉제인이라는 고사성어는 남보다 앞서 일을 도모하면 능히 남을 누를 수 있다는 뜻으로, 아무도 하지 않는 일을 남보다 앞서 행하면 유리하다는 것을 이르는 말이다.

에베소서 6:13
하나님의 전신 갑주를 취하라 이는 악한 날에 너희가 능히 대적하고 모든 일을 행한 후에 서기 위함이라.

진秦나라 2세 황제 원년 때, 진시황 이래 계속되는 폭정에 항거하여 진승과 오광이 900여명의 농민군을 이끌고 올라와서 단숨에 지금의 안휘성인 기현을 석권하고 하남성 회양까지 입성했다. 그곳에서 장초라는 나라를 세우고, 왕위에 오른 진승은 옛 6개국의 귀족들과 그 밖의 반진反秦 세력을 규합하여 진나라의 도읍 함양을 향해 진격하게 되었다. 이에 자극을 받은 강동의 회계군수 은통은 오중吳中의 유력자인 항량을 불러 거병을 의논했다. 항량은 진나라 군사에게 패사敗死한 옛 초나라 명장이었던 항연의 아들인데, 고향에서 살인을 하고 조카인 항우와 함께 오중으로 도망온 뒤 타고난 통솔력을 십분 발휘하여 곧 오중의 실력자가 되었다.

은통은 항량을 불러 말했다.

"지금 강서 지방에서는 모두들 진나라에 반기를 들었는데, 이는 하늘이 진나라를 멸망코자 하는 시운時運이 되었기 때문이오.

내가 듣건대 '선손을 쓰면 남을 제압할 수 있고先則制人 뒤지면 남에게 제압당한다고'後則人制 했소. 그래서 나는 그대와 환초를 장군으로 삼아 군사를 일으킬까 하오."

은통은 오중의 실력자일 뿐 아니라 병법에도 조예가 깊은 항량을 이용해 출세의 실마리를 잡아볼 속셈이었다. 그러나 항량은 그보다 한 수 위에 있었기에 이렇게 답변을 했다.

"거병하려면 우선 환초부터 찾아야 하는데, 그의 행방을 알고 있는 자는 오직 제 조카인 적뿐입니다. 그러니 지금 밖에 와 있는 그에게 환초를 불러오라고 하명 하시지요."

"그럽시다. 그럼, 그를 들라 하시오."

항량은 뜰아래에 대기하고 있는 항우에게 다가가 귀엣말로 이렇게 이르게 말했다.

"내가 눈짓을 하거든 지체 없이 은통의 목을 치도록 하라."

항우를 데리고 방에 들어온 항량은 항우가 은통에게 인사를 마치고 자기를 쳐다보는 순간 눈짓을 하자 항우는 칼을 빼자마자 비호같이 달려들어 은통의 목을 쳤다. 항량과 항우가 은통에 앞서 '선즉제인'을 몸소 실행한 것이다. 항량은 곧바로 관아를 점거한 뒤 스스로 회계 군수가 되어 8천여 군사를 이끌고 함양으로 진격하던 중 전사하고 말았다. 뒤이어 회계군의 총수가 된 항우는 훗날 한 왕조漢 王朝를 이룩한 유방과 더불어 진나라를 멸망시켰다. 그러나 그 후 유방과 5년간에 걸쳐 천하의 패권을 다투다가 패하고는 자결하고 말았다. 여기에서 유래된 고사가 선즉제인이다.

크리스천의 단점 중 하나는 값싼 은혜를 추구한다는 것이다. 하나님의 나라와 의를 구하기 보다 의를 구하면 도든 것을 더하여 주실 것을 구하는 것이다. 그래서 예수님께서 산상수훈 중에 '너희는 먼저 그의 나라와 그의 의를 구하라 그리하면 이 모든 것을 너희에게 더하시리라'마 6:33고 말씀하셨다. 그러므로 우리 크리스천들이 이 세상을 살아가면서 먼저 할 것은 주님의 나라와 의를 구하는 일이 선행되어야 할 것이다.

또 주님 나라와 의를 구하는 성도들이 선행되어야 할 것이 있는데 그것은 주님 나라와 의를 구하는데 있어서 방해하는 마귀를 대적하기 위한 무장이다. 우리가 예수를 믿는 순간 영적 전쟁의 시작이다. 그런데 예수를 믿으면 복 받고, 형통하고, 잘 산다는 생각으로만 가득차 있다. 값싼 은혜로 흘러가고 있다는 말이다. 영적 전쟁을 알지 못하기 때문에 하나님의 말씀으로 무장할 생각조차 하지 않고, 입술로만 믿음을 고백하고, 이성주의, 감성주의, 기복주의 신앙으로 영적인 무장을 하지 못하는 경우가 허다하다.

우리가 예수를 믿는 그 순간부터 영적 전쟁이 일어나게 되어 사탄의 공격을 받게 된다. 그러므로 악한 사탄과의 싸움에서 승리하기 위하여 우리는 하나님의 전신갑주를 입어야 한다. 말씀과 성령의 검으로 무장해야 한다. 마귀를 대적하는 데 있어서 내 능력과 내 믿음의 의지만을 가지고 물리칠 수 없다. 그러므로 먼저 무장하는 일이다.

그래서 바울 사도는 원수 마귀는 호시탐탐 성도들을 넘어뜨리려 하기 때문에 "마귀의 간계를 능히 대적하기 위하여 하나님의 전신 갑주를 입으라"엡 6:11고 했고, "하나님의 전신 갑주는 진리로 허리띠를 띠고, 의의 호심경護心鏡을 붙이고, 평안의 복음이 준비한 것으로 신을 신고, 믿음의 방패를 가지고 구원의 투구와 성령의 검 곧 하나님의 말씀을 가지라"엡 6:13~17고 했다.

수서양단(首鼠兩端)

진퇴, 거취를 정하지 못하고 망설인다

首 머리 수
鼠 쥐 서
兩 두 량
端 끝 단

수서양단이라는 고사성어는 쥐가 구멍에 머리만 내놓고 두리번거리면서 진퇴, 거취를 정하지 못하고 망설인다는 뜻으로 두 마음을 가지고 이모저모 기회를 살피는 것을 말한다.

신명기 30:15~16
보라 내가 오늘 생명과 복과 사망과 화를 네 앞에 두었나니, 곧 내가 오늘 네게 명령하여 네 하나님 여호와를 사랑하고 그 모든 길로 행하며 그의 명령과 규례와 법도를 지키라 하는 것이라 그리하면 네가 생존하며 번성할 것이요 또 네 하나님 여호와께서 네가 가서 차지할 땅에서 네게 복을 주실 것임이니라

전한前漢 7대 황제인 무제武帝때에 두영과 전분이라는 두 사람이 있었다. 이 사람들은 외척 간으로 두영은 5대 황제 문제의 황후의 조카이고, 전분은 6대 황제 경제의 황후의 동생으로 당시 두영은 연장자로서 선임 대장군이었고, 전분은 신진 재상宰相이었다.

5대 황제 문제가 살아있을 때 전분은 두영 앞에 서있지도 못하고 무릎을 꿇고 있었으나 문제가 죽고 6대 황제 경제가 통치하게 되자 서서히 전분의 세력이 커지더니 마침내는 두영을 내려다보게 되었다. 그런 중에 경제가 죽고 무제가 황제의 자리에 오르게 되었다.

어느 날 조정의 모든 문무 대신들이 큰 잔치에 고여서 주흥에 빠져 있었습니다. 어느 정도 술자리가 무르익을 무렵, 전분이 건배를 제의하자 모든 대신들이 공경의 표시로 잔을 들며 함께 건배를 했

다. 그러자 두영도 건배를 제의했지만 두영을 따르는 몇몇만 공경의 표시를 했고 나머지는 흉내만 낼 뿐이었다.

이에 두영의 친구인 관부가 화가 나서 대신들을 보고 아부나 하는 소인배들이라 말하고 자신이 건배를 제안하면서 일일이 함께한 사람들 앞에 서서 건배를 요청했다. 그러자 대신들은 어쩔 수 없이 잔을 들어 같이 건배를 했는데, 전분 앞에 도착한 관부가 전분에게 건배를 제의했지만 전분은 이를 무시하고 술잔을 내려놓았다.

그러나 관부는 어쩔 수 없는 상황이라 마음에 이를 갈며 다음으로 넘어갔다. 소장파 출신인 정불식 앞에 도착해서 건배를 제의했는데, 그만 정불식이 옆 사람과 귓속말을 하면서 관부의 건배를 듣지 못했다. 이에 관부는 정불식에게 "감히 아래도 한참 아랫것들이 상관이 건배를 제의하는데, 본 척도 아니하고 계집애처럼 귓속말만 하고 있느냐"하고 소리를 버럭 지르는 바람에 흥취가 다 깨져 버렸다. 결국 양측이 말 다툼을 하다가 두영과 전분의 싸움이 되어버렸다.

이 소리가 무제의 귀에 들어가게 되었다. 무제는 이런 일로 당파싸움으로 비화되는 것을 방지하기 위해 다음날 조정 때 조정대신들과 시시비비를 가리기로 했다. 다음날 조정 때 무제는 조정대신들에게 누구의 잘못이냐고 물어봤다. 그러나 누구 한사람 딱 부러지게 대답하지 못하고 두영과 전분의 눈치만을 살피고 있는 것이다.

이에 무제는 지금의 검찰총장격인 어사대부御史大夫 한안국韓安國에게 물었다. 그러나 한안국 역시 두영과 전분의 눈치만 살피느라 답변을 회피하고 있었다. 그러자 무제는 이들의 한심한 모습에 그냥 나가버렸다. 이참에 두영 무리들을 제거하기로 마음먹은 전분은 무제가 나가자 그 뜻을 이루지 못한 것을 한안국에게 화풀이 하기를 "그대는 어찌하여 이 일이 시비가 분명한데 구멍에서 대가리만 내민 채 이쪽저쪽 눈치만 살피는 쥐새끼처럼 처신하는가?"라며 수서양단의 모습을 야단쳤다. 여기서 수서양단이라는 말이 유래되어 사용하게 된 것이다.

백두산 천지연에서 흘러내리는 물이 왼쪽으로 흘러내리면 황해와 연결되어 압록강으로 흐르고, 오른쪽으로 흘러내리면 동해로 연결되어 두만강으로 흐르게 된다. 처음에는 똑같이 천지연이라는 곳에 있었지만 흘러내리는 방향에 따라 얼마 후에는 수 천리, 수만리나 떨어져 다시는 만날 수 없게 된다. 그 이유는 가는 방향과 선택한 방향이 다르기 때문이다. 이처럼 우리가 어느 길을 선택하느냐에 따라서 운명의 결과가 달라지는 것이다.

하나님은 창조와 함께 자유의지를 인간에게 주셨다. 아담과 하와가 먹을 수 있는 생명나무와 하나님이 금하신 선악과가 동산의 중앙에 있었다. 선악과가 동산 정중앙에 있었다는 사실은 아담부부가 생명나무를 먹기 위하여 늘 지나가야 하는 곳에 있었다는 것이고 생명나무를 먹고 나서도 지나쳐서 와야 하는 길목에 함께 있었다는 것이다. 이 사실은 생명을 선택하는 일과 자유의지의 선택의 문제는 우리 삶의 중심에서 늘 벌어지는 선택의 문제라는 것이다.

"보라 내가 오늘날 생명과 복과 사망과 화를 네 앞에 두었나니" 신 30:15, "보라 내가 너희 앞에 생명의 길과 사망의 길을 두었노라" 렘 21:8고 하셨다. 한 번의 선택이 생명과 사망, 축복과 저주라는 것이다.

수석침류(漱石枕流)

漱 양치질 수
石 돌 석
枕 베개 침
流 흐를 류

남에게 지기 싫어서 억지 고집을 부림

수석침류라는 고사성어는 돌로 양치질하고 흐르는 물을 베개 삼는다는 뜻으로, 남에게 지기 싫어서 억지로 고집 부리는 것을 말한다.

마태복음 23:11~12
너희 중에 큰 자는 너희를 섬기는 자가 되어야 하리라 누구든지 자기를 높이는 자는 낮아지고 누구든지 자기를 낮추는 자는 높아지리라.

진晉나라 초, 풍익태수를 지낸 손초가 벼슬길에 나가기 전 젊었을 때의 일이다. 진晉나라 초엽에는 오랜 전란과 왕조가 계속 바뀌므로 백성들이 정신적 피로감으로 속세의 명리나 도덕을 우습게 여기고 현실을 기피하는 노장사상이 주를 이룰 때였다. 선비들은 현실을 피하여 깊은 산으로 들어가 속세를 등지고 살면서 노장사상을 얘기하거나 혹은 사물을 바로 보지 않고 조금은 삐딱한 눈으로 보면서 이야기하는 것을 멋으로 생각하는 청담淸談이 유행했었다.

손초도 죽림칠현처럼 세속을 버리고 산속으로 들어가 생활하려고 친구인 왕제를 불러 그의 속마음을 털어 놓았다. "나도 이제는 세상을 떠나 돌로 양치질을 하고 흐르는 물을 베게로 삼을 작정이네."

이 말을 들은 왕제王濟가

"어이, 이 친구야! 자네 말은 돌을 베개 삼고 흐르는 물로 양치하며 신선처럼 살겠다는 말 아닌가."

그러자 손초는 왕제의 말에 자신이 실수했다는 것을 알면서도 억지스러운 말을 했다.

"자네는 너무 고지식하게 듣는구먼, 내 말은 돌로 양치질하겠다는 것은 모래로 이빨을 닦겠다는 것이고, 물로 베개를 삼겠다는 것은 옛날 은자인 허유처럼 쓸데없는 소리를 들었을 때 물로 귀를 씻겠다는 뜻이거늘…." 여기서 유래된 고사성어가 수석침류이다.

사람이 이 땅에서 살아가면서 어떻게 살다가 므엇을 남기고 어떻게 세상을 떠나가느냐가 가장 중요한 일이다. 이것이 삶의 의미요 관심이요 방향이다. 예수님의 달란트 비유에 소개된 착하고 충성된 종들처럼, 우리들도 이 땅에 살면서 최선을 다하여 인생 결산서를 마련해야 한다. 그것은 하나님께서 우리를 향하여 갖고 계신 기대이면서 또한 우리들이 하나님 앞에 드릴 마지막 예물이기도 하다.

오순절 성령 강림 이후 크게 부흥하였던 초대 예루살렘 교회는, 과부들의 구제 문제로 심각한 갈등을 겪게 되었다. 현실을 직시한 예루살렘 교회의 지도자들은 이 문제를 해결할 뿐 아니라 구제와 같은 행정업무와 기도 및 말씀 사역을 구분하려는 뜻에서 일곱 집사를 세우기로 결정하였다.

일곱 집사 중 하나로 선정된 스데반은 사도들을 도와 새로운 교회 부흥을 일으킨 믿음과 성령이 충만한 인물이었고, 그의 설교는 아브라함에서 시작되어 솔로몬에 이르는 이스라엘의 신앙 역사를 일목요연하게 설명하였고, 논리적이며 설득력이 있었다. 그의 설교가 단순히 지식을 전달하는 설교가 아니라, 지혜와 성령이 충만한 가운데 전한 영감 있는 것이었으며, 살아 있고 운동력이 있어 좌우에 날이 선 어떤 검보다 예리하여 듣는 이들의 마음을 찌르는 결과를 가져왔다행 7:54. 그러나 안타깝게도 스데반은 유대인들의 고집스런 억지로 인하여 젊은 나이에 순교를 당하게 되었다.

그들은 설교를 듣고 마음에 찔림을 받았지만행 7:54 소리를 지르고 귀를 막았다행 7:58. 귀를 막는다고 이미 마음에 들어와 찌르고 있는 말씀이 들리지 않는 것이 아니다. 그들의 교만과 고집이 한계를 넘어 결국 스데반을 돌로 쳐죽게 하는 죄인이 되어 버렸다.

설교 말씀을 들을 때 마음에 찔림을 받고 있다는 것은 내 영혼에 은혜가 임하고 있다는 것을 알아야 한다. 혹시 우리의 마음을 찌르고 있는 설교를 듣고 있다면 마음의 귀를 막지 말아야 한다. 목사가 나를 찌른다고 이를 갈지 말아야 한다. 이것은 은혜를 은혜로 받지 못하고 있는 영적인 교만이다는 것을 알아야 한다.

그래서 사도 베드로는 "젊은 자들아 이와 같이 장로들에게 순복하고 다 서로 겸손으로 허리를 동이라 하나님이 교만한 자를 대적하시되 겸손한 자들에게는 은혜를 주시느니라"벧전 5:5 하셨다.

모든 잡초가 그러하듯, 조금만 무관심하면 교만이라는 잡초가 자라서 좋은 환경을 망쳐버리고 만다. 겸손은 아주 피기 어려운 꽃이요, 아주 힘들게 맺는 열매와 같다. 그러므로 주의를 기울여 겸손이란 성품을 가꾸어야 한다. 등고자비라는 말은 "높이 오르기 위해서는 낮추어야 한다"는 뜻이다. 예수님도 "누구든지 자기를 높이는 자는 낮아지고 누구든지 자기를 낮추는 자는 높아지리라"마 23:12고 하셨다. 겸손해야 은혜도 받고 존귀히 여김을 받을 수 있음을 알아야 한다.

수성지난(守成之難)

나라를 유지하는 어려움

守 지킬 수
成 이룰 성
之 어조사 지
難 어려울 난

수성지난이라는 고사성어는 나라를 지켜 유지하는 데 있어서 어려움이 있다는 뜻이다.

다니엘서 3:17~18
왕이여 우리가 섬기는 하나님이 계시다면 우리를 맹렬히 타는 풀무불 가운데에서 능히 건져내시겠고 왕의 손에서도 건져내시리이다. 그렇게 하지 아니하실지라도 왕이여 우리가 왕의 신들을 섬기지도 아니하고 왕이 세우신 금 신상에게 절하지도 아니할 줄을 아옵소서.

당나라 개국 황제의 다섯째 아들 이세민이란 사람은 부왕의 대를 이어 왕위에 오를 가능성이 희박하자 국가를 창업한 이후 나라의 기반을 잡고 공신들에게 상과 벌을 내리는 과정에서 형제들을 죽이고 27세의 젊은 나이로 권력을 잡았다. 그가 당나라 2대 황제인 태종이다. 그는 비록 형과 동생을 죽이고 권력을 잡은 황제였지만 현명한 신하를 등용하고 아름다운 정치를 했다는 것과 왕이 된 뒤에는 백성들을 위해 노력한 황제였다고 역사가 기록할 정도로 유명하다. 태종의 정관지치는 후대 왕들에게 모범이 되는 가장 이상적인 정치 형태였다. 백성들은 길에 떨어진 물건을 함부로 주워가지 않았고, 도둑이 없어서 사람들은 아무데서나 야숙을 해도 되는 이상적인 세상이었다고 한다.

당태종은 현명한 인재들을 등용하여 그들의 의견을 듣고자 위징과 방현령 등을 자신의 참모로 두었고, 가장 청렴하다고 소문난 신하 왕규를 모든 신하를 다스리는 시중의 자리에 두고 막강한 권한을 주기도 했다.

그러던 어느 날 태종은 당나라를 유지하기 위해서 총신들과 대담을 하다가 "창업과 수성은 어느 것이 더 어렵겠는가"創業守成孰難라고 물었다. 즉 나라를 세우는 것과 나라를 지키는 것 중 어느 것이 어렵겠느냐는 질문이었다. 그러자 방현령房玄齡이 "천지가 시작되던 어두운 세상의 처음에 군웅이 서로 다투어 일어나니, 이들과 싸워 쳐부수고 항복하면서 싸우고 이기는 것을 보았습니다. 그런 점에서 창업이 더 어려운 일입니다. 특히 예로부터 제왕은 그 자리를 온갖 고난 속에서 얻어 이를 안일함 속에서 잃어버립니다. 역대 왕들을 보면, 창업 이후에 쉽게 망한 나라들이 많습니다. 그런 점에서 볼 때 수성이 더 어려운 일입니다. 그러니 나라를 유지하여 잘 지키는 것이 옳다고 생각됩니다."라고 말했다.

그러자 태종과 한때 적이 되어 싸운 적이 있던 위징魏徵은 "예로부터 제왕들은 천하를 얻느라고 어려운 고비를 넘었습니다마는 그보다는 이렇게 얻은 나라를 안일하게 다스리다가 결국에는 잃지 않은 이가 없었습니다. 그것은 수성이 더 어렵기 때문입니다. 수성이 창업보다 더 어려운 것이 아닌가 사료되옵니다."라고 말했다.

두 사람의 의견을 들은 태종이 결론을 내려 말하기를 "방현령은 내가 천하를 얻을 때 구사일생하며 함께 고생했기 때문에 창업의 어려움을 안다. 위징은 천하를 다스림에 있어서, 교만과 사치는 부귀에서 나오고 재화와 혼란은 정사를 소홀히 함에서 나온다는 것을 알고 있었으며 이를 방비하기 위해 나와 함께 진력했기 때문에 수성의 어려움을 안다. 그런데 창업의 어려움은 이미 지나갔다. 이제 수성의 시기에 접어들었으니 그대들과 함께 정사를 신중하게 펼쳐나가고자 한다."라고 말을 했다. 거기서 유래된 고사성어가 수성지난이다.

이 이야기를 두고 우리 신앙인들이 스스로 생각하며 교훈할 것이 있다면 처음 신앙을 갖는 것이나 교회를 선택하는 것도 중요하다. 그러므로 신앙생활을 하면서 때로는 시험과 시련이 온다면 그것을 물리치고, 신앙을 지키고 교회를 지키는 것이 얼마나 중요한 것인가를 생각해야 할 것이다.

속담에 "헌신짝 버리듯이 버린다"는 말이 있다. 다시 꿰매 신을 수 없도록 닳은 헌신짝은 버려야 한다. 그것이 뭐가 좋다고 간직할 것인가? 그러나 신앙은, 교회는 헌신짝이 아니다. 신앙은 사람을 보고 하는 것이 아니다. 교회의 머리는 우리 주님이시다. 우리 주님이 보혈을 뿌려서 세우신 곳이다. 여기에 구원이 있고 천국이 있고 축복이 있음을 기억하면서 영적인 위기를 만날 때 신앙이나 교회를 헌신짝처럼 버리지 말고 기도하여 성령의 도우심을 받아 믿음과 교회를 지켜야 할 것이다.

다니엘과 그 세 친구 사드락과 메삭과 아벳느고가 일곱배 뜨겁게 달군 풀무불에 들어갈지라도, 굶주린 사자 굴속에 들어갈지라도 우상에게 절을 하지 않았고 기도를 멈추지 않았다. 어떤 위협에서도 신앙을 지키므로 그 위험 속에서 주님이 구원하셨던 것이다. 신앙과 교회를 지키는 신자는 결코 주님이 잊지 아니하신다. 신앙과 교회를 지키는 사람은 주님을 버리지 않은 사람이기 때문이다.

수적천석(水滴穿石)

水 물 수
滴 물방울 적
穿 뚫을 천
石 돌 석

끊임없이 떨어지는 물방울이 바위를 뚫는다

수적천석이라는 고사성어는 작은 물방울일지라도 끊임없이 떨어지면 결국은 바위를 뚫을 수 있다는 뜻으로, 작은 노력이라도 끈기 있게 계속하면 큰일을 이룬다는 말이다.

요한계시록 21:8
그러나 두려워하는 자들과 믿지 아니하는 자들과 흉악한 자들과 살인자들과 음행하는 자들과 점술가들과 우상 숭배자들과 거짓말하는 모든 자들은 불과 유황으로 타는 못에 던져지리니 이것이 둘째 사망이라.

북송北宋때 숭양 현령으로 있는 장괴애張乖崖가 관아를 순찰하고 있었던 중, 한 관원官員이 창고에서 급히 뛰어나오는 것을 보게 되었다. 이를 수상하게 여긴 장괴애가 그를 붙잡아 몸을 일일이 수색하던 중 상투 속에서 엽전 한 닢을 발견하게 되었다. 관원이 엽전 한 닢을 훔쳐 숨겨나온 것이다. 이에 형리를 불러 곤장을 치게 했다. 엽전 한 잎을 훔친 관원은 내심 억울하게 생각되어 장괴애를 노려보며 따지듯이 말했다.

"사또, 곤장은 너무 심하지 않습니까. 겨우 엽전 한 닢인데 그까짓 엽전 한 닢이 뭐 그리 큰 죄라고…."

이 말을 들은 장괴애는

"네 이놈, 네 놈은 티끌모아 태산이라는 진합태산塵合泰山이라는 말도 모르느냐, 하루 한 푼이면 천 날이면 천 푼이고, 물방울도 끊임없이 떨어지면 돌을 뚫는다고 했거늘 네놈이 바로 우리 고을 재정을 말아 먹을 놈이다."라고 야단을 치고서는 손수 목을 치고 말았다. 장괴애는 이러한 일들이 다시는 일어나지 않도록 일벌백계의 교훈으로 관원의 목을 친 것다. 여기서 유래된 고사성어가 수적천석이다.

사도행전에 나타난 초대교회는 오순절 성령의 충만함을 체험한 성도들이 한 마음과 한 뜻이 되어 자기의 소유를 내어놓아 그것으로 교회 안에 있는 가난한 형제와 자매들을 섬겼다행 4:32~36. 사도들이 전하는 복음을 듣고 큰 은혜를 받았을 때, 그들의 마음과 삶 속에는 작은 하늘나라가 이루어지고 있었다. 그래서 그 동안 움켜쥐고만 있었던 재물들을 아낌없이 부족한 이웃들을 위해서 사용할 수 있었고, 교회는 이 일로 사람들로부터 큰 칭찬을 받고 부흥하고 있었다. 그런 중에 초대교회에 큰 근심스런 일이 발생되었다. 아나니아와 삽비라 부부가 거짓말을 하다가 그 자리에서 저주를 받아 죽었던 사건이다. 이 사건을 보면서 분명히 깨닫고 명심할 바가 있음을 알아야 한다.

첫째로 죄는 우리가 생각하는 것보다 하나님이 보시기에 훨씬 더 무겁고 심각하다는 것이다. 사람들은 죄를 범하고 당장 벌을 받지 않았다고 죄를 가볍게 여길 때가 있다. 이것은 죄가 가볍기 때문이 아니라 독생자를 십자가에 내 놓으시도록 사랑하시기 때문에 회개할 기회를 주신 것이다.

둘째로 죄성罪性이 악한 영향력이 있다는 것이다. 초대교회는 성령의 뜻을 따라 아름다운 교회로 성장하고 있었다. 그런데 아나니아와 삽비라는 사람을 속이고 있을 뿐만 아니라 성령을 속이고 있었던 것이다. 여기서 이 사건을 일벌벅계하지 않는다면 아나니와 삽비라 부부는 제2의 성령을 속이는 죄를 범할 수 있는 것이요, 이 죄는 이 두 사람만의 죄로 끝난 것이 아니라 부흥하고 은혜로운 교회 전체에 미치는 죄의 악성이 될 수 있었기 때문이다. 결국 모든 죄는 그것이 사람들을 향해 있어서 사람들을 알든 모르든 간에 하나님께 대한 죄가 될 수밖에 없다. 그리고 교회는 그리스도의 지체요 한 몸이라는 것이다. 이것은 성도 개인의 죄가 어떤 모양으로든 교회 전체에 영향을 미치게 되어 있다는 뜻이다. 몸의 지체들은 전체가 하나로 연결되어 있다. 그래서 한 곳이 문제가 생기면 전체가 그 문제를 떠안게 된다. 교회도 마찬가지다. 입교회는 영적인 몸이다. 교회 안에서는 머리되신 예수님을 중심으로 성도들 모두가 영적으로 하나로 연결되어 있다. 우리가 느끼든 느끼지 못하든 이것이 교회의 현실이다. 그래서 성도 한 사람이 죄를 가지고 교회 안으로 들어오게 되면 그 죄가 밝혀지든 그렇지 않든 그 영향은 교회 전체에 미치게 되어 있다. 그래서 사도 바울은 고린도 교회의 성도들을 향해서 "너희가 자랑하는 것이 옳지 아니하도다 적은 누룩이 온 덩어리에 퍼지는 것을 알지 못하느냐"고전 5:6라고 말했던 것이다.

그러므로 진정한 하나님의 사람들이라면 누가 알든지 모르든지 자기가 행한 잘못된 일에 대해서는 반드시 회개하고 하나님 앞에 부끄러움이 없이 살아야 한다. 좋은 교회는 잘못이 없는 교회도, 실수가 없는 교회도 아니다. 좋은 교회는 목회자나 성도나 정직하려고 애쓰는 사람들의 교회이고 그래서 하나님께서 바르게 지켜주시는 교회다. 우리는 결코 완전하지 못하다. 그렇지만 정직해야 한다. 그것이 한 몸이 되어 하나님을 섬기는 우리들의 마땅한 의무이기 때문이다.

순망치한(脣亡齒寒)

입술이 없으면 이가 시리다

脣 입술 순
亡 잃을 망
齒 이 치
寒 찰 한

순망치한이라는 고사성어는 입술이 없으면 이가 시리다는 뜻으로 서로 떨어질 수 없는 밀접한 관계를 말한다.

로마서 8:39
높음이나 깊음이나 다른 어떤 피조물이라도 우리를 우리 주 그리스도 예수 안에 있는 하나님의 사랑에서 끊을 수 없으리라.

춘추시대春秋時代 말엽의 제국은 다섯 명의 맹주가 주도권을 가지게 되는데 이를 춘추오패春秋伍覇라 하였다. 제齊나라의 환공, 진晉나라의 문공, 초楚나라의 장왕, 오嗚나라의 합려, 월越나라의 구천이다.

그 중 진나라 문공의 아버지 헌공이 괵虢나라와 우虞나라를 침략할 때의 일이다. 그런데 괵나라를 치려면 우나라를 통과해야 하기 때문에 헌공은 우나라에 사신을 보내 제의를 하였다.

"우리를 통과할 수 있도록 해주시면 많은 재물과 보화를 드리겠습니다"

이 제의를 받은 우공은 많은 재보財寶에 눈이 어두워져 제의를 수락하려고 마음먹고 중신인 궁지기에게 이 제의를 이야기 했다.

그러나 우나라의 현인賢人인 궁지기가 헌공의 속셈을 너무나 잘 알고 있기에 우왕에게 간곡히 간언을 하였다.

"전하 괵나라와 우나라는 한 몸이나 다름없는 사이입니다. 괵나라가 망하면 우나라도 망할 것입니다. 옛 속담에도 덧방나무와 수레는 서로 의지하는 보차상의輔車相依라 했고, 입술이 없어지면 이가 시리다脣亡齒寒고 했습니다. 이는 바로 괵나라와 우나라를 두고 한 말입니다. 이처럼 가까운 관계의 괵나라를 치려고 가는 진나라에 길을 내준다는 것은 우나라를 거져 주는 것과 같습니다. 결코 길을 내주시면 안 됩니다."

자신의 생각이 무시당하는 느낌을 받은 우공은 기분이 언짢아져서 이렇게 말했다.

"공은 진나라를 오해하는 것 같소, 진나라와 우나라는 모두 주황실에서 나온 동종이잖소, 그러니 진나라가 동종을 해치겠소?"

이미 뇌물에 눈이 먼 우공은 궁지기의 말을 받아쳤다. 그러자 궁지기는 간언하기를

"그렇게 말씀하시면 괵나라 또한 동종이 아니온지요? 그러나 진나라는 동종의 정리를 버린 지 이미 오랩니다. 예전에 진나라는 종친인 제나라 환공과 초나라 장공을 죽이지 않았습니까? 전하 절대로 진나라를 믿어서는 안 됩니다."

그러나 이미 마음을 굳힌 우공은 진나라에 길을 열어주고 말았다. 그러자 궁지기는 얼마 있지 않아 우나라가 진나라에 의해 멸망할 것을 예견하고, 일가를 데리고 우나라를 떠나게 되었는데 결국 그해 12월 우나라는 진나라에 의해 멸망하고 말았다. 여기서 유래된 고사성어가 순망치한이다.

바울 사도는 자신을 포함하여 모든 그리스도 안에 있는 성도들에 관해서 "누가 우리를 그리스도의 사랑에서 끊으리요 환난이나

곤고나 핍박이나 기근이나 적신이나 위험이나 칼이랴…, 내가 확신하노니 사망이나 생명이나 천사들이나 권세자들이나 현재나 장래 일이나 능력이나 높음이나 깊음이나 다른 어떤 피조물이라도 우리를 우리 주 그리스도 예수 안에 있는 하나님의 사랑에서 끊을 수 없으리라"롬 8:35,38,39 고 말씀하였다.

하나님의 별명이 사랑이시다. 그 사랑은 사람처럼 조변석개朝變夕改치 않으신 사랑이다. 십자가의 사랑을 베푸셨고, 죄를 범하고 회개할 때 용서하셨고, 기도할 때마다 응답하셨고, 우리를 사랑하사 부활의 소망까지 주신 분이시다. 이스라엘을 광야에서 보호하셨듯이, 우리를 광야와 같은 세상에서 보호하시고 도우시는 사랑의 주님이시다.

그뿐만 아니라 우리를 위해 천국을 예비하러 승천하신 후에도 여전히 하나님 보좌에서 우리를 위해 기도해 주신 사랑이다. 그래서 바울 사도는 "누가 정죄하리요 죽으실 뿐 아니라 다시 살아나신 이는 그리스도 예수시니 그는 하나님 우편에 계신 자요 우리를 위하여 간구하시는 자시니라"롬 8:34고 했다. 그래서 기독교를 사랑의 종교라 한다.

사랑이란 본래 받아 본 사람이 할 수 있다. 부모의 사랑도 받아 본 사람이 사랑할 줄 알고, 형제와 친구와 이웃 속에서 사랑을 받아 본 사람이 사랑을 할 줄 안다. 특히 하나님의 사랑을 경험한 사람만이 그 사랑을 나눌 수 있다. 우리는 하나님의 사랑과 끊을 수 없는 불가분不可分, 순망치한脣亡齒寒의 관계임을 기억하면서 하나님의 사랑을 받고 그 사랑을 나누어야 하나님의 사람들이라 할 수 있다.

신언서판(身言書判)

체모, 언변, 필적, 판단으로 인물을 평가함

身 몸 신
言 말씀 언
書 글 서
判 판가름할 판

신언서판이라는 고사성어는 중국 당나라 때 관리를 등용할 때 체모, 언변, 필적, 판단, 네 가지를 평가의 기준으로 삼았다.

사무엘상 16:7
그의 용모와 키를 보지 말라 내가 이미 그를 버렸노라 내가 보는 것은 사람과 같지 아니하니 사람은 외모를 보거니와 나 여호와는 중심을 보느니라.

신언서판身言書判의 유래는 중국 당나라 시대로 거슬러 올라간다. 당 태종이 천한 자의 권한을 강화시켜 주고, 기득권 세력을 견제하며 널리 인재를 등용시켜서 일거양득一擧兩得의 효과를 얻기 위해서 과거 제도와 함께 마련된 네 가지 표준을 말한다. 그 결과 과거제도를 통해서 많은 인재를 얻었지만 단순히 과거에 급제한 인물들은 등용하는 것이 아니라 신언서판의 네 가지 선정기준에 따라 평가를 한 후 관리로 등용한 경우가 많았다. 그만큼 신언서판은 훌륭한 인재를 선발하고, 관리를 임명하는 데 중요한 척도가 되었다.

신언서판의 신身은 용모가 준수하고, 언言은 말을 지혜롭게 잘 할 줄 아는가, 서書는 글을 잘 알고 잘 쓸 줄 아는가, 판判은 사물의 판단이 옳은가라는 네 가지를 말한다. 오늘날도 이상의 기준들은 사람을 선택함에 있어 유리한 조건이 될 수 있다. 우리나라도 고려 광종 때부터 과거제도를 실시했는데, 광종 역시 호족 출신의 공신세력을 누르고 충성스러운 문신관료를 얻기 위해 과거제도를 실시하면서 신언서판을 인물평가의 기준으로 사용했다. 조선시대는 유교사회였기 때문에 인재를 등용하는 데 신언서판이 더욱 중요시 여겼다. 따라서 관리 채용 시 면접의 중요한 평가 기준이 되었다. 이러한 영향은 현대까지 이어져 내려오고 있다. 그러나 신언서판, 이 네 가지를 가지고 사람을 다 판단할 수 있다고 생각지는 않는다. 아무리 용모가 훌륭하고 달변가達辯家이며, 많이 배우고 잘 판단한다 할지라도 그 중심이 바르지 못하면 신언서판이 바르지 못하게 사용될 수 있기 때문이다.

성경에서 하나님은 사울을 왕으로 세우시고 후회하셨다고 기록하고 있다. 사울은 얼마나 용모가 준수했기에 이스라엘 백성들이 초대 왕으로 추천했겠는가? 그러나 우리 하나님은 세상의 기준과는 다르게 우리의 외모보다는 중심을 보시고 주님의 일꾼으로 사용하신다. 그래서 하나님께서는 사울을 버리시고 이새의 아들들 중 한 명을 택해 사울 왕의 후임으로 삼기 원하셨다. 그래서 선지자 사무엘을 이새의 집으로 보내 그 아들들을 보게 하셨고, 사무엘이 다윗의 맏형인 엘리압을 보자마자 사람은 외모를 보지만 나는 중심을 본다고 하셨다.

우리나라 대통령 선거 때가 되면 여러 인물들이 후보로 등록하게 된다. 가능성이 전혀 없어도 얼굴 한 번 내보려는 사람부터 시작하여 정말 대통령감이라고 생각되는 사람들이 등록하게 된다. 그들의 신언서판을 보면 다 대통령감이라고 여겨질 정도라 누구를 뽑아야 할지 고민하지 않을 수 없다. 그 고민도 고민이지만 내 자신은 하나님 보시기에 어떤 중심을 가지고 있는가를 생각해 봐야 할 것이다.

현 시대는 역사적으로 세상은 점점 하나님에게 사랑스러워 보이려는 노력은 줄고 사람에게 사랑스러워 보이려는 노력이 늘었다고 볼 수 있다. 외모지상주의가 눈에 띄게 불어난 것이 그 대표적인 사례이다. 특히 한국은 성형 왕국, 성형 천국이라고 불리고 있다. 이것은 사람을 외모 중심적으로 보는 것임을 단적으로 보여주고 있다. 이런 외모 중심의 현실에서 깊이 생각해야 할 것은 외모는 항상 변한다는 것이다.

지금 이 순간에도 우리 모두의 외모가 변하고 있으며 결국 외모는 사라지는 것이다. 사라져가는 것에 초점을 두면 점점 허무해질 뿐이다. 나이가 들면서 나타나는 여러 종류의 슬픔 병들이 외모 중심의 증상이다. 외모나 외모처럼 사라져 가는 돈, 인기, 순간적 성공, 순간적 쾌락, 순간적 인간관계 등이다. 금방 사라져가는 것들에 초점을 두는 사람에게만 나나타난 슬픈 증상들이다. 그러나 하나님은 외모를 보시는 것이 아니라 마음의 중심을 보신다고 하셨다. 중심의 아름다움을 보신다는 것이다.

풍선을 파는 장사꾼이 빨강 노랑 파랑색의 풍선에 수소를 채워 줄로 묶어서 공중에 띄워 올리고 있는데, 한 흑인 소녀가 풍선 장수에게 물었다. "아저씨 까만 풍선도 저렇게 뜰 수 있나?" 그러자 그는 "물론이지. 풍선이 뜨는 것은 풍선의 색깔에 있는 것이 아니라 풍선 안에 있는 수소 때문이란다."라고 말해주었다.

영원히 늙지 않고, 죽음도 없고, 애통하는 것이나 곡하는 것이 없는 나라를 믿고 소망 중에 살아간다면 세월이 지날수록 우리의 영혼은 날로 새롭게 되는 기쁨의 삶을 살아가게 될 것이다. 나이를 먹을수록 슬플 이유가 없고, 오히려 나이 먹는 것이 기쁘지 않을 이유가 없지 않은가?

안중지정(眼中之釘)

눈 속의 못과 같이 눈에 거슬리는 사람

眼 눈 안
中 가운데 중
之 갈 지
釘 못 정

안중지정이라는 고사성어는 눈 속의 못이라는 뜻으르 몹시 미워서 항상 눈에 거슬리는 사람을 비유하는 말이다.

고린도전서 10:31~33
그런즉 너희가 먹든지 마시든지 무엇을 하든지 다 하나님의 영광을 위하여 하라 유대인에게나 헬라인에게나 하나님의 교회에나 거치는 자가 되지 말고 나와 같이 모든 일에 모든 사람을 기쁘게 하여 자신의 유익을 구하지 아니하고 많은 사람의 유익을 구하여 그들로 구원을 받게 하라.

당唐나라 말기에 하북 절도사 유인공이란 사람 밑에 조재례라는 사람이 있었다. 그는 권력자에겐 아부를 잘하고, 아랫사람에겐 철퇴를 휘두르는 전형적인 탐관오리였다. 유인공의 밑에 있으면서 토색한 재물을 가지고 고관대작들에게 상납, 뇌물공세를 펴서 출세의 길에 올라 당唐나라가 망하고 난 뒤에도 후량後梁, 후당後唐, 후진後晉 왕조에 이르기까지 높은 벼슬에 있으면서 백성들에게서 착취하고 그것으로 권력을 유지하였던 자이다.

그가 송주宋州에 있으면서 백성들을 착취할 대로 착취하고, 중앙 조정의 명을 받아 영흥절도사로 가게 되었다. 이에 송주 백성들은 춤을 추며 기뻐하며 "그 놈이 떠나가게 되었다니 이젠 살았다. 마치 '눈에 박힌 못' 안중지정 眼中之釘이 빠진 것처럼 시원하다."고 노래를 불렀다고 한다. 그러나 화는 입으로부터 나온다고그제화지문

口是禍之門, 송주 사람들은 미리 좋아한 이 한마디 때문에 큰 환난을 치러야 했다. 그 이유는 이 소식이 조재례의 귀에 들어가게 되어 화가 난 조재례가 송주 사람들에게 복수를 하기 위하여 갖은 이유를 갖다 붙여 1년만 더 송주에 있게 해 달라고 조정에 청원하였고, 자세한 내막을 알지 못하는 조정은 그의 청원을 수락했다. 특히 조정은 중신들의 독무대였고 중신들은 조재례의 뇌물에 놀아났기 때문에 이를 승낙한 것이다.

조재례는 즉시 관아 소임들을 시켜 관내 주민에게 집집마다 일 년 안에 돈 일천 량을 바치게 하고 이를 발정전拔釘錢이라 불렀습니다. 눈에 박힌 못을 빼려거든 일천 량을 내라 그러면 내가 깨끗이 떠나주겠다는 노골적인 행동이었다. 이때부터 조재례는 송주 사람들에게 발정전이라 일컫는 세금을 걷기 시작했는데, 만약 미납자가 있으면 투옥하거나 태형을 가하므로 백성들을 괴롭혔고, 이로 얻은 세금이 무려 백만 관貫이 넘었다고 한다. 이렇게 해서 그는 일 년 동안에 백만 량의 돈을 거두어 착복하고 송주를 떠나 다른 고을에 전직했다고 한다. 여기에서 유래된 말이 안중지정眼中之釘이다.

모든 사람들의 중심에는 자아自我,ego가 있다. 그러나 그리스도인의 중심에는 자아만 들어 있는 것이 아니라 하나님께 매인 또 다른 자아가 있다. 즉, 죄인이요 원수들을 위해서 십자가를 지신 그리스도의 영이 들어 있다. 그러므로 그리스도인들은 기본적으로 자기중심selpcentered이 아니라 타인중심otherscenterd이다. 예수님께서 자신을 위해서 이 땅에 오신 것이 아니라 인류를 구원하시기 위해서 십자가에 몸을 찢기셨던 것처럼 그리스도인은 그리스도를 닮는 삶이 되어야 한다. 그래서 마태복음 25장의 양과 염소로 나누는 최후의 심판의 말씀에서 의인들은 주릴 때에 먹을 것을 주고 목마를 때에 마시게 하였고 나그네 되었을 때에 영접하였고 벗었을 때에 옷을 입혔고 병들었을 때에 돌아보았고 옥에 갇혔을 때에 와서 보았다고 말씀하셨다. 이것은 단순히 구제를 잘하였다는 말이 아니라 의인들은 타인 중심적이기 때문에 주린 자의 주린 형편을 헤아릴 줄 안다는 것이고 목다른 자의 목마른 형편을 헤아릴 줄 안다는 것이다. 그러나 바리새인들이나 사두개인들은 예수님을 안중지정으로 보고 있었다. 그 이유는 중심이 오로지 자기에게만 있기 때문이었다. 계획, 행함, 이 모든 것이 자기 중심적이요, 신앙 역시 자기 중심적 신앙이었기 때문이다.

바울은 에베소서 5장에서 부부간이든, 주종간이든 서로를 주께 대하듯 하라고 말씀하셨다. 이것은 한 영혼을 하나님께서 사랑하시는 최고의 존재로 보고 섬기라는 말씀이요. 그 영혼을 향해서 최선의 노력을 다하라는 말씀이다. 더불어서 그리스도인들은 세상적인 지위나 능력으로 사람을 평가하지 말라고 하신 것이다. 그 이유는 하나님께서는 사람을 외모로 취하지 않으셨기 때문이다. 하나님 앞에 죄인이요 원수된 우리들을 하나님께서 외모로 따지지 않으시고 무조건적으로 사랑하셔서 생명을 주셨는데 그 은혜를 입은 그리스도의 사람들이 어떻게 사람을 외모로 취할 수 있겠는가? 그래서 그리스도인들은 한 영혼일지라도, 세상적인 관점에선 하찮아 보이는 사람일지라도 모든 영혼들을 하나님께서 죄인들을 사랑하신 마음으로, 교회가 주님을 섬기는 마음으로 바라보아야만 한다.

양금택목(良禽擇木)

현명한 새는 나무를 가려서 둥지를 친다

良 어질 양
禽 날짐승 금
擇 가릴 택
木 나무 목

양금택목이라는 고사성어는 현명한 새는 좋은 나무를 가려서 둥지를 친다는 뜻으로, 어질고 현명한 사람은 자기 재능을 알아주는 사람을 가려서 섬긴다는 의미이다.

욥기 8:17~19
그 뿌리가 돌무더기에 서리어서 돌 가운데로 들어갔을지라도 그 곳에서 뽑히면 그 자리도 모르는 체하고 이르기를 내가 너를 보지 못하였다 하리니 그 길의 기쁨은 이와 같고 그 후에 다른 것이 흙에서 나리라

춘추 시대, 공자가 치국治國의 도를 유세遊說하기 위해 위衛나라에 갔을 때, 공문자가 대숙질을 공격하기 위해 공자에게 상의하자 공자는 "저는 제사 지내는 일에 대해선 배운 일이 있습니다만, 전쟁에 대해선 전혀 아는 것이 없습니다."라는 말을 하고 그 자리를 박차고 나와서 제자에게 서둘러 수레에 말을 매라고 일렀다. 제자가 그 까닭을 묻자 공자는 "한시라도 빨리 위나라를 떠나야겠다."며 이렇게 대답했다. "새가 나무를 가려서 앉는 것이지, 나무가 어찌 새들을 가려서 앉히랴." 즉, 현명한 새는 좋은 나무를 가려서 둥지를 친다는 말로, 신하가 되려면 마땅히 훌륭한 군주를 가려서 섬겨야 한다는 것을 의미한다. 이 말을 전해들은 공문자는 황급히 객사로 달려와 공자에게 이렇게 말했다. "나는 결코 딴 뜻이 있어서 물었던 것이 아니요. 다만 위나라의 대사에 대해 물어 보고 싶었을 뿐이니 언짢게 생

각 말고 조금 더 머물도록 하시오." 그 말을 들은 공자는 기분을 풀고 위나라에 머물려고 했으나, 때마침 노魯 나라에서 사람이 찾아와 귀국을 간청하므로 고국을 떠난 지 오래인 공자는 고향 생각에 사로잡혀 서둘러 노나라로 돌아갔다. 여기에서 양금택목이라는 고사성어가 유래된 것이다.

룻기서에 등장한 인물 나오미와 엘리멜렉 부부는 베들레헴이란 곳에서 살고 있었다. 베들레헴은 지금의 이스라엘에 위치하고 있는 곳이다. 430년이나 이집트의 노예로 고생하던 이들을 위해 하나님께서는 모세를 지도자로 세워 이끌어내시고 여호수아를 통해 얻게 하신 가나안 땅, 약속하신 축복의 땅이다에브랏은 곧 베들레헴이라, 창 48:7. 특히 하나님께서 메시아이신 독생자 예수 그리스도를 베들레헴떡집, 빵집이라는 뜻에 탄생케 하셨다. 즉 생명의 떡집이요. 은혜의 떡집이요. 말씀의 떡집이라는 뜻이다.

그런 의미에서 보면 이들은 어떤 이유 여하를 막론하고 그곳을 떠나서는 안 되는 땅이다. 더구나 약속된 축복의 땅을 떠나서 모압으로 가는 것은 더더욱 안 되는 것이다. 모압 땅에는 아브라함의 조카 롯이 소돔성에서 피신해서 딸들과 관계해서 낳은 아들 모압이라는 사람의 후손들이 사는 땅이다. 성경은 그 땅에 대해 평가하기를 그 땅은 '교만의 땅'이며 '멸망의 땅'이라 했다. 더욱이 심각한 것은 그들은 우상 숭배자들이었다. 그러기에 흉년이 닥쳤다고 그곳으로 갔던 것은 생계를 위해서 하나님을 잊어버린 불신앙이다.

이 가정이 베들레헴을 포기하고 모압으로 가게 된 가장 큰 문제점은 흉년이 두려웠던 것이다. 흉년이 닥치니까 우리 가정이 여기서 살다가는 망하겠다, 우리가 가진 재산도 다 날릴지 모르겠다는 두려움이 이민을 가야겠다는 생각을 하게 된 것이다. 진정 믿음의 사람이라면 눈앞에 전개되는 현실만 보고 성급하게 결단해서는 안 될 것이다. 만일 이 사람들이 이런 문제를 놓고 하나님께 기도하면서 결정을 했다면 이런 불행은 당하지 않았을 것이다. 만일 이 사람들이 하나님께 기도했더라면 흉년 중에도 피할 길을 열어 주셨을 것이다.

이 시대에도 베들레헴이 있다. 크게는 주님의 몸된 교회이며, 작게는 하나님께서 나에게 맡기신 사명이다. 하나님의 교회에 생명의 떡이 있고, 나에게 맡겨진 사명이 있는 곳에 축복이 있다. 그런데 많은 성도들이 교회를 떠나는 이유는 무엇일까? 교회가 흉년이 들었다고 생각하고 있기 때문이다. 은혜와 축복의 말씀이 없다, 사랑이 없다, 뭐가 없다는 등 흉년 때문에 내가 여기 있으면 영적으로 살 수 없다고 생각을 하기에 떠난다. 베들레헴에 흉년이 들었을 때에 거기에 거주하고 있는 모든 사람들이 모압이나 다른 곳으로 이사를 간 것이 아니다. 다른 사람들은 하나님의 약속하신 축복의 땅이라는 믿음이 있었기에 떠나지 않았던 것이다. 즉, 육신적으로는 흉년이지만 영적으로는 흉년이 아니기 때문에 떠지 않은 것이다. 한마디로 엘리멜렉과 나오미가 가족들을 데리고 약속된 축복의 땅을 떠난 이유는 육신의 흉년 때문에 떠난 것으로 보이지만 사실은 자신의 믿음의 흉년 때문이었다.

교회를 떠나거나 사명의 자리를 떠나는 것은 내 믿음의 흉년 때문임을 알아야 한다. 교회와 사명은 구원과 축복의 자리이다. 참 신앙은 고난과 역경이 닥쳤을 때 전심으로 기도하며 맡은 바 사명에 충성하여 주님의 교회를 일으키고 자신의 신앙을 성장시켜 나가는 것임을 명심해야 한다.

엄이도종(掩耳盜鍾)

도둑이 귀를 가리고 종을 훔친다

掩 가릴 엄
耳 귀 이
盜 도둑 도
鍾 쇠북 종

엄이도종이라는 고사성어는 도둑이 귀를 가리고 종을 훔친다는 뜻으로, 자기 잘못을 지적하는 말이 듣기 싫어 귀를 막지만 소용이 없다는 뜻이다.

사도행전 7:55~56
스데반이 성령 충만하여 하늘을 우러러 주목하여 하나님의 영광과 및 예수께서 하나님 우편에 서신 것을 보고 말하되 보라 하늘이 열리고 인자가 하나님 우편에 서신 것을 보노라.

중국 춘추 시대 말기, 진晉나라의 지백知伯이 범씨范氏를 공격하여 멸했을 때의 일이다. 한 도둑이 범씨의 저택에 잠입했다. 가장 먼저 눈에 띈 것이 회랑 입구에 놓여 있는 종鍾이 보였다. 크면서도 아주 아름다운 물건이었다. '옳지. 이걸 가져가야지. 이렇게 잘 만든 종이면 꽤 큰돈이 되겠는걸.' 이렇게 생각한 도둑은 종을 가져가려고 했다. 그러나 종이 너무 무거워 짊어지기도, 끌어당길 수도 없었다. 난감해진 도둑은 '이걸 부수어 조각을 내서 하나씩 옮겨야겠군. 값비싼 구리로 만든 종인데, 조각이라도 내서 가져가자. 조각이라고 해서 그 가치가 어디 갈려고.'라고 생각을 하면서 큰 망치를 찾아 종을 사정없이 내리 쳤다. 그러자 굉장한 소리가 났고, 도둑은 망치를 놓고 자기 양쪽 귀를 손바닥으로 가렸다. 자기 귀에 들리지 않으면 다른 사람의 귀에도 들리지 않으리라고 생각한 것이다. 그렇게 하여 종을 깨뜨린 도둑은 부서진 조각을 하나하나씩 소중히 안고 낑낑거리며 자기 집으로 날랐다는 일화에서 유래된 고사성어이다.

대학교수 신문에서는 2011년을 '엄이도종'의 해였다고 밝혔다. 선정된 배경에는 정부와 대통령의 소통부재를 꼬집은 것으로 풀이되고 있지만 과연 엄이도종은 정부와 대통령만의 문제일까?

AD 33년 경, 은혜와 권능이 충만하여 큰 기사와 표적을 나타내었던 스데반 집사를 대적하려는 각 나라에서 온 사람들이 스데반과 논쟁하다가 능히 당하지 못하여 사람들을 매수하여 모세와 하나님을 모독했다는 거짓 누명을 씌워 공회에 넘겨 주었다. 스데반은 아브라함 때부터 시작하여 다윗시대에 역사하시는 하나님을 증언에 이어 메사아이신 예수님을 하나님께서 보내셨다는 천사들의 말을 듣고도 그분을 당신들이 죽였다고 성령의 감동에 의한 말씀을 전했다. 그 소리를 들은 그들은 마음에 찔림을 받고도 회개하기는커녕 이를 갈며 두 손으로 귀를 막고, 더 이상 스데반의 설교를 듣지 아니하고 일제히 달려들어 스데반을 성 밖으로 내치고 돌로 쳐 죽게 했다. 바른 소리를 들었으면 회개하므로 구원을 받을 터인데, 귀를 막고 더 이상 듣기 싫어했다는 것이다.

이 말은 강단에서 흘러나오는 설교 말씀을 듣고 찔림을 받고 있으면서도 마음을 닫아버린 사람들을 고발하는 내용같다. 설교를 듣고 찔림을 받았어도 마음의 문을 닫아버린 사람들은 설교자와 주님을 교회 밖으로 내칠 가능성이 있다는 것을 알아야 한다. 마음의 귀를 열어야 한다. 마음이 열린 스데반이 하늘을 우러러 볼 때 하나님의 영광과 예수님께서 하나님 우편에 계신을 것을 보듯이 우리도 하나님 나라를 보는 영광이 있을 것이다.

연목구어(緣木求魚)

나무에 올라가서 물고기를 찾는다

緣 가선 연
木 나무 목
求 구할 구
魚 물고기 어

연목구어라는 고사성어는 나무에 올라가서 물고기를 찾는다는 뜻으로, 목적과 수단이 맞지 않아 가능하지 않은 일을 억지로 하려 함을 의미한다.

마태복음 26:52~53
네 칼을 도로 칼집에 꽂으라 칼을 가지는 자는 칼로 망하느니라 너는 내가 내 아버지께 구하여 지금 열 두 군단 더 되는 천사를 보내시게 할 수 없는 줄로 아느냐

전국시대인 주周나라 선왕은 영토를 확장하고 진나라나 초나라 같은 대국으로 하여금 조공을 바치게 하며 중원지역을 차지하고 사방의 이민족을 지배하여 천하를 통일하려는 계획을 심중에 두고 있었다. 이때 제후들을 찾아다니며 인의仁義를 치세의 근본으로 삼는 왕도 정치론에 대해 유세 중이던 맹자가 선왕에게 찾아와서 이렇게 물었다. "전하의 대망이 무엇입니까?" 선왕은 웃기만 할 뿐 말하지 않았다. 그 이유는 맹자 앞에서 패도覇道를 논하기가 쑥스러웠기 때문이었다.

그래서 맹자는 어떻게 해서라도 선왕이 입을 열게 할 뜻으로 "전하, 맛있는 음식과 따뜻한 옷, 아니면 아름다운 색色이 부족하시기 때문입니까?"라고 질문을 던져 선왕의 대답을 유도해 보았다. 그 말을 들은 선왕이 당치 않는 질문에 답변을 하는 듯 "과인에겐 그

런 사소한 욕망은 없소."라고 드디어 입을 열어 답변을 했다. 그 말을 들은 맹자는 선왕이 자신의 교묘한 화술에 끌려들어 답변하는 모습을 보고 다그치듯 이렇게 말했다.

"그러시다면 전하의 대망은 천하를 통일하시고 사방의 오랑캐들까지 복종케 하시려는 것이 아닙니까? 하오나 종래의 방법인 무력으로 천하통일을 이루려 하시는 것은 마치 '나무에 올라 물고기를 구하는 것緣木求魚'과 같습니다." 맹자의 말을 들은 선왕은 맹자의 '무력武力으로 천하를 통일시킬 수 없다'는 말을 듣고 깜짝 놀라서 다시 입을 열어 물었다. "아니, 그토록 무리한 일이오?"

그러자 맹자는 "오히려 그보다 더 심합니다. 나무에서 물고기를 구하는 일은 물고기만 구하지 못할 뿐이요 후난後難은 없습니다. 그러나 패도霸道를 좇다가 실패할 경우는 나라가 멸망할 것입니다."라고 말을 했다. 여기서 유래된 고사성어가 연목구어이다.

예수께서 겟세마네 산에 올라가셔서 기도하시고 내려오실 때, 가룟 유다가 대제사장과 장로들, 그리고 칼과 몽치로 무장한 무리를 데리고 와서 예수님을 잡으려고 했다. 이 사태를 눈치 챈 베드로가 칼을 휘둘러 대제사장의 종 말고의 귀를 떨어뜨렸다. 그때 예수님께서 베드로에게 "네 칼을 도로 칼집에 꽂으라 칼을 가지는 자는 칼로 망하느니라. 너는 내가 내 아버지께 구하여 지금 열두 군단 더 되는 천사를 보내시게 할 수 없는 줄로 아느냐"마 26:52~53고 말씀하셨다.

우리는 예수님께서 열 두 군단의 천사를 호출하셔서 간악한 저들을 결박하고 멸할 자를 멸하지 아니하시고 고통스러운 십자가를 지셨는가? 전지전능하신 하나님께서 우리 인간을 구원하실 방법은 얼마든지 많이 있었을 텐데 많고 많은 방법들 중에 왜 하필이면 십자가였는가 하는 것이다. 그 이유는 십자가가 하나님의 섭리였기 때문이다. 십자가는 이미 하나님께서 계획해 놓으신 일이었다. 구약의 모든 성경은 예수님의 십자가 죽음을 통한 하나님의 구속 사역을 예언하고 있다. 아담과 하와가 죄를 범하고 죽음이 선고되었을 때 하나님께서는 인간을 구원하실 방법을 계획하셨다. 그래서 그들이 죄를 짓고 숨어있을 때, 양을 잡아 그 가죽으로 옷을 입히셨으며, "여자의 후손은 네 머리를 상하게 할 것이요 너는 그의 발꿈치를 상하게 할 것이니라"창 3:15고 말씀하신 것은 예수께서 십자가에서 죽으실 것에 대한 예언이었다.

아브라함이 이삭을 대신하여 수풀에 걸려 있는 숫양을 가져다가 번제를 드리고, 그 땅 이름을 "여호와 이레"라고 말한 것도 그리스도의 십자가 대속을 보여주고 있다.

그래서 예수님께서 유다에게 "친구여, 네가 무엇을 하려고 왔는지 행하라."고 말씀하셨다. 예수님은 이미 유다의 계획을 알고 계셨던 것이다. 이것은 유다의 계획이 아니라 하나님의 섭리 속에서 된 일이라는 것이다. 이처럼 우리 한 사람 한 사람을 향하신 하나님의 계획이 있다. 어떻게 하다 보니까 내가 믿음의 사람이 되었고, 오늘 예배의 자리에 있게 된 것이 아니다. 죄인을 구원하시기 위해 십자가를 계획해 놓으셨듯이, 나를 택하사 하나님의 자녀로 삼아주신 하나님의 섭리로 말미암아 오늘의 내가 있게 된 것이다. 이를 위해 하나님께서는 부모님을, 형제를, 친구를, 전혀 알지 못하던 사람을 사용하신 것이다.

오늘도 하나님께서는 나를 도구로 사용하셔서 이루고자 하시는 구원 계획이 있다. 우리는 그 계획을 우리의 삶을 통하여 이루어 가야 할 것이다.

요동지시(遼東之豕)

나무에 올라가서 물고기를 찾는다

遼 멀 요
東 동녘 동
之 갈 지
豕 돼지 시

요동지시라는 고사성어는 요동 땅의 돼지라는 뜻으로, 남이 보기에는 견문이 좁거나 대단치 않는 물건을 대단히 귀한 것으로 생각하고 득의양양하며 자랑하는 어리석은 태도를 비유한 말이다.

잠언 16:18~19
교만은 패망의 선봉이요 거만한 마음은 넘어짐의 앞잡이니라 겸손한 자와 함께 하여 마음을 낮추는 것이 교만한 자와 함께 하여 탈취물을 나누는 것보다 나으니라.

후한後漢 건국 직후 광무제光武帝가 제위에 오르고 낙양에 도읍한 뒤 얼마 되지 않을 때, 아직 전쟁의 여진이 남아 각처에서는 제위를 자칭하는 자가 활보하고 있었다. 그때 광무제 휘하에 있는 팽총이라는 인물이었다. 그는 광무제가 반군을 토벌하기 위해 하북에 포진하고 있을 때 보병 3천여 명을 이끌고 가 토벌하는 공을 세웠고 또 광무제가 옛 조趙나라의 도읍지 한단을 공격할 때도 군량 보급의 중책을 맡아 임무를 잘 완수하는 등 여러 번 공을 세워 좌명지신의 한 사람이었다. 좌명지신이란 천자를 도와서 천하 평정의 대업을 이룬 공신을 일컫는 사람을 말한다.

그런 공로로 후한後漢 건국 직후, 어양태수로 임명을 받은 팽총은 조정의 논공행상에 늘 불만을 품었고 결국은 반란을 꾀하게 되었다. 이때 대장군 주부朱浮가 그의 반역을 꾸짖는 글을 이렇게 보내었다. "그대는 이런 이야기를 들어 본 적이 있는가? 옛날에 요동 사람이 돼지를 키우고 있었는데 하루는 돼지가 대가리가 흰 새끼를 낳았다네. 처음 본 광경이라 희귀하게 생각하고 그 새끼돼지를 왕에게 바치려고 급히 하동까지 갔는데, 그곳의 돼지들은 다 대가리가 하얀 것을 보고 부끄러워서 얼른 돌아갔다네. 지금 그대가 공을 논한다면 폐하의 개국의 공이 저 요동의 돼지에 불과하다는 것을 알 것이네." 라고 충고를 했다. 그러나 팽총은 그 말을 듣지 않고 스스로 연왕이라 칭하면서 반란을 일으켰지만 2년 만에 토벌당하고 말았다. 여기서 파생한 고사성어가 요동지시이다.

오래 전 아는 사람 중에 자칭 영어를 좀 한다는 목사가 있었다. 후배 목사들을 만나면 "아무개 목사! 저것을 영어로 뭐라 하지?", "아무개 사모! 저거 영어로 뭐라 하는지 아나요?" 몰라서 얼굴을 붉히고 있으면 대단한 영어 교수처럼 가르쳐 주는 것이다. 그렇게 당한 목사님이나 사모님은 묻는 말에 답변을 하지 못해서 기분 나쁜 것이 아니라 '도대체 지가 얼마나 영어를 잘해서 그렇게 말을 하는가' 하며 분을 삭이지 못한 것을 보았다.

어느 날 영어 잘한다는 목사님과 식사를 하게 되었다. 반찬 중에는 맛있는 야채 샐러드Salad가 나왔다. 다른 반찬보다 샐러드가 제일 먼저 떨어졌다. 그러자 그렇게 영어 잘한다는 사람이 하는 말, "아줌마 싸라다 한 접시 더 주세요!" 그때 분을 삭이지 못하고 있던 목사님과 사모님이 생각나서 나도 모르게 "영어 잘한다는 사람이 싸라다가 뭐야! 무식하게…." 그 결과 미운 털이 팍 박혀 20년이 가까운 지금까지 미움을 당하고 있다.

무너져서 사람들이 물을 먹지 않게 된 낡은 우물 안에 개구리 한 마리가 황해 바다에 살고 있는 큰 거북에게 자랑스럽게 말을 했다. "나는 정말 행복하다네, 우물 난간 위를 뛰어다니거나 물속에서 헤엄치기도 하는데, 그것이 싫증나면 우물 가장자리의 오목한 곳에 앉아서 쉬면 된다네. 이 안의 물은 모두가 내 것이지. 자네도 들어와서 살아보지 않겠나."

거북은 도대체 어떤 곳이기에 그렇게 자랑을 늘어놓나 하고 우물 안에 들어가 보았다. 그랬더니 물도 썩어 고약한 냄새가 난 것이다. 곧바로 올라와서 개구리에게 이렇게 말했다. "흔히 넓이가 천리 사방이라느니 깊이가 천인千仞이라고 하지만, 바다의 넓고 깊음이란 그런 것이 아니란다. 황하의 큰 홍수라든가 역사에 남을 만한 큰 가뭄 때도 결코 물은 불어나거나 줄어들지 않는 그런 곳이 바다란다. 그런 큰 바다에서 사는 것이야말로 정말 즐거운 것이란다."

비록 큰 바다에서 사는 동물들도 자랑하지 않고 창조주의 명령에 순종하며 겸손하며 살아간다. 아무리 많은 지혜와 지식, 그리고 높은 명예와 재물을 가지고 있어도 교만하지 말아야 할 것은 하나님은 지식과 지혜의 근본이기 때문이다. 하나님은 명예도 지식도 재물도 그것으로 교만하지 않으시고 우리를 위해서 주셨던 것이다.

"교만은 패망의 선봉이요 거만한 마음은 넘어짐의 앞잡이니라"잠 16:18는 말씀대로 패망의 길임을 알아야 한다. 성경상에 나타난 망한 나라는 교만했기 때문이다. 역사의 인물들 중에 망한 사람은 다 교만했기 때문이다. 그러나 겸손한 자에게 은혜를 주신다약 4:6는 말씀처럼 역사에 잘되고 복을 누릴 수 있었던 인물들은 모두가 겸손하여 하나님의 은혜를 입은 것이다.

요령부득(要領不得)

중요한 부분을 얻지 못했다

要 허리 요
領 목 령
不 아닐 불
得 얻을 득

요령부득이라는 고사성어는 허리와 목을 얻지 못한다는 뜻으로, 글이나 사물의 중요한 부분을 얻지 못했다는 말이다.

빌립보서 2:1~3
무슨 권면이나 사랑의 위로나 성령의 무슨 교제나 긍휼이나 자비가 있거든 마음을 같이 하여 같은 사랑을 가지고 뜻을 합하여 한마음을 품어 아무 일에든지 다툼이나 허영으로 하지 말고 오직 겸손한 마음으로 각각 자기보다 남을 낫게 여기고….

전한前漢 7대 황제인 무제武帝 때, 당시 만리장성 밖의 땅에 대해서는 잘 알지 못하는 시기에 흉노족匈奴族은 동쪽 열하지방에서부터 서쪽 투르키스탄에 이르는 넓은 땅을 차지하며 빈번히 한漢나라를 약탈했다. 한무제는 이러한 흉노족을 토벌할 목적으로 월지국과 손을 잡고 협공할 계획을 세우고 월지국에 장건이라는 관리를 보냈다. 월지국은 흉노족의 침략을 받아 서쪽으로 쫓겨났으며 왕이 살해되고 살해된 왕의 해골을 이용해 흉노족이 술단지를 만들었기 때문에 그들 사이는 철천지원수가 되었다. 이런 사정을 잘 알고 있던 무제가 월지족을 불러내어 함께 흉노족을 토벌할 계획을 세운 것이다. 이때 장건은 100여명의 군사를 이끌고 월지국으로 떠났다. 사실 장건은 월지국이 어디에 위치하는지 정확히 알지 못하고 다만 서쪽에 있다는 것 밖에 모르는 상태에서 출발한 것이다. 그러나 장건의 일행이 농서를 벗어나자마자 흉노족에게 잡히고 말았다.

장건은 호탕한 성격이라 흉노족의 호감을 받아 그곳에서 결혼도 하여 무려 10년의 세월을 지냈다. 그러나 장건은 언제나 그곳을 탈출할 기회만을 노리고 있었기에 흉노족이 안심을 한 사이 도망쳐 월지국에 돌아와 왕을 만나 한무제의 뜻을 전했다. 그런데 왕의 반응이 의외다. 지금 자신들의 이 흉노족을 피해서 서쪽으로 이주해서 살지만 지금은 기름진 땅을 만들어 평화롭게 살고 있는데, 지금에 와서 옛날의 원수를 갚기 위해 백성들을 쓸데없는 전쟁으로 다시 내몰 수는 없다는 것이다.

그러나 장건은 단념하지 않고 당시 월지국의 속국인 대하국大夏國을 찾아가서 1년간 머무르면서 월지국을 움직여 보려하였으나 결국 실패하고 귀국길에 올랐다. 귀국 도중 다시 흉노족에게 잡혀 1년 이상을 그곳에 억류하다가 탈출 13년 만에 본국으로 돌아왔다. 사기史記에서는 장건이 끝내 사명으로 하는 월지의 요령을 얻지 못한 채 귀국길에 올랐다고 서술하였다. 여기서 유래된 말이 요령부득이다.

여기서 요령要領이라는 말을 살펴보면 옛날에 죄인을 처형할 때 죄질이 무거우면 허리를 베었고 가벼운 죄는 목을 베었다. 여기서 요要는 허리를, 령領은 목을 가리키는데 바로 중요 부위를 일컫는 말이다.

TV 뉴스 채널에서는 각계 전문가들을 모셔 놓고 사회에 이슈가 되는 문제를 가지고 토크 형식으로 진행하는 것을 보게 된다. 특히 정치적인 문제들에 관해서 토론하는 것을 보게 되면 서로 정반대의 의견을 가지고 안색하나 변하지 않고 주장하는 모습들을 자주 보게 된다. 이 사람 말을 들으면 이 사람 말이 옳은 것 같고, 저 사람 말을 들으면 저 사람의 말이 옳은 것 같고, 도통 누가 진실을 말하고 있는지를 이해하는 데 혼란스러울 때가 있다. 그러나 분명한 것은 이렇게 서로 다른 주장만 하면서 자기가 옳고, 상대방이 옳지 않다며 서로 싸우는 것을 보면 시청자들을 짜증스럽게 하여 더 이상 보고 듣기 싫을 때가 있다. 정말 각자 스스로 중요한 것은 얻지 못하는 요령부득이라고 할 수 있다.

진정으로 중요한 것을 얻기 위해서는 상대방을 이해하면서 도와주는 정치가 되어야 할 것이다. 종북 세력을 제외하고는 우리나라가 망했으면 좋겠다고 생각하여 의견을 내놓은 정치인들은 한 사람도 없을 것이다. 그렇다면 모든 의견은 서로 듣기만 하면 국가가 발전하는 것은 당연한 것이다. 상대방의 의견이 성공률 40%밖에 안 된다면 자신이 60%를 채워주어 100%가 되게 하면 되지 않는가? 그걸 채워주면 성공률 100%가 되는데 애국을 위해, 국민의 행복을 위해 헌신하겠다는 사람들이 그걸 못하는 것이다. 아니 안 하는 것이다.

바울 사도는 "무슨 권면이나 사랑의 위로나 성령의 무슨 교제나 긍휼이나 자비가 있거든 마음을 같이 하여 같은 사랑을 가지고 뜻을 합하여 한 마음을 품어 아무 일에든지 다툼이나 허영으로 하지 말고 오직 겸손한 마음으로 각각 자기보다 남을 낫게 여기고…"빌 2:1~3라고 말씀했다. 그러나 남을 낫게 여기는 것이 아니라 남을 자기보다 낮게 여기고 있는 것이 문제이다. 그러나 그리스도 안에서는 상대방이 자기보다 낮을지라도 높여주는 것이 옳은 것이요, 주님을 닮는 모습이라는 것을 알아야 한다.

우공이산(愚公移山)

어리석은 우공이 산을 옮긴다

愚 어리석을 우
公 공변될 공
移 옮길 이
山 뫼 산

우공이산이라는 고사성어는 우공이 산을 옮긴다는 말로, 남이 보기엔 어리석은 일처럼 보이지만 한 가지 일을 끝까지 밀고 나가면 언젠가는 목적을 달성할 수 있다는 말이다.

마태복음 17:20
이르시되 너희 믿음이 작은 까닭이니라 진실로 너희에게 이르노니 만일 너희에게 믿음이 겨자씨 한 알 만큼만 있어도 이 산을 명하여 여기서 저기로 옮겨지라 하면 옮겨질 것이요 또 너희가 못할 것이 없으리라.

옛날 중국에 우공寓公이란 노인이 태형산太形山과 왕옥산王屋山 사이에 있는 북산北山에서 살고 있었다. 두 산은 사방이 칠백 리요 높이가 1만 길인지라 우공은 물론 그곳에 살고 있는 모든 사람에겐 불편함이 이루 말할 수 없었다. 그러던 어느 날, 우공은 나이가 곧 90인데도 불구하고 가족들을 불러 놓고 이렇게 물었다.

“험한 산을 평평하게 만들어 예주의 남쪽까지 곧장 길을 내는 동시에 한수의 남쪽까지 갈 수 있도록 하겠다. 너희들의 생각은 어떠냐?” 이 말을 들은 우공의 아내는 무리한 일이라고 생각하며 반대를 했지만 다른 가족들은 우공의 아름다운 뜻을 생각해서 찬성하며 동참하기로 했다.

다음날부터 우공은 집안사람들을 모아 칠백 리나 되는 산을 옮기기로 결정을 내린 후 산을 깎고, 흙을 파서 삼태기와 광주리로 나르기 시작했다. 그 모습을 보고 있던 우공의 아내가 이렇게 말을 했다.

"당신의 힘으론 괴부魁父:고대의 작은 산 이름의 언덕조차 덜지 못할진대 태형과 왕옥을 어찌한다는 것이며, 또 흙과 돌은 어디에 두시렵니까?"

우공은 "발해渤海의 끄트머리 은토隱土 북쪽에 던지면 되지요."라고 말하면서 다시 열심히 산을 깎아 내려갔다. 그 말을 들은 아내는 고개를 저으며 돌아갔다.

우공의 모습을 보고 있던 하곡 지수河曲 智叟가 어리석은 짓을 보는 표정으로 이렇게 나물었다.

"당신의 어리석음이 심히 깊도다. 얼마 남지 않은 일생과 여력으로는 산의 터럭 하나조차 헐지 못할 것인데 흙과 돌을 어찌 하겠는가?"

그 말을 들은 우공은 이렇게 대답했다.

"당신 생각의 고루함이 굳어 가히 통하지가 않으니 과부의 어린애만도 못하오. 비록 내가 죽어도 자식이 있고, 자식이 또 손자를 낳고 그 손자가 또 자식을 낳아 자자손손이 불어나 끝이 없으나 산은 불어나지 않으니 어찌 수고롭다 불평하리오!"

이 말을 들은 하곡 지수 역시 더 이상 할 말을 잃고 돌아갔다. 그러나 이런 소문이 입과 입을 통하여 천제의 귀에 들어가게 되었다. 천제가 와서 보니 나이 90이 되는 우공이 가족들과 땀을 흘리면서 열심히 바위와 흙과 돌을 깎고 부수고 나르는 것이다. 천제는 그 정성에 감동하여 많은 인력을 동원시켜 하나는 삭동朔東에, 하나는 옹남雍南에 옮기게 하므로 두 산이 사라지게 됐다. 여기서 유래된 고사성어가 우공이산이다.

살다보면 불가능한 일들이 있어서 시도조차 해보지 못한 일들이 많다. 때로는 몇 번 하다가 힘들어 포기하는 경우가 많다. 속담에 "오르지 못할 나무는 쳐다보지도 말라"는 말도 있지만, 끝까지 못 오를 나무에 오르다 보면 오른 것만큼 경험과 힘이 생기는 것이고, 오르다 보면 지혜와 힘이 생겨 오를 수 있는 경우도 있다.

1940년, 독일의 공습에 런던이 초토화 되고 있을 때 윈스턴 처칠은 BBC 방송을 통해 "결코, 결코, 결코 포기하지 말라Never, Never, Never Give up!"고 한 말은 오늘까지 명언으로 남아 있다. 그래서 절망도 하나의 범죄라는 명언까지 나돌게 되었다.

우리는 '나의 끝은 하나님의 시작'임을 알아야 한다. "할 수 있거든이 무슨 말이냐 믿는 자에게는 능치 못함이 없느니라"막 9:23는 말씀에서 인간의 끝이 주님의 시작이라는 것을 교훈해 주고 있다. 마리아의 오라비 나사로가 죽어 무덤에 들어간 지 사흘 만에 무덤에서 나온 것, 회당장의 딸이 죽었다가 다시 살아난 것, 나인성의 과부 아들이 예수님을 만남으로 살아난 것 등 이 모든 사건은 사람의 끝, 더 이상의 불가능이 주님께서는 시작이요 가능케 하신다는 것을 교훈해 주고 있다.

오늘날도 믿음만 있으면 모든 일을 주님께서 가능토록 도와주신다는 것을 기억하고 믿음으로 나가자. "너희 믿음이 겨자씨 한 알 만하여도 이 산을 들어서 저기로 옮기라 하여도 될 것이요 못할 것이 없느니라"마 17:20는 말씀을 기억하면서 믿고 순종하며 나가서 주님의 기적을 경험하는 체험적인 신앙인이 되어야 한다.

월하빙인(月下氷人)

月 달 월
下 아래 하
氷 얼음 빙
人 사람 인

남녀의 인연을 맺어준다는 전설상의 노인

월하빙인이라는 고사성어는 달빛 아래의 노인과 얼음위의 사람이탄 합성어로 중매쟁이를 이르는 말이다.

마태복음 19:6
그런즉 이제 둘이 아니요 한 몸이니 그러므로 하나님이 짝지어 주신 것을 사람이 나누지 못할지니라 하시니

당唐나라 2대 황제 태종 때 위고라는 젊은이가 있었다. 그는 여행을 좋아해 여행을 하고 있던 중 송성宋城에 들어갔을 때, 달빛 아래에 한 노인이 책을 읽는 모습을 보았다. 손에 빨간 끈을 만지작거리며 독서하고 있는 모습이 약간은 기괴해서 옆에 가서 물었습니다.

"어르신 무슨 책을 읽고 계시나요?"

"세상의 혼사에 관한 책이라네, 이 책 속에 있는 남녀를 이 빨간 끈으로 묶어주면 원수지간이라도 맺어진다네."

믿겨지지 않는 말이지만 위고가 물어보았다.

"어르신, 그러면 내 배필은 어디 있나요?"

월하노인은 신중하게 이렇게 대답을 하는 것이다.

"음… 이 송성에 있구먼. 그리 멀지 않네. 성 북쪽에서 채소를 팔고 있는 진이라는 여인의 3살짜리 어린 딸이라네."

위고는 월하노인이 자신을 채소 파는 집의 3살짜리 아이를 배필로 삼으라고 하니 기분은 상했지만 내색하지 않고 농담으로 여기고 송성을 떠나 여행을 계속하게 되었다.

그리고 14년의 세월이 흘러 위고는 상주지역에서 벼슬을 하고 있었는데, 그곳 태수의 딸과 결혼을 하게 되었다. 17살의 상당한 미인이었다. 어느 날 밤 아내와 가정사 이야기를 하다가 아내가 자신은 태수의 친딸이 아니라, 송성 북쪽에서 채소 집을 하던 여인이 자신의 친 아버지가 돌아가시자 데려다가 키워줬다는 이야기를 듣게 되었다.

진晉나라에 색담索紞이라는 유명한 점쟁이가 있었다. 하루는 영호책令孤策이라는 젊은이가 자신의 꿈을 해석해 달라고 그를 찾아왔다. 영호책의 꿈 이야기는 자신이 얼음 위에 서 있었는데, 얼음 아래에 사람이 있고 그와 긴 이야기를 나눴다는 것이다. 이 말에 색담은 이렇게 해석해 주었다. "얼음 위는 양陽이요, 아래는 음陰이라 곧 양과 음이 이야기를 했다는 것은 얼음 위에 선 사람인 그대가 결혼 중매를 서게 된다는 것이요, 성사 시기는 얼음이 녹는 봄철이고…."

영호책은 얼마 되지 않아 4월에 태수의 부탁을 받고 태수의 아들과 장씨 딸의 중매를 서서 결혼을 성사 시켰는데 여기 두 이야기에 나온 월하노인月下老人과 빙상인氷上人을 합쳐 월하빙인月下氷人이 유래되었다.

남녀가 만나 부부의 인연을 맺는 데는 여러 경로가 있지만 전통적 방법은 중매가 대세였다. 하지만 중매의 어려움은 생각보다 크다. 일회용이 아닌 평생 반려자를 소개하는 일이니 그럴 수밖에 없다. '중매를 잘하면 술이 석 잔이고 잘 못하면 뺨이 석대라'라는 속담은 빈말이 아니다. 그러므로 사람이 중매하여 한 가정을 이루게 한다는 것이 얼마나 어렵고 불안한가를 생각할 수 있다. 그러나 우리는 이것을 알아야 한다. 사람이 중매쟁이가 아니라 하나님이 한 가정을 위해서 한 남자와 한 여자를 만나게 하셨다는 것이다. "여호와 하나님이 가라사대 사람이 독처하는 것이 좋지 못하니 내가 그를 위하여 돕는 배필을 지으리라 하시니라"창 2:18고 말씀하셨고 "하나님이 아담에게서 취하신 그 갈빗대로 여자를 만드시고 그를 아담에게로 이끌어 오시니…"창 2:22. 하나님은 아담에게로 여자를 이끌어 오심으로써 친히 짝을 지어 주시는 주역을 담당하셨다는 말씀이다.

한 남자와 한 여자가 나름대로 어떤 과정을 통해서 결혼한 것 같지만 두 사람이 결혼을 결심하게 하여 한 가정을 이루게 하신 분은 하나님이란 사실이다. 그러므로 한 가정을 이루면서 여러 가지 어려움에 부딪칠 때도 있겠고, 그 어려움은 두 사람 사이의 금실을 상하게 하여 결혼 자체에 대한 회의를 느끼게 할 수도 있다.

그러나 한 가지 분명히 명심해야 할 것은 우리를 지으신 하나님이 두 사람을 결혼 상대의 최적자로 아시고, 또 하나님의 말씀에 의한 삶을 살면 가정이 복되게 하시려고 친히 짝지어 주셨다는 것이다. 우리가 이런 확신이 있다면 어떠한 어려움도 다 감내하고 서로 이겨낼 수 있을 것이다.

하나님이 짝지어 주었다는 것은 문자 그대로 천정배필天定配匹이라는 말이다. 이렇게 하나님이 정해 주셔서 한 몸이 되게 하셨다. 그래서 예수님께서도 "그 둘이 한 몸이 될지니라…이제 둘이 아니요. 한 몸이니"마 19:~6라고 말씀하셨다.

은감불원(殷鑑不遠)

殷 은나라 은
鑑 거울 감
不 아닐 불
遠 멀 원

은나라 왕을 거울로 삼아라

은감불원이라는 고사성어는 은나라의 왕이 거울로 삼아야 할 멸망의 선례는 먼 데 있지 않다는 뜻으로, 남의 실패를 거울로 삼으라는 말이다.

고린도전서 10:6
이러한 일은 우리의 본보기가 되어 우리로 하여금 그들이 악을 즐겨 한 것 같이 즐겨하는 자가 되지 않게 하려 함이니….

중국 고대의 세 왕조 하夏, 은殷, 주周나라 중 은殷왕조의 마지막 군주인 주왕紂王은 지용智勇을 겸비한 훌륭한 왕이었다. 그런데 주왕이 북방오랑캐의 한 국가인 유소씨국有蘇氏國을 정벌하였을 때, 주왕의 환심을 사기 위해 유소 씨의 딸 달기라는 여자를 전리품으로 바쳤다. 달기는 경국지색傾國之色이라 주왕은 아주 흠뻑 빠지게 되었고, 그녀의 환심을 살 수 있는 일이라면 무엇이든지 다하는 노예처럼 달기의 비유를 맞추는 나날을 보내 되었다.

특히 달기의 뜻에 따라 주지육림에 음주가무의 세월을 보내게 되었다. 주지육림과 음주가무란 술로 못을 만들고 나무에 고기를 달아 놓아 숲처럼 만들어 놓고 춤과 노래로 주연을 베푸는 것을 말한다. 이 잔치에 참석하는 천여 명이 넘는 남녀가 실오라기 하나 걸치지 않은 전라의 몸이 되었고, 괴성과 교성을 지르며 환락을 즐기기도 했다. 이 광경을 즐기고 있던 달기도 주왕과 함께 밀실로 들어가 환락에 마음껏 탐닉하였다. 이러니 국력은 점점 쇠퇴해가고 백성들의 원성은 높아지고 주변국들은 침략의 기회만 보고 있었다. 이에 올바른 뜻을 품고 있는 많은 충신들이 주왕에게 간언하기 시작하였지만 주왕은 그들의 말을 듣는 것이 아니라 도리어 왕을 업신여긴다고 처형하기 이르게 되었다.

이렇게 되자 벙어리 냉가슴 앓듯이 속으로만 가슴 아파하고 감히 간언하려는 사람이 나타나지 않았다. 그런 가운데에도 죽음을 무릅쓰고 삼공三公들이 간언했지만 삼공 중 구후와 악후는 간언하다 처형당하였고, 서백은 유배되었다.

서백이 주왕에게 간언한 것은 6백 년 전 은殷왕조의 시조인 탕왕湯王에게 주살당한 하夏왕조의 걸왕桀王을 거울삼아 그 같은 멸망의 길을 밟지 말라고 한 것이다. 그 사건을 시경詩經 대아편大雅篇 탕시湯詩에 이렇게 기록하고 있다. "은나라 왕이 거울로 삼아야 할 선례는 먼 데 있는 것이 아니라 하나라 걸왕桀王 때에 있네은감불원(殷鑑不遠)재하후지세(在夏后之世)". 여기서 유래된 고사성어가 은감불원이다.

살아오면서 잘 해결된 과거의 일들을 '추억'이라고 말하지만 해결하지 못한 과거의 일을 '상처'라고 말한다. 추억은 우리의 미래를 밝게 하고, 인생의 발걸음을 가볍게 하고, 꿈과 비전을 갖게 한다. 상처는 우리의 미래를 어둡게 하고 인생의 무게를 무겁게 하여 발걸음도 무겁고 꿈과 비전을 부정적으로 만들어 버리고 만다. 그러나 추억이든지 상처든지 모든 것은 흘러간 과거지사다. 과거는 이미 흘러갔기 때문에 아무리 좋아하고 슬퍼해 봐야 돌아오지 않는다.

그러므로 현재가 중요하다. 현재를 의미있게 살아야만 미래가 밝고 후회가 없음을 알아야 한다. 그러기 위해서는 과거를 거울삼아 가까운 현재를 충실히 살아가야 할 것이다.

바울은 모세 당시 이스라엘 백성들의 죄악과 그로 인한 실패를 구체적으로 예로 들면서 고린도 교인들에게 이렇게 경고 했다. "이러한 일은 우리의 본보기가 되어 우리로 하여금 그들이 악을 즐겨한 것 같이 즐겨하는 자가 되지 않게 하려 하여 함이니…"고전 10:6. 당시 이스라엘 백성들은 구름 기둥의 인도 아래 홍해 바다를 통과했으며, 광야 생활 내내 하늘로부터 내려온 만나를 먹었고, 반석으로부터 생수를 마셨음에도 불구하고 우상숭배와 시험, 원망 등을 일삼다가 그들 중 대부분이 광야에서 멸망 받았던 것을 예를 들어 경고한 것이다.

이렇게 경고한 것은 이와 같은 일들은 언제나 우리의 본보기 내지 거울이 되기 때문이다. 성경에 나타난 사건이 단순히 그 시대의 사건으로만 끝나는 것이 아니라 바울 당시의 시대는 물론이지만 오늘날 우리에게도 은혜를 받고도 망령된 행동을 하고 있거나, 가능성이 있기 때문에 경고한 것이다.

우리는 과거의 역사를 들여다보고 잘한 점과 못한 점을 분석해 낼 수 있다면, 아주 먼 미래에 대해서도 성공여부를 가늠할 수 있을 것이다. 역사를 분석하여 무엇을 해야 하고 무엇을 하지 말아야 할지를 가려낼 수 있는 눈을 가져야 한다. 잘못된 역사에서도, 잘된 역사에서도 배워야 한다는 말이 바로 이를 두고 한 말이다. 과거를 거울삼아 내가 살고 있는 오늘이 후손에게 물려줄 내일이 되기도 하다는 것을 기억하면서 나를 비춰볼 거울을 보며 살아야 할 것이다.

읍참마속(泣斬馬謖)

눈물을 머금고 마속의 목을 벤다

泣 울 읍
斬 벨 참
馬 말 마
謖 일어날 속

읍참마속이라는 고사성어는 눈물을 머금고 마속의 목을 벤다는 뜻으로, 공정함을 지키기 위해 사사로운 정을 버린다는 뜻이다.

요한일서 4:9
하나님의 사랑이 우리에게 이렇게 나타난 바 되었으니 하나님이 자기의 독생자를 세상에 보내심은 저로 말미암아 우리를 살리려 하심이니라.

삼국시대 때, 촉나라 건흥 때, 제갈공명이 위나라를 치기 위해서 삼군을 이끌고 성도를 출발하여 한중으로 향했다. 그가 이끈 군대는 한중섬서성내을 석권하고 기산감숙성내으로 진출하여 위나라 군대를 크게 무찌르게 되었다. 그러자 조조가 급파한 위나라의 명장 사마의는 20만 대군으로 기산의 산야에 부채꼴의 진을 치고 제갈공명의 침공군을 막도록 하였다. 이 진을 깰 제갈공명의 계책은 이미 서 있었으나 상대가 지략이 뛰어난 사마의였기에 군량 수송로의 요충지인 가정한중 동쪽을 수비하는 것이 문제였다. 가정을 잃으면 촉나라의 중원 진출의 계획은 수포로 돌아가고, 그곳이 위군에게 막히면 촉군은 꼼짝할 수 없기 때문이다.

이런 중책을 맡길 만한 장수가 마땅치 않아서 고심하고 있을 때, 마속이 중책을 자원하고 나섰다. 마속은 제갈공명과 문경지교를 맺은 명참모 마량의 동생으로, 평소 제갈량이 무척 아끼는 장수였다. 그러나 사마의와 대결하기에는 아직 어리다고 제갈공명이 고민하고 있자 마속은 거듭 간청하며 이렇게 말을 했다.

"소인은 다년간 병략을 익혔는데 어찌 가정街亭하나 지켜내지 못하겠습니까? 만약 패하면 저는 물론 일가권속까지 참형을 당해도 결코 원망치 않겠습니다."

"좋다. 그러나 군율에는 두말없다는 것을 명심하라."

이렇게 해서 가정에 도착한 마속은 지형부터 살펴보았다. 제갈공명의 명령은 산기슭의 협로를 사수만 하라는 것이었으나 마속은 욕심을 내 적을 유인하여 역공할 생각으로 산 위에다 진을 쳤지만 위나라 군사는 산기슭을 포위만 한 채로 산 위를 공격해 올라오지 않았고 식수도 끊어져 다급해진 마속은 전 병력을 동원해 포위망을 돌파하려 했으나 위나라 용장 작합에게 참패하게 되었다.

마속의 실패로 전군을 한중으로 후퇴시킨 제갈공명은 마속에게 중책을 맡겼던 것을 크게 후회하게 되었는데 특히 군율을 어긴 그를 참형에 처하지 않을 수 없었기 때문이다.

이듬해 5월, 마속이 처형되는 날이 왔다. 때마침 성도에서 연락관으로 와 있던 장원은 마속 같은 유능한 장수를 잃는 것은 나라의 손실이라고 설득했으나 제갈공명은 "마속은 정말 아까운 장수요. 하지만 사사로운 정에 끌리어 군율을 저버리는 것은 마속이 지은 죄보다 더 큰 죄가 되오. 아끼는 사람일수록 가차없이 처단하여 대의를 바로잡지 않으면 나라의 기강은 무너지는 법이오." 결국 마속이 형장으로 끌려가자 제갈량은 얼굴을 가리고 마룻바닥에 엎드려 한없이 울었다고 한다. 읍참마속은 군의 법과 질서를 위해 아끼던 유능한 장수를 참형한 제갈공명의 공명정대함을 잘 나타내주고 있는 고사성어라 할 수 있다.

"전능자를 우리가 찾을 수 없나니 그는 권능이 지극히 크사 심판이나 무한한 공의를 굽히지 아니 하심이니라"욥 37:23는 말씀은 하나님의 속성은 공의임을 말해주고 있다. 그래서 "의와 공의가 주의 보좌의 기초라"시 89:14고 말씀하고 있다.

하나님의 공의는 성경 어디에서나 나타나고 있지만, 예수 그리스도의 십자가를 통하여 하나님의 공의의 결정체를 발견하게 된다. 아담과 하와가 에덴에서 하나님의 말씀을 불순종하여 하나님이 금하신 선악을 알게 하는 나무의 실과를 먹고 "하나님의 낯을 두려워하여 동산 나무 사이에 숨었는지라"고 했다. 이들은 뱀의 유혹을 받고 나무의 실과를 보았을 때는 "먹음직도 하고, 보암직도 하고, 지혜롭기도 한 나무로 생각하고 하나님의 말씀을 잊어버렸지만"창 3:6, 막상 열매를 따먹은 후에는 "선악을 알게 하는 나무의 열매를 먹는 날에는 반드시 죽으리라"창 2:17는 말씀대로 반드시 죽을 수밖에 없었다. 그러나 하나님의 속성에는 공의뿐만 아니라 "하나님은 사랑이심이라"요일 4:8는 말씀처럼 공의와 함께 사랑을 겸한 속성을 가지고 계셨다.

그래서 사도 요한이 "하나님의 사랑이 우리에게 이렇게 나타난바 되었으니 하나님이 자기의 독생자를 세상에 보내심은 저로 말미암아 우리를 살리려 하심이니라"요일 4:9고 증거하고 있다. 하나님의 공의가 예수 그리스도의 십자가의 대속의 사랑으로 나타나게 된 것이다. 예수 그리스도의 십자가의 대속으로 심판과 사랑으로 공의를 이루시고 믿음으로 영생하는 하나님의 나라를 유업으로 얻게 하신 것이다.

이목지신(移木之信)

나무를 옮겨 백성들에게 믿게 한다

移 옮길 이
木 나무 목
之 어조사 지
信 믿을 신

이목지신이라는 고사성어는 위정자가 나무를 옮겨 백성들에게 믿게 한다는 뜻으로, 남을 속이지 아니하고 약속을 지켜서 실행한다는 의미이다.

사도행전 4:12
다른 이로써는 구원을 받을 수 없나니 천하 사람 중에 구원을 받을 만한 다른 이름을 우리에게 주신 일이 없음이라.

전국시대 위衛나라에 왕족 출신으로 일찍이 형명학刑名學을 공부하고 제자백가諸子百家:춘추전국시대에 활약한 학자와 학파를 총칭의 한 사람으로 공손앙이라는 별명이 있는 상앙이란 사람이 있었다. 그는 법률에 매우 밝은 사람으로 진나라 효공 때 재상으로서 부국강병책을 펼쳐 진나라가 천하를 통일하는 데 기초를 마련한 사람이다.

한번은 그가 법을 제정해 놓고도 즉시 공포하지 못하고 있었다. 그 이유는 그동안 정부의 말이 조변석개朝變夕改하여 백성들은 정부를 신뢰하지 못했기 때문에 새롭게 정책을 내놓아도 백성들이 그 법을 믿고 지킬지 의심스러웠기 때문이었다.

그래서 상앙은 한 가지 계책을 내 놓게 되었다. 그것은 남문에 3장9m 나무를 세워놓고 이 나무를 북문으로 옮기는 사람에게 10금十金을 준다고 공포하고 곳곳에 방을 붙여 놓았다.

그러나 어느 누구도 그 말을 믿지도 않았고 나무를 옮기려는 사람이 없었다. 그러자 상군이 파격적으로 상금을 올려서 50금伍十金을 준다고 다시 공포했다.

그렇지만 어느 누구도 믿고 찾아오는 사람이 없이 날만 저물어 가고 있었다. '오늘도 믿고 나무를 옮기려는 사람이 없구나' 생각하고 있는 날이 저무는 시간에 한 촌부가 나타나서 '밑져야 본전이지'라는 생각으로 나무를 남문에서 북문으로 옮겼다.

이에 상양은 즉시 그를 불러 많은 사람들이 지켜보는 가운데 50금伍十金을 주었다. 이유인즉 나라가 백성을 속이지 않는다는 것을 보여주기 위함이었다. 그 후에 법을 공포하자 백성들은 정부를 신뢰하게 되었고 법을 더욱 잘 지켜졌다. 물건이 땅에 떨어져 있어도 줍지 않았고, 도적이 없어지고 각 집집마다 풍족하여져서 나라에 더욱 충성하게 되었다. 여기서 유래된 고사성어가 이목지신이다.

이스라엘 백성들이 애굽에 들어가서 4백년 이상 객이 된 것도 하나님의 말씀에 불순종에서 나타난 벌이라고 할 수 있다. 창세기 15장에서 하나님은 아브람에게 상속자를 주시는 것은 물론이지만 하늘의 셀 수 없는 뭇별처럼 많은 자손들을 주시겠다고 언약을 세우셨다. 언약을 이루시기 위한 증표로 삼년 된 암소, 삼년 된 암염소, 삼년 된 수양, 그리고 산비둘기와 집비둘기 새끼를 가지고 제사를 드리도록 하셨다.

아브람은 모든 제물의 짐승은 중간을 갈랐지만 비둘기 새끼들은 쪼개지 않았다. 그 일로 하나님께서는 "네 자손이 이방에서 객이 되어 그들을 섬기겠고 그들은 네 자손들을 괴롭히리라"고 말씀하시고, 사백 년 후에 너희 후손이 이방 나라에서 큰 재물을 이끌고 나오리라창 15:14고 하셨다. 아브라함에게 언약의 증표를 보이시고 명령하실 때 아브라함은 그 말씀대로 지키지 않은 것이다. 그 결과 이방 나라의 객이 되어 많은 고난과 부르짖음 속에 세월을 보내게 된 것이다.

이스라엘이 출애굽 후, 시내 산에서 모세에게 언약의 말씀을 주셨다. 그 언약은 약속의 땅에서 하나님의 축복된 백성으로서 살아가게 하는 말씀이다. 이것을 신학에서는 시내산 언약이라고 말한다.

이후 이스라엘은 하나님의 도우심과 인도로 광야를 통과하고 가나안을 향하여 가는 도중에 가네스 바네아까지 왔지만 불신앙적인 정탐꾼들의 보고를 듣고 하나님의 노를 사게 되어 여호수아와 갈렙, 그리고 출애굽의 2세들만 가나안에 들어가리라는 선고를 받게 되었다. 하나님을 신뢰하지 못한 그들의 잘못이 얼마나 불행을 초래했는가를 알 수 있다. 하나님은 약속을 이루시지만 사람들은 하나님의 약속을 신뢰하지 못할 때가 많다.

오늘날도 죄로 죽을 수밖에 없는 인생들을 살리시기 위해서 하나님은 독생자를 보내 주셨고, 십자가의 대속의 피를 흘리게 하셨고, 누구든지 주 예수를 믿으면 구원을 이루신다고 약속하셨다. 하나님의 그 약속을 믿는 자는 구원을 받게 하셨다. 그래서 "주 예수를 믿으라 그리하면 너와 네 집이 구원을 받으리라"행 16:31고 말씀하셨다. 오직 예수를 믿어야 구원을 받게 하신 것이다. 우리가 구원을 받을 수 있는 것은 다른 이름이나 세상 어느 것으로도 얻을 수 없다. 그래서 "다른 이로써는 구원을 받을 수 없나니 천하사람 중에 구원을 받을 만한 다른 이름을 우리에게 주신 일이 없음이라"고 말씀하신 것이다.

이신득의(以信得義)

예수를 믿음으로 의롭게 된다

以 써 이
信 믿을 신
得 얻을 득
義 옳을 의

이신득의라는 말은 예수를 믿음으로 의롭게 된다는 신학적인 용어로, 믿음으로 의롭게 되고 구원을 받게 된다는 뜻이다. 즉, 하나님께서 그의 믿음을 보시고 의롭다고 인정해 주시는 것을 뜻한다.

갈라디아 2:16
사람이 의롭게 되는 것은 율법의 행위에서 난 것이 아니요 오직 예수 그리스도를 믿음으로 말미암는 줄 아는 고로 우리도 그리스도 예수를 믿나니 이는 우리가 율법의 행위에서 아니고 그리스도를 믿음으로서 의롭다 함을 얻으려 함이라 율법의 행위로서는 의롭다 함을 얻을 육체가 없느니라.

교회사에 나타난 이신득의以信得義는 AD 16세기 종교 개혁자 루터가 '오직 믿음'sola fide이라는 기치를 내세우고 천명한 것이다. 루터는 돈을 주고 면죄부를 사면 죄가 사해진다는 억지 주장을 펼치던 당시 가톨릭의 불의에 대항함으로써 기독교 태동의 출발이 되었고, 프로테스탄티즘의 대강령이 되었다.

'행함이냐 믿음이냐'와 '율법이냐 복음이냐'를 두고 사람들은 흔히 같은 문제로 생각하고 있다. 그러나 엄밀히 구별한다면 율법은 그 속성상 인간의 자기 의, 곧 행함을 요구하고 있고, 복음은 그 속성상 예수의 십자가 구속의 복음을 강조하며 믿음을 먼저 요구하고 있기 때문에 절대 같다고 할 수 없다.

율법과 복음은 구속사의 전개에 따른 계시의 내용과 형식의 변화, 발전으로서 구약과 신약의 기본적 차이를 보여 준다. 반면 행함과 믿음은 신·구약의 시대 변화와는 상관없는 인류 구원의 근거를 보여주는 것이다. 즉, 하나님의 구속사의 전개에 따라 율법은 복음으로 대치되었지만 신약과 구약을 막론하고 행함이 아니라 믿음으로 구원 얻는다는 진리는 전혀 변함이 없다. 곧 구약 시대에 멸망 받은 사람도 율법을 다 지키지 않아서가 아니라 율법이 말하는 하나님을 믿지 않아서 행하지 않았던 것이고, 신약 시대에 멸망당한 사람도 복음이 말하는 명령을 행하지 않아서가 아니라 복음의 가르침을 믿지 않았기 때문이다.

믿음이라는 것은 인간의 의지나 노력을 배제한 것을 뜻하며 하나님의 방법에 순복하는 것을 의미한다. 결국 인간이 의롭게 되는 것은 율법의 행위가 아니라 오직 예수 그리스도를 믿음으로 가능하다는 뜻이다. 하나님께서 인간들이 자기들 죄를 대신하여 십자가에서 죽으시고 부활하신 그리스도의 속죄사역을 믿는 그 믿음을 보시고 의롭다고 인정해주시는 법정 선언의 성격을 가지는 것이다. 하나님께서 오직 믿음으로만 의롭게 되는 길을 열어주신 것은 인간의 행위에 의해 구원을 강조하게 되면 인간의 내면과 인격을 중요시하는 것보다 업적과 공로에만 치중하는 결과를 낳아 외적 업적주의와 형식주의에 빠지는 것을 방지하기 위함이다. 또한 인간으로 하여금 자랑치 못하기 위함이다. 만일 구원이 인간 행위의 대가라면 하나님의 은혜는 아무런 의미를 갖지 못하게 되는 것이다.

'이신득의'란 믿음으로서만 의롭다함을 얻는다는 뜻이다. 구원이란 예수 그리스도를 믿어야만 얻을 수 있다. 모든 사람은 다 죄인이기 때문에 우리의 유일한 의가 되시는 예수를 믿어야만 의롭다함을 얻을 수 있는 것이다.

바울은 믿음의 조상 아브라함이 하나님께 의로 여김을 받았던 것을 행위로써 의롭다 하심을 얻은 것이 아니라고 분명히 말씀하고 있다. 행위였으면 사람들에게는 자랑할 것이 되지만 하나님 앞에서는 의가 없다고 말씀하셨다. 그러나 하나님께서는 아브라함이 하나님의 말씀을 믿음으로 의롭게 여기셨다는 것이다롬 4:3~4. 그래서 바울 사도는 "사람이 의롭게 되는 것은 율법의 행위에서 난 것이 아니요 오직 예수 그리스도를 믿음으로 말미암는 줄 아는 고로 우리도 그리스도 예수를 믿나니 이는 우리가 율법의 행위에서 아니고 그리스도를 믿음으로서 의롭다 함을 얻으려 함이라 율법의 행위로서는 의롭다 함을 얻을 육체가 없느니라"갈 2:16.

그러나 문제는, 이신득의가 의롭게 여김을 받고 구원을 이루는 데 핵심이지만, 이 점을 특별히 강조하면 선한 행위와 율법을 지키지 않아도 되는가 하는 의문이 제기된다. 믿음과 행함, 복음과 율법의 무게가 어느 한쪽으로 쏠려 행함과 율법에 대해서 가볍게 여기게 해서는 안 된다는 것이다. 그래서 야고보 사도가 말한 "믿음이 행함과 함께 일하고 행함으로 믿음이 온전하게 되었느니라"약 2:22는 말은 구원을 위한 믿음에는 반드시 선한 행위가 이어져야 된다는 말이다.

그러나 거듭남과 구원의 일환으로 이신득의를 내세워 말하는 것이 옳은 것이나 온전한 믿음을 이루기 위해서는 행함이 믿음의 뒷받침이 되어야 함을 잊지 말아야 한다. 그래서 "영혼이 없는 몸이 죽은 것처럼 행함이 없는 믿음은 죽은 것이니라"약 2:26고 말씀하신 것이다.

인생조로(人生朝露)

人 사람 인
生 날 생
朝 아침 조
露 이슬 로

인생은 아침 이슬과 같다

인생조로라는 고사성어는 인생은 아침에 해가 뜨면 증발해 없어지는 이슬과 같다는 말로 삶의 덧없음을 비유한 말이다.

베드로전서 1:24~25
모든 육체는 풀과 같고 그 모든 영광은 꽃과 같으니 꽃은 마르고 꽃은 떨어지되 오직 주의 말씀은 세세토록 있도다.

전한前漢 무제 때 소무라는 장수가 있었다. 그의 직책은 중랑장이였기에 포로를 교환하기 위하여 흉노족이 있는 땅으로 들어갔다가 흉노족 간의 내분으로 포로가 되고 말았다. 흉노족의 우두머리인 선우가 소무에게 항복을 권하였으나 끝까지 항복하지 않았으므로 포로가 되었고, 결국 북해의 변방으로 추방되었다. 그곳에서 소무는 들쥐를 잡아먹고, 풀뿌리를 캐먹으면서 목숨을 연명하며 반드시 고국으로 돌아가리라는 희망을 포기하지 않았다. 십여 년이 지난 어느 날 친구 이릉이 소무를 찾아왔다. 이릉은 소무가 흉노족에게 잡힌 이듬해 소무를 구출하고, 흉노족을 진멸하려고 5천여 명의 군사를 데리고 흉노족에게 쳐들어갔다가 5천여 명이 넘는 적들과 대치하다 중과부적衆寡不敵으로 흉노족의 포로가 되고 말았다. 이릉 역시 흉노의 군대와 싸우다가 포로로 잡혔는데 절조를 굽혀 항복한 후 빈객으로 대접받고 있었다. 그렇기에 이릉은 항상 빈객으로 대접받고 있는 것을 부끄럽게 생각하고 있었고 그런 그가 더욱이 소무를 본다는 것은 더욱 어려운 일이었다. 그러나 선우의 간청에 어쩔 수 없이 소무를 회유하기 위해 찾아 온 것이다.

소무를 만난 이릉은 큰 잔치를 벌이고 소무를 위로하며 이렇게 이야기 했다. "선우는 내가 자네의 친구인 것을 알고, 자네를 회유하여 보라고 나를 보냈네. 무엇 때문에 이 고생을 하고 있나? 10년이 넘는 세월동안 고국에서는 한 번도 자네를 찾으려하지 않았잖은가. 선우는 자네를 꼭 자기 사람으로 만들고 싶어하네. 자네가 이렇게 절조를 지킨다고 알아줄 사람이 있을 것 같은가. 내가 떠날 때 들으니 자네 어머니는 돌아가시고 아내도 재가하였다고 하더니 생사를 알 수 없는 노릇일세. 인생은 아침 이슬과 같이 참으로 덧없는 것일세. 그런데 어째서 이렇게 긴 시간을 홀로 괴로움 속에서 보내는가人生如朝露 何久自苦如此. 이제 그만 투항하세." 그러나 소무는 결코 투항하지 않고 절개를 지키며 친구를 돌려보냈다. 그 후 소무는 북해의 섬에서 굶주림과 매서운 추위와 싸우고 버티다가 얼마 후 무제의 아들 소제가 파견한 특사의 지략으로 19년 만에 풀려나 고국으로 돌아가게 됐다고 하는데 여기서 유래된 고사성어가 인생조로이다.

네로Nero는 로마 제국의 제5대 황제로서 15년을 왕위에 있었다. 그는 왕권을 가지고 호화찬란한 삶을 살았는데, 그가 살던 왕궁은 복도의 길이만 1마일이나 되는 궁성이었다고 한다. 집안의 모든 벽은 상아와 자개로 장식되었고 천정은 특별한 샤워장치가 붙어있어서 찾아오는 손님에게는 향수가 이슬처럼 포근히 뿌려지도록 되어 있었다. 네로가 머리에 쓰고 있던 왕관은 현재 가격으로 10만 달러가 넘었다. 그가 사용하던 노새와 조롱말은 은으로 장식된 신발을 신겼고, 그가 한 번 정식으로 출타할 때면 천 명 정도의 군사와 마차와 말들이 뒤따랐으며, 네로가 낚시질을 할 때에는 금으로 만든 낚시 바늘을 썼다고 한다. 값 비싸고 좋은 옷이 너무나 즐비하게 많았기 때문에 한 번 입었던 옷은 두 번 다시 입지 않았다고 한다. 이처럼 세상 극치의 부귀영화를 다 누렸지만 네로는 결코 행복하거나 만족한 생활을 하지 못하고 허무와 공포 가운데서 자살로 일생을 마칠 수밖에 없었다.

일찍이 베드로는 "모든 육체는 풀과 같고 그 모든 영광이 풀의 꽃과 같으니 풀은 마르고 꽃은 떨어지되"벧전 1:24라고 했다. 또 야고보도 "너의 생명이 무엇이뇨 너희는 잠깐 보이다가 없어지는 안개니라"약 4:14고 했다. 즉, 인생은 짧고, 그 모든 영광도 덧없이 지나간다는 것이다. 그런데도 우리는 어떻게 살아가고 있는가? 마치 천년만년 살 것 같이 자기를 자랑하고 육신의 삶만을 생각하며 살아가지 않는가?

우리는 인생이 아침 이슬과 같아서 금방 시들고 만다는 것을 기억함과 동시에 우리의 영혼은 영원하다는 것을 기억하면서 살아야 한다. 이 짧은 세월을 아끼며 영원한 나라를 소망하면서 살아야 한다. "사람이 마음으로 자기의 길을 계획할지라도 그 걸음을 인도하시는 이는 여호와시니라"잠 16:9는 말씀처럼 인간의 모든 것은 다 하나님의 손에 달려 있다는 것을 명심하며 세월을 아끼고 하나님의 능하신 손 아래서 겸손히 낮추고 하나님의 뜻을 받들어 살아야 할 것이다.

자두연기(煮豆燃萁)

콩을 삶기 위해 콩대를 태운다

煮 삶을 자
豆 콩 두
燃 탈 연
萁 콩깍지 기

자煮는 삶다, 두豆는 콩, 연燃은 태우다, 기艸+其는 콩대 또는 콩깍지를 뜻한다. 고사성어의 자전적 의미는 콩을 삶기 위해 콩대를 태운다는 뜻이다.

베드로후서 1:5~7
이러므로 너희가 더욱 힘써 너희 믿음에 덕을, 덕에 지식을, 지식에 절제를, 절제에 인내를, 인내에 경건을, 경건에 형제 우애를, 형제 우애에 사랑을 공급하라.

삼국시대三國時代의 영걸英傑 조조는 문학을 좋아해서 선비를 모아 소위 건안문학建安文學의 융성을 가져올 정도였다. 조조는 조비와 조식 두 아들을 두었다. 그의 아들 조식도 젊어서 글재주가 뛰어났다. 부친 조조는 조식의 특이한 재주를 사랑하여 몇 번이나 태자에 책립하려 하였을 정도였으나 직정경행直情徑行 하므로 조비로 뒤를 잇게 하고 조조가 세상을 떠나게 되었다. 조비가 제위에 오르자 조비와 조식은 어려서부터 서로 마음이 맞지 않았던 일로 사사건건 조식을 미워하던 차에 조식과 측근들의 숙청을 다음에 두고 있었다.

그러던 어느 날 연회석상에서 조비는 조식을 불러 시 한 수를 읊게 하면서 "내가 칠 보七步를 걷는 동안에 시가 이루어지지 못하면 칙명에 배반하는 것으로서 엄벌에 처하겠다!"고 말했다. 아무리 조식이 글재주가 뛰어나더라도 일곱 걸음을 걷는 시간에 시를 짓지 못할 것으로 판단해 그것을 빌미로 죽이려고 했다. 조식은 형 문제의 말이 떨어지자마자 일어나 걸음을 옮기며 다음과 같이 시를 지어 읊었다.

콩을 삶아서 콩죽을 쑤고 삶은 콩을 걸러 즙을 만드네.

콩대는 솥 밑에서 타고 콩은 솥 안에서 우네.

본래 한 뿌리에서 낳건만 들볶는 것이 이렇게도 심한가!

자신은 콩, 형을 콩대에 비유하여 상징적으로 노래한 이 시가 바로 그 유명한 '칠보시七步詩'다. '부모를 같이 하는 친형제간인데 어째서 이렇게 자기를 들볶는 것이냐'는 뜻이다. 조비는 이 시를 듣자 민망하여 얼굴을 붉히며 부끄러워했다고 한다. 자두연기는 형제간의 다툼을 뜻하는 고사성어로 쓰이게 되었다. 하지만 칠보시를 계기로 조비와 조식의 관계가 좋아졌다는 점에서 혈육의 정을 나타낼 때 사용하기도 했다.

서울 가양동 구암공원 안에 공암진 나룻터가 있고 두 형제가 금을 버렸다는 투금탄이란 곳이 있다. 이곳에 허가바위, 일명 공암바위가 있는데 1991년 12월 24일자로 서울특별시 기념물 제11호로 지정되었다. 고려시대 충렬왕 때 이조년, 이억년이란 형제가 있었다. 어느 날 형제가 함께 길을 가다가 금덩이 둘을 주워서 하나씩 나눠 가졌는데 한강 가양동 나루터에서 배를 타고 가다가 동생이 금덩이를 강물에 훌쩍 던져 버렸다. 형이 깜짝 놀라서 "아우, 이게 무슨 일인가?" 하자 아우의 말이 "제가 평생 형님을 존경하고 사랑했는데 금덩이를 주어 형님에게 하나를 드린 후로는 형님이 없었으면 나 혼자 둘 다 가질 텐데 하는 생각에 형님이 미워졌습니다. 생각하니 형님을 미워하게 하는 금덩이가 나쁜 것이구나 생각하여 던져 버렸습니다."라고 말을 하는 것이다.

동생 억년이의 말을 들은 형도 "실은 나도 금덩이를 나눠가진 후로부터 동생이 없었으면 나 혼자 둘을 가졌을 것인데 하는 마음이 들었네"라면서 형 조년이도 금덩이를 강물에 던져 버렸다고 한다. 형제간의 의를 갈라놓을 뻔한 금덩어리를 강에 버리고 형제의 의를 지키는 이야기는 이 시대를 살고 있는 우리 모두가 지켜 나가야 할 도리라 생각한다.

베드로 사도는 "그러므로 너희가 더욱 힘써 너희 믿음에 덕을, 덕에 지식을, 지식에 절제를, 절제에 인내를, 인내에 경건을, 경건에 형제 우애를, 형제 우애에 사랑을 더하라"벧후 1:5~7고 말씀하셨다. 우리에게는 혈육을 나눈 형제자매가 있고, 하나님을 아버지로 모시고 사는 영적인 형제자매가 있다. 혈육의 형제자매는 부모님의 지체들이고, 영적인 형제자매는 그리스도의 지체들이다. 그래서 바울 사도는 "너희는 그리스도의 몸이요 지체의 각 부분이라"고전 12:27고 했다.

그러므로 "만일 한 지체가 고통을 받으면 모든 지체가 함께 고통을 받고 한 지체가 영광을 얻으면 모든 지체가 함께 즐거워하느니라"고전 12:26는 말씀처럼 영육간의 지체들은 어느 지체를 통하여 고통도, 영광도 함께 받게 된다. 그러므로 지체들은 우대하고 사랑하고 서로 위로하고 돕는 지체가 되어야지 어느 지체가 다른 지체를 향하여 못생겼다고, 부족하다고, 필요 없는 자라고 말할 수 있겠는가? 다른 지체 하나가 없어지면 전체가 병신이다. 못났다고 말을 하면 함께 못난 자이다. 부족한 것이라고 말을 한다면 하나님의 능력에 대해 비난하는 불신앙적인 지체임을 잊지 말아야 할 것이다.

자린고비(玼吝考妣)

아니꼬울 정도로 인색한 사람

玼 흉 자
吝 아낄 린
考 상고할 고, 죽은 아비 고
妣 죽은 어미 비

자린고비라는 고사성어는 아니꼬울 정도로 인색한 사람을 얕잡아 이르는 말이다.

시편 37:25~26
내가 어려서부터 늙기까지 의인이 버림을 당하거나 그 자손이 걸식함을 보지 못하였도다 저는 종일토록 은혜를 베풀고 꾸어주니 그 자손이 복을 받는도다.

구두쇠의 대명사 자린고비玼吝考妣의 고비考妣는 돌아가신 아버지와 어머니를 말하고, 여기서는 제사 지낼 때 쓰는 지방紙榜을 의미한다. 지방은 원래 제사가 끝나면 불사르게 되어 있으므로, 제사 때마다 종이를 바꾸어야 한다. 하지만 그 종이가 아까워서 한번 썼던 것을 기름에 절여서 두고두고 다시 쓰는 사람이 있어, 그를 '절인 고비'考妣라고 불렀다가 변음變音하여 '자린고비'가 되었다고 한다. 변음한 자린玼吝도 '인색하다, 아끼다'의 뜻이므로, '죽은 부모에게 인색하다'는 뜻이다. 자린고비는 구두쇠이면서 근검절약 하는 검소한 사람이다. 우리나라에는 예로부터 가난을 슬기롭게 극복하고 부자가 된 사람들의 일화와 애환이 많이 전해지고 있다. 그중 영조英祖 때 충북 음성의 자린고비 조륵의 이야기는 유명하다. 충북 음성군 금왕읍 유촌리에는 자린고비유래비가 있다.

전해지는 이야기 중, 제사상에 올렸던 굴비를 제사가 끝난 다음 천장에 매달아 놓고 쳐다보면서 밥을 먹는데 행여 두 번 이상 쳐다보면 "너무 짜다 물켤라"하며 호통을 쳤다는 일화, 쉬파리가 열어 놓은 장독에 앉았다가 날아가자 다리에 묻은 장이 아깝다고 "저기 장 도둑놈 잡아라."고 외치며 단양 장벽루까지 파리를 쫓아갔다는 것, 무더운 여름철이 되어 부채를 하나 장만한 조륵은 부채가 닳을까봐 부채를 벽에 매달아 놓고 머리만 흔들었다는 등의 이야기가 있다.

동네 사람이 어쩌나 보려고 생선 한 마리를 조륵의 집 마당으로 던졌는데, 이것을 발견한 조륵이 "밥도둑 놈이 들어왔다!"고 문밖으로 내던졌다고 한다. 이렇게 일전 한 푼도 남에게 주거나 빌려주는 일이 없고, 인정도 사정도 눈물도 없이 모으다 보니 근동에서는 둘도 없는 큰 부자가 되었다. 그렇게 자린고비로 방방곡곡에 소문이 날대로 난 어느 날, 전라도에서 유명한 자린고비가 찾아와서 물었다. "나도 전라도에서는 소문난 구두쇠인데, 어느 정도 구두쇠여야 큰 부자가 될 수 있습니까?" 그러자 조륵은 전라도 구두쇠를 데리고 충주 탄금대까지 갔다. 가는 길에 전라도 구두쇠는 신발을 아낀다고 교대로 한 짝씩 신고 가는데, 조륵은 아예 신발 두 짝을 모두 들고 갔다. 그것만 봐도 조륵이 한 등급 높은 자린고비가 분명했다.

한 암행어사가 그 집에 며칠 묵는 동안 살펴보니 조륵은 자린고비가 아니었다. 암행어사라고 눈치 챈 것 같지는 않은데 식사 때마다 진수성찬에 술까지 대접하고, 그야말로 칙사 대접이었다. 이상하다 싶어서 수소문해 보니, 조륵이 환갑이 되는 해부터 누구에게나 후하게 대접하고, 어려운 이웃을 보면 돈과 쌀도 주는 등 딴 사람이 됐다고 한다.

암행어사가 사정을 알고 그만 떠나려고 인사를 하자 조륵은 이렇게 말했다. "아니, 이삼 일만 더 있으면 내 환갑이니, 기왕이면 좀 더 쉬다가 잔치나 보고 가시오."

못 이기는 체하며 잔칫날까지 묵게 되었는데, 그날 조륵은 잔치에 모인 사람들에게, "여러분, 그 동안 나는 나 혼자 잘 살려고 구두쇠 노릇을 한 게 아니오. 오늘 찾아오신 여러분 모두에게 도움이 되고자 한평생을 근검절약하며 재산을 모았소. 환갑날인 오늘부로 내 일은 모두 끝났소." 하면서 전 재산을 어려운 사람들에게 골고루 나누어 주었다.

그 후 조륵에게 도움을 받은 많은 사람들이 조륵을 자린고비玼吝考妣가 아닌 자인고비慈仁考碑라고 부르며 칭찬하였다고 한다. 이렇게 절약한 재산으로 그는 주변 사람에게 자선을 베풀어 조정으로부터 가자加資:정3품 통정대부 이상의 품계까지 받았다고 한다.

고넬료라 하는 군대의 백부장이 있었다. 그 사람은 이방나라 군인이었지만 하나님을 경외하며 기도하기에 힘쓰고 많은 구제를 한 사람이었다. 고넬료는 환상 중에 하나님의 사자를 만나게 되었는데 하나님의 사자를 통하여 "네 기도와 구제가 하나님 앞에 상달하여 기억하신 바가 되었다"는 말씀을 듣게 되었다. 경건하고 기도하며 구제하기에 힘쓰니 하나님께서 기억하시고 만나주신 복을 받게 된 것이다. 경건한 사람은 구제하는 사람이다. 구제한 사람은 하나님께서 기억하시고 축복해 주신다. 그래서 다윗은 구제한 사람은 복을 받고 그 자손이 걸식함을 보지 못했다고 고백한 것이다시 37:25~26.

자승자박(自繩自縛)

자기가 만든 줄에 스스로를 옭아 묶는다

自 스스로 자
繩 줄 승
自 스스로 자
縛 묶을 박

자승자박이라는 고사성어는 자기가 만든 줄에 스스로를 옭아 묶는 다는 뜻으로, 자신의 언행言行 때문에 자기가 속박당해 괴로움을 겪는 것을 비유한 말이다.

마가복음 9:23
예수께서 이르시되 할 수 있거든이 무슨 말이냐 믿는 자에게는 능히 하지 못할 일이 없느니라.

신나라 전한前漢때, 원섭原涉이라는 협객이 있었다. 그는 원래 불량배가 아니라 성품도 온화하고 효자였으며 훌륭한 부모의 양육을 받고 성장한 사람이었다.

그러던 어느 날, 아버지는 남양 태수를 지내다 아버지가 돌아가시게 된다. 장례식 때 들어온 부의금을 사양하였고, 아버지의 무덤에 초막을 짓고 3년 상을 치룬 효자였다. 실력도 대단해 20세에 곡구현의 현령까지 되었다.

어느 날 원섭의 숙부가 살해당하는 일이 벌어졌다. 원섭은 자기 스스로를 탄핵하여 관직에서 물러나 숙부의 복수를 하기로 마음 먹었다. 원섭이 분노했다는 것이 알려지자 곡구현의 호걸 한 명이 대신 복수를 해버렸다. 결국 원섭은 살인을 사주한 격이 되어 도망자가 되었지만 원섭의 입장을 알고 있는 사람들이 탄원서를 제출하므로 사면을 받아 다시 모습을 드러냈다.

사방의 호걸들이 원섭을 찾아왔고, 원섭은 그 사람들을 모두 공손하게 맞이했고, 가난한 사람을 만나면 언제나 도와주고 남의 급한 사정을 풀어주는 것을 자신의 보람으로 여기고 있었다. 그러니 협객들은 이런 원섭을 위해 목숨을 아끼지 않았다. 누군가 원섭을 욕하면 은혜를 갚기 위해 그 자를 죽이기까지 했다.

원섭은 이런 과정을 거치면서 점차 기고만장해졌는데, 사람을 죽일만한 일도 아닌데 자신의 비위를 건드렸다고 죽여버리고 말았다. 그 일로 당시 임시 현령이었던 윤공이 원섭에게 책임을 물었다. 그러나 원섭의 근본을 알고 지내온 호걸들이 탄원을 해서 간신히 목숨을 건질 수 있었다. 그 대신 원섭은 스스로 자신의 몸을 묶고 화살로 귀를 뚫은 채 사죄를 해야 했다. 여기서 유래된 고사성어가 자승자박이다.

오늘날도 사람들 중에 자승자박하는 경우가 종종 있다.

첫째는 생각의 자승자박이다.

자신을 스스로 무능력한 사람이요, 못난 사람이라고 생각하면 그대로 자승자박하게 되는 것이다. 사람은 생각 그 자체로 운명을 만들어 간다. 긍정적인 생각 없이 성공할 수 있는 사람은 아무도 없다. 자신의 삶 속에 늘 '나는 부족하여 못한다. 그러므로 나는 실패할 수밖에 없다'고 생각하는 이 자체가 무능한 것이다. 예수님은 "할 수 있거든 이 무슨 말이냐 믿는 자들에게는 능치 못할 일이 없느니라"막 9:23고 말씀하셨듯이, 믿음으로 행할 때 하나님의 능력을 경험할 수 있음을 기억하면서 담대하게 살아가야 한다.

둘째는 자화상의 자승자박이다.

자신의 외적인 모습을 보듯이 내적인 모습도 볼 줄 알아야 한다. 또한 내적인 모습을 보면서 자기의 운명을 볼 줄 알아야 한다. 자신이 부정적이거나 폐쇄적인 자화상이면 그 삶이 부정적으로 나타나고 폐쇄되고 말 것이나 자신의 모습이 진취적이고, 긍정적인 자화상이라면 반드시 성취하는 기쁨을 누릴 것이다. 가나안 땅을 정탐한 후, 여호수아와 갈렙은 믿음의 자화상을 그리고 보고했다. 그 결과 그들은 믿음의 자화상처럼 가나안 땅에 들어갈 수 있었다.

셋째는 언어로 자신을 묶는 자승자박이다.

사람의 성공 실패는 언어를 어떻게 사용하느냐에 따라 나타난다. '말이 씨가 된다'고 하잖는가? 내가 어떻게 말을 하느냐에 따라서 뇌 기능도 그 쪽으로 기운다고 한다. 반복되는 긍정적이고 부정적인 말은 우리의 삶의 습관이 되어서 생활에 좋은 영향을 끼치든지 나쁜 영향을 끼치게 되므로 자승자박하는 결과를 낳게 되는 것이다.

하나님은 우리에게 믿음의 줄을 주셨다. 그 믿음의 줄로 구원도, 응답도 받을 수 있게 하셨다. 하나님은 우리에게 십자가라는 사랑의 줄을 주셔서 예수님의 지체가 되게 하셨고, 하나님과 이웃들과 사랑의 공동체를 이루게 하셨다. 그러므로 이제 믿음과 소망과 사랑을 가지고 하나님의 능력을 경험하면서 구원의 길을 담대히 나가야 할 것이다.

제구포신(除舊布新)

자기가 만든 줄에 스스로를 옭아 묶는다

除 덜 제
舊 예 구
布 베풀 포
新 새 신

제구포신이라는 고사성어는 묵은 것을 제거하고 새로운 것을 펼쳐낸다는 뜻으로, 낡은 것의 가치도 다시 생각하고 새 것의 폐단도 미리 봐야 한다는 의미이다.

마태복음 9:17
새 포도주를 낡은 가죽 부대에 넣지 아니하나니 그렇게 하면 부대가 터져 포도주도 쏟아지고 부대도 버리게 됨이다 새 포도주는 새 부대에 넣어야 둘이 다 보전되느니라.

중국 춘추전국시대의 제나라 19대 군주인 소공昭公 17년, 겨울에 갑자기 하늘에 혜성이 나타나게 되었다. 혜성은 성패星悖라고 부르기도 했다. 여기서 패悖란 충돌, 패란悖亂을 말한다.

혜성의 빛은 긴 꼬리를 가지고 있으므로 중국 고대인들은 그 형상을 보면서 소파성掃把星 혹은 재성災星이라고 부르기도 했고, 재성災星은 전염병과 횡화橫禍의 대명사로 불렀다. 그래서 혜성이 하늘에 나타나 그 꼬리가 어디로 향하느냐에 따라서 그곳에 반드시 참화慘禍가 나타난다고 보았다. 이것이 아무런 과학적인 근거는 없지만 고대 각지의 모든 사람들은 그렇게 생각을 한 것이다.

그러나 노나라의 대부 신수申須는 기이한 혜성을 보고 이런 말을 하기도 했다.

"혜성의 모양이 빗자루 같기 때문에 낡은 모든 것을 쓸어내고 새로운 것을 내놓는 별이다. 천문현상은 항상 길흉을 상징하는데 지금 혜성이 대화大禍를 쓸어냈다. 그러나 대화가 다시 나타날 때는 반드시 재앙을 뿌릴 것이니 제후국에 화재火災가 있을 것이다. 내가 예전에 혜성을 본 적이 있는데 그것은 지금의 조짐과 같았다. 그때는 대화大禍가 나타날 무렵에 그것이 보였는데, 금년에는 대화가 나타난 뒤에 혜성이 더욱 밝게 빛났으니, 반드시 대화가 들어가면 혜성도 자취를 감출 것이다. 혜성이 대화의 자리에 머문 지 오래 됐으니 어찌 이치가 그렇지 않겠는가."

이렇게 말하면서 혜성은 동서양을 막론하고 불길함의 상징으로 여겨져 온 것을 이제는 오히려 변혁의 징조로 본 것이다.

2012년에 전국 교수 626명을 대상으로 설문조사를 한 결과 176명28%은 "온 세상이 모두 탁하다"는 의미로 거세개탁擧世皆濁을 선택했다고 한다. 온 세상이 모두 탁해서 지위의 높고 낮음을 막론하고 모든 사람이 바르지 않아 홀로 깨어 있기 힘들다는 뜻이다.

그리고 2013년을 제구포신除舊布新으로 뽑았다. 그 이유는 대한민국의 최초 여성 대통령이 세움을 받아 그가 공약으로 내세운 것처럼 묵은 감정과 지역 갈등을 해소하고 혼탁한 정치, 각종 비리 등 사회악을 말끔히 씻고 화평한 나라가 되기를 바라는 마음이었다고 한다.

한 해가 기울어 가는 연말이 다가오면 어김없이 송구영신이라는 문구를 대하게 된다. 묵은 것을 보내고 새로운 것을 맞이하자, 묵은 것을 보내고 새로운 것을 펼치자는 의미이다. 그래서 교회에서는 매년 12월 31일 자정을 앞두고 송구영신 예배를 드리게 된다. 송구영신이란 구호가 중요한 것이 아니라 그 구호대로 실천하는 것이 중요한 것이 아니겠는가? 그러므로 묵은 어떤 것을 보내느냐, 새로운 어떤 것을 펼치겠다는 구체적인 계획과 목표가 있어야 하지 않겠느냐는 것이다.

바울사도는 "그런즉 누구든지 그리스도 안에 있으면 새로운 피조물이라 이전 것은 지나갔으니 보라 새것이 되었도다"고후 5:17라고 했다. 예수를 믿게 된 후부터 언.행.심.사言行心思가 변화되어야 함을 교훈하고 있지만, 이 교훈을 하면서 자신의 모습을 생각했을 것이다.

바울은 유대교의 바리새파에 속한 사람으로서 율법과 전통을 중시하는 잘못된 방향의 열심 때문에 그리스도인들에게 박해 운동을 시작하였다.

그의 박해는 예루살렘 이외의 도시까지 확장시켰으며, 심지어는 북쪽 다메섹까지 쫓아가서 그리스도인들을 찾아내어 예루살렘 산헤드린에 의해 재판을 받게 하려고 대제사장에게서 허가서를 받아내기도 했다.

그러나 그는 다메섹에서 예수를 만난 후에는 철저히 변화된 삶이었다. 바울의 회심이나 헌신만큼 기독교 역사에 결정적 영향을 미친 사건은 없을 정도였다. 특히 복음을 위하여 죄인과 같이 매이는 데까지 고난을 받아도 기뻐할 수 있는 있었던 것은 오직 그리스도를 통해야만 구원이 이루어진다는 고상한 지식이 자신을 감싸고 있었기 때문이다.

천재일우(千載一遇)

천년 만에 한 번 만날 수 있는 기회

千 일천 천
載 실을 재
一 하나 일
遇 만날 우

천재일우라는 고사성어는 천 년 만에 한 번 만날 수 있는 기회란 뜻으로, 좀처럼 만나기 어려운 좋은 기회를 일컫는 말이다.

이사야 55:6~7
너희는 여호와를 만날 만한 때에 찾으라 가까이 계실 때에 그를 부르라. 악인은 그의 길을, 불의한 자는 그의 생각을 버리고 여호와께로 돌아오라 그리하면 그가 긍휼히 여기시리라 우리 하나님께로 돌아오라 그가 너그럽게 용서하시리라.

동진東晋의 학자이며 동양東陽태수를 지낸 원굉袁宏은 건국 공신 20명을 선발하여 그들 한 사람 한 사람의 행장行狀을 칭찬하는 찬양의 글을 짓고 서문에 "명마를 가릴 줄 아는 백락伯樂을 만나지 못하면 천 년이 지나도 천리마 한 필을 찾아내지 못한다."고 했다.

그리고 어진 임금과 뛰어난 신하의 만남이 결코 쉽지 않다는 것을 비유적으로 "만 년에 한 번의 기회는 이 세상의 통칙이며, 천 년에 한 번의 만남은 현군과 명신의 진귀한 해후다."라는 글을 남겼다. 즉, 현군과 어진 신하의 만남이 결코 쉽지 않다는 말이며, 만년에 한 번 기회가 오는데, 이런 기회가 얼마나 진귀한 단남인가를 강조하는 말이다.

그런데 이런 기회를 기회를 놓치면 얼마나 한탄할 일이겠는가? 외국의 속담에 "기회의 뒤통수에는 머리카락이 없다."라는 말이 있다. 기회는 지나가고 나면 붙잡지 못한다는 말이다. 기회가 지나고 난 뒤에 아무리 후회해도 소용없다. 기회가 왔을 때는 그만큼 적극적으로 대처해야 하고, 모든 것을 걸어야 하고, 머뭇거리거나 고민할 겨를이 없다.

신앙이란 "천재일우"같다. 신앙은 하나님의 은총과 우리 인간의 응답이 어우러져 빚어내는 신비로운 구원사건이다. 그러한 신앙생활을 하고 있는 우리들은 얼마나 놀라운 존재인가? 신앙은 참으로 신비로운 일이다.

"보라 지금은 은혜 받을 만한 때요 보라 지금은 구원의 날이로다"고후 6:2라는 말씀대로 은혜 받을 기회, 구원받을 기회는 바로 지금임을 기억하면서 살아야 한다.

또 이사야 선지자는 "너희는 여호와를 만날 만한 때에 찾으라 가까이 계실 때에 그를 부르라 악인은 그의 길을, 불의한 자는 그의 생각을 버리고 여호와께로 돌아오라 그리하면 그가 긍휼히 여기시리라 우리 하나님께로 돌아오라 그가 너그럽게 용서하시리라."고 하셨다.

하나님께서는 우리에게 베푸실 은혜를 이미 준비해 놓고 기다리신다는 뜻이다. 하나님이 우리와의 만남을 늘 기다리고 계신다는 것이다.

또 "때"를 강조하고 계시는데, 여기서 말한 때란 지금이다. 숨을 쉬고 있는 이 순간이다. 나의 맥박이 뛰고, 심장이 고동치고, 손발이 움직이고, 두 눈이 깜박이고 있는 이 순간이 바로 지금이다. 지금 이 시간에 은혜를 받고, 구원을 이루고 하나님을 만나야 한다는 말이다.

이스라엘은 430년 동안 애굽에서 종살이를 했다. 그러던 어느 날 모세라는 지도자가 나타나 바로 왕의 강퍅한 마음을 10가지의 재앙으로 꺾으시고 출애굽을 감행하게 하셨다. 이스라엘이 애굽의 압제로부터 해방될 수 있는 '천재일우'를 놓칠 수 없었다.

그러나 어쩔 수 없어서 이스라엘 출애굽을 허락했지만 언제 그의 마음이 변할지 모르는 상황이기에 이스라엘 백성들은 서둘러 정신없이 출애굽을 위해서 준비했다. 그 탈출할 당시의 급박한 상황을 재현하는 절기가 유월절이다.

그래서 이 날 유대인들은 지팡이를 짚고 배낭을 메고 서서, 급하게 먹었었던 음식이 누룩을 넣지 않은 빵이었다. 출애굽 사건이 그만큼 급박하게 이루어졌다는 뜻이다. 기회가 왔을 때는 먹을 것조차도 제대로 챙길 수 없다. 기회를 놓치고 다시는 그런 기회를 만날 수 없기 때문이다.

한 해를 마무리하고 또 한해를 준비하기 위해서는 먼저 은혜부터 받아야 한다. 사업을 시작하기 전에, 직장에서 승진하고 싶어 기도하기 전에, 학교 공부 전에 먼저 은혜부터 받아야 한다. 은혜 받고 나면 하나님의 축복과 능력이 함께 하시기 때문에 모든 일들이 순조롭게 진행되기 때문이다.

지금 힘들고 어려움이 있다면, 사업과 직장과 가정의 문제가 있다면, 답답함이 있다면, 해결해야 될 일들이 있다면 바로 은혜 받을 때인 것이다.

어진 임금현군과 뛰어난 신하명신가 만나면 태평성대가 이루어지듯이, 우리가 하나님을 만나는 것이 그토록 갈망하고 원하는 구원이다.

칠종칠금(七縱七擒)

七 일곱 칠
縱 놓을 종
七 일곱 칠
擒 사로잡을 금

일곱 번 잡았다가 일곱 번 풀어준다

칠종칠금이라는 고사성어는 일곱 번 잡았다가 일곱 번 풀어준다는 뜻으로, 상대를 마음대로 다룸을 비유하거나 인내를 가지고 상대가 숙여 들어오기를 기다린다는 의미이다.

마태복음 18:21~22
그때에 베드로가 나아와 이르되 주여 형제가 내게 죄를 범하면 몇 번이나 용서하여 주리이까 일곱 번까지 하오리이까 예수께서 이르시되 네게 이르노니 일곱 번뿐 아니라 일곱 번을 일흔 번까지라도 할지니라.

삼국시대 촉한蜀漢의 초대 황제인 유비劉備는 제갈량에게 나랏일을 맡기고 세상을 떠났다. 제갈량은 후주後主인 유선劉禪을 보필하게 되었는데, 그때 각지에서 반란이 일어나게 되었다. 그러자 제갈량은 위魏나라를 공략하여 생전의 유비의 뜻을 받들었던 사람들로 먼저 내란부터 수습해야 했다. 유선이 아직 어리고 철이 없어 군대를 동원하는 것이 무리라고 생각한 제갈량은 적진에 유언비어를 퍼뜨려 이간책을 썼다. 이간책이란 왕은 신하를 못 믿게 하고, 신하는 왕을 못 믿게 하고 또 국민들 모두에게 이간책을 써서 서로 투쟁하게 한 뒤 병력을 동원하여 장악하면 된다는 계책이다.

과연 반란군은 자중지란自中之亂을 일으켜 서로 살육을 일삼게 되었고, 그 결과 마지막으로 등장한 반란군이 바로 맹획이다. 맹획이 반기를 들자 제갈량은 노강 깊숙이 들어가 그를 생포했다. 제갈량의 계략에 걸려들어 생포된 맹획은 분함을 이기지 못하고 있었다. 그러나 맹획을 생포한 제갈량은 오랑캐로부터 절대적 신임을 받고 있는 그를 죽이는 것만이 능사는 아니라고 판단하였고, 촉한의 무장인 마속馬謖도 '용병 도리의 최상이 민심을 공략하는 것으로, 군사전은 하책일 뿐 심리전을 펴 적의 마음을 정복하라'고 했다. 그들의 속뜻은 오랑캐의 마음을 사로잡고 나면 그들의 인적, 물적 자원을 바탕으로 북벌北伐도 한결 용이할 것이라는 계략計略이었기에 맹획을 풀어주었다.

고향에 돌아온 맹획은 전열을 재정비하여 또다시 반란을 일으켰다. 제갈량은 자신의 계략을 이용하여 멍획을 다시 사로잡았지만 또 풀어주었고, 이렇게 하기를 일곱 번이나 하자 마침내 맹획은 제갈량에게 존경심이 생기게 되었고 복종하여 부하되기를 자청하게 되었다. 여기서 '칠종칠금'이라는 고사성어가 유래되었는데, 오늘날에는 '상대방을 마음대로 요리한다'는 뜻으로 사용되고 있다.

베드로는 예수님께 "형제가 내게 죄를 범하면 몇 번이나 용서하여 주리이까 일곱 번까지 하오리이까"마 18:21라고 묻게 되었다.

벤시나 안티고누스와 같은 사두개파에서는 죄를 범한 이웃에게 두 번의 기회를 줄 것을 말하고 있다. 또 바리새파나 랍비들은 이웃의 범죄는 3회까지만 용서하고 그 이상은 금하라고 가르쳤다. 그런데 베드로는 유대인들의 율법적 용서개념을 능가하는 자신의 관대함을 자랑이라도 하듯이 완전수에 해당하는 일곱 번의 파격적인 용서를 제안하고 있다. 그러나 예수의 대답은 "일곱 번

뿐 아니라 일곱 번을 일흔 번까지라도 할지니라"마 18:22고 말씀하셨다. 예수님께서는 유대인들의 전통적인 관습이나 랍비들의 가르침, 심지어 베드로의 파격적인 제안을 넘어 용서에 대하여 숫자를 세는 것은 진정한 용서가 아니라고 말씀하신다. 예수님의 용서 법은 "일흔 번씩 일곱 번"으로, 숫자상의 어떤 기준을 초월한 끝없는 용서, 무제한적인 사랑을 가르치고 있다.

여기서 예수님이 말씀하시는 것은 횟수가 아니다. 베드로의 용서는 여전히 분노가 남아 있는 억지 용서를 말하고 있지만 예수님의 용서는 분노 자체도 남기지 않는 용서를 말씀하신 것이다.

부활하신 예수님은 "요한의 아들 시몬아 네가 이 사람들 보다 나를 더 사랑하느냐"요 21:15고 세 번이나 자신을 배반한 베드로에게 물으시고 "내 어린 양을 먹이라, 내 양을 치라, 내 양을 먹이라"고 말씀하시면서 다시 목자들의 수장首長으로 세워주셨다.

중국 선종의 창시자인 달마대사는 이런 말을 했다. "사람의 마음은 참으로 알 수 없구나. 너그러울 땐 온 천하를 품을듯 하더니 옹졸해지니 바늘 하나 꽂을 자리가 없구나!"

이 말은 '받는 것이 있어야 주는 것도 있다'give and take는 말에서 유추할 수 있듯이 이해관계에서 천하를 품을 수도 있고, 옹졸해질 수도 있다는 것이다.

그러나 우리의 구원은 조건 없는 사랑에서 용서가 이루어졌음을 기억해야 한다. 그러므로 용서는 내가 하나님을 믿는다는 신뢰의 표시이고 내가 용서를 베풀어야 할 그 사람도 하나님의 사람임을 공표하는 행위가 되는 것이다.

타면자건(唾面自乾)

침이 마를 때까지 기다린다

唾(침 타)
面(낯 면)
自(스스로 자)
乾(마를 건)

타면자건이라는 고사성어는 남이 내 얼굴에 침을 뱉으면 그것이 저절르 마를 때까지 기다린다는 뜻으로, 남이 나의 낮에다 침을 뱉았을 때 이를 곧바로 닦으면 그 사람의 뜻을 거스르는 것이 되므로 저절로 마를 때까지 기다린다는 의미이다.

로마서 12:19
내 사랑하는 자들아 너희가 친히 원수를 갚지 말고 진노하심에 맡기라 기록되었으되 원수 갚는 것이 내게 있으니 내가 갚으리라고 주께서 말씀하시니라.

당唐나라의 측천무후則天武后는 중국사상 유일한 여제女帝로서 약 15년간 전국을 지배했다. 측천무후는 고종이 죽자, 자신의 아들 중종中宗과 예종睿宗을 차례로 즉위시키고 정권을 독차지하여 독재 권력을 휘둘렀다. 자신의 권세를 유지하기 위하여 탄압책을 쓰는 한편, 유능한 신흥 관리를 많이 등용하고 명신을 적절히 등용하여 정치를 담당시켰기 때문에 천하는 그런 대로 태평했다.

측천무후의 유능한 신하 중에 누사덕婁師德이란 사람이 있었다. 그는 성품이 온후하고 관인寬仁하여, 아무리 무례한 일을 당해도 그 자세에 흔들림이 없었다. 하루는 그의 아우가 대주자사代州刺史로 임명되어 부임하려고 할 때였다.

그는 동생을 불러 "우리 형제가 다 같이 출세하고, 황제의 총애를 받는 것은 좋은 일이나, 그만큼 남의 시샘도 크다고 보면 틀림이 없을 거다. 그렇다면 그러한 시샘을 면하기 위해서는 어떻게 처신하면 된다고 생각하느냐?"라고 물었다.

그러자 동생이 "비록 남이 내 얼굴에 침을 뱉더라도 결코 상관하거나 화내지 않고 잠자코 닦겠습니다. 만사를 이런 식으로 사람을 응대하여 결코 형님에게 걱정이나 누를 끼치지 않도록 하겠습니다."라고 대답했다.

동생의 말을 들은 누사덕은 "내가 염려하는 바가 바로 그것이다. 만약 어떤 사람이 네게 침을 뱉는다면 그것은 네게 뭔가 크게 화가 났기 때문일 것이다. 그런데 네가 바로 그 자리에서 침을 닦아버린다면 상대의 기분을 거스르게 되어 그는 틀림없이 더 크게 화를 내게 될 것이다. 침 같은 것은 닦지 않아도 그냥 두면 자연히 마르게 되니, 그런 때는 웃으며 그냥 침을 받아 두는 게 제일이다."라고 말을 한 것에 타면자건唾面自乾이라는 고사성어가 유래되었다.

야곱이 가나안 땅으로 건너와 처음 장막을 친 곳은 세겜 땅이었다. 야곱은 가나안 땅에서 새로운 생활을 시작하면서 세겜에 땅을 샀고 그 곳 사람들이 보는 앞에서 하나님께 제단을 쌓고 예배를 드리면서 그 땅 이름도 이스라엘의 하나님은 강하시다는 뜻으로 '엘 엘로해 이스라엘'이라고 부르기도 했다.

그런데 그곳에서 생각지 못한 피 흘림의 큰 사건을 만나게 된다. 야곱의 딸 디나가 세겜 성에 있는 추장에게 강간을 당한 일로 야곱의 아들들이 세겜 성에 있는 거민들을 몰살한 사건이다 창 34. 디나가 세겜 성 추장에게 당했던 사건은 가슴 아픈 일이지만 그렇다고 한 민족을 몰살시킬 만한 사건으로 볼 수는 없는 것이다. 그럼에도 이런 사건이 일어났다는 것은 디나를 향한 오라비의 각별한 애정이라 할 수 있지만, 그들의 혈기를 불러 일으켜 복수하고자 했던 것은 선민의식과 자존심이 복합적으로 작용하면서 상상할 수 없는 큰 일로 받아들여졌기 때문에 누이가 당한 사건이 한 부족을 멸망으로 몰고 갈 사건으로 커지게 된 것이다.

당시 고대 근동에서는 딸이나 누이의 치욕이 아내의 치욕보다 더 크게 간주했다. 특히 그들은 하나님의 선민이라는 자존심이 강한 민족이다. 그래서 야곱의 아들들의 분노는 극에 달하여 상상할 수 없는 혈기를 증폭시킨 것이다.

다윗도 자신을 향한 시기심과 질투심으로 몇 번이나 창에 맞아 죽을 뻔했다. 다행히 창을 두 번이나 잘 피해 죽을 뻔한 위기를 넘겼다. 그러나 곰곰이 생각해 보면 놀랍기도 하고 배신감을 느낄 수 있는 다윗이지만 그런 반응은 조금도 없었다. 다윗은 하나님이 사울을 떠나 자기와 함께 계심을 믿었기 때문이다.

이것이 하나님과 함께하는 사람의 모습이다. 다윗에게 임하신 하나님의 영이 원수로 갚지 않도록 하신 것이다. 우리 안에 계시는 성령은 우리로 하여금 보복하지 않게 역사하시는 영이시다. 성령의 임재 안에 있는 사람은 사랑으로 상대방을 이기게 된다. 그래서 하나님은 "원수 갚지 말며 동포를 원망하지 말며 네 이웃 사랑하기를 네 자신과 같이 사랑하라 나는 여호와이니라"레 19:18 고 말씀하셨다. 오히려 선을 행하므로 하나님과 함께하는 모습을 나타내는 것을 하나님께서 원하심을 알아야 한다.

파죽지세(破竹之勢)

대나무를 쪼개는 기세

破 깨뜨릴 파
竹 대나무 죽
之 갈 지
勢 기세 세

파죽지세라는 고사성어는 대나무를 쪼개는 기세라는 뜻으로, 맹렬한 기세 때문에 적대하는 자가 없음을 의미한다.

베드로전서 2:11~12
사랑하는 자들아 나그네와 행인 같은 너희를 권하노니 영혼을 거스려 싸우는 육체의 정욕을 제어하라.

위魏나라의 권신權臣 사마염司馬炎은 원제元帝를 폐한 뒤 스스로 제위帝位에 올라 무제武帝:265-290라 일컫고, 국호國號를 진晉이라고 했다. 그리하여 천하는 3국 중 유일하게 남아 있는 오嗚나라와 진晉나라로 나뉘어 대립하게 되었다. 이윽고 무제는 진남대장군鎭南大將軍 두예杜五에게 출병을 명했고, 이듬해 2월 무창武昌을 점령한 두예는 휘하 장수들과 오나라를 일격에 공략할 마지막 작전 회의를 열었다. 이 때 한 장수가 이렇게 건의했다.

"지금 당장 오나라의 도읍을 치기는 어렵습니다. 이제 곧 잦은 봄비로 강물은 범람할 것이고, 또 언제 전염병이 발생할지 모르기 때문입니다. 그러니 일단 철군했다가 겨울에 다시 공격하는 것이 어떻겠습니까?"

이에 찬성하는 장수들도 많이 있었으나 두예는 단호하게 이렇게 말했다.

"그건 안 될 말이오. 지금 아군의 사기는 마치 대나무를 쪼개는 기세破竹之勢요, 대나무란 처음 두 세 마디만 쪼개던 그 다음부터는 칼날이 닿기만 해도 저절로 쪼개지는 법인데, 어찌 이런 절호의 기회를 버린단 말이오. 지금 아군은 위세를 이미 떨치고 있습니다. 파죽지세破竹之勢, 대나무를 쪼개는 것과 같습니다. 이제 조금만 더 손대면 쉽게 쪼개어질 것이니, 다시 손댈 곳이 없을 것입니다."

이렇게 말을 하고 곧바로 휘하의 전군을 휘몰아 오나라의 도읍인 건읍建業 : 南京으로 쇄도殺到 하여 단숨에 공략하게 되었다. 그 결과 오왕嗚王 손호가 항복함에 따라 마침내 진晉나라는 삼국 시대에 종지부를 찍고 천하를 통일시키게 되었다. 여기에서 유래된 고사성어가 파죽지세다.

하나님은 지도자 모세를 세워 이스라엘이 430년이란 애굽 생활에서 출애굽 하는 대 역사를 이루게 하셨고, 광야생활 40년 이후 모세의 후계자 여호수아를 통하여 가나안 정복을 이루게 하셨다. 그 과정에서 여호수아와 동일한 믿음을 가진 사람 갈렙의 분투와 전공戰功은 초지일관初志一貫 하나님께서 약속하신 말씀을 잊지 않고 파죽지세破竹之勢의 위세를 떨치고 있었다. 갈렙은 이미 가데스 바네아에서 10명의 정탐꾼들의 불신앙적 보고로 인해 이스라엘이 하나님을 불신하므로 가나안에 들어가지 못한 사람들을 보았다. 그러나 하나님께서 함께 하시고 기뻐하시면 능히 가나안을 정복할 수 있고 그들은 우리의 밥이라고 말할 정도로 믿음을 가지고 앞장서서 실천하는 모습을 보여주었다.

가나안 정복전쟁은 이스라엘이 나서서 싸우는 전쟁이지만 그들은 단지 하나님의 도구가 되어 이미 하나님께서 승리하게 하신 싸움에 쓰이는 도구에 불과하지 않았다.

이렇듯 예수님께서는 이미 사망의 권세를 물리치시고 영생을 주셨다. 그리고 우리가 살면서 참여해야 할 사명을 주셨다. "너희는 가서 모든 족속으로 제자를 삼아 아버지와 아들과 성령의 이름으로 세례를 주고 내가 너희에게 분부한 모든 것을 가르쳐 지키게 하라"마 18:18~20는 말씀이다.

하나님의 나라 건설과 확장을 위해 모든 열방과 민족들을 그리스도 앞에 돌아오게 하기 위해서는 바울이 에베소 교회 성도들에게 편지할 때, 우리에게도 동일한 싸움이 있다는 것을 알렸듯이 우리는 혈과 육에 대한 싸움이 아니라 정사와 권세와 이 어두움의 주관자들과 하늘에 있는 악의 영들과의 싸움이 있음을 알아야 한다. 우리가 하나님의 나라를 위해 싸워나갈 때 접전하게 되는 세력들이 만만치 않음을 경계하고 있다엡 6:12.

그래서 베드로 사도는 이 거룩한 영적 전쟁에 참여하는 성도들이 전쟁에 참여할 만한 무장을 갖추기 위하여 영혼을 거스려 싸우는 육체의 정욕을 제어하는 싸움에서 먼저 승리해야 할 것을 강조하고 있다. 내가 참전하고자 하는 정복전쟁은 하나님의 싸움을 대신하는 거룩한 성전이기 때문에 내가 내 자신과의 싸움에서 실패하고서는 세상을 향한 정복 전쟁에 참여하는 것이 어렵기 때문이다.

"사랑하는 자들아 나그네와 행인 같은 너희를 권하노니 영혼을 거스려 싸우는 육체의 정욕을 제어하라"벧전 2:11~12.

해로동혈(偕老同穴)

살아서는 함께 늙고 죽어서는 같은 무덤에 묻힌다

偕 함께 해
老 늙은이 노
同 한가지 동
穴 구멍 혈

해로동혈偕老同穴이라는 고사성어는 살아서는 함께 늙고 죽어서는 같은 무덤에 묻힌다는 뜻으로, 생사를 같이 하는 부부의 사랑의 맹세라는 의미로 사용되는 말이다.

사도행전 16:31
주 예수를 믿으라 그리하면 너와 네 집이 구원을 받으리라.

해로偕老는 전선에 나간 병사가 고향에 두고 온 아내를 생각하며 멀리 떨어져 있음을 슬퍼하는 내용이다. 그 내용은 다음과 같다. 생사계활 여자성설, 집자지수 여자해로生死契闊 與子成說, 執子之手 與子偕老, 삶과 죽음과 헤어짐과 만남에 상관없이, 항상 함께 하자 언약하였지. 그대의 손을 잡고, 그대와 함께 늙겠노라.

동혈同穴은 초나라에 의해 멸망한 나라의 군주와 부인의 이야기다. 군주는 포로가 되고 부인은 초왕의 아내로 지목되어 궁으로 끌려갔다. 초왕이 잠시 자리를 비운 틈에 부인은 포로가 된 남편을 만나 '죽어도 이 몸을 타인에게 바칠 수 없다.'고 하고 시를 짓고는 자결했고, 남편도 따라서 자결했다는 데서 전해진 이야기다.

다른 한 유래는 한 대부가 수레를 타고 가는 것을 옛 애인이 보고 부른 노래에서 연유한 것인데, 내용은 곡칙이실 사칙동혈穀則異室 死則同穴, 살아서는 집이 다르나, 죽어서는 무덤을 같이 하리라는 뜻이 담겨 있다.

사랑하여 만나 가정을 이루고 늙어지도록 살다가 누구는 먼저 세상을 떠나고, 누구는 남는다는 것이 너무나 가슴 아픈 일이 아닐 수 없다. 더구나 나이 젊었을 때 아내나 혹은 남편이 먼저 세상을 떠난다면 무엇으로 위로할 수 없고 위로 받을 말이 없다. 해로동혈이라는 고사성어처럼 살아서는 사랑하며 행복하게 살다가 세상을 떠날 때는 함께 무덤에 묻힐 수 있다면 죽음 앞에서도 두려워하지 않을 것이다.

그러나 그것은 하나님의 권한과 영역이기 때문에 어쩔 수 없는 일이라고 생각하기에 앞서 하나님의 뜻은 모든 것이 선하고 아름답게 하시는 분이심을 생각할 때에 해로동혈하지 않는 것이 오히려 다행스러운 일이라고 생각할 수 있어야 한다. 다만 육신의 정 때문에 아쉬운 마음이 있다면 가족들이 천국을 소망하는 가운데 부활의 신앙을 가지고 살다가 이 세상에서의 생이 끝날 때 천사들의 옹위 가운데 주님 나라에 가서 그리웠던 얼굴을 만나는 것이다. 그 나라는 다시 저주가 없으며 하나님과 그 어린 양의 보좌가 있고 주님의 종들로 하여금 섬김을 받는 나라요 영원토록 왕 노릇하는 나라이다계 22:3,5. 그 나라에서는 주님께서 우리들의 눈에 흐르는 모든 눈물을 닦아 주시고, 다시는 사망이나 애통하고 곡하는 것이나 아픈 것도 없고, 이 세상에서 겪는 환란과 고통도 없고, 영원히 새 소망을 가지고 살게 된다계 21:4~5.

우리가 예수 믿고 구원받아 가는 하나님의 나라는 세상에서 소망하는 것과는 비교할 수 없는 아름답고 존귀한 나라이다. 오직 예수님을 믿고 구원을 얻어야 그 나라에 이르게 된다.

화이부실(華而不實)

꽃은 화려해도 열매는 없다

華 꽃 화
而 말이을 이
不 아닐 불
實 열매 실

화이부실이라는 고사성어는 꽃은 화려해도 열매는 없다는 뜻으로 사람이나 사물이 겉으로는 좋아 보이지만 실속이 없음을 비유한 말이다.

누가복음 6:43~44
못된 열매 맺는 좋은 나무가 없고 또 좋은 열매 맺는 못된 나무가 없느니라 나무는 각각 그 열매로 아나니 가시나무에서 무화과를, 또는 찔레에서 포도를 따지 못하느니라.

중국 춘추시대에 진나라 대신 양처보가 위나라를 방문하고 돌아오는 길에 노나라 영읍을 지나가다가 한 주막에 묵게 되었다. 집 주인 영은 양처보의 당당한 모습과 비범한 행동을 보고 반해서 양처보의 동의를 얻어 아내와 작별하고 길을 나섰다. 그런데 영은 온溫 땅에 이르자 갑자기 생각을 바꾸어 집으로 돌아왔다. 영의 아내는 매우 이상하게 여겨 다시 돌아온 이유를 물었다. 이에 영은 다음과 같이 대답했다.

"그 사람은 지나치게 성격이 강경하고 편집적이어서 사납고 강한 성질로만 처세하는 사람이요. 특히 양처보는 겉으로는 그럴듯하지만 속으로는 덕이 없어서 다른 사람들의 원망을 집중시키고 있소. 이런 사람과 함께 하면 도움이 되기는커녕 재앙을 당할 것 같은 염려가 돼서 그냥 돌아온 것이오."

양처보는 이런 일이 있고 난 후에 일 년 좀 지나서 조성자 등과 함께 살해되었다. 여기서 유래가 된 고사성어가 화이부실이다.

또 한나라의 왕충이 지은 논형에는, "무릇 사람은 문文:형식과 질質:실질로 이루어지는데, 사물은 겉모습은 화려하지만 실질적이지 못한 것이 있고, 실질적이지만 화려하지는 못한 것이 있다."라는 구절도 역시 내실의 중요성을 교훈하는 고사성어이다.

예수님은 "못된 열매 맺는 좋은 나무가 없고 또 좋은 열매 맺는 못된 나무가 없느니라 나무는 각각 그 열매로 아나니 가시나무에서 무화과를, 또는 찔레에서 포도를 따지 못하느니라"눅 6:43~44며 나무의 판단 원리를 말씀하셨다.

우리의 인격은 나 자신의 언행심사言行心事에서 나타난 열매를 통해 어떤 종류의 신앙과 인격인지 분석이 가능하다는 사실을 말씀하신 것이다.

그래서 예수님은 "선한 사람은 마음에 쌓은 선에서 선을 내고 악한 자는 그 쌓은 악에서 악을 내나니 이는 마음의 가득한 것을 입으로 말함이니라"눅 6:45고 하신 것이다. 즉, 내적 성품은 삶에서 나오는 열매의 종류를 통해서 알 수 있다는 말씀이다.

그리스도의 영은 우리가 사용하는 언행심사를 변화시킨다. 이런 외부적 변화가 없다면 어떤 내적 변화도 없다. 그래서 야고보는 "누구든지 스스로 경건하다 생각하며 자기 혀를 재갈 먹이지 아니하고 자기 마음을 속이면 이 사람의 경건은 헛것이라"약 1:26 하였고, "네 형제들아 만일 사람이 믿음이 있노라고 하고 행함이 없으면 무슨 유익이 있으리요 그 믿음이 능히 자기를 구원하겠느냐 이와 같이 행함이 없는 믿음은 그 자체가 죽은 것이라, 영혼 없는 몸이 죽은 것같이 행함이 없는 믿음은 죽은 것이니라"약 2:14, 17, 26고 말씀 하셨다.

그래서 예수님께서도 바리새인들에게 "독사의 자식들아 너희는 악하니 어떻게 선한 말을 할 수 있느냐 이는 마음에 가득한 것을 입으로 말함이라 선한 사람은 그 쌓은 선에서 선한 것을 내고 악한 사람은 그 쌓은 악에서 악한 것을 내느니라 내가 너희에게 이르노니 사람이 무슨 무익한 말을 하든지 심판 날에 이에 대하여 심문을 받으리니"마 12:34~36라고 하셨다.

특히 우리 주님은 십자가를 통하여 우리에게 죄에서 자우케 하셨고, 구원의 은혜를 베풀어 주셨으며, 거룩함에 이르는 열매를 맺게 하시는데 그 마지막은 영생이라고 말씀하셨다.

그러나 우리는 스스로 열매를 맺을 수 없다.

우리가 열매를 맺기 위해서는 "내 안에 거하라 나도 너희 안에 거하리라 가지가 포도나무에 붙어 있지 아니하면 스스로 열매를 맺을 수 없음 같이 너희도 내 안에 있지 아니하면 그러하리라"요 15:4 하신 말씀처럼 포도 나무되신 예수님 안에 거하고 주님을 떠나지 않아야 한다.

그런데 중요한 것은 포도나무에 붙어 있음에도 불구하고 열매를 맺지 못하는 나무가 있다고 하셨다. 그런 나무는 찍어서 제하여 버리신다고 경고하셨다.

이 말은 비록 포도나무 되신 예수님께 붙어 있을지라도 열매를 맺지 못하면 영원히 꺼지지 않는 불에 던져버리신다는 강력한 경고의 말씀임을 기억해야 할 것이다.

성서와 고사성어가 소통하다

지은이 || 한경석
펴낸이 || 조효근
펴낸곳 || 들소리
펴낸날 || 2014년 5월 30일
등 록 || 1987. 11. 27. 제 9-116호
주 소 || 서울시 종로구 창경궁로 16길 73-6
전 화 || 02)3676-3082
팩 스 || 02)3676-3087
E-mail || dsr123@daum.net
홈페이지 || www.deulsori.com

ISBN 978-89-91654-45-7
값 12,000원

譯註 思政殿訓義 資治通鑑綱目 3

漢 高祖 5년~漢 武帝 建元 원년

編著 朱熹
책임번역 成百曉
공동번역 李圭玉

전통문화연구회

國譯委員

責任飜譯　成百曉
共同飜譯　李圭玉
潤文　朴勝珠 南賢熙
校訂　南賢熙 李孝宰
出版　崔文馨 河廷沅
管理　咸明淑
普及　徐源英

思政殿訓義 資治通鑑綱目을 발간하며

본회가 東洋古典의 飜譯과 教育, 情報化 등 古典現代化 사업을 시작한 지 어느덧 25년이 지났다. 그간 많은 어려움이 있었으나 1988년 본회가 발족한 뒤 동양고전 번역사업에 착수하여 四書三經을 註까지 懸吐完譯함으로써 東洋學과 韓國學 전공자들의 필독서가 되어 教育界와 文化界까지 많은 영향을 주었다.

본회에서는 四書三經, 十三經 등 儒家의 핵심 경전을 번역하는 동시에 동양고전의 한 축인 歷史 고전에도 눈을 돌려 ≪通鑑節要≫, ≪國語≫, ≪戰國策≫뿐만 아니라, 동양 역사철학의 진수가 담긴 ≪春秋左氏傳≫을 완역함으로써 東洋學과 韓國學 연구에 礎石과 架橋를 마련하였다. 이러한 성과를 바탕으로 經史一體의 모범인 ≪資治通鑑綱目≫ 완역을 기획하여 번역에 착수하였다.

'經史一體'란 經典과 歷史가 하나라는 동양의 독특한 관념인데, 이는 기록을 통해 인물과 사건을 도덕적으로 평가하는 풍토를 낳았다. 이러한 기록문화의 중시는 다른 문화권에서는 엄두도 못 낼 막대한 역사 기록을 남기게 하는 배경이 되었다. 굳이 중국 역사서를 언급할 것 없이 ≪朝鮮王朝實錄≫, ≪承政院日記≫, ≪日省錄≫ 같은 방대한 우리의 역사문헌은 이를 잘 보여준다. 이러한 우리 선조들의 역사 서술에 큰 영향을 미친 책이 바로 朱熹의 ≪資治通鑑綱目≫이다.

≪資治通鑑綱目≫은 조선시대 經筵에서 가장 많이 읽은 역사서이자 우리나라 역사 서술에 가장 큰 영향을 미쳤다는 점에서 현재 韓國學 研究에 필수적인 동양 역사 고전이라 할 수 있다. 비록 중국의 역사서이지만, 우리 先學들이 중국의 性理學을 독자적으로 계승 발전시킨 것처럼 ≪資治通鑑綱目≫ 역시 우리의 입장에서 보다 정밀하고 종합적으로 읽고자 하였다. 그 결실이 바로 世宗朝 때 간행된 思政殿訓義本 ≪資治通鑑綱目≫이다.

동양의 대표적 역사서는 紀傳體의 ≪史記≫, 編年體의 ≪資治通鑑≫, 綱目體의 ≪資治通鑑綱目≫으로 대변된다. 北宋 때의 司馬光은 帝王이 여가에 친람하여 정치에 도움이 되게 할 목적으로 ≪資治通鑑≫을 편찬하였고, 朱熹는 ≪資治通鑑≫을 바탕으로 이를 압축적으로 정리하여 보다 읽기 쉽게 하면서 유교적 褒貶을 엄정히 내렸다는 점에서, 이 책들은 제왕의 정치교과서 역할을 하였다. 이런 ≪資治通鑑≫과 ≪資治通鑑綱目≫에 대해 조선조 문화군주였던 세종의 주도하에 연구가 진행되었으며, 그 결과물이 바로 思政殿訓義本 ≪資治通鑑≫과 ≪資治通鑑綱目≫이다.

思政殿은 景福宮의 便殿으로, 세종이 이곳에서 당대 뛰어난 문신들을 참여시켜 ≪資治通鑑≫과 ≪資治通鑑綱目≫에 대한 訓義의 편찬을 주도하였다. 訓義는 의미를 해석한다는 뜻으로, 思政殿訓義는 기존 중국에서 이루어진 ≪資治通鑑≫과 ≪資治通鑑綱目≫의 주석을 集大成하고 군주와 신하들이 읽기 쉽도록 우리만의 주석서를 만든 것이다. 중국 이외 나라에서 ≪資治通鑑≫과 ≪資治通鑑綱目≫ 전체에 주석을 단 것은 조선이 처음일 것이다.

현재까지도 ≪資治通鑑≫과 ≪資治通鑑綱目≫을 원전으로 읽기 위해서는 중국의 연구 성과에 의지하여야 했다. 비록 ≪資治通鑑≫은 중국, 일본, 한국에서 번역되었으나 주석까지 완역되지 못하였고, ≪資治通鑑綱目≫은 번역도 되지 못한 상황이다. 이번 우리나라의 독자적인 주석서인 思政殿訓義本 ≪資治通鑑綱目≫의 완역을 통해 기존에 잊혔던 세종 시기의 ≪資治通鑑綱目≫에 대한 연구 성과를 알리는 동시에, 이를 동양학과 한국학 연구에 활용할 수 있는 기반을 마련하고자 한다. 아울러 이를 통해 古典現代化의 水準을 높이고 融合的이고 自生的인 학문연구가 이루어질 수 있기를 바라는 바이다.

끝으로 이번 思政殿訓義本 ≪資治通鑑綱目≫의 번역에 참여하여 헌신하시는 모든 분들께 무한한 감사를 드린다. 또한 고전현대화에 대한 政府의 지대한 關心과 支援에 감사를 드리며, 그간 직간접으로 지도편달하여 주신 학계와 교육계 및 문화계 인사 여러분께 심심한 謝意를 표하며, 앞으로도 따뜻한 관심과 엄정한 叱正을 부탁드리며 내내 평강과 행복을 기원한다.

社團法人 傳統文化研究會 會長 李啓晃

凡例

1. 본서는 南宋 때 朱熹가 編著하고, 朝鮮 世宗 때 思政殿에서 訓義한 ≪資治通鑑綱目≫을 번역한 것으로 ≪譯註 思政殿訓義 資治通鑑綱目≫ 제3책이다.
2. 본서의 底本은 서울대학교 규장각 소장본(奎7500, 藍書 口訣)이며, 규장각(奎7512, 朱書 口訣)과 국립중앙도서관(한古朝50-5, 墨書 口訣) 소장본을 참조하였다. 이들은 모두 木版本으로, 大字(綱)는 晉陽大君(世祖)이 써서 鑄造한 丙辰字, 中小字(目, 序文, 凡例, 訓義 등)는 再造甲寅字로 되어 있다.

   이 밖에도 嚴文儒와 顧宏義가 校點한 ≪資治通鑑綱目≫(≪朱子全書≫ 8-11, 上海古籍出版社·安徽教育出版社, 2002), 文淵閣四庫全書 ≪御批資治通鑑綱目≫, 朝鮮 世宗 때 간행된 思政殿訓義 ≪資治通鑑≫(국립중앙도서관 일산古221-43, 규장각 奎7526), 標點資治通鑑小組에서 標點한 ≪資治通鑑≫(中華書局, 1992(제5판)) 등을 참고하였다.
3. 綱과 目의 원문에는 규장각(奎7500, 奎7512)과 국립중앙도서관(한古朝50-5)의 口訣本을 참조하여 懸吐하였고, 訓義는 한국에서 재래로 사용해오던 표점방식을 보완하여 文理의 이해를 돕는 수준에서 간략히 標點하였다.
4. '綱'과 '目'을 구분하기 위해 각각 번역문 앞에 【綱】과 【目】을 표기하였다. 目은 단락이 길 경우 의미 단락별로 分節하였다. 訓義는 저본의 해당 위치에 ①, ②, ③ 등으로 표기하고 綱이나 目 아래에 번역문과 원문을 배치하였다.

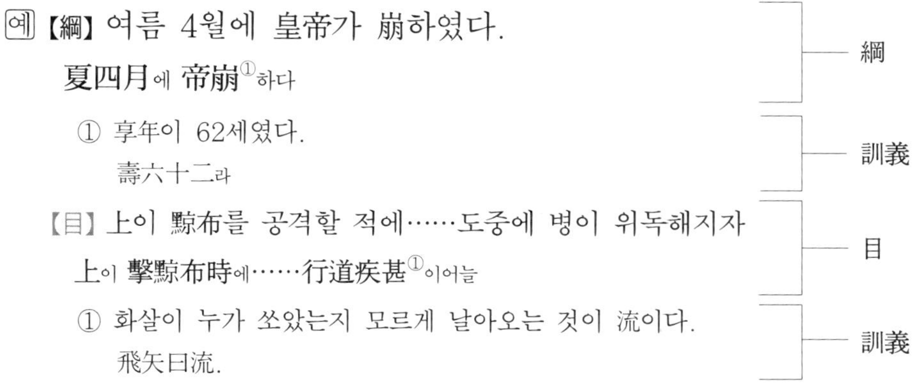

예 【綱】 여름 4월에 皇帝가 崩하였다.

夏四月에 帝崩①하다

① 享年이 62세였다.
壽六十二라

【目】 上이 黥布를 공격할 적에……도중에 병이 위독해지자

上이 擊黥布時에……行道疾甚①이어늘

① 화살이 누가 쏘았는지 모르게 날아오는 것이 流이다.
飛矢曰流.

5. 번역문은 한글과 한자를 혼용하였으며, 맞춤법과 띄어쓰기는 한글 맞춤법과 표준어 규정을 따랐다.
6. 원문이나 번역문의 한자 중에 僻字나 讀音이 특수한 글자는 한글로 音을 달아주었다.
7. 圖版은 地圖, 人物, 故事, 器物 등을 수록하였으며, ≪帝鑑圖說≫, ≪晩笑堂畫傳≫, ≪古聖賢像傳略≫, ≪古今圖書集成≫, ≪三才圖會≫, ≪五經圖彙≫ 등을 참고하였다.
8. 譯註는 校勘, 人物, 制度, 官職, 역사적 사건, 인용문의 出典, 異說, 故事, 전문용어, 難解語 등에 관한 사항을 밝혔다.
9. 校勘은 원문의 誤字, 脫字, 衍文, 倒文 등을 대상으로 하였다.
10. 附錄에 실린 年表는 綱을 중심으로 ① 君王의 즉위와 사망, 年號, 改年 ② 정치, 경제, 사회, 문화의 주요 사건 ③ 주요 인물의 행적과 사망 등을 서술하되, 東洋史 학술 연표들을 참고하였다(參考書目 年表 관련 자료 참조).
11. 본서의 校勘에 사용된 符號는 다음과 같다.
   ( )〔 〕: (저본의 誤字)〔교감한 正字〕
   〔 〕: 저본의 脫字 보충
   ( ) : 저본의 衍字 표시
12. 본서에 사용한 주요 부호는 다음과 같다.
   " " : 1차 인용
   ' ' : 2차 인용
   「 」: 3차 인용
   ( ) : 원문의 讀音 및 번역문의 間註
   〔 〕: 번역문과 뜻은 같으나 音이 다른 경우
   ≪ ≫ : 書名, 典據
   〈 〉: 篇章名, 作品名 표기
   【 】: 綱과 目의 표시
   ◑, ○ : 저본에 사용된 부호 遵用
13. 본서 朱熹의 凡例와 訓義에 사용한 標點은 다음과 같다.
   . : 문장의 종결
   , : 한 문장 안에서 句나 節의 구분이 필요한 곳
   · : 대등한 명사나 구절의 병렬
   " " : 1차 인용
   ' ' : 2차 인용
   「 」: 3차 인용

參考書目

◇ 底本

- ≪資治通鑑綱目≫, 朱熹(宋) 撰, 思政殿 訓義, 규장각 소장본.(奎7500)

◇ 底本 관련자료

- ≪資治通鑑綱目≫, 朱熹(宋) 撰, 思政殿 訓義, 규장각 소장본.(奎7512)
- ≪資治通鑑綱目≫, 朱熹(宋) 撰, 思政殿 訓義, 국립중앙도서관 소장본.(한古朝50-5)
- ≪資治通鑑綱目≫(≪朱子全書≫ 8-11), 朱熹(宋) 撰, 嚴文儒・顧宏義 校點, 上海古籍出版社・安徽教育出版社, 2002.
- ≪御批資治通鑑綱目≫, 朱熹(宋) 撰, 聖祖(淸) 批 文淵閣四庫全書, 제689-692책 史部 447-450, 臺灣商務印書館, 1983~1986.
- ≪資治通鑑≫, 司馬光(北宋) 撰, 思政殿 訓義, 규장각 소장본.(奎7526)
- ≪資治通鑑≫, 司馬光(北宋) 撰, 思政殿 訓義, 국립중앙도서관 소장본.(일산古221-43)
- ≪資治通鑑≫, 司馬光(北宋) 撰, 胡三省(元) 音註, 中華書局, 1992.(제5판)
- ≪少微家塾點校附音通鑑節要≫, 江贄(宋) 編, 고려대도서관 소장본.
- ≪少微家塾點校附音通鑑節要≫, 江贄(宋) 編, 규장각 소장본.

◇ 經 部

- ≪論語集註大全≫, 朱熹(宋) 集註, 胡廣(明) 等 編, 朝鮮 內閣本, 影印本, 學民文化社.
- ≪孟子集註大全≫, 朱熹(宋) 集註, 胡廣(明) 等 編, 朝鮮 內閣本, 影印本, 學民文化社.
- ≪書傳大全≫, 蔡沈(宋) 集傳, 胡廣(明) 等 編, 朝鮮 內閣本, 影印本, 學民文化社.
- ≪詩傳大全≫, 朱熹(宋) 集傳, 胡廣(明) 等 編, 朝鮮 內閣本, 影印本, 學民文化社.
- ≪禮記集說大全≫, 陳澔(元) 集說, 胡廣(明) 等 編, 朝鮮 內閣本, 影印本, 學民文化社.
- ≪周禮注疏≫, 十三經注疏整理委員會 整理, 北京大學出版社, 2000.
- ≪周易傳義大全≫, 程頤(宋) 傳, 朱熹(宋) 本義, 胡廣(明) 等 編, 朝鮮 內閣本, 影印本, 學民文化社.

- ≪春秋經傳集解≫, 左丘明(周) 傳, 杜預(晉) 註, 林堯叟(宋)・朱申(宋・元) 附註, 朝鮮金屬活字本(戊申字), 影印本, 保景文化社.
- ≪春秋公羊傳≫, 十三經注疏整理委員會 整理, 北京大學出版社, 2000.

◇ 史 部

- ≪綱目續麟≫, 文淵閣四庫全書 제323책 史部81, 臺灣商務印書館, 1983~1986.
- ≪綱目訂誤≫, 文淵閣四庫全書, 제323책 史部81, 臺灣商務印書館, 1983~1986.
- ≪大事記≫, 呂祖謙(宋) 撰, 文淵閣四庫全書 제324책 史部82, 臺灣商務印書館, 1983~1986.
- ≪文白對照 資治通鑑輯覽≫ 1-36책, 文白對照御批歷代通鑒輯覽編委會 編, 馬建石 主編, 國際文化出版公司, 2002.
- ≪文白對照全譯 資治通鑑≫ 전3책, 張宏儒・沈志華 主編, 改革出版社, 1991.
- ≪柏楊白話版 資治通鑑≫ 1집, 柏楊 編譯, 北岳文藝出版社, 2006.
- ≪史記≫, 司馬遷(漢) 撰, 中華書局, 1999.
- ≪史記索隱≫, 司馬貞(唐) 編, 文淵閣四庫全書 제246책 史部4, 臺灣商務印書館, 1983~1986.
- ≪史記正義≫, 張守節(唐) 編, 文淵閣四庫全書 제247-248책 史部5-6, 臺灣商務印書館, 1983~1986.
- ≪史記集解≫, 裴駰(南朝 宋) 編, 文淵閣四庫全書 제245-246책 史部3-4, 臺灣商務印書館, 1983~1986.
- ≪資治通鑑綱目集覽鐫誤≫, 瞿佑(明) 撰, 韓國學中央研究院, 1980.
- ≪資治通鑑釋文≫, 史炤(宋) 撰, 臺灣商務印書館, 1980.
- ≪資治通鑑地理今釋≫, 吳熙載(淸) 撰, 江蘇書局, 1882.
- ≪前漢紀≫, 荀悅(後漢) 撰, 文淵閣四庫全書 제303책 史部, 臺灣商務印書館, 1983~1986.
- ≪集註 通鑑節要≫ 1-2, 金都鍊 編註, 亞細亞文化史, 1982, 1986.
- ≪通鑑釋文辯誤≫, 胡三省(元) 撰, 文淵閣四庫全書 제312책 史部70, 臺灣商務印書館, 1983~1986.
- ≪通鑑五十卷詳節要解≫, 九淵禪師(朝鮮) 著, 國立中央圖書館 所藏本
- ≪通鑑地理通釋≫, 王應麟(宋) 撰, 文淵閣四庫全書 제312책 史部70, 臺灣商務印書館, 1983~1986.
- ≪漢書≫, 班固(後漢) 撰, 中華書局, 2002.
- ≪漢書補註≫, 王先謙(淸) 補注, 王雲五 主編, 臺灣商務印書館, 1968.

- ≪後漢書≫, 范曄(南朝 宋) 撰, 中華書局, 1996.
- ≪後漢書集解≫, 王先謙(淸) 集解, 臺灣商務印書館, 1968.

◇ 子 部

- ≪司馬法直解≫, 司馬穰苴(周) 著, 劉寅(明) 直解, 국립중앙도서관 소장본.
- ≪三略直解≫, 黃石公(秦漢) 著, 劉寅(明) 直解, 국립중앙도서관 소장본.
- ≪孫武子直解≫, 孫武(周) 著, 劉寅(明) 直解, 국립중앙도서관 소장본.
- ≪揚子法言≫, 揚雄(漢) 撰, 文淵閣四庫全書 제696책 子部2, 臺灣商務印書館, 1983～1986.
- ≪六韜直解≫, 呂尙(周) 著, 劉寅(明) 直解, 국립중앙도서관 소장본.
- ≪莊子集釋≫, 莊周(周) 著, 郭象(晉) 注, 陸德明(唐) 釋文, 成玄英(唐) 疏, 郭慶藩(淸) 輯, 王孝魚 點校, 中華書局, 1961.
- ≪曾子全書≫, 汪晫(宋) 撰, 文淵閣四庫全書 제703책 子部9, 臺灣商務印書館, 1983～1986.
- ≪太平御覽≫, 李昉(宋) 等 撰, 文淵閣四庫全書 제893책 子部199, 臺灣商務印書館, 1983～1986.

◇ 사전 및 공구서

- 施丁・沈志華 共譯, ≪資治通鑑大辭典≫ 上・下, 吉林人民出版社, 1994.
- 梁玉繩 撰, ≪漢書人表考≫, 臺灣商務印書館, 1968.
- 呂宗力 主編, ≪中國歷代官制大辭典≫, 北京出版社, 1994.
- 魏連科 編, ≪漢書人名索引≫, 中華書局, 1979.
- 李曉光・李波 主編, ≪史記索引≫, 中國廣播電視出版社, 1989.
- 鍾華 編, ≪史記人名索引≫, 中華書局, 1977.
- 陳厚耀(淸) 撰, ≪春秋戰國異辭≫, 文淵閣四庫全書 제403책 史部161, 臺灣商務印書館, 1984.
- 倉修良 主編, ≪史記辭典≫, 山東敎育出版社, 1991.
- ――――――, ≪漢書辭典≫, 山東敎育出版社, 1996.
- 洪業 等 編纂, ≪漢書及補注綜合引得≫, 上海古籍出版社, 1988.

◇ 硏究論著 및 飜譯書

- 加藤繁・公田連太, ≪國譯 資治通鑑≫, 景仁文化社, 1996.
- 權重達, ≪資治通鑑≫ 전1-32책, 도서출판 삼화, 2007～2010.
- 金都鍊・鄭珉, ≪懸吐註解 通鑑節要≫ 1・2, 傳統文化硏究會, 1995

• 김유철・하원수, ≪史記 外國傳 譯註≫, 동북아역사재단, 2009.
• 金忠烈, ≪通鑑節要≫ 天・地・人, 三省出版社, 1987.
• 成百曉 譯註, ≪譯註 通鑑節要≫1-9, 傳統文化硏究會, 2005~2011.
• 王利器, ≪史記註譯≫, 三秦, 1997.
• 劉華淸, ≪漢書全譯≫, 貴州人民出版社, 1994.
• 李國祥 等, ≪資治通鑑全譯≫, 貴州人民出版社, 1994.
• 池松旭, ≪詳密註釋 通鑑諺解≫, 學民文化社, 1992.

◇ 데이터베이스(DB) 자료
• 한국고전종합DB(http://db.itkc.or.kr)
• 동양고전종합DB(http://db.cyberseodang.or.kr)
• 電子版 文淵閣四庫全書, 上海古籍出版社.
• 상우천고(http://www.s-sangwoo.kr)

◇ 年表 관련 자료
• 徐州師範學院歷史系, ≪中國歷史大事紀年≫, 爾雅社, 1977.
• 松丸道雄 等 編, ≪中國史 1≫, 山川出版社, 2003.
• 沈起煒, ≪中國歷史大事年表≫, 上海辭書出版社, 2001.
• 鶴間和幸, ≪中國の歷史 3-ファーストインペラーの遺産≫, 講談社, 2005.

目 次

思政殿訓義 資治通鑑綱目 제3권 상

漢 高祖 5년~漢 高祖 11년

≪資治通鑑綱目≫ 제3권은 己亥年 漢나라 高祖 5년(B.C. 202)부터 시작해서 甲申年 漢나라 文帝 後7년(B.C. 157)까지이니, 모두 46년이다.

起己亥漢高帝五年하여 盡甲申漢文帝後七年이니 凡四十六年이라

己亥年(B.C. 202)

【綱】 漢나라 太祖 高皇帝 5년이다.

漢太祖高皇帝五年①이라

① 諡法에 高자를 쓴 경우가 없는데, 漢 高祖(劉邦)는 皇帝로서 공이 가장 높고 漢나라 황제의 太祖이기 때문에 특별히 '高皇帝'라고 한 것이다.
諡法無高, 以帝爲功最高而爲漢帝之太祖, 故特起名焉.

【綱】 10월에 漢王(劉邦)이 項籍(項羽)을 추격하여 固陵에 이르니, 齊王 韓信, 魏나라의 相國 彭越, 劉賈가 楚나라 장수 周殷을 유인하여, 〈주은이 楚나라를 배반하고〉 黥布를 맞이하여 다 모였다. 12월에 항적을 垓下에서 포위하였는데, 항적이 달아나다 自殺하니, 楚나라 땅이 다 평정되었다.

冬十月에 王이 追項籍하여 至固陵하니 齊王信魏相國越及劉賈 誘楚周殷하여 迎黥布皆會[1)]하다 十二月에 圍籍垓下한대 籍이 走自殺하니 楚地悉定하다

---

1) 冬十月……迎黥布皆會 : "王을 '漢'이라 쓰지 않은 것은 어째서인가? 漢나라를 기록한 篇이기 때문이다. 周殷을 어찌하여 '誘'라 썼는가? 功을 劉賈에게 돌린 것이다. 項籍을 어찌하여 '誅'라 쓰지 않았는가? 앞서 〈漢王 2년(B.C. 205)조에〉 '項籍을 토벌한다.'고 썼으면 項籍이 역적이 된 것을 충분히 밝힌 것이니, 굳이 '誅'를 쓰지 않아도 괜찮은 것이다.〔王不書漢 何 漢篇也 周殷曷爲書誘 歸功賈也 項籍何以不書誅 前書討項籍 則足以明其爲賊矣 不必書誅可也〕" ≪書法≫

項羽의 패망

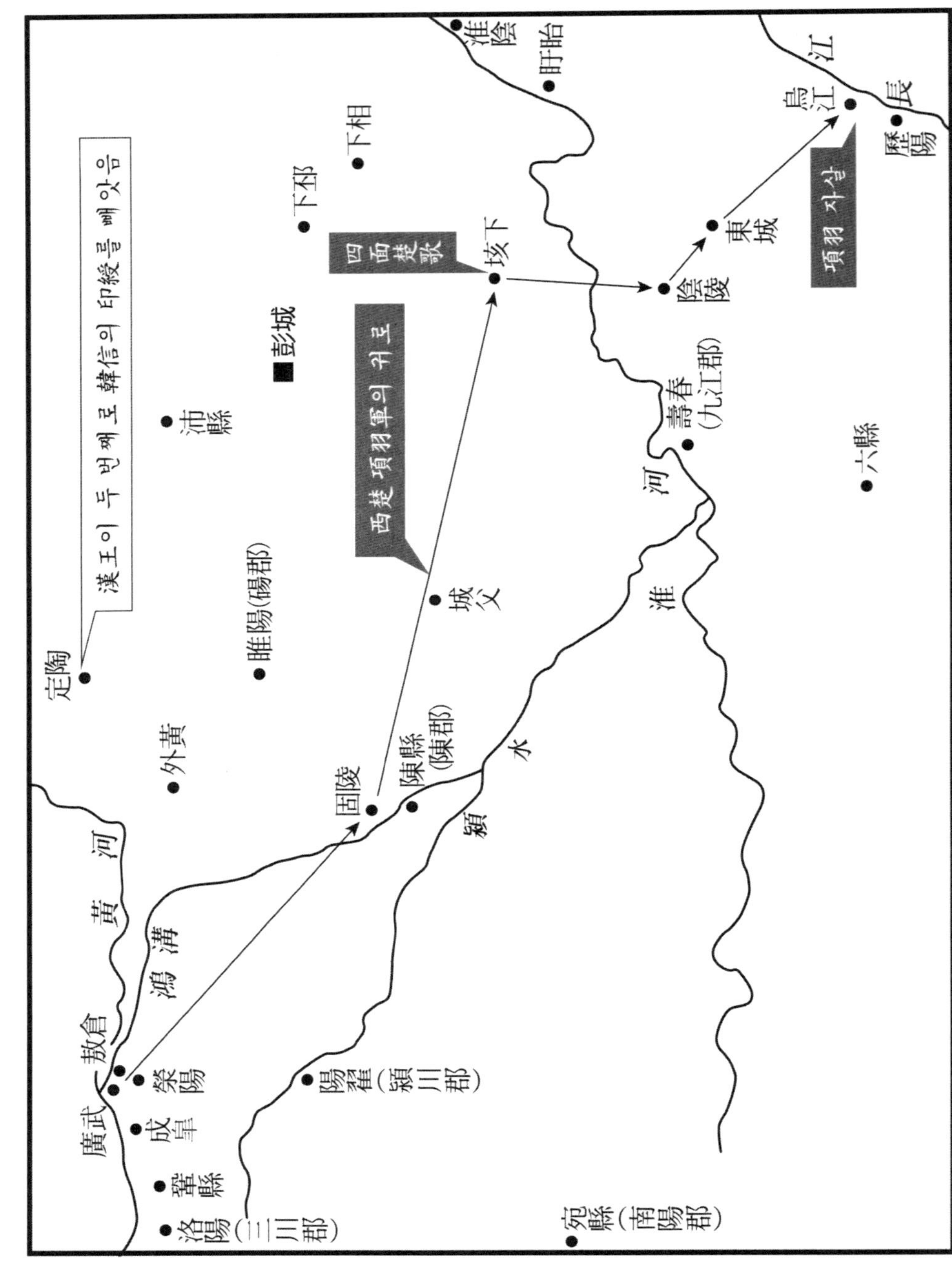
漢王이 두 번째로 韓信의 印綬를 빼앗음
四面楚歌
西楚 項羽軍의 귀로
項羽 자살
定陶
外黃
睢陽(碭郡)
沛縣
彭城
下邳
下相
淮陰
盱眙
垓下
陰陵
東城
烏江
歷陽
長江
壽春(九江郡)
六縣
淮河
城父
固陵
陳縣(陳郡)
潁水
黃河
鴻溝
敖倉
廣武
滎陽
成皐
鞏縣
洛陽(三川郡)
陽翟(潁川郡)
宛縣(南陽郡)

【目】 10월에 漢王이 項羽를 추격해서 固陵에 이르렀는데, 齊王 韓信과 魏나라의 相國인 彭越이 회합하기로 약속하였으나 오지 않았고, 楚나라 군대가 漢나라 군대를 공격하여 대파하였다.

漢王은 다시 성벽을 견고하게 하여 스스로 지키고 張良에게 이르기를 "諸侯들이 따르지 않으니, 어떻게 하면 좋겠는가?" 하니, 장량이 다음과 같이 대답하였다.

"楚나라 군대를 장차 격파할 상황인데, 君王께서 이 두 사람에게 아직도 땅을 구분 지어 주지 않으셨으니, 그들이 오지 않는 것은 진실로 당연합니다. 군왕께서 이들과 천하를 함께 소유하시면 당장 오게 할 수가 있습니다. 한신을 齊王으로 세운 것은 군왕의 본뜻이 아니므로 그 지위가 자연 견고하지 못하고, 그의 집이 楚나라에 있어서 옛날 살았던 고을을 얻고자 하며, 팽월은 본래 梁나라 땅을 평정해서 그도 왕이 되기를 바라고 있는데, 군왕께서는 일찍 왕으로 봉해주지 않으셨으니, 지금이라도 능히 이 땅을 내놓고 이 두 사람이 왕이 되는 것을 허락해주어 각자 스스로 싸우게 한다면 楚나라를 쉽게 격파할 수 있을 것입니다."

한왕이 이 말을 따르자, 한신과 팽월이 모두 군대를 이끌고 왔다.

十月에 漢王이 追項羽하여 至固陵[①]한대 齊王信, 魏相國越이 期會不至하고 楚擊漢軍大破之어늘 漢王이 復堅壁自守하고 謂張良曰 諸侯不從하니 奈何오 對曰 楚兵且破에 二人이 未有分地하니 其

"固陵에서 추격할 때 항적은 이미 군대가 피로하고 양식이 다하였는데도 오히려 漢나라의 군대를 대파하였으니, 그렇다면 劉邦은 項羽의 적수가 아님이 분명하다. 그러나 얼마 안 되어 세 장수가 군대를 모아 끝내 항우를 격파하였으니, 漢나라가 인재를 잘 쓰고 항적이 자기 멋대로 한 것의 차이가 어찌 10배나 100배뿐이겠는가. 韓信, 彭越, 英布가 병력을 회합하여 싸운 사실을 자세히 쓴 것은 漢나라가 항적을 사로잡을 적에 끝내 세 사람의 힘을 의뢰했음을 나타낸 것이다. 항적은 군주를 弑逆한 죄를 지고 있는데도 주벌하여 바로잡지 못한 것은 漢나라가 본래 천하를 다투는 데 뜻을 두었고, 역적을 토벌하는 데 순수하지 않았기 때문이다. 그러므로 ≪資治通鑑綱目≫에서도 漢나라를 순수하게 인정할 수가 없었던 것이다.〔固陵之追 籍已兵疲食盡 猶能大破漢軍 則劉非項敵明矣 然未幾 三將會兵 卒能破羽 則漢之用人 與籍之自用 其相去何翅什百 詳書信越英布會兵之實 所以見漢之擒籍 卒賴三人之力 若夫籍負弑逆之罪 而不正其誅者 漢本志於爭天下而非純於討賊 故綱目亦不得而純予之也〕" ≪發明≫

書法은 '筆法'이란 말과 같다. 朱子는 ≪資治通鑑綱目≫을 편찬할 적에 孔子의 ≪春秋≫ 筆法을 따라 綱과 目으로 나누었는바, 綱은 ≪春秋≫의 經文을, 目은 ≪春秋左氏傳≫ 傳文을 따랐다. ≪資治通鑑綱目≫의 筆法을 밝힌 것으로는 劉友益(宋)의 ≪綱目書法≫, 尹起莘(宋)의 ≪綱目發明≫이 그 대표작이라 할 수 있는데, 이 두 책은 현재 淸나라 聖祖(康熙帝)가 엮은 ≪御批資治通鑑綱目≫에 모두 수록되어 있다. 이 筆法은 綱에 주안점이 맞춰져 있는데, 우리나라 學者들이 특별히 이 ≪자치통감강목≫을 愛讀한 이유는 바로 이 筆法에 있었다. ≪御批資治通鑑綱目≫에는 이외에도 汪克寬(元)의 ≪綱目凡例考異≫ 등 많은 내용이 수록되어 있으나, 본서에서 다 소개하지 못하고 ≪강목서법≫과 ≪강목발명≫만을 소개하되, ≪강목서법≫은 중요한 것만을 발췌하였고, ≪강목발명≫은 전체를 수록하였다. 또한 陳濟(明)의 ≪資治通鑑綱目集覽正誤≫을 인용하여 오류를 바로잡기도 하였다. 본고에서는 각각 ≪書法≫, ≪發明≫, ≪正誤≫로 요약하여 표기하였다.

不至固宜②라 君王이 能與共天下하시면 可立致也③리이다 信之立이 非君王意니 不自堅이요 且其家在楚하여 欲得故邑④하고 越이 本定梁地하여 亦望王⑤이어늘 而君王不早定하시니 今能出捐此地하여 以許兩人하여 使各自爲戰이면 則楚易破也리이다 王이 從之한대 於是에 信越이 皆引兵來하다

① 劉昭의 ≪後漢書≫ 〈郡國志〉에 "陳國 陽夏縣에 固陵이 있다." 하였다.
劉昭志[2] "陳國陽夏縣, 有固陵."
② 分(구분, 한계)은 扶問의 切[3]이니, 韓信 등이 비록 명목상으로는 왕이지만 아직 경계를 나누어 封地를 주지는 않았음을 말한 것이다. "固宜"는 이치상 당연하다는 말이다.
分, 扶問切, 言信等雖名爲王, 未爲分畫疆界也, 固宜, 理宜然也.
③ "共天下"는 천하의 땅을 공유하여 떼어서 봉해주는 것이다.
共天下, 共有天下之地, 割而封之.
④ "非君王意"는 韓信이 〈齊王이 된 것은〉 假王(임시 왕)으로 세워줄 것을 자청해서 세워준 것일 뿐이지 군왕의 본의가 아님을 말한 것이다.
非君王意, 言信自請爲假王, 乃立之耳, 非君王本意.
⑤ 王(왕이 되다)은 본음대로 읽으니, "望王"은 왕이 되기를 바람을 말한 것이다.
王, 如字.[4] 望王, 謂望爲王也.

【目】 11월에 劉賈가 壽春을 포위하여 楚나라의 大司馬인 周殷을 유인하자, 주은이 楚나라를 배반하고 九江의 군대를 다 동원해서 黥布를 맞이하여, 모두 회합하게 되었다.

12월에 項羽가 垓下에 이르니, 병력이 적고 식량이 다하였다. 한신 등이 대군을 거느리고 이때를 틈타 공격하니, 항우가 패해서 성벽으로 들어가자, 漢나라와 제후의 군대들이 몇 겹으로 포위하였다.

항우는 밤에 漢나라 군대의 사방에서 모두 楚나라 노래를 부르는 것을 듣고는 크게 놀라 말하기를 "漢나라가 이미 楚나라를 모두 차지하였는가? 어찌하여 楚나라 사람들이 이토록 많은가?" 하고, 일어나 장막 안에서 술을 마시고 서글픈 심정으로 구슬피 노래를 부르는데 눈물이 몇 줄기 흐르니, 좌우에 있던 사람들도 모두 울면서 우러러보지

---

2) 劉昭志 : 여기서는 ≪後漢書≫ 〈郡國志〉를 가리킨다. ≪후한서≫는 南朝 宋나라 范曄에 의해 편찬되었다. 그러나 범엽이 彭城王 劉義康의 반란에 참여했다가 처형되면서 ≪후한서≫의 〈志〉 부분을 완성하지 못하였다. 梁나라 劉昭는 東晉 司馬彪가 편찬한 ≪續漢書≫에서 여덟 개 〈志〉 부분에 註釋을 붙여 30권의 ≪補注後漢志≫를 편찬하였고 이것이 나중에 ≪후한서≫로 편입되었다.

3) 切 : 反切音을 표시한 것이다. '反'은 뒤집는다(되치다)는 뜻으로 번역을 의미하고, '切'은 자른다는 의미이다. 앞 글자의 初聲을 따고 뒷글자의 中聲과 終聲을 따서 읽는다.

4) 如字 : 한 글자에 여러 독음이 있는 경우 본음대로 읽으라는 것이다. 王의 경우 한글음은 같으나 여기서는 平聲, 去聲, 上聲의 경우를 가리킨 것이다.

를 못하였다.

十一月에 劉賈圍壽春하여 誘楚大司馬周殷한대 殷이 畔楚하고 擧九江兵하여 迎黥布皆會하다 十二月에 羽至垓下하니 兵少食盡①이라 信等이 以大軍乘之하니 羽敗入壁이어늘 漢及諸侯兵이 圍之數重②이러니 羽夜聞漢軍四面皆楚歌③하고 乃大驚曰 漢이 皆已得楚乎아 是何楚人之多也오하고 起飮帳中하고 悲歌忼慨(강개)하여 泣數行下④하니 左右皆泣하여 莫能仰視러라

① 垓는 음이 該이니, 垓下는 聚邑(聚落)의 이름이다. 일설에 "垓는 제방의 이름이다." 하였다. ≪史記正義≫[5]에 "垓下는 높은 산의 깎아지른 암벽이니, 지금도 높이가 3, 4丈이 된다. 이곳의 聚邑과 제방이 垓의 옆에 있어서 이로 인해 이름을 취한 것이니, 지금 亳州 眞源縣 동쪽 10리 되는 곳에 있다." 하였다.
垓, 音該. 垓下, 聚邑名. 一云"垓, 堤名." 正義"垓下, 是高岡絶巖, 今猶高三四丈. 其聚邑及堤, 在垓之側, 因取名焉, 今在亳州眞源縣東十里."

② 重(거듭하다)은 平聲이다.
重, 平聲.

③ "楚歌"는 楚나라 사람의 노래를 부른 것이니, '吳나라의 노래, 越나라의 노래 읊음'[6]이라는 말과 같다. 九江의 군대가 漢나라로 귀속되었기 때문에 楚나라 노랫소리가 많았던 것이다.
楚歌者, 爲楚人之歌, 猶言吳謳越吟也. 九江兵歸漢, 故多楚聲.

④ 忼(강개하다)은 口黨의 切이니 慷으로도 쓰고, 慨(개탄하다)는 口漑의 切이니 忼慨는 슬퍼서 탄식하는 것이다. 行(항렬)은 胡郎의 切이고, 下(내리다)는 胡嫁의 切이다.
忼, 口黨切, 亦作慷. 慨, 口漑切. 忼慨, 悲歎也. 行, 胡郎切. 下, 胡嫁切.

【目】이에 項羽는 자신의 駿馬를 타고 800여 명의 기병을 거느리고서 밤중에 포위를 뚫고 남쪽으로 탈출하여 달아났다. 淮河를 건너 陰陵에 이르러서 길을 잃었는데, 어느 농부에게 길을 물으니, 농부가 왼쪽으로 가라고 거짓말을 하였다. 이에 왼쪽으로 가다가 大澤 가운데에 빠지니, 이 때문에 漢나라 騎將 灌嬰이 따라잡을 수 있었다.

東城에 이르니 28명의 騎兵만 남았는데 추격하는 漢나라 군사들은 수천 명이었다. 항우는 자신의 기병들에게 다음과 같이 말하였다.

"내가 군대를 일으킨 이후 8년 동안 70여 번의 전투를 하였지만 일찍이 패배한 적이

---

5) 史記正義 : 唐나라 때 張守節이 편찬한 ≪史記≫ 주석서로 모두 30권이다.

6) 吳나라……읊음 : 고향을 생각하고 고국을 그리워하면서 부르는 슬픈 노래를 말한다. "越吟"은 전국시대 越나라 사람 莊舃(장석)이 楚나라에서 벼슬하여 높은 관직에 올라 부귀를 누렸으나 고국을 잊지 못하여 병중에 越나라의 노래를 불러 고향을 그리는 정을 표한 데서 나온 말이다. ≪史記 張儀列傳≫

없어서 마침내 천하의 패자가 되었다. 그런데 지금 마침내 여기서 곤궁하게 되었으니, 이것은 하늘이 나를 망하게 한 것이지 내가 싸움을 잘못한 탓이 아니다. 오늘 참으로 죽기로 결심하였으니, 내가 제군들을 위해 결전을 벌여서 반드시 적의 포위망을 무너뜨리고 장수의 목을 베어 제군들에게 이를 알게 하겠다."

항우는 마침내 자신의 기병을 4隊로 나누어 사방을 향하게 하니, 漢나라 군대가 몇 겹으로 포위하였다. 그러자 항우가 기병들에게 사면으로 말을 달려 내려가서 산의 동쪽 세 곳에서 나누어 모이기로 약속하였다. 이에 항우가 크게 소리치며 달려 내려가서 漢나라 장수 한 명을 베고 자신의 기병과 세 곳에서 모였다.

漢나라 군대가 항우가 있는 곳을 몰라서 마침내 군대를 셋으로 나누어 다시 포위하자 항우가 다시 달려가서 漢나라 都尉 한 명을 베고 수십여 명을 죽인 다음 다시 자신의 기병들을 모았는데, 기병 둘을 잃었을 뿐이었다. 항우는 자신의 기병들에게 말하기를, "어떠한가?" 하니, 모두 "大王께서 말씀하신 것과 같습니다." 하였다.

於是에 羽乃乘其駿馬하고 從八百餘騎하여 直(치)夜潰圍하여 南出馳走①러니 渡淮至陰陵하여 迷失道②하여 問一田父한대 田父紿曰左하라 左하여 乃陷大澤中③하니 漢騎將灌嬰이 追及之하다 至東城④하니 乃有二十八騎요 漢追者 數千人이라 羽謂其騎曰 吾起兵八歲에 七十餘戰호대 未嘗敗北(배)하여 遂霸天下러니 今卒困此하니 此는 天亡我요 非戰之罪也라 今日에 固決死호리니 願爲諸君決戰하여 必潰圍斬將하여 令諸君知之호리라하고 乃分其騎하여 爲四隊四鄉⑤하니 漢軍이 圍之數重이어늘 羽令四面騎馳下하여 期山東爲三處⑥하다 於是에 大呼馳下하여 斬漢一將하고 與其騎로 會爲三處하니 漢軍이 不知羽所在하여 乃分軍爲三하여 復圍之어늘 羽復馳하여 斬漢一都尉하고 殺數十百人하고 復聚其騎하니 亡其兩騎耳라 謂其騎曰 何如오 皆曰 如大王言하니이다

① 直은 値로 읽으니, 當한다는 뜻이다.
直, 讀曰値, 當也.

② ≪漢書≫ 〈地理志〉에 "陰陵縣은 九江郡에 속하였다." 하였다.
班志 "陰陵縣, 屬九江郡."

③ 위에 左자는 농부가 속여서 項羽에게 왼쪽으로 가라고 한 것이고, 아래에 左자는 항우가 그의 말에 따라 왼쪽으로 간 것이다.
上左字, 田父欺令項羽向左去也. 下左字, 羽從其言而向左去也.

④ ≪漢書≫ 〈地理志〉에 "東城縣은 九江郡에 속하였다." 하였다.
班志 "東城縣, 屬九江郡."

⑤ 鄉(향하다)은 嚮으로 읽는다.
鄉, 讀曰嚮.

⑥ 산의 동쪽을 세 곳으로 나누어 만나기로 약속한 것이다.
期遇山東分爲三處.

【目】이에 항우가 동쪽으로 가서 烏江을 건너려고 하였는데, 오강의 亭長이 배를 대놓고 기다리고 있다가 말하기를, "江東 지역이 비록 작지만 땅이 사방 천 리이고 백성도 수십 만 명이나 되니, 또한 충분히 왕 노릇을 할 수가 있습니다. 지금 저만이 배를 가지고 있으니, 원컨대 대왕께서는 서둘러 건너소서." 하니, 항우가 웃으며 말하기를, "내가 강동 지역의 자제 8천 명과 함께 강을 건너 서쪽으로 갔었는데, 지금 한 사람도 돌아오지 못했으니, 설령 강동의 부형들이 나를 불쌍히 여겨 왕으로 삼더라도 내 마음에 유독 부끄러운 생각이 들지 않겠는가." 하고는 스스로 목을 찔러 죽었다.

於是에 羽欲東渡烏江[①]이러니 亭長이 檥(의)船待曰[②] 江東雖小나 地方千里요 衆數十萬이니 亦足王也라 今에 獨臣有船하니 願大王은 急渡하소서 羽笑曰 籍이 與江東子弟八千人으로 渡江而西러니 今無一人還하니 縱江東父兄이 憐而王我나 我獨不愧於心乎아하고 乃刎而死하다

① ≪漢書≫ 〈地理志〉에 "烏江은 東城縣에 있다." 하였다.
地理志"烏江, 在東城縣."
② 檥는 음이 蟻이니 붙인다는 뜻이다. 〈"檥船"은〉 배를 강기슭에 대는 것이다.
檥, 音蟻, 附也. 附船著(착)岸也.

【目】楚나라 땅이 모두 평정되었으나 魯나라 지역만은 항복하지 않았다. 漢王이 魯나라 지역을 도륙하고자 하여, 魯나라의 도성 아래에 이르렀는데, 아직도 현악기를 타고 詩를 외는 소리가 들렸다. 이에 한왕이 魯나라는 禮義를 지키는 나라이니 主君을 위해 목숨을 바쳐 절개를 지키려는 것이라고 하고 項羽의 머리를 가져다가 보여주니, 魯나라 사람들이 그제야 항복하였다.

그러자 한왕은 항우를 魯公의 예로 穀城에 장사 지낸 다음 직접 항우의 喪을 공포하고 弔問하여 곡하고 돌아갔다. 그리고 여러 項氏의 枝屬들을 모두 죽이지 않고, 項伯 등 4인을 봉하여 列侯로 삼고는 劉氏 姓을 내려주었으며, 楚나라에 잡혀 있던 백성들을 모두 고향으로 돌아가게 하였다.

楚地悉定호대 獨魯不下라 王欲屠之하여 至城下러니 猶聞弦誦之聲하고 爲其守禮義之國이니 爲主死節[①]이라하고 乃持羽頭示之한대 乃降이어늘 以魯公禮로 葬羽於穀城[②]하고 親爲發哀하여 哭之而去하다 諸項氏枝屬을 皆不誅하고 封項伯等四人하여 爲列侯하여 賜姓劉氏하고 諸民略在楚者를 皆

歸之[③]하다

① 爲(위하다)는 去聲이다. 楚 懷王이 처음 項羽를 봉해 魯公을 삼았었다. 〈그러므로 군주를 위해 충절을 지킨다고 한 것이다.〉
   爲, 去聲. 懷王初封項籍爲魯公.
② ≪皇覽≫[7]에 "항우의 무덤은 東郡 穀城의 동쪽에 있는데, 縣에서 15리 떨어져 있다." 하였다.
   皇覽 "項羽冢, 在東郡穀城東, 去縣十五里."
③ 列은 서열을 나타낸 것이다.
   列者, 見序列也.

【目】 太史公(司馬遷)이 다음과 같이 평하였다.

"項羽가 義帝를 추방하고 스스로 왕위에 서고는 王侯들이 자신을 배반한 것을 원망하였으니, 성공하기가 어려운 것이다. 스스로 자신의 공로를 자랑하고 사사로운 지혜를 뽐내어 옛 도리를 본받지 않고서 무력 정벌로 천하를 경영하려고 하다가 나라가 망하고 자신은 죽게 되었으나 아직도 자신의 잘못을 깨닫지 못하고, 도리어 하늘이 나를 망하게 한 것이지 자신이 싸움을 잘못한 죄가 아니라고 말하였으니, 어찌 잘못된 일이 아니겠는가."[8]

太史公曰 羽放逐義帝而自立하고 怨王侯叛己하니 難矣라 自矜功伐하여 奮其私智而不師古하고 欲以力征으로 經營天下라가 國亡身死호대 尙不覺寤하고 乃引天亡我非戰之罪하니 豈不謬哉리오

【目】 揚子(揚雄)가 다음과 같이 평하였다.

"漢나라는 여러 사람의 계책을 다 받아들여서 여러 사람의 계책을 가지고 여러 사람의 힘을 다 썼는데 楚나라는 여러 사람의 계책을 싫어하여 자신의 힘만을 썼으니, 남의 힘을 다 받아들여 쓴 자는 이기고 자신의 힘만을 쓰는 자는 지는 법이다. 하늘이 어찌 일부러 망하게 하였겠는가."[9]

揚子曰 漢은 屈群策하여 群策屈群力[①]이어늘 楚는 憞(대)群策而自屈其力[②]하니 屈人者는 克하고 自屈者는 負하나니 天曷故焉[③]이리오

7) 皇覽 : 魏나라 文帝 曹丕의 勅令으로 편찬된 최초의 類書이다. 1천여 편 40여 부로 구성되었으나 후대 산일되어 일부만 전해진다.
8) 項羽가……아니겠는가 : ≪史記≫ 〈項羽本紀〉에 보인다.
9) 漢나라는……하였겠는가 : ≪揚子法言≫ 〈重黎〉에 보인다.

① 屈은 다한다는 뜻이다.
屈, 盡也.
② 憞는 徒對의 切이니, 싫어한다는 뜻이다.
憞, 徒對切, 惡也.
③ 〈"天曷故焉"은〉 하늘이 어찌 일부러 망하게 하였겠는가. 또한 사람이 한 일일 뿐이라는 뜻이다.
言天豈故爲之哉. 亦人事也.

【綱】 漢王이 돌아와 定陶에 이르러 齊王 韓信의 성벽(진영)으로 달려 들어가서 그의 군대를 빼앗았다.

王이 **還至定陶**하여 **馳入齊王信壁**하여 **奪其軍**[10]하다

【綱】 劉賈를 보내 臨江王 共尉를 공격해서 사로잡았다.

◑ **遣劉賈**하여 **擊臨江王共尉**하여 **虜之**[①]하다

① 共尉는 共敖[11]의 아들이다.
尉, 敖之子也.

【綱】 봄 정월에 齊王 韓信을 바꾸어 楚王으로 삼고, 魏나라 相國 彭越을 梁王으로 삼았다.

◑ **春正月**에 **更立齊王信爲楚王**[12]하고 **魏相國越爲梁王**하다

---

10) 馳入齊王信壁 奪其軍 : "앞서는 〈≪資治通鑑綱目≫ 제2권 하 漢王 3년조에〉 '韓信의 군대를 빼앗았다.〔奪韓信軍〕'고 썼고, 여기에서 다시 '한신의 진영으로 달려 들어가서 그의 군대를 빼앗았다.〔馳入壁 奪其軍〕'고 썼으니, 그렇다면 高帝가 술수에 따라 행동함을 면치 못한 것이다. 이것이 한신이 신하의 절개를 끝까지 지키지 않은 이유이므로 ≪資治通鑑綱目≫에서는 이를 자세히 썼으니, 여기서는 '달려 들어갔다〔馳入〕'고 칭한 것이다.〔前書奪韓信軍矣 於是復書馳入壁 奪其軍 帝則未免任術矣 此信之所以不終臣節也 故綱目備書之 而此稱馳入〕" ≪書法≫

11) 共敖 : 項羽가 秦나라를 평정할 때 共敖는 南郡을 공격하여 많은 공을 세워 臨江王에 봉해졌다. 이후 항우의 명으로 吳芮, 黥布 등과 함께 楚나라 義帝를 시해하였다.

12) 更立齊王信爲楚王 : "漢王이 項籍을 사로잡자 곧바로 韓信의 군대를 빼앗았다. 그러므로 ≪資治通鑑綱目≫에서는 '齊王 한신의 진영으로 달려 들어갔다.'라고 써서 한신을 제압함에 이와 같이 급했음을 나타낸 것이다. 그러나 한신은 군대를 잘 통솔하기로 이름났는데도 한왕이 두 번이나 그의 군대를 빼앗기를 마치 어린아이의 물건을 취하듯이 하였으니, 그렇다면 한신의 군대 또한 통제가 잘된 군대라고 할 수 없고, 장수를 통솔하는 한왕의 능력에는 더욱 미칠 수가 없는 것이다. 한신의 군대

【目】韓信이 楚나라에 이르러 빨래하던 아낙을 불러 千金을 하사하고, 〈바짓가랑이 사이로 지나가게 하여〉 자신을 모욕하였던 젊은이를 불러 中尉로 삼고, 말하기를, "이 사람은 壯士이다."라고 하였다.[13)]

韓信이 至楚하여 召漂母하여 賜千金하고 召辱己少年하여 以爲中尉하고 曰此壯士也①라하다

① 漢나라 제도에, 諸侯王의 나라에 中尉를 두어 武官職을 담당하게 하였다.
漢制, 諸侯王國, 有中尉, 掌武職.

【綱】赦免하였다.

赦하다

【目】詔令을 다음과 같이 내렸다.

"병사들이 8년 동안 쉴 수가 없었고, 모든 백성들도 매우 고생을 하였는데, 이제 천하의 일이 끝났으니, 온 천하의 斬刑 이하에 해당하는 자들을 사면하라."

令曰 兵不得休八年이라 萬民與苦甚①이러니 今天下事畢하니 其赦天下殊死已下②하라

① 與(참여하다)는 음이 預이다.
與, 音預.

② "殊死"는 斬刑이다. 殊는 끊고 분리된다는 뜻이니, 몸과 머리가 분리되고 끊기어 따로 있음을 말한 것이다.
殊死, 斬刑也. 殊, 絶也, 異也, 言其身首離絶而異處也.

【綱】2월에 王이 황제의 자리에 나아갔다.

二月에 王이 卽皇帝位[14)]하다

를 이미 빼앗고 또다시 바꾸어 봉하였으나 한신이 조금도 불평하는 뜻이 없었으니, 그렇다면 후일에 한신을 의심하여 사로잡은 것은 진실로 한왕의 잘못이다. 일을 나열하여 비교해 자세히 관찰하면 이것을 알 수 있을 것이다.〔漢王方擒項籍 卽奪韓信軍 故綱目書馳入齊王信壁 以見其急於制信如此 然信號爲善兵 而漢王兩奪其軍 如取嬰兒之物 則信亦未得爲節制之師 而漢王將將之能 尤不可及矣 若夫信軍旣奪 又復改封 略無一毫不平之意 則他日疑而虜之 是固漢王之過也 比事詳觀 則得之矣〕" ≪發明≫

13) 韓信이……하였다 : 이 두 가지 일은 ≪資治通鑑綱目≫ 제2권 하 楚 義帝 원년조에 보인다.

14) 卽皇帝位 : "천하를 얻었다는 말이 세 가지가 있으니, '황제의 지위에 나아갔다.〔卽皇帝位〕'는 것은 바른 것이요, '황제라고 칭하였다.〔稱皇帝〕'는 것은 자칭했을 뿐이요, '서서 황제가 되었다.〔立爲皇帝〕'는 것은 서서는 안 되는 자이다. ≪資治通鑑綱目≫이 끝날 때까지 '황제의 지위에 나아갔다'고 쓴 것이 4번이니, 高帝와 光武帝, 昭烈帝와 晉 元帝이다. 宋나라(南朝 劉裕의 宋) 이후로 천하를 얻은 자

【目】 諸侯王이 모두 漢王을 높여 황제로 삼자고 하자, 2월 甲午日에 〈한왕이〉 氾水(범수)의 북쪽에서 황제의 자리에 나아갔다.

諸侯王이 皆請尊漢王爲皇帝어늘 二月甲午에 即位于氾水之陽①하다

① 氾은 敷劍의 切이다. 張晏[15]이 말하기를 "氾水는 濟陰縣의 경계에 있다." 하였다.
氾, 敷劍切. 張晏曰 "氾水在濟陰界."

【綱】 王后를 고쳐 皇后라 하고, 王太子를 고쳐 皇太子라 하고, 先媼(죽은 어머니)을 追尊해서 昭靈夫人이라 하였다.

更(경)王后曰皇后라하고 王太子曰皇太子라하고 追尊先媼曰昭靈夫人이라하다

【綱】 예전에 衡山王이었던 吳芮를 長沙王으로 삼고, 예전에 粵王(월왕)이었던 無諸를 閩粵王으로 삼았다.[16]

◑ 立故衡山王芮爲長沙王하고 故粵王無諸爲閩粵王①하다

① 〈項羽가〉 吳芮를 衡山王으로 봉해서 邾에 도읍하게 하였었는데, 이제 長沙王에 봉해서 臨湘에 도읍하게 하였다. 粵은 越과 통용하여 쓰인다. 無諸는 越王 句踐의 후예이다. 閩은 음이 緡이니, ≪春秋≫에 나오는 七閩[17]의 지역이다. 戰國시대에 越나라 사람들이 거주했던 곳인데, 이 지역 사람들이 뱀에서 근본했다고 여기므로 글자에 虫자를 쓴 것이다.

는 '황제라고 칭했다.'라고 썼을 뿐이다. '서서 황제가 되었다.'라고 쓴 것이 모두 5번이니, 이들은 모두 서서는 안 되는 자들이다.〔得天下之辭有三 即皇帝位 正也 稱皇帝 自稱而已矣 立爲皇帝 不宜立者也 終綱目 書卽皇帝位者四 高帝也 光武也 昭烈也 晉元帝也 自宋以下 得天下者 書稱皇帝而已 書立爲帝爲皇帝凡五 皆不宜立而立者也〕" ≪書法≫

"三代 이후로 오직 漢나라가 천하를 正道로써 얻었으니, 무도한 秦나라를 주벌한 것이 첫 번째 이유요, 項籍의 죄를 토벌한 것이 두 번째 이유요, 천하가 평정된 뒤에 비로소 尊位에 오른 것이 세 번째 이유이다. 후세에 겨우 조그만 한 지역의 땅을 얻고는 망령되이 스스로 높이고 큰 체한 자가 있으니, 漢나라와 견주어보면 다소 부끄러울 것이다.〔自三代而下 惟漢得天下以正 誅無道秦一也 討項籍罪二也 天下已定 始卽尊位三也 後世有僅得蕞爾之地 而妄自尊大者 視此 可以少愧矣〕" ≪發明≫

15) 張晏 : 자가 子博이며 삼국시대 魏나라 中山 사람이다. 저서에 ≪西漢書音釋≫ 40권이 있다.

16) 예전에……삼았다 : 吳芮는 원래 鄱陽(파양)의 현령으로 이 일대에서 인심을 얻어 鄱君(파군)이라 불렸다. 나중에 百粵을 이끌고 項羽를 따라 함곡관에 들어간 功으로 衡山王에 봉해졌다. ≪資治通鑑綱目 제2권 중 秦 二世皇帝 2년조·제2권 하 楚 義帝 원년조≫

粵王 無諸는 대대로 粵나라의 제사를 받들었는데 秦나라가 그 땅을 빼앗았다. 秦나라 말기에 군대를 거느리고 秦나라를 공격하였으나, 항우가 그를 폐하였다. ≪資治通鑑 漢 高帝 5년조≫

17) 七閩 : 福建과 浙江의 남쪽 지방에 사는 閩族인데, 일곱 종족으로 나누어졌기 때문에 七閩이라고 부른 것이다.

芮封衡山王, 都邾, 今封長沙王, 都臨湘. 粤, 通作越. 無諸, 越王句踐之後. 閩, 音緡, 春秋, 七閩地. 戰國時, 越人所居, 其人本蛇種, 其字從虫.

【綱】 황제가 서쪽으로 洛陽에 도읍하기로 정하였다.

◑ **帝西都洛陽**하다

【綱】 여름 5월에 군대를 파(해산)하여 집으로 돌아가게 하였다.

◑ **夏五月**에 **兵罷歸家**[18)]하다

【目】 詔令을 다음과 같이 내렸다.

"백성들 가운데 예전에 간혹 山澤에 모여 피난해서 戶籍에 기록되지 않은 자들을 모두 자기 縣으로 돌아가게 해서 옛날의 爵位와 田宅을 돌려주고, 관리는 그들에게 글과 법을 가르쳐서 의리를 분별하게 하되 군대의 吏卒들에게 笞杖(태장)을 쳐서 욕보이지 말고, 爵位가 七大夫[19)] 이상인 자는 모두 食邑을 받게 하며, 이 이하인 자는 모두 身役과 戶稅를 면제하고, 徭役과 賦稅를 면제하게 하라."

詔民前或相聚保山澤하여 不書名數者를 令各歸其縣하여 復故爵田宅①하고 吏以文法教訓辨告호대 勿笞辱②軍吏卒하고 爵及七大夫以上은 皆令食邑하고 已下는 皆復(복)其身及戶하고 勿事③하다

---

18) 兵罷歸家 : "高帝(漢 高祖)가 천하를 얻었을 적에 군대를 파하여 집으로 돌려보낸 일을 썼고, 光武帝가 中興했을 적에 郡國의 車騎와 材官을 파하여 백성의 대오로 돌아가게 한 일을 썼으니, 그 宏大한 기상이 어떠한가. 秦나라가 병기를 녹여 없앤 일과 隋나라가 병장기를 훼손한 일을 쓴 것과는 크게 다르다.〔高帝之得天下也 書兵罷歸家 光武之中興也 書罷郡國車騎材官 還復民伍 其廣大氣象何如哉 與書銷兵器毁兵仗者 大不侔矣〕" ≪書法≫

19) 七大夫 : ≪漢書≫의 註에 臣瓚이 말하였다. "秦나라 제도는 列侯에 봉해져야 食邑을 얻을 수 있었는데, 지금 七大夫 이상은 모두 식읍을 갖게 하였으니, 이는 우대한 것이다.〔秦制 列侯乃得食邑 今七大夫以上皆食邑 所以寵之也〕" 顔師古가 말하였다. "七大夫는 公大夫이니, 작위가 일곱 번째이므로 七大夫라 한 것이다.〔七大夫 公大夫也 爵第七 故謂之公大夫〕" 軍功의 多寡로 운영된 秦나라의 20等爵制는 漢代에 들어서 일반 백성을 대상으로 하는 民爵制로 성격이 변화하였다. 이를 통해 향촌 내 사회질서를 확립하는 한편 이제는 백성들이 봉건귀족에게 귀속된 것이 아닌 백성들이 황제의 지배에 직접 속하게 되었음을 보이게 하였다. 20등작은 ① 公士 ② 上造 ③ 簪裊 ④ 不更 ⑤ 大夫 ⑥ 國大夫・官大夫 ⑦ 七大夫・公大夫 ⑧ 公乘 ⑨ 五大夫 ⑩ 左庶長 ⑪ 右庶長 ⑫ 左更 ⑬ 中更 ⑭ 右更 ⑮ 少上造 ⑯ 大良造・大上造 ⑰ 駟車庶長 ⑱ 大庶長 ⑲ 關內侯 ⑳ 徹侯・通侯・列侯인데, 열후가 가장 높고 공사가 가장 낮다. 백성에게 작위를 내린 것은 1급인 공사에서 8급인 공승까지로 보인다.

① 保는 지키고 편안히 하는 뜻이니, 지켜서 편안히 하여 난리를 피하는 것이다. '名數'는 戶籍이고 復은 돌려주는 것이다.
保, 守也, 安也, 守而安之, 以避難也. 名數, 戶籍也, 復, 還也.

② "辨告"는 義理를 분별해서 가르치는 것이다.
辨告者, 分別義理以曉喩之.

③ 七大夫는 公大夫이니, 爵位의 순위가 일곱 번째이므로 칠대부라고 한 것이다. 秦나라 제도에 列侯여야 食邑을 받을 수 있었는데, 이때에는 칠대부 이상이 모두 식읍을 받게 하였으니, 이는 총애한 것이다. 復은 면제하는 것이니, 〈"復其身及戶"는〉 身役과 戶稅를 면제해주는 것이다. "勿事"는 徭役과 賦稅가 미치지 않게 하는 것이다.
七大夫, 公大夫也, 爵第七, 故謂之七大夫. 秦制, 列侯乃得食邑, 今七大夫以上皆食邑, 所以寵之也. 復, 除也. 除免其身役・戶稅也. 勿事, 不給徭賦也.

【綱】 南宮에서 술자리를 베풀었다.

置酒南宮하다

【目】 洛陽의 南宮에서 술자리를 베풀었는데, 上이 말하기를 "徹侯[20]와 여러 장수들은 감히 朕에게 숨기지 말고, 모두 자신의 실제 생각을 말하도록 하라. 내가 천하를 소유한 까닭은 무엇이며, 項氏가 천하를 잃은 까닭은 무엇인가?" 하니, 高起와 王陵이 대답하기를 "폐하께서는 사람을 시켜 성을 공격하고 땅을 공략하면 그로 인하여 그 성과 땅을 그들에게 주어서 천하와 그 이익을 함께하셨는데, 항우는 그렇지 않아서 공이 있는 자를 해치고 어진 자를 의심하였으며, 싸워 이겨도 그 사람의 功을 인정해주지 않고 땅을 빼앗아도 그 사람에게 땅을 나누어주지 않았으니, 이것이 그가 천하를 잃은 이유입니다." 하였다.

이에 上이 말하였다.

"그대들은 하나만 알고 둘은 알지 못하는구나. 軍幕 안에서 궁리하고 계책을 내어 천리 밖에서 승리를 결정짓는 것은 내가 子房(張良)만 못하고, 국가를 잘 진정시키고 백성들을 어루만지며 군량을 공급하여 군량 수송로가 끊어지지 않게 하는 것은 내가 蕭何만 못하고, 백만의 군사를 연합하여 싸우면 반드시 승리하고 공격하면 반드시 빼앗는 것은

20) 徹侯 : 秦나라가 천하를 통일한 뒤에 軍功에 따른 20등급의 작위로 그중 가장 높은 것이 徹侯였다. 漢나라는 그대로 따랐는데, 王子가 봉해져 王이나 侯가 된 경우는 諸侯라 이르고, 성씨가 다른 여러 신하가 공을 세워 봉해진 경우는 列侯 또는 徹侯라 하였다. 뒷날 武帝(劉徹)의 諱를 피하여 通侯라고 하였다.

내가 韓信만 못하다. 이 세 사람은 모두 人傑인데 내가 능히 이들을 쓸 수 있었으니, 이것이 내가 천하를 차지한 까닭이다. 항우는 范增 한 사람이 있었으나 능히 쓰지 못하였으니, 이 때문에 나에게 사로잡힌 것이다."

그러자 여러 신하들이 기뻐하며 복종하였다.

三傑을 임용하다

置酒洛陽南宮[①]할새 上曰 徹侯諸將은 毋敢隱朕하고 皆言其情하라 吾所以有天下者는 何며 項氏之所以失天下者는 何오 高起, 王陵이 對曰[②] 陛下는 使人攻城略地하여는 因以與之하여 與天下同其利하시고 項羽는 不然하여 有功者를 害之하고 賢者를 疑之하며 戰勝而不予人功하고 得地而不予人利하니 此其所以失天下也니이다 上曰 公知其一이요 未知其二로다 夫運籌帷幄之中하여 決勝千里之外는 吾不如子房[③]이요 塡(진)國家, 撫百姓하고 給餉餽하여 不絶糧道는 吾不如蕭何[④]요 連百萬之衆하여 戰必勝, 攻必取는 吾不如韓信하니 三者는 皆人傑이어늘 吾能用之하니 此吾所以取天下者也[⑤]요 項羽는 有一范增而不能用하니 此所以爲我禽也라하니 群臣이 說服이러라

① 秦나라 때 洛陽에 이미 南宮과 北宮이 있었다.
秦時, 洛陽已有南北宮.

② 高起는 사람의 姓名이다.
高起, 姓名.

③ 籌는 계산한다는 뜻이니, 예를 들면 張良이 식탁 앞에 있는 젓가락을 빌려 漢王을 위해 손

가락으로 가리켜 보이면서 여덟 가지 불가한 것이 있다고 말한 것과 같은 따위이다.[21] 帷幄은 軍幕이다. 子房은 장량의 字이다.
籌, 筭也, 如借食前箸, 指畫爲漢王, 陳不可者八之類. 帷幄, 軍幕也. 子房, 張良字.

④ 塡(진무하다)은 鎭과 같다. 給은 供給한다는 뜻이고 餽(군량)는 饋와 같다.
塡, 與鎭同. 給, 供給也. 餽, 與饋同.

⑤ 傑은 특출하게 홀로 뛰어남을 말한다.
傑, 言傑然獨出也.

【目】 楊氏(楊時)가 다음과 같이 평하였다.

"項籍이 無道해서 지나가는 곳의 백성들을 모두 죽이고 없애버렸으니 백성들이 친근하게 여기지 않았다. 그런데 范增은 자기 군주를 위해 계책을 세우면서 군주의 잘못을 바로잡는 말은 한 마디도 하지 않았고, 그나마 세운 계책도 여러 차례 沛公을 해치고자 한 것일 뿐이었다. 아, 항적이 참으로 예전의 잘못된 방식을 고치지 않는다면, 이것은 바로 지난날 멸망한 秦나라의 행위인 것이다. 가령 패공이 죽었더라도 천하에 어찌 패공과 같은 자가 없겠는가. 그렇다면 항적이 비록 범증의 말을 들어주었더라도 패망하는 데에는 별 보탬이 되지 못했을 것이다."

楊氏曰 項籍無道하여 所過殘滅하니 民不親附라 范增이 爲之謀主하여 曾無一言以救其敗하고 其得計 不過數(삭)欲害沛公耳니 嗚呼라 籍이 誠不改其轍이면 則前日之亡秦이 是也라 借令沛公死라도 天下에 豈無沛公乎아 然則籍雖用增이나 亦未必有益於敗亡也리라

【綱】 예전에 齊王이었던 田橫을 불렀는데, 京師에 이르기 전에 自殺하였다.

召故齊王橫이러니 未至에 自殺하다

【目】 田橫이 자신의 무리 500여 명과 함께 海島에 들어가 거주하였다. 황제는 이들이 난을 일으킬까 두려워하여 전횡의 죄를 사면하고, 부르기를 "전횡아, 오너라. 네가 오면 크게는 王을 시킬 것이고 작게는 侯를 시킬 것이지만, 만일 오지 않으면 장차 군대를 동원해서 죽일 것이다." 하였다.

전횡이 마침내 門客 두 사람과 함께 傳車를 타고 낙양에 올라왔는데, 尸鄕의 역참에 이르러 문객에게 말하기를 "내가 처음에 漢王과 함께 南面하여 孤라고 일컬었는데, 지

21) 張良이……따위이다 : ≪資治通鑑綱目≫ 제2권 하 漢王 3년 12월조에 보인다.

금 한왕은 천자가 되었으나 나는 망한 나라의 포로가 되어 北面해서 섬기게 되니, 그 부끄러움이 참으로 심하다. 그리고 내가 다른 사람(酈商)의 형을 烹刑에 처하게 했는데[22] 이제 그의 아우와 어깨를 나란히 하고 군주를 섬긴다면 비록 그가 나를 위협하지 않는다고 하더라도 내 마음에 부끄럽지 않겠는가." 하고는 마침내 스스로 목을 찔러 죽고 문객으로 하여금 자신의 머리를 받들어 使者를 따라 달려가 아뢰게 하였다.

이에 황제는 그를 위해 눈물을 흘리고 王의 禮로 장사 지내주었다. 〈장례가 끝나자〉 두 문객이 스스로 목을 찔러 죽고, 海島에 있던 나머지 500명도 이 소식을 듣고 모두 自殺하였다.

田橫이 與其徒屬五百餘人으로 入海하여 居島中①이러니 帝恐其爲亂하여 赦橫罪하고 召之曰 橫아 來하라 大者면 王이요 小者면 乃侯耳②어니와 不來면 且擧兵加誅焉호리라 橫이 乃與其客二人으로 乘傳詣洛陽하여 至尸鄕廐置③하여 謂其客曰 橫이 始與漢王으로 俱南面稱孤러니 今漢王爲天子어늘 而橫乃爲亡虜하여 北面事之하니 其恥固已甚矣요 且吾烹人之兄하고 與其弟로 併肩而事主④하면 縱彼不動⑤〔我〕[23]나 我獨不愧於心乎아하고 遂自剄하여 令客奉其頭하여 從使者馳奏之한대 帝爲流涕하고 以王禮葬之하다 二客이 自剄하니 餘五百人在島中者 聞之하고 亦皆自殺하다

① 渤海 가운데에 섬이 있는데, 이름을 嗚呼라고도 하고 또 半洋山이라고도 한다.
渤海中有島, 名嗚呼, 又號半洋山.

② 〈"大者王 小者乃侯耳"는〉 크게는 王을 봉해주고, 작아도 侯가 될 것이라는 말이다.
大者封王, 小亦不失爲侯.

③ 傳(수레)은 張戀의 切이다. 駿馬 4마리가 끄는 수레를 置傳이라 하고, 中馬 4마리가 끄는 수레를 馳傳이라 하고, 下馬 4마리가 끄는 수레를 乘傳이라 하고, 말 1마리나 2마리가 끄는 수레를 軺傳이라 하는데, 급한 경우에는 4마리가 끄는 한 대의 수레를 탄다. 옛날에는 수레를 傳車라고 했었는데, 그 뒤에 말만 둔 것을 驛騎라고 하였다. ≪史記正義≫에 "尸鄕은 洛州 偃師縣 서남쪽 5리쯤에 있는 亳阪의 북쪽에 있다." 하였다. "廐置"는 역말을 둔 驛站을 이른다.
傳, 張戀切. 四馬高足爲置傳, 四馬中足爲馳傳, 四馬下足爲乘傳, 一馬二馬爲軺傳, 急者乘一乘傳. 古者以車, 謂之傳車, 其後單置馬, 謂之驛騎. 正義"尸鄕在洛州偃師縣西南五里亳阪之北." 廐置, 謂置馬以傳驛處.

④ 그의 아우는 酈食其의 아우 酈商이다. 이보다 앞서 齊나라에서 역이기를 烹刑에 처하였다.

---

22) 다른……했는데 : 酈商의 형은 바로 劉邦의 유세객인 酈食其(역이기)이다. 역이기가 전횡을 설득시켜 漢나라에 항복시켰는데, 韓信이 그 소식을 듣고도 군대를 거느리고 齊나라를 공격하자, 전횡이 역이기를 죽였다. ≪資治通鑑綱目 제2권 하 漢王 3년 4년조≫

23) 〔我〕 : 저본에는 없으나, ≪史記≫와 아래 訓義 ⑤에 근거하여 보충하였다.

倂은 步鼎의 切이니, "倂肩"은 어깨를 나란히 하고 함께 서 있는 것을 이른다.
其弟, 謂酈食其弟酈商也. 先是, 齊烹食其. 倂, 步鼎切. 倂肩, 謂比肩竝立也.
⑤ 이 아래에 我자가 빠져 있다.
此下脫一我字.

【綱】 季布를 郎中[24]으로 삼고 丁公을 斬하여 조리돌렸다.

以季布爲郎中하고 斬丁公以徇하다

【目】 예전에 楚나라 사람 季布가 項籍의 장수가 되어 여러 번 황제를 곤궁하게 하고 욕보였다. 항적이 멸망하자 황제가 계포를 잡으려고 千金을 현상금으로 내걸고 '감히 계포를 집에 머물게 하거나 숨겨주면 三族을 멸하겠다.' 하였다.

계포가 마침내 머리를 깎고 목에 項鎖(항쇄)를 차고 노예가 되어서 스스로 魯나라 지역의 朱家에게 팔려갔다. 주가는 마음속으로 이 사람이 계포임을 알고 그를 사서 田舍(農家)에 두고는 자신이 직접 洛陽에 가서 滕公(夏侯嬰)을 만나보고 다음과 같이 말하였다.

"계포가 무슨 죄가 있습니까. 신하는 각각 자기 군주를 위하여 쓰이는 것이 당연한 직분입니다. 項氏의 신하를 어떻게 다 죽일 수가 있겠습니까. 지금 上께서 처음으로 천하를 얻고서 사사로운 원한 때문에 한 사람을 찾으시니, 어찌 넓지 못한 도량을 보이신단 말입니까. 그리고 漢나라에서 그를 급하게 잡으려 하니, 계포의 현명함으로 볼 때, 북쪽의 胡로 달아나지 않으면 남쪽의 越나라로 달아날 것입니다. 대저 壯士를 꺼려하여 적국에게 주는 것은 伍子胥가 楚나라 平王의 묘에 매질한 이유입니다."

등공이 이것을 상에게 말하자, 상이 계포를 사면하고 불러 郎中을 제수하니, 주가는 마침내 〈자신이 은혜를 베푼 것을 남들이 알까 두려워하여〉 더 이상 계포를 만나지 않았다.

初에 楚人季布 爲項籍將하여 數(삭)窘辱帝①러니 籍滅에 帝購求布千金호되 敢有舍匿이면 罪三族②호리라 布乃髡鉗(곤겸)爲奴하여 自賣於魯朱家③어늘 朱家心知其季布也하여 買置田舍하고 身之洛陽하여 見滕公하고 曰 季布는 何罪오 臣各爲其主用이 職耳④라 項氏臣을 豈可盡誅邪아 今上이

24) 郎中 : 戰國시대 처음 출현했고, 秦漢시대에는 궁궐의 문과 車騎 등의 일을 관장하였으며 안으로는 시위에 충당되고 밖으로는 전쟁에 從軍하여 황제의 시종관의 통칭이 되었다. 후대 內朝가 강화되면서 요직으로 부상하였다.

始得天下하여 而以私怨求一人하시니 何示不廣也오 且以布之賢으로 漢求之急하니 此不北走胡면 南走越耳라 夫忌壯士以資敵國은 此伍子胥所以鞭荊平之墓也⑤니라 滕公이 言於上한대 上乃赦布하고 召拜郎中하니 朱家遂不復見之하다

① 季는 姓이다. 窘은 巨隕의 切이니, 핍박한다는 뜻이다.
季, 姓也. 窘, 巨隕切, 迫也.
② 舍는 머물게 한다는 뜻이고, 匿은 숨긴다는 뜻이다.
舍, 止也. 匿, 隱也.
③ 髡은 음이 坤이니 머리를 깎는 것이고, 鉗은 其炎의 切이니 쇠로 목을 묶는 것이다. 朱家는 魯나라 지역 사람이다.
髡, 音坤, 鬄髮也. 鉗, 其炎切, 以鐵束頸也. 朱家, 魯人也.
④ 爲(위하다)는 去聲이다. "職耳"는 신하의 직분에 당연함을 말한 것이다.
爲, 去聲. 職耳, 言臣職當然耳.
⑤ 子胥는 伍員의 字인데 아버지인 伍奢가 楚나라 平王에게 살해당하였다. 오원이 吳나라로 달아나서 吳나라로 하여금 楚나라를 치게 하였는데, 평왕이 이미 죽고 없자 그의 무덤을 파서 시신을 꺼내 300대나 채찍질을 하였다.
子胥, 伍員字, 父奢爲楚平王所殺. 員奔吳, 教吳伐楚, 平王已卒, 掘墓取屍, 鞭之三百.

【目】季布의 同母弟인 丁公도 項羽의 장수가 되어 황제를 彭城의 서쪽에서 추격하여 곤궁하게 해서 짧은 병기(칼)을 가지고 맞붙어서 싸웠는데, 황제가 다급하자 정공을 돌아보고 이르기를 "두 현자가 어찌 서로 곤궁하게 하는가?" 하니, 정공이 군대를 이끌고 그대로 돌아갔다.

이때에 이르러 정공이 찾아와 뵙자, 황제가 정공을 군중에 조리돌리고 말하기를 "정공은 項王(항우)의 신하가 되어 불충해서 항왕으로 하여금 천하를 잃게 했다." 하고는 마침내 그의 목을 베고 말하기를 "후세에 남의 신하 된 자들로 하여금 정공을 본받지 못하게 하려는 것이다." 하였다.

布의 母弟丁公이 亦爲項羽將하여 逐窘帝彭城西하여 短兵接①이러니 帝急②하여 顧曰 兩賢이 豈相戹(액)哉리오하니 丁公乃還③이러니 至是謁見(현)이어늘 帝以徇軍中曰 丁公이 爲臣不忠하여 使項王失天下者也라하고 遂斬之曰 使後爲人臣으로 無倣丁公也④라하니라

① 丁公은 이름이 固이니, 어머니가 같고 아버지가 다른 季布의 아우이다. 短兵은 刀劍이니, 〈"短兵接"은〉 도검을 사용하여 서로 맞붙어 싸움을 이른다.
丁公, 名固, 布同母異父弟. 短兵, 刀劍也. 謂用刀劍以相接擊也.

② 여기서 句를 뗀다.
句.
③ 돌아보는 것을 顧라고 한다. "兩賢"은 高祖 자신과 丁固를 함께 말한 것이다. 戹(곤궁하다)은 乙革의 切이니, 혹 厄으로도 쓴다.
回視曰顧. 兩賢者, 高祖自謂併與固也. 戹, 乙革切, 或作厄.
④ 傚는 본받는다는 뜻이다.
傚, 倣也.

【目】司馬溫公(司馬光)이 다음과 같이 평하였다.

"高祖가 호걸들을 망라하여 도망온 자들을 불러오고 배반한 자들을 받아들인 것이 또한 이미 많았다. 그런데 丁公이 홀로 불충하다고 하여 죽임을 당한 것은 어째서인가? 여러 영웅들이 서로 다투던 때에는 백성들에게 정해진 군주가 없으니, 오는 자를 받아주는 것이 진실로 당연한 것이다. 그러나 존귀한 천자가 되어서는 四海 안의 사람들이 모두 신하가 되었으니, 만일 禮義를 밝혀 사람들에게 보여주지 않아서 신하 된 자로 하여금 모두 두 마음을 품어 큰 이익을 바라게 한다면 국가가 어찌 장구하게 편안할 수 있겠는가. 이 때문에 큰 의리로 결단하여, 신하가 되어 불충한 자는 스스로 용납될 곳이 없어서, 私心을 품고 은혜를 맺은 자는 비록 자기를 살려주었다 해도 오히려 의리로 허여하지 않겠다는 것을 천하의 모든 사람들에게 분명히 알게 한 것이다. 한 사람을 죽여 천만인을 두렵게 하였으니, 일을 생각함이 어찌 깊고 원대하지 않은가."

司馬公曰 高祖罔羅豪桀하여 招亡納叛이 亦已多矣[①]로대 而丁公이 獨以不忠受戮은 何哉오 當群雄角逐之際하여 民無定主하니 來者受之 固其宜也[②]어니와 及貴爲天子하여는 海內爲臣하니 苟不明禮義以示人하여 使爲臣者로 人懷二心하여 以徼(요)大利면 則國家豈能久安乎아 是故로 斷以大義하여 使天下로 曉然皆知爲臣不忠者 無所自容하여 而懷私結恩者는 雖至於活己나 猶不與也라 戮一人而千萬人懼하니 其慮事 豈不深且遠哉리오

① 물고기 잡는 그물을 罔이라 하고 새 잡는 그물을 羅라고 한다.
魚罟謂之罔, 鳥罟謂之羅.
② 角은 겨루고 다툰다는 뜻이다.
角, 競也爭也.

【綱】황제가 서쪽으로 가서 關中에 도읍하기로 정하고, 婁敬을 郎中으로 삼고

서 劉氏 姓을 하사하였다.

帝西都關中하고 **以婁敬爲郎中**하여 **賜姓劉氏**[25)]하다

【目】 齊나라 사람 婁敬이 隴西에서 수자리를 살게 되어 洛陽을 지나다가 上을 만나뵙기를 청하고, 말하기를 "폐하께서 낙양에 도읍하기로 정하셨는데, 이것은 周나라 왕실과 융성함을 견주고자 하시는 것입니까?" 하니, 上이 "그렇다." 하고 대답하였다. 누경이 다음과 같이 말하였다.

"폐하께서 천하를 얻으신 것은 周나라와는 다르니, 周나라는 后稷으로부터 德과 善을 10여 대 동안 쌓아 文王과 武王 때에 이르러 제후들이 저절로 귀의하자, 마침내 殷나라를 멸하고 천자가 되었습니다. 成王이 즉위하여서는 周公이 정승으로 보필하여 마침내 洛邑(洛陽)을 경영하였으니, 이곳은 천하의 중심이 되는 곳이어서 사방의 제후들이 貢物을 바칠 때 오고 가는 거리가 고르다고 생각하였기 때문입니다. 〈낙양은〉 덕이 있으면 왕 노릇 하기가 쉽고, 덕이 없으면 망하기도 쉽습니다. 그러므로 周나라가 번성했을 때에는 제후들과 사방의 오랑캐들이 복종하지 않는 나라가 없었으나, 쇠약해지자 천하에 朝覲하는 나라가 없는데도 周나라에서 제재하지 못하였으니, 이것은 덕이 부족하였을 뿐만 아니라 지형도 약했던 탓입니다.

지금 폐하께서는 豐沛에서 일어나서 蜀과 漢中을 석권하고 三秦을 평정하였으며, 項羽와 滎陽과 成皐 사이에서 싸워 큰 전투는 70번, 작은 전투는 40번이나 벌였습니다. 그리하여 천하 백성들로 하여금 肝과 腦를 땅에 범벅이 되게 하여 통곡하는 소리가 끊이지 않고 다친 사람들이 아직도 일어나지 못하고 있는데 成王과 康王 때와 융성함을 견주고자 하시니, 신은 周나라와 같지 않다고 삼가 생각됩니다.

대저 秦나라 지역은 산으로 덮여 있고 黃河가 띠처럼 둘러져 있어 사방이 요새로 막혀 견고하고, 별안간 급한 일이 있으면 백만 명의 군대를 즉시 갖출 수가 있습니다. 무릇 적과 싸울 적에 그 사람의 목을 조르고 그 사람의 등을 치지 않으면 완전하게 승리를 얻을 수 없습니다. 그런데 지금 폐하께서 秦나라의 옛 땅을 장악하시면 이것은 천하의 목을 조르고 등을 치는 것과 같은 것입니다."

---

25) 賜姓劉氏 : "'姓을 하사했다.'고 쓴 것은 어째서인가? 비난한 것이니, 처음으로 宗屬(宗親의 계통)을 어지럽힌 것이다. 姓을 하사하였다고 쓴 것이 이때 시작되어 이로부터 唐나라에 이르러서는 姓을 하사하고 이름을 하사한 것이 너무 많아 다 쓸 수가 없다.〔書賜姓 何 譏也 始亂宗屬矣 書賜姓始此 自是至唐 賜姓賜名 不可勝書矣〕" ≪書法≫

齊人婁敬이 戍(수)隴西할새 過洛陽이라가 求見上曰 陛下都洛陽하시니 豈欲與周室比隆哉잇가 上曰 然하다 敬曰 陛下取天下與周異하니 周自后稷으로 積德絫(루)善十有餘世①에 至於文武하여 而諸侯自歸之어늘 遂滅殷爲天子러니 及成王卽位에 周公相焉하여 乃營洛邑하니 以爲此天下之中也니 諸侯四方이 納貢職에 道里均矣일새니이다 有德則易以王이요 無德則易以亡이니 故로 周之盛時에 諸侯四夷莫不賓服이러니 及其衰也하여 天下莫朝호대 周不能制하니 非唯德薄이요 形勢弱也니이다 今陛下起豐沛하사 卷蜀漢하고 定三秦②하시고 與項羽로 戰滎陽成皐之間하여 大戰七十이요 小戰四十하여 使天下之民으로 肝腦塗地하여 哭聲未絶하고 傷者未起어늘 而欲比隆於成康之時하시니 臣竊以爲不侔也③라하노이다 夫秦地는 被山帶河하여 四塞以爲固하고 卒然有急이어든 百萬之衆을 可立具也니이다 夫與人鬪에 不搤其亢 拊其背하면 未能全其勝也④하나니 今陛下案秦之故地하시면 此亦搤天下之亢而拊其背也니이다

① 絫(쌓다)는 累의 古字이다.
絫, 古累字.
② 卷(말다)은 捲으로 읽는다.
卷, 讀曰捲.
③ 侔는 음이 牟이니 같다는 뜻이다.
侔, 音牟, 等也.
④ 搤은 음이 厄이니 잡고 있다는 뜻이다. 亢은 음이 剛으로 咽喉이니 이것으로 關中을 비유한 것이다. 拊는 음이 撫로 친다는 뜻이다. 背脊(등)을 가지고 天下를 비유한 것이다.
搤, 音厄, 捉持也. 亢, 音剛, 咽喉也, 以喩關中. 拊, 音撫, 擊也. 以背脊喩天下.

【目】황제가 여러 신하들에게 물으니, 신하들이 모두 山東 사람들이었으므로 다투어 말하기를 "周나라는 수백 년 동안 왕 노릇 하였지만 秦나라는 2대 만에 곧바로 망하였습니다. 그리고 洛陽은 동쪽에는 成皐가 있고 서쪽에는 殽山(효산)과 澠池(민지)가 있으며 黃河를 등지고 洛水를 향하고 있으니, 그 견고함을 또한 충분히 믿을 만합니다." 하였다.

帝問群臣한대 群臣이 皆山東人이라 爭言 周는 王數百年호대 秦은 二世卽亡①하니이다 洛陽은 東有成皐하고 西有殽澠하고 倍河鄕洛하니 其固亦足恃也②니이다

① 王(왕 노릇 하다)은 于況의 切이다.
王, 于況切.
② 河水는 洛陽城의 북쪽에 있기 때문에 倍라고 하였고, 洛水는 낙양성의 남쪽에 있기 때문에 鄕이라고 한 것이다.

河在洛陽城北, 故曰倍. 洛在洛陽城南, 故曰鄕.

【目】 上이 張良에게 물으니, 장량이 다음과 같이 대답하였다.

"洛陽이 비록 이러한 견고함이 있으나 그 안이 작아서 수백 리에 불과하며, 田地가 척박하고 사면으로 적의 침공을 받을 수 있는 지형이니, 군대를 써서 싸우기에 적합한 지역이 아닙니다. 關中은 왼쪽에는 殽山과 函谷關이 있고 오른쪽에는 隴과 蜀이 있고 비옥한 들이 천 리나 되며, 남쪽으로는 巴와 蜀의 풍요로움이 있고 북쪽으로는 胡의 초원에서 나오는 이익이 있으며, 三面이 막혀서 저절로 지켜지고 오직 한쪽 면만 가지고 동쪽으로 제후들을 제압할 수 있습니다. 제후들이 안정되면 河水와 渭水를 통해 천하의 곡식을 漕運해서 서쪽에 있는 京師에 실어다 줄 수 있고, 제후들에게 변고가 있으면 물길을 따라 내려가서 관중의 糧草를 수송해줄 수 있습니다. 그러니 이것은 이른바 金城(철옹성)이 천 리이고 天府(천연적인 府庫)의 나라라는 것이니, 婁敬의 말이 옳습니다."

上은 당일로 서쪽으로 관중에 가서 도읍하기로 정하고, 누경을 郎中에 제수하여 奉春君이라 칭하였으며 劉氏 姓을 하사하였다.

上이 問張良한대 良曰 洛陽이 雖有此固나 其中이 小하여 不過數百里요 田地薄하고 四面受敵하니 非用武之國也①어니와 關中은 左殽函 右隴蜀이요 沃野千里②요 南有巴蜀之饒하고 北有胡苑之利③하며 阻三面而守하고 獨以一面으로 東制諸侯하니이다 諸侯安定이면 河渭漕輓天下하여 西給京師④하고 諸侯有變이면 順流而下하여 足以委輸⑤니 此所謂金城千里요 天府之國이니 敬說이 是也⑥니이다 上이 卽日에 西都關中⑦하고 拜敬郎中하여 號奉春君이라하고 賜姓劉氏⑧하다

① 〈"非用武之國"은〉 믿을 만한 험한 지형이 없어서 用兵할 수 있는 지역이 아님을 말한 것이다.
言無險可恃, 非用兵之地.

② 沃은 灌漑하는 것이니, 이 지역의 토지가 모두 灌漑하는 이로움이 있음을 말한 것이다. 그러므로 沃野라고 한 것이다.
沃者, 灌漑也, 言其土地皆有灌漑之利, 故曰沃野.

③ 禽獸를 기르는 곳을 일반적으로 苑이라고 한다. 安定, 北地, 上郡의 북쪽 지역은 胡의 땅과 서로 인접해서 가축을 기를 수 있고, 또 胡馬를 많이 오게 할 수 있기 때문에 '胡苑의 이로움'이라고 한 것이다.
養禽獸處, 通名曰苑. 謂安定・北地・上郡之北, 與胡地相接, 可以畜牧, 又多致胡馬, 故曰胡苑之利.

④ 輓은 끌어온다는 뜻이다. 漢나라는 關東의 곡식을 漕運해서 河水로부터 渭水로 들여오고,

渭水로부터 올라와서 長安으로 수송하였다.

輓, 引也. 漢漕關東之粟, 自河入渭, 自渭而上, 輸之長安.

⑤ 委와 輸는 모두 去聲이니, 쌓여 있는 곡식을 수송해감을 말한다.

委・輸, 竝去聲, 謂輸送委積者.

⑥ "金城"은, 秦나라 지역이 사방으로 막힌 견고함이 있는 것이 철옹성 같음을 말한 것이다. 財物을 쌓아놓은 것을 府라고 하니, 關中 지역은 물산이 풍족해서 넉넉하게 공급할 수가 있기 때문에 天府라고 한 것이다.

金城, 言秦有四塞之固如金城. 財物所聚, 謂之府, 言關中之地, 物產饒多, 可備贍給, 故稱天府.

⑦ "卽日"은 그날 즉시 계책을 정함을 말한 것이지, 그날로 즉시 결행한 것은 아니다.

卽日, 蓋謂其日卽定計, 非卽日遂行也.

⑧ 春은 한 해의 시작이니, 婁敬이 關中을 도읍으로 삼을 것을 맨 처음 건의하였기 때문에 奉春君이라고 칭한 것이다.

春, 歲之始也, 以敬首謀都關中, 故號奉春君.

【目】胡氏(胡寅)가 다음과 같이 평하였다.

"高帝가 군사를 일으킨 8년 동안 편안히 지낸 해가 없다가 이때에 이르러 천하가 평정되었으니, 의당 편안하기를 조금 생각해야 할 때였다. 그런데 남의 말을 다르는 데에 민첩해서 스스로 편안하게 있지 않은 것이 이와 같았으니, 帝業을 이룬 것이 마땅하다. 光武帝가 隴을 함락하고 돌아온 지 겨우 6일 만에 潁川에서 드둑 떼가 일어나자 직접 가서 정벌하였으니, 光武帝는 先祖(高帝)의 자취를 잘 계승했다고 이를 만하다."

胡氏曰 高帝起兵八年에 歲無寧居라가 至是하여 天下平定하니 當亦少思安逸之時也어늘 而敏於用言하여 不自遑暇 如此하니 其成帝業이 宜哉로다 光武下隴하고 歸才六日에 潁川盜起어늘 而往征之하니 可謂能繩祖武矣로다

【綱】張良이 병을 핑계 대고 물러가 있으면서 곡식을 먹지 않았다.

張良이 謝病辟穀①[26]하다

① 辟은 必益의 切이니, 排除한다는 뜻이다.

---

26) 謝病辟穀 : "'병을 핑계대고 물러갔다.'고 쓴 것이 있는데, '辟穀했다.'고 쓴 것은 어째서인가? 惠帝 6년(B.C. 189)에 張良이 卒한 것을 쓴 張本이 되었다. 여기에서는 '辟穀'이라 썼고 뒤에서는 '卒'이라 썼으니, ≪資治通鑑綱目≫의 뜻이 은미하다.〔書謝病 有之矣 書辟穀 何 爲惠六年書卒張本也 此書辟穀 後書卒 綱目之意微矣〕" ≪書法≫

辟, 必益切, 除也.

【目】張良은 평소 병이 많았는데, 關中에 들어와서는 즉시 문을 닫고 導引하며 곡식을 먹지 않고 말하기를 "집안이 대대로 韓나라의 정승을 지냈는데, 韓나라가 멸망하자 萬金의 재물을 아끼지 않고 韓나라를 위하여 강한 秦나라에 원수를 갚으려 하자,[27] 천하가 진동하였다. 이제 세 치의 혀로 황제의 스승이 되어 萬戶侯에 봉해졌으니, 이는 布衣(평민)로서는 최고의 지위이다. 나에게는 충분하니, 人間의 일을 버리고 赤松子를 따라 놀고자 한다." 하였다.

良이 素多病이러니 入關에 卽杜門道引하고 不食穀하고 曰① 家世相韓이라가 及韓滅에 不愛萬金之資하여 爲韓報讐彊秦하니 天下振動이러니 今以三寸舌로 爲帝者師하여 封萬戶侯하니 此는 布衣之極이니 於良에 足矣라 願棄人間事하고 欲從赤松子遊耳②라하니라

① 道는 導로 읽으니, 道引은 기운을 운행하여 조화롭게 하고 몸을 당겨 유연하게 하는 것이다. ≪後漢書≫ 〈華陀傳〉에 말하기를 "옛날 신선들이 導引하는 것은 곰이 나뭇가지를 잡고 매달려 있고 올빼미가 몸은 움직이지 않고 머리를 돌리는 것처럼 하여, 허리와 몸을 끌어당기고 關節을 움직여서 장수하기를 구하는 것이다." 하였다.
道, 讀曰導. 道引, 導氣令其和, 引體令其柔. 華陀傳曰 "古僊人導引之事, 熊經鴟顧, 引挽要體, 動諸關節, 以求難(者)〔老〕[28]."

② 赤松子는 신선의 이름이니, 神農氏 때에 雨師가 되었다.
赤松子, 仙人號也, 神農時, 爲雨師.

【目】司馬溫公(司馬光)이 다음과 같이 평하였다.

"生에 死가 있음은 비유하면 밤과 아침이 반드시 있는 것과 같으니, 예로부터 지금까지 진실로 이것을 벗어나 홀로 생존한 자는 있지 않았다. 子房(張良)과 같이 밝게 분변하고 이치를 통달한 자는 신선술이 허망하고 거짓이라는 것을 충분히 알았을 것이다. 그런데도 赤松子를 따라 노닐겠다고 하였으니, 여기에서 그의 지혜로움을 알 수 있다. 대저 功名을 이룬 바로 그때는 신하가 처하기 어려운 법이다. 淮陰侯(韓信)는 죽임을 당하였고 蕭何는 옥에 갇혔으니, 이는 성하고 가득 참을 누리고 그치지 않았기 때문이 아니겠는가. 그러므로 자방이 神仙에 의탁해서 人間의 일을 버렸으니, 이른바 明哲하여

---

27) 韓나라가……하자 : ≪資治通鑑≫의 註에 이 사건이 秦 始皇 29년(B.C. 218)조에 보인다고 하였는데, 博浪沙에서 장량이 力士를 시켜 진 시황의 수레를 저격한 일을 가리킨다.

28) (者)〔老〕 : 저본에는 '者'로 되어 있으나, ≪後漢書≫ 〈華陀傳〉에 근거하여 '老'로 바로잡았다.

몸을 보존한 자라고 칭할 수 있다."

司馬公曰 夫生之有死는 譬猶夜旦之必然이니 自古及今에 固未嘗有超然而獨存者也라 以子房之明辨達理로 足以知神僊之爲虛僞矣리라 然이나 其欲從赤松子遊者는 其智를 可知也라 夫功名之際는 人臣之所難處라 淮陰誅夷와 蕭何繫獄이 非以履盛滿而不止邪아 故로 子房이 托於神僊하여 遺棄外物하니 所謂明哲保身者與인저

【目】楊氏(楊時)가 다음과 같이 평하였다.

"子房의 마음은 韓나라를 위하여 원수를 갚으려는 것일 뿐이었으니, 그가 高祖를 섬긴 것은 본심이 아니었다. 그가 博浪沙에서 〈秦 始皇을 저격하려고〉 계획한 모의가 성공하지 못한 뒤로 그의 마음속에 참으로 하루도 秦나라를 잊은 적이 없었다.

그가 '필부의 용맹을 떨쳐 하루아침에 갑자기 요행을 바란 것은 천하의 호걸들을 은밀하게 구하여 서서히 도모하는 것만 못하다.'라고 생각하고 있었는데, 沛公을 만나게 되어서는 그가 자신의 일을 충분히 이룰 수 있을 것이라는 것을 알았다. 이에 패공에게 몸을 맡겨 秦나라를 멸망시킬 계책을 가르쳐주었고, 이 일이 이루어지자 漢나라를 버리고 韓나라로 돌아오면서 다만 棧道를 불태워 끊어버리라고 가르쳐주었을 뿐 三秦을 평정하고 項氏를 토벌할 계책에 대해서는 한 마디도 언급하지 않았으니, 이것은 어찌 그의 지혜가 미치지 못해서 그런 것이겠는가.

그의 마음은 진실로 장차 韓成[29]을 보좌해서 中原을 치달리려고 하였지 漢王이 동쪽으로 진출하는 것을 원치 않았던 것이다. 그런데 한성이 항우에게 죽임을 당하고 나서는 韓나라 자손 중에 한성처럼 뛰어난 자가 없어서 자방의 뜻을 더 이상 펼 수가 없게 되었다. 그러나 항우에 대한 원수를 갚지 않을 수가 없었고, 항우에게 복수를 하려고 할 경우 漢나라가 아니면 도와서 성공할 만한 나라가 없었다.

이에 어쩔 수 없이 다시 서쪽(漢)으로 가서 자신의 복수하려는 뜻을 다시 바쳐 漢나라로 하여금 일을 이루게 하고, 자신의 책임을 마친 뒤에는 스스로 신선의 설에 의탁해서 漢나라에 벼슬하고 싶지 않은 자신의 本心을 이루었다.

이것은 子房의 智謀와 節義가 다른 사람들보다 훨씬 뛰어나서 漢나라 때부터 지금까

29) 韓成 : 韓나라의 후손이다. 項梁이 楚나라의 후손 熊心을 세워 楚 懷王으로 삼자, 장량이 항량을 설득하여 韓成을 韓王으로 삼게 하고 자기는 司徒가 되어 韓나라 지역을 공략하였다. 이후 장량이 劉邦을 따라 관중에 들어갔는데, 홍문의 연회 이후 項羽가 彭城으로 돌아가면서 장량이 유방을 따른다는 이유로 한성을 끌고 갔다가 팽성에서 죽였다. ≪史記 留侯世家≫

지 천여 년 동안 이런 사실을 엿본 자가 없었던 것이다. 오직 程子께서 일찍이 이에 대해서 말씀하시고, 또 말씀하기를 '자방의 進退는 조용하고 여유로워 점잖은 儒者의 풍모가 있었으니, 고조가 능히 자방을 이용한 것이 아니라 실은 자방이 능히 고조를 이용한 것이다.'라고 하였으니, 자방을 알았다고 이를 만하다. 아니면 고조가 자방을 부림에 있어 자방의 계책을 다 쓰지 못한 것이라고 할 수 있다."

楊氏曰 子房之志 爲韓報仇而已니 其事高祖는 非本心也라 蓋自博浪之謀不遂로 其心에 固未嘗一日而忘秦也라 以爲奮匹夫之勇하여 以僥倖於一旦이 不若陰求天下之豪傑而徐圖之러니 及得沛公하여 而知其足以濟吾事也하고 於是에 委身從之하여 教以滅秦之計하고 及事之濟하여는 則去漢歸韓호대 而但教以燒絶棧道하고 至於定三秦 討項氏之策하여는 則無一言及之하니 豈其智之不及哉리오 其心이 固將輔韓成하여 以馳騁於中原이요 而不欲漢王之東也러니 及成爲項羽所殺하여는 則韓之子孫이 無若成之賢者하여 而子房之志 無所復伸矣라 然이나 羽之讐를 不可以不報요 而欲報羽인댄 則非漢이면 又不足資以成功也라 於是에 不得已復西하여 以再致吾復讐之志하여 使漢事得成하고 而吾責亦塞然後에 自託於神僊之說하여 以遂其不欲仕漢之本心焉하니 此子房之智謀節義 所以遠過於人하여 而自漢至今千有餘年에 未有能窺之者라 惟子程子蓋嘗言之하시고 又以爲子房進退從容하여 有儒者之風하니 非高祖之能用子房이요 實子房能用高祖라하시니 其可謂知子房矣로다 抑高祖之任子房이 蓋亦不足以盡子房之術云이라

【綱】 6월에 赦免하였다.

六月에 赦하다

【綱】 가을 7월에 燕王 臧荼(장도)가 반란을 일으키자, 황제가 직접 군대를 거느리고 가서 공격하여 장도를 사로잡고 盧綰을 세워 燕王으로 삼았다.

◑秋七月에 燕王臧荼反이어늘 帝自將[30]虜擊之하고 立盧綰爲燕王하다

【目】 盧綰의 집이 上과 같은 마을이었고, 盧綰의 생일이 또 上의 생일과 같았기 때문에 특별히 왕으로 삼은 것이다.

---

30) 自將 : "황제가 군대를 일으킨 뒤로 몸소 군대의 사이에 있은 지가 오래되었으나, '직접 군대를 거느렸다.〔自將〕'고 쓰지 않았는데, 여기에는 '직접 군대를 거느렸다.'라고 쓴 것은 어째서인가? 이미 황제의 지위에 올랐기 때문이니, '직접 군대를 거느렸다.'고 쓴 것이 이때에 시작되었다.〔帝自起兵 身親其間多矣 不書自將 此書自將 何 旣卽帝位也 書自將始此〕" ≪書法≫

綰家與上同里閈(한)이요 綰生이 又與上同日이라 故特王之①하니라

① 閈은 음이 汗이니, 마을에 있는 문을 閈이라고 한다.
閈, 音汗, 里門曰閈.

【綱】 趙王 張耳가 卒하였다.

趙王張耳 卒하다

【目】 아들인 張敖가 王位를 계승하였다. 장오는 황제의 長女인 魯元公主와 결혼하여 공주를 后로 삼았다.

子敖嗣하다 敖尙帝長女魯元公主爲后①하다

① 尙은 높인다는 뜻이다. 帝王의 딸을 높여서 감히 娶(장가들다)라고 말하지 않은 것이다. 元은 諡號이다. 그녀는 魯나라 지역을 食邑으로 삼았다.
尙者, 尊也, 帝王之女, 尊而尙之, 不敢言娶. 元, 諡也, 食邑於魯.

【綱】 예전에 楚나라 장수였던 利幾가 반란을 일으키자, 황제가 직접 군대를 거느리고 가서 격파하였다.

故楚將[31]利幾反이어늘 帝自將擊破之①하다

① 利幾는 姓名이다. 이기가 陳 지방의 縣令으로 있다가 항복하자, 上이 그를 潁川에서 맞이하였다. 上이 洛陽에 이르러 通侯(徹侯)를 모두 불렀는데, 이기는 자신이 項羽의 장수로 있었던 것 때문에 두려워하여 반란을 일으킨 것이다.
利幾, 姓名. 以陳令降, 上候之潁川. 上至洛陽, 普召通侯, 而幾自以羽將, 故恐懼而反也.

【綱】 閏9월에 長樂宮을 수리하였다.

◑後九月에 治長樂宮①하다

① "後九月"은 바로 閏9월이다. 秦나라는 10월을 歲首로 삼아서 윤달을 두어야 할 경우에는 모두 그해 말에 두었는데, 漢나라는 이것을 따르고 오랫동안 고치지 않았다. 혹자는 말하기를, "이 설은 완전하지 못하다. 秦나라는 책력에 윤달을 둘 줄 알았으니, 무엇 때문에 윤

31) 故楚將 : "무릇 '옛 장수〔故將〕'라고 쓴 것은 의리를 허여한 것인데, 여기에서 '반란을 일으켰다.'고 쓴 것은 어째서인가. 楚나라를 미워한 것이다.〔凡書故將 予義也 此其書反 何 惡楚也〕" ≪書法≫

長安城圖

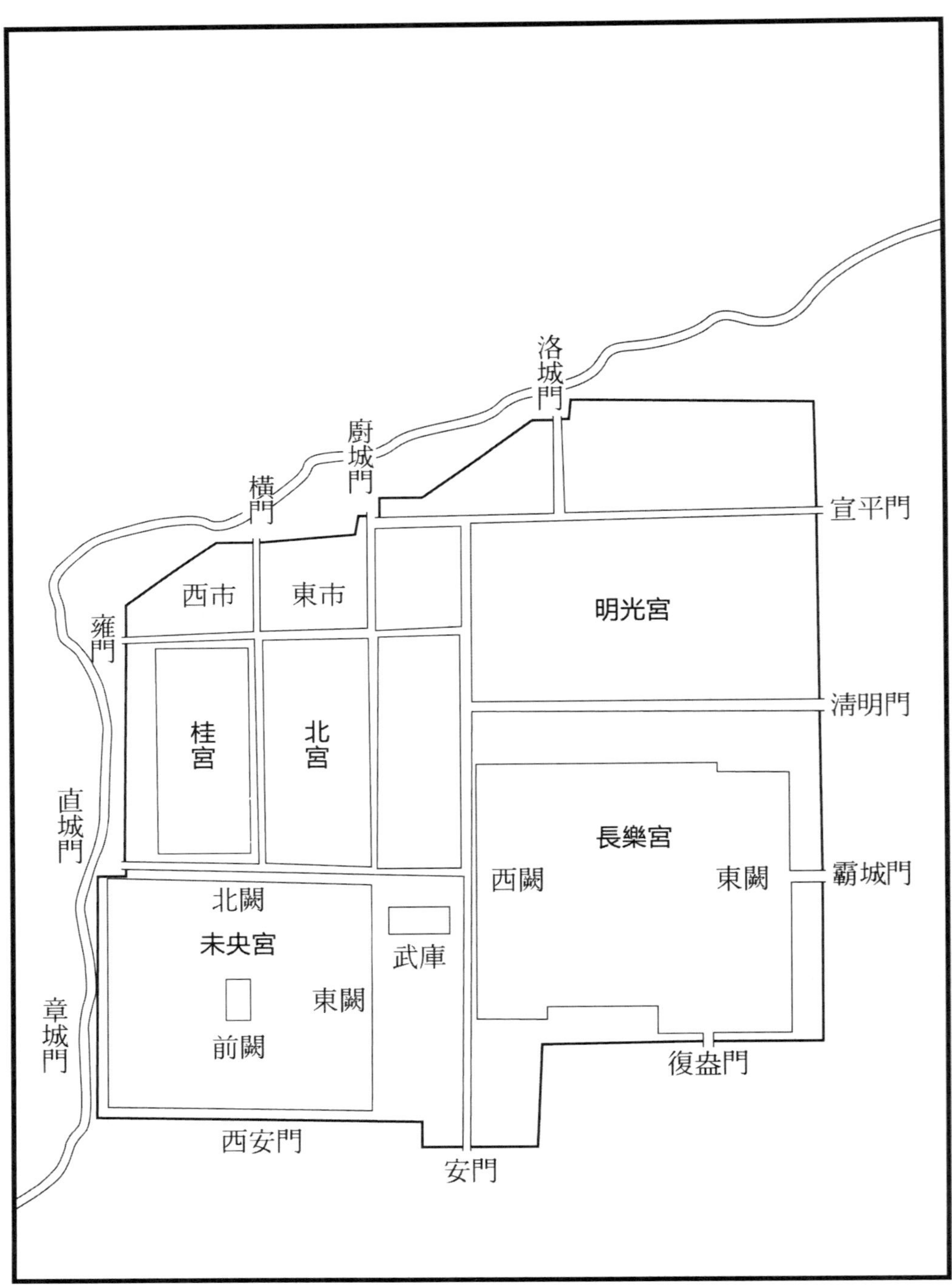
洛城門
廚城門
橫門
宣平門
雍門
西市
東市
明光宮
清明門
桂宮
北宮
直城門
長樂宮
西闕
東闕
霸城門
北闕
未央宮
武庫
東闕
章城門
前闕
復盎門
西安門
安門

달을 모두 9월로 삼았겠는가. 이는 司馬遷이 ≪史記≫를 저술할 적에 秦나라의 正月을 10월이라고 일컬었다 하여, 마침내 윤달을 後九月이라고 하였으니, 이것은 사마천이 이렇게 서술한 것이지 秦나라의 법이 그런 것은 아니다." 하였다. 長樂宮은 본래 秦나라의 興樂宮인데, 둘레가 20리이고 長安 城의 동쪽 귀퉁이에 있다.

後九月, 卽閏九月. 秦以十月爲歲首, 應置閏者, 摠置於歲末, 漢因之, 久而不革. 或曰"此說未盡. 秦知置曆有閏, 何故皆以爲九月乎. 蓋司馬氏爲史記, 旣以秦正月稱十月, 遂以閏月爲後九月, 是司馬氏如此敍之, 非秦法也." 長樂宮, 本秦之興樂宮, 周迴二十里, 在長安城東隅.

庚子年(B.C. 201)

【綱】漢나라 太祖 高皇帝 6년이다. 12월에 황제가 陳 땅에서 제후들과 만나고 楚王 韓信을 잡아가지고 돌아왔는데, 洛陽에 이르러 사면해주고 淮陰侯로 삼았다.

六年이라 冬十二月에 帝會諸侯於陳하여 執楚王信以歸[32]하여 至洛陽하여 赦爲淮陰侯하다

【目】楚王 韓信이 처음 楚나라에 가서 縣邑을 순행할 적에 병력을 진열하고 출입하니, 한신이 반란을 일으켰다고 글을 올려 고발하는 사람이 있었다. 황제가 여러 장수들에게 묻자, 모두 말하기를, "빨리 군대를 일으켜 그놈을 잡아다가 파묻어 죽이소서." 하였는데, 황제는 아무 말도 하지 않았다. 이어 陳平에게 묻자, 진평이 대답하기를 "어떤 사람

---

32) 執楚王信以歸 : "'잡아 가지고 돌아왔다.〔執以歸〕'고 쓴 것은 죄가 없는 사람을 잡아 온 것이다.〔書執以歸 執無罪也〕" ≪書法≫

"韓信이 봉해 받은 楚나라로 갈 적에 사람들이 '그가 배반했다.〔反〕'고 고발하였는데, ≪資治通鑑綱目≫에서는 '배반했다'라고 쓰지 않았으니, 이는 한신이 일찍이 배반할 계책이 있지 않았던 것이다. 그리고 '한신을 잡아가지고 돌아왔다.〔執信以歸〕'라고 썼는데, 그를 붙잡은 이유는 쓰지 않았으니, 이는 한신이 이유 없이 붙잡힌 것이다. 그렇다면 사면하여 侯를 삼은 것은 무슨 죄를 사면한 것인지 알 수 없다. 거짓으로 雲夢을 유람하여 제후들을 회합하게 해서 거짓으로 속이는 일을 기꺼이 행하여, 앞서는 거짓으로 화친하여 項籍을 멸하였고 뒤에는 거짓으로 유람하여 韓信을 잡았으니, 항적을 멸망하지 않았으면 漢나라는 천하를 통일하지 못했을 것이고, 한신을 사로잡지 않았으면 漢나라는 베개를 편안히 하고 잠을 자지 못했을 것이니, 그 계책을 논하면 깊고 그 공을 논하면 높다. 그러나 王者의 일로 보면 옳지 않으니, 이는 漢나라가 霸道를 섞어 쓴 이유이다.〔韓信之國 人告其反 綱目不以反書 是信未嘗有反謀也 書執信以歸 而不書其所執之由 是信無故見執也 然則赦之爲侯 不知所赦何罪哉 僞遊雲夢以會諸侯 甘爲詐誘之事 前以詐和而滅籍 後以詐遊而執信 籍不滅則漢不能以一統 信不執則漢不可以安枕 論其謀則深矣 語其功則高矣 進之王者之事則未也 此漢氏之所以雜霸〕" ≪發明≫

이 한신이 반란을 일으켰다고 고발한 사실을 한신이 알고 있습니까?" 하니, 上이 말하기를, "그는 모르고 있다." 하였다.

진평이 묻기를, "폐하의 군대를 楚나라의 군대와 비교해볼 때 누가 더 정예롭습니까?" 하니, 上이 대답하기를, "우리 군대가 그의 군대에 미치지 못한다." 하였다. 진평이 또 묻기를, "여러 장수들 중에 用兵을 한신보다 더 잘하는 자가 있습니까?" 하니, 上이 대답하기를, "그를 따라갈 자가 없다." 하였다. 진평이 말하기를, "이와 같은데 군대를 동원하여 공격하는 것은 그를 재촉해서 싸우게 하는 것이니, 이것은 폐하에게 위태로운 일이라고 생각됩니다." 하였다.

上이 묻기를, "그러면 어떻게 해야겠는가?" 하니, 진평이 대답하기를, "옛날에는 天子가 巡狩하여 제후와 회합하였으니, 폐하께서 다만 밖으로 나가서 거짓으로 雲夢 지역을 유람한다고 하고 제후들과 陳 땅에서 회합하소서. 陳 지역은 楚나라의 서쪽 경계이니, 한신은 천자가 제후들과 회합하러 왔다는 소식을 들으면 형편상 반드시 아무 일 없이 교외로 나와 맞이하여 배알할 것이니, 폐하께서 이때를 틈타 사로잡으신다면 이것은 단지 한 명의 力士만 가지고도 할 수 있는 일입니다." 하였다.

楚王信이 初之國하여 行縣邑할새 陳兵出入이러니 人有上書告信反者어늘 帝 以問諸將한대 皆曰 亟發兵坑豎子耳니이다 帝默然이러니 又問陳平한대 平曰 人言信反을 信이 知之乎잇가 上曰 不知니라 平曰 陛下兵精이 孰與楚니잇고 上曰 不能過니라 平曰 諸將用兵이 有能過信者乎잇가 上曰 莫及也니라 平曰 如此而擧兵攻之는 是趣(촉)之戰也니 竊爲陛下危之①하노이다 上曰 爲之奈何오 平曰 古者에 天子 有巡狩會諸侯하니 陛下第出하사 僞遊雲夢하여 會諸侯於陳②하소서 陳은 楚之西界니 信聞天子以會出遊하면 其勢必無事而郊迎謁③하리니 謁而因擒之면 此特一力士之事耳니이다

① 趣(재촉하다)은 促으로 읽는다.
趣, 讀曰促.
② 第는 다만이라는 뜻이다.
第, 但也.
③ 〈"郊迎謁"은〉 교외까지 나와 멀리 가서 맞이하여 알현하는 것이다.
出其郊, 遠迎謁也.

【目】 황제가 陳平의 말을 옳게 여겨 마침내 제후들에게 고하기를, "제후들은 陳 땅에 모이도록 하라. 내 장차 남쪽으로 가서 雲夢 지역을 유람하겠다." 하고, 그대로 따라 나섰다. 한신은 이 소식을 듣고 의심스럽고 두려운 생각이 들었다. 이때 項羽의 옛 장수였

던 鍾離昧(종리말)[33]이 도망해서 한신에게 와 있었는데, 漢나라에서는 한신에게 명하여 그를 체포하라고 하였다. 그리하여 어떤 사람이 종리말을 斬首하여 바치라고 한신에게 건의하였다.

上이 陳 땅에 도착하자 한신이 종리말의 머리를 가지고 와서 上을 알현하였는데, 上이 무사들을 시켜 한신을 포박해서 뒤의 수레에 싣게 하였다. 그러자 한신이 말하기를 "과연 사람들이 하는 말과 같구나. 교활한 토끼가 죽으면 잘 달리는 사냥개는 삶아지고, 높이 나는 새가 다 잡히면 좋은 활은 깊숙한 곳에 보관되고, 적국이 격파되면 謀臣은 망한다고 하더니, 천하가 이미 평정되었으니 나는 참으로 삶아지겠구나." 하였다.

마침내 그를 형틀에 묶어 돌아오고 인하여 천하의 죄인들을 赦免하였다.

帝以爲然하여 乃告諸侯會陳하라 吾將南遊雲夢호리라하고 因隨以行한대 信이 聞之疑懼러니 時에 項王故將鍾離昧亡歸信하니 漢詔信捕之한대 或이 說(세)信斬昧以獻하라 及上至陳에 信이 持昧首謁上한대 上이 令武士縛信하여 載後車하니 信曰 果若人言이로다 狡兎死에 走狗烹이요 高鳥盡에 良弓藏이요 敵國破에 謀臣亡①이라하니 天下已定하니 我固當烹이로다 遂械繫以歸하여 因赦天下②하다

① 이 내용은 黃石公의 ≪三略≫에 나온다.[34]
語出黃石公三略.

② 械는 下戒의 切이다. 械는 형틀에 채우는 것이고, 繫는 포승줄로 묶는 것이다.
械, 下戒切. 械者, 加以杻械, 繫者, 加以徽索.

【目】 田肯이 축하하며 다음과 같이 아뢰었다.

"폐하께서는 한신을 체포하셨고, 또 關中을 도읍지로 정하셨습니다. 秦나라 지역은 형세가 매우 좋은 나라입니다. 黃河를 띠처럼 두르고 있고 산으로 막혀 있어서 地勢가 유리하니, 〈제후국에서 반란이 일어났을 경우〉 제후국에 군대를 출동시키는 것이 비유하면 높은 지붕 위에서 물병의 물을 아래로 쏟는 것처럼 쉽습니다. 그리고 齊나라 지역은 동쪽으로 瑯琊와 卽墨의 비옥함이 있고 남쪽으로는 泰山의 험고함이 있으며, 서쪽으로는 濁河의 경계가 있고 북쪽으로는 渤海의 이로움이 있으며, 땅이 사방 2천 리이고 창을 잡은 군사가 백만 명이나 되니, 이곳은 서쪽의 秦나라와 똑같은 동쪽의 秦나라라

33) 鍾離昧(종리말) : 보통 '鍾離昧(종리매)'라고 하는데, 思政殿訓義 ≪資治通鑑綱目≫ 제2권 하 漢王 3권 訓義에 昧은 음이 秣이라고 하였고, ≪資治通鑑≫ 胡三省 音註에 眛은 莫曷의 飜이라고도 하였다.

34) 黃石公의……나온다 : ≪三略≫ 〈中略〉에는 "謀臣亡" 뒤에 "亡者非喪其身 謂奪其威 廢其權也(망한다는 것은 그 몸을 잃는 것이 아니요, 위엄을 빼앗기고 권세를 잃음을 말한 것이다.)"라 하였다.

고 할 수 있습니다. 그러니 親子나 親弟가 아니면 齊나라에 왕을 시켜서는 안 됩니다.”
上은 그의 말이 옳다고 칭찬하였다.

田肯이 賀曰 陛下得韓信하시고 又治秦中①하시니 秦은 形勝之國也②라 帶河阻山하여 地勢便利하니 其以下兵於諸侯 譬猶於高屋之上에 建瓴(령)水也③니이다 夫齊는 東有琅邪卽墨之饒④하고 南有泰山之固하고 西有濁河之限⑤하고 北有渤海之利⑥하고 地方二千里요 持戟百萬이니 此는 東西秦也⑦라 非親子弟면 莫可使王齊者니이다하니 上曰 善타하다

① 治는 도읍함을 이른다.
治, 謂都之也.
② “形勝”은 形勢(地形)가 뛰어나고 유리한 곳을 차지하고 있는 것이다.
形勝, 得形勢之勝便也.
③ 建은 뒤엎는다는 뜻이고 瓴은 물을 담은 병이니, “建瓴水(물병의 물을 아래로 쏟는다.)”는 아래로 내려가는 형세가 쉬움을 말한 것이다.
建, 覆也. 瓴, 盛水甁也. 建瓴水, 言其向下之勢易也.
④ 〈瑯琊와 卽墨〉 두 현은 바다와 가까워서 財用이 나오는 곳이다.
二縣近海, 財用之所出.
⑤ 河水가 혼탁하기 때문에 濁河라고 하였고, 이 濁河를 건너면 바로 趙나라 지역에 속하기 때문에 限界라고 한 것이다.
河流渾濁, 故曰濁河. 踰河卽屬趙, 故曰限.
⑥ 渤은 勃과 통용하여 쓰는데, 勃海에는 魚物과 소금의 이로움이 있다.
渤, 通作勃, 勃海有魚鹽之利.
⑦ 齊나라 지역의 형세가 뛰어난 것이 秦나라 지역과 대등함을 말한 것이다.
言齊地形勝, 與秦亢衡也.

【目】〈황제가 돌아오다가〉 洛陽에 이르러 韓信을 사면하고 淮陰侯에 봉하였다. 한신은 황제가 자신의 능력을 두려워하고 미워한다는 것을 알고서 대부분 병을 핑계 대고 조정에 나와 황제를 알현하거나 황제를 수행하지 않았으며, 항상 불평하는 마음을 가지고 지내면서 絳侯(周勃)나 灌嬰 같은 사람들과 같은 반열에 있는 것을 부끄러워하였다.

上이 일찍이 여유롭게 한신과 함께 여러 장수들의 능력이 병사를 얼마나 거느릴 수 있는지에 대해 이야기를 나누었는데, 上이 묻기를 “나와 같은 자는 몇 명을 거느릴 수 있겠는가?” 하니, 한신이 대답하기를 “폐하께서는 10만 명을 거느리는 정도에 불과합니다.” 하였다. 上이 묻기를 “그대의 경우는 어떠한가?” 하니, 대답하기를 “신은 많으면 많을수록 좋습니다.” 하였다. 그러자 上이 웃으며 말하기를 “그대는 많으면 많을수록 좋은

사람인데 어찌하여 나에게 사로잡혔는가?" 하니, 한신은 다음과 같이 대답하였다.

"폐하께서는 병졸을 거느리는 것은 잘하지 못하시지만 장수들은 잘 거느리시니, 이것이 제가 폐하에게 사로잡히게 된 이유입니다. 그리고 폐하는 이른바 '하늘이 내려준 분이고 인력으로 할 수 있는 것이 아니라'는 경우에 해당합니다."

至洛陽하여 赦信封淮陰侯한대 信이 知帝畏惡(오)其能하여 多稱病不朝從①하고 居常鞅鞅하여 羞與絳灌等列②하니라 上이 嘗從容與信言諸將能將兵多少할새 上問曰 如我能將幾何오 信曰 陛下는 不過能將十萬이니이다 上曰 於君何如오 曰 臣은 多多而益善耳니이다 上笑曰 多多益善이면 何爲爲我禽고 信曰 陛下는 不能將兵而善將將하시니 此乃信之所以爲陛下禽也니이다 且陛下는 乃所謂天授요 非人力也니이다

① 惡(미워하다)는 烏路의 切이다. 朝는 조회하여 알현한다는 뜻이고 從은 隨行하는 것이다.
惡, 烏路切. 朝, 朝見也, 從, 從行也.

② 鞅鞅(앙앙불락하다)은 怏怏과 통용하여 쓰인다. 絳은 絳侯 周勃을 이르고, 灌은 將軍 灌嬰을 이른다. 韓信이 예전에는 大將이었고 또 王에 봉해졌었는데, 지금은 侯에 봉해졌기 때문에 〈이들과 같은 반열에 있음을〉 부끄럽게 여긴 것이다.
鞅鞅, 通作怏怏. 絳, 謂絳侯周勃. 灌, 謂將軍灌嬰. 信前爲大將, 又封王, 今封侯, 故羞.

【綱】 처음으로 竹符를 나누어 功臣을 봉해 徹侯로 삼았다.

始剖符[35]하여 封功臣爲徹侯①하다

① 剖는 깨뜨린다는 뜻이니, 剖符는 竹符를 깨뜨려 나눈 뒤에 이 가운데 반쪽을 주어 후일에 장차 맞춰보려는 것이다.
剖, 破也. 剖符, 破符而分之, 授其半, 將以合也.

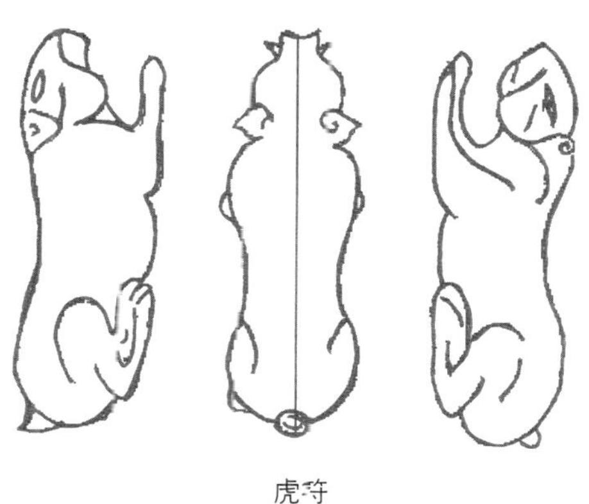

虎符

【目】 처음 공신을 봉해줄 적에 酇侯(찬후) 蕭何의 封邑이 유독 많았다. 이에 공신들이 모두 불평하여 말하였다.

"신들은 몸소 견고한 갑옷을 입고 예리한 병기를 잡고서 많은 경우는 백여 번을 전투

35) 始剖符 : 剖符는 剖竹이라고도 하는데, 고대에 제왕이 공신이나 제후를 봉할 때 竹符로써 증빙을 삼았다. 竹符는 符信의 일종이다.

에 참가하였고 적어도 수십 번의 전투에 참가하였습니다. 지금 소하는 일찍이 말이 땀을 흘릴 정도의 고생을 하지 않고 한갓 문서만 가지고 의논이나 하였을 뿐인데도 〈食邑을 받은 것이〉 도리어 신들 위에 있는 것은 어째서입니까?"

황제가 다음과 같이 대답하였다.

"제군들은 사냥하는 것을 아는가? 짐승과 토끼를 쫓아가 잡는 것은 사냥개이고, 사냥개를 풀어 짐승이 있는 곳을 가리키며 잡게 하는 것은 사람이다. 이제 제군들은 다만 달아나는 짐승을 잡았을 뿐이니 공이 개에 해당하고, 소하 같은 자는 사냥개를 풀어 짐승이 있는 곳을 지시하여 잡게 하였으니 공이 사람에 해당한다."

이에 여러 신하들이 모두 감히 불평하는 말을 하지 못하였다.

始封功臣할새 酇侯蕭何食邑獨多①하니 功臣이 皆曰 臣等은 身被堅執銳하여 多者는 百餘戰이요 少者는 數十合이어늘 今蕭何는 未嘗有汗馬之勞②하고 徒持文墨議論이로대 顧反居臣等上은 何也잇고 帝曰 諸君은 知獵(렵)乎아 追殺獸兎者는 狗也요 發縱指示者는 人也③니 今諸君은 徒能得走獸耳니 功이 狗也요 至如蕭何하여는 發縱指示하니 功이 人也니라 群臣이 皆莫敢言하니라

① 酇은 음이 讚이다. ≪漢書≫ 〈地理志〉에 "酇縣은 南陽郡에 속하였다." 하였다.
酇, 音讚. 班志"酇縣, 屬南陽郡."

② 〈"汗馬"는〉 軍陣에서 달리면 말도 땀을 흘리는 것을 말한다.
馳逐行陣, 馬亦流汗.

③ 縱자는 漢人들이 대부분 이것을 假借하여 蹤蹟(발자국)의 蹤이라고 썼으니, "發蹤指示"는 짐승의 발자국을 찾아 지시한다는 뜻이다. 일설에 "縱(풀어주다)은 子用의 切이니, 發縱은 사냥개의 끈을 풀어 내보냄을 말한다." 하였다.
縱, 漢人多借爲蹤蹟之蹤, 發蹤指示, 謂發其蹤蹟, 指而示之也. 一說"縱, 子用切. 發縱, 謂解紲而放之也."

【目】張良도 전투한 공로가 없었는데, 황제가 齊나라 지방의 3만 호를 직접 고르게 하였다. 이에 장량이 말하기를 "신이 처음 下邳(하비)에서 起兵하여 上과 留 땅에서 만났으니, 이것은 하늘이 신을 폐하에게 준 것입니다. 폐하께서 신의 계책을 써서 다행히 때때로 그 계책이 들어맞았으니, 신은 留 땅에 봉해지는 것만으로 충분합니다. 3만 호는 감당하지 못하겠습니다." 하니, 마침내 장량을 봉하여 留侯로 삼았다.

陳平을 봉하여 戶牖侯(호유후)를 삼으니, 진평이 사양하며 말하기를 "이것은 신의 공이 아닙니다." 하였다. 上이 말하기를 "내가 선생의 계책을 써서 전투에서 승리하여 적

을 이겼으니, 이것이 功이 아니고 무엇인가?" 하니, 진평이 말하기를 "魏無知가 아니면 신이 어떻게 등용될 수 있었겠습니까." 하였다. 이에 上은 말하기를 "그대와 같은 자는 근본을 저버리지 않았다고 이를 만하다." 하고는 마침내 다시 위무지에게 상을 내렸다.

張良이 亦無戰鬪功호대 帝使自擇齊三萬戶한대 良曰 臣이 始起下邳하여 與上會留①호니 此는 天以臣授陛下라 陛下用臣計하사 幸而時中②하시니 臣은 願封留足矣요 不敢當三萬戶로소이다 乃封良爲留侯하다 封陳平爲戶牖侯③한대 平이 辭曰 此非臣之功也니이다 上曰 吾用先生謀하여 戰勝克敵하니 非功而何오 平曰 非魏無知면 臣安得進이리잇고 上曰 子可謂不背本矣라하고 乃賞無知하다

① ≪漢書≫ 〈地理志〉에 "下邳縣은 東海郡에 속하였다." 하였다. 臣瓚[36]이 말하기를 "上邳가 있기 때문에 下邳라고 한 것이다." 하였다.
班志 "下邳縣, 屬東海郡." 臣瓚曰 "有上邳, 故曰下邳."

② 中(들어맞다)은 去聲이다. "時中"은 때때로 맞았다는 뜻이니, 謙辭이다.
中, 去聲. 時中, 謂有時而中, 蓋謙辭也.

③ 戶牖는 鄕의 이름이니 陳留郡 陽武縣에 속하였다.
戶牖, 鄕名, 屬陳留郡陽武縣.

【綱】 봄 정월에 從兄인 劉賈를 세워 荊王으로, 아우인 劉交를 楚王으로, 형인 劉喜를 代王으로, 아들인 劉肥를 齊王으로 삼았다.

春正月에 立從兄賈爲荊王하고 弟交爲楚王하고 兄喜爲代王하고 子肥爲齊王하다

【目】 황제는 秦나라가 고립되어 망한 것을 징계해서, 同姓을 크게 봉하여 천하를 鎭撫하고자 하였다. 그리하여 楚나라 땅을 두 나라로 나누어 淮河 동쪽 53개 현에는 從兄인 장군 劉賈를 세워 荊王으로 삼고, 薛郡·東海·彭城의 36개 현에는 아우인 文信君 劉交를 세워 楚王으로 삼고, 雲中·雁門·代郡의 53개 현에는 형인 宜信侯 劉喜를 세워 代王으로 삼고, 膠東·膠西·臨菑·濟北·博陽·城陽郡의 73개 현에는 평민이었을 때 外婦(첩)의 아들인 劉肥를 세워 齊王으로 삼았다.

帝懲秦孤立而亡하여 欲大封同姓하여 以塡(진)撫天下할새 分楚地爲二國하여 以淮東五十(二)〔三〕[37]縣으로 立從兄將軍賈爲荊王하고 以薛郡·東海·彭城三十六縣으로 立弟文信君交爲楚

36) 臣瓚 : ≪漢書≫를 註釋한 사람인데, 성씨와 관향은 상세하지 않다. ≪類苑≫에는 于瓚이라고 하였고, ≪水經注≫에는 薛瓚이라고 하였고, ≪訓纂≫에는 傅瓚이라고 하였다.

37) (二)〔三〕: 저본에는 '二'로 되어 있으나, ≪資治通鑑≫에 근거하여 '三'으로 바르잡았다.

王[①]하고 以雲中・雁門・代郡五十三縣으로 立兄宜信侯喜爲代王하고 以膠東・膠西・臨菑・濟北・博陽・城陽郡七十三縣으로 立微時外婦之子肥爲齊王[②]하다

① 東海는 옛날 郯子의 나라인데, 秦나라 때에는 郯郡이라고 하였고 漢나라 때에는 東海郡이라고 改稱하였다.
東海, 故郯子國, 秦爲郯郡, 漢改東海郡.

② 外婦는 은밀히 간통한 자를 말하는데, 姓은 曹氏이다. 齊나라는 지형이 빼어난 것이 關中 지역의 다음이 되기 때문에 아들 劉肥를 봉한 것이다.
外婦, 謂與旁通者, 姓曹氏. 齊國形勝, 次於秦中, 故以封子肥.

【目】 胡氏(胡寅)가 다음과 같이 평하였다.

"先王이 세상을 다스리던 법이 秦나라 때에 이르러 완전히 없어졌다. 漢나라 高祖가 일어나서 천하를 이미 평정하였으니, 의당 大臣에게 명해서 등용되지 않은 賢者를 구하고 先王의 法制를 강구하되 맨 먼저 井田法을 복구해야 하였다. 이때는 秦나라 시대와 멀지 않아서 經界(경계를 다스리는 일)와 溝洫(구혁)에 대해 반드시 그래도 상고할 수 있었을 것이다. 그리하여 큰 근본이 한 번 바로잡히고 이것을 바탕으로 땅을 나누어 나라를 봉해주었으면 거리의 멀고 가까움과 영토의 크고 작음이 각각 합당하게 되어 堯・舜의 二帝와 夏・商・周의 三王이 천하를 萬人과 함께하였던 公心이 다시 전해졌을 것이다.

그런데 高帝는 옛날의 法制를 상고하지 않고 멋대로 땅을 나누어 세 명의 庶孽[38)]들에게 봉해주되, 천하의 반을 나누어주어 일시적으로 구차하게 처리해서 후세에 걱정거리를 남겼다. 황제의 지혜가 이미 이러한 데에 미치지 못하였고, 張良이나 陳平 같은 신하들도 이러한 것에 대해 계책을 내는 자가 없었으니, 이것은 아마도 先王의 은택이 없어져서 하늘이 그 衷心을 열어주지 않아 그런 것인가 보다. 아, 애석하다."

胡氏曰 先王經世之法이 至秦盡矣라 漢祖勃興하여 旣定四海하니 則宜命大臣하여 求遺賢하고 講王制호대 首復(복)井田之法이라 是時에 距秦未遠하여 經界溝洫을 必尙可考리니 大本一正에 于以分土而封國이면 則遠邇大小가 各得其宜하여 而二帝三王公天下之心이 復傳矣리라 高帝不能稽古하고 割地無法하여 封三庶孽(얼)호대 分天下半[①]하여 苟簡一時하여 流患於後라 帝之智旣不及此하고 而良平諸臣도 亦無爲之謀者하니 豈王澤當熄하여 天不啓其衷邪아 嗚呼惜哉[②]로다

① ≪詩詁≫에 "正妻의 長子를 嫡이라 하고, 그 나머지를 庶라 하고, 첩과 노비의 자식을 孽이

38) 세 명의 庶孽 : 이복동생인 文信君 劉交, 이복형인 宜信侯 劉喜, 外婦의 아들인 劉肥를 가리킨다.

라 하니, 孽이라는 말은 그루터기의 움싹〔櫱〕이라는 뜻이다. 죄를 진 여자는 籍沒하여 사역시킬 뿐인데, 군주에게 총애를 받아서 자식을 낳으면 이것은 마치 벤 나무의 그루터기〔枿〕에서 움싹이 나오는 것과 같다. 枿은 櫱과 통한다." 하였다.

詩詁曰"正長曰嫡, 其餘曰庶, 妾隷之子曰孽, 孽之言, 櫱也. 有罪之女沒廢, 役之而已, 得幸於君, 有所生, 若木旣伐而生枿也. 枿, 與櫱通."

② 衷은 中心이다.
衷, 中心也.

【綱】曹參을 齊나라의 相國으로 삼았다.

以曹參으로 爲齊相[39]國하다

曹參

【目】曹參이 齊나라에 부임하여 先生들을 모두 불러 백성들을 安集시킬 방책에 대해 물었다. 齊나라의 옛 儒者들이 100명 정도가 되었는데, 사람들의 말이 각각 달랐다. 조참은, 膠西 지역에 蓋公(합공)이라는 사람이 있는데 黃老의 학설에 조예가 깊다는 말을 듣고 사람을 보내 만나기를 청하였다. 합공이 말하기를 "다스리는 방도는 淸淨한 것을 귀하게 여기니, 청정하면 백성들이 저절로 안정됩니다." 하였다. 그리하여 조참이 正堂을 피하여 그를 거처하게 하고 그의 말대로 하니, 齊나라가 안정되어 그를 어진 정승이라고 칭하였다.

參之至齊에 盡召諸先生하여 問所以安集百姓하니 而齊故諸儒以百數라 言人人殊어늘 參聞膠西에 有蓋公이 善治黃老言하고 使人請之①한대 蓋公이 爲言 治道는 貴淸靜이니 而民自定이니이다 參이 乃避正堂以舍之하고 用其言하니 齊國安集하여 稱賢相焉하니라

① 蓋은 古闔의 切이다. 蓋公은 史書에 그 이름이 전하지 않는다.
蓋, 古闔切. 蓋公, 史失其名.

39) 齊相 : "'齊나라 相〔齊相〕'이라고 쓴 것은 어째서인가? 훌륭한 정치를 기록한 것이다. 그러므로 ≪資治通鑑≫에는 쓰지 않았는데 ≪資治通鑑綱目≫에는 특별히 쓴 것이다.〔書齊相 何 錄善治也 故通鑑不書 綱目特書之〕" ≪書法≫

【綱】 다시 太原郡을 韓나라로 삼아 韓王 韓信[40)]을 옮겨 왕으로 삼았다.

更以太原郡爲韓國하여 **徙韓王信王之**하다

【目】 上은 韓信이 재주와 武勇이 있고 다스리는 곳이 모두 천하의 강한 군사가 있는 곳이라고 하여, 太原郡의 31개 縣을 韓나라로 삼고 한신을 그곳으로 옮겨 왕으로 삼아 胡를 대비하게 하고 晉陽을 도읍지로 삼게 하였다. 그러나 한신이 나라가 변방 지역에 있는데 진양은 요새에서 멀리 떨어져 있다고 하여 馬邑을 도읍지로 삼을 것을 청하니, 이를 허락하였다.

上이 **以信材武**하고 **所王**이 **皆天下勁兵處**라하여 **乃以太原郡三十一縣**으로 **爲韓國**하고 **徙信王之**하여 **以備胡**호대 **都晉陽**이러니 **信**이 **以國被邊**하고 **晉陽**이 **去塞遠**이라하여 **請治馬邑**한대 **許之**①하다

① 被(두르다)는 帶와 같다. ≪搜神記≫[41)]에 "옛날에 秦나라 사람이 武州의 변방에 城을 쌓을 적에 城이 곧 이루어질 무렵 무너진 것이 여러 번이었다. 그런데 갑자기 말이 달려와 주위를 빙빙 돌므로 父老들이 이상하게 여기고 말이 돌던 곳에 성을 쌓으니, 성이 마침내 무너지지 않았다. 이 때문에 이곳의 명칭을 馬邑이라고 했다." 하였다. ≪括地志≫[42)]에 "馬邑은 雁門郡에 있다." 하였다.
被, 猶帶也. 搜神記"昔秦人築城於武州塞, 城將成而崩者, 數矣. 忽有馬馳走周旋, 父老異之, 因依而築焉, 乃不崩, 故名馬邑." 括地志"在雁門郡."

【綱】 雍齒를 봉해서 什方侯로 삼았다.

封雍齒爲什方侯하다

【目】 上이 큰 功이 있는 공신 20여 명을 봉하였고, 그 나머지는 공을 다투는 것 때문에 결정을 못 내려 봉해주지 못하고 있었다. 上이 複道에 있으면서 여러 장수들이 왕왕 서로 백사장에서 함께 모여 얘기하는 것을 멀리서 보고 묻기를 "저들이 무슨 말을 하

---

40) 韓王 韓信 : 이 韓信은 淮陰侯 韓信이 아니고, 당시 洛陽과 宛 사이의 지역에서 왕 노릇을 하던 韓信이다.

41) 搜神記 : 東晉 干寶가 편찬한 괴담소설집으로 본래 30권이었는데, 8권본과 20권본이 전해지고 있다. 이도 원본이 아니라 唐나라 때 산실된 것을 모아 재편집한 것이다.

42) 括地志 : 唐나라의 濮王 李泰 등이 편찬한 것인데, ≪新唐書≫ 〈藝文志〉에 '≪括地志≫ 550권 및 ≪序略≫ 5권'이라고 되어 있으나 모두 散佚되었고, 현행본은 淸나라의 孫星衍이 여러 책에 인용된 逸文을 모아 편찬한 것이다.

는가?" 하니, 留侯(張良)가 대답하기를 "폐하께서는 모르십니까? 이것은 반란을 모의하는 것입니다." 하였다. 上이 묻기를 "무엇 때문인가?" 하니, 유후가 다음과 같이 대답하였다.

"폐하께서는 布衣로 일어나서 이들을 데리고 천하를 얻으셨는데, 지금 봉해준 사람은 모두 폐하의 옛 친구와 親愛하는 자제들이고 죽인 사람은 모두 평소 원한이 있는 자들이니, 이들이 폐하께서 다 봉해주지 못할까 두려워하고 또 평소 잘못한 일 때문에 의심을 받아 죽게 될까 염려해서 서로 모여 반란을 도모하는 것입니다."

上이 걱정하여 말하기를 "어찌하면 좋겠는가?" 하자, 유후가 대답하기를 "상께서 평소 미워하는 사람 중에 여러 신하들이 함께 아는 것은 누가 가장 심합니까?" 하니, 上이 말하기를 "雍齒가 나와 묵은 원한이 있어서 여러 번 나를 곤궁하게 하고 욕보였다." 하였다. 유후가 아뢰기를 "지금 우선 급히 옹치를 봉해주시면 여러 신하들이 모두 스스로 안정될 것입니다." 하였다.

이에 옹치를 봉해 什方侯를 삼고, 급히 丞相과 御史를 재촉하여 功을 결정해서 分封을 시행하게 하였다. 그러자 여러 신하들이 모두 기뻐하여 말하기를 "옹치도 오히려 侯가 되었으니, 우리들은 걱정할 것이 없다." 하였다.

上이 已封大功臣二十餘人하고 其餘는 爭功不決하여 未得行封이러니 上이 從複道하여 望見諸將往往相與坐沙中語하고 曰 此何語오 留侯曰 陛下不知乎잇가 謀反耳니이다 上曰 何故오 留侯曰 陛下起布衣하사 以此屬取天下[①]어시늘 今所封은 皆故人所親愛요 所誅는 皆平生所仇怨이니 此屬이 畏陛下不能盡封하고 又恐見疑平生過失하여 及誅라 故로 相聚謀反耳니이다 上이 乃憂曰 爲之奈何오 留侯曰 陛下平生所憎을 群臣所共知 誰最甚者잇고 上曰 雍齒與我有故怨하여 數(삭)嘗窘辱我[②]하니라 留侯曰 今急先封雍齒하시면 則群臣이 人人自堅矣리이다 於是에 乃封雍齒爲什方侯하고 而急趣(촉)丞相御史하여 定功行封[③]하니 群臣皆喜曰 雍齒도 尙爲侯하니 我屬은 無患矣라하니라

① "此屬(이들)"은 此徒라는 말과 같다.
此屬, 猶言此徒.

② 高帝가 처음 군대를 일으켰을 적에 雍齒로 하여금 豐邑을 지키게 하였는데, 옹치가 평소 고제에게 소속되기를 싫어하였기 때문에 즉시 풍읍을 가지고 魏나라에 항복하였다. 그리하여 고제가 여러 번 공격한 뒤에야 이길 수 있었다.
帝初起, 令雍齒守豐, 齒雅不欲屬帝, 卽以豐降魏, 帝屢攻之而後, 克也.

③ 什方은 縣의 이름인데, ≪漢書≫ 〈地理志〉에 "廣漢郡에 속하였다." 하였다.
什方, 縣名, 地理志 "屬廣漢."

【目】司馬溫公(司馬光)이 다음과 같이 평하였다.

"張良은 高帝의 心腹이 되었으니 마땅히 아는 것을 모두 말해야 할 터인데, 어찌하여 諸將들이 모반하려 한다는 말을 듣고도 고제가 스스로 보기를 기다린 뒤에야 비로소 말을 한 것인가? 이것은 고제가 자주 愛憎의 감정에 따라 誅罰과 賞을 시행해서 여러 신하들이 왕왕 원망하여 스스로 위태롭게 여기는 마음이 있었기 때문이다. 그러므로 장량이 이 일로 인하여 忠言을 바쳐서 고제의 생각을 바꾸게 하여, 윗사람으로 하여금 공정하지 못한 잘못이 없게 하고 아래의 신하들로 하여금 시기하고 두려워하는 마음이 없게 하였으니, 잘 간했다고 이를 만하다."

司馬公曰 張良이 爲高帝腹心하니 宜其知無不言이어늘 安有聞諸將謀反하고 待帝自見然後에 乃言之邪아 蓋以高帝 數(삭)用愛憎行誅賞하여 群臣이 往往有觖(결)望自危之心①이라 故로 良이 因事納忠하여 以變移帝意하여 使上無阿私하고 下無猜懼하니 可謂善諫矣로다

① 觖은 음이 決이니 부족하다는 뜻이다. "觖望"은 바라는 바에 차지 않아 원망하는 것을 이른다.
觖, 音決, 缺也. 觖望, 謂不滿所望而怨耳.

【綱】조칙을 내려 元功(大功)의 位次를 정하고, 丞相 蕭何에게 칼을 차고 가죽신을 신고서 宮殿에 오르며, 조정에 들어올 적에 종종걸음으로 걷지 않는 특전을 내렸다.

詔定元功位次하고 賜丞相何劍履上殿하고 入朝不趨하다

【目】조칙을 내려 元功 18명의 位次를 정하게 하니, 모두들 말하기를 "曹參이 공이 가장 많으니, 마땅히 제일이 되어야 합니다." 하였다. 그러자 鄂千秋가 나와서 다음과 같이 말하였다.

"조참이 비록 들판에서 싸워 땅을 빼앗은 공이 있으나 이것은 다만 한때의 일일 뿐입니다. 上께서 楚나라와 대치하고 있던 5년 동안 군사들을 잃고 單身으로 도망하신 것이 여러 번이었는데 소하가 항상 關中에서 군대를 보내 그 빈 곳을 보충해주었고, 또 군대에 당장 먹을 양식이 없을 적에 소하가 관중에서 水路와 陸路로 군량을 운송해와 양식이 떨어지지 않게 하였으며, 폐하가 비록 여러 번 山東 지역을 잃었으나 소하가 항상 관중을 온전히 보존하여 폐하를 기다렸으니, 이는 萬世의 공입니다. 그러니 지금 어떻

게 하루아침의 공을 가지고 만세의 공 위에 올려놓을 수 있습니까. 소하가 제일이고 조참이 그 다음입니다."

上은 "옳다." 하고, 마침내 소하에게 칼을 차고 가죽신을 신고서 宮殿에 올라오며, 조정에 들어와 종종걸음으로 걷지 않도록 하는 특전을 내렸다. 그리고 上이 말하기를 "내가 듣건대 어진 이를 추천하면 최고의 상을 받는다." 하고, 악천추를 봉하여 安平侯로 삼았다.

詔定元功十八人位次①할새 皆曰 曹參이 功最多하니 宜第一이니이다 鄂千秋進曰② 參이 雖有野戰略地之功이나 此特一時之事耳라 上이 與楚相距五歲에 失軍亡衆하고 跳身遁者數(삭)矣③로대 蕭何常從關中하여 遣軍補其處하고 又軍無見(현)糧이어늘 何轉漕關中하여 給食不乏④하고 陛下雖數(삭)亡山東이나 何常全關中하여 以待陛下하니 此는 萬世之功也라 今에 奈何以一旦之功으로 而加萬世之功哉잇가 何第一이요 參次之니이다 上曰 善타하고 於是에 乃賜何帶劍履上殿하고 入朝不趨⑤하다 上曰 吾聞進賢에 受上賞이라하고 封千秋爲安平侯⑥하다

① 〈元功 18명은〉 蕭何, 曹參, 張敖, 周勃, 樊噲, 酈商, 奚涓, 夏侯嬰, 灌嬰, 傅寬, 靳歙(근흡), 王陵, 陳武, 王吸, 薛歐, 周昌, 丁復, 蟲達을 이른다. 일설에 "이것은 呂后 때에 정한 功臣의 位次이다. 장오는 高祖 9년(B.C. 198)에 비로소 趙王이 되었다가 폐해져 宣平侯가 되었으니, 어떻게 元功 18인에 포함될 수가 있겠는가." 하였다.
謂蕭何·曹參·張敖·周勃·樊噲·酈商·奚涓·夏侯嬰·灌嬰·傅寬·靳歙·王陵·陳武·王吸·薛歐·周昌·丁復·蟲達. 一說 "此呂后時所定功臣位次也. 張敖於高祖九年, 始自趙王廢爲宣平侯, 安得預元功十八人之數哉."

② 鄂은 五各의 切이니 姓이고, 千秋는 이름이다.
鄂, 五各切, 姓也. 千秋, 名也.

③ 跳는 음이 條이니 "跳身"은 몸을 가볍게 해서 달아나는 것을 말한다. 數(자주)은 음이 朔이니, 아래도 같다.
跳, 音條, 跳身, 謂輕身(定)〔走〕[43]出也. 數, 音朔, 下同.

④ "見糧"은 현재 남아 있는 식량이다.
見糧, 見在之糧.

⑤ 옛날에 임금은 반드시 劍을 찼으니, 이는 자신의 몸을 호위하고 또 武備를 밝히기 위해서였다. 秦나라의 法에 신하들은 宮殿에 올라갈 적에 한 치나 한 자의 병기도 휴대할 수가 없었다. 짚으로 만든 신을 扉[44]라 하고, 삼으로 만든 신을 屨라 하고, 가죽으로 만든 신을

43) (定)〔走〕: 저본에는 '定'으로 되어 있으나, 思政殿訓義 ≪資治通鑑≫과 ≪通鑑釋義≫에 근거하여 '走'로 바로잡았다.

44) 扉 : 짚신이란 뜻으로 菲와 통용하여 쓰인다.

屩라고 한다. 屩와 履는 從軍할 때 신는 것이니, 군복 차림으로는 國都에 들어갈 수가 없으므로 모두 宮殿에 올라가는 것을 허락하지 않는 것이다. 임금 앞에서 종종걸음으로 다니는 것은 군주를 높이고 공경하기 때문이다. 지금 소하에게 검을 차고 가죽신을 신고서 宮殿에 올라오며, 조정에 들어와 종종걸음으로 걷지 않게 한 것은 모두 특별히 예우한 것이다. 匪(짚신)는 扶味의 切이다.

古者, 君子必帶劍, 所以衛身, 且昭武備也. 秦法, 群臣上殿, 不得持尺寸之兵. 草曰匪, 麻曰屩, 皮曰履. 屩・履, 所以從軍, 軍容不入國, 故皆不許以上殿. 君前必趨, 崇敬也. 今賜何劍履上殿入朝不趨, 殊禮也. 匪, 扶味切.

⑥ ≪史記索隱≫[45]에 "安平縣은 涿郡에 속하니, 甾(치)川의 東安平縣이 아니다."라고 하였다.
索隱 "安平縣, 屬涿郡, 非甾川之東安平縣."

【綱】 황제가 櫟陽(역양)으로 돌아왔다

帝歸櫟陽하다

【綱】 여름 5월에 太公을 높여 太上皇이라 하였다.

○ 夏五月에 尊太公爲太上皇[46]하다

【目】 황제가 5일에 한 번씩 太公을 뵈었는데, 태공의 家令이 태공을 설득하기를 "황제는 비록 아들이지만 군주이고 태공은 비록 아버지이지만 신하이니, 어찌 군주로 하여금 신하에게 절하게 하여 황제의 막중한 위엄이 행해지지 않게 하십니까?" 하였다.

뒤에 上이 태공을 뵈러 왔을 적에 태공이 빗자루를 잡고 문에서 맞이하면서 뒷걸음질을 치니, 上이 크게 놀라 수레에서 내려 태공을 부축하였다. 그러자 태공이 말하기를 "황제는 군주이니, 어찌 나 때문에 천하의 법을 어지럽힙니까?" 하니, 上이 마침내 詔令을 내려 태공을 높여 太上皇이라 하고 家令에게 500근의 金을 하사하였다.

上이 五日에 一朝太公이러니 太公家令이 說(세)曰① 皇帝雖子나 人主也요 太公雖父나 人臣也니

45) 史記索隱 : 唐나라 司馬貞이 지은 ≪史記≫의 註釋書를 말한다.

46) 尊太公爲太上皇 : "황제가 이미 황제의 자리에 올랐는데 아버지를 아직도 '太公'이라 칭하였고 돌아가신 어머니〔先媼〕를 추존한 것도 '夫人'이라 칭한 것에 불과하였으며, 또 1년이 지난 뒤에야 비로소 太上皇의 칭호를 바로잡았으니, 황제가 어버이를 높인 것이 도리어 秦나라의 始皇帝보다 못하다. 시황제는 '황제'라고 칭호를 바꾸고는 즉시 莊襄王을 추존하여 '太上皇'이라 하였으니, 이는 漢나라에 훌륭한 신하가 없었기 때문이다.〔帝旣卽皇帝位矣 父猶稱曰太公 其追尊先媼 亦不過曰夫人 又踰年而後 始正太上皇之號 帝之尊親 反後始皇矣 始皇更號曰皇帝 卽追尊莊襄王 爲太上皇 無臣故也〕" ≪書法≫

奈何令人主拜人臣하여 而使威重不行乎잇가 後에 上朝할새 太公이 擁篲(옹수)迎門却行②이어늘 上이 大驚하여 下扶太公한대 太公曰 帝는 人主니 奈何以我亂天下法이리오 上이 乃詔尊太公爲太上皇하고 賜家令金五百斤③하다

① 家令은 집안일과 창고 및 음식에 관한 사무를 관장하는 사람이다.
家令, 掌家事・倉庫・飮食.

② 擁은 잡는다는 뜻이다. 篲는 음이 遂이니, 대나무로 만든 빗자루이다.
擁, 持也. 篲, 音遂, 掃竹也.

③ 〈"賜家令金五百斤(家令에게 500근의 金을 하사하였다.)"은〉 그가 자신의 마음을 깨닫게 해서 이로 인해 아버지의 칭호를 높여주도록 한 것을 좋게 여긴 것이지, 아버지로 하여금 자기를 공경하도록 한 것을 좋게 여긴 것이 아니다.
善其發悟己心, 因得尊崇父號, 非善其令父敬己.

【綱】 가을에 匈奴가 邊境을 침략해서 馬邑을 포위하니, 韓王 韓信이 배반하여 그들과 군대를 연합하였다.

秋에 匈奴寇邊하여 圍馬邑하니 韓王信이 叛하여 與連兵하다

【目】 처음에 匈奴가 秦나라를 두려워하여 북쪽으로 옮겨갔었는데, 秦나라가 멸망하자 다시 차츰 南下하여 河水를 건너왔다. 單于(선우)47) 頭曼(匈奴의 제1대 선우)에게 태자가 있었는데, 이름이 冒頓(묵특, 흉노의 제2대 선우)이었다. 두만이 늦게 작은아들을 얻고는 묵특을 죽이고 그를 세우려고 하자, 묵특이 마침내 두만을 죽이고 스스로 선우가 되었다.

東胡에서 묵특선우에게 사자를 보내 말하기를 "두만선우가 있을 때의 千里馬를 얻고 싶습니다." 하였다. 여러 신하들이 모두 주지 말라고 하였으나, 묵특선우는 말하기를 "어떻게 이웃 나라가 되어 말 한 필을 아낄 수가 있는가?" 하고, 마침내 천리마를 주었다. 동호가 또 선우의 아내인 閼氏(연지) 한 명을 달라고 하였는데, 좌우의 신하들이 모두 성을 내면서 공격하자고 청하였으나 묵특선우는 말하기를 "어떻게 이웃 나라가 되어 여자 한 명을 아낄 수가 있는가?" 하고, 또다시 연지를 주니, 동호의 왕이 더욱 교만해졌다.

---

47) 單于(선우) : 흉노 군주의 칭호이다. '하늘과 같이 무한하다'는 의미로 중국의 天子와 대응하기 위해 쓰였다는 설이 있다. ≪史記 外國傳 譯註≫

初에 匈奴畏秦北徙러니 及秦滅에 復稍南渡河①하다 單于頭曼이 有太子하니 曰冒頓②이라 後有少子하여 欲殺冒頓而立之한대 冒頓이 遂殺頭曼自立하다 東胡使謂冒頓호대 欲得頭曼時千里馬하노라 群臣皆曰 勿與라호대 冒頓曰 奈何與人隣國하여 而愛一馬乎아하고 遂與之러니 東胡又欲得單于一閼氏③어늘 左右皆怒하여 請擊之한대 冒頓曰 奈何與人隣國하여 愛一女子乎아하고 又與之하니 東胡王이 愈益驕하다

① 이 河水는 北河이니 朔方郡 북쪽에 있다.
此, 北河也, 在朔方北.
② 曼은 莫安의 切이니 頭曼은 單于의 이름이다. 冒頓은 음이 墨特이니, 혹은 본음으로도 읽는다.[48]
曼, 莫安切, 頭曼, 單于之名. 冒頓, 音墨特, 或讀如字.
③ 閼氏는 음이 焉支이니, 匈奴의 閼氏는 中國의 皇后와 같다.
閼氏, 音焉支, 匈奴之閼氏, 猶中國之皇后.

【目】두 나라 사이에 사람이 살지 않는 버려진 땅이 천여 리 정도 있었다. 東胡가 이것을 차지하려고 하자, 신하들이 혹 말하기를 "이곳은 버려진 땅이니 주어도 괜찮고 주지 않아도 괜찮습니다." 하였다. 그러자 冒頓單于가 크게 성을 내며 말하기를 "땅은 나라의 근본인데 어떻게 남에게 줄 수가 있는가?" 하고, 주자고 말한 자를 모두 참수하였다.

그리고 즉시 말에 올라타 나라 안에 명령을 내리기를 "뒤에 오는 자는 참수하겠다." 하였다. 그리하여 마침내 동호를 쳐서 멸망시키고, 또 月氏(월지)를 쫓아내고, 樓煩王과 白羊王이 거주하는 河南 땅을 합병하고, 마침내 燕·代 지방을 침략하여 蒙恬이 빼앗았던 匈奴의 옛 땅을 모두 수복하니, 활을 가득히 당길 수 있는 힘센 군사가 30여만 명이나 되었다.

이때에 이르러 〈흉노가〉 韓王 韓信을 馬邑에서 포위하자, 한신이 사자를 보내 화해할 것을 요청하였다. 漢나라에서는 한신이 두 마음을 품고 있다고 의심하여 사람을 보내 꾸짖자, 한신은 誅伐을 받을까 두려워하여 마읍을 가지고 흉노에게 항복하니, 흉노가 마침내 太原을 공격하여 晉陽에까지 이르렀다.

兩國中間에 有棄地莫居千餘里①러니 東胡欲有之어늘 群臣或曰 此는 棄地니 與之亦可요 勿與亦可니이다 冒頓이 大怒曰 地者는 國之本也니 奈何與人이리오하고 言與者를 皆斬之하고 卽上馬하여 令國中호대 後出者는 斬호리라 遂襲滅東胡하고 又走月氏하고 幷樓煩, 白羊河南王②[49]하고 遂侵燕

48) 본음으로도 읽는다 : 冒屯을 '모돈'으로 읽는다고 한 것이다.

代하여 悉復(복)蒙恬所奪故地하니 控弦之士 三十餘萬③이러라 至是에 圍韓王信於馬邑이어늘 信이 使使求和解한대 漢疑信有二心하여 使人讓之러니 信이 恐誅하여 遂以馬邑降之하니 匈奴遂攻太原하여 至晉陽하니라

① "莫居"는 거주하는 사람이 없음을 말한다.
莫居, 言無人居止.

② 走는 去聲이니 몰아서 달아나게 하는 것이다. 일설에 "走는 본음으로 읽으니, 月氏가 공격을 당해 달아나서 자기 나라를 떠나감을 말한다." 하였다. 氏는 음이 支이다. 월지는 西域의 나라이니, 처음에는 蔥嶺[50]의 서쪽, 安息國[51]의 동쪽에 있었는데, 뒤에 둘로 나뉘어 嬀水(아무다리아 강) 북쪽에 도읍한 것이 大月氏이고, 그 나머지 소수의 무리가 南山의 羌族을 차지한 것이 小月氏인데, 陽關과의 거리가 수만 리이다. 幷은 去聲이니 겸해서 소유한다는 뜻이다. 白羊은 匈奴의 別種이다. 白羊과 樓煩의 두 왕이 사는 곳이 河南에 있다.
走, 去聲, 驅而走之也. 一說 "走, 如字. 言月氏被擊而走, 去其國也." 氏, 音支. 月氏, 西域國, 初在蔥嶺西・安息東. 後分爲兩種. 都嬀水北者, 爲大月氏. 其餘小衆保南山羌者, 號小月氏. 去陽關幾萬里. 幷, 去聲, 兼而有之也. 白羊, 匈奴別種. 白羊・樓煩二王之居, 在河南.

③ 控은 당긴다는 뜻이니, "控弦"은 활을 가득히 당길 수 있는 자를 말한다.
控, 引也. 控弦, 言能引弓者.

【綱】博士 叔孫通으로 하여금 조정의 의례를 起草하게 하였다.

令博士叔孫通으로 起朝儀하다

【目】황제가 秦나라의 까다로운 儀式을 모두 제거하여 禮法을 간편하게 만들었는데, 여러 신하들이 술을 마시고 공을 다투어, 취하면 간혹 함부로 고함을 치고 칼을 뽑아 기둥을 치기도 하니, 황제가 더욱 싫어하였다.

叔孫通이 上을 설득하기를 "儒者는 함께 나아가 나라를 취하기는 어렵지만 함께 王業을 지킬 수는 있습니다. 신은 원컨대 魯나라 지방의 여러 儒生들을 불러 함께 조정의 儀禮를 起草하고 싶습니다." 하였다.

---

49) 樓煩白羊河南王 : ≪漢書≫에 "因言匈奴河南白羊樓煩王(인하여 흉노 하남의 백양왕과 누번왕에게 말하였다.)"이라 하였고, 아래 훈의 ②에도 "白羊樓煩二王之居在河南(백양과 누번의 두 왕이 사는 곳이 河南에 있다.)"이라고 하였다.

50) 蔥嶺 : 지금의 파미르 고원으로 중앙아시아 중심에 위치하여 중앙아시아를 동서로 양분한다.

51) 安息國 : 고대 파르티아 왕조를 가리킨다. 이 왕조의 창시자 이름인 Arsak를 음사한 것이 安息이다.

황제가 "내용이 너무 어렵지 않겠는가?" 하고 물으니, 숙손통이 대답하기를 "五帝는 음악을 달리하였고 三王은 禮가 같지 않으니, 禮라는 것은 時代와 人情을 따라 등급과 형식을 정하는 것입니다. 신은 원컨대 옛날의 禮를 많이 채택하고 여기에 秦나라의 儀禮를 섞어서 만들었으면 합니다." 하였다. 그러자 上이 말하기를 "시험 삼아 만들되, 알기 쉽게 하여 내가 행할 수 있는가를 헤아려 만들도록 하라." 하였다.

帝悉去秦苛儀하여 法爲簡易한대 群臣이 飮酒爭功하여 醉或妄呼하고 拔劍擊柱하니 帝益厭之라 叔孫通이 說(세)上曰 夫儒者는 難與進取요 可與守成이니 臣은 願徵魯諸生하여 共起朝儀하노이다 帝曰 得無難乎아 通曰 五帝異樂하고 三王不同禮하니 禮者는 因時世人情하여 爲之節文者也라 臣은 願頗采古禮하여 與秦儀雜就之하노이다 上曰 可試爲之호대 令易知하여 度(탁)吾所能行者하여 爲之하라

【目】 이에 叔孫通이 使者가 되어 魯나라의 유생들을 불렀는데, 두 유생이 오려고 하지 않으며 말하기를 "公이 섬긴 인군이 거의 10명이나 되는데, 그대는 모두 이들 면전에서 아첨하여 친하고 귀한 신하가 되었다. 지금 죽은 자는 아직 장례도 지내지 못하였고 부상당한 자는 아직 회복도 되지 못하였는데 또다시 禮樂을 일으키려고 하니, 예악이 말미암아 일어나는 것은 德을 쌓은 지 백 년이 된 뒤에야 일으킬 수 있는 것이다. 나는 공이 하는 짓을 차마 할 수 없으니, 공은 나를 더럽히지 말고 가라." 하였다.

숙손통은 웃으며 말하기를 "그대들은 참으로 비루한 儒者이니, 시대의 변화를 알지 못하는구나." 하고, 마침내 불러온 유생과 上의 좌우에 있는 신하 및 자신의 제자 백여 명과 함께 綿蕞(면최)를 만들어 야외에서 익혔다.

한 달 남짓 지나서 숙손통이 上에게 아뢰기를 "시험 삼아 보시기 바랍니다." 하니, 上이 예를 행하게 하고 말하기를 "내가 능히 이것을 행할 수 있겠다." 하고는, 여러 신하들에게 익히게 하였다.

於是에 通이 使徵魯諸生①한대 有兩生不肯行하여 曰 公所事者且十主로대 皆面諛以得親貴②라 今死者未葬하고 傷者未起어늘 又欲起禮樂하니 禮樂所由起는 積德百年而後에 可興也③라 吾不忍爲公所爲하노니 公은 去矣하여 無汙我하라 通이 笑曰 若은 眞鄙儒라 不知時變④이로다하고 遂與所徵及上左右與其子弟百餘人으로 爲綿蕞(면최)하여 野外習之⑤하고 月餘에 言於上曰 可試觀矣니이다 上이 使行禮하고 曰 吾能爲此라하고 乃令群臣習肄⑥하다

① 〈"通使徵魯諸生"은〉 叔孫通이 使者가 되어 여러 儒生들을 부른 것이다.

通爲使者而徵諸生.

② 叔孫通이 秦나라의 始皇帝와 二世皇帝, 陳涉, 項梁, 楚 懷王, 項羽 및 高祖를 섬겨서 도합 일곱 인군이다. 且는 거의라는 뜻이니, 〈"且十主"는〉 거의 열 명의 군주에 이른다는 말이다.
通事秦始皇・二世・陳涉・項梁・楚懷王・項羽及帝, 凡七主. 且, 幾也. 言幾及十主也.

③ 〈"積德百年而後 可興也"는〉 德敎를 행한 지 100년이 된 뒤에야 禮樂을 일으킬 수 있음을 말한다.
言行德敎百年然後, 可起禮樂.

④ 若은 너라는 말이다. 鄙는 통하지 않음을 말한다.
若, 汝也. 鄙, 言不通.

⑤ 左右는 近臣을 이른다. 綿은 새끼줄을 설치해서 연습하는 곳을 만든 것을 이른다. 蕞는 慈會의 切이니 띠풀 다발을 땅에 세워 관리들의 尊卑의 자리를 만든 것을 이른다.
左右, 謂近臣也. 綿, 謂置設綿索, 爲習肄處. 蕞, 慈會切, 謂以茅翦樹地, 爲纂位尊卑之次.

⑥ 肄는 음이 異이니 이것도 익힌다는 뜻이다.
肄, 音異, 亦習也.

辛丑年(B.C. 200)

【綱】 漢나라 太祖 高皇帝 7년이다. 10월에 長樂宮이 완공되자 조정에서 하례를 하고 술자리를 베풀었다.

七年이라 **冬十月**에 **長樂宮成**[52]이어늘 **朝賀置酒**①하다

① 이때 아직도 10월을 歲首(正月)로 삼고 있었기 때문에 새해 초에 조회하는 예를 행한 것이다.
時尙以十月爲歲首, 故行朝歲之禮.

【目】 長樂宮이 완공되어 제후와 여러 신하들이 모두 朝賀(조정에 나와 하례함)하였는데, 동이 트기 전에 〈行禮할 적에 하례하는 신하들을 인도하는〉 謁者가 禮를 주관해서 신하들을 차례대로 인도하여 殿門으로 들어와 동쪽에 늘어서서 서쪽을 향하여 서게 하였다. 殿階의 양 곁에서 侍衛하는 관원과 뜰 가운데에 나열해 서 있는 자들이, 모두 무기를

52) 成 : "宮을 '成'이라 쓴 경우가 없는데, 여기에서 '成'이라고 쓴 것은 어째서인가? 3년이 지난 뒤에 완공되었기 때문이다. 그러므로 漢나라의 長樂宮에 '成'이라 쓰고 隋나라의 仁壽宮에 '成'이라 쓰고 唐나라의 蓬萊宮에 '成'이라 썼으니, 이는 모두 오랜 시간이 지난 뒤에 완공된 것이다.〔宮未有書成者 此其書成 何 三年而後成也 故漢長樂書成 隋仁壽書成 唐蓬萊書成 皆久而後成者也〕" ≪書法≫

잡고 旗幟를 벌려놓았다. 이때 경계하라는 신호 소리가 전달되고 황제가 방에서 나오자, 諸侯王 이하 六百石의 녹봉을 받는 관리[53)]까지 인도하여 차례대로 하례를 올렸는데, 조심하며 엄숙하고 공경하지 않는 사람이 없었다.

禮가 끝나자 다시 法酒(법식을 갖춘 酒宴)를 베풀었는데, 殿 위에서 모시고 앉은 여러 신하들이 모두 엎드려 머리를 숙이고 있다가 순서에 따라 일어나 祝壽를 올렸다. 그러다가 술잔을 아홉 순배를 돌린 다음 謁者가 "술자리를 파한다."고 아뢰고, 法을 집행하는 御史가 儀禮대로 하지 않은 자를 檢擧하여 끌고 나가니, 朝禮를 마칠 때까지 술자리를 베풀었으나 감히 떠들고 예법에 어긋나는 행동을 하는 자가 없었다. 이에 上이 말하기를 "내 오늘에야 비로소 황제가 된 것이 귀하다는 것을 알았다." 하고는 마침내 叔孫通을 太常에 임명하였다.

長樂宮이 成이어늘 諸侯群臣이 皆朝賀①할새 先平明에 謁者治禮하여 以次引入殿門하여 陳東西鄕②하고 衛官俠陛及羅立廷中에 皆執兵張旗幟③하다 於是에 皇帝傳警出房④하여 引諸侯王以下至吏六百石하여 以次奉賀하니 莫不振恐肅敬⑤이러라 禮畢에 置法酒⑥할새 諸侍坐者皆伏抑首하여 以次起上壽⑦라가 觴九行에 謁者奏罷酒하고 御史執法이 擧不如儀者하여 輒引去⑧하니 竟朝置酒호대 無敢讙譁(훤화)失禮者⑨라 於是에 上曰 吾乃今日에 知爲皇帝之貴也라하고 拜通太常⑩하다

① 이때 아직 未央宮을 건축하지 않았기 때문에 황제가 長樂宮에 임어해서 朝賀를 받은 것이다. 그러다가 蕭何가 미앙궁의 前殿을 지은 뒤인 惠帝 이후에는 모두 미앙궁에 임어하였고, 장락궁은 太后가 거주하면서 東朝라고 불렀다.
時未起未央宮, 故帝御長樂宮, 受朝賀. 及蕭何旣起未央前殿, 自惠帝以後, 皆御未央, 而長樂爲太后所居, 謂之東朝.

② 先(미리)은 悉薦의 切이니, "先平明"은 아직 날이 새기 이전이라는 뜻이다. 功臣, 列侯, 諸將軍, 軍吏는 차례대로 서쪽에 늘어서서 동쪽을 향하여 있고, 丞相 이하의 文臣은 동쪽에 늘어서서 서쪽을 향하여 있는 것이다.
先, 悉薦切. 先平明, 未平明之前也. 功臣・列侯・諸將軍・軍吏, 以次陳西方東鄕, 文臣丞相以下, 陳東方西鄕.

③ 衛官은 侍衛하는 관원이니, 郎中, 中郎으로 창을 잡고 侍衛하는 자를 이른다. 俠(끼다)은 挾과 같으니, 〈"俠陛"는〉 殿陛의 양쪽 곁을 끼고 있다는 뜻이다.
衛官, 侍衛之官, 郎中及中郎執戟侍衛者, 是也. 俠, 與挾同. 挾殿陛之兩旁也.

④ "傳警"은 소리를 전해 외쳐서 바깥을 경계시킴을 말한다. 황제의 수레가 움직이면 帷幄의 좌우에서 시위하는 자들이 경계하라고 소리친다.

---

53) 六百石의……관리 : 祿俸이 六百石 이상은 大夫로 황제가 임명하는 칙임관이다. 前漢 시기 봉록의 등급은 85쪽 역주 73) 참조.

傳警, 謂傳聲而唱, 以警外也. 帝輦動, 則左右侍帷幄者稱警.

⑤ "肅敬"은 그 용모가 엄숙하고 마음이 공경함을 말한다.
肅敬, 言其容肅, 其心敬.

⑥ "法酒"는 禮酌이라는 말과 같으니, 술을 마시어 너무 취하는 데에 이르지 않음을 말한다.
法酒, 猶言禮酌, 謂不飮之至醉.

⑦ 抑은 굽힌다는 뜻이니, "抑首"는 禮法에 따라 감히 平坐해서 올려보지 않음을 이른다. 壽는 사람들이 모두 원하는 것이기 때문에 아랫사람이 술잔을 올릴 적에 모두 "上壽"라고 칭하는 것이다.
抑, 屈也. 抑首, 謂依禮法, 不敢平坐而視. 壽者, 人之所同欲, 故卑下奉觴進酒, 皆曰上壽.

⑧ "執法"은 바로 御史이다.
執法, 卽御史也.

⑨ "竟朝"는 朝會의 禮를 행하여 예가 끝날 때까지를 말한다.
竟朝, 言行朝禮至禮畢也.

⑩ 奉常은 秦나라의 관직으로 宗廟의 禮儀를 담당하였는데, 漢나라 景帝 때에 太常이라고 명칭을 바꾸었다. 여기서 奉常이라고 쓰지 않고 太常이라고 쓴 것은 사람들이 알기 쉽게 하기 위한 것이다.
奉常, 秦官, 掌宗廟禮儀, 景帝改曰太常. 此不書奉常而書太常者, 使人易知.

【目】 처음에 秦나라가 六國의 예의를 모두 받아들여 그중에 군주를 높이고 신하를 억제하는 것만을 채택해서 남겨두었는데, 숙손통이 예를 제정하면서 추가하고 삭제한 것이 상당히 있었지만 대체적으로는 모두 秦나라의 옛것을 따랐다. 그 글은 뒤에 律令과 함께 기록되어 法官이 있는 곳에 보관해두었는데 法家들이 또 이것을 전하지 않으니, 백성들과 신하들 중에 이것을 말하는 자가 없었다.

初에 秦悉內(납)六國禮儀하여 擇其尊君抑臣者存之러니 及通制禮에 頗有所增損이나 大抵皆襲秦故[①]라 其書後與律令同錄하여 藏於理官이러니 法家又復不傳하니 民臣이 莫有言者焉[②]하니라

① 大抵는 大略과 같다. 襲은 따른다는 뜻이니, 〈"襲秦故"는〉 秦나라 때의 故事를 그대로 따랐다는 말이다.
大抵, 猶大略也. 襲, 因也. 謂因襲秦時故事.

② 理官은 바로 法官이다.
理官, 卽法官也.

【目】 司馬溫公(司馬光)이 다음과 같이 평하였다.

"禮의 쓰임이 크다. 이것을 자기 몸에 사용하면 動과 靜이 법도가 있어서 온갖 행실이 구비되고, 집안에 사용하면 內와 外가 분별이 있어서 九族이 화목하게 되고, 鄕里에서 사용하면 어른과 어린이가 차례가 있어서 풍속의 교화가 아름답게 되고, 국가에 사용하면 군주와 신하가 차례가 있어서 정치가 원만하게 이루어지고, 천하에 사용하면 제후들이 잘 복종하여 기강이 바르게 되니, 어찌 다만 几席의 위와 문호의 뜰 사이에서 禮를 얻어 혼란하지 않게 될 뿐이겠는가.

高祖의 밝고 통달한 자품으로 참으로 큰 유학자를 얻어 보좌하게 해서 그와 더불어 禮로써 천하를 다스렸다면, 그 功烈이 어찌 이 정도에 그칠 뿐이겠는가. 애석하다. 叔孫生의 그릇이 작음이여! 한갓 禮의 찌꺼기만을 도둑질해서 세속에 영합하여 은총을 취해 마침내 先王의 禮로 하여금 매몰되어 떨치지 못해서 지금에 이르게 하였으니, 어찌 매우 애통하지 않겠는가. 이 때문에 揚子(揚雄)가 비난하여 다음과 같이 말하였다.

'옛날 魯나라에 德이 높은 신하가 있었는데 역사에 그 이름이 전하지 않는다. 혹자가 揚子에게 「어찌하여 德이 높다고 합니까?」라고 물으니, 「叔孫通이 君臣 간의 儀禮를 만들고자 하여 魯나라에서 先生들을 불렀는데, 데려가지 못한 사람이 두 명 있었으니, 바로 이들이다.」라고 대답하였다. 「이와 같다면 仲尼(孔子)가 제후들을 두루 찾아다닌 것은 잘못한 것입니까?」라고 물으니, 「仲尼가 제후들을 찾아다닌 것은 장차 자신의 道를 행하기 위해서였다. 만일 자신을 버리고 남을 따른다면 비록 規矩準繩[54]을 가지고 있더라도 어떻게 쓸 수 있겠는가?」라고 하였다.'

대저 大儒가 어찌 자신의 規矩準繩을 훼손하면서 일시적인 功利를 쫓아가려고 하겠는가?"

司馬公曰 禮之爲用이 大矣라 用之於身이면 則動靜有法而百行備焉하고 用之於家면 則尊卑有別而九族睦焉하고 用之於鄕이면 則長幼有倫而俗化美焉하고 用之於國이면 則君臣有敍而政治成焉하고 用之於天下면 則諸侯賓服而紀綱正焉하나니 豈直几席之上, 戶庭之間에 得之而不亂哉리오 夫以高祖之明達로 誠得大儒而佐之하여 與之以禮爲天下면 其功烈이 豈若是而止哉리오 惜夫라 叔孫生之爲器小也여 徒竊禮之糠粃하여 以諧俗取寵하여 遂使先王之禮로 淪沒不振하여 以迄(흘)于今하니 豈不痛甚矣哉①리오 是以로 揚子譏之曰 昔者에 魯有大臣이어늘 史失其名하니라 曰 何如其大也오 曰 叔孫通이 欲制君臣之儀하여 召先生於魯할새 所不能致者二人이니라 曰 若是則仲尼之開迹諸侯也 非邪②아 曰 仲尼開迹은 將以自用也③시니 如委己而從人이면 雖有規矩準

54) 規矩準繩 : 規는 圓形을 만드는 기구이고 矩는 方形을 만드는 기구이며 準은 測平器이고 繩은 먹줄이니, 여기서는 내면에 간직한 法度를 뜻한다.

繩이나 焉得而用之리오하니 夫大儒者 惡(오)肯毀其規矩準繩하여 以趨一時之功哉리오

① 糠은 곡식의 껍질이다. 粃는 음이 比이니, 곡식이 제대로 익지 않은 것을 粃라고 한다. "糠粃"는 이것으로 가볍고 천함을 비유한 것이다.
糠, 穀皮. 粃, 音比, 穀不熟爲粃. 糠粃, 以喩輕賤也.

② "開迹"은 제후국에 가서 자신의 포부를 펴서 보여줌을 말하니, "歷聘"이라는 말과 같다.
開迹, 謂開布其迹於諸侯之國, 猶言歷聘也.

③ 〈"將以自用也"는〉 자신의 도를 행해서 聖人의 법에 합치하려고 함을 말한다.
謂欲行己之道, 合於聖人之法.

【綱】 황제가 직접 군대를 거느리고 가서 韓王 韓信을 토벌하였는데, 한신과 匈奴가 모두 패하여 달아나자 황제가 추격하다가 平城에서 포위되어 7일 만에 풀려났다.

帝自將討韓王信한대 信及匈奴皆敗走어늘 帝追擊之라가 被圍平城[55]하여 七日乃解하다

【目】 上이 직접 군대를 거느리고 韓王 韓信을 공격하여 그의 군대를 격파하니, 한신이 도망하여 匈奴로 달아났다. 白土 사람인 曼邱臣과 王黃 등이 趙利를 왕으로 세우고 한신의 군대를 수습하여 漢나라를 공격할 것을 모의하였는데, 흉노가 左賢王과 右賢王으로 하여금 만 명의 기병을 거느리고 왕황 등과 함께 남쪽으로 가서 晉陽에 이르게 하였다. 이들은 漢나라가 공격하면 매번 패하여 달아났다가 다시 모이곤 했는데, 漢나라 군대가 승세를 타고 추격하였으나 이때 마침 날씨가 몹시 춥고 눈이 내리니, 병졸들 가운데 동상에 걸려서 손가락이 떨어져 나간 자가 열 명 중에 두세 명이 되었다.

---

55) 帝自將討韓王信……被圍平城 : "高帝에 대해 '직접 군대를 거느렸다.〔自將〕'고 쓴 것이 5번이고, '擊'이라고 쓴 것이 4번인데, 여기에서는 어찌하여 '韓王 韓信을 토벌했다.〔討韓王信〕'라고 썼는가? 한왕 한신은 황제가 발탁하여 세운 자이므로 臧荼, 利幾 등에 비할 바가 아니다. 그러므로 고제의 세대에 배반한 자들을 대부분 '擊'이라고 썼으나, 오직 韓王 韓信과 盧綰만은 황제 자신이 발탁하여 세운 자이기에 '討'라고 썼으니, ≪資治通鑑綱目≫에서 판단한 것이 자세하다. 그렇다면 楚나라가 漢王을 滎陽에서 포위했을 적에 곧바로 "漢王을 포위했다.〔圍漢王〕"고 썼는데, 여기에서는 "平城에서 포위를 당했다.〔被圍平城〕"고 쓴 것은 어째서인가? 바깥의 오랑캐로써 안의 中華를 침범하지 못하게 한 것이다. 다만 역적인 隋나라 煬帝와 같은 경우에는 '돌궐의 始畢可汗이 포위했다.〔始畢圍之矣〕'고 썼다. 이 때문에 內外의 구분을 밝힐 경우에는 고제에 대해 '포위를 당했다.〔被圍〕'고 쓰고, 上下의 의리를 바로잡을 경우에는 劉虞에 대해 '살해를 당했다.〔見殺〕'고 쓴 것이다(漢 獻帝 初平 4년).〔高帝自將五 書擊者四 此則曷爲以討書 信 帝所拔立 非臧荼利幾輩比也 故高帝之世 反者多書擊 惟韓王信盧綰己所拔立 則書討 綱目之權衡審矣 然則楚圍漢王於滎陽也 直書曰圍漢王 此其曰被圍平城 何 不以外加內也 若隋煬逆賊 則書曰始畢圍之矣 是故明內外之分 則高帝書曰被圍 正上下之義 則劉虞書曰見殺〕" ≪書法≫

平城 전투

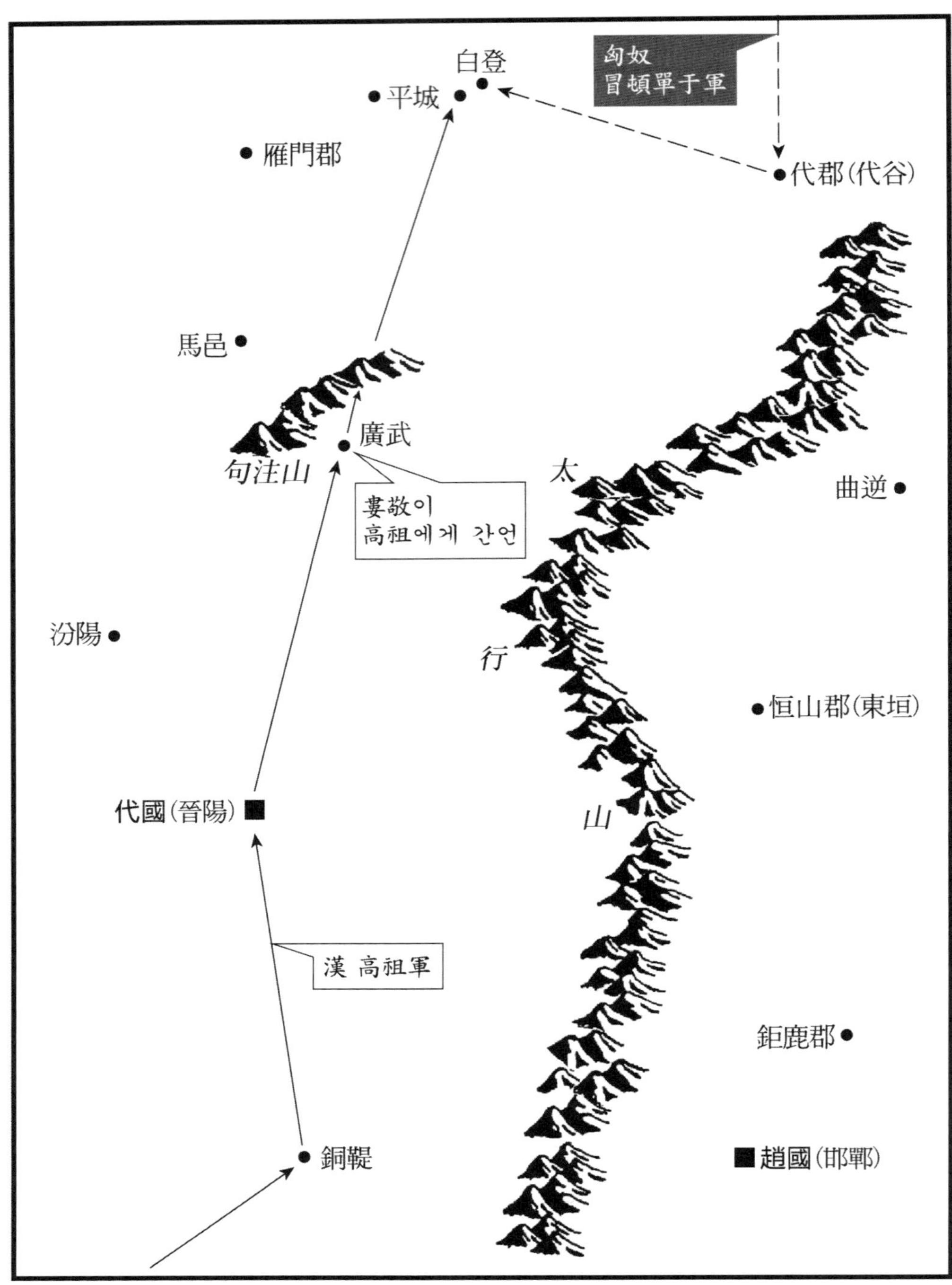
匈奴
冒頓單于軍
白登
平城
雁門郡
代郡(代谷)
馬邑
廣武
句注山
婁敬이
高祖에게 간언
太
行
山
曲逆
汾陽
恒山郡(東垣)
代國(晉陽)
漢 高祖軍
鉅鹿郡
銅鞮
趙國(邯鄲)

上은 冒頓單于가 代谷에 있다는 말을 듣고 사람을 보내 그들의 사정을 엿보게 하였는데, 묵특선우가 壯士와 살찐 소와 말은 숨겨두고 다만 노약자와 파리한 가축만을 보여주니, 使者 10명이 와서 모두 '흉노는 공격해도 괜찮습니다.'라고 말하였다. 그러자 上이 다시 劉敬을 시켜 가서 보게 하였는데, 使者(劉敬)가 돌아오기 전에 32만 명의 병력을 모두 동원하여 북쪽으로 가서 그들을 추격하였다.

上이 自將擊韓王信하여 破其軍한대 信이 亡走匈奴어늘 白土人曼丘臣, 王黃等이 立趙利하고 收信兵하여 謀攻漢①이러니 匈奴使左右賢王으로 將萬騎하여 與王黃等으로 南至晉陽②이라 漢擊之하면 輒敗走라가 已復屯聚어늘 漢兵이 乘勝追之러니 會에 天大寒雨雪하니 士卒墮指者 什二三③이러라 上이 聞冒頓居代谷하고 使人覘(점)之④한대 冒頓이 匿其壯士肥牛馬하고 但見(현)老弱羸(리)畜⑤하니 使者十輩來하여 皆言匈奴可擊이니이다 上이 復使劉敬往이러니 使未還에 悉兵三十二萬하여 北逐之하다

① ≪漢書≫ 〈地理志〉에 "白土縣은 上郡에 속하였다." 하였다. 曼은 음이 萬이니, 曼丘는 複姓이고 臣은 이름이다. 曼丘臣과 王黃은 모두 韓信의 장수이다. 趙利는 六國 때 趙나라의 후예이다.
班志 "白土縣, 屬上郡." 曼, 音萬. 曼丘, 複姓. 臣, 其名也. 臣及王黃, 皆信將也. 趙利, 六國時趙苗裔.

② 賢王은 匈奴의 官號인데 左賢王과 右賢王이 있었다. 左賢王은 차례상 마땅히 다음의 單于가 된다.
賢王, 匈奴官號也, 有左有右. 左賢王, 以次當爲單于.

③ 雨(비가 내리다)는 去聲이다.
雨, 去聲.

④ 代谷은 句注의 북쪽에 있다. 覘은 丑廉과 勅艶의 두 가지 切이니, 엿본다는 뜻이다.
代谷, 在句注之北. 覘, 丑廉・勅艶二切, 窺也.

⑤ 見은 形甸의 切이니 드러낸다는 뜻이다. 아래 "見所長"과 "見短"도 모두 같다. 羸는 파리하다는 뜻이다.
見, 形甸切, 露也. 下見所長・見短, 竝同. 羸, 瘦也.

【目】 이때 劉敬(婁敬)이 돌아와서 다음과 같이 보고하였다.

"두 나라가 서로 공격하고 있으니, 마땅히 자기들의 장점을 과시하고 보여주어야 할 터인데, 이번에 신이 가서는 다만 파리하고 수척한 노약자들만 보았으니, 이는 반드시 자기들의 부족한 단점만을 보여주고 기습하는 군대를 매복시켜놓았다가 이익을 쟁취하

려는 것이니, 신은 匈奴를 공격해서는 안 된다고 생각합니다."

이때 漢나라 군대가 이미 출병한 상태였으므로 上이 노하여 꾸짖기를 "齊나라 포로가 말을 잘해 벼슬을 얻더니 지금 망언을 하여 우리 군대의 사기를 沮喪케 한다." 하고는 유경을 형틀에 묶어 廣武에 구류하였다. 마침내 황제가 먼저 平城에 도착하고 군대가 아직 다 도착하지 않은 상황에서, 冒頓單于가 40만 명의 정예 騎兵을 풀어놓아 황제를 白登山에서 7일 동안 포위하니, 漢나라 군대들은 안팎이 서로 단절되어 구원해주거나 식량을 원조해줄 수 없었다.

이에 황제가 陳平의 비밀스러운 계책을 써서 사자를 보내어 은밀하게 閼氏(연지)에게 후하게 선물을 주니, 묵특선우가 마침내 포위를 풀고 갔다. 漢나라도 군대를 해산하고 돌아와서 먼저 보냈던 10명의 사자를 참수하고 유경을 사면하면서 "내가 公의 말을 듣지 않아 평성에서 곤경을 당하였다." 하고, 그를 建信侯에 봉하고 다시 진평을 曲逆侯에 봉하였다. 진평이 황제를 따라 정벌하면서 모두 여섯 번 기이한 계책을 냈는데, 매번 封邑을 더해주었다.

敬이 還報曰 兩國相擊하니 此宜矜夸見(현)所長①이어늘 今臣往에 徒見羸瘠(리척)老弱하니 此必欲見(현)短하고 伏奇兵하여 以爭利니 愚以爲匈奴不可擊也라하노이다 時에 兵已業行②이라 上이 怒罵曰 齊虜以口舌得官③이러니 今乃妄言沮吾軍이라하고 械繫敬廣武④하고 遂先至平城하여 兵未盡到⑤에 冒頓이 縱精兵四十萬騎하여 圍帝於白登七日⑥하다 漢兵이 中外不得相救餉이러니 帝用陳平秘計하여 使使間厚遺閼氏한대 冒頓이 乃解圍去⑦어늘 漢亦罷兵歸하여 斬前使十輩하고 赦劉敬曰 吾不用公言하여 以困平城이라하고 封爲建信侯하고 更封陳平爲曲逆侯⑧하다 平이 從帝征伐하여 凡六出奇計하니 輒益封邑焉⑨이러라

① 夸(과시하다)는 誇와 같다.
夸, 與誇同.

② 일이 이미 시작되었으나 아직 완성되지 않은 것을 業이라고 한다.
凡事已爲而未成曰業.

③ 劉敬은 齊나라 사람이기 때문에 "齊虜(齊나라 포로)"라고 한 것이다.
劉敬, 齊人, 故云齊虜.

④ 沮는 材汝의 切이니 저지하고 파괴한다는 뜻이다. ≪漢書≫ 〈地理志〉에 "廣武縣은 太原郡에 속하였다." 하였다.
沮, 材汝切, 止壞也. 班志 "廣武縣, 屬太原郡."

⑤ ≪漢書≫ 〈地理志〉에 "平城縣은 雁門郡에 속하였다." 하였다.
班志 "平城縣, 屬雁門郡."

⑥ ≪括地志≫에 "朔州 定襄縣은 본래 漢나라 때의 平城縣이니, 동북쪽 30리 지점에 白登山이 있고 산 위에 臺가 있는데 白登臺라고 한다." 하였다.
括地志 "朔州定襄縣, 本漢平城縣, 東北三十里有白登山, 山上有臺, 名曰白登臺."
⑦ "秘計"는 그 계책이 鄙陋하기 때문에 비밀에 부쳐 전하지 않은 것이다. 혹자는 말하기를 "陳平이 畫工으로 하여금 美女를 그리게 한 다음 몰래 사람을 시켜 이를 閼氏에게 보내고 말하기를 '漢나라에 이런 미녀가 있는데 지금 황제가 곤궁한 처지에 처해서 이 미녀를 바치려고 한다.' 하니, 연지가 자신의 총애를 빼앗길까 두려워해서 單于에게 달하기를 '漢나라 천자는 또한 神靈함이 있어서 그 땅을 차지한 것이니, 우리가 소유할 수 있는 것이 아닙니다.' 하였다. 이에 匈奴가 포위망의 한 귀퉁이를 열어주어 탈출할 수 있었다." 하였다.
秘計, 以其計鄙陋, 故秘之不傳. 或曰 "平使畫工圖美女, 間遣人遺閼氏云 '漢有美女如此, 今皇帝困厄, 欲獻之.' 閼氏畏奪己寵, 因謂單于曰 '漢天子亦有神(露)〔靈〕[56], 得其土地, 非能有之.' 於是, 匈奴開其一角, 得突出."
⑧ ≪漢書≫ 〈地理志〉에 "曲逆縣은 中山國에 속하였다." 하였다.
班志 "曲逆縣, 屬中山國."
⑨ 여섯 번 기이한 계책을 냈다는 것은, 黃金을 내어 楚나라에 反間을 행한 것이 첫 번째이고, 나쁘고 초라한 음식을 楚나라 사신에게 올린 것이 두 번째이고, 漢王 3년(B.C. 204)에 楚나라 군대가 滎陽을 포위하여 다급하였을 적에 陳平이 밤중에 〈갑옷을 입은〉 여자 2천 명을 東門으로 내보내자 楚나라 군대가 이를 공격하니 이 틈을 타서 한왕이 西門으로 나가 달아날 수 있었던 것이 세 번째이고, 한왕의 발을 밟아 韓信을 齊王에 봉할 것을 청한 것이 네 번째이고, 거짓으로 雲夢에 유람하기를 청하여 한신을 사로잡은 것이 다섯 번째이고, 이번에 白登山의 포위를 풀게 한 것이 여섯 번째이다.
六出奇計, 謂捐金行反間一也, 以惡草具進楚使二也, 漢王三年, 楚圍滎陽急, 平夜出女子二千人東門, 楚因擊之, 以故漢王得出西門遁去三也, 躡足請封齊王信四也, 請僞遊雲夢縛信五也, 今解白登之圍六也.

【綱】 12월에 돌아오다가 趙나라에 이르렀다.

十二月에 還至趙[57]하다

【目】 上이 돌아오다가 趙나라를 지나게 되었는데, 趙王 張敖[58]가 사위의 禮를 매우 겸손하게 행하였다. 그런데 上이 거만하게 걸터앉아 꾸짖으니, 趙나라의 정승인 貫高와

56) (露)〔靈〕: 저본에는 '露'로 되어 있으나, ≪通鑑釋義≫에 근거하여 '靈'으로 바로잡았다.
57) 還至趙 : "'至'는 위태롭게 여긴 것이다.〔至 危之也〕" ≪書法≫
58) 張敖 : 張耳의 아들인데, 魯元公主와 결혼하여 漢나라 高祖의 사위가 되었다.

趙午 등이 모두 화가 나서 말하기를 "우리 왕은 나약한 왕이다." 하고, 趙王에게 황제를 죽이자고 설득하였다. 그러자 장오가 자신의 손가락을 깨물어 피를 내고 다음과 같이 말하였다.

"그대들은 어찌하여 잘못된 말을 하는가? 돌아가신 아버지(張耳)께서 나라를 잃었는데 황제의 힘에 의뢰하여 다시 되찾아서 그 은덕이 자손에게까지 미쳤으니, 털끝만 한 것도 다 황제의 힘이다. 바라건대 그대들은 다시는 그런 말을 하지 말라."

그러자 관고 등이 서로 말하기를 "우리 왕은 長者이기 때문에 은덕을 배반하지 않으시는 것이다. 그리고 우리들은 의리상 치욕을 당하지 않으려는 것이니, 어찌 우리 왕을 더럽힐 수 있겠는가? 일이 성사되면 모든 功을 왕에게 돌리고 일이 실패하면 우리들만 죄를 받도록 하자." 하였다.

上이 還過趙할새 趙王敖執子壻禮甚卑어늘 上이 箕倨慢罵之①하니 趙相貫高趙午等이 皆怒曰 吾王은 孱(잔)王也②라하고 乃說(세)王請殺之한대 敖齧(설)其指出血曰③ 君何言之誤오 先人亡國이어늘 賴帝得復하여 德流子孫하니 秋毫皆帝力也라 願君은 無復出口④하라 高等이 相謂曰 吾王은 長者라 不倍德이로다 且吾等은 義不辱이니 何洿(오)王爲⑤리오 事成이면 歸王이요 事敗면 則獨身坐耳⑥라하니라

① "箕倨"는 거만하게 앉는 것이니, 두 다리를 뻗고 손으로 무릎을 괴고 있어 그 모습이 키와 같음을 이른다.
箕倨, 倣坐也, 謂伸兩足, 以手據膝, 其形如箕.

② 貫은 姓이다. 孱은 음이 潺(잔)이니, 나약하다는 뜻이다.
貫, 姓也. 孱, 音潺, 懦弱也.

③ 齧은 깨문다는 뜻이니, 〈"敖齧其指出血"은〉 스스로 자신의 손가락을 깨물어 피를 내어 자신의 지극한 정성을 드러냄으로써 漢나라를 배반하지 않겠다는 뜻을 맹세한 것이다.
齧, 噬也. 自齧其指出血, 以表至誠, 而爲誓約不背漢也.

④ 전에 項羽가 張耳를 세워 趙王으로 삼았는데, 陳餘가 군대를 동원하여 쫓아내자 장이가 漢나라로 귀의하니, 漢나라 4년(B.C. 205)에 장이를 세워 조왕으로 삼았다.
初, 項羽立張耳爲趙王, 陳餘以兵逐之, 耳歸漢, 漢四年, 立耳爲趙王.

⑤ 洿(더럽히다)는 혹 汙로도 쓴다.
洿, 或作汙.

⑥ 자신이 홀로 황제를 시해한 죄를 받겠다는 말이다.
言獨以身坐弑帝之罪

【綱】 匈奴가 代나라를 침략하자 代王 劉喜가 나라를 버리고 스스로 돌아오니, 〈황제가 자신의〉 아들 劉如意를 세워 代王으로 삼았다.

匈奴寇代한대 **代王喜 棄國自歸**어늘 **立子如意**하여 **爲代王**하다

【綱】 봄에 郎中으로 하여금 구레나룻을 깎는 죄를 지은 사람 이상은 먼저 조정에 청하게 하고, 백성들이 아들을 낳으면 더 이상 2년형〔二歲刑〕[59]을 받지 않게 하였다.

◑ **春**에 **令郎中**으로 **有罪耏**(이)**以上**을 **請之**하고 **民産子**에 **復勿事二歲**[①60]하다

① 耏는 음이 而이니, 뺨 곁에 난 털이다. 죄가 머리를 깎는 데에는 이르지 않고 구레나룻을 깎기만 하는 것이다. "請之(청하다)"는 구레나룻을 깎는 죄 이상은 모두 먼저 조정에 보고하여 알려야 한다는 말이다.
耏, 音而, 頰旁毛也. 罪不至髡, 但鬒其頰毛而已. 請之, 言耏罪以上皆當先(謂)〔請〕[61]也.

【綱】 2월에 황제가 長安에 이르러 비로소 도읍지를 옮기기로 정하였다.

◑ **二月**에 **帝至長安**하여 **始定徙都**[①62]하다

① 長安은 본래 秦나라 鄕의 이름이니, 渭水 남쪽에 있다.
長安, 本秦之鄕名, 在渭南.

【目】 蕭何가 未央宮을 지었는데, 上이 궁궐이 너무 웅장하고 화려한 것을 보고는 매우 노하여 말하기를 "천하가 몇 년 동안 흉흉하여 성패를 아직 알 수 없는데 어찌 궁궐을 度에 지나치게 지었는가?" 하니, 소하가 대답하기를 "천하가 현재 안정되지 않았기 때

---

59) 2년형〔二歲刑〕: 일종의 徒刑으로 2년 동안 변방에 가서 수자리 살며 오랑캐를 방어하는 형벌을 말하는데, 司寇라고도 칭하였다.

60) 春令郎中……復勿事二歲 : "두 가지 일을 《資治通鑑》에는 쓰지 않았는데, 《資治通鑑綱目》에는 특별히 쓴 것은 어째서인가? 형벌을 신중하게 한 것을 가상히 여기고, 또 仁政을 기록한 것이다.〔二事通鑑不書 綱目特書 書之 何 嘉祥刑 且志仁政也〕" 《書法》

61) (謂)〔請〕: 저본에는 '謂'로 되어있는데, 綱에 근거하여 '請'으로 바로잡았다.

62) 二月……始定徙都 : "長樂宮을 수리한 것을 일찍이 썼었는데, 이때에 未央宮을 수리한 것은 어찌하여 쓰지 않았는가? 度에 지나쳤기 때문에 諱한 것이다. 諱함은 어째서인가? 未央宮으로 어진 재상(蕭何)의 累가 되지 않게 하려고 한 것이다.〔治長樂宮 嘗書矣 於是治未央宮 則曷爲不書 過度也 故諱之 其諱之 何 不以未央爲賢相之累也〕" 《書法》

長安 지역도

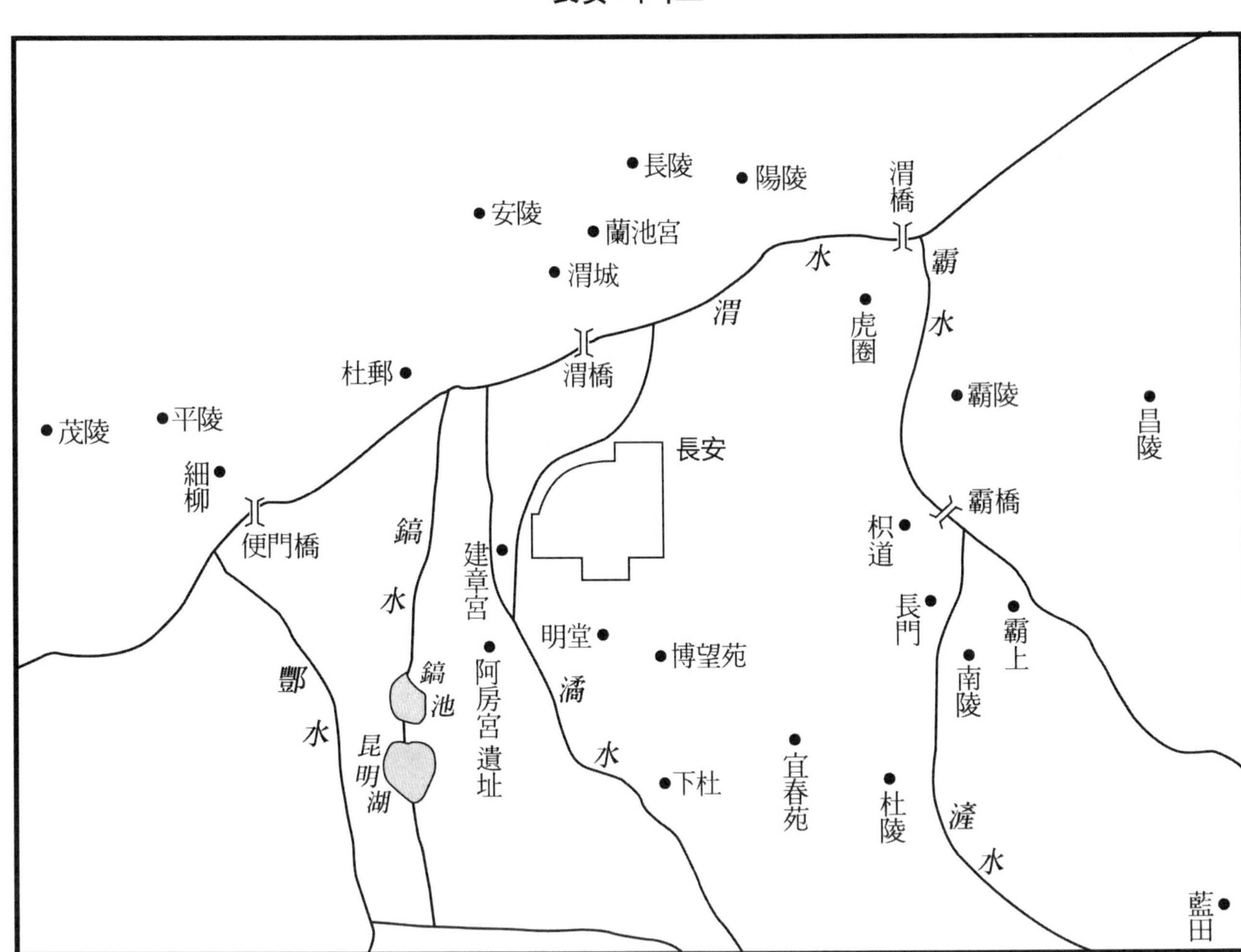

長陵
陽陵
渭橋
安陵
蘭池宮
渭城
渭水
霸水
虎圈
杜郵
渭橋
霸陵
昌陵
茂陵
平陵
細柳
長安
便門橋
霸橋
枳道
鎬水
建章宮
長門
霸上
明堂
博望苑
南陵
鄷水
鎬池
阿房宮遺址
潏水
昆明湖
下杜
宜春苑
杜陵
滻水
藍田

문에 이때를 틈타 궁궐을 지을 수 있는 것입니다. 또 天子는 四海를 집으로 삼으니, 웅장하고 화려하지 않으면 위엄을 중하게 할 수가 없고, 또 후세로 하여금 궁궐을 이보다 더 웅장하고 화려하게 짓지 못하게 하려는 것입니다." 하였다. 이에 上이 기뻐하여 마침내 櫟陽에서 長安으로 도읍을 옮겼다.

蕭何治未央宮[①]이어늘 上이 見其壯麗하고 甚怒하여 曰 天下匈匈數歲하여 成敗를 未可知어늘 是何治宮室過度也오 何曰 天下方未定이라 故로 可因以就宮室[②]이니이다 且天子는 以四海爲家하니 非壯麗면 無以重威요 且無令後世有以加也니이다 上이 說(열)하여 遂自櫟陽徙都之[③]하다

① 궁궐은 長安城 서남쪽 모퉁이에 있는데, 둘레가 28리이다. 궁궐의 이름을 未央이라고 지은 것은 ≪詩經≫ 〈小雅 庭燎〉의 "밤이 아직 한밤중이 되지 않았다.〔夜未央〕"는 말을 취한 것으로, 정사에 부지런히 힘쓰는 뜻이다.
宮, 在長安城西南隅, 周迴二十八里. 名未央者, 取詩夜未央, 勤政之義也.

② 就는 완성한다는 뜻이다.
就, 成也.

③ 앞에서 비록 劉敬과 張良의 말에 따라 서쪽에 있는 關中에 都邑하기로 하였으나 도읍이 완성되지 않아 아직도 櫟陽에 머물고 있다가 지금 未央宮이 완성되어 역양에서 長安으로 도읍을 옮긴 것이다.
先雖以劉敬·張良之言, 西都關中, 然都邑未成, 則猶居櫟陽. 今未央宮成, 始自櫟陽徙都長安.

【目】 司馬溫公(司馬光)이 다음과 같이 평하였다.

"王者는 仁義로 화려함을 삼고 道德으로 위엄을 삼으니, 궁실을 가지고 천하를 제압하고 복종시켰다는 말은 들어보지 못하였다. 천하가 아직 안정되지 않았으면 마땅히 私欲을 이기고 비용을 절약하여 백성들에게 시급한 것을 힘썼어야 하는데 도리어 궁궐 짓는 것을 우선으로 삼았으니, 어찌 힘써야 할 것을 안다고 하겠는가. 옛날 禹王은 궁궐을 낮게 지었는데 桀王은 옥으로 장식한 궁궐인 傾宮을 지었으니, 創業하여 후세에 전통을 남겨주는 군주가 몸소 절약과 검소함을 실천하여 자손에게 가르치고 보여주더라도 나중에는 음탕하고 화려한 데로 들어가게 되는데, 하물며 사치함을 보여준단 말인가. 孝武帝 때에 마침내 궁궐을 짓느라 천하를 피폐하게 하였으니, 이는 필시 酇侯(蕭何)가 계도한 데에서 연유하지 않았다고 할 수 없을 것이다."

司馬公曰 王者는 以仁義爲麗하고 道德爲威하나니 未聞其以宮室鎭服天下也로라 天下未定이면 當克己節用하여 以趨民之急이어늘 而顧以宮室爲先하니 豈可謂之知所務哉리오 昔에 禹卑宮

室이어시늘 而桀爲傾宮하니 創業垂統之君이 躬行節儉하여 以訓示子孫이라도 其末流猶入於淫靡어든 況示之以侈乎아 孝武卒以宮室罷敝(피폐)天下하니 未必不由酇侯啓之也니라

【綱】 宗正官을 두었다.

置宗正官①하다

① 宗正은 秦나라의 관직으로 親屬(宗親)을 담당하였는데, 황제가 다시 두었다.
宗正, 秦官, 掌親屬, 帝復置之.

【綱】 여름 4월에 황제가 洛陽에 갔다.

◑ 夏四月에 帝如洛陽하다

壬寅年(B.C. 199)

【綱】 漢나라 太祖 高皇帝 8년이다. 겨울에 〈황제가〉 韓王 韓信의 남은 무리를 東垣에서 공격하였다.

八年이라 冬에 擊韓王信餘寇於東垣①하다

① ≪括地志≫에 "東垣은 趙나라의 동쪽에 있는 고을이다." 하였다.
括地志 "東垣, 趙之東邑."

【目】 上이 동쪽으로 가서 韓王 韓信의 남은 무리를 공격하려고 柏人縣을 지나갈 적에, 貫高 등이 사람을 측간의 벽 속에 숨겨두어 〈시해하려〉 하였는데, 上이 이곳에서 유숙하려고 하다가 마음이 驚動하여 떠났다.

上이 東擊韓王信餘寇하여 過柏人①할새 貫高等이 壁人於厠中②이러니 上이 欲宿이라가 心動而去하다

① ≪漢書≫ 〈地理志〉에 "柏人縣은 趙나라에 속하였다." 하였다.
班志 "柏人縣, 屬趙國."
② "壁人"은 벽을 파서 공간을 만든 다음 사람을 이곳에 숨겨두어 上을 시해하려고 한 것이다.
壁人, 鑿壁空之, 令人止其中, 欲以要上也.

【綱】 12월에 還宮하였다.

十二月에 還宮하다

【綱】 3월에 상인들이 錦, 繡(수), 綺(기), 縠(곡), 絺(치), 紵(저), 罽(계)를 입거나 무기를 가지고 말을 타지 못하게 하였다.

◑春三月에 令賈(고)人으로 毋得衣錦繡綺縠絺紵罽하고 操兵乘馬①하다

① 衣(입다)는 去聲이다. 錦은 색실로 무늬〔金箔〕를 넣은 비단이다. 繡는 자수로 무늬를 놓아 다섯 가지 채색을 갖춘 비단이다. 綺는 음이 起이니 고운 비단이다. 縠은 음이 斛이니 잔주름이 있는 견직물이다. 絺는 丑知의 切이니 가는 葛布이다. 紵는 음이 佇이니 모시를 짜서 모시베나 거친 베를 만든 것이다. 罽는 居例의 切로서 털로 짠 것이니, 모직물이나 융단 같은 부류이다.
衣, 去聲. 錦, 織文也. 繡, 刺文而五采備者也. 綺, 音起, 細綾也. 縠, 音斛, 縐紗也. 絺, 丑知切, 細葛也. 紵, 音佇, 織紵爲布及疏也. 罽, 居例切, 織毛, 若毼及氍毹之類也

癸卯年(B.C. 198)

【綱】 漢나라 太祖 高皇帝 9년이다. 겨울에 劉敬을 匈奴에 사신으로 보내 和親을 맺게 하였다.

九年이라 冬에 遣劉敬使匈奴하여 結和親63)하다

【目】 匈奴가 자주 북쪽 변경을 괴롭히자, 上이 근심하였다. 이에 劉敬이 다음과 같이 말하였다.

"천하가 이제 막 평정되어 병졸들이 전쟁에 지쳐 있으니, 아직은 무력으로 흉노를 복종시킬 수 없습니다. 그리고 冒頓單于는 자기 아버지를 죽이고 어머니(아버지의 부인)를 아내로 삼았으며 힘으로 위세를 부리고 있으니, 仁義로 설득할 수가 없습니다. 오직 계책을 가지고 먼 훗날 그의 자손이 신하가 되게 할 수 있으니, 폐하께서 참으로 適長公

---

63) 結和親 : "이것을 쓴 것은 처음을 삼간 것이다. 高帝 때 처음으로 이 일이 있은 이후로 중국이 그 존엄함을 잃었으니, 다만 '맺었다.〔結〕'고 쓴 것은 중국 자신이 한 것이다.〔書 謹始也 高帝創有此擧而後 中國失其尊矣 特書結 自我也〕" ≪書法≫

主를 시집보내어 그의 아내로 삼도록 하시면 저들은 반드시 사모하여 閼氏(연지)를 삼을 것이고, 아들을 낳으면 반드시 태자를 삼을 것입니다. 歲時에 선물을 주며 禮節로 가르쳐주면 묵특선우가 살아 있을 적에는 사위가 될 것이고 죽을 경우에는 外孫이 선우가 될 것이니, 이렇게 하면 싸우지 않고 점차 신하로 만들 수 있을 것입니다."

황제가 "좋다." 하고 長公主(魯元公主)를 보내려고 하자, 呂后가 안 된다고 반대하였다. 그래서 家人의 자식을 데려다가 長公主라 이름하여 선우의 아내를 삼게 하고, 유경을 사신으로 보내어 和親의 맹약을 맺게 하였다.

匈奴數(삭)苦北邊하니 上이 患之어늘 劉敬曰 天下初定하여 士卒이 罷(피)於兵하니 未可以武服也①요 冒頓이 殺父妻母하고 以力爲威하니 未可以仁義說(세)也②라 獨可以計로 久遠子孫爲臣耳니 陛下誠以適長公主妻之③하시면 彼必慕以爲閼氏요 生子면 必爲太子하리니 歲時問遺하고 諭以禮節④하시면 冒頓在면 固爲子壻요 死則外孫爲單于니 可無戰以漸臣也리이다 帝曰 善타하고 欲遣長公主러니 呂后不可라한대 乃取家人子하여 名爲長公主하여 以妻單于⑤하고 使劉敬往하여 結和親約⑥하다

① 罷(피로하다)는 疲로 읽는다.
罷, 讀曰疲.
② ≪漢書≫ 〈匈奴傳〉에 "그들의 풍속은 아비가 죽으면 계모를 아내로 삼고, 兄弟가 죽어도 형수나 제수를 모두 취해서 자신의 아내로 삼는다." 하였다.
匈奴傳 "其俗, 父死, 妻其後母, 兄弟死, 皆取其妻妻之."
③ 適(정실)은 嫡으로 읽으니, 皇后가 낳은 자식이다. 長(맏이)은 上聲이다.
適, 讀曰嫡, 皇后所生. 長, 上聲.
④ "問遺"는 선물을 주는 것을 말한다.
問遺, 謂餉饋之.
⑤ "家人子"는 庶人 집안의 딸이다. 일설에 "家人子는 바로 宮人의 名號이다." 하였다. ≪漢書≫ 〈外戚傳〉에 "昭儀는 지위가 丞相과 비슷하고 지위가 諸侯王과 비슷하다. 아래로 上家人子와 中家人子에 이르러는 품계에 따라 약간의 녹봉을 준다." 하였다.
家人子, 庶人家之女子. 一說 "家人子, 乃宮人名號也." 外戚傳 "昭儀, 位視丞相, 爵比諸侯王. 降至上家人子・中家人子, 視有秩斗食云."
⑥ 結은 정한다는 뜻이다.
結, 定也.

【目】 司馬溫公(司馬光)이 다음과 같이 평하였다.

"劉敬이 이르기를, '冒頓單于는 잔인해서 仁義로 설득할 수가 없다.'라고 하고는 그와

더불어 혼인하고자 하였으니, 어찌 그리 앞뒤가 서로 모순되는가. 帝王이 夷狄을 제어하는 방법은 복종하면 덕으로써 품어주고 배반하면 위엄으로써 두렵게 하였으니, 그들과 혼인했다는 말은 듣지 못하였다."

司馬公曰 劉敬謂冒頓殘賊하여 不可以仁義說(세)라하고 而欲與爲婚姻하니 何前後之相違也오 帝王之御夷狄은 服則德之以德하고 叛則震之以威하나니 未聞與爲婚姻也로라

【綱】 11월에 齊나라와 楚나라의 大族과 豪傑(재산이 많고 세력이 큰 사람)을 關中으로 이주하게 하였다.

十一月에 徙齊楚大族豪傑於關中하다

【目】 劉敬이 다음과 같이 아뢰었다.

"匈奴가 사는 河南 지역[64]은 長安(關中)과의 거리가 가까운 곳은 700리이니, 경무장한 騎兵으로 하루 밤낮을 달리면 秦中(關中)에 도착할 수 있습니다. 그리고 제후들이 처음 봉기했을 적에 齊나라의 여러 田氏와 楚나라의 昭氏, 屈氏, 景氏 등의 집안이 아니었다면 봉기할 수 없었습니다. 지금 관중 지역은 백성도 적고 북쪽으로 흉노와 가까우며 동쪽으로 강한 異民族들이 있으니, 어느 날 갑자기 변고가 일어나면 폐하께서는 베개를 높이 베고 편안히 잠을 자실 수가 없을 것입니다. 그러니 원컨대 六國의 후예와 豪傑과 명문 집안들을 이주시켜 관중에 살게 하면 일이 없을 때에는 흉노를 대비할 수 있고 제후들에게 변고가 일어나면 이들을 데리고 동쪽으로 가서 정벌할 수가 있으니, 이것은 根本(도성)을 강하게 하고 枝葉(제후국)을 약하게 하는 방법입니다."

이에 昭氏・屈氏・景氏와 懷氏・田氏 및 豪傑들을 관중으로 이주시키고 좋은 田宅을 주었는데, 〈이주시킨 자가〉 모두 10여만 명이었다.

劉敬이 言 匈奴河南地 去長安近者는 七百里니 輕騎一日一夜면 可以至秦中이요 且諸侯初起時에 非齊諸田과 楚昭屈景이면 莫能興①이니이다 今關中少民하고 北近匈奴하고 東有彊族하니 一日有變이면 陛下未得高枕而臥也시리이다 願徙六國後及豪傑名家하여 居關中하오니 無事면 可以備胡요 有變이면 率以東伐이니 此는 彊本弱末之術也니이다 於是에 徙昭屈景懷田氏及豪傑於關中하고 與利田宅하니 凡十餘萬口②러라

64) 河南 지역 : 내몽골 황하 만곡부에 위치한 지역으로 河套(오르도스)라고 한다. 이 지역은 북방 유목민의 주요 거점이자 교통의 요충지였다.

① 昭氏, 屈氏, 景氏는 楚나라의 3大姓이다.
昭・屈・景, 楚三大姓.

② 懷氏와 田氏는 齊나라의 2大族이다. 與는 준다는 뜻이다. 利는 편리하고 좋음을 이른다.
懷・田, 齊二大族. 與,給也. 利, 謂便好也.

【綱】봄 正月에 趙王 張敖가 폐위되니, 代王 劉如意를 옮겨 조왕으로 삼았다.

春正月에 趙王敖廢[65]하니 徙代王如意爲趙王하다

【目】貫高와 원한이 있는 집에서 그의 음모를 알고 告變을 올렸다. 그리하여 趙王 張敖와 여러 배반한 자들을 체포할 적에 "감히 趙王을 따라오는 자가 있으면 滅族하겠다."는 詔令을 내렸다. 이에 趙午 등이 모두 스스로 목을 찔러 죽자, 관고가 홀로 노하여 꾸짖기를 "공들이 모두 죽으면 누가 우리 왕이 배반하지 않았다는 것을 밝히겠소." 하고는 마침내 檻車(함거)에 갇혀 長安으로 압송되었는데, 郎中 田叔과 賓客 孟舒가 모두 스스로 머리를 깎고 목에 項鎖(항쇄)를 차고 왕의 家奴가 되어 따라왔다.

관고가 獄吏에게 대답하기를 "이 일은 단지 우리들이 한 것이고, 왕은 실로 알지 못합니다." 하였다. 笞杖을 가하고 쇠꼬챙이로 찔러 몸에 더 이상 형벌을 가할 곳이 없었는데도 끝내 다시 말하지 않았다. 廷尉가 이런 사실을 보고하자, 上이 말하기를 "壯士로다. 그를 잘 아는 사람이 누구인가?" 하였는데, 泄公(설공)이 말하기를 "이 사람은 신이 평소 잘 아니, 이 사람은 참으로 趙나라에서 義理를 세워 남의 모욕을 받지 않으며 말하고 승낙하는 것을 신중하게 하는 자입니다." 하였다.

貫高怨家知其謀하고 上變告之①한대 於是에 逮捕趙王敖及諸反者②할새 詔敢從者면 族③호리라 趙午等이 皆自剄이어늘 高獨怒罵曰 公等이 皆死면 誰白王不反者리오하고 乃檻車膠하여 致詣長安④하니 郎中田叔과 客孟舒 皆自髡鉗(곤겸)하여 爲王家奴하여 以從이러라 高對獄曰 獨吾屬爲之요

65) 趙王敖廢 : "이때 貫高가 逆謀를 하였는데, 어찌하여 쓰지 않았는가? 사실을 숨긴 것이다. 관고의 역모는 황제의 오만함이 실로 계도한 것이다. 그렇다면 '趙王 張敖가 폐위되었다.'라고 쓴 것은 어째서인가? 조왕 장오의 權變(임기응변)이 부족하였기 때문이다. 황제가 趙나라에 이르렀을 적에 장오가 禮를 매우 공손하게 집행한 것은 옳았으나, 관고가 역모를 하였으면 장오가 그를 주벌하는 것이 옳다. 관고를 붙잡아 천자에게 돌려보내는 것이 옳은데, 단지 숨기고 차마 못하여 따르지 않았으니, 그가 폐위당한 것은 자초한 것일 뿐이다. 무릇 폐위하는 말이 두 가지이니, '某王 某를 폐위했다.〔廢某王某〕'는 것은 죄가 없다는 말이고, '某王 某가 폐위되었다.〔某王某廢〕'는 것은 죄가 있다는 말이다.〔於是貫高謀逆 則曷爲不書 諱之也 貫高之謀 帝之嫚實啓之 然則書趙王敖廢 何 權不足也 帝之至趙 敖執禮甚恭是矣 高有反謀 爲敖者誅之可也 執而歸之天子可也 而徒隱忍不從 以爲其廢也 自取之而已 凡廢之辭二 廢某王某者 無罪之辭也 某王某廢者 有罪之辭也〕" ≪書法≫

王實不知니이다 榜笞刺剟(척철)하여 身無可擊者로대 終不復言[⑤]이어늘 廷尉以聞한대 上曰 壯士로다 誰知者오 泄公曰[⑥] 臣素知之호니 此固趙國立義不侵하고 爲然諾者也[⑦]니이다

① 上(올리다)은 時掌의 切이다. "上變告"는 非常한 일을 고해 올렸다는 말이다.
上 時掌切. 上變告者, 謂上告非常之事.

② 逮는 관련된다는 뜻이니, "逮捕"는 일에 관련된 자를 모두 잡아온다는 뜻이다. 일설에 "逮는 그 사람이 있어서 좇아가 잡아오는 것이고, 捕는 그 사람이 없으면 조사해서 잡아와야 한다는 뜻이다." 하였다.
逮, 及也. 逮捕, 謂事相連及者皆捕之. 一說 "逮者, 其人存而追取之. 捕者, 其人亡, 當討捕之."

③ 從(따라오다)은 才用의 切이다.
從, 才用切.

④ 白은 명백하게 구별함을 이르니, 명백하게 밝힌다는 뜻이다. 檻車는 수레에 우리[檻]를 만들어놓은 것이니, 판자로 사방을 둘러 밖을 볼 수 없게 하고 여기에다가 아교를 칠함을 이르니, 周密함을 취한 것이다. 일설에 "膠는 죄인의 눈을 붙여놓아 볼 수 없게 해서 변란을 끊어버리는 것이다." 하였다. 致는 압송하는 것이다.
白, 謂別白也, 辯明之義. 檻車者, 車而爲檻形, 謂以板四周之, 無所通見, 加以膠漆, 取周密也. 一曰 "膠者, 謂膠罪人目, 使不得開, 絶變難也." 致, 送詣也.

⑤ 剟은 陟劣의 切이니, 쇠로 찌르는 것이다.
剟, 陟劣切, 以鐵刺之也.

⑥ 泄은 姓이니, 史書에 그 이름이 전하지 않는다.
泄, 姓也, 史失其名.

⑦ 〈"立義不侵 爲然諾"은〉 義理를 스스로 세워 남의 모욕을 받지 않고, 자신이 말하고 대답(승낙)하는 것을 신중하게 한다는 뜻이다. 일설에 "侵은 뛰어넘는다[過越]는 말과 같다." 하였다.
言以義自立, 不受侵辱, 重於然諾也. 一說 "侵, 猶過越也."

【目】 上이 泄公으로 하여금 符節을 가지고 가서 묻게 하기를 "張王(張敖)이 과연 모반을 계획한 일이 있는가?" 하니, 貫高가 대답하기를 "이제 우리 三族을 모두 死刑으로 論罪하고 있으니, 내 어찌 왕을 사랑하는 것이 내 친족을 사랑하는 것보다 더하겠는가. 생각건대 趙王은 실로 모반을 하지 않았기 때문이다." 하고는 조왕이 모반한 사실을 알지 못한 상황을 자세히 말하였다. 이에 설공이 이런 상황을 보고하자, 황제는 장오를 사면하여 폐위한 다음 강등시켜 宣平侯로 삼고 代王 劉如意를 옮겨 조왕으로 삼았다.

上이 관고를 훌륭하게 여겨 사면하였는데, 관고가 말하기를 "내가 죽지 않은 까닭은

왕이 모반하지 않았다는 사실을 밝히기 위해서였다. 지금 왕이 이미 풀려나 나의 책임을 다하였으니, 이제는 죽어도 한이 없다. 그리고 신하가 되어 황제를 시해하려 했다는 죄명을 받았으니, 무슨 면목으로 다시 황상을 섬길 수 있겠는가." 하고는 머리를 들어 우러러보고 목을 끊어 죽었다. 上이 田叔 등을 불러 함께 이야기를 나누었는데, 漢나라 조정의 신하들 중에 그보다 나은 자가 없자, 그들을 모두 제수해서 郡守와 諸侯의 정승으로 삼았다.

上이 使泄公持節하여 往問之曰 張王이 果有謀不(부)①아 高曰 吾三族을 皆以論死하니 豈愛王을 過於吾親哉리오 顧爲王實不反②이라하고 具道所以王不知狀이어늘 泄公以報한대 乃赦敖하여 廢爲宣平侯하고 而徙如意王趙하다 上이 賢高赦之한대 高曰 所以不死者는 白王不反也러니 今王已出하니 吾責已塞이라 死不恨矣요 且人臣이 有簒弑之名하니 何面目復事上哉리오하고 乃仰絶亢(강)遂死③하니라 上이 召叔等與語하니 漢廷臣이 無能出其右者어늘 盡拜守相④하다

① 不는 否로 읽는다.
不, 讀曰否.
② 顧는 생각함이요, 爲(위하다)는 去聲이다.
顧, 思念也. 爲, 去聲.
③ 亢(목)은 음이 岡이고, 또 下郎의 切이다. "仰絶亢"은 머리를 들어 하늘을 보고 목을 끊는 것이다.
亢, 音岡, 又下郎切. 仰絶亢, 謂仰頭而亢斷絶也.
④ 守는 郡守이고 相은 諸侯의 정승이다. 漢나라 초기에 諸侯王의 나라에 丞相이 있어 여러 관원들을 통솔하기를 漢나라 조정처럼 하였는데, 景帝 때에 이르러 丞자를 없앴다.
守, 郡守, 相, 諸侯相也. 漢初, 諸侯王國有丞相, 統衆官, 如漢朝, 至景帝去丞字.

【目】 荀悅[66]이 다음과 같이 평하였다.

"貫高는 작은 신의가 大逆罪를 덮을 수 없고, 사사로운 행실이 공적인 죄를 贖罪할 수 없다. ≪春秋≫의 의리로 보면 正道에 처하는 것을 크게 여겼으니,[67] 죄를 사면해주지

66) 荀悅 : 148~209. 潁川 潁陰 사람으로 자는 仲豫이고, 荀儉의 아들이다. 荀淑은 아들 8명이 모두 훌륭하여 荀氏八龍으로 불렸는데, 荀儉이 그 첫째 아들이다. 순열은 12살 때 ≪春秋≫에 통했지만, 성장해서는 병약하여 세상에 나가기를 싫어하였으며, 저술하기를 좋아했다. 曹操의 부름을 받고 黃門侍郎이 되어 獻帝에게 강의를 했고, 侍中에 올랐다. 헌제가 班固의 ≪漢書≫는 문장이 번잡하고 살피기 어렵다고 하여, 순열에게 ≪춘추≫와 같은 편년체로 고치라고 지시하자, ≪漢紀≫ 30권을 편찬하였는데 "문장은 간략하지만 사건은 상세하고 논변이 좋았다."는 평을 들었다. 이외에 ≪申鑒≫, ≪崇德≫, ≪正論≫ 등을 저술하였다. 아래의 평론은 순열의 ≪前漢紀≫ 권4에 보인다.

67) 正道에……여겼으니 : "大居正"은 ≪春秋公羊傳≫ 隱公 3년조에 보인다.

말아야 한다."

荀悅曰 貫高는 小亮이 不塞大逆하고 私行이 不贖公罪[①]하니 春秋之義에 大居正해나니 罪無赦可也[②]니라

① 行(행실)은 去聲이다.
行, 去聲.
② "大居正"이란 正道에 처함을 훌륭하게 여긴다는 말이다.
大居正者, 以居正爲大也.

【目】 司馬溫公(司馬光)이 다음과 같이 평하였다.

"高帝는 교만해서 신하를 잃었고 貫高는 성질이 사나워서 임금을 잃었으니, 관고가 謀逆을 하게 한 것은 고제의 잘못이고 張敖가 나라를 잃게 한 것은 관고의 죄이다."

司馬公曰 高帝는 驕以失臣하고 貫高는 狠以亡君하니 使高謀逆者는 帝之過也요 使敖失國者는 高之罪也니라

【綱】 여름 6월 그믐에 일식이 있었다.

夏六月晦에 日食하다

【綱】 蕭何를 相國[68]으로 삼았다.

◑ 以蕭何爲相國하다

甲辰年(B.C. 197)

【綱】 漢나라 太祖 高皇帝 10년이다. 여름 5월에 太上皇이 崩하였는데, 가을 7월에 萬年에 장사 지내고 諸侯의 나라에 모두 태상황의 廟를 세우게 하였다.

十年이라 夏五月에 太上皇이 崩커늘 秋七月에 葬萬年하고 令諸侯王國으로 皆立廟[①][69]하다

68) 相國 : 보통 재상을 의미하는 相은 漢代에는 중앙정부에 설치되었던 최고위관직인 三公(丞相, 御史大夫, 太衛)을 가리키거나 諸侯國의 행정을 총괄하는 相國(정승)을 가리킨다. 다만 여기서 相國은 丞相으로 있는 蕭何를 존중하여 승상을 상국으로 더 높여서 칭한 것이다.

69) 皆立廟 : "'모두 廟를 세웠다.〔皆立廟〕'고 쓴 것은 어째서인가? 옛 법이 아님을 비난한 것이다. 이로

① 高帝가 당초 櫟陽에 살았기 때문에 太上皇이 이로 인해 역양에 있었다. 태상황이 崩하자, 그곳의 북쪽 언덕에 장사 지낸 다음 萬年邑을 처음 만들고 長과 丞을 두었다.
帝初居櫟陽, 故太上皇因在櫟陽. 及崩, 葬其北原, 起萬年邑, 置長·丞.

【綱】 周昌을 趙나라 정승으로 삼고 趙堯를 御史大夫로 삼았다.

◑ 以周昌爲趙相하고 趙堯爲御史大夫하다

【目】 定陶의 戚姬는 上에게 총애를 받아 趙王 劉如意를 낳았고 呂后는 나이가 들어 더욱 소원해졌다. 上이 태자는 인자하고 나약하며 여의는 자신을 닮았다고 하여, 항상 그를 도성인 長安에 머물게 하여 太子를 폐하고 조왕을 태자로 세우려고 하였다. 대신들이 이를 간쟁하였으나 모두 허락을 얻지 못하였다.

御史大夫 周昌이 조정에서 강력히 간쟁하자, 上이 그 이유를 물었다. 주창은 사람됨이 말을 더듬었고, 또 크게 노하여 말하기를 "신이 입으로는 말할 수 없지만 신은 기~기~ 기필코 불가하다는 것을 압니다. 폐하께서 태자를 폐하고자 하신다면 신은 기~기~ 기필코 詔命을 받들지 않겠습니다." 하자, 上이 흔연히 웃었다.

呂后가 이 소식을 듣고 무릎을 꿇고 주창에게 사례하기를 "그대가 아니었다면 太子는 거의 폐위되었을 것이오." 하였다. 이때 조왕의 나이가 10세였으므로 上은 자신이 세상을 떠난 뒤에 그가 온전하지 못할까 걱정되었다. 符璽御史 趙堯가 조왕을 위해서 귀하고 권세 있는 정승을 두라고 청하면서 呂后와 太子, 群臣이 평소 존경하고 두려워하는 자에 대해 언급하였다. 上이 "그 사람이 누구인가?" 하고 물으니, 조요가 주창이라고 대답하였다. 이에 上이 주창을 조나라의 정승으로 삼고, 조요를 주창 대신 어사대부로 삼았다.

定陶戚姬有寵하여 生趙王如意[①]하고 呂后는 年長益疏라 上以太子仁弱하고 謂如意類己라하여 常留之長安하여 欲廢太子而立之하니 大臣爭之호대 皆莫能得[②]이라 御史大夫周昌이 廷爭之彊[③]이어늘 上이 問其說한대 昌爲人吃[④]이요 又盛怒하여 曰 臣口不能言이나 然臣期期知其不可[⑤]하오니 陛下欲廢太子신댄 臣期期不奉詔호리이다 上이 欣然而笑하다 呂后聞之하고 跪謝昌曰 微君이면 太子幾廢라하니라 時에 趙王年十歲라 上이 憂萬歲之後不全也러니 符璽御史趙堯 請爲趙王하여 置貴彊

부터 惠帝가 高祖에 대해서, 孝景帝가 太宗(文帝)에 대해서, 孝宣帝가 世宗(武帝)에 대해서 〈廟를 세우는 것이〉 마침내 일반적인 일이 되었다. 이에 ≪資治通鑑≫에서는 쓰지 않았는데, ≪資治通鑑綱目≫에서는 이것을 모두 쓴 것이다.〔書皆立廟 何 譏非古也 自是惠帝於高祖 孝景於太宗 孝宣於世宗 遂爲故常矣 於是通鑑不書 綱目皆書之〕" ≪書法≫

相호대 及呂后太子群臣素所敬憚者⑥한대 上問其人하니 堯以昌對어늘 上乃以昌相趙하고 而以堯代爲御史大夫하다

① 戚은 姓이고 姬는 內官이다. 姬는 位次가 婕妤(첩여)[70]의 아래이니, 七子와 八子[71]의 위에 있다.
戚, 姓, 姬, 內官也. 位次, 婕妤下, 在七子八子之上.
② 爭(간쟁하다)은 去聲이니, 이하도 같다.
爭, 去聲, 下同.
③ "廷爭"은 朝廷에서 간쟁하는 것이다.
廷爭, 當朝廷而諫諍.
④ 吃은 음이 訖이니, 말을 더듬는 것이다.
吃音訖, 言之難也.
⑤ 期(기필하다)는 必과 같다. 말을 더듬기 때문에 말을 반복한 것이다.
期, 猶必也. 以口吃故, 疊語.
⑥ 符璽御史는 御史로서 符璽를 담당한 자인데, 御史大夫에게 속하였다. 相(보좌하는 정승)은 去聲이다.
符璽御史, 御史之掌符璽者也, 屬御史大夫. 相, 去聲.

【目】楊氏(楊時)가 다음과 같이 평하였다.

"高帝의 현명함을 가지고도 趙王에게 늘 연연하였으니, 그 염려함이 깊다고 하겠다. 그러나 끝내 趙堯의 계책을 따랐으니, 金注의 미혹이라고 할 만하다. 그리고 呂氏는 강하고 잔인한 자질로 원한과 노여움을 많이 쌓았으니, 趙王 劉如意에게 원한을 풀려고 한 지가 오래되었다. 한 명의 귀하고 권세 있는 정승이 어떻게 趙나라를 중하게 할 수 있겠는가. 고제를 위해서 계책을 잘 세우는 것은 또한 자신에게 돌이켜보아 원인을 찾아야 하지 않겠는가. 사사로이 총애하는 여자 때문에 嫡妻와 妾의 구분을 어지럽히지 말아서 귀한 자가 천한 자를 능멸하지 않고 천한 자가 귀한 자를 핍박하지 않게 한다면 남편은 남편의 도리를 다하고 아내는 아내의 도리를 다하여 家道가 바르게 될 것이니, 어찌 단지 母后(呂太后)의 재앙을 없게 할 뿐이겠는가."

楊氏曰 以高帝之明으로 惓惓於趙王하니 其念이 深矣①라 然이나 卒用趙堯之策하니 可謂以金注也②라 且呂氏以堅忍之資로 濟之以深怨積怒하니 其欲甘心於如意也 久矣라 一貴彊相이 何足以

70) 婕妤(첩여) : 漢나라 武帝 때에 처음 설치된 宮中 女官의 명칭인데 倢伃로도 쓴다.
71) 七子와 八子 : 이 또한 秦漢 시기 宮中 女官의 명칭이다.

重趙哉리오 善爲高皇計者는 盍亦反諸己而已矣리오 不以燕好之私로 亂嫡妾之分하여 使貴者不凌하고 賤者不逼하면 則夫夫婦婦而家道正矣리니 豈特無母禍而已哉리오

① 惓은 逵員의 切이다. 惓惓(간절)은 勤勤이라는 말과 같다.
惓, 逵員切. 惓惓, 猶言勤勤也.

② 〈"金注"는〉 ≪莊子≫ 〈達生〉에 "〈물건을 걸고 활쏘기를 할 때 별 가치가 없는〉 기와를 거는 사람은 아주 잘 맞히고, 〈이보다 가치가 있는〉 鉤帶(혁대 고리)를 거는 사람은 마음이 떨려 두려워하고, 황금을 거는 사람은 마음이 혼란하여 잘 맞히지 못한다." 하였는데, 林希逸은 ≪莊子口義≫에서 "활쏘기를 하는데 물건을 거는 것을 注라고 한다. 이 구절은 기와를 걸면 이해와 경중을 따지는 마음이 전혀 없어 〈잘 맞히고,〉 鉤帶를 걸면 이미 애석해하는 마음이 생기고, 황금을 걸면 아끼는 마음이 더욱 중해져서 마음이 혼란스러워지기가 쉽다는 뜻이다." 하였다.
莊子 "以瓦注者巧. 以鉤注者憚. 以黃金注者殙." 林希逸口義 "射而賭物曰注. 言以瓦爲注, 則全無利害輕重之心. 以鉤帶爲注, 則已有顧惜之意矣. 以黃金爲注, 則愛心愈重而易殙矣."

【目】 上이 여전히 太子를 바꾸려고 하였다. 이에 呂后가 建成侯 呂釋之를 시켜 留侯(張良)에게 계책을 마련하라고 강요하니, 유후가 다음과 같이 말하였다.

"이것은 口舌로 간쟁하기가 어렵습니다. 다만 上께서 招致하지 못한 네 사람이 있는데, 東園公, 綺里季, 夏黃公, 甪里先生(녹리선생)입니다. 이들은 모두 上께서 선비들을 업신여기기 때문에 산중으로 도망가서 의리상 漢나라의 신하가 되기를 거부하였습니다. 그러나 上께서는 이 네 사람을 존경하시니, 지금 太子로 하여금 겸손한 내용으로 편지를 쓰고 安車를 보내 간청하면 마땅히 올 것입니다. 그들이 오면 賓客을 삼아서 수시로 태자를 따라 入朝하게 해서 上이 보시도록 하면 조금 도움이 될 것입니다."

이에 여후가 다른 사람을 시켜 태자의 편지를 받들고 가서 모셔오게 하니, 네 사람이 와서 건성후의 집에 묵었다.

◑ 上이 猶欲易太子어늘 於是에 呂后使建成侯呂釋之로 彊要留侯畫計[①]한대 留侯曰 此는 難以口舌爭也라 顧上有所不能致者 四人하니 曰東園公, 綺里季, 夏黃公, 甪里先生[②]이라 皆以上侮嫚士故로 逃匿山中하여 義不爲漢臣[③]이니이다 然이나 上이 高此四人하시니 今令太子로 爲書卑詞하고 安車固請이면 宜來[④]리니 來以爲客하여 時從入朝하여 令上見之하면 則一助也리이다 於是에 呂后使人奉太子書招之하니 四人至하여 客建成侯家하다

① ≪漢書≫ 〈地理志〉에 "建成侯의 나라는 沛郡에 속하였다." 하였다. 呂釋之는 呂后의 둘째 오라비이다.

班志 "建成侯國, 屬沛郡." 釋之, 呂后次兄也.

② 〈"四人"은〉 이른바 四皓이니, 秦나라의 亂을 피해 商山에 은둔하였다. 園公은 姓이 唐이니 園中에 살았기 때문에 이로 인해 號를 삼은 것이다. 夏黃公은 姓이 崔이고 이름이 廣이며 齊나라 사람인데, 夏里에 隱居하며 도를 닦았기 때문에 夏黃公이라고 한 것이다. 甪은 음이 祿이다. 甪里先生은 河內의 軹縣 사람인데, 泰伯의 후예이다. 姓이 周이고 이름이 術인데, 京師에서는 霸上先生이라고 칭하였고, 또 한편에서는 甪里先生이라고도 칭하였다. 혹자는 말하기를 "東, 綺, 夏, 甪은 네 사람의 姓이다." 하였다. 혹자는 말하기를 "綺里季夏가 한 사람이고 黃公이 한 사람이다." 하였다.

此所謂四皓也. 避秦之亂, 隱於商山. 園公, 姓唐, 居園中, 因以爲號. 夏黃公, 姓崔, 名廣, 齊人, 隱居夏里修道, 故號曰夏黃公. 甪, 音祿. 甪里先生, 河內軹人, 泰伯之後. 姓周, 名術, 京師號曰霸上先生, 一曰甪里先生. 或云 東・綺・夏・甪, 四姓也. 或云 "綺里季夏, 一人也, 黃公, 一人也."

③ 嫚(업신여기다)은 慢과 같다.

嫚, 與慢同.

④ 옛날에 高車(높은 수레)는 서서 타고 安車는 앉아서 탔다. "宜來"는 마땅히 올 것이라는 말이다.

古者, 高車立乘, 安車坐乘. 宜來, 謂宜應其來.

【綱】 9월에 代나라의 相國 陳豨(진희)가 반란을 일으키자, 황제가 직접 군대를 거느리고 가서 공격하였다.

九月에 **代相國陳豨反**이어늘 **帝自將擊之**하다

【目】 처음에 上이 陽夏侯 陳豨를 代나라의 相國으로 삼아 趙나라와 代나라 변경에 주둔한 군사들을 감독하게 하였다. 진희는 항상 魏無忌가 선비들을 기른 것을 흠모하였다. 그가 휴가를 받아 고향에 돌아가다가 趙나라를 지나가게 되었는데, 그를 따르는 賓客의 수레가 천여 乘이나 되었다.

〈趙나라 相國인〉 周昌이 上을 알현할 것을 요구하여, "진희의 빈객이 너무 많고 兵權을 독점한 지가 여러 해이니 변란을 일으킬까 걱정됩니다." 하였다. 이에 上이 사람을 시켜 진희의 빈객들이 저지른 여러 가지 불법적인 일들을 조사하게 하였는데, 진희와 관련된 일이 많았다. 이에 진희가 두려워하여 마침내 반란을 일으키니, 上이 직접 가서 공격하였다. 上이 邯鄲에 이르러 기뻐하며 말하기를 "진희가 남쪽으로 한단을 점거하지 않고 漳水를 막고 있으니, 나는 그가 큰일을 하지 못한다는 것을 알겠다." 하였다.

陳豨의 반란

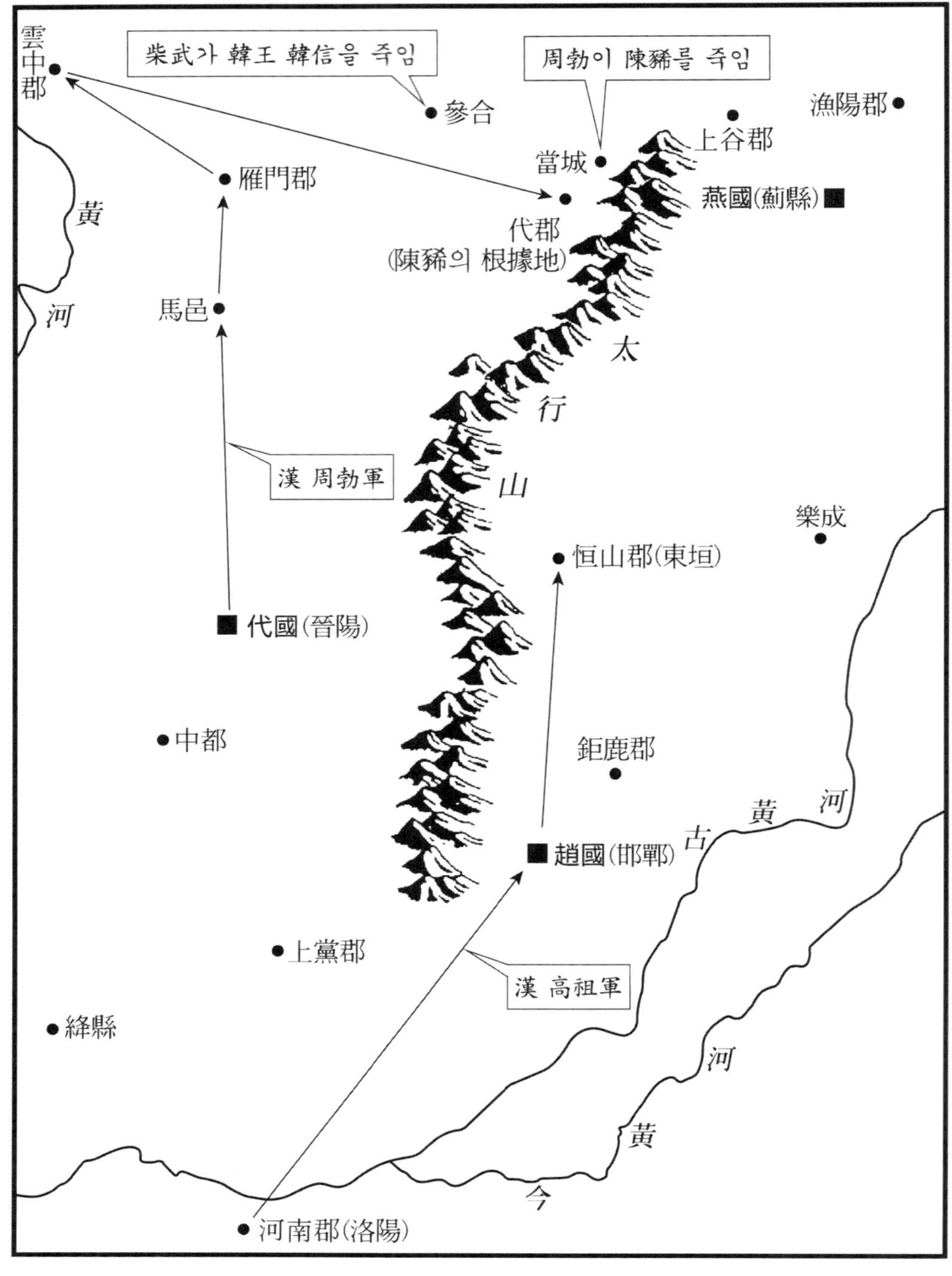

雲中郡
柴武가 韓王 韓信을 죽임
周勃이 陳豨를 죽임
參合
上谷郡
漁陽郡
當城
雁門郡
燕國(薊縣)
代郡
(陳豨의 根據地)
黃
河
馬邑
太
行
山
漢 周勃軍
樂成
恒山郡(東垣)
代國(晉陽)
中都
鉅鹿郡
黃
河
古
趙國(邯鄲)
上黨郡
漢 高祖軍
絳縣
河
黃
今
河南郡(洛陽)

初에 上이 以陽夏侯陳豨로 爲代相國하여 監趙代邊兵①하다 豨常慕魏無忌之養士②러니 及告歸過趙에 賓客隨之者 千餘乘③이라 周昌이 求見上하여 言豨賓客甚盛하고 擅兵數歲하니 恐有變일까하노이다 上이 令人覆案豨客諸不法事④한대 多連引豨라 豨恐하여 遂反이어늘 上이 自擊之할새 至邯鄲하여 喜曰 豨不南據邯鄲而阻(章)〔漳〕[72]水하니 吾知其無能爲矣⑤로다

① 豨는 喜와 希 두 가지 음이 있다.
豨, 喜・希二音.

② 魏無忌는 信陵君이다.
魏無忌, 信陵君也.

③ 告는 휴가이다. 漢나라 법률에, 二千石의 관리[73]에게는 予告와 賜告가 있으니, 予告는 관직에 있으면서 功이 가장 많아 법에 따라 마땅히 휴가를 받아야 할 것을 말하고, 賜告는 병이 3개월이 되어서 마땅히 免職하게 될 상황이면 天子가 우대하여 휴가를 주어 印綬를 차고 官屬을 거느리고 집에 돌아가 병을 치료하는 것이다.
告, 休暇也. 漢律, 二千石有予告, 有賜告. 予告者, 在官有功最, 法所當得也. 賜告者, 病滿三月當免, 天子優賜其告, 使得帶印綬, 將官屬, 歸家治病.

④ 覆은 살핀다는 뜻이다.
覆, 審也.

⑤ 阻는 믿는다는 뜻이다.[74]
阻, 恃也.

【目】 周昌이 아뢰기를 "常山郡에서 20개 성을 잃었으니, 이곳의 郡守와 郡尉를 죽이소서." 하자, 上이 말하기를 "군수와 군위가 반란을 일으켰는가?" 하니, 대답하기를 "아닙니다." 하였다. 그러자 上이 말하기를 "이것은 兵力이 부족해서 그런 것이니, 죄가 없다." 하였다. 그리고 주창으로 하여금 趙나라 壯士 중에서 장수를 시킬 만한 자를 선발하게 하니, 上에게 아뢰어서 네 사람을 불러 보게 하였다.

上이 이들을 각각 千戶에 봉하고 장수로 삼자, 좌우의 신하들이 간하기를 지금 이들을 봉하신 것은 무슨 공로가 있어서입니까?" 하니, 上이 이르기를 "이것은 너희들이 알

72) (章)〔漳〕: 저본에는 '章'으로 되어 있으나, ≪漢書≫ 〈高帝本紀〉에 의거하여 '漳'으로 바로잡았다.

73) 二千石의 관리 : 秩이 二千石으로 중앙의 九卿과 지방의 郡守에 해당한다. 石은 연봉으로 지급되는 곡물의 양이나, 실제로 그 양을 받지는 않았다. 품계의 서열은 二千石, 六百石, 二百石, 百石을 기준으로 나뉘며, 二千石 이상은 최고관원이며 六百石 이상은 大夫로 황제가 임명하는 칙임관이며, 二百石 이상은 長吏라 불리는 奏任官이다.

74) 阻는……뜻이다 : 阻는 원래 험한 요새나 강물로, 이곳에 의지하여 적을 막기 때문에 믿는다고 한 것이다.

바가 아니다. 趙나라와 代나라 지역이 모두 陳豨의 소유가 되었고 내가 천하에 군대를 징발하였으나 아직 온 자가 없다. 지금 나에게는 오직 邯鄲(한단)의 병사들이 있을 뿐이니, 내 어찌 4천 호를 아껴서 趙나라 지방의 子弟들을 위로하지 않을 수 있겠는가." 하였다.

또 上은 진희의 장수들이 모두 옛날 장사꾼이었다는 말을 듣고 말하기를 "내가 이들을 상대할 방법을 알았다." 하고는 대부분 금을 가지고 진희의 장수들을 매수하니, 진희의 장수들 중에 항복하는 자가 많았다.

昌이 奏常山亡二十城하니 請誅守尉라한대 上曰 守尉反乎아 對曰 不(부)①니이다 上曰 是力不足이니 亡(무)罪②라하고 令昌으로 選趙壯士可將者러니 白見四人이어늘 封各千戶하여 以爲將③하니 左右諫曰 封此何功이니잇고 上曰 非汝所知라 趙代地皆豨有요 吾徵天下兵호대 未至하니 今獨邯鄲中兵耳라 吾何愛四千戶하여 不以慰趙子弟리오 又聞豨將皆故賈人하고 上曰 吾知所以與之矣④라하고 乃多以金購之하니 豨將이 多降하니라

① 不(아니다)는 否로 읽는다.
不, 讀曰否.
② 亡(없다)는 無와 통한다.
亡, 無通.
③ "白見"은 天子에게 아뢰어서 불러 보게 한 것이다.
白見, 告白於天子而召見之也.
④ 與는 상대한다는 말과 같으니, 〈"知所以與之"는〉 상대할 방법을 알겠다는 말이다.
與, 猶待也. 言知所以與之之術也.

乙巳年(B.C. 196)

【綱】 漢나라 太祖 高皇帝 11년이다. 겨울에 陳豨의 군대를 격파하였다. 봄 정월에 呂后가 淮陰侯 韓信을 죽이고 三族을 멸하였다.

十一年이라 冬에 破豨軍하다 春正月에 后殺淮陰侯韓信[75]하고 夷三族하다

---

75) 后殺淮陰侯韓信 : "무릇 '殺'이라고 쓴 것은 무죄한 사람을 죽인 경우이다. 韓信이 陳豨와 내통했으면 모반을 한 것인데, 쓰지 않은 것은 어째서인가? 이를 숨긴 것이다. 어찌하여 숨겼는가. 한신의 모반은 高帝가 격발시킨 것이니, 고제가 한신의 왕위를 빼앗은 것은 한신의 죄 때문이 아니었다. 이에 고제가 還都하기 전에 그를 죽이고 三族을 멸하였으니, 이는 너무 심한 것이다. 그러므로 '后가 죽였다.〔后殺〕'고 지적하여 쓴 것이다.〔凡書殺 殺無罪也 信與豨通 則謀反矣 不書 何 諱之也 曷爲諱之

【目】 겨울에 太尉 周勃이 太原을 경유하여 代나라 땅으로 들어가니, 陳豨의 군대가 패하였다.

冬에 太尉周勃이 道太原하여 入代地하니 陳豨軍敗하다

【目】 淮陰侯 韓信의 舍人의 동생이 告變을 올렸다.

예전에 陳豨가 趙나라와 代나라를 지나갈 적에 한신을 방문하여 하직 인사를 하자, 한신이 좌우를 물리치고 조용히 말하기를 "公이 있는 곳은 천하의 精銳兵이 모인 곳이고, 공은 폐하가 신임하고 총애하는 신하입니다. 사람들이 공이 배반했다고 말하더라도 폐하가 반드시 믿지 않다가 다시 말하면 의심할 것이요, 세 번에 이르면 반드시 노하여 직접 군대를 거느리고 토벌할 것이니, 내가 공을 위하여 중앙에서 일어나면 천하를 도모할 수 있을 것입니다." 하니, 진희가 "삼가 가르침과 명령을 받들겠습니다." 하였다.

이때 한신은 은밀히 진희와 모의하고서 家臣과 함께 밤중에 여러 관청의 부역하는 죄수와 노예들을 거짓으로 赦免한 다음 이들을 동원하여 呂后와 太子를 습격하려고 하였다. 그리하여 배치를 이미 끝내고 回報를 기다리며 아직 행동을 개시하지 않은 상황이었는데, 여후가 蕭何와 모의해서 "진희가 이미 죽었다."고 거짓으로 말한 다음 한신을 속여 들어가서 賀禮하게 하고, 무사를 시켜 한신을 포박하여 목을 베게 하였다.

이때 한신이 말하기를 "내가 후회스럽게도 蒯徹의 계책[76]을 쓰지 아니하여 마침내 아녀자에게 속임을 당하였다." 하였다. 마침내 한신의 三族을 멸하였다.

信之反 帝激之也 帝之奪信王 非其罪也 於是帝未還都 而殺之而夷之 甚矣 故斥書后殺〕" ≪書法≫

"韓信이 이때에 이르러 진실로 모반할 계책이 있었다. 그러나 '모반했다.'고 쓰지 않고 또 '죄가 있다.'고 쓰지 않고, 마침내 '殺'이라 쓰면서 그 관작을 제거하지 않은 것은 한신이 천하를 평정한 공이 있었는데, 楚王에 봉해진 지 얼마 안 되어 이유 없이 붙잡혔으니, 그가 怏怏不樂하는 마음을 가지고 있음은 말하지 않아도 알 수 있기 때문이다. 한신이 평소 모반할 마음이 있었던 것은 아니니, ≪資治通鑑綱目≫에서 이에 대하여 삭제하고 쓰지 않은 것은 또한 한신의 본심을 근원한 것이다. 漢나라가 일어났을 적에 덕과 신의가 천하에 믿음을 받지 못하였는데, 이미 속임수를 써서 큰 공이 있는 신하를 붙잡고 또 속임수로 그를 죽였으니, 사람이 누구인들 스스로 의심하지 않겠는가. 반란하는 자가 번갈아 일어나는 것을 어찌 괴이하게 여길 것이 있겠는가. ≪자치통감강목≫에 三族을 멸한 사실을 자세하게 쓴 것은 죄가 있는 자를 토벌했다고 인정한 것이 아니고 바로 漢나라를 미워한 것이니, 세상에 어찌 죄 없는 사람의 三族을 멸하고서 천하에 군주 노릇 할 수 있는 자가 있겠는가. 아래에 '梁王 彭越의 삼족을 멸하였다.'고 쓴 것도 그러하다.〔信至是 實有反謀矣 然猶不以反書 又不書其有罪 乃書殺而不去其爵者 信有定天下之功 受封未幾 無故見執 其怏怏無聊之心 不言可知 非信素有反心也 綱目於此 削而不書 亦所以原其本心云爾 漢氏之興 德信未孚於天下 旣以詐而執大功之臣 又以詐而殺之 人誰不自疑哉 叛者迭起 夫何怪耶 綱目備書夷三族之實 非予其討有罪也 乃所以惡漢云爾 世豈有人之無罪 夷其三族 而可以君天下者哉 下書梁王越夷三族 亦然〕" ≪發明≫

76) 蒯徹의 계책 : ≪資治通鑑綱目≫ 제2권 하 漢王 4년조에 보인다.

淮陰侯信의 舍人弟 上變告[①]호대 陳豨前過趙代할새 過辭信한대 信이 辟(벽)左右하고 曰[②] 公之所居는 天下精兵處也요 而公은 陛下之信幸臣也라 人言公畔이라도 陛下必不信이라가 再至則疑矣요 三至면 必怒而自將하리니 吾爲公從中起하면 天下를 可圖也리라 豨曰 謹奉教令호리라 信이 陰與豨通謀하여 欲與家臣으로 夜詐赦諸官徒奴하여 發以襲呂后太子하여 部署已定하고 待報未發[③]이러니 呂后與蕭何謀하여 詐言豨已得死라하여 紿信入賀하고 使武士縛信斬之한대 信曰 吾悔不用蒯徹之計하여 乃爲兒女子所詐라하니라 遂夷三族하다

① 〈"舍人弟 上變告(舍人의 동생이 告變을 올렸다.)"는〉 舍人이 韓信에게 죄를 지어 한신이 가두어 죽이려고 하였기 때문이다.
舍人得罪於信, 信囚欲殺之.
② 辟은 음이 闢이니, 물리치는 것과 같다.
辟, 音闢, 猶屛去也.
③ 죄를 지어 노역을 하는 자를 徒라고 하고, 죄를 짓고 관청에 籍沒된 자를 奴(노예)라고 한다.
有罪而居作者爲徒. 有罪而沒入官者爲奴.

【目】司馬溫公(司馬光)이 다음과 같이 평하였다.

"〈세상 사람들 중에는 혹〉 '韓信이 첫 번째로 큰 계책을 세워 高祖와 함께 漢中에서 일어나 三秦을 평정하고, 군대를 나누어 북쪽으로 가서 魏王을 사로잡고 代나라를 점령하고 趙나라를 쓰러뜨리고 燕나라를 위협하였으며, 齊나라를 공격하고 楚나라를 멸망시켰으니, 漢나라가 천하를 얻은 것은 대저 모두 한신의 공로이다. 그가 蒯徹의 말을 거절하고 고조를 陳 땅에서 맞이한 것을 보면 어찌 배반할 마음이 있었겠는가. 이것은 참으로 관직을 잃고 怏怏不樂하다가 마침내 悖逆에 빠지게 된 것이다. 〈옛날 고조와 한 마을에 살았던〉 盧綰 같은 사람도 燕나라의 왕이 되었는데, 한신은 마침내 列侯가 되었으니, 어찌 고조 또한 한신을 저버린 것이 아니겠는가.'라고 한다.

비록 그렇기는 하나 한신이 齊나라를 멸망시킨 다음 高祖에게 보고하지 않고는 스스로 왕이 되었으며, 楚나라를 함께 공격하기로 약속하고는 한신이 오지 않았으니, 이때에 고조가 진실로 한신을 잡으려는 마음이 있었으나 되돌아봄에 힘이 부족하여 하지 못한 것일 뿐이다. 그러나 천하가 이미 평정되고 나서는 한신이 다시 무엇을 믿겠는가.

대저 때를 틈타서 이익을 바라는 것은 市井輩의 마음이고, 공로를 갚고 은덕에 보답하는 것은 士君子의 마음이다. 한신이 시정배의 마음으로 자신의 몸을 이롭게 하고 사

군자의 마음을 남에게 바란다면, 이는 또한 어렵지 않겠는가. 이 때문에 太史公(司馬遷)이 논하기를 '가령 한신이 道를 배워 겸양해서 자신의 공로를 자랑하지 않고 자신의 재능을 과시하지 않았다면 거의 漢나라의 공훈에 있어서 周나라의 周公, 召公과 太公의 무리에 견주어져 후세에 血食할 수가 있었을 것이다. 그런데 이렇게 하기를 힘쓰지 않고 천하가 이미 안정된 뒤에 마침내 반역을 도모하였으니, 宗族을 다 멸하게 한 것은 당연하지 않은가.'라고 한 것이다."

司馬公曰 韓信이 首建大策하여 與高祖起漢中하여 定三秦하고 遂分兵以北하여 禽魏取代하고 仆趙脅燕하고 擊齊滅楚하니 漢之所以得天下者는 大抵皆其功也라 觀其距蒯徹之說하고 迎高祖於陳하면 豈有反心哉리오 良由失職怏怏하여 遂陷悖逆이라 夫以盧綰王燕이어늘 而信乃爲列侯하니 豈非高祖亦有負於信哉리오 雖然이나 信이 滅齊不報而自王하고 期共攻楚而不至하니 當是之時하여 高祖固有取信之心矣로대 顧力不能耳[①]라 及天下已定이면 則信復何恃哉리오 夫乘時而徼利者는 市井之志也요 酬功而報德者는 士君子之心也[②]니 信이 以市井之志로 利其身하고 而以士君子之心으로 望於人이 不亦難哉아 故로 太史公이 論之曰 假令信이 學道謙讓하여 不伐己功하고 不矜其能이면 則庶幾哉라 於漢家勳에 可以比周召太公之徒하여 後世血食矣[③]어늘 不務出此하고 而天下已集에 乃謀畔逆하니 夷滅宗族이 不亦宜乎아하니라

① 顧는 되돌아보는 것이다. 〈"顧力不能"은〉 자신을 되돌아봄에 자신의 힘으로 할 수 없는 점이 있음을 안 것이다.
顧, 反視也. 反己而自視其力有所未能也.

② 살펴보건대, 옛날에 20畝가 1井이었는데, 이로 인해 시장을 만들어 交易하였기 때문에 市井이라고 칭한 것이다. 그렇다면 본래 井田 안의 교역하던 곳을 시장으로 삼은 것에서 연유하였기 때문에 國都의 시장도 市井이라고 한 것이다. 일설에 "무릇 市井이라고 한 것은, 市는 交易하는 장소이고 井은 함께 물을 긷는 곳이므로 총괄해서 말한 것인데, 말하는 자들이 '井을 인하여 시장을 만든 것이다.' 하니, 그 뜻이 잘못되었다." 하였다.
案, 古者二十畝爲一井, 因爲市交易, 故稱市井. 然則本由井田之中交易爲市, 故國都之市, 亦因曰市井. 一說 "凡言市井者, 市, 交易之處, 井, 共汲之所, 故摠而言之也. 說者云 '因井而爲市.' 其義非也."

③ 血食은 제사가 끊기지 않는다는 말이다. 제사 지낼 때에는 날고기를 숭상하기 때문에 血食이라고 한 것이다.
血食, 言不乏祀. 祭者尙血腥, 曰血食也.

【目】 胡氏(胡寅)가 다음과 같이 평하였다.

"功과 過를 따져 상쇄해야 하니, 韓信의 공을 잊어서는 안 된다. 陳 땅에서 高祖를 맞이한 禮는 스스로 왕이 된 잘못을 속죄할 수 있고, 蒯徹의 말을 거절한 뜻은 會合하여 項羽를 공격하기로 약속한 것을 지키지 못한 죄를 면할 수 있다. 그러니 아직 배반할 계책을 세우지 않았다면 작은 나라의 侯로 봉해주어야 하고, 逆謀가 이미 드러났더라도 그의 자손은 마땅히 용서해주었어야 한다. 이와 같이 하였다면 漢나라 高祖가 한신의 功을 기억함과 한신의 죄를 토벌함에 있어 각각 그 도리를 다하여 저버림이 없었을 것이다."

胡氏曰 功過를 當相準이니 信功을 不可忘也라 迎陳之禮 可以贖自王之釁이요 拒徹之意 可以免失期之罪니 未有反計면 則當侯以次國이요 逆謀旣露라도 猶當宥其子孫이니 如此면 則漢祖於記信之功, 討信之罪에 各盡其道而無負矣리라

【綱】 韓王 韓信이 伏誅되었다.

韓王信이 伏誅하다

【綱】 高帝가 洛陽으로 돌아왔다.

◑ 帝還至洛陽하다

【目】 上이 돌아와서 韓信이 蒯徹의 계책을 쓰지 않은 것을 한스럽게 여겼다는 말을 듣고 詔令을 내려 괴철을 체포하게 하여 괴철이 잡혀왔다. 上이 말하기를 "네가 淮陰侯에게 반란을 일으키도록 가르쳤느냐?" 하니, 대답하기를 "그렇습니다. 그런데 미련한 사람(한신)이 신의 계책을 쓰지 않았으니, 만일 신의 계책을 썼더라면 폐하가 어떻게 그를 죽일 수 있겠습니까." 하였다. 上이 노하여 "저자를 삶아 죽여라." 하니, 괴철이 다음과 같이 말하였다.

"秦나라가 그 사슴(帝位)을 잃자, 천하 사람들이 함께 쫓아가서 재주가 높고 발이 빠른 자가 먼저 차지할 상황이었습니다. 그리고 이때를 당해서 신은 오직 한신만을 알았고 폐하를 알지 못했습니다. 또 천하에 폐하께서 하신 일을 하기를 원하는 자가 매우 많은데 스스로 돌이켜보아 힘이 부족해서 하지 못한 것일 뿐입니다. 그들도 다 삶아 죽일 수 있겠습니까?"

上이 놓아주라고 하였다.

上이 還하여 聞韓信言恨不用蒯徹計하고 乃詔捕徹至어늘 上曰 若기 教淮陰侯反乎①아 對曰 然하니이다 豎(수)子不用臣計耳니 如用臣計면 陛下安得而夷之乎시리잇고 上이 怒曰 烹之하라 徹曰 秦失其鹿에 天下共逐之하니 高材疾足者 先得②이니이다 且當是時하여 臣獨知信이요 非知陛下也니이다 且天下에 欲爲陛下所爲者 甚衆이로대 顧力不能耳니 又可盡烹邪잇가 上曰 置之③하라

① 若은 너라는 뜻이다.
若, 汝也.
② 사슴을 帝位로 비유하였다. 姜太公의 ≪六韜≫에 "천하를 차지하는 것은 사슴을 쫓는 것과 같다."77) 하였다.
以鹿喩帝位. 太公六韜曰 "取天下如逐鹿."
③ 置는 놓아준다는 말과 같고 또 용서해준다는 말이다.
置, 猶舍也, 又赦也.

【綱】 아들 劉恒을 세워 代王으로 삼았다.

立子恒爲代王하다

【綱】 赦免하였다.

◑赦하다

【綱】 2월에 王侯들이 朝覲할 적에 方物(지방에서 진상하는 특산물)을 바치는 법과 郡國의 인구수에 따라 賦稅를 거두는 법(口賦法)을 세웠다.

◑二月에 立王侯朝獻과 郡國口賦法하다

【目】 詔令을 다음과 같이 내렸다.

"내가 賦稅를 줄여주고 싶은 마음이 간절한데 지금 方物을 바치는 것에 대한 법이 없으므로, 관리들이 간혹 부세를 많이 거두어 방물을 진상하는 비용으로 삼아서 백성들이 고통을 겪고 있다. 그러니 제후왕과 通侯들은 항상 10월에 朝覲하여 方物을 바치게 하고, 각 郡國은 인구수를 계산하여 사람마다 매년 63錢을 進獻하는 비용으로 내게 하라."

---

77) 천하를……같다 : ≪六韜≫ 〈武韜〉에는 "천하를 취하는 것은 들의 짐승을 쫓는 것과 같다.〔取天下者若逐野獸〕"라 하였다.

詔曰 欲省(생)賦甚[①]호대 今에 獻未有程[②]이라 吏或多賦以爲獻하여 民疾之하나니 令諸侯王〔通侯〕[78)]으로 常以十月朝獻하고 及郡이 各以其口數率(율)[③]하여 人歲六十三錢하여 以給獻費하라

① 〈"欲省賦甚"은〉 세금 거두는 것을 줄여주고 싶은 마음이 매우 간절하다는 말이다.
意甚欲省賦斂也.
② 程은 法式이다.
程, 法式也.
③ 率(율)은 계산한다는 말이다. 일설에 "率(솔)자는 아래 구절에 붙여 읽는데, '대체적으로'라는 뜻이다." 하였다.
率, 計也. 一曰 "率字屬下句, 言大率也."

【綱】 郡國에 詔令을 내려 등용되지 않은 賢者를 구하였다.

詔郡國求遺賢[79)]하다

【目】 詔令을 다음과 같이 내렸다.

"내가 듣건대, 王者로는 周나라 文王보다 더 뛰어난 분이 없고 霸者로는 齊나라 桓公보다 더 뛰어난 분이 없는데, 이들은 모두 賢人을 기다려 이름을 이루었다고 한다. 재주와 능력이 있는 천하의 賢者가 어찌 옛날 사람만 있고 지금 사람은 없겠는가? 병통은 인군이 그들과 사귀지 않는 데에 있으니, 그러면 선비들이 어디로부터 나올 수 있겠는가.

지금 나는 하늘의 신령스런 도움과 능력 있는 사대부들 덕분에 천하를 평정하여 나라를 세웠는데, 이 나라가 장구하게 유지되어 대대로 宗廟를 받들어 망하지 않고 유지되기를 바라고 있다. 현인들이 이미 나와 함께 천하를 평정하였으니, 나와 함께 편안하게 이익을 누리지 않을 수 있겠는가.

어진 士大夫로서 나와 함께 이익을 누리려는 자가 있으면 諸侯王과 郡守가 반드시 직접 가서 권유하여 수레에 태워 相國府에 보내며, 그런 사람이 있는데 말을 하지 않다가

78) 〔王侯〕: 저본에는 '通侯'가 없으나, ≪漢書≫ 〈高帝紀〉에 의거하여 보충하였다.

79) 求遺賢 : "'遺賢을 구하였다.'고 쓴 것은 어째서인가? 賢者를 구하는 데 급급함을 아름답게 여긴 것이다. ≪資治通鑑綱目≫에 들어와 200여 년에 처음으로 이것이 보이니, 이로부터 賢良한 자를 천거하고 直言하는 자를 천거한 것은 모두 황제가 계도한 것이다. 그러므로 ≪資治通鑑≫에는 쓰지 않았는데, ≪資治通鑑綱目≫에는 특별히 쓴 것이다.〔書求遺賢 何 美急賢也 入綱目二百餘年 於是始見 自是而擧賢良 擧直言 皆帝啓之矣 故通鑑未書 綱目特書之〕" ≪書法≫

적발되면 免職시키되, 나이가 많거나 병이 든 자는 보내지 말라."

詔曰 蓋聞王者莫高於周文이요 伯(패)者莫高於齊桓이로대 皆待賢人而成名하니 今天下賢者智能이 豈特古之人乎리오 患在人主不交故也니 士奚由進이리오 今吾以天之靈, 賢士大夫로 定有天下하여 以爲一家하니 欲其長久하여 世世奉宗廟亡(무)絶也로라 賢人이 已與我共平之矣니 而不與我共安利之 可乎아 賢士大夫 有肯從我遊者어든 諸侯王, 郡守 必身勸爲之駕①하여 遣詣相國府하고 有而弗言이면 覺免②호대 年老癃病은 勿遣하라

① 〈"必身勸爲之駕"는〉 반드시 자신이 몸소 가서 정성껏 권하고 직접 수레에 태워 보내는 것이다.
必須身親敦勸, 自爲其駕車而遣之.

② "覺免"은 적발된 자는 免職시킴을 이른다.
覺免, 謂覺發者免其官.

【綱】 梁王 彭越이 폐해져서 蜀 땅으로 옮겨졌는데, 3월에 그를 죽이고 三族을 멸하였다.

梁王越이 廢徙蜀이러니 三月에 殺之하고 夷三族[80)]하다

【目】 上이 陳豨를 공격할 적에 梁나라에서 군대를 징발하였는데, 梁王(彭越)이 병을 칭탁하고 장수를 시켜 군대를 거느리고 邯鄲에 가게 하니, 上이 노하여 꾸짖었다. 그러자 양왕이 두려워하여 스스로 가서 사죄하려고 하니, 그의 장수 扈輒(호첩)이 말하기를 "가면 사로잡힐 것이니, 그대로 반란을 일으키는 것만 못합니다." 하였으나, 양왕이 듣지 않았다. 그런데 梁나라의 太僕이 죄를 얻고 漢나라로 도망가서 〈양왕이 호첩과〉 모반한다고 고발하였다.

이에 上이 使者를 시켜 양왕을 기습하여 잡게 하였다. 그리고 그를 洛陽에 가두고서 有司가 治罪하니 모반한 형상이 이미 갖추어졌으므로 법대로 처리할 것을 청하였는데, 용서하여 庶人으로 삼아서 驛馬로 蜀郡에 보내도록 하였다.

鄭 지방에 이르러 長安에서 오는 呂后를 만났는데, 양왕이 울면서 여후에게 자신의

---

80) 梁王越……夷三族 : "'梁王 彭越이 폐해졌다.〔梁王越廢〕'고 쓴 것은 어째서인가? 팽월을 죄책한 것이다. 팽월이 〈扈輒의 말을〉 따라 배반하지 않았는데, 어찌하여 죄책하였는가? 權變(임기응변)이 부족하였기 때문이다. 그렇다면 어찌하여 다시 '殺'이라고 썼는가? 죽인 것을 심하게 여긴 것이니, 폐한 것은 옳지만 죽이고 三族을 멸한 것은 너무 심하다.〔書梁王越廢 何 罪越也 越不從反矣 曷爲罪之 權不足也 然則何以復書殺 甚殺之者也 廢之可也 殺之夷三族 甚矣〕" ≪書法≫

무죄함을 하소연하였다. 여후가 그와 함께 낙양에 와서 上에게 아뢰기를 "彭王(팽월)은 장사입니다. 이제 그를 촉군으로 옮기면 이는 스스로 후환을 남기는 것이니, 마침내 죽이는 것만 못합니다. 그래서 첩이 삼가 데리고 함께 왔습니다." 하였다.

여후는 마침내 舍人을 시켜 팽월이 다시 모반하였다고 고발하게 하여 팽월의 三族을 멸하고 팽월의 머리를 낙양에 梟示한 다음, 詔令을 내려 팽월의 시신을 거두어 살피는 자가 있으면 곧 체포하겠다고 하였다.

上之擊陳豨也에 徵兵於梁이러니 梁王이 稱病하고 使將將兵詣邯鄲이어늘 上이 怒讓之한대 梁王이 恐하여 欲自往謝러니 其將扈輒曰 往則爲禽이니 不如遂反이니이다 王이 不聽이러니 梁太僕이 得罪하고 亡走漢告之한대 上이 使使掩梁王하여 囚之洛陽하여 有司治하니 反形已具라 請論如法①이어늘 赦爲庶人하여 傳處蜀②이러니 至鄭하여 逢呂后從長安來라 王이 爲呂后涕泣하고 自言無罪하니 后與俱至洛陽하여 白上曰 彭王은 壯士어늘 今徙之蜀이면 此自遺患이라 不如遂誅之니 妾謹與俱來라하고 乃令人告越復謀反이라하여 夷三族하고 梟首洛陽하고 下③[81]詔收視者를 捕之하다

① 扈輒이 彭越에게 반란을 일으킬 것을 권했는데 팽월이 호첩을 죽이지 않았으니, 이것이 모반한 형상이 이미 갖추어진 것이다.
扈輒勸越反, 而越不誅輒, 是反形已具也.

② 傳(역마)은 柱戀의 切이니, 驛을 통해 번갈아가며 전달하는 것이다. 處(처하다)는 昌呂의 切이다.
傳, 柱戀切, 驛遞也. 處, 昌呂切.

③ 梟(올빼미)는 효도하지 않는 새이다. ≪說文解字≫에 "日至(冬至와 夏至)에 올빼미를 잡아 사지를 찢어서 머리를 나무 위에 매달아 재앙을 막았으므로, 지금 머리를 매다는 것을 일러 梟首라 한다." 하였다.
梟, 不孝鳥. 說文"日至, 捕梟磔之, 以頭掛木上. 故今謂掛首爲梟首."

【目】梁나라의 大夫인 欒布가 齊나라에 사신 갔다가 돌아와서 효시된 彭越의 머리 아래에서 사신 갔던 일을 보고하고 제사를 지내며 곡하니, 관리가 그를 체포하여 보고하였다. 上이 그를 삶아 죽이려고 하니, 난포가 다음과 같이 말하였다.

"上께서 彭城에서 곤궁하시고 滎陽에서 패하였을 적에 彭王이 楚나라 편을 들면 漢나라가 격파되고, 漢나라 편을 들면 楚나라가 격파되었을 것입니다. 그리고 垓下에서 모여 싸울 적에 팽왕이 없었다면 項王(項羽)은 망하지 않았을 것입니다. 그런데 지금 천하

81) 下 : 저본에는 '下'자 뒤에 梟의 訓義가 달려 있으나, '下'자는 '詔'자와 연결되어 "詔令을 내리다."는 뜻이 되므로 '下'자 앞에서 句를 끊었다.

가 이미 평정되자 폐하께서 자잘한 사안을 가혹하게 처리하여 주이시니, 신은 공신들이 모두 스스로 위태롭게 여길까 염려됩니다. 이제 팽왕이 이미 죽었으니, 신은 살아도 죽는 것만 못합니다. 삶아 죽여주소서."

이에 上이 마침내 난포를 풀어주고 都尉로 임명하였다.

梁大夫欒布使於齊라가 還奏事頭下하고 祠而哭之어늘 吏捕以聞한대 上이 欲烹之러니 布曰 方上之困彭城, 敗滎陽也에 王이 與楚則漢破하고 與漢則楚破요 且垓下之會에 微彭王이면 項氏不亡이리이다 天下已定에 而陛下以苛小案誅滅之하시니 臣은 恐功臣人人自危也하노이다 今彭王已死하니 臣은 生不如死라 請就烹하노이다 於是에 上이 乃釋布하고 拜爲都尉하다

【綱】 아들 劉恢를 梁王으로 삼고, 劉友를 淮陽王으로 삼았다.

立子恢爲梁王하고 友爲淮陽王하다

【綱】 여름 4월에 還宮하였다.

◑ 夏四月에 還宮하다

【綱】 5월에 옛날 秦나라 南海尉[82]였던 趙佗(조타)를 세워 南粤(越)王으로 삼았다.

◑ 五月에 立故秦南海尉趙佗하여 爲南粤王하다

【目】 예전에 秦나라 南海尉 任囂(임오)가 병들어 죽게 되었을 적에 龍川令 趙佗를 불러서 말하기를 "秦나라가 무도하여 천하가 고통을 겪고 있다. 듣건대 陳勝 등이 반란을 일으켰다고 하니, 천하가 언제 안정될지 알 수가 없다. 番禺(반우) 지역은 험한 산을 등지고 있고 南海郡은 東西로 수천 리가 되며 상당히 많은 中國人이 서로 도와주고 있으니, 이곳도 한 州의 주체로 나라를 세울 수가 있다." 하고, 즉시 조타에게 글을 내려 行南海尉事로 삼았다. 임오가 죽자, 조타가 즉시 격문을 돌려 길을 끊고 군사를 모으며 秦나라 관리를 죽이고 桂林郡과 象郡을 공격해서 병합하고는 스스로 서서 南越武王이 되었다.

---

82) 南海尉 : 秦 始皇 33년(B.C. 214)에 秦나라는 南越 지역을 공격하여 점령하고는 桂林郡·南海郡·象郡을 설치하고 죄인 등 50만 명을 이주시켰다. 또한 秦나라는 통일 이후 전국에 郡縣制를 실시하고 郡마다 守, 尉, 監을 두었다. 尉는 郡守를 도와 무관과 병사를 관장하는 관직이다.

初에 秦南海尉任囂 病且死①에 召龍川令趙佗하여 語曰② 秦爲無道하여 天下苦之하고 聞陳勝等이 作亂이라하니 天下未知所安이라 番禺는 負山險阻하고 南海東西 數(十)〔千〕83) 里③요 頗有中國人相輔하니 此亦一州之主也라 可以立國이라하고 卽被佗書하여 行南海尉事④하다 囂死에 佗卽移檄하여 絶道聚兵⑤하고 誅秦吏하고 擊幷桂林象郡하여 自立爲南越武王⑥하다

① 囂는 음이 敖이다.
囂, 音敖.
② ≪漢書≫ 〈地理志〉에 "龍川縣은 南海郡에 속하였다." 하였다.
班志 "龍川縣, 屬南海郡."
③ 禺는 음이 愚이고 또 魚容의 切이다. ≪漢書≫ 〈地理志〉에 "番禺縣은 南海郡에 속하니, 郡尉 趙佗가 도읍한 곳이다." 하였다.
禺, 音愚, 又魚容切. 班志 "番禺縣, 屬南海郡, 尉佗所都."
④ 被는 皮義의 切이니, 加해준다는 뜻이다. 이 글을 그 사람에게 가해줌을 말한 것이다.
被, 皮義切, 加也, 言加於其身也.
⑤ 道는 秦나라 때에 개통된 越나라로 가는 길이다.
道, 秦所開越道也.
⑥ 살았을 때에 武라는 명칭을 쓴 것은 옛날의 문헌에서 상고할 수 없다.
生以武爲號, 不稽於古也.

【目】 이때에 詔令을 내려 그를 세워 南粤王으로 삼고, 陸賈로 하여금 그가 있는 곳에 가서 玉璽와 印綬를 주어 그와 符節를 나누어 가진 다음 사신을 서로 교환하게 하고, 百越 지역을 화합시켜 離散하지 않게 해서 남쪽 변경의 근심거리가 되지 않게 하도록 하였다. 육가가 도착하니, 趙佗가 북상투를 틀고 두 다리를 뻗어 키〔箕〕 모양을 하고서 거만하게 맞이하였다. 육가가 다음과 같이 말하였다.

陸賈

"足下는 中國人이어서 친척과 분묘가 모두 眞定縣에 있습니다. 그런데 지금 天性에 어긋나게 冠帶를 버린 채 작은 越나라를 가지고 天子에게 대항하여 대등한 나라가 되려고 하니, 재앙이 장차 몸에 이르게 될 것입니다. 秦나라가 정사를 잘못하자 호걸들이 모두 함께 일어났지만

83) (十)〔千〕: 저본에는 '十'으로 되어 있으나, ≪史記≫에 근거하여 '千'으로 바로잡았다.

오직 漢王만이 먼저 關中에 들어갔습니다. 그리고 項羽가 약속을 어기자 한왕이 그를 멸망시켜 5년 사이에 천하가 평정되었으니, 이것은 사람의 힘으로 된 것이 아니고 하늘이 한 것입니다. 지금 왕이 천자께서 포악한 역적을 주살하는 것을 돕지 않자, 漢나라의 將相들이 군대를 보내 왕을 죽이려고 하였으나 천자께서는 백성들이 다시 전쟁에 고생하게 될 것을 가련하게 여기시어 우선 이들을 만류하고, 나를 사신으로 파견하여 왕에게 玉璽와 印綬를 주어 符節를 나누어 가진 다음 사신을 서로 교환하도록 하셨습니다. 그러니 왕께서는 마땅히 교외에 나와 영접하고 北面하여 신하라고 일컬어야 하는데, 새로 만들어져 아직 다 완성되지도 않은 越나라를 가지고 복종하지 않으려고 하니, 漢나라에서 이런 소식을 듣고는 왕의 조상 무덤을 파헤쳐 불태우고 宗族들을 다 죽인 다음 한 명의 偏將으로 하여금 10만 명의 군대를 거느리고 越나라를 정벌하게 할 것입니다. 이렇게 되면 越나라 사람들은 왕을 죽이고 漢나라에 항복하는 것을 손을 뒤집는 것처럼 쉽게 할 것입니다."

至是하여 詔立以爲南粤王하고 使陸賈로 卽授璽綬하여 與剖符通使하고 使和集百越하여 無爲南邊患害[①]러니 賈至하니 佗魋(추)結箕倨見之[②]라 賈曰 足下는 中國人이라 親戚墳墓 皆在眞定[③]이어늘 今에 反天性, 棄冠帶[④]하고 欲以區區之越로 與天子抗衡爲敵國하니 禍且及身矣[⑤]리라 秦失其政에 豪傑竝起호대 唯漢王이 先入關하고 項羽倍約이어늘 王이 誅滅之하여 五年之間에 海內平定하니 此非人力이요 天所建也라 王이 不助天下誅暴逆하니 將相이 欲移兵而誅王호대 天子憐百姓新勞苦하사 故로 且休之하시고 遣使授王印綬하여 剖符通使하시니 王宜郊迎하여 北面稱臣이어늘 乃欲以新造未集之越로 屈彊於此[⑥]하니 漢誠聞之하고 掘燒王先人冢하며 夷滅宗族하고 使一偏將으로 將十萬衆臨越하면 則越이 殺王降漢을 如反覆手耳리라

① 卽은 나아간다는 뜻이니, 그가 있는 곳에 나아가서 그를 세우는 것이다.
卽, 就也, 就其所居而立之.

② 魋(북상투)는 음이 椎이고 結(상투)은 髻(결)로 읽는다. 椎髻(魋結)은 한 줌으로 묶은 상투의 모양이 망치〔椎〕와 같은 것이다. 오랑캐의 풍속은 본래 머리를 풀어 늘어뜨리는데, 趙佗도 오랑캐의 풍속에 동화되었으나 다만 머리털을 망치처럼 한 줌으로 묶은 것이다.
魋, 音椎. 結, 讀曰髻. 椎髻者, 一撮之髻, 其形如椎. 夷俗本被髮, 佗同其俗, 但魋其髮而結之.

③ 황제가 東垣을 개칭하여 眞定이라고 이름하였다.
帝更命東垣, 曰眞定.

④ 부모의 나라를 배반하고 골육의 은혜를 무시하니 이것이 天性을 배반한 것이요, 머리털을 하나로 묶고서 蠻夷의 풍속을 따르니 이것이 冠帶를 버린 것이다.
背父母之國, 無骨肉之恩, 是反天性也. 椎髻以從蠻夷之俗, 是棄冠帶也.

⑤ 衡(저울대)은 수평을 취하고, 상하가 서로 버텨 낮추거나 굽히지 않는 것이 抗이다. 일설에 "抗은 마주 대한다는 뜻이고 衡은 수레 멍에 위의 가로 댄 나무이니, '抗衡'은 멍에 위의 두 가로 댄 나무가 서로 버티어 어느 한쪽도 피하거나 내려가지 않는 것과 같음을 말한다." 하였다.
衡以取平, 上下相當, 無所卑屈曰抗. 一說 "抗, 對也. 衡, 車軛上橫木. 抗衡, 言兩衡相對拒, 率不相避下也."

⑥ 集은 완성됨이다. "屈彊"은 순순히 복종하지 않음을 이른다.
集, 成也. 屈彊, 謂不柔服也.

【目】그러자 趙佗가 벌떡 일어나 앉아 사죄하며 말하기를 "제가 蠻夷 가운데 오래 살다 보니 禮義를 많이 잃었습니다." 하였다. 그리고 陸賈를 머물게 하고는 몇 달 동안 같이 술을 마시고 말하기를 "越 지역에서 함께 얘기를 나눌 사람이 없었는데 그대가 오자 나는 매일 듣지 못하던 것을 듣게 되었소." 하고, 자루에 千金 값어치의 물건을 담아서 주었다. 육가는 마침내 조타에게 〈南越王을〉 제수하여 臣을 칭하게 하고 漢나라의 약속을 받들도록 하였다. 그리고 돌아와서 보고하니, 황제가 크게 기뻐하여 육가를 太中大夫로 삼았다.

於是에 佗乃蹶(궐)然起坐①하여 謝曰 居蠻夷中久하여 殊失禮義라하고 留賈與飮數月하고 曰 越中에 無足與語러니 至生來에 令我日聞所不聞이라하고 賜橐(탁)中裝直(치)千金②하다 賈卒拜佗하여 令稱臣奉漢約하고 歸報한대 帝大悅하여 拜賈爲太中大夫③하다

① "蹶然"은 놀라서 일어나는 모양이다.
蹶然, 驚起之貌.

② 橐은 음이 託이니, 밑이 있는 것이 囊(자루)이고 밑이 없는 것이 橐(전대)이다. 裝은 싼다는 뜻이다. 寶物이 물건은 가벼운데 값이 많이 나가서 囊橐에 넣어 가지고 가기 때문에 "橐中裝"이라고 한 것이다.
橐, 音託, 有底曰囊, 無底曰橐. 裝, 裹也. 言其寶物質輕而價重, 可入囊橐以齎行, 故曰橐中裝.

③ 郎中令의 속관에는 太中大夫와 中大夫가 있는데,[84] 이들이 모두 論議를 담당하였다.

---

84) 郎中令의……있는데 : 郎中令은 후대 光祿勳으로 개칭된다. 궁중과 황실 내의 여러 官을 감독 하고 통솔하는 직책이다. 그 아래에는 太中大夫, 中大夫, 諫大夫 등 3인의 대부가 있다. 이들은 모두 황제에 대한 자문의 역할을 하였다. 중대부는 뒤에 光祿大夫로 명칭이 바뀌었고 궁중에 머물면서 황제의 자문역할을 하였다. 낭중령(광록훈) 아래에는 郎官이 있었는데, 이들은 중앙과 지방의 고위 관직자의 자제들로서 모두 관리 지망생이었다. 郎들은 궁실의 여러 殿門을 숙위하는 직책을 맡았는데 황제와 접촉할 기회가 많아 발탁되는 경우도 많았다. 또한 이들은 낭중령의 심사와 추천을 받아 관

郎中令之屬, 有太中大夫·中大夫, 皆掌論議.

【目】陸賈가 수시로 황제의 앞에서 ≪詩經≫과 ≪書經≫에 대해서 말하였는데, 황제가 꾸짖으며 말하기를 "내가 말 위에서 전투하여 천하를 얻었으니, 어찌 ≪시경≫과 ≪서경≫을 일삼을 것이 있겠는가?"라고 하자, 육가가 다음과 같이 말하였다.

"말 위에서 천하를 얻었지만 어떻게 말 위에서 천하를 다스릴 수가 있겠습니까. 또 湯王과 武王은 천하를 逆으로 취하여 順으로 지켰으니, 文과 武를 아울러 쓰는 것이 국가를 장구하게 하는 계책입니다. 가령 秦나라가 천하를 합병하고서 仁義를 행하고 先王을 본받았더라면 폐하께서 어떻게 천하를 차지할 수 있었겠습니까."

그러자 황제가 부끄러운 기색을 띠면서 말하기를 "시험 삼아 나를 위해 秦나라가 천하를 잃은 이유와 내가 천하를 얻은 이유, 그리고 옛날의 성공하고 실패한 나라들에 대해 저술하여 밝혀라." 하였다. 그리하여 육가가 마침내 存亡의 징후를 대략 기술하여 모두 12篇을 저술하였는데, 한 편을 아뢸 때마다 황제가 좋다고 칭찬하지 않은 적이 없었으며, 이 책의 이름을 ≪新語≫라고 하였다.

賈時時前說稱詩書[①]한대 帝罵之曰 乃公이 居馬上而得之하니 安事詩書[②]리오 賈曰 居馬上得之나 寧可以馬上治之乎잇가 且湯武는 逆取而以順守之하니 文武竝用은 長久之術也[③]라 鄕使秦이 已幷天下에 行仁義, 法先聖이면 陛下安得而有之리잇고 帝有慙色曰 試爲我하여 著秦所以失天下와 吾所以得之者와 及古成敗之國[④]하라 賈乃粗述存亡之徵하여 凡著十二篇하여 每奏一篇에 帝未嘗不稱善하고 號其書曰新語[⑤]라하다

① "前說"은 상의 앞에서 논하여 말하는 것이다.
前說, 謂於上前論說.

② "乃公(너의 공)"은 황제가 자기 스스로를 말한 것이다. "居馬上而得之(말 위에서 얻었다.)"는 전투를 통해 천하를 얻었음을 말한 것이다.
乃公, 帝自謂也. 居馬上而得之, 言以戰鬪得天下也.

③ ≪大事記≫[85]에 "湯王과 武王이 革命을 한 것은 天理를 따르고 人心에 호응한 것이니, 逆으로 취했다는 말은 들어보지 못하였다. 戰國시대와 秦·漢의 교체기에는 戰亂에 익숙해진 지가 이미 오래되어 逆理로 취해 順理로 지키는 것을 당연하게 여겨 심지어는 湯王과 武王까지도 무함하였으니, 陸生의 말이 천하와 후세에 재앙을 끼친 것이 어찌 적다 하겠는가?" 하였다.

료로 진출하였다.

85) 大事記 : 宋나라 呂祖謙(1137~1181)이 ≪春秋≫를 뒤이어 獲麟을 한 周나라 敬王 39년(B.C. 481)부터 漢武帝 征和 3년(B.C. 90)까지 사실을 편찬한 책으로 12권이며, 書法은 司馬遷을 본받았다.

大事記曰"湯武革命, 順乎天而應乎人, 未聞其取之逆也. 戰國秦漢之際, 習亂旣久, 遂以逆取順守爲當然, 至倂與湯武而誣之, 陸生之言, 其禍天下後世, 豈淺哉."

④ 著는 밝힘이니, 저술하여 분명하게 말한다는 뜻이다.
著, 明也, 謂作書明言之.

⑤ 황제가 이런 말을 일찍이 들은 적이 없기 때문에 ≪新語≫라고 이름한 것이다.
以帝素未嘗聞此言, 故曰新語.

【綱】 황제가 병이 들었다.

帝有疾하다

【目】 황제가 병이 들어 사람들을 만나보기를 싫어하여, 문지기에게 명해서 신하들을 들이지 못하게 한 것이 10여 일이 되었다. 舞陽侯 樊噲가 대궐의 작은 문을 밀치고 곧바로 들어가자 大臣들이 뒤따라 들어갔는데, 上이 홀로 한 宦者를 베고 누워 있었다. 번쾌 등이 상을 보고 눈물을 흘리며 다음과 같이 말하였다.

"처음에 폐하께서 신들과 豐沛에서 기병하여 천하를 평정하실 적에는 어쩌면 그리도 건장하셨습니까. 그런데 지금 천하가 이미 평정되었는데 또 어쩌면 이리도 수척하십니까. 또 폐하의 병환이 심하셔서 대신들이 떨며 두려워하고 있는데, 신들을 만나보아 일을 계획하지 않으시고 도리어 홀로 한 명의 宦者와 계시며 대신들을 만나지 않으시니, 폐하께서는 홀로 趙高의 일[86]을 보지 못하셨습니까."

이에 황제가 웃으면서 일어났다.

帝有疾하여 惡(오)見人하여 詔戶者하여 無得入群臣①이 十餘日이라 舞陽侯樊噲排闥(달)直入한대 大臣隨之②하니 上이 獨枕一宦者臥③어늘 噲等이 流涕曰 始陛下與臣等起豐沛하사 定天下에 何其壯也러니 今天下已定에 又何憊也④잇고 且陛下病甚하시니 大臣震恐이어늘 不見臣等計事하시고 顧獨與一宦者絶⑤하시니 獨不見趙高之事乎잇가 帝笑而起하다

① 惡(싫어하다)는 去聲이다. "戶者"는 門戶를 지키는 자를 이른다.
惡, 去聲. 戶者, 謂守門戶者也.

② ≪漢書≫ 〈地理志〉에 "舞陽縣은 潁川郡에 속하였다." 하였다. 排는 밀어 여는 것이다. 闥은 음이 獺(달)이니, 宮中의 작은 문이다. 일설에는 門屛(문가리개)이라고도 한다.
班志"舞陽縣, 屬潁川郡." 排, 推開也. 闥, 音獺, 宮中小門也. 一曰 門屛也.

86) 趙高의 일 : 趙高는 秦나라 始皇帝와 二世皇帝 때 환관인데, 이세황제를 설득시켜 禁中에 거하게 하고 자기가 秦나라의 정사를 독단하였다. ≪資治通鑑綱目 제2권 상 秦 二世皇帝 2년조≫

③ 枕(베다)은 去聲이다.
枕, 去聲.

④ 憊는 步拜의 切이니, 수척하여 피곤함이다.
憊, 步拜切. 羸困也.

⑤ 顧는 도리어라는 뜻이다. 〈"顧獨與一宦者絶"은〉 도리어 홀로 한 명의 宦官을 베고 누워 있으면서 大臣을 謝絶한 것이다.
顧, 反也. 反獨枕一宦官, 臥而謝絶大臣也.

【綱】가을 7월에 淮南王 黥布가 반란을 일으키자, 황제가 직접 군대를 거느리고 가서 공격하고, 아들 劉長을 세워 淮南王으로 삼았다. 경포가 荊王 劉賈를 공격하여 죽이고, 또 楚나라 군대를 물리친 다음 마침내 군대를 이끌고 서쪽으로 갔다.

秋七月에 **淮南王布反**이어늘 **帝自將擊之**[87)]하고 **立子長爲淮南王**하다 **布擊殺荊王賈**하고 **又敗楚軍**하고 **遂引兵西**하다

【目】처음에 淮陰侯가 죽자 黥布가 마음속으로 두려워하고 있었다. 그러다가 彭越이 誅殺되자 그의 살로 젓을 담가 제후들에게 하사하니, 경포는 팽월이 젓 담겨진 것을 보고 크게 두려워하여 은밀히 사람을 시켜 군대를 모으게 하고는 이웃 郡에서 위급한 경보가 있는가를 엿보았다. 그런데 中大夫 賁赫(비혁)이 경포에게 죄를 짓고는 驛馬를 타고 長安으로 가서 告變하기를 "경포가 모반한 단서가 있습니다." 하였다. 그러자 上이 비혁을 가두고 사람을 보내 확인해보게 하였는데, 경포가 마침내 비혁의 가족을 모두 죽이고 군대를 동원하여 반란을 일으켰다.

---

87) 淮南王布反 帝自將擊之 : "黥布에 대해 이미 '반란했다.〔反〕'고 썼는데, 마침내 '討'라고 쓰지 않고 '擊'이라 쓴 것은, 경포가 漢나라에 공이 있었는데 韓信과 彭越을 죽이고 삼족을 멸한 일로 인하여 스스로 의심하였으니, 이는 漢나라가 또한 이 일을 자초한 것이다. 그러므로 書法이 이와 같은 것이다. 그러나 陳豨는 경포에 비할 바가 아닌데, 반란하자 또한 '擊'이라고 쓴 것은 어째서인가? 相國은 한 때의 중요한 임무를 맡고 있는데, 황제가 인재를 가려 뽑지 않고 마침내 총애하는 신하를 상국에 앉혔으니, 소인은 총애가 그 분수에 넘치면 끝내 반역을 하게 된다. 그러므로 ≪資治通鑑綱目≫에서 비록 그가 반란했다고 썼으나, 모두 '討'라고 쓰는 것을 인정하지 않았으니, 이는 진실로 근원을 밝히고 근본을 바로잡는 의논이다. 한 글자 사이에 그 書法이 엄하구나.〔布既書反 乃不書討而書擊之 布有功於漢 因事自疑 漢亦有以致之 故其書法如此 然陳豨非布之比 反亦書擊 何耶 相國任一時之寄 不擇人才 乃以幸臣居之 小人寵過其分 卒貽叛逆 故綱目雖書其反 而皆不予其討 此固澄源正本之論也 一字之間 其嚴乎哉〕" ≪發明≫

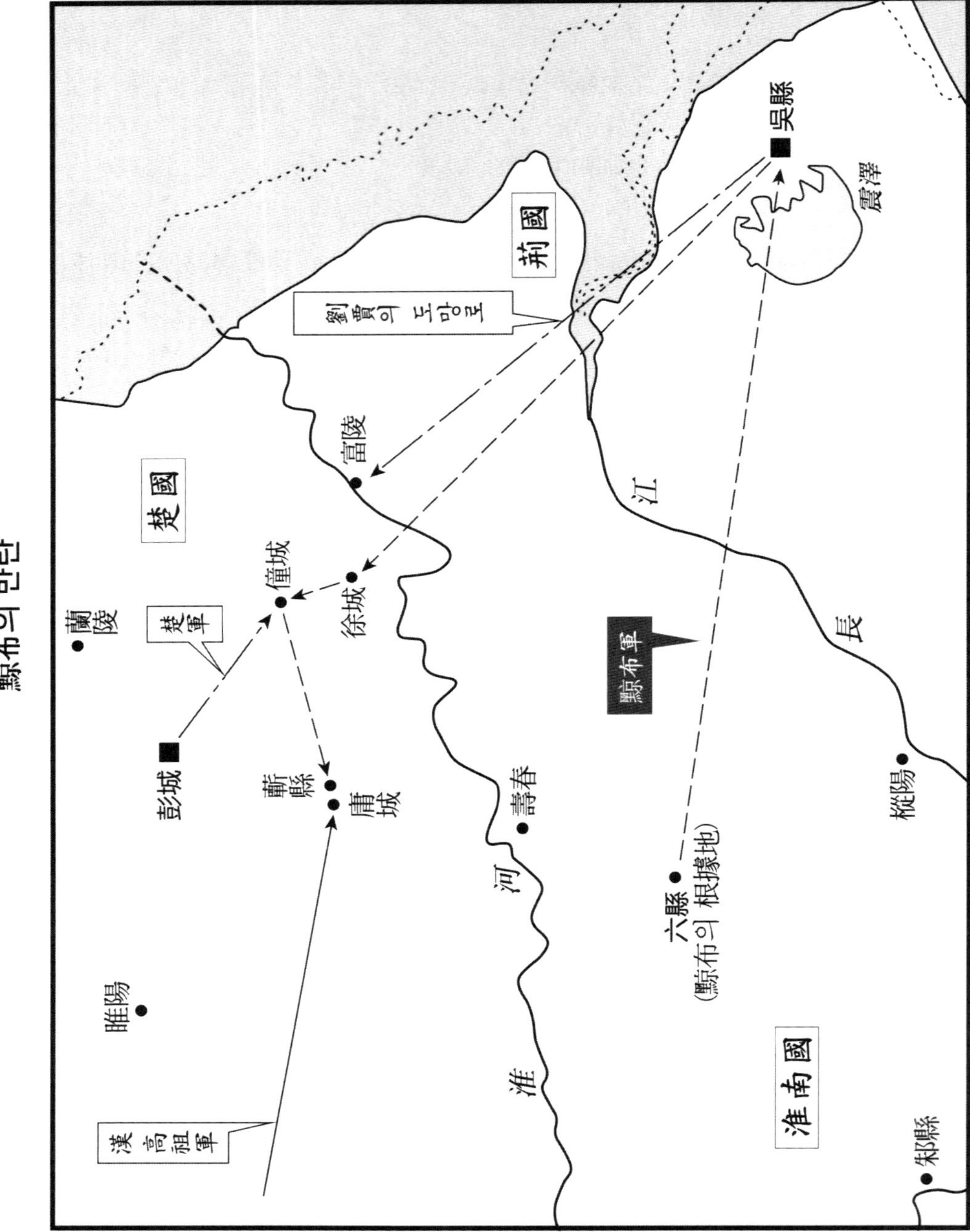
吳縣
震澤
荊國
劉賈의 도망로
富陵
楚國
僮城
徐城
蘭陵
楚軍
彭城
蘄縣
庸城
壽春
江
長
黥布軍
樅陽
六縣
(黥布의 根據地)
河
淮
睢陽
漢高祖軍
淮南國
邾縣

黥布의 반란

初에 淮陰侯死에 布已心恐이러니 及彭越誅에 醢(해)其肉以賜諸侯[①]하니 布見醢大恐하여 陰令人部聚兵하여 候伺旁郡警急[②]이러니 中大夫賁赫이 得罪於布하고 乘傳詣長安하여 上變言호대 布謀反有端[③]이라하여늘 上이 繫赫하고 使人驗之한대 布遂族赫家하고 發兵反하다

① 반란을 일으킨 자가 誅殺당하면 모두 그 살을 가지고 젓을 담그니, ≪漢書≫ 〈刑法志〉에 "그 骨肉을 젓 담근다."라고 한 것이 이것이다.
反者被誅, 皆以爲醢, 卽刑法志所謂菹其骨肉, 是也.

② 伺는 음이 嗣이니 살핀다는 뜻이다. 체포될까 두려워서 즉시 군대를 동원하여 반란을 일으키려고 한 것이다.
伺, 音嗣, 察也. 恐被收捕, 卽欲發兵反.

③ 賁는 음이 肥이니, 賁赫은 姓名이다. 端은 실마리라는 뜻이니, "有端"은 이유가 있다는 말과 같다.
賁, 音肥. 賁赫, 姓名也. 端, 緖也. 有端, 猶言有由也.

【目】 上이 옛날 楚나라 令尹인 薛公을 불러 물으니, 영윤(설공)이 대답하기를 "지난해에는 彭越을 죽였고 그 전해에는 韓信을 죽였으니, 이 세 사람은 똑같이 공을 세워 같은 지위에 있는 사람들입니다. 스스로 화가 자신에게 미칠까 의심하였기 때문에 반란한 것입니다. 만일 黥布가 上策으로 나온다면 山東은 漢나라의 소유가 아닐 것이고, 中策으로 나온다면 勝敗의 數를 알 수 없고, 下策으로 나온다면 폐하께서는 베개를 베고 편안히 누워 계셔도 漢나라는 무사할 것입니다." 하였다.

上이 召故楚令尹薛公하여 問之한대 令尹曰 往年에 殺彭越하고 前年에 殺韓信[①]하니 此三人者는 同功一體之人也라 自疑禍及身故로 反耳니이다 使布出於上計면 山東은 非漢之有也요 出於中計면 勝敗之數를 未可知也요 出於下計면 陛下高枕而臥하사 漢無事矣리이다

① "往年"은 "前年"과 같으니, 글을 쓸 때 같은 말을 피한 것일 뿐이다.
往年與前年同也, 文相避耳.

【目】 上이 "무엇을 말하는가?" 하고 묻자, 令尹이 다음과 같이 대답하였다.

"동쪽으로 吳나라를 취하고 서쪽으로 楚나라를 취하고, 齊나라를 병합하고 魯나라를 차지하고, 燕나라와 趙나라에 檄文을 돌리고, 점령한 지역을 굳게 지키면 이것이 上策입니다. 동쪽으로 吳나라를 취하고 서쪽으로 楚나라를 취하고, 韓나라를 병합하고 魏나라를 차지하며, 敖倉의 곡식을 점거하고 成皐의 입구를 막는다면 이것은 中策입니다.

동쪽으로 吳나라를 취하고 서쪽으로 下蔡를 취하며, 輜重을 越나라로 돌려보내고 자신은 長沙로 돌아간다면 이것은 下策입니다."

上이 묻기를 "이번에 黥布가 장차 어떤 계책으로 나올 것 같은가?" 하니, 영윤이 대답하기를 "경포는 옛날 驪山에서 노역하던 무리로서 스스로 萬乘의 군주가 되었으니, 모두 자신만을 위할 뿐 뒷날을 돌아보아 깊이 생각하는 자가 아닙니다. 그러니 반드시 하책으로 나올 것입니다." 하였다.

上曰 何謂也오 對曰 東取吳하고 西取楚하고 幷齊取魯하고 傳檄燕趙하고 固守其所하면 此上計也①요 東取吳하고 西取楚하고 幷韓取魏하며 據敖倉之粟하고 塞成皐之口하면 此中計也②요 東取吳하고 西取下蔡하고 歸重於越하고 身歸長沙하면 此下計也③니이다 上曰 是計將安出고 對曰 布以驪山之徒로 自致萬乘하니 此皆爲身이요 不顧後慮者也라 必出下計④하리이다

① 吳는 荊王 劉賈가 봉해진 땅을 이르고, 楚는 楚王 劉交가 봉해진 땅을 이르고, 齊는 齊王 劉肥가 봉해진 땅을 이른다. 魯나라 지역도 楚나라 경내에 들어갔다.
吳, 謂荊王劉賈所封之地. 楚, 謂楚王交所封之地. 齊, 謂齊王肥所封之地. 魯亦入楚境.
② 韓나라 땅은 이때 淮陽國에 보태주었고, 魏나라 땅은 梁王 劉友가 봉해진 곳이다.
韓地, 時以益淮陽國. 魏地, 梁王友所封也.
③ 下蔡縣은 沛郡에 속한다. 越나라는 會稽 땅이다. 長沙는 吳芮가 봉해진 나라이다. 黥布는 六縣에 도읍을 정하고 淮水를 방어선으로 삼아 견고하게 수비하였다. 그러므로 그가 서쪽으로 下蔡를 취하고 동쪽으로 劉賈의 封地를 취하여 淮水 주위의 모든 지역을 점거하리라고 헤아린 것이다. 越나라는 동남쪽에 있으므로 짐수레를 越나라로 돌려보내 스스로 강하게 해서 빼앗을 수 없이 매우 견고하게 만들 것이라고 헤아린 것이다. 경포는 長沙王에게서 아내를 취하였으므로 자신은 長沙로 돌아갈 것이라고 헤아린 것이다.
下蔡縣, 屬沛郡. 越, 會稽地. 長沙, 吳芮所封國. 黥布都六, 阻淮爲固. 故策其西取下蔡, 東取劉賈, 以據全淮. 越在東南, 故策其歸輜重於越以自厚, 爲深固不可取之計. 布娶於長沙王, 故策其身歸長沙.
④ 爲(위하다)는 去聲이다. 아래 爲[88])도 위와 같다.
爲, 去聲, 下爲上同.

【目】이때 上이 병이 있어 태자를 시켜 黥布를 공격하게 하려고 하였다. 그러자 留侯(張良)가 불러온 네 사람[89])이 呂釋之를 설득하기를 "태자가 군대를 거느리고 가서 공을 세운다고 하더라도 지위가 더 올라갈 것이 없을 것이요, 공을 세우지 못하면 이로 말미암

---

88) 爲 : 105쪽의 "承間爲上泣言"의 爲를 가리킨다.
89) 네 사람 : 商山 四皓를 가리킨다. 본서 82쪽 참조.

아 화를 받게 될 것입니다. 그러니 그대는 어찌하여 급히 呂后에게 청해서 틈을 보아 上에게 울면서 '경포는 猛將으로서 用兵을 잘하고 여러 장수들은 옛날 폐하와 대등한 수준에 있었던 자들인데, 태자로 하여금 이들을 거느리게 하신다면 이것은 羊으로 하여금 이리를 거느리게 하는 것과 다름이 없습니다. 그리고 경포에게 이런 소식이 알려진다면 그는 북을 치며 행진해서 서쪽을 향해 올 것입니다.'라고 말씀드리게 하지 않으십니까?" 하였다. 呂后가 그의 말대로 하자, 이에 上이 직접 군대를 거느리고 동쪽으로 갔다.

時에 上이 有疾하여 欲使太子擊布한대 留侯所招四人者 說(세)呂釋之曰 太子將兵有功이라도 則位不益이요 無功이면 則從此受禍矣리니 君何不急請呂后하여 承間爲上泣言고 黥布는 猛將이라 善用兵하고 諸將은 皆陛下故等夷[①]어늘 乃令太子將此屬이면 無異使羊將狼이요 且使布聞之하면 則鼓行而西耳리이다 后如其言한대 於是에 上이 自將而東하다

① 夷는 평등하다는 뜻이니, 〈"故等夷"는〉 옛날에는 모두 같은 등급이었다는 말이다.
夷, 平也. 言故時皆齊等也.

【目】 유후는 병이 있었는데, 억지로 나와서 上을 뵙고 말하기를 "신은 마땅히 따라가야 하지만 병이 심합니다. 楚나라 사람들은 사납고 날래니, 원컨대 上께서는 그들과 예봉을 다투지 마소서." 하고, 따라서 上을 설득하여 태자를 장군으로 삼아서 關中의 군대를 감독하게 하였다. 그러자 上이 말하기를 "子房(張良)이 비록 병이 들었지만 억지로 누워서라도 태자를 가르치도록 하라." 하였다.

이때에 叔孫通이 이미 〈太子의〉 太傅가 되었으므로 留侯는 少傅의 職事를 행하고 있었는데, 關中의 車騎와 巴蜀의 材官(능력 있는 武官), 그리고 中尉의 군사 3만 명을 징발하여 皇太子를 호위하면서 霸上에 주둔하게 하였다.

留侯病이러니 自强起見(현)上曰 臣宜從이로대 病甚이라 楚人이 剽疾하니 願無與爭鋒하소서 因說(세)上하여 令太子爲將軍하여 監關中兵한대 上曰 子房雖病이나 彊臥而傅之하라 時에 叔孫通이 已爲太傅하니 留侯行少傅事[①]하고 發關中車騎와 巴蜀材官과 及中尉卒三萬人하여 爲皇太子衛하여 軍霸上[②]하다

① 옛날에는 世子에게 〈太師·太傅·太保의〉 三師와 〈少師·少傅·少保의〉 三少가 있었는데, 漢나라에 이르러서는 오직 太傅와 少傅만 있었다.
古世子有三師·三少, 至漢惟太傅·少傅耳.
② 材官은 능력이 있는 자이다.
材官, 有材力者.

【目】黥布가 처음 반란할 적에 그 장수들에게 이르기를 "上은 늙었고 전쟁을 싫어하니 반드시 오지 않을 것이고, 여러 장수 중에는 오직 淮陰侯와 彭越만이 두려운 상대인데 지금 모두 죽었으니, 나머지는 두려워할 것이 없다." 하고 동쪽으로 가서 荊나라를 공격하자 荊王 劉賈가 도망가다가 죽었다.

이어 楚나라를 공격하자, 楚나라는 이들을 맞이하여 徐縣과 僮縣 사이에서 싸울 적에, 三軍을 만들어서 서로 구원하며 기이한 속임수를 쓰고자 하였다. 그러자 어떤 사람이 말하기를 "경포는 用兵을 잘해서 백성들이 평소 그를 두려워합니다. 그리고 兵法에 '諸侯들이 자기 지역에서 싸우는 것을 散地라고 한다.'고 하였습니다. 지금 별도로 三軍을 만들었다가, 저들이 우리의 一軍을 패배시키면 나머지 군대들은 모두 달아날 것이니, 어떻게 서로 구원해줄 수 있겠습니까?" 하였으나 이 말을 듣지 않았는데, 과연 패하니, 경포가 마침내 군병들을 이끌고 서쪽으로 갔다.

布之初反에 謂其將曰 上이 老厭兵하니 必不能來요 諸將에 獨患淮陰彭越이러니 今皆已死하니 餘不足畏也라하고 東擊荊한대 荊王賈走死하다 擊楚한대 楚與戰徐僮間①할새 爲三軍하여 欲以相救爲奇②러니 或曰 布善用兵하여 民素畏之요 且兵法에 諸侯自戰其地를 爲散地③라하니 今別爲三이라가 彼敗吾一軍하면 餘皆走하리니 安能相救리오호대 不聽이러니 果敗하니 布遂引兵西하다

① ≪漢書≫ 〈地理志〉에 "臨淮郡에 徐縣과 僮縣이 있다." 하였으니, 아마도 楚나라가 군대를 일으켜 黥布와 이 두 縣 사이에서 싸운 듯하다.
班志"臨淮郡, 有徐縣・僮縣." 楚蓋發兵, 與布戰於二縣之間.

② 군대를 셋으로 나눈 것은 서로 구원해서 기이한 속임수를 쓰고자 한 것이다.
分而爲三, 欲互相救出奇譎.

③ ≪孫子兵法≫ 〈九地〉[90]에 "자기 지역에서 싸우는 것을 散地라 한다." 하였는데, 그 注에 "병졸들이 자기 집이 가까이 있어서 진격할 적에는 죽기를 각오하는 마음이 없고 후퇴할 적에는 돌아가 몸을 맡길 곳이 있다." 하였다.
孫子兵法九地曰"自戰其地, 爲散地." 注"士卒近家, 進無必死之心, 退有歸投之地."

90) 九地 : 전투를 하는 데 있어서의 아홉 가지 지형으로, 散地, 輕地, 爭地, 交地, 衢地, 重地, 圮地(비지), 圍地, 死地를 이른다.

思政殿訓義 資治通鑑綱目 제3권 중

漢 高祖 12년~漢 文帝 2년

丙午年(B.C. 195)

【綱】漢나라 太祖 高皇帝 12년이다. 겨울 10월에 황제가 蘄縣(기현) 서쪽에서 黥布의 군대를 격파하니, 경포가 도망해서 달아나자 長沙王 吳臣이 유인해서 죽였다.

十二年이라 冬十月에 帝破布軍於蘄西하니 布亡走어늘 長沙王臣이 誘而誅之[1)]하다

【目】上이 黥布의 군대와 蘄縣 서쪽에서 만났는데 경포의 군대가 매우 정예로웠다. 上이 경포가 펼쳐놓은 진이 마치 項籍의 군대와 같은 것을 바라보고 싫어하여 멀리서 경포에게 이르기를, "무엇이 못마땅해서 고생스럽게 반란을 일으켰는가?" 하니, 경포가 말하기를, "황제가 되고 싶을 뿐이다." 하였다. 上이 노하여 그를 꾸짖고 드디어 크게 싸웠다. 경포의 군대가 패하여 江南으로 달아나자, 長沙王 吳臣이 사람을 시켜 함께 越 지역으로 도망하자고 유인해서 경포를 죽였다.

---

1) 長沙王臣 誘而誅之 : "무릇 '誘'라고 쓴 것은 비난한 것인데, 여기에 '誘'라 쓴 것은 어째서인가? 앞에서는 '反'이라 쓰고 여기에서는 '誅'라 썼으면 죄인인 것이니, '誘'라고 쓴 것을 혐의할 것이 없다. '長沙王 吳臣'이라 쓴 것은 그의 공을 인정한 것이다.〔凡書誘 譏也 此其書誘 何 前書反 此書誅 則罪人也 無嫌於誘矣 書長沙王臣 予其功也〕" ≪書法≫

"英布가 죽었을 적에 예전의 史書에는 모두 '殺'이라고 썼는데, ≪資治通鑑綱目≫에 이르러 처음으로 '誅'라고 쓴 것은 명분을 바로잡고 죄를 정한 것이다. 위에서 '黥布가 모반했다.'고 써서 이미 그 명분을 앞에서 바로잡았고, 여기에서 '경포가 주벌을 당했다.'고 써서 마침내 그의 죄를 뒤에서 정하였으니, 경포 또한 어떻게 죄를 변명할 수 있겠는가. 韓信과 彭越 같이 실상 죄가 없으면 '殺'이라 쓰고, 경포와 같이 실상 죄가 있으면 '誅'라고 썼다. 그러므로 비록 이들 세 사람(한신, 팽월, 경포)이 같은 공을 세워 같은 지위에 있었지만, 그 죄의 유무에 이르러서는 똑같이 논할 수가 없으니, ≪자치통감강목≫에서 이것을 구별하여 달리 쓰지 않았다면 거의 탁한 涇水와 맑은 渭水가 〈河水에 섞여 들어와〉 분별되지 못하는 것처럼 되었을 것이다.〔英布之死 前史皆以殺書 至綱目 始筆其誅者 正名定罪也 上書布反 旣正其名於前 此書布誅 遂定其罪於後 布亦何得而辭哉 信越無罪 則書以殺 布實有罪 則書其誅 故雖三人同功一體 至其罪之有無 不可槪論 非綱目別異而書之 幾於涇渭不分矣〕" ≪發明≫

上이 與布兵으로 遇於蘄西하니 布兵精甚[①]이라 上이 望其置陳如項籍軍하고 惡(오)之하여 遙謂布曰 何苦而反고 布曰 欲爲帝耳로라 上이 怒罵之하고 遂大戰이러니 布軍이 敗走江南이어늘 長沙王臣이 使人誘與走越하여 殺之[②]하다

① "蘄西"는 蘄縣의 서쪽을 이른다.
蘄西, 謂蘄縣之西也.
② 臣은 이름이니, 吳芮의 아들이다.
臣, 名也, 吳芮之子也.

【綱】 황제가 돌아오면서 沛縣을 지날 적에, 백성들의 賦稅와 徭役(요역)을 면제해서 대대로 부세를 내고 요역에 차출되는 일이 없게 하였다.

帝還過沛할새 復(복)其民하여 世世無有所與(예)[2]하다

【目】 上이 돌아오면서 沛縣을 지날 적에 머물러 沛宮에서 술자리를 베풀고 옛 친구와 父老, 諸母, 子弟들을 모두 불러서 술을 들게 하고 고향에 있었을 때의 옛이야기를 하면서 웃고 즐겼다.

술이 거나해지자, 上이 筑(축)을 치며 스스로 노래하기를, "大風이 일어나니 구름이 날도다. 위엄이 海內에 더해지고서 고향에 돌아오도다. 어이하면 용맹한 장사를 얻어 사방을 지킬 것인가." 하고는 上이 마침내 일어나 춤을 추었다. 그리고 강개하고 애통해서 몇 줄기 눈물을 흘리며 패현의 父兄들에게 이르기를, "떠돌이 나그네는 고향 생각에 슬프다. 내가 비록 關中에 도읍을 정했으나 내가 죽은 뒤에도 내 혼백은 여전히 패현을 그리워할 것이다. 그리고 짐이 沛公이 된 뒤로 포악하고 반역하는 자들을 주벌하고 마침내 천하를 소유하였으니, 패현을 짐의 湯沐邑으로 삼고, 백성들의 賦稅와 徭役을 면제해서 대대로 부세를 내고 요역에 차출되는 일이 없게 하라." 하였다.

上이 還過沛할새 留하여 置酒沛宮하고 悉召故人, 父老, 諸母, 子弟하여 佐酒하고 道舊故하여 爲

---

2) 帝還過沛……世世無有所與 : "특별히 쓴 것이다. 특별히 쓴 것은 어째서인가? 비난한 것이니, 천하에 군주가 되어서 자신이 태어난 한 고을을 사사로이 아껴서 부역을 면제〔復〕하였기 때문이다. 황제가 부역을 면제한 것을 쓴 이후로 光武帝에 대해서는 春陵 백성들과 南頓 백성들의 부역을 면제하였다고 썼고, 唐나라 玄宗에 대해서도 潞州 백성들의 부역을 면제하였다고 썼으니, 이것은 모두 高帝가 계도한 것이다. 그러나 고제가 대대로 부세를 내고 요역에 차출되는 일이 없게 한 것이 더욱 심하다.〔特書也 其特書 何 譏也 以爲君天下而私一邑也 自帝有此書而後 光武書復春陵 復南頓 玄宗亦書復潞州 皆帝啓之也 而世世無有所與 又甚矣〕" ≪書法≫

笑樂이러니 酒酣①에 上이 擊筑(축)自歌曰② 大風起兮여 雲飛揚이로다 威加海內兮여 歸故鄕이로다 安得猛士兮여 守四方고 於是起舞하고 忼慨傷德하여 泣數行下하고 謂沛父兄曰 游子悲故鄕③이라 吾雖都關中이나 千秋萬歲後에 吾魂魄이 猶思沛리라 且朕自沛公으로 以誅暴逆하고 遂有天下하니 其以沛로 爲朕湯沐邑④하고 復其民하여 世世無有所與(예)⑤라하다

① "佐酒"는 술마시기를 권하는 것이다. "道舊故"는 고향에 있었을 때의 옛 이야기를 하는 것을 이른다. 술이 깨지도 않고 술에 취하지도 않은 것을 酣이라고 한다. 일설에 "酣은 술기운이 두루 퍼져 흡족한 것이다." 하였다.
佐酒, 助行酒也. 道舊故, 謂說故舊時話. 不醒不醉曰酣. 一曰"酣, 洽也."

② 筑은 음이 竹이니[3], 모양이 거문고와 비슷한데 머리가 크며 絃을 탈 때 대나무로 쳐서 소리를 낸다.
筑, 音竹, 狀似琴而大頭, 安絃, 以竹擊之.

③ "游子"는 과객이다. 悲는 회상함을 이른다.
游子, 行客也. 悲, 謂顧念也.

④ 그 지방의 賦稅를 가지고 목욕하는 비용에만 쓰는 것을 이른다.
謂以其賦稅, 供湯沐之具也.

⑤ 與(참여하다)는 預로 읽으니, 백성들의 賦役을 면제해주어 부역에 참여시키지 않는 것이다.
與, 讀曰預, 復除其民, 不預賦役.

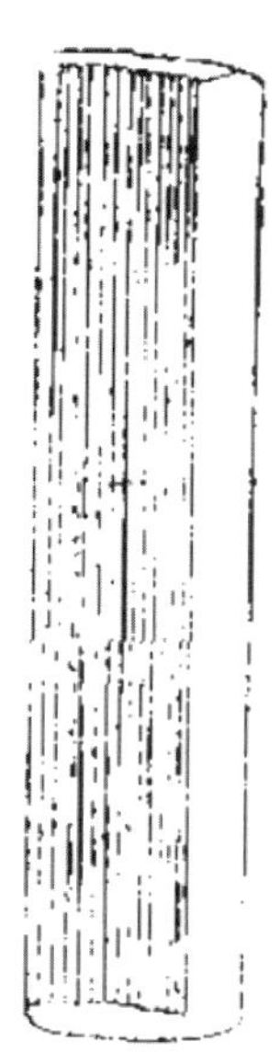
筑

【綱】 太尉 周勃이 陳豨(진희)를 주벌하고 代나라를 평정하였다.

太尉周勃이 誅陳豨하고 定代地①하다

① 太尉는 秦나라의 관직이니 武事를 관장하였는데, 漢나라 제도에 丞相, 御史大夫와 함께 三公이 된다.
太尉, 秦官, 掌武事. 漢制, 與丞相·御史大夫, 爲三公.

【綱】 형의 아들 劉濞(유비)를 세워 吳王으로 삼았다.

◑立兄子濞하여 爲吳王하다

3) 筑은……竹이니 : 訓義에 筑의 음이 竹으로 되어 있으나, 우리나라에서는 대체로 '축'으로 읽으며, 아예 '축풍류 축'으로 읽는다. 훈의의 音과 反切音의 경우 그 당시에 중국어 음을 표시한 것이기 때문에 현재 통용되는 한자음과 맞지 않는 경우가 있다.

【目】 다시 荊國을 吳國이라 하였으니, 劉濞는 劉喜의 아들이다.

更以荊爲吳國하니 濞는 喜之子也①라

① 濞는 披位의 切이다.
濞, 披位切.

【綱】 11월에 〈황제가〉 魯나라 지역을 지나갈 적에 太牢[4]로 孔子의 사당에 제사를 지냈다.

十一月에 過魯할새 以太牢祠孔子①[5]하다

4) 太牢 : 牛, 羊, 豕 세 희생을 갖추어 제사 지내는 것으로 가장 성대한 제수이다.

5) 以太牢祠孔子 : "孔子에게 제사 지낸 것을 쓴 것은 어째서인가? 道를 소중히 여김을 가상히 여긴 것이다. 공자에게 제사 지낸 것을 쓴 것은 많으나, 祭物을 사용〔所以〕함을 쓴 것은 적으니, '太牢로써 제사했다.'라고 쓴 것은 거듭 가상히 여긴 것이다. 秦나라 始皇帝가 焚書坑儒한 뒤로 우리 儒道가 거의 실추되었는데, 高帝가 詩·書를 공부하지 않은 자품으로 이때 黥布를 격파하고 돌아오면서 마침 魯나라 지역을 지나다가 마침내 생각이 여기에 미쳐서 太牢로써 제사를 지내기까지 하였으니, 고제는 또한 보통 사람보다 훨씬 뛰어난 점이 있는 것이다. 漢나라 400년 동안 우리 道가 소중히 여겨짐이 실로 이때에 시작되었으니, 특별히 써서 찬미한 것이다.〔書祠孔子 何 嘉重道也 書祠孔子多矣 鮮有書所以者 書以太牢 重嘉之也 自坑焚禍烈 吾道幾墜 帝以不事詩書之資 方破布而歸 適然過魯 乃能動念及此 至以太牢祀焉 帝亦有大過人者矣 漢四百年吾道之重 實自此始 特書美之〕"《書法》

"堯임금과 舜임금, 禹王과 湯王, 文王과 武王이 이미 별세한 뒤로 하늘이 孔子를 내어 萬代의 仁義와 禮樂의 宗主로 삼았으니, 生民(人類)이 죽어서 아주 없어지는 상황에 이르지 않은 것은 우리 성인의 道가 扶持한 공이다. 秦나라가 詩·書를 불태우고 學士를 구덩이에 묻어 죽인 뒤로 천하가 크게 혼란해서 그 화가 陳勝과 項羽에 이르러 극도에 이르렀다. 漢나라 高帝가 일어나 전쟁을 통해 천하를 얻어 詩·書를 공부하지 않았고, 선비들에게 모욕을 주어 꾸짖고 선비들의 冠에 오줌을 누었으니, 그가 儒道를 보는 것이 둥근 구멍과 네모진 자루가 서로 맞지 않는 것보다도 더하였다. 그러나 魯나라 지방을 지나다가 공자에게 제사를 지낸 것이 전란이 일어나 경황이 없는 때에 보인다. 그러므로 《資治通鑑綱目》에 특별히 써서 인정하였으니, 또한 天理가 사람의 마음속에 보존되어 있어서 자연히 없어질 수 없음을 볼 수 있다.

漢나라 400년 基業의 정신과 명맥이 여기에 있었다. 이후로 儒道가 점점 진작되어서 책을 가지고 다니는 것을 금하는 법률을 없애고 博士官을 두고 經書를 바치는 길을 연 것이 후세에 차례로 보이니, 또한 충분히 당시에 공자를 높이고 숭상한 뜻을 볼 수 있다. 그러나 漢나라의 정사가 예스럽지 못한 데에 그친 것은 그 한두 가지의 실마리를 대강 얻었을 뿐, 정미한 體·用을 밝히지 못했기 때문이다. 그러나 우리의 儒道가 天地 사이에 있는 것은 一元의 기운이 두루 유행하고 성대하여 일찍이 단 하루도 존재하지 않은 적이 없는 것과 같아서 秦나라 때문에 없어지지 않고 漢나라 때문에 일어나지 않으니, 당시의 군주가 진실로 儒道의 공이 크다는 것을 알고서 진작하여 일으켰다면 공자의 편안하게 해주면 오고 고무시키면 和하는 효험과 제왕들의 화목하고 태평한 정치를 다시 천하에 볼 수 있었을 것이다. 漢나라 사람이 이것을 충분히 말하지 못한 것이 애석하다.〔自堯舜禹湯文武旣沒 天生孔子 爲萬代仁義禮樂之宗主 生民之類 不至糜爛絶滅者 吾聖道扶持之功用也 自秦燔詩書 坑學士 天下大亂 其禍至於陳項極矣 漢高之興 以馬上得天下 不事詩書 嫚罵溺冠 其視儒道 不啻枘鑿之不相入 然過魯祠孔子 乃見於兵戈倥偬之日 故綱目特筆予之 亦以見天理之在人心 自有不可得而泯沒者 漢氏四百年基業 其精神命脈 蓋在於此 自是而後 儒道稍稍振起 除挾書禁 置博士官 開獻書路 迭見於繼世之後 亦足以見當時崇尙之意 然漢治

① 孔子의 사당은 魯城(曲阜)의 남쪽에 있다.
孔子之廟, 在魯城南.

高祖가 魯나라 지역을 지나면서 孔子에게 제사하다

【綱】 마침내 還宮하였다.

◑ 遂還宮하다

【目】 上이 長安으로 돌아온 뒤로 병이 더욱 심해져서 더욱 太子를 바꾸고자 하였다. 張良이 간하였으나 듣지 않자, 장량은 이로 인해 질병이 있다고 사양하고 직무를 수행하지 않았다.

叔孫通이 간하기를 "晉나라 獻公이 驪姬 때문에 태자를 폐해서 나라가 수십 년 동안 어지러웠으며,[6] 秦나라가 일찍 扶蘇를 태자로 정하지 않아서 스스로 宗祀를 멸망하게

終於不古者 粗得其一二之緒餘 而精微體用未之明也 雖然吾道在天地間 如一元之氣 周流磅礴 未始一日而不存 不以秦而泯 不以漢而興 時君世主 苟能知其功用之大 振而起之 則聖人綏來動和之效 帝王時雍迓衡之治 可復見於天下矣 惜乎 漢人不足以語此〕" ≪發明≫

6) 晉나라……어지러웠으며 : 晉 獻公이 驪戎을 정벌하고 驪姬를 얻어 아내로 삼았는데, 여희가 자신의 아들 奚齊를 태자로 삼으려고, 太子 申生이 바친 음식에 독을 넣어 태자를 무함하였다. 이에 신생은 新城으로 도망하여 해명하라는 주위의 권유도 뿌리친 채 "우리 임금이 늙으셨는데 여희가 아니면 잠자리도 불편해하고 음식도 들지 못하신다. 내가 해명하면 노여워하실 테니, 안 될 일이다." 하고

하였으니[7] 이는 폐하께서 직접 보신 바입니다. 지금 기필코 嫡子를 폐하고 작은아들을 세우고자 하신다면 신은 먼저 伏誅되어 목의 피로써 땅을 더럽히기를 원합니다." 하니, 황제가 말하기를, "공은 그만두어라. 내가 다만 농담하였을 뿐이다." 하였다.

숙손통이 아뢰기를, "태자는 천하의 근본이니, 근본이 한 번 흔들리면 천하가 진동합니다. 어찌하여 천하를 가지고 농담을 하신단 말입니까?" 하니, 上이 거짓으로 윤허하는 체하였으나 여전히 태자를 바꾸려고 하였다.

上이 還長安하여 疾益甚하여 愈欲易太子어늘 張良이 諫不聽한대 因辭疾하여 不視事하다 叔孫通이 諫曰 晉獻公이 以驪姬故로 廢太子하여 國亂數十年하고 秦以不蚤定扶蘇하여 自使滅祀하니 此陛下所親見이라 今必欲廢嫡而立少인댄 臣願先伏誅하여 以頸血汙地호리이다 帝曰 公은 罷矣어다 吾直戲耳로라 通曰 太子는 天下本이니 本一搖하면 天下震動하나니 奈何以天下爲戲乎잇가 上이 詳(양)許나 而猶欲易之①하다

① 詳(거짓, 겉으로)은 佯으로 읽는다.
詳, 讀曰佯.

【目】뒤에 술자리를 베풀게 되어 태자가 황제를 모실 적에 留侯(張良)가 불러온 네 사람(商山四皓)[8]이 태자를 따라오니, 나이가 모두 80여 세여서 수염과 눈썹이 희고 의관이 매우 거룩하였다. 上이 괴이하게 여겨 물으니, 네 사람이 앞으로 나와 대답하여 각기 자신들의 姓名을 말하였다.

上이 마침내 크게 놀라며 말하기를, "내가 공들을 몇 년 동안이나 찾았는데도 공들이 나를 피해 도망하였더니, 지

商山四皓

자살하였는데, 이로 인해 晉나라가 크게 혼란했던 일을 말한다. ≪史記 晉世家≫

7) 秦나라가……하였으니 : 扶蘇는 始皇帝의 長子이다. 부소는 시황제가 儒生들을 묻어 죽이자 간하였다가 죄를 얻고 쫓겨나 上郡에 있던 蒙恬의 군대를 감독하게 되었다. 뒤에 시황제가 죽자 趙高가 승상 李斯와 공모하여 詔書를 고쳐 부소를 죽이고 胡亥를 二世皇帝로 세웠다가 결국 秦나라가 멸망한 일을 말한다. ≪資治通鑑綱目 제2권 중 秦 始皇帝 35년조·37년조≫

8) 네 사람(商山四皓) : 東園公, 綺里季, 夏黃公, 甪里先生을 이른다.

금은 어찌하여 스스로 내 아들을 따라 노는가?" 하니, 네 사람이 말하기를, "폐하께서는 선비들을 경시하고 꾸짖기를 잘하시니, 신들이 의리상 모욕을 당할 수가 없으므로 두려워서 도망해 숨었던 것입니다. 그런데 지금 태자께서는 인품이 인자하고 효성스럽고 공경하며 선비들을 사랑하시니, 천하 사람들이 모두 목을 빼고 태자를 위해 죽기를 간절히 원한다고 들었기 때문에 신들이 온 것입니다." 하였다.

上이 말하기를 "공들에게 번거롭게 당부하노니, 부디 끝까지 태자를 잘 가르치고 보좌하라." 하였다.

네 사람이 나가자, 上이 戚夫人을 불러 이들을 가리켜 보이며 말하기를, "내가 태자를 바꾸고자 하였는데 저 네 사람이 태자를 보좌하니, 羽翼이 이미 이루어져서 바꾸기가 어렵다." 하였다. 척부인이 울자, 上이 일어나 술자리를 파하고 끝내 태자를 바꾸지 않았으니, 이는 유후가 본래 이 네 사람을 불러온 덕분이었다.

後置酒에 太子侍할새 留侯所招四人者從하니 年皆八十餘라 須眉皓白하고 衣冠甚偉[①]어늘 上이 怪問之한대 四人前對하여 各言姓名하니 上乃大驚曰 吾求公數歲로대 公避逃我러니 今何自從吾兒遊乎오 四人曰 陛下輕士善罵하시니 臣等이 義不辱이라 故로 恐而亡匿이러니 今聞太子爲人이 仁孝恭敬愛士하니 天下莫不延頸하여 願爲太子死者라 故로 臣等來耳로이다 上曰 煩公하노니 幸卒調護太子[②]하라 四人者出커늘 上이 召戚夫人하여 指視之하고 曰 我欲易之러니 彼四人者輔之하니 羽翼已成하여 難動矣로다 戚夫人泣이어늘 上이 起罷酒하고 遂不易太子하니 留侯本招此四人之力也러라

① 수염과 눈썹이 희니, 이 때문에 이들을 四皓라고 이른 것이다
須眉皓白, 所以謂之四皓.
② 調는 和平함을 이르고, 護는 보호하여 편안히 함을 이른다.
調, 謂和平之. 護, 謂保安之.

【目】 胡氏(胡寅)가 다음과 같이 평하였다.

"훌륭하다, 子房이 간언을 잘하였구나. 일에 앞서서 억지로 떠들지 않고 일에 뒤늦어서 기회를 잃지 않으며, 묻지 않으면 말하지 않고 말하면 반드시 그 옳음에 합당하였다. 그러므로 듣기가 쉽고 따르기가 어렵지 않았던 것이다. 네 사람을 불러와서 太子의 지위를 안정시킴에 이르러서는 그 공적이 더욱 훌륭한데, 司馬溫公(司馬光)은 도리어 의심하여 말하기를 '만약 참으로 이런 일이 있었다면 이는 자방이 아들(太子)을 위하여 徒黨을 심어서 아버지를 막은 것이다. 高祖의 雄傑함이 어찌 네 노인이 항거할 수 있는 바이며, 大臣들이 강력히 간함이 어찌 네 노인의 도움보다 낫지 않았겠는가.' 하였다.

아. 이는 ≪春秋≫에서 首止의 맹약을 깊이 허여하였고,[9] ≪周易≫에 '사람을 깨우치되 밝은 곳으로부터 한다.'는 象[10]이 있음을 알지 못한 것이다. 그러므로 이제 특별히 옛 史書에 의거하여 다시 그 일을 자세히 기재하는 것이다."

胡氏曰 善乎라 子房之能納說也여 不先事而彊聒①하고 不後事而失幾하고 不問則不言하고 言則必當其可라 故로 聽之易而用之不難也라 至於招致四人以安太子하여는 則其績尤偉어늘 而司馬公이 乃致疑焉하여 以爲若審有此인댄 是는 子房이 爲子植黨하여 以拒父也라하니 夫高祖之雄傑이 豈四叟所能抗이며 而大臣力諫之彊이 豈不賢於四叟之助리오 嗚呼라 是未知春秋深許首止之盟而易有納約自牖之象也라 故로 今特據舊史하여 復詳載其事云이라

① 彊(억지로 하다)은 上聲이니, "彊聒"은 귀에 대고 억지로 시끄럽게 말하는 것을 이른다.
彊, 上聲. 彊聒, 謂彊聒其耳而語之.

【綱】 相國 蕭何를 廷尉[11]의 獄에 내려 가두었는데, 며칠 뒤에 사면하여 내보냈다.

下相國何廷尉獄이러니 數日에 赦出之[12]하다

---

9) 春秋에서……허여하였고 : 首止는 春秋시대 衛나라의 땅으로 지금의 河南省 睢縣에 있었다. 周나라 惠王이 庶子인 帶를 총애하여 太子인 鄭을 폐하고 그를 세우려 하자, 僖公 5년(B.C.655) 가을 8월에 齊나라 桓公이 제후들을 거느리고 태자를 수지에서 회견하여 그 지위를 안정시키니, 이가 후일 周나라의 襄王이다. ≪春秋左氏傳≫의 注疏에서 태자를 수지에서 회견하여 안정시킨 제 환공을 칭찬하였으므로, 이를 허여했다고 말한 것이다.

10) 사람을……象 : 신하가 군주를 깨우칠 적에 극진한 충성과 옳은 방법으로 군주의 마음을 유도하되, 반드시 군주가 잘 알 수 있는 것부터 시작하여야 한다는 뜻이다. ≪周易≫ 坎卦 六四의 爻辭에 "맺음을 들이되 임금이 잘 아는 곳으로부터 하면 끝내 허물이 없으리라."라고 보인다.

11) 廷尉 : 秦나라 때 처음 설치되었는데, 九卿 중 하나로 刑獄을 관장하였는바, 漢나라가 그대로 따랐다. 후대 '大理', '尉卿'으로 불리기도 하였다.

12) 赦出之 : "'사면하여 내보냈다.〔赦出之〕'라고 쓴 것은 허물을 고친 것을 찬미한 것이다. ≪資治通鑑綱目≫이 끝날 때까지 '赦出之'라고 쓴 것이 5번인데, 위에서는 '아무개를 하옥했다.'라고 쓰고, 아래에서는 '사면하여 내보냈다.'라고 쓴 것은 죄가 없는 사람을 용서했다는 말이고, 위에서는 '일에 걸려 하옥했다.'라고 쓰고, 아래에서는 '사면하여 내보냈다.'라고 쓴 것은 죄가 있는 자를 잘못 풀어주었다는 말이다.〔書赦出之 美改過也 終綱目 書赦出之五 上書下某獄 下書赦出之 赦無罪之辭也 上書坐事下獄 下書赦出之 失有罪之辭也〕" ≪書法≫

"三公은 앉아서 道를 논하고, 宰相은 하늘을 대신하여 萬物을 다스려서 분명하고 화목하게 하며 정신을 모아 천자와 함께 한 堂(政事堂)의 위에서 서로 정사를 문답하는 자이다. 皐陶와 夔, 后稷과 契은 찬성〔都兪〕은 있고 반대〔吁咈〕는 없었으며, 伊尹과 傅說, 周公과 召公은 誥命은 있고 경계하는 말은 없었는데, 고요와 이윤 같은 公들은 사람마다 얻고 세상마다 있지는 못하다. 그러나 그 지위에 있고 그 임무를 맡았으면 또한 그 體貌의 예우를 다하지 않을 수가 없는 것이다. 과연 大臣에게 큰 죄가 있을 경우에는 물리쳐도 되고 버려도 되고 死藥을 내려도 되지만 형틀로 구속하여 욕을 보

【目】 蕭何가 "長安은 땅이 좁고 上林苑 가운데에는 빈 땅으로 버려진 空閒地가 많다."고 하여, 백성들로 하여금 들어와 농사를 짓되 짚을 거두지 말아서 짐승들의 먹이로 삼게 할 것을 청하였다. 上이 크게 노하여 소하를 廷尉에게 내려 형틀에 묶어 구금하였다.

며칠 뒤에 王衛尉[13]가 황제를 모시고 있다가 앞으로 나와 묻기를, "相國이 무슨 큰 죄를 지었기에 폐하께서 갑자기 구속하셨습니까?" 하니, 上이 대답하기를 "내가 듣건대, 李斯는 秦나라의 재상이 되어 잘한 일은 군주에게 돌리고 잘못한 일은 자기에게 돌렸다 한다. 그런데 지금 상국은 장사꾼들의 돈을 많이 받고 그들을 위하여 내 後苑을 백성들에게 경작하도록 청해서 스스로 백성들에게 잘 보이려 하였다. 그래서 구속하여 죄를 다스린 것이다." 하였다.

이에 왕위위가 다음과 같이 아뢰었다.

"직무를 수행하는데 백성에게 편리한 점이 있어서 청하였다면, 이것은 참으로 재상이 해야 할 일입니다. 그런데 폐하께서는 어찌하여 도리어 상국이 장사꾼들의 돈을 받았다

이는 것이 옳겠는가. 李斯와 馮去疾이 秦나라 때에 하옥되어 죽은 뒤로 漢나라 때에도 또한 이러한 고사를 익숙히 들었다. 그리하여 이때에 이르러서 信實하고 謹愼한 蕭相國조차도 하루아침에 이유 없이 감옥에 갇혔으니, 비록 '얼마 안 있다가 사면하여 내보냈다.'라고 하였으나, 相國은 禮가 백관의 우두머리이고 公卿의 으뜸인데, 후일 또한 무슨 면목으로 여러 사람의 위에 선단 말인가. 文帝가 이것을 익숙히 들어서 周勃을 구속하였고, 景帝가 이것을 익숙히 들어서 周亞夫를 구속하였고, 武帝에 이르러서는 大臣들을 번번이 체포하고 구속하였음을 다 쓸 수가 없을 정도였으며, 심지어는 하옥시켜 腰斬하여 劉屈氂(유굴리)와 같은 무리는 도륙하기를 개돼지보다도 더 심하게 하였다. 元帝가 이 때문에 蘇望之를 죽였고, 哀帝가 이 때문에 王嘉를 죽여 漢나라 시대가 끝날 때까지 〈漢나라 皇室의〉 家法이 이와 같았으니, 어찌 高帝가 후손에게 좋지 못한 것을 물려준 잘못이 아니겠는가.

그러나 蕭何가 忠信으로 高祖를 섬겼는데도 의심한 것이 또한 한두 번이 아니었다. 그리하여 예컨대 자제를 보내어 從軍하게 하고 백성들의 토지를 세놓아 자신을 더럽혀 탐욕스러운 체한 따위는 왕왕 술책을 가지고 서로 속인 것이니, 군주와 신하가 서로 믿는 도리는 이와 같지 않아야 할 듯하다. 이미 형틀에 묶이는 욕을 면치 못하였는데도 여전히 몸을 이끌고 물러가지 못하였으니, 소하 또한 이익을 탐하고 염치가 없는 자이다. ≪資治通鑑綱目≫에 쓰기를 '상국 소하를 廷尉의 옥에 내려 가두었다.'라고 하였으니, 漢나라의 군주와 신하가 이것을 본다면 어찌 다소 부끄러움을 알지 않겠는가.〔三公坐而論道 宰相代天理物 明明穆穆 聚精會神 與天子交相唯諾於一堂之上者也 皐夔稷契有都兪而無吁咈 伊傅周召有誥命而無戒飭 皐伊諸公 不可人得而世有 然居其位 任其職 則亦不可不盡其體貌之禮 至其果有大罪 則退之可也 廢之可也 賜之死亦可也 械繫而戮辱之 可乎哉 自李斯馮去疾在秦以下獄而死 漢亦習聞其故 至是 以蕭相之信謹 一旦無故置之囹圄 雖曰未幾赦出之 然禮絶百僚 師長群后 他日亦何面目立於衆人之上哉 文帝習此而繫周勃 景帝習此而繫亞夫 迨武帝 則動輒逮繫 不可勝擧 至於下獄要斬 如劉屈氂輩 屠之不啻若狗彘者 元帝以此而殺望之 哀帝以此而殺王嘉 終漢之世 家法若此 豈非貽謀不善之過哉 然何以忠信事高祖 疑之亦非一 如遣子弟從軍 貰民田以自汙之類 往往挾術相欺 君臣交孚之理 似不如此 旣不免械繫之辱 猶且不能引身而退 何亦嗜利亡恥者 書曰下相國何廷尉獄 使漢之君臣觀之 寧不少知愧歟〕" ≪發明≫

13) 王衛尉 : 衛尉는 九卿 중 하나로 秦나라 관직에서 연원하였다. 漢 景帝 때 中大夫令이라고 개칭하였으나 다시 환원하였다. 궁성의 수비를 담당하여 궁성 수비병을 통솔하였으며, 황제의 거둥에 호위를 담당하였다.

고 의심하십니까. 또 폐하께서 楚나라와 몇 년 동안 대치하고 있을 적에 상국이 한 번 발을 옮겼으면 關中 以西는 폐하의 소유가 아니었을 터인데,[14] 상국이 이때를 이롭게 여기지 않고 이제 와서 장사꾼들의 돈을 이롭게 여기겠습니까. 그리고 秦나라는 자기의 과실을 듣지 않았기 때문에 천하를 잃었습니다. 이는 이사가 직분을 잘못 수행한 것인데 또 어찌 본받을 것이 되겠습니까. 폐하께서는 어찌하여 재상의 마음 씀을 천박하다고 의심하십니까."

上이 참회하여 기뻐하지 않고는 즉시 소하를 사면하여 내보내게 하였다.

蕭何以長安地陿(협)하고 上林中에 多空地棄①라하여 請令民得入田호대 毋收稿하여 爲禽獸食②한대 上이 大怒하여 下何廷尉하여 械繫之하다 數日에 王衛尉侍③라가 前問曰 相國何大罪완대 陛下繫之暴也④시니잇고 上曰 吾聞李斯相秦에 有善歸主하고 有惡自與어늘 今相國은 多受賈豎(고수)金하고 而爲之請吾苑하여 以自媚於民이라 故로 繫治之⑤로라 王衛尉曰 夫職事苟有便於民而請之면 眞宰相事어늘 陛下奈何로 乃疑相國受賈人錢乎잇가 且陛下拒楚數歲에 相國一搖足이면 則關以西는 非陛下有也어늘 相國不以此時爲利하고 今乃利賈人之金乎잇가 且秦以不聞其過로 亡天下하니 李斯之分過를 又何足法哉잇고 陛下何疑宰相之淺也시니잇고 帝不懌(역)하고 卽赦出之⑥하다

① 〈"多空地棄"는〉 버려져 쓸모가 없는 빈 땅이 많이 있음을 이른다.
謂多有空隙之地, 捐棄無用.
② 顏師古는 "稿는 볏짚이다. 사람들에게 마음대로 농사짓고, 그 稅로 볏짚을 거두지 않고 버려두게 함을 말한 것이다." 하였다. ≪史記索隱≫에 "苗子(어린 모)를 농부에게 주어 심게 하고 볏짚을 남겨두어 官에 바치게 한 것이다." 하였다.
師古曰 "稿, 禾稈也. 言恣人田之, 不收其稿稅也." 索隱曰 "苗子還種田人, 留稿入官."
③ 王은 姓이니 史書에 그 이름이 전하지 않는다. 衛尉寺는 宮內에 있으니, 宮門을 지키는 屯兵을 관장한다. 侍는 天子를 모심을 이른다.
王, 姓也, 史失其名. 衛尉寺, 在宮內, 掌宮門衛屯兵. 侍, 謂侍天子也.
④ "前問"은 앞으로 나와서 청하는 것을 이른다. 何는 ≪漢書≫에 胡로 되어 있다.
前問, 謂進而請也. 何, 漢書作胡.
⑤ 媚는 사랑한다는 뜻이니, 〈"媚於民"은〉 백성들에게 사랑을 구하는 것이다.
媚, 愛也. 求愛於民.
⑥ 淺은 마음 씀이 천박한 것이다. 懌은 기뻐하는 것이다. 〈"不懌"은〉 衛尉의 말에 감동하였기 때문에 부끄럽고 후회스러워서 기뻐하지 않은 것이다.

14) 폐하께서……터인데 : 高祖가 楚나라와 몇 년 동안 대치하고 있는 상황에서 蕭何는 關中을 지키고 있으면서 병력과 군량을 계속 지원 공급하였다. 그러므로 그때 상국이 관중을 동요시켰다면 관중 이서는 고조의 소유가 될 수 없었을 것이라고 말한 것이다.

淺, 用意淺也. 懌, 悅也. 感衛尉之言. 故慚悔而不悅也.

【目】蕭何는 연로하고 평소에 공손하고 신중하여서 들어갈 적에 맨발로 가서 사례하니, 황제가 말하기를 "相國은 나가서 쉬라. 상국이 백성들을 위하여 나의 後苑을 청하였는데 내가 허락하지 않았으니, 나는 桀·紂와 같은 군주에 불과하고 상국은 어진 재상이 되었다. 그러므로 내가 고의로 상국을 구속하여 백성들로 하여금 나의 과실을 듣게 하고자 한 것이다." 하였다.

何年老하고 素恭謹이라 入에 徒跣(도선)謝어늘 帝曰 相國休矣①어다 相國이 爲民請苑이어늘 吾不許하니 我는 不過爲桀紂主요 而相國은 爲賢相이라 吾故繫相國하여 欲令百姓聞吾過也로라

① 徒는 맨발이다. 跣(맨발)은 蘇典의 切이니, 발이 직접 땅에 닿는 것으로, 신발을 신지 않음을 이른다. 休는 밖으로 나가 스스로 휴식하게 한 것이다.
徒, 空也. 跣, 蘇典切, 足親地, 謂不著(착)屨也. 休, 令出外自休息..

【綱】燕王 盧綰이 반란을 꾀하자, 봄 2월에 樊噲(번쾌)를 파견하여 相國으로서 군대를 거느리고 가서 토벌하게 하고, 아들 劉建을 세워 燕王으로 삼았다.

燕王綰이 謀反이어늘 春二月에 遣樊噲하여 以相國으로 將兵討之[15)]하고 立子建爲燕王하다

【目】陳豨가 반란을 일으켰을 적에, 燕王 盧綰이 군대를 동원하여 代나라의 동북쪽을 치고, 진희가 匈奴에게 구원병을 청했다 하여 역시 자신의 신하인 張勝을 흉노에게 사신으로 보내어 진희의 군대가 격파되었다고 말하게 하였다.

옛날 燕王 臧荼(장도)의 아들 臧衍이 흉노에 있다가 장승에게 말하기를, '燕나라가 오랫동안 존속된 것은 諸侯들이 자주 반란을 일으켜서 전쟁이 계속 이어져 결판나지 않았기 때문이다. 그런데 지금 公이 진희를 급히 멸망시키고자 하니, 진희가 망하면 다음은

15) 遣樊噲……將兵討之 : "'아무개가 아무 관직으로 군대를 거느렸다.〔某以某官將〕'라고 쓴 적이 없었는데, '樊噲가 相國으로서'라고 쓴 것은 어째서인가? 그 권한을 너무 무겁게 여긴 것이다. 가령 상국으로서 군대를 거느리게 하고 뒤따라 詔令을 내려 陳平에게 그를 참수하게 하였다면 황제의 결단이 우연이 아니었을 것이다. 그런데 진평이 마침내 번쾌를 체포해서 파발마를 통해 長安으로 압송하였으니, 이것이 어찌 황제의 본의였겠는가. ≪資治通鑑綱目≫에 '번쾌가 상국으로서 군대를 거느렸다.'라고 쓰고, 다음에 '조령을 내려 번쾌를 참수하게 했다.'라고 썼고, 아래에는 '번쾌를 사면했다.'고 썼으니, 이는 진평을 죄책하고 漢나라를 위태롭게 여긴 것이다.〔未有書某以某官將者 書噲以相國 何 重其權也 使以相國將 而隨詔陳平斬之 則帝之決也 非苟然者矣 平乃傳詣長安 豈帝意哉 綱目書噲以相國將 次書詔斬噲 下書赦樊噲 所以罪平而危漢也〕" ≪書法≫

또한 燕나라에 이를 것이다." 하였다. 장승이 그의 말을 옳게 여겨 돌아와서 노관에게 고하니, 노관이 마침내 은밀히 장승으로 하여금 흉노에서 간첩 노릇을 하게 하고, 范齊로 하여금 진희와 공모해서 오랫동안 도망하여 전쟁이 이어져 결판나지 않게 하고자 하였다.

이때에 이르러 진희의 裨將이 항복하여 이런 사실을 말하자, 황제가 노관을 불렀다. 노관이 두려워 그가 총애하는 신하에게 이르기를, "劉氏가 아니면서 왕 노릇 하는 자는 오직 나와 長沙王(吳芮)뿐이다. 지난해 봄에 淮陰侯(韓信)를 멸족하고 여름에 彭越을 주벌하였는데, 이는 모두 呂氏의 계략이었다. 이제 上이 병들었으니, 呂后가 제멋대로 일을 가지고 죄를 얽어서 異姓의 왕들과 큰 공이 있는 신하들을 주벌하고자 하는 것이다." 하고는 마침내 병을 핑계 대고 가지 않았는데, 그 말이 많이 누설되어 나갔다.

또 〈漢나라에서〉 항복한 흉노 사람을 붙잡았는데, 장승이 燕나라를 위해 흉노에 사신 간 상황에 대해 말하였다. 이에 上이 노하여 말하기를 "노관이 과연 배반하였구나." 하고, 樊噲로 하여금 군대를 거느리고 가서 공격하게 하였다.

陳豨之反에 燕王綰이 發兵하여 擊其東北①하고 以豨求救於匈奴라하여 亦使其臣張勝於匈奴하여 言豨軍破러니 故燕王臧荼子衍이 在胡라가 謂勝曰 燕所以久存은 以諸侯數(삭)反하여 兵連不決也어늘 今公이 欲急滅豨하니 豨亡이면 次亦至燕矣리라 勝以爲然하여 還以告綰한대 綰이 乃陰使勝으로 爲間於匈奴②하고 而使范齊로 通計謀於豨하여 欲令久亡하여 連兵勿決③하다 至是하여 豨裨將이 降하여 言之어늘 帝召綰한대 綰이 恐하여 謂其幸臣曰 非劉氏而王은 獨我與長沙耳라 往年春에 族淮陰하고 夏에 誅彭越하니 皆呂氏計라 今上病하니 呂后專欲以事誅異姓王者及大功臣이라하고 遂稱病不行이러니 語頗泄(설)하고 又得匈奴降者한대 言張勝爲燕使胡狀이라 於是에 上怒曰 綰果反矣로다하고 使樊噲로 將兵擊之하다

① 陳豨가 代나라에서 반란을 일으키니, 代나라는 燕나라의 서남쪽에 있었다. 그래서 盧綰이 그 동북쪽을 공격한 것이다.
豨反於代, 代在燕之西南. 故綰擊其東北.
② 間(간첩)은 居莧의 切이다.
間, 居莧切.
③ "令久亡"은 陳豨로 하여금 오랫동안 도망하여 배반하게 한 것이다.
令久亡, 使豨久亡畔.

【綱】 南武侯 織[16]을 세워 南海王으로 삼았다.

立南武侯織하여 爲南海王①하다

① 織은 粤의 後裔이다. 文穎[17]이 말하기를 "高祖 5년(B.C. 202)에 象郡, 桂林郡, 南海郡, 長沙郡에 吳芮를 세워 長沙王으로 삼았다. 상군, 계림군, 남해군은 尉佗(趙佗)에게 속했는데 위타가 항복하지 않자, 멀리서 이들 지역을 빼앗아 오예를 封한 것이다. 뒤에 위타가 漢나라에 항복하자, 11년에 위타를 다시 세워 南越王으로 삼으니, 이로부터 위타는 세 郡에 왕노릇 하였고, 오예는 오직 長沙와 桂陽만을 얻었을 뿐이었다. 이제 織을 南海王으로 封하여 다시 위타의 한 郡(南海郡)을 멀리서 빼앗았으나 織이 왕 노릇을 할 수 없었다." 하였다. 織, 粤之世也. 文穎曰 "高祖五年, 以象郡·桂林·南海·長沙, 立吳芮爲長沙王. 象郡·桂林·南海屬尉佗, 佗未降, 遙奪以封芮耳. 後佗降漢, 十一年更立佗爲南越王, 自此, 王三郡, 芮惟得長沙·桂陽耳. 今封織南海王, 復遙奪佗一郡, 織未得王之."

【綱】陳平에게 詔令을 내려 樊噲를 베고 周勃에게 그 군대를 대신 통솔하게 하였다. 진평이 번쾌를 체포해서 파발마를 통해 長安으로 압송하였다.

◑ 詔陳平하여 斬樊噲하고 以周勃로 代將其軍하니 平이 傳噲詣長安하다

【目】皇帝의 병이 위독하자, 어떤 사람이 혹 말하기를, "樊噲는 呂氏와 한 패거리이니, 가령 어느 날 上께서 崩하시면 군대를 거느리고 趙王 劉如意의 족속을 주벌하려고 할 것입니다." 하였다. 이에 황제가 크게 노하여 陳平의 계략을 써서 絳侯 周勃을 불러 침상 아래에서 詔令을 받게 하며 말하기를, "진평은 급히 주발을 태우고 파발마를 달려가서 번쾌를 대신하여 군대를 통솔하게 하고, 軍中에 이르면 즉시 번쾌를 斬首하라." 하였다.

두 사람이 길을 가면서 계책을 세워 말하기를 "번쾌는 황제의 친구이다. 공이 많고 또 呂后의 여동생 呂嬃(여수)의 남편이니, 친하기도 하고 귀하기도 하다. 지금 황제께서 단지 분노 때문에 참수하고자 하나 후회할까 두려우니, 차라리 죄인을 수송하는 檻車에 가두어 上에게 바쳐서 上이 직접 주벌하게 하는 것이 낫겠다." 하였다. 군중에 이르기 전에 壇을 만들고 旌節로 번쾌를 불러 두 손을 뒤로 결박해서 함거에 실어 파발마를 통해 長安으로 압송하고, 주발로 하여금 대신 군대를 통솔하여 배반한 燕나라의 縣을 평정하게 하였다.

---

16) 南武侯 織 : 南武侯의 정확한 姓은 史書에 기록되어 있지 않다.

17) 文穎 : 삼국시대 魏나라 사람으로, 자가 叔良이며, ≪漢書≫의 주를 내었다.

帝病甚이어늘 人或言樊噲黨於呂氏하니 卽一日에 上이 晏駕하면 欲以兵誅趙王如意之屬①이라한대 帝大怒하여 用陳平謀하여 召絳侯周勃하여 受詔牀下하여 曰 陳平은 馳傳載勃하여 代噲將하고 至軍中하여 卽斬噲頭②하라하다 二人이 行計之曰③ 噲는 帝之故人也라 功多하고 又呂后弟嬃之夫니 有親且貴④라 今帝特以忿怒故로 欲斬之나 恐後悔하니 寧囚而致上하여 上自誅之라하고 未至軍하여 爲壇하고 以節召噲하여 反接載檻車하여 傳詣長安⑤하고 令勃代將하여 定燕反縣하다

① "晏駕"라는 것은, 天子가 새벽에 일찍 일어나야 하는데 갑자기 崩해서 조정에 임어하지 못하면 신하들의 마음에는 그래도 황제의 수레가 늦게 나올 것이라고 생각하는 것이다.
晏駕者, 天子當晨起早作, 而忽崩殞, 不出臨朝, 凡臣子之心, 猶謂宮車晚出也.

② ≪漢書≫ 〈地理志〉에 "絳縣은 河東郡에 속하니, 晉나라의 옛 도읍이다." 하였다.
班志 "絳縣, 屬河東郡, 晉之舊都."

③ "行計"는 道中에 길을 가면서 계책을 세움을 이른다.
行計, 謂於道中, 行且計也.

④ 嬃는 음이 須이다.
嬃, 音須.

⑤ "反接"은 두 손을 뒤로 결박하는 것이다. 傳은 柱戀의 切이니, 驛을 통해 파발마로 번갈아 바꾸어 가는 것이다.
反接, 反縛兩手也. 傳, 柱戀切, 遞也.

【綱】 여름 4월에 皇帝가 崩하였다.

夏四月에 **帝崩**①[18]하다

① 享年이 62세였다.

---

18) 帝崩 : "賀善의 贊에 말하였다. '漢나라와 唐나라는 모두 무력으로 천하를 점령하였는데, ≪資治通鑑綱目≫에서 高帝에 대해서는 특별히 쓴 것이 네 가지가 있으니, 唐나라는 애초에 여기에 참여될 수 없었다. 漢나라 高帝가 즉위하기 전에는 秦나라에 대하여 「伐」이라 쓰고, 項籍에 대하여 「討」라 썼으며, 오랑캐 군대를 동원했을 적에는 「보내어 도왔다.〔致助〕」라 쓰고, 즉위했을 적에는 「황제에 즉위했다.」고 썼으니, 큰 강령이 바른 것이다. 唐나라 高祖가 즉위하기 전에는 「西河를 공격했다.」고 쓰고, 오랑캐 군대를 사용했을 적에는 「劉文靜이 突厥의 군대를 데리고 왔다.」고 쓰고, 즉위했을 적에는 「황제를 칭했다.」고 썼으니, 어찌 漢나라와 똑같이 말할 수 있겠는가. 고제가 丁公을 목베고 孔子를 제사함에 이르러는 모두 보통 사람보다 크게 뛰어난 점이 있었으니, 漢나라의 국운이 장구하였던 것이 당연하다.'〔賀善贊曰 漢唐皆以兵取天下者也 綱目於高帝 有四特筆 唐初不得而與焉 其未卽位也 加秦書伐 加項籍書討 其用夷兵也 書致助 其卽位也 書卽皇帝位 大綱正矣 其未卽位 書擊西河 其用夷兵 書劉文靜以突厥兵至 卽位書稱皇帝 豈可與漢同日語哉 至於斬丁公 祠孔子 皆有大過人者 漢祚之永 宜哉〕" ≪書法≫
여기서 "오랑캐 군대를 동원했다."는 것은 ≪자치통감강목≫ 제2권 하 漢王 4년조에 "北貉 지방의 燕나라 사람들이 날래고 용감한 기병을 보내어 漢나라를 도왔다.〔北貉燕人 致梟騎助漢〕"라고 한 것을 가리킨다.

壽六十二라

【目】上이 黥布를 공격할 적에 流矢에 맞아 길 가던 도중에 병이 위독해지자, 呂后가 의술이 뛰어난 의사를 맞이하여 들어가 보게 하였다. 의사가 병을 치료할 수 있다고 말하자, 上이 거만하게 그를 꾸짖기를, "내가 평민으로 3尺의 劍을 들고 천하를 취하였으니, 이것은 天命이 아니겠는가. 목숨은 하늘에 달려 있으니, 비록 扁鵲(편작)인들 무슨 유익함이 있겠는가." 하고, 그를 나가게 하였다.

여후가 묻기를 "陛下께서 돌아가신 뒤에 蕭相國이 죽으면 누구로 하여금 대신하게 해야 합니까?" 하니, 上이 대답하기를 "曹參이다." 하였다. 그 다음을 묻자, 대답하기를 "王陵이다. 그러나 그는 조금 우직하니 陳平이 보좌할 수 있으며, 진평은 지혜는 충분하나 홀로 맡기기는 어렵다. 周勃이 중후하고 文雅가 적으나 劉氏를 편안히 할 자는 필시 주발일 것이다." 하였다. 여후가 다시 그 다음을 묻자, 上이 말하기를 "이 뒤로는 또한 당신이 알 바가 아니다." 하였다. 마침내 上이 長樂宮에서 崩御하였다.

呂后가 審食其(심이기)와 謀議하여 장수들을 모두 멸족하려 하였다. 이 때문에 發喪하지 않았는데, 酈商이 심이기에게 이르기를 "만일 이와 같이 한다면 天下가 위태롭게 될 것입니다. 지금 陳平과 灌嬰이 滎陽을 지키고 있고 樊噲와 周勃이 燕나라와 代나라를 평정하였으니, 이러한 사실을 들으면 필시 군대를 연합해서 內地로 향할 것입니다. 大臣들은 안에서 배반하고 장수들은 밖에서 반란을 일으키면 망하는 것은 시간 문제일 것입니다." 하니, 그제야 발상하였다.

上이 擊黥布時에 爲流矢所中하여 行道疾甚①이어늘 呂后迎良醫한대 入見曰 疾을 可治②라한대 上이 嫚罵之曰 吾以布衣로 提三尺하여 取天下하니 此非天命乎③아 命乃在天하니 雖扁鵲이나 何益이리오하고 罷之④하다 后問陛下百歲後에 蕭相國死어든 誰令代之잇고 曰 曹參이니라 其次한대 曰 王陵이나 然少戇(당)하니 陳平可以助之⑤요 平은 知有餘나 然難獨任⑥이요 周勃은 重厚少文이나 然安劉氏者는 必勃也니라 復問其次한대 上曰 此後는 亦非乃所知也⑦니라 遂崩于長樂宮하다 呂后與審食其謀하여 盡族諸將이라 以故로 不發喪⑧이러니 酈商이 謂食其曰 誠如此인댄 天下危矣리라 今陳平, 灌嬰이 守滎陽하고 樊噲, 周勃이 定燕代하니 聞此면 必連兵還(선)鄉⑨하리니 大臣內畔하고 諸將外反하면 亡을 可蹻足待也라한대 乃發喪⑩하다

① 화살이 누가 쏘았는지 모르게 날아오는 것이 流이다. 中(맞다)은 去聲이다.
飛矢曰流. 中, 去聲.

② ≪資治通鑑≫에는 "의술이 뛰어난 의사를 맞이하였는데, 의사가 들어가 보았다."라고 되어

있다.
通鑑 "迎良醫, 醫入見."

③ "三尺"은 劍을 이른다.
三尺, 謂劍也.

④ 扁은 步典의 切이다. 扁鵲은 옛날에 의술이 뛰어난 의사이다. 罷는 나가게 하는 것이다.
扁, 步典切. 扁鵲, 古之良醫. 罷, 遣出去也.

⑤ 少는 多少의 少이다. 戇은 陟降의 切이니, 어리석다는 뜻이다.
少, 多少之少. 戇, 陟降切, 愚也.

⑥ 知(지혜)는 智로 읽는다.
知, 讀曰智.

⑦ 乃는 너라는 뜻이니, 〈"此後 亦非乃所知也"는〉 이후로는 당신 또한 죽어서 더 이상 알 수 없다고 말한 것이다.
乃, 汝也. 言自此之後, 汝亦終矣, 不復知之.

⑧ 審은 姓이다.
審, 姓也.

⑨ ≪漢書≫ 〈陳平傳〉에 "樊噲가 長安으로 압송되고 周勃에게 군대를 대신 통솔하게 하였다. 진평이 가다가 황제가 崩했다는 소식을 듣고 呂嬃가 참소할까 두려워 傳車를 빨리 달려서 먼저 갔다. 使者를 만났는데 진평에게 조령을 내려 灌嬰과 함께 군대를 滎陽에 주둔하게 하였다. 진평이 조령을 받고 빨리 달려가 궁에 이르러 곡을 매우 슬프게 하고 인하여 宿衛하기를 청하였는데, 太后가 郎中令으로 삼았다." 하였다. "還鄕"은 旋嚮으로 읽으니, 內地로 향한다고 말하는 것과 같다.
平傳 "噲詣長安, 令勃代將. 行聞帝崩, 畏呂嬃讒之, 馳傳先去. 逢使者, 詔平與灌嬰屯滎陽. 平受詔, 馳至宮, 哭殊悲, 因請宿衛. 太后以爲郎中令." 還鄕, 讀曰旋嚮, 猶言內嚮也.

⑩ 蹻는 丘妖의 切이니, 발뒤꿈치를 들어올리는 것을 蹻라고 이른다.
蹻, 丘妖切, 擧足, 謂之蹻.

【綱】 盧綰이 도망하여 匈奴로 들어갔다.

盧綰이 亡入匈奴하다

【綱】 5월에 高祖를 長陵에 장사 지냈다.

◑ 五月에 葬長陵[①]하다

① 長陵은 渭水 북쪽에 있다.
長陵, 在渭水北.

【目】 애초에 高祖는 文學을 익히지 않았으나 성품이 총명하고 통달해서 智謀를 좋아하고 남의 의견을 잘 따랐으며, 監門과 戍卒부터 〈모든 사람들을〉 한 번 보면 예전부터 알고 지낸 사람처럼 친히 여겼다. 애초에 民心에 순응해서 約法 三章[19]을 만들었는데, 천하가 평정되고 나서는 蕭何에게 명하여 律令을 차례로 정리하게 하고, 韓信에게 軍法을 분명하게 밝히게 하고, 張蒼[20]에게 章程(曆法과 度量衡)을 정하게 하고, 叔孫通에게 禮儀를 제정하게 하였다. 또 功臣들과 符節을 나누어 誓約하는 글을 만들어서 丹書鐵契를 金匱와 石室에 넣어 宗廟에 보관하니, 비록 시일은 부족하였으나 規模는 크고 원대하였다.

初에 高祖不修文學이로대 而性明達하여 好謀能聽하고 自監門戍卒로 見之如舊①라 初順民心하여 作三章之約이러니 天下旣定에 命蕭何次律令②하고 韓信申軍法③하고 張蒼定章程④하고 叔孫通制禮儀하고 又與功臣으로 剖符作誓하여 丹書鐵契를 金匱石室로 藏之宗廟⑤하니 雖日不暇給이나 規摹弘遠矣⑥러라

① 監門은 酈食其(역이기)를 이르고 戍卒은 婁敬을 이른다. "見之如舊"는 한 번 보면 예전부터 알고 지낸 사람처럼 친하게 여기는 것이다.
監門, 謂酈食其. 戍卒, 謂婁敬. 見之如舊, 謂一見之, 如舊相識.

② 次는 경중에 따라 차례를 정하는 것을 말한다. 律令은 法律書이니, 처음에 약속한 3章의 法은 간사한 것을 막기에 부족하였다. 이에 秦나라의 法을 참고하여 시대에 알맞은 것을 취해 律令 9章을 만든 것이다.
次, 謂第其輕重也. 律令, 卽法書, 以初約三章之法, 不足以禦姦, 於是攈摭秦法, 取其宜於時者, 作律九章.

③ 申은 밝히고 분명히 하는 뜻이다. 軍法은 兵書이다. 高祖가 張良과 韓信에게 명하여 兵法을 차례대로 정리하게 한 것이 모두 182家였다. 이 가운데 긴요한 것을 취해 35家로 정했는데, 呂氏들이 마음대로 권세를 부릴 적에 이를 도적질해서 사용하였다.
申, 明也, 闡也. 軍法, 卽兵書. 帝命張良・韓信, 序次兵法, 凡百八十二家. 刪取要用, 定著三十五家, 諸呂用事而盜取之.

④ 定은 바로잡아 정하는 것이다. 章은 曆數의 규칙이고, 程은 權衡과 丈尺과 斗斛을 공평하게 하는 법이다.

---

19) 約法 三章 : 漢나라 高祖가 秦나라 수도 咸陽을 함락한 뒤, 秦나라의 가혹하고 번거로운 법률 대신 살인자는 죽이고 남을 상해한 자와 도적은 그 죄에 상당한 처벌을 한다는 세 가지 법만을 시행하겠다고 약속한 것을 말한다. ≪史記 高祖本紀≫・≪資治通鑑綱目 제2권 하 漢王 원년조≫

20) 張蒼 : 秦나라 때 御史를 지냈는데, 나중에 劉邦의 거사에 참여하였다. 그는 율력에 정통하고 도서를 잘 알았으며, 재정과 호적의 통계에도 밝아 相府에 있으면서 郡國에서 올리는 회계를 관리하였다. 뒤에 御史大夫에 올랐다. ≪史記 張丞相列傳≫

定, 訂定之也. 章, 曆數之章術也. 程者, 權衡・丈尺・斗斛之平法也.

⑤ "剖符作誓(부절을 나누어 맹약하는 글을 썼다.)"는 竹符를 쪼개 功臣을 봉할 적에 白馬를 잡아서 '黃河가 말라 띠처럼 가늘어지고 태산이 깎여 숫돌처럼 닳아도 나라가 길이 보존되어 후손에게까지 미칠 것'이라고 함께 맹세한 것을 이른다. "丹書鐵契"는 쇠로 符契(부절)를 만들고 朱砂로 글자를 쓴 것이다. 金匱는 金縢과 같으니, 맹세한 글을 匱 속에 보관하고 쇠줄로 묶어서 봉함하는 것이다. 또 돌로 집을 만들고 이 가운데에 匱를 넣어 宗廟에 보관해서 국가와 함께 복록을 누리려고 한 것이다.

剖符作誓, 謂剖符封功臣, 刑白馬, 與爲山河帶厲之盟也. 丹書鐵契者, 以鐵爲契, 以丹書之也. 金匱, 猶金縢也, 以誓書藏之匱中而緘之以金. 又以石爲室, 置匱其中, 藏於宗廟, 使與國同休.

⑥ 給은 넉넉함이니, "日不暇足"은 여러 일이 많아서 항상 여유가 없음을 말한 것이다. 規는 둥근 것을 바로잡는 기구이고 摹는 모방하는 것이니, "規摹(規模)"를 가져다가 비유한 것은 제도를 세우고 모범을 드리움을 이른 것이다.

給, 足也. 日不暇足, 言衆事繁多, 常汲汲也. 規, 正圓之器. 摹, 規倣也. 取喩規摹, 謂立制垂範也.

【綱】 太子 劉盈이 卽位하고 皇后를 높여 皇太后라 하였다.

太子盈이 **卽位**하고 **尊皇后曰皇太后**라하다

【綱】 樊噲를 용서하고 관작과 封邑을 회복시켜주었다.

◑ **赦樊噲**하고 **復爵邑**하다

【綱】 郡國으로 하여금 高廟(高祖의 廟)를 세우게 하였다.

◑ **令郡國立高廟**하다

丁未年(B.C. 194)

【綱】 漢나라 孝惠皇帝 원년이다. 겨울 12월에 太后가 趙王 劉如意를 살해하였다.

孝惠皇帝元年이라 **冬十二月**에 **太后殺趙王如意**[21)]하다

【目】 太后가 戚夫人을 永巷에 구금하고, 머리를 깎고 칼을 씌운 다음 붉은 죄수복을 입혀 방아를 찧게 하고는 趙王 劉如意를 불러서 사자가 세 번 왕래하였다. 趙나라의 정승인 周昌이 말하기를, "高帝께서 신에게 조왕을 부탁하셨는데, 태후께서 조왕을 죽이고자 하신다는 말을 들었으니, 신은 감히 조왕을 보내지 못하겠습니다. 그리고 왕 역시 병이 들어서 詔命을 받들 수 없습니다." 하였다.

태후가 노하여 주창을 불러서 주창이 오고 다시 조왕을 불러서 조왕이 오자, 황제가 스스로 조왕을 맞이하여 궁에 들여서 그를 보호하여 함께 기거하며 음식을 먹고 마시니, 태후가 조왕을 죽이고자 하였으나 틈을 얻지 못하였다. 황제가 새벽에 나가 활을 쏠 적에 조왕이 어려서 일찍 일어날 수가 없었는데, 태후가 사람을 시켜서 酖毒(짐독)을 가져다가 먹이게 하였다.

〈태후는〉 마침내 척부인의 手足을 자르고 눈을 빼고 귀를 지지고 벙어리가 되는 약을 마시게 해서 측간에 살게 하고는 人彘(사람돼지)라고 이름하였다. 황제를 불러서 보게 하였는데, 황제가 놀라서 크게 통곡하고 인하여 병이 들어서 한 해가 지나도록 일어나지 못하였다. 황제가 사람을 보내 태후에게 청하기를, "이는 사람이 할 짓이 아닙니다. 신은 태후의 아들이 되어 끝내 천하를 다스릴 수가 없습니다." 하고, 마침내 날마다 술을 마시고 지나친 향락에 빠져서 정사를 다스리지 않았다.

太后令永巷囚戚夫人하고 髡鉗(곤겸)衣赭衣하여 令舂①하고 召趙王如意하여 三反②이어늘 相周昌曰 高帝屬(촉)臣趙王③이러니 聞太后欲誅之라하니 臣不敢遣이요 王亦病하여 不能奉詔니이다 太后怒하여 召昌至하고 復召趙王來어늘 帝自迎入宮하여 挾與起居飮食④하니 太后欲殺之호대 不得間⑤이라 帝晨出射할새 趙王少하여 不能蚤起어늘 太后使人持酖飮之⑥하다 遂斷戚夫人手足하고 去眼煇(훈)耳하고 飮瘖(음)藥하여 使居厠中하고 命曰人彘⑦라하다 召帝觀한대 帝驚大哭하고 因病하여 歲

---

21) 太后殺趙王如意 : "암탉이 새벽에 우는 것은 집안이 비색할 조짐이다. 周나라 赧王 8년(B.C. 307)에 《資治通鑑綱目》에는 "秦나라 羋氏(미씨)가 국사를 다스렸다."고 썼으니, 이때 처음으로 부인이 정사에 관여하는 단서가 있었다. 그런데 高祖 때에 이르러 神武로 천하를 얻었는데 呂氏 또한 정사에 관여하였다. 이 때문에 淮陰侯가 죽을 때에 "后가 죽였다."고 특별히 써서 서리를 밟으면 단단한 얼음이 이르는 조짐을 보였다. 더구나 惠帝는 나약하여 大權을 직접 장악하지 못하였으니, 母后의 참람함이 당연하다. 趙王 如意가 죽은 것은 혜제가 즉위한 초기였는데, 《자치통감강목》에 특별히 '太后'라고 게시하여 쓴 것은 呂氏가 나라를 전복한 화가 이미 이때 시작되었고, 진실로 후일 臨朝하기를 기다린 이후에 나타난 것이 아님을 보인 것이니, 그렇다면 천하와 국가를 소유한 자가 그 은미함을 삼가지 않을 수 있겠는가.〔牝鷄之晨 惟家之索 蓋自周赧八年 綱目書秦羋氏治國事 始有婦人與政之端 至高祖 以神武得天下 呂氏亦得與事 是以淮陰之死 特書后殺 以見履霜之漸 況夫惠帝懦弱 不能親攬大權 固宜母后之僭也 如意之死 蓋惠帝卽位之初爾 綱目特揭太后書之者 所以見呂氏傾覆之禍已肇於此 固不俟他日臨朝而後見 然則有天下國家者 可不謹其微哉〕" 《發明》

餘不能起라 使人謂太后曰 此는 非人所爲라 臣爲太后子하여 終不能治天下라하고 遂日飮爲淫樂(락)하여 不聽政⑧하다

① 永巷은 宮中의 獄 이름이다. 衣(입다)는 去聲이다. "赭衣"는 죄수복이니, 붉은 흙으로 염색한 것이다. "令舂"은 절굿공이를 가지고 절구질하게 한 것이다. 婦人은 外徭(勞役)에 참여하지 않고 단지 방아 찧어 쌀을 만드니, 4년형[22]이다.
永巷, 宮中獄名. 衣, 去聲. 赭衣, 囚服也, 以赤土染之. 令舂, 使令持杵臨臼也. 婦人不預外徭, 但舂米, 四歲刑.

② 反은 돌아온다[還]는 뜻이니, "三還(三反)"은 세 번 돌아온다는 말과 같다. ≪資治通鑑≫에는 "使者가 세 번 돌아왔다." 하였다.
反, 還也. 三還, 猶言三回也. 通鑑"使者三反."

③ 屬(촉)은 부탁한다는 뜻이다.
屬, 託也.

④ 挾은 보호한다는 뜻이다.
挾, 護持也.

⑤ 間은 틈이다.
間, 空隙也.

⑥ 飮(마시게 하다)은 去聲이다.
飮, 去聲.

⑦ "去眼"은 눈동자를 빼는 것이다. 煇은 許云의 切로 지지는 것이니, 〈"煇耳"는〉 약으로 귀를 지져서 귀머거리가 되게 하는 것이다. 瘖은 於金의 切로 말을 할 수 없는 것이니, 〈"飮瘖藥"은〉 벙어리가 되는 약을 마시게 한 것이다.
去眼, 去其眼睛. 煇, 許云切, 灼也. 以藥熏耳, 令其聾也. 瘖, 於金切, 不能言也. 以瘖藥飮之也.

⑧ 樂(환락)은 음이 洛이다.
樂, 音洛.

【目】 司馬溫公(司馬光)이 다음과 같이 평하였다.

"자식 된 자는 부모가 허물이 있으면 간하고, 간해도 듣지 않으면 울부짖으면서 따라야 하니, 孝惠皇帝와 같은 자는 작은 仁에는 독실하나 大義를 알지 못했다고 이를 만하다."

司馬公曰 爲人子者 父母有過則諫하고 諫而不聽이면 則號泣而隨之하나니 若孝惠者는 可謂篤於小仁而未知大誼也로다

---

22) 4년형 : 일종의 徒刑으로 4년 동안 남자는 城을 쌓고 여자는 방아 찧는 일에 종사하게 하였다.

【綱】淮陽王 劉友를 옮겨 趙王으로 삼았다.

徙淮陽王友하여 爲趙王하다

【綱】봄 정월에 長安의 서북쪽에 城을 쌓기 시작하였다.

◑春正月에 始城長安西北方[23)]하다

戊申年(B.C. 193)

【綱】漢나라 孝惠皇帝 2년이다. 겨울 10월에 齊王 劉肥[24)]가 來朝하였다.

二年이라 冬十月에 齊王肥 來朝하다

【目】齊나라 悼惠王(劉肥)이 來朝하여 太后 앞에서 술을 마셨는데, 황제는 齊王이 형이라고 하여 그를 上座에 앉게 하였다. 태후가 怒하여 酖酒를 따라서 제왕에게 내렸는데, 황제가 짐주를 가져다 마시려고 하니, 태후는 자기 아들(황제)이 마실까 두려워 스스로 일어나 술잔을 엎었다. 제왕이 크게 두려워하여 나와서 城陽郡을 바쳐 魯元公主의 湯沐邑으로 삼고서야 마침내 돌아갈 수 있었다.

齊悼惠王이 來朝하여 飮太后前이러니 帝以王兄也라하여 置之上坐하다 太后怒하여 酌酖酒賜之어늘 帝欲取飮한대 太后恐하여 自起泛(봉)之[①]하니 齊王이 大恐하여 出獻城陽郡하여 爲魯元公主湯沐邑하고 乃得歸하다

① 泛은 음이 捧이니, 뒤엎다는 뜻이다.
泛, 音捧, 覆也.

【綱】봄 정월에 두 마리의 용이 蘭陵의 우물 속에 나타났다.

23) 始城長安西北方 : "城에 '始'라고 쓴 적이 없는데, 여기에서 '始'라고 쓴 것은 어째서인가? 일이 시작됨을 기록한 것이니, 백성들에게 서둘지 말라는 뜻이 있는 것이다. 이는 城이 하나인데 세 번이나 썼으니, 이는 모두 초봄의 농한기를 이용했기 때문이다. 서쪽의 關中 지방은 늦게까지 추워서 농사를 시작하기 전이므로 이에 백성들을 동원하였으니, 惠帝는 백성을 잘 동원했다고 이를 만하다.〔城未有書始者 此其書始 何 記事始也 有勿亟之意焉 此一城耳 凡三書 皆春初用農隙也 西土晩寒 農事未起 於是乎用之 帝可謂能使民矣〕"≪書法≫

24) 齊王 劉肥 : 劉肥가 齊王에 봉해진 것은 본서 47쪽에 보인다.

春正月에 兩龍이 見(현)蘭陵井中하다

【綱】隴西에 地震이 있었다.

◑隴西에 地震하다

【綱】여름에 가물었다.

◑夏에 旱하다

【綱】가을 7월에 相國인 酇侯 蕭何가 卒하자, 曹參을 相國으로 삼았다.

◑秋七月에 相國酇侯蕭何卒[25]커늘 以曹參爲相國하다

【目】相國 蕭何가 병이 위독하자, 上이 묻기를, "그대가 만일 죽은 뒤에는 누가 그대를 대신할 만한가?" 하니, 대답하기를 "신하를 아는 것은 군주만 한 분이 없습니다." 하였다. 황제가 말하기를, "曹參이 어떠한가?" 하자, 소하가 머리를 조아리며 대답하기를 "황제께서 옳게 맞히셨으니, 신은 죽어도 여한이 없습니다." 하였다.

7월에 소하가 죽자, 시호를 文終이라고 하였다. 소하는 토지와 집을 장만할 적에 반드시 궁벽한 곳에 마련하고, 집을 지을 적에 담장과 지붕을 꾸미지 않으며 말하기를, "후손이 어질면 나의 검소함을 본받을 것이고, 어질지 못하더라도 세력가에게 빼앗기지는 않을 것이다." 하였다.

相國何病이어늘 上問曰 君卽百歲後에 誰可代君고 對曰 知臣은 莫如主니이다 帝曰 曹參은 何如오

---

25) 相國酇侯蕭何卒 : "≪資治通鑑綱目≫에서 兩漢의 여러 신하가 卒한 것에 대해 관직과 작위와 姓을 갖추어 쓴 것은 美稱이고, 姓을 쓰지 않은 것은 일반적인 칭호이고, 관직을 쓰지 않은 것은 폄하한 것이다. 兩漢의 여러 신하들이 卒하였을 적에 관직과 작위를 쓰고 姓을 쓴 것이 37명이니, 蕭何, 曹參, 陳平, 霍去病, 衛青, 金日磾(김일제), 霍光, 張安世, 魏相, 丙吉, 卓茂, 祭遵(채준), 馮異, 吳漢, 鄧禹, 揚賜는 모두 관직과 작위와 姓을 갖추어 쓴 자들이고, 張良, 尹翁歸, 趙充國, 辛慶忌, 寇恂, 朱祜, 馬援, 樊宏, 賈復, 耿弇(경엄), 竇融, 鄧訓, 王渙, 鄧宏, 梁育, 荀淑, 朱穆, 黃瓊(황경), 胡廣, 陳實, 荀爽은 혹은 관직이나 작위를 쓰고 姓을 갖추어 쓴 자이다. 관직을 쓰지 않은 자가 네 명이니, 王譚, 單超, 馬日磾, 荀攸이다.〔綱目於兩漢諸臣卒 具官爵姓者 美稱也 不書姓者 恒稱也 惟不書官者爲貶之 兩漢諸臣卒 書官爵書姓者三十七 蕭何曹參陳平霍去病衛青金日磾霍光張安世魏相丙吉卓茂祭遵馮異吳漢鄧禹揚賜 皆官爵姓具者也 張良尹翁歸趙充國辛慶忌寇恂朱祜馬援樊宏賈復耿弇竇融鄧訓王渙鄧宏梁育荀淑朱穆黃瓊胡廣陳實荀爽 或官或爵而具姓者也 不書官者四 王譚單超馬日磾荀攸〕" ≪書法≫

何頓首曰 帝得之矣시니 臣死不恨이로소이다 七月에 薨(훙)커늘 諡曰文終이타하다 何置田宅에 必居窮僻處하고 爲家에 不治垣屋①하고 曰 後世賢인댄 師吾儉이요 不賢이라도 毋爲勢家所奪이라하니라

① 僻은 으슥하고 깊은 것이다.
僻, 隱也.

【目】 曹參은 蕭何가 죽었다는 말을 듣고 舍人에게 말하여 빨리 행장을 꾸리게 하였는데, 얼마 되지 않아 使者가 과연 조참을 불렀다. 조참이 떠날 적에 후임 齊나라 정승에게 부탁하기를, "齊나라의 獄訟과 市場에서 교역하는 일을 맡기노니, 삼가서 동요시키지 말라." 하였다. 후임의 齊나라 정승이 "다스리는 데에 이것보다 더 중대한 일이 없습니까?" 하고 되묻자, 조참이 말하기를, "獄訟과 시장에서 교역하는 데에는 善人과 惡人을 아울러 용납해주니 지금 동요시키면 姦人이 어디에 용납되겠는가." 하였다.

처음 조참이 미천했을 적에는 소하와 친하게 지내다가 將相이 되어서는 사이가 나빠졌는데, 소하가 임종할 적에 어진 사람이라고 추천한 자는 오직 조참뿐이었다. 조참이 소하를 대신하여 정승이 되어서는 모든 일을 변경하지 않고 소하의 法令을 한결같이 따랐다. 관리 중에 질박하고 어눌하며 중후한 長者를 가려서 불러다가 丞相의 史로 삼았으며, 법조문을 각박하고 준엄하게 적용해서 명성을 얻기를 힘쓰는 자를 대번 배척하여 제거하고, 밤낮으로 맛이 좋은 술을 마셨다.

賓客들이, 조참이 승상의 일을 일삼지 않는 것을 보고 모두 말하고자 하면 조참이 그때마다 맛이 좋은 술을 마시게 해서 말을 할 수 없게 하였다. 그리고 작은 과실이 있는 자를 보면 오로지 숨겨주고 덮어주니, 丞相府 안에 아무 일이 없었다.

參聞何薨하고 告舍人하여 趣(촉)治行①이러니 居無何에 使者果召參②하다 參이 去할새 屬(촉)其後相曰③ 以齊獄市爲寄하노니 愼勿擾也하라 後相曰 治無大於此者乎잇가 參曰 獄市는 所以幷容也니 今擾之하면 姦人이 何所容乎④리오 始參微時에 與何善이라가 及爲將相에 有隙이러니 至何且死하여는 所推賢이 惟參⑤이요 參代何爲相에 擧事를 無所變更하여 一遵何約束⑥하다 擇吏木訥重厚長者하여 召爲丞相史⑦하고 言文刻深하여 欲務聲名者를 輒斥去之⑧하고 日夜飮醇酒⑨하니라 賓客이 見參不事事하고 皆欲有言⑩이어든 參이 輒飮(임)以醇酒하여 莫得開說⑪하고 見人有細過하면 專掩匿覆(부)蓋之하니 府中이 無事러라

① 趣(재촉하다)은 促으로 읽으니, 아래도 같다.[26] "治行"은 行裝을 꾸리는 것을 이른다.

26) 아래도 같다 : 131쪽 "趣入侍"의 趣을 가리킨다.

趣, 讀曰促, 下同. 治行, 謂飭治行裝也.

② "無何"는 "無幾"라는 말과 같으니, 오래지 않음을 이른다.
無何, 猶言無幾, 謂少時也.

③ "後相"은 뒤에 齊나라의 政丞으로 부임해온 자이다.
後相, 後來相齊者.

④ 獄訟과 市場의 교역에는 善人과 惡人을 아울러 용납해주니, 만약 姦人을 끝까지 추궁하여 용납될 곳이 없을 경우, 오래되면 난을 일으키게 된다.
獄市, 兼受善惡, 若窮極姦人, 無所容竄, 久且爲亂.

⑤ "推賢"은 어진 사람으로 추천함을 말한다.
推賢, 言推擧以爲賢也.

⑥ 擧는 모두라는 뜻이다.
擧, 凡也.

⑦ 木은 質樸하다는 뜻이고 訥은 遲鈍하다는 뜻이다. 漢나라 制度에 丞相의 官屬은 長史 아래에 掾史와 令史 등이 있었다.
木, 質樸, 訥, 遲鈍也. 漢制, 丞相官屬, 長史之下, 有掾史・令史等.

⑧ "言文刻深"은 법조문의 적용을 각박하고 준엄하게 하는 데에 힘씀을 이른다.
言文刻深, 謂持文法, 務於刻剝而深峻.

⑨ "醇酒"는 맛이 좋은 독한 술이다.
醇酒, 厚酒也.

⑩ "不事事"는 丞相의 일을 일삼지 않음을 말한다.
不事事, 言不事丞相之事.

⑪ 飮(마시게 하다)은 去聲이다. "開說"은 아뢰는 바가 있음을 이른다.
飮, 去聲. 開說, 謂有所啓白.

【目】 曹參의 아들 曹窋(조줄)이 中大夫가 되었는데, 황제가 조참이 일을 처리하지 않음을 괴이하게 여겨서 조줄로 하여금 〈휴가를 받아 돌아가서〉 사적으로 묻게 하자, 조참이 노하여 조줄의 볼기를 치며 말하기를, "너는 빨리 조정에 들어가 황제를 잘 모시기나 하여라. 천하의 일은 네가 말할 것이 아니다." 하였다.

朝會할 때에, 황제가 조참을 꾸짖어 말하기를, "지난번에 내가 조줄을 시켜 그대에게 諫하게 한 것이다." 하니, 조참이 冠을 벗고 사죄하며 말하기를, "陛下께서 스스로 聖明하고 英武함을 살펴보시건대, 高帝와 비교해서 누가 낫다고 여기십니까?" 하니, 上이 말하기를 "朕이 어찌 감히 先帝와 비교될 수 있겠는가." 하였다. "그러면 신은 소하와 비교해서 누가 낫다고 여기십니까?" 하니, 上이 말하기를, "그대가 미치지 못하는 듯하다.” 하였다. 조참이 말하기를, “폐하의 말씀이 옳습니다. 고제께서 소하와 더불어 천하를 평정하시고 만들어놓은 法令이 이미 분명합니다. 지금 폐하께서 의관을 정제하고 손을 모은 채 가만히 앉아 계시면, 저희들이 직분을 지켜서 준행하고 잃지 않는 것이 또한 좋지 않겠습니까?” 하니, 황제가 좋다고 하였다.

조참이 승상이 된 지 3년이 지나자, 백성들이 노래하기를, “소하가 법을 만듦에 분명하기가 一字를 그은 것과 같더니, 조참이 그를 대신함에 그 법을 그대로 지켜 잃지 않았네. 맑고 깨끗한 정치를 행한 덕분에 백성들이 이 때문에 편안하고 한결같다.” 하였다.

參子窋이 爲中大夫①러니 帝怪參不治事하여 使窋私問之한대 參이 怒하여 笞窋曰 趣(촉)入侍하라 天下事非若所當言也니라 至朝時에 帝讓參曰 乃者에 我使諫君也②로라 參이 免冠謝曰 陛下自察聖武孰與高帝시니잇고 上曰 朕乃安敢望先帝리오 臣孰與蕭何賢이니잇고 上曰 君似不及也로라 參曰 陛下言이 是也로소이다 高帝與蕭何定天下하사 法令旣明하니이다 今陛下垂拱이어시든 參等이 守職하여 遵而勿失이 不亦可乎잇가 帝曰 善타 參爲相三年에 百姓이 歌之曰 蕭何爲法에 較若畫一이러니 曹參代之하여 守而勿失이로다 載其淸淨하니 民以寧壹③이라하니라

① 窋은 張律의 切이다.
窋, 張律切.

② “乃者”는 지난번이라고 말하는 것과 같다.
乃者, 猶言曩者.

③ 較는 음이 覺(교)이니 明白해서 보기 쉽다는 뜻이다. “畫一”은 整齊된 것을 말한다. 載는 탄다는 말과 같다.
較, 音覺, 明白易見之義. 畫一, 言其整齊也. 載, 猶乘也.

己酉年(B.C. 192)

【綱】 漢나라 孝惠皇帝 3년이다. 봄에 長安에 성을 쌓았다.

三年이라 春에 城長安하다

【綱】 匈奴와 화친하였다.

◑ 與匈奴和親[27]하다

【目】 匈奴의 冒頓單于가 한창 강성하였는데, 高后(呂太后)에게 보낸 편지에 내용이 지극히 무례하고 외설하였다. 고후가 노하여 그 使者의 목을 베고 군대를 일으켜 공격할 것을 의논하였는데, 樊噲가 말하기를, "신이 10만의 군대를 얻어서 흉노 가운데를 멋대로 휘젓고 다니기를 원합니다." 하였다.

이에 季布가 다음과 같이 아뢰었다.

"번쾌의 목을 베어야 합니다. 지난번에 흉노가 高帝를 平城에서 포위하였을 적에, 漢나라의 병력이 32만이었고 번쾌가 上將軍이 되었으나 포위를 풀지 못하였습니다.[28] 지금 군사들의 노랫소리와 신음하는 소리가 아직 끊이지 않고 부상당한 자가 이제 겨우 일어났는데, 번쾌가 천하를 동요시키려고 10만의 군대로 멋대로 휘젓고 다니겠다고 망령되이 말하니, 이는 폐하를 면전에서 속이는 것입니다. 또 夷狄은 비유하면 禽獸와 같으니, 좋은 말을 듣더라도 기뻐할 것이 못 되고, 나쁜 말을 듣더라도 노여워할 것이 못 됩니다."

고후가 옳다고 하고, 겸손하게 사례하는 답서를 쓰게 하고 수레와 말을 보내게 하였다.

묵특선후가 다시 使者를 보내와서 사죄하고 말하기를 "일찍이 中國의 禮義를 들은 적이 없었는데, 陛下(呂太后)께서 다행히 용서하셨습니다." 하고, 인하여 말을 바치고 마침내 화친하였다.

匈奴冒頓이 方彊이러니 爲書遺高后호대 辭極褻嫚①이라 后怒하여 議斬其使하고 發兵擊之한대 樊噲曰 臣이 願得十萬衆하여 橫行匈奴中호리이다 季布曰 噲를 可斬也니이다 前에 匈奴圍高帝於平城할새 漢兵三十二萬이요 噲爲上將軍호대 不能解圍하니이다 今에 歌吟未絶하고 傷夷甫起②어늘 而欲搖動天下하여 妄言以十萬衆橫行하니 是는 面謾也③니이다 且夷狄은 譬如禽獸하니 得其善言이라도 不足喜요 惡言이라도 不足怒也니이다 后曰 善타하고 令報書遜謝하고 遺以車馬④한대 冒頓이 復使來謝曰 未嘗聞中國禮義러니 陛下幸而赦之라하고 因獻馬하고 遂和親하다

① 묵특선우가 보낸 편지에 이르기를 "습지에서 태어나고 소와 말이 있는 평야에서 성장한 외로운 이 군주(묵특)가 자주 邊境에 이르니, 중국에 가서 놀고 싶습니다. 폐하께서도 혼자

---

27) 與匈奴和親 : "高帝가 使者를 보내어 화친하였으면 '結'이라고 썼는데, 여기에서 '與'라고 쓴 것은 어째서인가? 용서한다는 말이다. 어찌하여 용서하였는가? 惠帝가 처음으로 화친한 것이 아니기 때문이다.〔高帝遣使和親則書結 此其書與 何 恕辭也 何恕乎 惠帝非創焉耳〕" ≪書法≫

28) 지난번에……못하였습니다 : 본서 高帝 7년(B.C. 200) 10월조에, 高祖는 劉敬의 말을 듣지 않고 代谷에 있는 묵특선우를 공격하려고 먼저 平城에 도착하였는데, 묵특선우가 40만의 騎兵을 풀어놓아 고조를 白登에서 7일 동안 포위하였다. 그 뒤에 고조는 陳平의 은밀한 계책을 써서 묵특선우의 아내인 閼氏에게 후하게 선물을 주고서야 겨우 포위를 풀고 나올 수 있었다.

사시고 외로운 이 몸도 혼자 사니, 두 임금이 樂이 없어 스스로 즐길 것이 없습니다. 원컨대, 있는 것을 가지고 없는 것과 바꿉시다.[29]" 하였다.

其書曰"孤僨之君, 生於沮澤之中, 長於平野牛馬之域, 數至邊境, 願遊中國. 陛下獨立, 孤僨獨居, 兩王不樂, 無以自虞. 願以所有, 易其所無."

② 천하 사람들이 노래하기를 "平城 아래에서는 또한 참으로 괴로웠으니, 7일 동안 먹지 못하여 활을 당기지 못했네." 하였다. 傷은 金屬으로 인해 생긴 상처이다. 夷는 痍와 같으니, 상처이다. 甫는 비로소(겨우)라는 뜻이다.

天下歌曰"平城之下亦誠苦, 七日不食, 不能彀弩." 傷, 金創也. 夷, 與痍同, 瘡也. 甫, 始也.

③ 謾은 음이 慢이고, 또 莫官과 莫連의 두 가지 切이니, 속인다는 뜻이다.

謾, 音慢, 又莫官 莫連二切, 欺誑也.

④ 愻(겸손하다)은 遜과 같다.

愻, 與遜同.

【綱】 여름 5월에 閩越의 군주인 騶搖(추요)를 세워 東海王으로 삼았다.

夏五月에 **立閩越君搖**하여 **爲東海王**[①]하다

① 騶搖는 越王 句踐의 후예인데 百越의 군대를 거느리고 高祖를 도왔다. 그러므로 東海에 봉하였으니, 吳郡 동남쪽 연해에 있었다고 한다.

搖, 越王句踐之苗裔也, 帥百越之兵, 助高祖. 故封東海, 在吳郡東南濱海云.

【目】 東甌에 도읍하였다.

都東甌[①]하다

① 甌는 一侯의 切이다. ≪寰宇記≫[30]에 "永嘉를 東甌라 하고 鬱林을 西甌라 한다." 하였다.

甌, 一侯切. 寰宇記"永嘉爲東甌, 鬱林爲西甌."

庚戌年(B.C. 191)

【綱】 漢나라 孝惠皇帝 4년이다. 겨울 10월에 皇后 張氏를 세웠다.

---

29) 있는……바꿉시다 : 묵특 자신은 홀아비여서 아내가 없고 呂太后는 홀어미여서 남편이 없으니, 서로 바꾸어 함께 살자고 말한 것이다.

30) 寰宇記 : 원 명칭은 ≪太平寰宇記≫이다. 北宋 樂史 등이 편찬한 지리서로, 宋나라 太宗이 중국을 통일하여 각 지역의 상황을 정리하기 위해 만든 책이다.

四年이라 冬十月에 立皇后張氏[31)]하다

【目】皇后는 惠帝의 손위 누이인 魯元公主의 딸이다. 太后가 겹혼인을 하고자 했기 때문에 황제의 배필로 삼은 것이다.

后는 帝姊魯元公主女也라 太后欲爲重親故로 以配帝①하니라

① 重(중복되다)은 平聲이다.
重, 平聲.

【綱】봄 정월에 백성들 가운데 효도하고 공경하며 농사일에 근면한 자를 뽑아서 그들의 身役을 면제해주었다.

春正月에 擧民孝弟力田者하여 復其身①하다

① "力田"은 힘을 다해 농사에 전념함을 취한 것이다.
力田者, 取其竭力服勤於田事.

【綱】3월에 惠帝가 冠禮를 행하였다.

◑ 三月에 帝冠[32)]하다

【綱】赦免하였다.

---

31) 立皇后張氏 : "兩漢의 篇에는 '某氏를 세워 皇后로 삼았다.'고 쓰는 것이 일반적인 말인데, 여기에서 '皇后 張氏를 세웠다.'고 쓴 것은 어째서인가? 張后는 황제의 생질이니, 형제간의 차례가 또한 다소 어긋난다. 그 글을 달리한 것은 그 일을 특이하게 생각하였기 때문이다. 이 때문에 惠帝의 皇后 張氏가 형제간의 차례를 잃으므로 그 글을 달리하였고, 宣帝의 皇后 許氏가 미천한 신분이므로 그 글을 달리하였고, 成帝의 皇后 許氏가 형제간의 차례를 잃으므로 그 글을 달리하였고, 哀帝의 皇后 傅氏가 형제간의 차례를 잃으므로 그 글을 달리하였고, 桓帝의 皇后 梁氏가 형제간의 차례를 잃었으므로 그 글을 달리하였다.〔兩漢之篇 書立某氏爲皇后者 恒辭也 此其書立皇后張氏 何 后 帝甥也 倫序亦少乖矣 異其文者 異其事也 是故惠后張氏以失序 則異其文 宣后許氏以側微 則異其文 成后許氏以失序 則異其文 哀后傅氏以失序 則異其文 桓后梁氏以失序 則異其文〕" ≪書法≫

32) 帝冠 : "이때 황제가 태어난 지 15년이 되었고, 后를 세운 지가 5개월이 지났다. '황제가 관례했다.〔帝冠〕'라고 쓴 것이 이때 처음 시작되었는데, 나이가 많은 자는 漢 昭帝보다 더한 이가 없었으니 나이가 17세였고, 가장 나이가 적은 자는 宋主 劉昱보다 더한 이가 없었으니, 나이가 12세였다. 관례를 모두 정월에 한 것은 歲首를 소중히 여긴 것이다. 오직 惠帝는 3월에 하였고, 宋主 劉昱은 11월에 하였다.〔於是 帝生十五年矣 立后五閱月矣 書帝冠始此 長者莫如漢昭帝 年十七 最少者莫如宋主昱 年十二 冠皆正月 重歲首也 惟惠帝三月 宋主昱十一月焉〕" ≪書法≫

◑ 赦하다

【綱】 관리와 백성들에게 방해가 되는 法令을 간략하게 하였다.

◑ 省(생)法令妨吏民者[33)]하다

【綱】 挾書律을 없앴다.

◑ 除挾書律[①34)]하다

① 挾은 보관하는 것이다. 秦나라 法律에, 책을 보관한 자는 멸족하였다.
挾, 藏也. 秦律, 挾書者族.

【綱】 原廟[35)]를 세웠다.

◑ 立原廟[36)]하다

【目】 惠帝는 太后가 계신 長樂宮에 문안함으로 인해 자주 駐蹕(주필)하여 백성들을 번거롭게 한다고 생각하여, 마침내 武庫의 남쪽에 複道를 축조하게 하였는데, 叔孫通이 간하기를 "이는 高帝의 陵寢에서 衣冠을 매월 꺼내어 高廟로 받들고 가는 길이니, 자손이 어떻게 종묘로 가는 길 위를 타고 다닐 수 있겠습니까?" 하니, 황제가 두려워하여 급히

---

33) 省(생)法令妨吏民者 : "이것을 쓴 것은 〈관리와 백성들을 편리하게 함을〉 높이 인정한 것이다.〔書予之也〕" ≪書法≫

34) 除挾書律 : "위에서는 '관리와 백성들에게 방해되는 법령을 간략하게 하였다.'고 썼으니, 挾書律은 이것의 하나인데, 다시 여기에서 협서율을 게시하여 쓴 것은 어째서인가? 이를 높이 인정하면서도 애석히 여긴 것이다. 어찌하여 애석히 여겼는가? 그 너무 늦음을 애석히 여긴 것이니, 詩·書에 종사하지 않은 폐해가 또한 크다.〔上書省法令妨吏民者矣 此其一也 復揭而書之 何 予之也 亦惜之也 曷爲惜之 惜其晩也 蓋不事詩書之害 亦遠矣〕" ≪書法≫

35) 原廟 : 正廟 외에 별도로 세운 宗廟를 말한다.

36) 立原廟 : "잘못인 줄 알면서도 그대로 한 것을 비난한 것이니, 이 일은 叔孫通이 이루었다.〔譏遂非也 是擧也 叔孫通成之〕" ≪書法≫
"≪春秋≫에 宮廟의 화재를 기록하거나 失禮한 경우가 아니면 쓰지 않았으니, 仲子의 사당을 완성했을 적에 기둥에 단청을 하고 서까래에 조각한 것과 桓公과 僖公의 사당에 화재가 난 것과 武宮을 세운 것과 같은 따위가 이것이다. ≪資治通鑑綱目≫에 '原廟를 세웠다.〔立原廟〕'라고 썼으니, '세웠다.'는 것은 마땅히 세워서는 안 되는 것이다. 이미 太廟가 있다면 原廟는 과연 무엇하는 것인가? 直筆로 썼으니, 그 잘못이 저절로 드러난다.〔春秋 宮廟非志災失禮 則不書 如考仲子之宮 丹楹刻桷 桓僖宮災 立武宮之類 是已 綱目書立原廟 立者 不宜立也 旣有太廟 則原廟果何爲哉 直筆書之 其失自見〕" ≪發明≫

복도를 부수라고 명하였다.

숙손통이 아뢰기를, "군주는 잘못된 행위가 없어야 합니다. 지금 이미 복도를 만들어서 백성들이 모두 알게 되었으니, 원컨대 폐하께서는 渭水 북쪽에 原廟를 만들어 의관을 매달 꺼내어 고묘로 받들고 가시고, 종묘를 더욱 확장하시면 이는 큰 효도의 근본입니다." 하였다. 그리하여 마침내 有司에게 詔令을 내려 원묘를 세우게 하였다.

帝以朝長樂宮에 數蹕(삭필)煩民이라하여 乃築複道武庫南①이러니 叔孫通이 諫曰 此는 高帝月出遊衣冠之道也②니 子孫이 奈何乘宗廟道上行哉③잇가 帝懼曰 急壞之하라 通曰 人主는 無過擧하니 今已作하여 百姓皆知之矣라 願陛下는 爲原廟於渭北하사 衣冠을 月出遊之하시고 益廣宗廟하시면 大孝之本④이니이다 乃詔有司하여 立原廟하다

① 蹕은 음이 畢이니, 길 가는 사람들이 발길을 멈추게 하는 것이다. 長樂宮과 未央宮이 다소 먼 거리에 있어서 중간에 왕래할 적에 출입을 막고 길을 벽제하느라 사람들을 번거롭게 함을 말한 것이다. 武庫가 장락궁과 미앙궁 사이에 있었기 때문에 複道의 축조를 무고 남쪽에서 시작한 것이다.
蹕, 音畢, 止人行也. 言長樂・未央宮, 相去稍遠, 中間往來, 淸道煩人也. 武庫, 在長樂・未央之間. 故築複道, 始於武庫南.

② 〈"高帝月出遊衣冠"은〉 高帝의 陵寢에서 衣冠을 꺼내어 高廟에 받들고 가되 매달 한 번씩 함을 이른다.
謂從高帝陵寢, 出衣冠, 遊於高廟, 每月一爲之.

③ 의관을 받들고 가는 길이 마침 축조한 복도의 아래에 있었기 때문에 종묘로 가는 길 위를 타고 간다고 말한 것이다.
遊衣冠之道, 正値所築複道下. 故言乘宗廟道上行.

④ 原은 거듭한다는 뜻이니, 이미 사당이 있는데 지금 다시 세웠기 때문에 거듭이라고 한 것이다. 의관을 高帝의 능침에서 原廟로 받들고 가면 자연 複道의 아래를 지나가지 않게 되는 것이다.
原, 重也, 先已有廟, 今更立之. 故云重也. 衣冠, 自高寢遊於原廟, 則不自複道下過矣.

【目】司馬溫公(司馬光)이 다음과 같이 평하였다.

"허물은 사람이 반드시 면치 못하는 것이다. 옛 聖王은 허물을 스스로 알지 못할까 근심하였기 때문에 誹謗木을 설치하고 敢諫鼓를 설치한 것이니, 어찌 백성들이 군주의 허물을 들을까 두려워할 것이 있겠는가. 仲虺(중훼)는 成湯을 찬미하여, '허물을 고침에 인색하지 않다.'[37]고 하였고, 傅說(부열)은 高宗에게 경계하기를, '허물을 부끄러워하여 非行을 이루지 말라.'[38] 하였으니, 군주가 된 자는 참으로 허물이 없는 것을 훌륭하게

여기지 않고, 허물을 고치는 것을 아름답게 여긴다. 지금 叔孫通이 마침내 그 군주에게 허물을 꾸며서 비행을 저지르도록 教導하였으니, 어찌 잘못된 일이 아니겠는가."

司馬公曰 過者는 人之所必不免也니 古之聖王이 患其不自知也라 故로 設謗木하고 置諫鼓하니 豈畏百姓之聞其過哉①리오 仲虺美成湯曰 改過不吝이라하고 傅說戒高宗曰 無恥過作非라하니 是는 爲人君者 固不以無過爲賢이요 而以改過爲美也라 今叔孫通이 乃教其君以文過遂非하니 豈不繆哉리오

① 君子가 말하기를 "堯임금이 군주의 잘못을 비방하는 나무를 설치했다." 하였고, ≪後漢書≫에 "堯임금이 용감하게 간언하는 북을 설치했다." 하였다.
君子曰 "堯立誹謗之木." 後漢書曰 "堯置敢諫之鼓."

【目】 胡氏(胡寅)가 다음과 같이 평하였다.

"天子가 7廟에 그 정성과 공경을 극진히 하면 충분한데, 또 原廟를 만들기 한 것은 叔孫通의 잘못이다. 그가 '군주는 잘못된 행위가 없어야 한다.'고 말하였으니, 原廟를 만든 것은 잘못된 일이 아닌가. 그리하여 후세로 하여금 原廟는 성대하게 높이고 太廟는 간략하게 하도록 만들었으니, 이는 숙손통의 말이 그 잘못을 열어놓은 것이다."

胡氏曰 天子七廟에 致其誠敬이면 足矣어늘 又作原廟는 則通之過也라 其曰人主無過擧라하니 作原廟는 非過擧乎아 使後世로 致隆於原廟而簡於太廟하니 則通說이 啓之矣로다

【綱】 宜陽에 핏빛의 비가 내렸다.

宜陽에 雨血하다

辛亥年(B.C. 190)

【綱】 漢나라 孝惠皇帝 5년이다. 겨울에 우레가 치고, 복사꽃과 오얏꽃이 피고, 대추나무에 열매가 열렸다.

---

37) 仲虺(중훼)는……않다 : 仲虺는 商나라 湯王(成湯)의 어진 정승으로, 이 내용은 ≪書經≫ 〈商書 仲虺之誥〉에 보인다.

38) 傅說(부열)은……말라 : 傅說은 商나라를 중흥한 高宗 武丁의 名相으로, 이 내용은 ≪書經≫ 〈商書 說命〉에 보인다.

五年이라 **冬**에 **雷**하고 **桃李華**하고 **棗實**①하다

① ≪洪範論≫[39)]에 "陽은 183일 동안 주도적으로 행하다가 마치고 陰은 183일 동안 주도적으로 행하다가 마쳐서, 우레는 땅에서 나온 지 183일 만에 땅에 들어가고 땅에 들어간 지 183일 만에 다시 땅에서 나오니, 이것이 常道이다." 하였으니, 겨울에 우레가 친 것은 常道를 잃은 것이다.
洪範論曰 "陽用事百八十三日而終, 陰用事百八十三日而終, 雷出地百八十三日而入地, 入地百八十三日而復出地, 是其常經也." 冬雷爲失常.

【綱】 봄 정월에 長安에 성을 쌓았다.

◑ **春正月**에 **城長安**하다

【綱】 여름에 크게 가물었다.

◑ **夏**에 **大旱**하다

【目】 長江(揚子江)과 黃河의 물이 줄어들고 계곡의 물이 끊겼다.

江河水少하고 谿谷水絶①이러라

① 谿는 또한 溪로 쓴다.
谿, 亦作溪.

【綱】 가을 8월에 相國 平陽侯 曹參이 卒하였다.

秋八月에 **相國平陽侯曹參卒**하다

【目】 諡號를 懿라고 하였다.

諡曰懿라하다

---

39) 洪範論 : 洪範은 원래 ≪書經≫의 편명으로 夏나라 禹王이 홍수를 다스릴 적에 洛水에서 나온 거북의 등에 1에서부터 9에 이르는 반점이 있었는데, 우왕이 이것을 보고 洪範九疇를 지었다 하여 이것을 洛書라 한다. 伏羲氏가 황하에서 나온 龍馬의 등에 그려진 1에서부터 10에 이르는 반점을 보고 그렸다는 河圖와 함께 일컬어져 治國의 大道로 알려졌다. ≪洪範論≫은 어떠한 책인지 자세하지 않으나 洪範九疇를 부연 설명한 책으로 보인다.

【綱】 9월에 長安城이 완성되었다.

九月에 長安城成[40)]하다

壬子年(B.C. 189)

【綱】 漢나라 孝惠皇帝 6년이다. 겨울 10월에 王陵을 右丞相으로 삼고 陳平을 左丞相으로 삼았다.

六年이라 冬十月에 以王陵爲右丞相하고 陳平爲左丞相하다

【綱】 여름에 留侯 張良이 卒하였다.

◑夏에 留侯張良이 卒[41)]하다

【目】 諡號를 文成이라 하였다.

諡曰文成이라하다

【綱】 周勃을 太尉로 삼았다.

---

40) 長安城成 : "城을 成(완성)이라고 쓴 것이 있지 않은데, 여기에서 '成'이라고 쓴 것은 어째서인가? 오랜 시일이 걸렸기 때문이다. 宮殿을 成이라고 쓴 것은 재정을 낭비한 것이고, 宗廟를 成이라고 쓴 것은 불경한 것이니, 이것은 비난한 것이다. 그렇지만 〈城을 쌓으면서,〉 백성을 편안하게 해주려고 백성을 부렸으니, 무슨 비난할 것이 있겠는가. 황제가 城을 쌓을 적에 반드시 초봄에 하였으니, 백성들을 사랑하는 마음이 있었다. 그리고 5년이 지난 뒤에야 일을 끝맺어 '成'이라고 썼으니, 이는 백성들을 급하게 동원하지 않은 뜻을 볼 수 있다. ≪資治通鑑綱目≫이 끝날 대까지 城에 '始'를 쓰고 '成'을 쓴 것은 이 한 번뿐이다.〔城未有書成者 此其書成 何 久也 宮殿書成 費也 宗廟書成 慢也 此其譏與 佚道使民 何譏焉 帝之城也 必用春初 有愛民之心焉 跨歷五年 然後畢事書成 所以見其勿亟也 終綱目 城書始書成 一而已〕" ≪書法≫

41) 留侯張良卒 : "신선의 허탄한 말을 先儒들이 자세히 논변하였다. 張良 같이 훌륭한 자가 赤松子를 따라 놀고자 한 것은 司馬溫公 또한 이미 언급하였다. ≪資治通鑑綱目≫에 앞에서는 '장량이 병으로 사직하고 辟穀했다.'고 써서 참으로 導引하고 長生하는 일이 있었던 듯하였는데, 이때에 이르러 '유후 장량이 졸하였다.'고 썼으니, 子房이 신선에 가탁한 뜻이 분명히 드러나 허탄한 말임을 공격하지 않아도 스스로 깨짐을 알 수 있다. 무릇 이러한 종류는 여러 글을 나열하여 비고해보면 알 수 있다.〔神僊詭誕之說 先儒論之詳矣 有如張良欲從赤松子遊 司馬氏亦旣及之矣 綱目前書張良謝病辟穀 疑若眞有導引長生之事 至是 書留侯張良卒 則知子房托於神僊之意 昭然可見 而詭誕之說 不攻自破 凡比類 比而觀之 則得其旨〕" ≪發明≫

以周勃爲太尉하다

癸丑年(B.C. 188)

【綱】漢나라 孝惠皇帝 7년이다. 봄 정월 초하루에 일식이 있었다.

七年이라 春正月朔에 日食하다

【綱】여름 5월에 개기일식이 있었다.

◑夏五月에 日食旣[42]하다

【綱】가을 8월에 惠帝가 崩하였다.

◑秋八月에 帝崩①하다

① 향년이 24세이다.
壽二十四.

【綱】太后가 呂台와 呂産으로 하여금 南軍과 北軍[43]을 통솔하게 하였다.

---

42) 日食旣 : "일식에는 반드시 '그믐'이나 '초하루'라고 쓰는데, 여기에서 쓰지 않음은 어째서인가? 날짜를 약간 잃은 것이니, 책력을 맡은 관원이 실수한 것이다. 이보다 앞서 正朔에 일식이 있었으니 큰 변고라고 이를 수 있고, 몇 달이 못 되어 또다시 개기일식이 있었는데 얼마 안 되어 '大喪'이라고 썼으니, 변고는 아무 이유 없이 생기지 않는다는 말이 진실이다. '日食旣'라고 쓴 것이 이때 처음 시작되었다.〔日食必書晦朔 此其不書 何 先後日也 歷官失之 先是 日食正朝 可謂大變矣 不數月 又食旣焉 未幾而以大喪書 變不虛生 信哉 書日食旣始此〕"≪書法≫

"漢나라는 秦나라의 가혹한 법을 없앤 뒤로부터 惠帝가 뒤를 이어서 한결같이 깨끗한 정치를 하여 천하 사람들과 휴식해서 아무 일 없이 서로 편안하였으니, 마땅히 아름다운 상서가 있어야 할 터인데, 災異가 자주 나타남은 어째서인가? 즉위 2년에 두 마리의 龍이 우물 안에서 나타났고, 地震이 일어났고 여름에 가물었으며, 1년이 지나 宜陽 지역에 핏빛의 비가 내렸고, 겨울에 우레가 치고 대추가 열매를 맺었으며, 이때에 이르러는 正朔에 일식이 있었으니, 천하의 큰 변고가 무엇이 이보다 더 심하겠는가. 얼마 뒤에 盛夏의 달에 개기일식이 있었으니, '旣'는 다함이다. 해는 임금의 징표이니, 해가 다 먹히는 것이 可하겠는가. 惠帝가 세상을 떠나자, 呂氏가 권력을 독단하였으니, 하늘이 경계를 고한 뜻이 간절하다. ≪資治通鑑綱目≫의 書法의 뜻이 분명하다.〔漢自除秦苛法之後 惠帝繼之 一以淸淨爲治 方且與天下休息 相安於無事 宜有美祥 而災異數見 何哉 蓋自二年 兩龍見井中 地震 夏旱 越一年 宜陽雨血 冬雷棗實 至是則日食正旦矣 天下大變 孰甚於此 未幾盛夏之月 日食之旣 旣盡也 日者人君之表 食之盡 可乎 惠帝卽世 呂氏擅權 上天告戒之意切矣 綱目書法之旨 明矣〕"≪發明≫

◑ 太后使呂台呂産으로 將南北軍[44]하다

【目】 惠帝가 崩하니, 太后가 哭을 하였으나 눈물을 흘리지 않았다. 張良의 孫子 張辟彊[45]이 陳平에게 이르기를 "황제는 장성한 아들이 없고 太后는 당신들을 두려워하니, 이제 呂台와 呂産을 장수로 삼아서 南軍과 北軍에 있게 하고 여러 呂氏가 모두 중앙에서 권세를 부릴 수 있도록 청하십시오. 이렇게 하면 태후는 마음이 편안하게 되고 당신들은 화를 벗어나게 될 것입니다." 하였다. 진평이 그의 말을 따르니, 여러 여씨의 권력이 이로부터 일어나게 되었다.

帝崩하니 太后哭호대 泣不下①라 張良孫辟彊이 謂陳平曰 帝無壯子하고 太后畏君等하니 今請拜呂台呂産爲將하여 居南北軍하고 諸呂皆居中用事하라 如此면 太后心安하고 君等脫禍矣리라 從之하니 諸呂權이 由此起②러라

① 泣은 눈물이다.
泣, 淚也.

② 台는 胎와 怡 두 가지 음이 있으니, 呂台와 呂産은 모두 周呂侯 呂澤의 아들이다. 南軍은 衛尉가 주관하니 궁궐문을 지키는 병사를 관장하고, 北軍은 中尉가 주관하니 京師를 순행

43) 南軍과 北軍 : 漢代 중앙군으로 도성의 북쪽과 남쪽에 위치했기 때문에 이러한 명칭이 생겼다. 北軍은 中尉가 지휘하며 三輔 지역에 주둔하면서 도성을 수비와 치안을 담당하였다. 南軍의 병사를 衛士라고 하는데, 衛尉의 통솔하에 각 궁성의 수비를 맡았다. 또한 궁성 안의 각 殿閣의 수비는 郎中令(후대 光祿勳) 휘하의 衛郎이 맡았다. 이들은 郎官으로 고위 관직자의 자제들로서 관리 후보생이었다.

44) 太后使呂台呂産 將南北軍 : "관직을 제수할 적에 '아무개로써〔以〕'라고 쓰는 것은 늘 있는 일인데, 여기서 '아무개로 하여금〔使〕'이라고 쓴 것은 어째서인가? '以'는 公的으로 하는 말이요, '使'는 私的으로 하는 말이다. 이는 大臣이 청한 것인데, 어찌하여 '太后使'라고 썼는가? 청한 것은 대신이지만 대신으로 하여금 두려워하여 청하게 만든 것은 태후이다. 이 조항을 ≪資治通鑑≫에서는 여러 呂氏를 주벌함으로 인하여 언급하였는데, ≪資治通鑑綱目≫에서는 여기에 게시하여 써서 특별히 '太后使'라고 칭하였으니, 그 뜻이 은미하다.〔拜官書以 恒也 此其書使 何 以 公辭也 使 私辭也 此大臣請耳 曷爲以太后使書 請雖大臣 而使之畏而請者 太后也 此條通鑑因誅諸呂及之 綱目揭書於此而特稱太后使 其旨微矣〕" ≪書法≫
"漢나라가 南軍과 北軍을 京師에 둔 것은 국가에 관계됨이 매우 중요한데, 마침내 용렬한 두 呂氏에게 군대를 거느리게 하였다. 그렇다면 軍國의 大權이 이미 여씨의 손안에 들어간 것이니, 劉氏가 어찌 위험하지 않았겠는가. ≪資治通鑑綱目≫에 '태후가 呂台·呂産으로 하여금 南軍과 北軍을 거느리게 했다.〔太后使呂台呂産將南北軍〕'라고 써서 '后使'라 하였으니, 이것이 사사로운 마음에서 나와 공평한 선발이 아님을 나타낸 것이고, 또 〈이것을 바로잡지 않은〉 당시의 장수와 정승, 大臣을 나쁘게 여긴 것이다.〔漢置南北軍於京師 所繫甚重 迺以二呂庸人將之 則軍國大權 已入呂氏掌握 劉氏烏得不危哉 綱目書太后使呂台呂産將南北軍 謂之后使 則見其出於私意而非公選 又以病當時之將相大臣也〕" ≪發明≫

45) 張辟彊 : 다른 문헌에는 張辟彊이 張良의 아들로 되어 있다. ≪太平御覽 卷362≫

사찰하는 일을 관장하였다. 옛날에 앞에는 조정이 있고 뒤에는 시장이 있으며 王宮은 남쪽에 있었기 때문에 漢나라는 궁궐을 호위하는 軍兵으로서 성 안에 있는 자를 南軍이라고 하였다. 宮城의 호위를 맡은 軍兵을 이미 南軍이라고 불렀으므로 京城의 호위를 맡은 軍兵을 北軍이라고 불렀으니, 이는 南軍과 구별한 것이다.

台, 胎·怡二音. 台·產皆周呂侯澤之子. 南軍, 衛尉主之, 掌宮門衛屯兵. 北軍, 中尉主之, 掌徼巡京師. 古者, 前朝後市, 王宮在南. 故漢衛宮之兵, 在城內者, 爲南. 宮城之軍, 旣謂之南, 京城之軍, 則謂之北, 所以別也.

【綱】 9월에 황제를 安陵에 장사 지내고, 太子가 즉위해서 太后가 조정에 임어하여 制를 칭하였다.

九月에 **葬安陵**하고 **太子卽位**[46]하여 **太后臨朝稱制**①하다

① 安陵은 長安 북쪽 30里에 있다. 天子의 말씀을 첫 번째는 制書라 하고 두 번째는 詔書라 한다. 制書는 制度의 命을 이르니, 皇后가 칭할 수 있는 것이 아닌데 지금

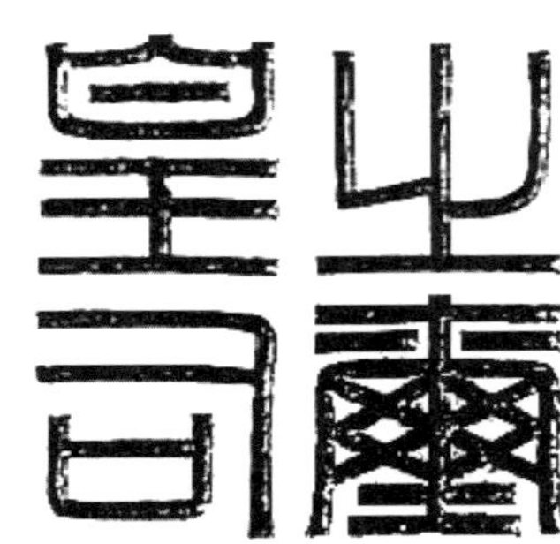

呂后의 皇后之璽

46) 太子卽位 : "漢代에 太子가 즉위했을 적에 이름을 쓰지 않은 경우가 있지 않았는데, 여기에서 이름을 쓰지 않은 것은 어째서인가? 〈惠帝의 아들이 아니고〉 타인의 자식이기 때문이다. 타인의 자식인데, '태자가 즉위했다.'고 쓴 것은 태자를 인정한 것인가? '아무개를 세워 태자로 삼았다.'고 쓰지 않았다면 인정한 것이 아니다. 인정하지 않았다면 어찌하여 태자라고 칭하였는가? 일찍이 '세워서 태자를 삼았다.'고 쓴 적이 없었는데, 얼마 후에 '태자가 즉위했다.'고 하였으나 그 이름을 알지 못하였으니, 그가 正統이 아님을 드러낸 것이다. 太后의 전횡과 大臣이 태후의 뜻대로 따른 사실이 폄하하지 않아도 저절로 드러난다. 兩漢의 세대가 끝나도록 태자가 즉위했을 적에 이름을 쓰지 않은 것은 한 번뿐이다.〔漢世太子卽位 未有不書名者 此其不名 何 他人子也 他人子也 而書太子卽位 予之歟 不書立某爲太子 則非予之也 不予之 則曷爲稱太子 未嘗書立爲太子也 俄而有太子者卽位 而不知其名 所以著其非正統也 而太后之專 大臣之徇 不貶而自見矣 終兩漢之世 太子卽位 不書名 一而已〕" ≪書法≫

"천하에는 단 하루도 군주가 없어서는 안 된다. 지금 惠帝에 대해 8월에 '崩하였다.'고 썼는데, 태자에 대해서는 마침내 9월에 처음으로 '즉위했다.'고 써서 한 달이 넘도록 군주가 없음에 이르렀다. 이전의 史書를 살펴보면 戊寅日로부터 辛丑日에 이르기까지 모두 24일이 지나서야 비로소 惠帝를 安陵에 장례하였고, 이미 장례한 뒤에 태자가 처음으로 즉위하였으니, 呂后가 조정을 멋대로 전횡한 화를 이루 말할 수 있겠는가. 더구나 태자는 실로 劉氏가 아닌데, 마침내 그를 至尊으로 칭하게 하였으니, 이는 ≪春秋≫에서 莒나라 사람이 鄫나라를 멸한 것보다도 더 크다. ≪資治通鑑綱目≫에 이 사실을 쓸 적에 폄하하는 말이 없어서 진짜 태자인 것처럼 한 것은 태자를 인정한 것이 아니고, 장수와 정승, 대신들이 있으나 마나 하여 팔짱을 낀 채 여후가 하는 대로 따랐음을 나타내려 한 것이다. 이 때문에 둘(여후와 대신) 다 비난한 것이다. 그렇다면 유씨가 멸망하지 않은 것이 어찌 천행이 아니겠는가.〔天下不可一日無主 今惠帝以八月書崩 而太子乃以九月始書卽位 至於曠月無君 考之前史 蓋自戊寅至辛丑 凡二十有四日 始葬安陵 旣葬之後 太子始卽位 則是呂后擅朝之禍 可勝言哉 況太子實非劉氏 乃使之稱尊 其爲莒人滅鄫 大矣 綱目書此 文無貶詞 若眞太子然者 非予之也 所以見將相大臣不能爲有無 拱手聽其所爲 是以交譏之耳 然則劉氏之不滅 豈非幸歟〕" ≪發明≫

태후가 조정에 임어하여 천자의 일을 행하였기 때문에 制를 稱한 것이다.

安陵, 在長安北三十里. 天子之言, 一曰制書, 二曰詔書. 制書者, 謂制度之命也, 非皇后所得稱, 今太后臨朝, 行天子事, 故稱制.

【目】애초에 太后가 張皇后에게 명하여 다른 사람의 자식을 데려다가 길러 그 어미를 죽이고 太子로 삼게 하였는데, 이때에 이르러 卽位한 것이다.

初에 太后命張皇后하여 取他人子하여 養之而殺其母하고 以爲太子러니 至是卽位하다

甲寅年(B.C. 187)

漢나라 高皇后 呂氏 원년이다.

高皇后呂氏元年①47)이라

47) 高皇后呂氏元年 : "이때 이른바 '少帝'가 있었는데, 어찌하여 예전의 역사책을 그대로 이어서 高皇后의 연도로 기록하였는가? 少帝는 타인의 자식이고, 呂氏는 漢나라 太后이기 때문이다. 그렇다면 타인의 자식인데도 太子라 쓰고 少帝라 써서 바꾸지 않음은 어째서인가? 漢나라 조정의 대신들을 죄책한 것이다. 태자라 쓰고 소제라 썼는데, 어찌하여 대신들을 죄책한 것인가? 漢나라 조정의 대신들이 있으나 마나 하여 태후가 세우는 대로 따랐기 때문이다. 그러므로 여씨로 紀元하고 사실대로 기록하여, 타인의 자식으로 정통을 어지럽히지 않은 것이다. 그렇다면 어찌하여 연도 아래에 큰 글씨로 쓰지 않고 두 줄로 나누어 작은 글씨로 썼는가? 婦人이 制를 칭함은 천하의 큰 변고이니, ≪資治通鑑綱目≫에서 깊이 두려워한 바이다. 그러므로 특별히 變例를 쓴 것이다.〔於是 有所謂少帝矣 曷爲仍舊史 以高皇后之年紀之 少帝他人子而呂氏則漢太后也 然則他人子也 書太子 書少帝 無改焉 何也 所以罪漢廷之大臣也 書太子 書少帝 則曷爲罪之 以爲漢廷大臣不能爲有亡(무) 而聽其所立也 故以呂氏紀元而實錄之 不以他人子亂正統也 然則曷爲不於歲下大書 婦人稱制 天下之大變 綱目所深懼也 故特變例書之〕" ≪書法≫

"≪資治通鑑綱目≫에 모든 正統의 해는 연도 아래에 큰 글씨로 쓰고, 정통이 아닌 경우에는 두 줄로 나누어 작은 글씨로 썼으니, 이는 진실로 書法의 正例이다. 지금 呂氏가 臨朝함에 천하가 하나로 통합되어서 東漢의 馬后·鄧后와 차이가 없어서 애당초 전국시대와 南北朝, 五代시대와 비할 바가 아닌데, 어찌하여 또한 두 줄로 나누어 작은 글씨로 썼는가? 일찍이 程子(程頤)가 지은 ≪易傳≫을 보면, 坤卦의 六五爻에 '신하가 尊位에 거한 것은 后羿와 王莽이 이 경우이니 그래도 말할 수가 있으나, 婦人이 尊位에 거한 것은 女媧氏와 則天武后(武氏)가 이 경우이니 또한 비상한 변고여서 말할 수가 없다.' 하였다.

呂氏가 조정을 통제하여 비록 타인의 자식을 취해서 세웠으나, 실제는 劉氏가 아니므로 ≪자치통감강목≫에서 이에 대하여 그 연도를 두 줄로 나누어 작은 글씨로 써서 실제 정통이 아님을 나타내었고, 또 천하에 비상한 변고임을 나타내 보이려고 하였으므로 특별히 變例로 써서 후세에 거울이 되게 한 것이다. 무릇 이러한 종류는 모두 ≪자치통감강목≫의 중대한 일이고 書法의 중요한 뜻이니, 군자가 마땅히 깊이 살펴야 할 바이다.〔綱目凡正統之年 歲下大書 非正統者 兩行分注 此固書法之正例也 今呂氏臨朝 天下蓋合于一 殆與東漢馬鄧無異 初非戰國南北五代之比 胡爲亦以分注書之 嘗觀程子頤傳易於坤之六五 有曰 臣居尊位 羿莽是也 猶可言也 婦居尊位 女媧氏武氏是也 非常之變 不可言也 夫呂氏制朝 雖取他人子立之 實非劉氏 故綱目於此 分注其年 以著其實非正統 且以示天下非常之變 故特變例書之 爲後世鑑爾 凡此

① 禮에 婦人은 남편의 시호를 따르기 때문에 高皇后라고 칭한 것이다.
禮, 婦人從夫諡, 故稱高皇后.

【綱】 겨울 11월에 太后가 王陵을 황제의 太傅로 삼고 陳平을 右丞相으로 삼고 審食其(심이기)를 左丞相으로 삼고 任敖를 御史大夫로 삼았다.

冬十一月에 太后以王陵爲帝太傅하고 陳平爲右丞相하고 審食其爲左丞相[48]하고 任敖爲御史大夫하다

【目】 太后가 여러 呂氏를 세워 왕으로 삼고자 하였는데, 王陵은 말하기를 "高帝께서 白馬를 잡아 맹세하기를 '劉氏가 아닌데 왕이 되거든 천하가 함께 공격하라.'고 하셨습니다." 하였고, 陳平과 周勃은 말하기를 "고제께서 천하를 평정하시고 子弟들을 왕으로 봉하셨으니, 지금 태후께서 制를 칭하시는 상황에서 여러 呂氏를 왕으로 봉한다 해서 안 될 것이 없습니다." 하였다.

조정에서 물러가자, 왕릉이 진평과 주발을 꾸짖기를 "처음 고제와 피를 바르고 맹약할 적에 그대들은 그 자리에 있지 않았던가? 지금 태후의 뜻에 아첨하여 맹약을 배반하고자 하니, 무슨 면목으로 지하에서 고제를 뵙겠는가?" 하니, 진평과 주발이 말하기를 "태후의 면전에서 잘못된 일을 꺾고 조정에서 간쟁하는 것은 우리가 그대만 못하고, 社稷을 온전히 하여 劉氏의 후손을 안정시키는 것은 그대가 또한 우리만 못하다." 하였다.

太后議欲立諸呂爲王이러니 王陵曰 高帝刑白馬하여 盟曰 非劉氏而王이어든 天下共擊之라하시니이다 陳平周勃曰 高帝定天下하시고 王子弟하시니 今太后稱制에 王諸呂無所不可니이다 及退에 陵이 讓平勃曰 始與高帝로 啑(삽)血盟에 諸君不在邪①아 今欲阿意背約하니 何面目으로 見高帝地下乎아 平勃曰 面折廷爭은 臣不如君이요 全社稷定劉氏之後는 君亦不如臣이라하니라

① 啑은 歃과 같으니, 조금 마시는 것이다.

類 皆綱目之大節 書法之要旨 君子之所當深察者也〕" ≪發明≫

48) 審食其爲左丞相 : "審食其는 어떤 사람이기에 마침내 左丞相의 지위에 거하여 陳平이 그와 同列이 되었는데도 부끄러워하지 않았단 말인가? 이를 모두 책에 쓴 것은 비단 呂氏가 사사로운 마음으로 사람을 등용한 죄를 나타냈을 뿐만 아니라, 또한 진평이 樊噲 등과 같은 줄에 선 것을 달게 여긴 잘못을 나타낸 것이다.〔審食其何人 乃居左揆 陳平與之同列而不恥 竝書于冊 不特見呂氏私意用人之罪 亦以見陳平甘與噲伍之失〕" ≪發明≫

唼, 與歃同, 小歠也.

【目】 이에 太后가 王陵을 황제의 太傅로 삼으니, 실은 丞相의 권한을 빼앗은 것이었다. 왕릉이 마침내 병으로 면직하고 돌아가자, 이에 陳平을 右丞相으로 삼고 審食其를 左丞相으로 삼아서 정사를 다스리지 않고 宮中을 감찰하게 하였다. 심이기는 예전부터 태후에게 총애를 받아 公卿들이 모두 그를 통하여 일을 결정하였다.

태후는 趙堯를 원망하여 마침내 조요의 죄를 옭아 만들었고, 任敖는 일찍이 沛縣의 獄吏가 되어 태후에게 은덕을 베푼 적이 있었기 때문에 그를 御史大夫로 삼았다.

於是에 太后以陵爲帝太傅하니 實奪之相權이라 陵이 遂病免歸어늘 乃以平爲右丞相①하고 審食其爲左丞相하여 不治事하고 令監宮中②하니 食其故得幸於太后하여 公卿이 皆因而決事③하니라 太后怨趙堯하여 乃抵堯罪④하고 任敖嘗爲沛獄吏하여 有德於太后라 故로 以爲御史大夫⑤하다

① 이때에는 오른쪽을 높였기 때문에 陳平을 左丞相에서 右丞相으로 승진시킨 것이다.
此時尙右, 故平自左丞相遷右丞相.

② 監(감찰하다)은 古銜의 切이다.
監, 古銜切.

③ 漢王이 彭城 서쪽에서 項羽에게 패했을 적에 楚나라가 太上皇과 呂后를 잡아 인질로 삼았는데, 審食其가 舍人으로 여후를 모셨다. 그 뒤에 高帝를 따라 항우를 격파하여 侯가 되었고 태후에게 총애를 받았다.
漢王之敗彭城西, 楚取太上皇・呂后爲質, 食其以舍人侍呂后. 其後從破項籍爲侯, 幸於太后.

④ 趙堯가 趙隱王(劉如意)을 위해 도모한 것을 원망한 것이다.[49]
怨堯爲趙隱王謀也.

⑤ 任敖가 젊어서 옥리였을 적에, 高帝가 일찍이 옥리를 피해 달아나자 獄吏가 여후를 체포하고는 불경스럽게 대우하였다. 그런데 임오가 여후를 맡은 옥리를 공격하여 상해를 입혔기 때문에 여후가 고맙게 여긴 것이다.
敖少爲獄吏, 高帝嘗避吏, 吏繫呂后, 遇之不謹. 敖擊傷主呂后吏, 故后德之.

【目】 胡氏(胡寅)가 다음과 같이 평하였다.

"이미 지나간 입장에서 논한다면 王陵이 陳平과 周勃만 못한 것이 당연하지만, 만일 太后가 죽지 않고 진평과 주발이 먼저 죽었다면 이 말을 어찌하겠는가. 이 또한 요행이

49) 趙堯가……것이다 : 조요가 趙王을 위해 趙나라 相國으로 周昌을 천거하였는바, 이 일이 본서 80쪽에 보인다.

었을 뿐이다. 가령 태후가 여러 呂氏를 왕으로 봉할 것을 의논할 적에 將相과 大臣들이 모두 불가하다고 반대하였다면 태후가 또한 어떻게 홀로 그 뜻을 행할 수 있었겠는가. 진평과 주발이 이를 허락하였는데도 또 몇 개월이 지난 뒤에 다시 張釋을 보내어 大臣들을 넌지시 타이른 뒤에야 비로소 여러 여씨들을 왕으로 삼았으니, 지난번에 진평과 주발이 태후의 뜻에 아첨한 죄가 크다는 것을 알 수가 있다.

그러므로 程子가 논하기를, '漢나라 高祖와 신하들의 관계는 서로 힘으로 이겨서 신하로 삼았을 뿐이니, 그의 신하가 되었던 것은 마음으로 기뻐하고 참으로 복종해서 신하가 되기를 원한 것이 아니다. 그러므로 이때에 節義를 위해 목숨을 바치려는 자가 한 사람도 없었던 것이니, 뒤에 成功한 것도 요행일 뿐이다. 人臣의 의리는 마땅히 왕릉을 正道로 삼아야 한다.'고 하였으니, 훌륭한 말씀이다."

胡氏曰 自已然論之하면 王陵之不如平勃이 固也[①]어니와 使太后未崩하고 而平勃先死인댄 則如此言何哉오 是亦僥倖而已矣라 向使太后有議에 而將相大臣이 皆以爲不可하면 太后亦安能獨行其意乎리오 平勃이 許之호대 猶且數月에 再遣張釋하여 風喩大臣而後에 乃王諸呂하니 則知向者平勃阿意之罪 大矣[②]라 故로 程子論之曰 漢祖之與群臣은 以力相勝而臣之耳니 其臣之者는 非心悅誠服而願爲之臣也라 是以로 當此之時하여 無一人肯死節者하니 其後成功도 亦幸而已라 人臣之義는 當以王陵爲正이라하시니 至哉라 言乎여

① 〈"固也"는〉 참으로 이와 같이 해야 함을 말한 것이다.
言固當如此.
② 張釋은 내시이다. 風(풍간하다)은 諷으로 읽는다.
釋, 閹人也. 風, 讀曰諷.

【綱】 呂后의 아비 呂公을 宣王으로 追尊하고, 오라비 呂澤을 悼武王으로 추존하였다.

追尊父呂公爲宣王하고 兄澤爲悼武王하다

【目】 여러 呂氏를 왕으로 삼는 것을 점점 늘리려고 한 것이다.

欲以王諸呂爲漸也라

【綱】 봄 3월에 三族을 멸하는 罪와 妖言을 다스리는 法令을 없앴다.

春三月에 除三族罪妖言令①[50]하다

① 중죄를 지은 자는 誅戮이 三族에게 미쳤고, 잘못한 말을 妖言(요망한 말)이라고 하였는데, 이제 죄가 너무 무겁고 가혹하다고 여겨서 모두 없앤 것이다.
罪之重者, 戮及三族. 過誤之語, 以爲妖(音)〔言〕[51]. 今謂重酷, 皆除之.

【綱】 2월에 二千石의 녹봉을 받는 孝弟力田官 1人을 설치하였다.

◑ 二月에 置孝弟力田二千石者一人①하다

① 孝弟力田官을 특별히 설치하고 그 녹봉을 높여서 천하 사람들을 권면하여 각각 행실을 돈독하게 하고 근본에 힘쓰게 하고자 한 것이다.
特置孝弟力田官, 而尊其秩, 欲以勸厲天下, 令各敦行務本.

【綱】 여름 4월에 張偃을 세워 魯王으로 삼았다.

◑ 夏四月에 立張偃爲魯王하다

【目】〈張偃은〉 張敖의 아들이다.[52]

張敖의 子也라

【綱】 山, 朝, 武를 봉하여 列侯로 삼고, 彊을 세워 淮陽王으로 삼고, 不疑를 세워 恒山王으로 삼았다.

封山朝武爲列侯[53]하고 立彊爲淮陽王하고 不疑爲恒山王①하다

---

50) 除三族罪妖言令 : "이때 처음으로 秦나라 제도를 모두 고친 것이다. ≪資治通鑑綱目≫에 형벌을 너그럽게 한 정사에 '除'를 쓴 것이 10번이다.〔始盡改秦也 綱目寬刑之政書除者十〕" ≪書法≫

51) (音)〔言〕 : 저본에는 '音'으로 되어 있으나, 綱에 근거하여 '言'으로 바로잡았다.

52) 張偃은……아들이다 : 張敖는 趙王 張耳의 아들인데, 魯元公主와 결혼하여 漢 高祖의 사위가 되었다. 이후 貫高의 高祖 암살 미수 사건으로 폐위되었다가 강등시켜 宣平侯로 삼았다. 노원공주는 高祖와 呂后의 장녀로 魯나라 지방을 식읍으로 받았다.

53) 封山朝武爲列侯 : "무릇 황제가 王·侯를 봉하여 세울 적에 異姓이면 姓을 쓰고 同姓이면 子와 弟를 쓰는 것이 일반적인 예이다. 그런데 여기에서 〈劉氏를 쓰지 않고 이름인〉 '山·朝·武'라고만 쓴 것은 어째서인가? 의심한 것이다. 의심한 것은 어째서인가? 그 집안으로 보면 진짜 孝惠帝의 아들이 아니고, 姓으로 보면 어떤 성인지 알지 못하니, 그렇다면 이름만 쓸 뿐인 것이다. 그 글을 달리한 것은 그 일을 특이하게 여긴 것이다.〔凡封立 異姓書姓 同姓書子若弟 恒也 此其曰山朝武 何 疑也 其疑奈

① 山은 襄城侯, 朝는 軹侯, 武는 壺關侯가 되었다.
山爲襄城侯. 朝爲軹侯. 武爲壺關侯.

【目】 모두 太后가 孝惠帝의 아들이라고 이름 붙인 자들이다.

皆太后所名孝惠子也라

【綱】 呂台를 세워 呂王으로 삼았다.

立呂台爲呂王하다

【目】 太后가 大謁者 張釋을 시켜 大臣들에게 넌지시 떠보게 하니, 大臣들이 마침내 齊나라의 濟南郡을 떼어 呂國을 만들고 呂台를 세워 王으로 삼을 것을 청하였다.

太后使大謁者張釋으로 風大臣①하니 大臣이 乃請割齊之濟南郡하여 爲呂國하고 立台爲王하다

① 謁者는 秦나라의 官職으로, 賓贊(典禮를 행할 적에 儀式을 인도함)과 受事(天子를 위하여 명을 전달하는 일)를 관장하였으니, 大謁者는 아마도 그중에 우두머리일 것이다.
謁者, 秦官, 掌賓贊・受事. 大謁者, 蓋其長也.

【綱】 가을에 복사꽃과 오얏꽃이 피었다.

秋에 桃李華하다

乙卯年(B.C. 186)

漢나라 高皇后 呂氏 2년이다.

二年이라

【綱】 겨울 11월에 呂王 呂台가 卒하였다.

冬十一月에 呂王台卒하다

何 以族則非眞孝惠子也 以姓則不知其何姓也 然則名之而已矣 異其文者 異其事也〕" ≪書法≫
劉山, 劉朝, 劉武, 劉彊, 劉不疑 등은 ≪書法≫에 따라 번역문에 이름만 썼다.

【綱】봄 정월에 地震이 일어나고 武都에서는 山이 무너졌다.

◑ **春正月**에 **地震**하고 **武都山崩**①하다

① 武都는 당시에는 縣이었는데, 武帝가 武都郡을 설치하였다.
武都, 時爲縣, 武帝置武都郡.

【綱】여름 5월에 太后가 齊王의 아우 劉章을 봉하여 朱虛侯로 삼고 들어와 宿衛하게 하였다.

◑ **夏五月**에 **太后封齊王弟章**하여 **爲朱虛侯**하고 **令入宿衛**①[54] 하다

① 齊王은 悼惠王의 아들이니, 이름이 劉襄이다. ≪漢書≫ 〈地理志〉에 "朱虛縣은 琅邪郡에 속한다." 하였다.
齊王, 悼惠王子, 名襄. 班志 "朱虛縣屬琅邪郡."

【綱】6월 그믐에 일식이 있었다.

◑ **六月晦**에 **日食**하다

【綱】가을 7월에 恒山王 不疑가 卒하였다.

◑ **秋七月**에 **恒山王不疑卒**하다

【綱】八銖錢을 발행하였다.

◑ **行八銖錢**①하다

---

54) 太后封齊王弟章……令入宿衛 : "宿衛를 쓰지 않았는데, 여기에서는 어찌하여 썼는가? 특별히 쓴 것이다. 朱虛侯 劉章이 뒤에 성공한 이유는 宿衛를 관장했기 때문이니, 齊王(劉襄)은 밖을 제어하고 제왕의 아우인 유장은 안에 처하여 여러 呂氏를 주벌하기가 어렵지 않았다. 이 때문에 나라를 봉할 적에 '某弟'라고 쓴 것이 있지 않았으나, 여기서는 '齊王의 아우'라고 쓴 것이다.(≪資治通鑑≫에는 齊悼惠王의 아들이라 썼다.) 앞에서 呂王(呂台)은 '太后가 세웠다.'고 쓰지 않았는데, 여기서는 '태후가 봉했다.'고 썼다. ≪資治通鑑綱目≫에 쓰기를 '태후가 제왕의 아우 유장을 봉하여 들어와 宿衛하게 했다.' 하였으니, 이는 하늘이 〈여씨를 망하게 하려고 하여〉 呂氏의 넋을 빼앗은 것이다. 이때 楚 元王의 아들 劉郢客을 봉하여 上邳로 삼았는데, 유영객을 쓰지 않은 것은 생략한 것이다.〔宿衛不書 此何以書 特筆也 朱虛所以成功 以典宿衛耳 齊制其外 章處其內 以誅諸呂 不難也 是故封國未有書某弟者 此書齊王弟 前呂王不書太后立 此書太后封 綱目書曰太后封齊王弟章 令入宿衛 天奪之魄矣 於是 封楚元王子郢客爲上邳 客不書 略之也〕" ≪書法≫

① 기장 알 10개가 1絫(루)가 되고, 10루가 1銖가 된다. 八銖錢은 본래 秦나라의 돈인데, 돈의 겉면에 半兩(12수)이라고 쓰여 있고 무게는 겉면에 쓰여 있는 글자와 같았다. 漢나라는 이것이 너무 무겁다고 해서 다시 莢錢(楡莢錢)을 주조하였는데, 백성들이 너무 가벼운 것을 불만으로 여겼기 때문에 이때에 다시 발행한 것이다.
十黍爲絫, 十絫爲銖. 八銖錢, 本秦錢, 文曰半兩, 重如其文. 漢以其太重, 更鑄莢錢, 民患其太輕, 至此復行.

八銖錢

【綱】 太后가 山을 세워 恒山王으로 삼고 이름을 義로 고쳤다.

◑ **太后立山爲恒山王**하고 **更名義**하다

丙辰年(B.C. 185)

漢나라 高皇后 呂氏 3년이다.

三年이라

【綱】 여름에 長江과 漢水가 범람하였다.

夏에 **江漢**이 **水溢**①하다

① ≪詩經集傳≫에 "漢水는 興元府의 嶓冢山(파총산)에서 발원하여 漢陽軍의 大別山에 이르러 長江으로 들어간다." 하였다.
詩集傳"漢水, 出興元府嶓冢山, 至漢陽軍大別山, 入江."

【綱】 가을에 별이 대낮에 나타났다.

◑ **秋**에 **星晝見**(현)하다

【綱】 伊水, 洛水, 汝水의 물이 범람하였다.

◑ **伊洛汝水溢**①하다

① ≪漢書≫ 〈地理志〉에 "伊水는 弘農郡의 熊耳山에서 발원하여 동북쪽으로 흘러 洛水로 들어

가고, 洛水는 弘農郡의 上洛縣에서 발원하여 동북쪽으로 河南郡 鞏縣에 이르러 黃河로 들어간다." 하였다. 應劭[55]가 말하기를 "汝水는 弘農縣에서 발원하여 淮水로 들어간다." 하였다. 班志 "伊水, 出弘農郡熊耳山, 東北入洛水. 洛水, 出弘農上洛縣, 東北至河南鞏縣, 入河." 應劭曰 "汝水, 出弘農縣, 入淮."

丁巳年(B.C. 184)

漢나라 高皇后 呂氏 4년이다.

四年이라

【綱】 여름 4월에 太后가 여동생 呂嬃(여수)를 봉하여 臨光侯로 삼았다.

夏四月에 太后封女弟嬃하여 爲臨光侯[56]하다

【綱】 少帝를 廢位시켜 유치하였다가 죽이고, 5월에 恒山王 義를 세워 皇帝로 삼아 이름을 弘으로 바꾸고, 朝를 恒山王으로 삼았다.[57]

◑廢少帝하여 幽殺之하고 五月에 立恒山王義爲帝[58]하여 更(경)名弘하고 以朝爲恒山王하다

---

55) 應劭 : 東漢 사람으로, 자가 仲遠이다. 박학다식하여 ≪漢官禮儀故事≫와 ≪風俗通≫ 등을 저술하였고, 曹操가 洛陽에서 許昌으로 수도를 옮긴 뒤에 朝廷制度를 정립하는 데 큰 역할을 하였다.

56) 太后封女弟嬃 爲臨光侯 : "띠풀을 나누어주고 땅을 떼어주어 나라의 군주로 삼고 백성을 사랑하게 하는 것을 어찌 부인으로써 한단 말인가. 呂嬃를 봉할 적에 ≪資治通鑑綱目≫에 특별히 '女弟'라 게시하고 쓴 것은 봉해서는 안 되는데 봉하였음을 드러낸 것이니, 婦人이 정사를 어지럽히는 것을 경계하는 거울로 삼은 것이다.〔分茅胙土 君國子民 其可以婦人爲之乎 呂嬃之封 綱目特揭女弟書之 所以著其不當封而封 爲婦人亂政之鑑也〕" ≪發明≫

57) 少帝를……삼았다 : ≪자치통감강목≫의 書法에 따라 번역문에 劉義, 劉弘, 劉朝의 이름만 썼다.

58) 廢少帝……立恒山王義爲帝 : "北魏의 馮太后와 胡太后가 군주를 시해하자, '弑'라고 썼는데, 여기에서 '殺'이라 쓴 것은 어째서인가? 그를 정상적인 군주로 여기지 않은 것이다. 어찌하여 정상적인 군주로 여기지 않았는가? 정통이 아니기 때문이다. 義에 대해 '세워 황제로 삼았다.'고 쓴 것은 어째서인가? 太后가 세운 것이고, 또한 정통이 아니기 때문이다. 그러므로 그가 황제가 되었을 적에는 '세워 황제로 삼았다.'고 썼고, 주벌할 적에는 '呂后가 孝惠帝의 아들이라고 이름하였다.'라고 쓴 것이다.〔魏馮胡太后弑君 則書弑 此其書殺 何 不成之爲君也 曷爲不成之爲君 非正統也 義書立爲帝 何 太后立之也 亦非正統 故其帝也 書立爲帝 其誅也 書呂后所名孝惠子〕" ≪書法≫

【目】 少帝가 점점 장성하자 스스로 皇后의 아들이 아니라는 것을 알고 마침내 말하기를, "母后가 나의 어머니를 죽였으니, 내가 장성하면 즉시 변란을 일으킬 것이다." 하였다. 太后가 그를 永巷에 유치시키고 신하들에게 이르기를 "황제는 병든 지 오래되어 마음이 미혹되고 정신착란을 일으켜 天下를 다스릴 수 없으니, 다른 사람으로 대신하도록 하시오." 하니, 신하들이 머리를 조아리고 詔令을 받들었다. 마침내 황제를 폐위시켜 죽이고 義를 세워 황제로 삼고는 元年이라고 稱하지 않았으니, 태후가 天下의 일을 다스렸기 때문이다.

少帝寖長에 自知非皇后子하고 乃出言曰 后殺吾母하니 我壯이면 卽爲變호리라 太后幽之永巷中하고 謂群臣曰 帝病久하여 失惑昏亂하여 不能治天下하니 其代之하라 群臣이 頓首奉詔어늘 遂廢殺之하고 立義爲帝하고 不稱元年하니 以太后制天下事故也라

【綱】 曹窋(조줄)을 御史大夫로 삼았다.

以曹窋爲御史大夫하다

戊午年(B.C. 183)

漢나라 高皇后 呂氏 5년이다.

五年이라

【綱】 봄에 南越王 趙佗(조타)가 반란하였다.

春에 南越王佗反하다

【目】 有司가 南越에 鐵器를 關市하는 것을 금지시킬 것을 청하였는데, 南越王이 말하기를, "이는 필시 長沙王(吳芮)의 계책일 것이니, 中國에 의지하여 南越을 擊滅하고 이곳까지 차지하여 왕 노릇 하고 자기의 功으로 삼으려는 것이다."라 하고, 마침내 스스로 '南越의 武帝'라고 칭하고는 長沙를 공격하여 여러 縣을 패배시키고 떠나갔다.

有司請禁南越關市鐵器①한대 南越王曰 此必長沙王計니 欲倚中國하여 擊滅南越而幷王之하여 自爲功也라하고 遂自稱南越武帝하고 攻長沙하여 敗數縣而去하다

① 漢나라가 변방 관문에서 蠻夷와 通商하는 것을 關市라고 이른다.
漢於邊關, 與蠻夷通市, 謂之關市.

【綱】가을 8월에 淮陽王 彊이 卒하자, 太后가 武를 세워 淮陽王으로 삼았다.

秋八月에 **淮陽王彊**이 **卒**커늘 **太后立武爲淮陽王**[59)]하다

【綱】처음으로 戍卒들을 해마다 바꾸게 하였다.

◑ **初令戍卒歲更**(경)①하다

① 更(바꾸다, 교대하다)은 工衡의 切이다. 秦나라가 백성들을 가혹하게 부려서 戍卒이 몇 해가 되어도 집으로 돌아가지 못하였는데, 이때에 이르러 처음으로 1년마다 바꾸게 한 것이다.
更, 工衡切. 秦虐用其民, 戍卒連年不歸, 至此, 始令一歲而更.

己未年(B.C. 182)

漢나라 高皇后 呂氏 6년이다.

六年이라

【綱】겨울 10월에 太后가 呂王 呂嘉를 廢位시키고 呂台의 아우 呂産을 세워 呂王으로 삼았다.

冬十月에 **太后廢呂王嘉**하고 **立台弟産**하여 **爲呂王**①하다

① 呂嘉는 呂台의 아들이니, 평소의 행동거지가 교만하고 방자하였기 때문에 폐위시킨 것이다.
嘉, 台之子也, 以居處驕恣廢之.

---

59) 秋八月……爲淮陽王 : "呂氏가 권력을 독점해서 사사로운 마음을 가지고 封爵을 행하였다. 그러나 呂台를 세워 王으로 삼았는데, 1년이 지나자 '卒'이라고 썼고, 彊과 不疑가 봉함을 받음에 이르러서도 비록 억지로 孝惠帝의 아들이라고 이름하였으나 또한 서로 이어 죽었으니, 하늘의 뜻이 이와 같이 분명한데도 여씨가 일찍이 깨닫지 못하였다. 이것을 책에 자세히 쓴 것은 다만 여씨가 조정을 어지럽힌 자취를 나타냈을 뿐만 아니라 또한 天道가 멀리 있지 않다는 뜻을 보인 것이다.〔呂氏擅權 用私意而行封爵 然呂台方立 閱一載而書卒 至於彊不疑之受封 雖彊以孝惠子名之 亦且相繼告殞 天意昭然若此 而呂氏曾不之悟 詳書于冊 不特見呂氏亂朝之迹 亦以見天道不遠之意云〕" ≪發明≫

【綱】 봄에 별이 대낮에 나타났다.

◑ 春에 星晝見(현)하다

【綱】 匈奴가 狄道로 침입하였다.

◑ 匈奴寇狄道①하다

① ≪漢書≫ 〈地理志〉에 "狄道縣은 隴西郡에 속하였다." 하였다. ≪漢書≫ 〈百官表〉에 "縣에 蠻夷가 있는 곳을 道라 한다." 하였으니, 이 지역에 北狄의 種族이 있었기 때문에 狄道라고 이름한 것이다.
班志 "狄道縣屬隴西郡." 百官表 "縣有蠻夷曰道." 其地有狄種, 故名焉.

【綱】 五分錢(오푼전)을 발행하였다.

◑ 行五分錢①하다

① 五分錢은 이른바 莢錢이란 것이다.
所謂莢錢者.

庚申年(B.C. 181)

漢나라 高皇后 呂氏 7년이다.

七年이라

【綱】 겨울 12월에 匈奴가 狄道로 침입하였다.

冬十二月에 匈奴寇狄道하다

【綱】 봄 정월에 太后가 趙王 劉友를 幽閉시켜서 죽였다.

◑ 春正月에 太后幽殺趙王友하다

【目】 劉友가 呂氏의 딸을 王后로 삼았는데 사랑하지 않으니, 딸이 노하여 가서 太后에게

趙王을 참소하기를, "왕이 말하기를 '여씨들이 어떻게 왕이 될 수 있단 말인가. 태후가 죽고 나면 내가 반드시 이들을 공격할 것이다.'라고 하였습니다." 하였다. 태후가 유우를 京邸로 불러와서 幽閉시켜 굶어죽이자, 일반 백성의 禮로 백성들의 무덤이 있는 곳에 장사 지내니, 이가 幽王이다.

友以諸呂女로 爲后러니 弗愛하니 女怒하여 去하여 讒之太后曰 王言呂氏安得王이리오 太后百歲後에 吾必擊之라하니이다한대 太后召至邸餓死①어늘 以民禮로 葬之民冢次하니 是爲幽王이라

① 邸는 丁禮의 切이다. 郡國의 王侯가 朝會하러 와서 머무는 집으로 京師에 있는 것을 일반적으로 邸라고 한다. 邸는 이름[至]이니, 돌아와서 이르는 곳임을 말한다.
邸, 丁禮切. 郡國朝宿之舍在京師者, 率名曰邸. 邸, 至也, 言所歸至也

【綱】 일식이 있어 낮이 어두웠다.

日食하고 晝晦[60]하다

【目】 太后가 일식을 보고 두려워하여 말하기를, "이는 나 때문이다." 하였다.

太后見日食하고 惡(오)之하여 曰此爲我也①라하니라

① 爲(위하다)는 去聲이다.
爲, 去聲.

【綱】 2월에 太后가 梁王 劉恢를 옮겨서 趙王으로 삼고 呂王 呂産을 梁王으로 삼았다.

二月에 太后徙梁王恢爲趙王하고 呂王産爲梁王하다

【綱】 가을 7월에 太를 세워 濟川王으로 삼았다.

◑ 秋七月에 立太爲濟川王①하다

① 濟川은 濟南과 濟北 지역이니, 齊나라를 떼어 봉한 것이다.
濟川, 卽濟南·濟北之地, 蓋割齊封之.

---

60) 日食 晝晦: "日食이 있어 낮이 어두운 것은 큰 災異이다. 이에 太后가 보고 두려워하여 말하기를 '이것은 나 때문이다.' 하였는데, 다음 해에 '大喪이 났다.'고 썼다.[日食晝晦 大異也 於是太后見而惡之曰 此爲我也 越明年而以大喪書]" ≪書法≫

【目】〈太는〉 太后가 孝惠帝의 아들이라고 이름한 자이다.

太后所名孝惠子也라

【綱】 營陵侯 劉澤을 봉하여 琅邪王으로 삼았다.

封營陵侯澤하여 **爲琅邪王**하다

【目】 將軍 劉澤은 高祖의 從祖昆弟(6촌 형제)이고, 그의 妻는 呂嬃의 딸이다. 田生이 그를 위하여 大謁者 張卿(張釋)을 설득하기를, "여러 呂氏가 왕 노릇 하는데 大臣들이 복종하지 않습니다. 지금 營陵侯 劉澤은 여러 劉氏 가운데 가장 연장자이니, 그를 왕으로 봉한다면 여러 여씨의 왕들이 참으로 견고하게 될 것입니다." 하였다. 張卿이 太后에게 말하니, 마침내 齊나라의 琅邪郡을 떼어 유택을 봉하여 왕으로 삼았다.

將軍劉澤은 高祖從祖昆弟요 其妻는 呂嬃女也라 田生이 爲之說(세)大謁者張卿曰① 諸呂之王也에 大臣未服이라 今營陵侯澤은 諸劉最長하니 王之면 諸呂王이 益固矣②리이다 張卿이 言之한대 乃割齊之琅邪郡하여 封澤爲王하다

① 張卿은 바로 張釋이다.
張卿, 卽張釋.

② 《漢書》 〈地理志〉에 "營陵縣은 北海郡에 속했는데, 혹은 營丘라고 한다." 하였다.
班志 "營陵縣, 屬北海郡, 或曰營丘."

【綱】 趙王 劉恢가 自殺하자, 太后가 呂祿을 세워 조왕으로 삼았다.

趙王恢自殺이어늘 **太后立呂祿爲趙王**하다

【目】 趙王 劉恢는 呂產의 딸을 王后로 삼았다. 王에게는 총애하는 姬妾이 있었는데 왕후가 酖酒로 죽이니, 王이 슬퍼하고 울분하여 自殺하였다. 이에 太后가 婦人 때문에 宗廟에 대한 禮를 버렸다고 하여 後嗣를 폐하고, 代王 劉恒에게 사신을 보내 趙나라로 옮겨 왕 노릇 하게 하겠다고 통지하였는데, 대왕이 사양하고 변방인 代나라를 지키기를 원하였다. 태후는 마침내 친정 오라비의 아들인 呂祿을 세워 조왕으로 삼았다.

趙王恢以呂產女爲后러니 王有愛姬어늘 后酖(짐)殺之하니 王이 悲憤自殺한대 太后以爲用婦

人하여 棄宗廟禮라하여 廢其嗣하고 使使告代王恒하여 欲徙王趙러니 代王이 謝하고 願守代邊이어늘 太后乃立兄子祿하여 爲趙王①하다

① 呂祿은 呂釋之의 아들이다.
祿, 釋之之子也.

【目】이때에 여러 呂氏가 권세를 멋대로 휘두르며 정권을 좌지우지하니, 朱虛侯 劉章은 나이가 20세이고 氣力이 있어서 劉氏가 직책을 얻지 못하는 것을 분하게 여겼다. 일찍이 入侍하여 연회에서 술을 마실 적에 太后가 유장을 酒吏[61]로 삼았는데, 유장이 自請하기를, "臣은 將軍의 種子(후손)이니, 軍法으로 술을 돌리기를 청합니다." 하니, 태후가 허락하였다.

술에 취하자 유장이 耕田歌를 부르기를, "깊이 밭을 갈아 씨를 촘촘하게 뿌리고, 싹이 돋아나면 솎아내려 하도다. 그 종자가 아닌 것을 호미로 매어 제거하리로다." 하니, 태후가 잠자코 있었다. 얼마 지난 뒤에 여러 여씨 가운데 한 사람이 술에 취하여 술자리를 피해 도망하니, 유장이 쫓아가서 목을 베고 돌아와 보고하였다. 左右에 있던 사람들이 모두 크게 놀랐으나, 태후가 이미 軍法을 시행하도록 허락하였기 때문에 죄를 줄 수가 없었다. 이후로 여러 여씨가 그를 두려워하였다.

是時에 諸呂擅權用事하니 朱虛侯章이 年二十에 有氣力이라 忿劉氏不得職이러니 嘗入侍燕飮할새 太后令爲酒吏한대 章이 自請曰 臣은 將種也라 請得以軍法行酒호리이다 太后許之한대 酒酣에 章爲耕田歌曰 深耕穊(기)種하고 立苗欲疏로다 非其種者를 鉏而去之로다하니 太后默然①이러라 頃之에 諸呂有一人醉하여 亡酒②어늘 章追斬之하고 還報하니 左右皆大驚이나 業已許其軍法이라 無以罪也하니 自是로 諸呂憚之하니라

① 穊는 음이 冀이니, 조밀(촘촘)하다는 뜻이다. "穊種(종자를 조밀하게 뿌린다.)"은 子孫을 많이 낳는 것을 말하고, "疏立(나온 싹을 솎아낸다.)"은 사방에 흩어두어서 藩王이 되게 하는 것이고, "鉏而去之(호미로 매어 제거한다.)"는 여러 呂氏를 배척하는 것이다.
穊, 音冀, 稠也. 穊種者, 言多生子孫也. 疏立者, 四散置之, 令爲藩輔也. 鉏而去之, 以斥諸呂也.
② "亡酒"는 술자리를 피하여 도망하는 것이다.
亡酒, 避酒而逃亡也.

61) 酒吏 : 옛날 연회할 적에 술 마시는 법령을 담당한 자로, 만일 술에 취하여 두례한 행동을 하는 자가 있으면 酒吏가 처벌하였다.

【目】楊氏(楊時)가 다음과 같이 평하였다.

"나는 劉章이 밭 가는 일을 말한 것과 술자리를 피해 도망한 자를 죽인 것을 보고 한심하게 생각하지 않은 적이 없었다. 가령 이로 인해 그의 재주 때문에 시기를 받아서 禁中에서 宿衛할 수 없게 되었다면 뒤에 비록 큰일을 하고자 한들 오히려 할 수 있었겠는가. 그렇다면 화를 면하고 성공할 수 있었던 것은 또한 요행일 뿐이다."

楊氏曰 余觀劉章言耕田事及誅亡酒者하고 未嘗不爲之寒心也로라 使其由是로 以才見忌하여 而不得宿衛禁中이면 則後雖欲有爲나 尙可得乎아 然則其獲免而成功은 亦幸而已니라

【目】陳平이 일찍이 한가히 거처하며 깊이(곰곰이) 생각하고 있었는데, 陸賈가 가서 곧바로 들어와 앉았으나 진평이 알아차리지 못하였다. 이에 陸生(陸賈)이 말하기를 "무슨 생각을 이리도 깊이 하시오?" 하니, 진평이 말하기를 "그대는 내가 무슨 생각을 하는지 헤아려보시오." 하였다.

육생이 말하기를 "足下께서는 지극히 富貴하니 바랄 것이 없을 것입니다. 〈생각하시는 것이 있다면 단지〉 여러 呂氏와 어린 황제〔少主〕를 걱정하는 것에 불과할 것입니다." 하니, 진평이 말하기를 "그러하오. 어떻게 해야겠소?" 하고 되묻자, 육생이 다음과 같이 말하였다.

"天下가 편안하면 宰相에게 마음(관심)을 기울이고 天下가 위태로우면 將帥에게 마음을 기울이니, 장수와 재상이 화합하여 조화를 이루면 선비들이 평소에 歸附해서 天下에 비록 변고가 있더라도 권력이 나누어지지 않습니다. 社稷을 위해 계책을 세워보건대 두 분[62]의 손안에 달려 있을 뿐이니, 그대는 어찌하여 太尉(周勃)와 사귀어 그의 환심을 사지 않으십니까."

육생은 이어서 진평을 위하여 여씨에 관한 몇 가지 일을 계획하였는데, 진평이 그 계책을 따라 두 사람이 깊이 서로 단결하니, 여씨의 음모가 더욱 쇠하게 되었다.

○ 陳平이 嘗燕居深念①이러니 陸賈往하여 直入坐호대 而平不見②이어늘 陸生曰 何念之深也오 平曰 生揣(췌)我何念③고 生曰 足下極富貴하니 無欲矣라 不過患諸呂少主耳리이다 平曰 然하다 奈何오 生曰 天下安이면 注意相이요 天下危면 注意將하나니 將相和調면 則士豫附하여 天下雖有變이나 權不分④이니이다 爲社稷計컨대 在兩君掌握耳니 君은 何不交驩太尉오하고 因爲平하여 畫呂氏數事어늘 平이 用其計하여 兩人深相結하니 呂氏謀益衰러라

62) 두 분 : 右丞相인 陳平과 太尉 周勃을 가리킨다.

① 〈"嘗燕居深念"은〉 國家가 불안하기 때문에 고요히 거처하며 홀로 염려해서 그 方策을 생각한 것이다.
以國家不安, 故靜居獨慮, 思其方策.

② 坐(자리)는 徂臥의 切이다. 〈"直入坐 而平不見"은〉 문지기를 통해 명을 전달하지 않고 지레 스스로 들어와 자리에 앉았는데, 陳平이 깊이 생각하고 있었기 때문에 그가 온 것을 깨닫지 못하였음을 말한다.
坐, 徂臥切. 言不因門人將命, 而徑自入座, 平方深思, 不覺其至.

③ 揣는 初委의 切이니, 헤아린다는 뜻이다.
揣, 初委切, 度(탁)也.

④ 豫는 평소이다. 一說에는 順함이라고 한다.
豫, 素也, 一說 順也.

【綱】 9월에 燕王 劉建이 卒하자, 太后가 그 아들을 죽이고 燕나라를 없앴다.

九月에 **燕王建卒**커늘 **太后殺其子**하고 **國除**하다

【綱】 將軍 周竈(주조)를 파견하여 군대를 거느리고 가서 南越을 공격하게 하였다.

◑ **遣將軍周竈**하여 **將兵擊南越**하다

辛酉年(B.C. 180)

漢나라 高皇后 呂氏 8년이다.

八年이라

【綱】 겨울 10월에 太后가 呂通을 세워 燕王으로 삼았다.

冬十月에 **太后立呂通爲燕王**①하다

① 呂通은 呂台의 아들이다.
通, 台之子也.

【綱】 여름에 長江과 漢水가 범람하였다.

◑ 夏에 江漢水溢하다

【綱】 가을 7월에 太后가 崩하였다. 遺詔를 남겨서 呂産을 相國으로 삼고 呂祿의 딸을 皇后로 삼고 審食其를 황제의 太傅로 삼게 하였다.

◑ 秋七月에 太后崩하다 遺詔하여 産爲相國하고 祿女爲帝后하고 審食其爲帝太傅[63)]하다

【目】 전에 太后가 祓祭(불제)를 지내고 돌아오는 길에 軹道를 지나올 적에 蒼犬(푸른 개)과 같은 동물이 와서 겨드랑이를 잡아당기는 꿈을 꾸었다. 점을 치니 趙王 劉如意가 재앙의 원인이 되었다고 하였는데, 마침내 겨드랑이가 아픈 증세가 생겨 병이 위독해졌다. 이에 呂祿을 上將軍으로 삼아 北軍에 있게 하고 呂産은 南軍에 있게 하고, 경계하기를, "내가 崩하면 大臣이 변란을 일으킬까 두려우니, 반드시 군대를 점거하고 궁궐을 호위하며, 삼가 喪輿를 전송해서 다른 사람에게 제압당하는 일이 없게 하라." 하였는데, 이때에 이르러 崩하였다.

初에 太后祓하고 還過軹道①할새 見物如蒼犬이 來撠掖(극액)②이어늘 卜之하니 云趙王如意爲祟(수)③라하더니 遂病掖傷하여 病甚이라 乃令祿爲上將軍하여 居北軍하고 産居南軍하고 戒曰 我崩이면 大臣이 恐爲變이니 必據兵衛宮하고 愼毋送喪하여 爲人所制라하더니 至是에 崩하다

① 祓은 음이 弗이니, 나쁜 것을 제거하는 제사이다. ≪後漢書≫ 〈禮儀志〉에 "3월 上巳日에 官民이 모두 동쪽으로 흐르는 물가에서 깨끗이 씻는 것을 洗濯祓이라 하니, 묵은 때와 질병을 제거하는 것이다." 하였다.
祓, 音弗, 除惡之祭. 後書禮儀志"三月上巳, 官民皆絜於東流水上, 曰洗濯祓, 除去宿垢疢疢.
② 撠은 음이 戟이니, 잡아당김을 말한다. 掖은 음이 亦이니, 세속에서 腋으로 쓰는데, 팔꿈치와 옆구리 사이이다.
撠, 音戟, 謂拘持之也. 掖, 音亦, 俗作腋, 肘脅之間.
③ 祟는 思遂의 切이니, 神이 내리는 禍이다.
祟, 思遂切, 神禍也.

---

63) 太后朋……審食其爲帝太傅 : "≪資治通鑑綱目≫에 漢代에 들어와 처음으로 后의 喪을 썼으나 여전히 姓을 쓰지 않았고, 上官氏에 이르러 처음으로 姓을 썼으나 여전히 장례 지낸 것은 쓰지 않다가, 東漢(後漢)에 이르러 처음으로 장례 지낸 것을 썼다. 이때 장례를 마치자 審食其를 황제의 太傅로 삼고, 곧바로 '遺詔'라고 쓴 것은 太后의 뜻이기 때문이다.〔綱目 入漢世 始書后喪 猶未書姓也 至上官氏 始書姓 猶未書葬也 至東漢 始書葬 於是旣葬 以審食其爲帝太傅 直書遺詔 太后志也〕" ≪書法≫

【綱】齊王 劉襄이 군대를 동원하여 여러 呂氏들을 토벌하자, 相國 呂産이 大將軍 灌嬰으로 하여금 제왕을 공격하게 하였는데, 관영이 滎陽에 주둔해서 齊나라와 연합하였다. 9월에 太尉 周勃, 丞相 陳平, 朱虛侯 劉章이 呂産과 呂祿 및 여러 呂氏들을 토벌하니, 제왕과 관영의 군대가 모두 해산하였다.

齊王襄이 **發兵討諸呂**어늘 **相國産**이 **使大將軍灌嬰**으로 **擊之**러니 **嬰**이 **留屯滎陽**하여 **與齊連和**하다 **九月**에 **太尉勃, 丞相平, 朱虛侯章**이 **誅産祿及諸呂**하니 **齊王灌嬰兵**이 **皆罷**[64)]하다

【目】여러 呂氏가 變亂을 일으키고자 하였으나 감히 發動하지 못하였는데, 朱虛侯 劉章이 呂祿의 딸을 며느리로 삼았으므로 그들의 陰謀를 알고는 형인 齊王 劉襄에게 은밀히 말해서, 군대를 출동하여 서쪽으로 향하게 하고 자신은 內應해서 여러 여씨들을 토벌하고 齊王을 세워 皇帝로 삼기로 하였다. 이에 제왕이 군대를 출동하여 濟南을 공격하고 諸侯王들에게 글을 보내어 여러 여씨들의 죄상을 열거하였다.

灌嬰

呂産 등이 灌嬰을 보내 군대를 거느리고 제왕을 공격하게 하였는데, 관영이 滎陽에 이르러 상의하기를 "여러 여씨가 劉氏를 위태롭게 하려고 하는데, 지금 내가 齊나라를 격파하면 이는 그들의 밑천을 더해주는 것이다." 하고, 마침내 제왕에게 권유해서 함께 연합하여 여씨가 변란을 일으키기를 기다렸다가 함께 토벌하자고 하니, 제왕이 마침내 서쪽 경계로 회군하여 약속한 시기가 오기를 기다렸다.

諸呂欲爲亂호대 **未敢發**이러니 **朱虛侯以呂祿女爲婦**라 **知其謀**하고 **陰告其兄齊王襄**하여 **令發兵西**①하고 **已爲內應**하여 **以誅諸呂**하고 **立齊王爲帝**하니 **於是**에 **齊王**이 **發兵擊濟南**하고 **遺諸侯王書**하여

64) 齊王襄……皆罷 : "'使'라고 쓴 것은 어째서인가? 군주의 명령이 있지 않았기 때문이다. 군주의 명령이 있지 않았는데, 그 시킴〔使〕을 받은 것을 비난한 것이 아닌가? 위에서 '齊王 劉襄이 군대를 일으켜 여러 呂氏를 토벌했다.'고 썼고, 뒤이어 '灌嬰이 머물러 주둔하여 齊나라와 연합했다.'고 썼으니, 그렇다면 그 시킴을 받은 것은 亂賊을 토벌하기 위한 계책이다. 그러니 관영이 이때에 權變을 잘했다고 이를 만하다. 그러므로 아래에 '제왕과 관영의 군대를 모두 파했다.'라고 써서 관영을 齊나라에 나란히 나열하였으니, 이는 관영을 훌륭하게 인정한 것이다.〔書使 何 未有君命 未有君命而受其使 非譏歟 上書齊王襄發兵討諸呂 繼書嬰留屯 與齊連和 則受其使者 所以爲討亂計也 嬰於是可謂能權矣 故下書齊王灌嬰兵皆罷 列嬰於齊 予嬰也〕" ≪書法≫

陳諸呂罪②하다 産等이 遣灌嬰하여 將兵擊之러니 嬰이 至滎陽하여 謀曰 諸呂欲危劉氏어늘 今我破齊하면 是益其資也라하고 乃諭齊王하여 與連和하여 以待呂氏變하여 共誅之③하니 齊王이 乃還兵西界하여 待約하다

① 西는 서쪽으로 京師(長安)에 나아감을 이른다.
西, 謂西詣京師.

② 濟南은 본래 齊나라에 속했는데, 元年에 땅을 떼어 呂台를 봉하였고, 呂台가 卒하자 呂産이 이어서 봉해진 곳이다.
濟南, 本屬齊, 元年割以封呂台, 台卒, 産嗣封.

③ 變은 발동함을 이른다.
變, 謂發動也.

【目】이때 太尉 周勃은 군대를 주관할 수가 없었다. 酈商(역상)은 늙어 병들었고 그의 아들 酈寄는 呂祿과 친하였다. 陳平과 周勃이 사람을 보내어 역상을 협박하여 인질로 삼고서 역기로 하여금 여록을 속여 설득하게 하기를, "高帝가 呂后와 함께 天下를 평정해서 劉氏로 세운 왕은 아홉이고 呂氏로 세운 왕은 셋이니, 모두 大臣들의 論議를 거쳤고 諸侯들 역시 마땅하다고 여겼습니다. 이제 太后께서 崩하시고 皇帝께서 어리신데, 足下가 급히 封國인 趙나라로 가지 않고 끝내 군대를 거느리고 여기에 머물러 있으면 대신과 제후들에게 의심을 사게 될 것입니다. 어찌하여 장수의 官印을 돌려주어 군대를 太尉에게 소속시키고 梁王(呂産)에게 청하여 정승의 관인을 돌려보낸 뒤에 대신들과 맹세하고 封國으로 가지 않는 것입니까. 이렇게 하면 齊나라의 군대는 반드시 해산할 것이고, 足下는 베개를 베고 편안히 지내며 천 리의 땅에서 왕 노릇 할 것이니, 이는 萬世토록 이로운 일입니다." 하였다.

여록이 그 계책을 옳게 여겼으나, 여러 여씨의 老人들이 간혹 좋은 계책이 아니다고 하여 미적거리며 결정하지 못하였다.

時에 太尉勃이 不得主兵이라 酈商은 老病하고 其子寄與祿善이라 平, 勃이 使人劫商하여 令寄紿說(태세)祿曰① 高帝與呂后로 共定天下하여 劉氏所立은 九王이요 呂氏所立은 三王이니 皆大臣之議요 諸侯亦以爲宜②라 今太后崩하고 帝少어늘 而足下不急之國하고 乃將兵留此하면 爲大臣諸侯所疑하리니 何不歸將印하여 以兵屬太尉하고 請梁王歸相印하고 與大臣盟而之國고 齊兵必罷요 足下高枕而王千里하리니 此는 萬世之利也니라 祿이 然其計호대 諸呂老人이 或以爲不便이라하여 猶豫未決하다

① 劫은 협박하여 인질로 삼는 것이다. 酈寄의 아버지 酈商을 협박하여 人質로 삼고, 呂祿에게 가서 설득하지 않으면 장차 죽이겠다고 말한 것이다. 說(설득하다)는 음이 稅이다.
劫者, 劫質也, 蓋劫寄父商爲質, 諭以不行說祿, 將殺之也. 說, 音稅.

② "九王(아홉 명의 왕)"은 楚王 劉交, 代王 劉恒, 淮南王 劉長, 吳王 劉濞, 琅邪王 劉澤, 齊王 劉襄, 常山王 劉朝, 淮陽王 劉武, 濟川王 劉太이고, "三王(세 명의 왕)"은 梁王 呂産, 趙王 呂祿, 燕王 呂通이다.
九王, 楚王交・代王恒・淮南王長・吳王濞・琅邪王澤・齊王襄・常山王朝・淮(南)〔陽〕65) 王武・濟川王太. 三王, 梁王産・趙王祿・燕王通.

【目】 9월에 平陽侯 曹窋이 呂産을 만나보았는데, 마침 郎中令 賈壽가 使者가 되어 齊나라에서 돌아와 灌嬰이 齊나라, 楚나라와 연합한 사실을 자세히 여산에게 말하고, 또 여산에게 재촉하여 급히 入宮하게 하였다.

周勃

조줄이 이 말을 듣고 달려가 陳平과 周勃에게 고하였는데, 주발이 北軍에 들어가고자 하였으나 들어갈 수가 없었다. 이에 襄平侯 紀通으로 하여금 符節을 가지고 황제의 명이라고 사칭하여 주발을 北軍에 들이게 하고, 다시 酈寄로 하여금 呂祿을 설득해서 官印을 풀어 병권을 주발에게 주게 하였다.

주발이 軍門에 들어가 명령하기를, "呂氏를 위하면 오른쪽 어깨를 드러내고 劉氏를 위하면 왼쪽 어깨를 드러내라." 하니, 軍中이 모두 왼쪽 어깨를 드러내었다. 그러나 아직도 南軍이 남아 있었다.

陳平이 마침내 朱虛侯 劉章을 불러서 주발을 돕게 하자, 주발이 유장으로 하여금 軍門을 감독하게 하고 조줄로 하여금 衛尉에게 고하여 여산을 殿門에 들이지 못하게 하였다.

九月에 平陽侯窋이 見産하니 會에 郎中令賈壽使(시)從齊來①하여 具以灌嬰與齊楚合從으로 告産하고 且趣(촉)産急入宮하다 窋이 聞其語하고 馳告平勃한대 勃이 欲入北軍이나 不得이라 乃令襄平侯紀通으로 持節하여 矯內(교납)勃北軍②하고 復令寄로 說(세)祿解印하여 以兵授勃하다 勃이 入軍門하여 令曰 爲呂氏어든 右袒하고 爲劉氏어든 左袒③하라하니 軍中이 皆左袒이라 然이나 尙有南軍이라

65) (南)〔陽〕: 저본에는 '南'으로 되어 있으나, ≪資治通鑑≫에 의거하여 '陽'으로 바로잡았다.

平이 乃召朱虛侯章하여 佐勃한대 勃이 令章監軍門하고 令窋告衛尉하여 毋入產殿門[④]하다

① 使(사신이 되다)는 所吏의 切이다.
使, 所吏切.
② 紀通은 紀信의 아들이다. 矯는 속임이니, 天子의 命이라고 속이는 것이다. 內(들이다)은 納으로 읽는다.
通, 信之子也. 矯, 詐也, 詐以天子之命也. 內, 讀曰納.
③ 爲(위하다)는 去聲이다.
爲, 去聲.
④ 曹窋이 丞相(陳平)의 命을 받들어 衛尉에게 고해서 呂產을 들이지 못하게 한 것이다.
窋, 將丞相之命, 以告衛尉, 使毋納產也.

【目】呂產이 入宮해서 변란을 일으키고자 하였는데 殿門에 이르러 들어갈 수가 없어서 결단을 내리지 못하고 왔다 갔다 하였다. 周勃은 아직도 여러 呂氏를 이기지 못할까 두려워하여 감히 그를 토벌하라고 명백하게 말하지 못하였다. 마침내 劉章에게 말하기를 "급히 入宮하여 황제를 호위하라." 하고, 軍卒 1천여 명을 주어 宮門으로 들어가 여산을 공격하여 죽이게 하였다.

황제가 謁者를 보내어 符節을 가지고 가서 유장을 위로하게 하였는데, 유장이 그 符節을 奪取하고자 했으나 탈취하지 못하고는 곧바로 謁者를 따라가서 함께 같은 수레를 타고는 알자의 부절을 〈그래도 信標로 삼아〉 수레를 달려가서 長樂宮의 衛尉 呂更始의 목을 베고 돌아와 주발에게 보고하였다.

주발이 일어나 절하며 축하하고는, 마침내 사람들을 여러 부서로 나누어 파견해서 呂氏의 男女들을 모두 체포하여 어린이와 어른을 가리지 않고 모두 목을 베고, 魯王 張偃을 폐위시키고, 유장을 보내어 齊王에게 고하고 군대를 해산하게 하니, 灌嬰의 군대 역시 해산하여 돌아갔다.

產이 欲入宮爲亂이러니 至殿門하여 弗得入하고 徘徊往來[①]어늘 勃이 尚恐不勝하여 未敢公言誅之[②]하고 乃謂章曰 急入宮하여 衛帝하라하고 予卒千餘人하여 入宮門하여 擊產殺之하다 帝遣謁者하여 持節勞章[③]이어늘 章이 欲奪其節이나 不得하고 則從與載하여 因節信하여 馳斬長樂衛尉呂更始하고 還報勃[④]한대 勃이 起拜賀하고 遂遣人分部하여 悉捕諸呂男女하여 無少長히 皆斬之[⑤]하고 而廢魯王張偃하고 遣章하여 告齊王罷兵하니 灌嬰兵亦罷歸하다

① "徘徊"는 방황하며 나아가지 못하는 뜻이다.

徘徊, 彷徨不進之意.

② "公言"은 분명히 말하는 것과 같다.
公言, 猶明言也

③ 勞(위로하다)는 去聲이다.
勞, 去聲.

④ "從與載"는 謁者에게 가서 같은 수레에 함께 탄 것을 이른다. "因節信"은 알자가 가지고 있는 符節을 인하여 그대로 信標로 삼음을 이른다. 劉章이 알자와 함께 수레를 같이 탔기 때문에 문지기에게 신임을 받아 長樂宮에 들어갈 수 있었다. 呂更始는 呂后 아우의 아들이다.
從與載, 謂就謁者, 同車共載. 因節信, 謂因謁者所持之節, 用爲信也. 章與謁者同車, 故爲門者所信, 得入長樂宮. 更始, 呂后弟子.

⑤ 分(나누다, 구분하다)은 扶問의 切이다.
分, 扶問切.

【目】班固가 다음과 같이 평하였다.

"孝文帝 때에 天下 사람들은 酈寄를 보고 친구(呂祿)를 팔아먹은(배신한) 사람이라 하였는데, 친구를 팔아먹었다는 것은 이익을 보고 의리를 잊은 것을 말한다. 역기로 말하면 아버지가 功臣인데다 또 협박까지 당한 상태였다. 비록 친구인 呂祿을 꺾었지만 社稷을 안정시켰으니, 의리상 군주와 아버지를 보존시킨 것이 옳았다."

班固曰[①] 孝文時에 天下以酈寄爲賣友라하니 夫賣友者는 謂見利而忘義也라 若寄는 父爲功臣而又執劫하니 雖摧呂祿이나 以安社稷하니 誼存君親이 可也니라

① 班固는 東漢 扶風郡 安陵縣 사람이니, ≪前漢書≫를 지었다.
固, 東漢扶風安陵人, 作西漢書.

【目】楊氏(楊時)가 다음과 같이 평하였다.

"여러 呂氏가 兵權을 장악하여 劉氏를 위태롭게 하려고 도모하였으니, 忠臣들이 모두 이를 갈며 분하게 여겼다. 酈寄가 呂祿과 친하였으나, 酈商 또한 이것을 금하지 못하였다. 비록 여록을 꺾었으나 〈역기가〉 결국 협박을 받은 뒤에 따라서 한 일이니, 功이 또한 그 잘못을 贖罪할 수 없다. 친구를 팔아먹었는지의 여부는 논할 바가 아니다."

楊氏曰 諸呂擅兵하여 謀危劉氏하니 忠臣所共切齒어늘 寄乃與之友善이로되 而商亦莫之禁也라 雖摧呂祿이나 乃以劫而後에 從하니 功亦不足以贖其罪矣라 賣友與否는 非所論也니라

【目】 胡氏(胡寅)가 다음과 같이 평하였다.

"왼쪽 어깨를 드러내라는 太尉의 명령은 잘못된 것이다. 만일 軍士들이 명령에 응하지 않았거나 혹은 모두 오른쪽 어깨를 드러내었거나 혹 반만 참여하는 일이 있었다면 어찌 할 것인가. 그러므로 程子가 이르시기를, '이때에는 곧바로 의리로 몰아붙여야 할 뿐이고, 따를 것인가의 여부를 물어서는 안 된다.'라고 하셨다. 더구나 장수와 군졸의 관계는 팔과 손가락의 관계와 같으니, 劉氏를 위하느냐 위하지 않느냐를 물어서는 안 될 뿐만 아니라, 또한 굳이 물을 필요가 없는 것이다."

胡氏曰 太尉左袒之令은 非也라 有如軍士不應이어나 或皆右袒이어나 或參半焉이면 則如之何오 故로 程子謂是時에 直當驅之以義而已요 不當問其從不從也라하시니라 況將之於軍에 如臂之於指하니 其爲劉氏與不爲劉氏를 非惟不當問이라 亦不必問也니라

【綱】 여러 大臣들이 代王 劉恒을 맞이하여 황제로 세우니, 閏9월에 〈代王이〉 長安에 이르러 卽位하고 呂后가 孝惠皇帝의 아들이라고 이름한 弘 등을 처형하고, 赦免하였다.

諸大臣이 迎立代王恒하니 後九月에 至卽位하고 誅呂后所名孝惠子弘等하고 赦[66]하다

孝文帝 劉恒

66) 諸大臣……赦 : "呂后라고 쓴 것은 어째서인가? 여후가 어머니의 도리가 없었기 때문이다. 여후는 어찌하여 어머니의 도리가 없었는가? 婦人으로서 천하를 통제하고, 가짜 아들로 정통을 어지럽혀서 어머니의 도리가 없음이 크기 때문이다. 그러므로 ≪資治通鑑綱目≫의 이 부분에서 '孝惠帝의 아들이라 이름했다.'라고 곧바로 쓰고 后에 '太'자를 쓰지 않았으니, 이는 文帝와 끊기 위한 것이다.〔書呂后 何 后無母道也 后則曷爲無母道 以婦人制天下 以假子亂正統 其爲無母道也大矣 故綱目於此 直書曰所名孝惠子 而后不書太 所以絶之於文帝也〕" ≪書法≫

"惠帝가 일찍 세상을 떠난 뒤로부터 太子가 뒤이어 즉위하였으니, 비록 "呂氏가 다른 사람의 자식을 취하여 기르고 태자라고 이름했다."고 하였으나, 당시에 권력을 잡은 대신들은 모두 있으나 마나 하여, 심지어는 여씨를 크게 봉하고 少帝를 바꾸어 세우는데도 일체 팔짱을 끼고 바라만 보며 여후가 하는 대로 내버려두었다. ≪資治通鑑綱目≫에 이 사실을 쓸 적에 일찍이 폄하하는 말이 없어서 또한 참으로 孝惠帝의 아들인 듯이 한 것은 漢나라 조정의 장수와 정승들의 죄를 드러내기 위해서였다. 그러다가 이때에 이르러 비로소 그 사실을 쓰기를 '여후가 효혜제의 아들이라고 이름한 弘 등을 주벌했다.'고 하였으니, 효혜제의 아들이 아님이 분명한 것이다. 배우는 자가 이것을 모아 관찰하여 시작을 근원하고 끝을 맞추어보면 ≪자치통감강목≫에서 漢나라 조정의 신하들을 책망한 뜻을 충분히 볼 것이다.〔自惠帝早世 太子繼立 雖曰呂氏取他人子 養而名之 然當時用事大臣 略不能爲有無 甚至大封諸子 更立少帝 一切拱手 聽其自爲 綱目書之 曾無貶詞 亦若眞孝惠子然者 所以著漢朝將相之罪爾 至是 始書其實 其曰誅呂后所名孝惠子弘等 則非孝惠之子審矣 學者合而觀之 原始要終 足見綱目責漢朝之意矣〕" ≪發明≫

【目】 여러 大臣들이 상의하기를 "少帝와 여러 왕[67]들은 모두 진짜 孝惠皇帝의 아들이 아니고, 呂后가 다른 사람의 아들을 속여 효혜황제의 아들이라 이름하고는 이들을 세워 呂氏를 강하게 한 것이다. 가령 이들이 장성하여 권세를 부린다면 우리들은 誅滅되어 종자도 남지 않을 것이다." 하였다.

혹자가 말하기를 "齊王은 高帝의 長孫이니, 세울 수 있습니다." 하였으나, 대신들이 모두 말하기를, "여씨가 거의 宗廟를 위태롭게 할 뻔하였다. 지금 제왕의 장인인 駟鈞은 갓을 쓴 호랑이처럼 殘虐한 사람이니, 만일 제왕을 세우면 또 다시 여씨처럼 될 것이다. 代王은 고제의 아들 중에 가장 나이가 많고, 성품이 어질고 효성스럽고 너그럽고 덕이 있으며, 太后의 집안은 薄氏인데 삼가고 선량하다." 하여, 마침내 代王을 불렀다.

諸大臣이 謀曰 少帝及諸王은 皆非眞孝惠子也요 呂后詐名他人子而立之하여 以彊呂氏하니 卽長用事면 吾屬無類矣①리라 或言 齊王은 高帝長孫이니 可立이라한대 大臣이 皆曰 呂氏幾危宗廟하니 今齊王舅駟鈞은 虎而冠②이라 卽立齊王인댄 復爲呂氏矣리라 代王은 高帝子에 最長이요 仁孝寬厚하며 太后家薄氏謹良이라하여 乃召代王하다

① 〈"無類"는〉 誅滅을 당해 남은 종자가 없게 됨을 말한다.
言被誅滅無遺種.

② 〈"虎而冠"은〉 성품이 호랑이처럼 凶惡하면서 의관을 차려 입은 자를 말한다.
言惡戾如虎而著冠.

【目】 代나라의 郎中令 張武 등이 말하기를, "漢나라 大臣들은 兵事에 익숙하여 속임수가 많으니, 원컨대 병을 칭탁하고 가지 말아서 그 변화를 관찰하소서." 하였다.

그러나 中尉 宋昌이 다음과 같이 말하였다.

"秦나라가 정권을 잃자 豪傑들이 함께 일어났지만 끝내 천자의 지위에 오른 자는 劉氏이니, 천하 사람들이 황제가 되려는 야망을 끊은 것이 첫 번째입니다. 高帝가 子弟를 왕으로 봉할 적에 땅이 개의 이빨처럼 맞물려 서로 견제하니, 이것은 이른바 반석처럼 굳건한 宗親이라는 것이어서 천하가 그 강함에 복종함이 두 번째입니다. 우리 漢나라는 秦나라의 가혹한 정사를 제거하여 法令을 줄이고 은덕을 베풀어서 사람마다 스스로 편안해하니, 동요시키기 어려운 것이 세 번째입니다. 呂太后의 위엄으로 呂氏 세 사람을 王으로 세워 통치의 권력을 독단하였으나, 太尉가 부절 하나를 가지고 北軍에 들어가서 한 번 호령하자 군사들이 모두 왼쪽 어깨를 드러냈으니, 이는 하늘이 준 것이지 人力이

67) 여러 왕 : 濟川王 劉太, 淮陽王 劉武, 恒山王 劉朝를 말한다.

아닙니다. 이제 대신들이 비록 변란을 일으키고자 하더라도 백성들이 따르지 않을 것입니다. 이 때문에 천하 사람들의 마음을 인하여 大王을 迎立하려는 것이니, 대왕께서는 의심하지 마소서."

代郎中令張武等曰 漢大臣이 習兵하여 多詐하니 願稱疾毋往하여 以觀其變하소서 中尉宋昌曰① 秦失其政에 豪傑竝起호대 卒踐天子之位者는 劉氏也니 天下絶望이 一矣요 高帝封王子弟에 地犬牙相制하니 此所謂磐石之宗也라 天下服其彊이 二矣②요 除秦苛政하고 約法令, 施德惠하여 人人自安하니 難動搖三矣라 夫以呂太后之嚴으로 立三王하여 擅權制나 然而太尉 以一節로 入北軍하여 一呼에 士皆左袒하니 此乃天授요 非人力也라 今大臣이 雖欲爲變이나 百姓弗爲使③라 故로 因天下之心하여 而欲迎立大王이니 大王은 勿疑也하소서

① 宋昌은 宋義의 손자이다.
昌, 義之孫也.

② "犬牙相制"는 子弟를 봉할 적에 그 국경이 서로 맞물린 것이 마치 개의 이빨과 같아서 바르게 서로 맞지 않고 서로 맞물려 들어감을 말한다. 磐은 견고하다는 뜻이니, 〈"磐石"은〉 굳건하게 자리잡고 있는 큰 바위와 같아서 뽑을 수 없음을 이른다.
犬牙相制, 言封子弟, 境土交接, 若犬之牙, 不正相當而相銜入也. 磐, 固也. 謂如磐據之大石, 不可拔也.

③ 아래 爲(위하다)는 去聲이니, 아래 "具爲"의 爲도 같다.
下爲去聲, 下具爲同.

【目】이에 代王이 太后의 아우 薄昭를 보내 周勃을 만나보게 하였는데, 주발 등이 박소를 위하여 대왕을 迎立하려는 뜻을 자세히 말하였다.

박소가 돌아와서 보고하자, 대왕이 마침내 宋昌에게 參乘[68])을 하도록 명하고 張武 등 6인은 傳車를 타고 長安에 가도록 명하였다. 代王이 渭橋에 이르자, 여러 신하들이 拜謁하고 臣이라고 칭하니, 대왕이 수레에서 내려 答拜하였다.

太尉 주발이 앞으로 나와 아뢰기를, "한가한 곳에서 말씀을 드리고 싶습니다." 하니, 송창이 말하기를, "말할 내용이 公的인 것이면 공적으로 말하고, 말할 내용이 私的이면 王者는 사사로움이 없습니다." 하였다. 주발이 마침내 무릎 꿇고 天子의 玉璽와 符節을 올렸는데, 왕이 사양하기를 "代邸(代王의 저택)에 가서 논의하겠소." 하였다.

於是에 王이 遣太后弟昭하여 往見勃한대 勃等이 具爲昭하여 言所以迎立王意하다 昭還報한대

68) 參乘 : 옛날에 존귀한 사람의 왼쪽에는 말몰이가 앉고, 오른쪽에는 장군 등을 태우도록 되어 있다. 이 사람을 參乘이라고 하는데 호위의 의미를 가지며, 오른쪽에 앉기 때문에 右參이라고도 한다.

王이 乃命昌參乘하고 武等六人이 乘傳[69]從詣長安하여 至渭橋①하니 群臣이 拜謁稱臣이어늘 王이 下車答拜한대 太尉勃이 進曰 願請間(한)②하노이다 昌曰 所言公인댄 公言之하고 所言私인댄 王者는 無私니라 勃이 乃跪上天子璽符어늘 王이 謝曰 至邸而議之호리라

① 渭橋는 長安 북쪽 3里에 있다. 咸陽宮은 渭水 북쪽에 있고 興樂宮은 渭水 남쪽에 있는데, 秦나라 昭王이 두 궁 사이가 통하도록 위교를 만들었으니, 길이가 380보이다.
渭橋在長安北三里. 咸陽宮在渭北, 興樂宮在渭南, 秦昭王通兩宮之間, 作渭橋, 長三百八十步.

② 間은 음이 閑이니, 한가한 곳에 가서 말하고자 함을 말한다.
間, 音閑, 言欲向空閑處語.

【目】閏9월 그믐에 代王이 代邸에 이르니, 丞相 陳平 등이 모두 再拜하고 말하기를, "아들 弘 등은 모두 孝惠皇帝의 아들이 아니니 宗廟에 제사를 받들게 해서는 안 되고, 大王은 高帝의 長子이니 마땅히 後嗣가 되어야 합니다. 원컨대 대왕은 天子의 지위에 오르소서." 하였다.

代王이 서쪽을 향하여 세 번 사양하고 남쪽을 향하여 두 번 사양하고는, 마침내 즉위하였다.

劉章의 아우 東牟侯 劉興居가 宮室을 깨끗이 청소할 것을 청하고 마침내 太僕인 滕公과 함께 入宮해서 少帝를 태워 나오고, 法駕를 받들어 황제를 맞이하였다.

이날 저녁 황제는 未央宮에 들어가서 밤에 宋昌을 임명하여 衛將軍[70]으로 삼아 南軍과 北軍을 鎭撫하게 하고, 張武를 郎中令으로 삼아 궁전 안을 순찰하게 하였으며, 有司들은 부서를 나누어 소제와 〈진짜 惠帝의 아들이 아닌〉 여러 왕들을 그들의 邸宅에서 처형하였고, 황제는 돌아와 前殿에 앉아서 밤에 詔書를 내려 天下에 赦免令을 내렸다.

後九月晦에 至邸하니 丞相平等이 皆再拜言曰 子弘等은 皆非孝惠帝子니 不當奉宗廟요 大王은 高帝長子니 宜爲嗣라 願大王은 卽天子位하소서 王이 西向讓者三이요 南鄕讓者再러니 遂卽位①하다 章弟東牟侯興居 請除宮②하고 乃與太僕滕公으로 入宮하여 載少帝出하고 奉法駕迎帝③하다 卽夕에 入未央宮하여 夜拜宋昌爲衛將軍하여 鎭撫南北軍④하고 以張武爲郎中令하여 行殿中⑤하고 有司分部하여 誅少帝及諸王於邸하고 帝還坐前殿하여 夜에 下詔書하여 赦天下하다

① 代王이 대왕의 邸宅으로 들어오자 漢나라 조정의 여러 신하들이 계속하여 이르니, 대왕이

69) 乘傳 : 이에 대해서는 15쪽 訓義 ③에 보인다.

70) 衛將軍 : 蔡質의 ≪漢官典儀≫에는 車騎將軍, 衛將軍, 左·右·前·後將軍은 지위가 上卿에 해당하고 이는 景帝와 武帝 시기에 설치되었다고 하였다.

손님의 禮로 접견하였기 때문에 서쪽을 향한 것이다. 여러 신하들이 황제의 자리에 오를 것을 권하자 대왕이 세 번 사양하였고, 여러 신하들이 마침내 왕을 부축하여 南面의 자리에 앉게 하자, 왕이 또다시 두 번 사양한 것이다.
王入代邸而漢廷群臣繼至, 王以賓禮接之, 故西鄕. 群臣勸進, 王凡三讓, 群臣遂扶王正南面之位, 王又讓者再.

② ≪漢書≫ 〈地理志〉에 "東牟縣은 東萊郡에 속하였다." 하였다. "除宮"은 궁을 깨끗하게 청소하는 것이다. 天子가 行幸하여 가는 곳에는 반드시 靜室令을 보내어 먼저 巡行하여 殿中을 깨끗이 청소해서 非常 사태를 대비하게 한다. 이때에 여러 신하들이 비록 황제를 받들어 즉위하게 하였으나 少帝가 아직도 禁中에 있었으니, 물리쳐 제거할 것이 있었던 것이다.
班志 "東牟縣屬東萊郡." 除宮, 淸宮也. 天子行幸所至, 必遣靜室令, 先按行, 淸淨殿中, 以虞非常. 此時群臣雖奉帝卽位, 而少帝猶居禁中, 蓋有所屛除也.

③ ≪漢官儀≫[71]에 "天子의 鹵簿(儀仗)에 大駕, 法駕, 小駕가 있는데, 大駕는 公卿이 奉引하고(앞에서 인도하며 수레를 이끌고) 大將軍이 參乘하니 屬車(侍從하는 수레)가 81乘이고, 法駕는 公卿은 鹵簿에 들어 있지 않고 오직 京兆尹, 執金吾, 長安令이 奉引하며 侍中이 參乘하니 屬車가 36乘이다." 하였다.
漢官儀 "天子鹵簿, 有大駕・法駕・小駕. 大駕, 公卿奉引, 大將軍參乘, 屬車八十一乘. 法駕, 公卿不在鹵簿中, 惟京兆尹・執金吾・長安令奉引, 侍中參乘, 屬車三十六乘."

④ 衛將軍은 文帝가 처음 설치하였다.
衛將軍, 文帝始置.

⑤ 行(순행하다)은 去聲이다.
行, 去聲.

壬戌年(B.C. 179)

【綱】 太宗 孝文皇帝 원년이다. 겨울 10월에 琅邪王 劉澤을 옮겨 燕王으로 삼고, 趙나라 幽王(劉友)의 아들 劉遂를 봉하여 趙王으로 삼았다.

太宗孝文皇帝元年이라 冬十月에 徙琅邪王澤爲燕王하고 封趙幽王子遂爲趙王하다

【綱】 陳平을 左丞相으로 삼고 周勃을 右丞相으로 삼고 灌嬰을 太尉로 삼고, 論功하여 차등을 두어 封戶를 더해주었다.

◑ 以陳平爲左丞相하고 周勃爲右丞相하고 灌嬰爲太尉하고 論功하여 益戶有差하다

71) 漢官儀 : 後漢의 應劭가 지은 책으로, 漢나라 官制와 儀式 등을 기술한 책이다.

【目】 陳平이 병으로 사양하며 말하기를, "高祖 때에는 周勃의 功이 臣의 功만 못했었는데, 여러 呂氏를 주벌하고서는 신의 功이 또한 주발의 功만 못하니, 右丞相을 주발에게 사양하기를 원합니다." 하니, 그의 말을 따랐다.

주발이 朝會가 罷하여 종종걸음으로 나갈 적에 매우 득의양양하였는데, 上은 그를 공손히 禮遇하고 항상 눈여겨 배웅하였다. 郎中 袁盎이 앞으로 나와 아뢰기를, "周丞相은 어떤 사람입니까?" 하니, 上이 말하기를, "社稷을 보호하는 重臣이다.' 하였다. 원앙이 다음과 같이 말하였다.

"周丞相은 功臣이지 사직을 보호하는 중신이 아닙니다. 사직을 보호하는 중신은 임금이 보존되면 함께 보존되고 임금이 망하면 함께 망하는 것입니다. 여씨가 정권을 잡았을 적에 劉氏가 쇠약하여 겨우 명맥을 이어가고 있었는데, 당시에 주승상은 병권을 잡고 있었는데도 바로잡지 못하였습니다. 呂后가 崩하자 大臣들이 함께 여러 여씨들을 토벌할 적에 주승상이 마침 功을 이룩한 것입니다. 그런데 지금 주승상은 군주에게 교만한 기색이 있는 듯하고 陛下께서는 겸양하시어 신하와 군주 간에 예를 잃으시니, 삼가 폐하를 위해 옳지 못한 일이라고 생각합니다."

그 뒤로 조회할 때에 上은 점점 더 엄숙해졌고 주승상은 점점 더 두려워하였다.

陳平이 謝病曰 高祖時엔 勃功이 不如臣이러니 及誅諸呂엔 臣功이 亦不如勃하니 願以右丞相으로 讓勃하노이다하니 從之하다 勃이 朝罷趨出에 意得甚①이어늘 上이 禮之恭하고 常目送之②러니 郎中袁盎이 進曰 丞相은 何如人也잇고 上曰 社稷臣이니라 盎曰 丞相은 功臣이요 非社稷臣이니이다 夫社稷臣은 主在與在하고 主亡與亡③하나니 方呂氏時하여 劉氏不絶如帶어늘 時에 丞相本兵柄하여 不能正④이러니 呂后崩에 大臣이 共誅諸呂할새 丞相이 適會其成功이니이다 今丞相이 如有驕主色⑤하고 而陛下謙讓하사 臣主失禮하시니 竊爲陛下弗取也하노이다 後朝에 上은 益莊하고 丞相은 益畏⑥러라

① 〈"意得甚"은〉 매우 自得(만족)해 하는 뜻이 있는 것이다.
意甚自得.

② 〈"常目送之"는〉 그가 나갈 때까지 눈여겨보는 것이다.
以目瞻之訖其出也.

③ 〈"主在與在 主亡與亡"은〉 목숨을 바쳐 군주를 위해서 군주와 存亡을 함께함을 말한다.
言以身徇(生)〔主〕[72], 與之同存亡.

④ "本兵柄"은 兵權의 근본을 쥐고 있음을 이른다.
本兵柄, 謂執兵權之本.

72) (生)〔主〕: 저본에는 '生'으로 되어 있으나, 문맥을 살펴 '主'로 바로잡았다.

⑤ 如는 비슷함이다.
如, 似也.
⑥ 莊은 嚴肅함이다.
莊, 嚴也.

【綱】 12월에 〈죄인의〉 처자식을 체포하여 노비를 삼고 서로 연좌하는 법률을 없앴다.

十二月에 除收帑相坐律令하다

【目】 詔令을 다음과 같이 내렸다.

"法이란 세상을 알맞게 다스리는 도구이다. 이제 犯法한 것을 이미 논죄했으면서 죄 없는 父母, 妻子, 동복형제까지 연좌하고 처자식을 거두어 노비를 삼기까지 하니, 朕은 이것을 매우 나쁘게 생각한다. 처자식을 거두어 노비로 삼고 서로 연좌하는 법률을 모두 제거하라."

詔曰 法者는 治之正也①라 今犯法已論에 而使無罪之父母妻子同産으로 坐之하고 及爲收帑(노)하니 朕甚不取②하노니 其除收帑諸相坐律令하라

① 正은 中正함이니, 〈"法者 治之正也"는〉 刑法은 바로 세상을 中正하게 다스리는 도구임을 이른다.
正, 中正也. 謂刑法乃治世中正之具.
② "同産"은 낳은 사람(어머니)이 같은 것이다. 帑(처자)는 孥와 通한다.
同産, 同所産也. 帑, 與孥通.

【綱】 봄 정월에 아들 劉啓를 세워 皇太子로 삼았다.

春正月에 立子啓하여 爲皇太子하다

【目】 有司가 태자를 일찍 세울 것을 청하자, 上이 말하기를, "朕이 이미 부덕하니, 비록 天下의 어질고 성스럽고 德이 있는 사람을 널리 구해서 천하를 禪讓하지는 못할망정 태자를 미리 세우자고 말하니, 이는 나의 부덕을 보태는 것이다. 천천히 하라." 하였다. 유사가 아뢰기를, "태자를 미리 세우는 것은 종묘와 사직을 중히 여기고 천하를 잊지

않는 것입니다." 하였다.

上이 말하기를, "楚王(劉文)은 숙부인데 春秋(연세)가 높아서 천하의 義理를 겪은 것이 많고 국가를 다스리는 체통에 밝으며, 吳王(劉濞)은 兄인데 德을 좋아하고 淮南王(劉長)은 아우인데 모두 德을 가지고 짐을 보좌하니, 어찌 기쁘지 않은가. 지금 이 중에서 선발하지 않고 반드시 아들에게 傳位하라고 말하니, 그리하면 사람들이 朕에 대해 어질고 덕이 있는 자를 잊어버리고 오로지 자식을 세우려 한다고 생각할 것이니, 이는 천하를 걱정하는 방도가 아니다." 하였다.

유사가 굳이 청하기를, "옛날에 殷나라와 周나라가 모두 천여 년 동안 나라가 잘 다스려지고 편안했던 것은 이 방법을 사용했기 때문이니, 반드시 아들로 후사를 세우는 것은 그 유래가 오래되었습니다. 高帝께서 天下를 평정하여 太祖가 되셨으니, 子孫이 후사가 되어 대대로 끊이지 않아야 됩니다. 이제 마땅히 세워야 할 嫡子를 버리고 諸侯와 宗室에서 다시 선발하는 것은 고제의 뜻이 아니니, 다시 의논하는 것은 마땅하지 않습니다. 아들이신 劉啓가 가장 나이가 많고 純厚하고 仁慈하니, 세워서 태자로 삼을 것을 청합니다." 하니, 上이 그제야 허락하였다.

有司請蚤(조)建太子한대 上曰 朕旣不德하니 縱不能博求天下賢聖有德之人而禪天下焉[①]이나 而曰 豫建太子라하니 是는 重吾不德也라 其安之[②]하라 有司曰 豫建太子는 所以重宗廟社稷이요 不忘天下也니이다 上曰 楚王은 季父也라 春秋高하여 閱天下之義理多矣요 明於治國家之體[③]하며 吳王은 兄也라 好德하고 淮南王은 弟也라 皆秉德而陪朕하니 豈不豫哉[④]리오 今不選擧焉하고 而曰必子[⑤]라하니 人其以朕爲忘賢有德者하고 而專於子라하리니 非所以憂天下也니라 有司固請曰 古者에 殷周有國治安皆千餘歲는 用此道也니 立嗣必子는 所從來遠矣라 高帝平天下하사 爲太祖하시니 子孫繼嗣하여 世世不絶이어늘 今釋宜建하고 而更選於諸侯及宗室은 非高帝之志也니 更議不宜[⑥]니이다 子啓最長하고 純厚慈仁하니 請建以爲太子하노이다 上이 乃許之하다

① 禪(물려주다)은 去聲이다.
禪, 去聲.

② 重은 直用의 切이니, 增益(더 보탬)하는 것이다. 其는 發聲辭이다. "安之"는 서서히 하는 모양이니, 추진하는 데 급급히 해서는 안 됨을 말한다.
重, 直用切, 增益也. 其, 發聲之辭. 安之, 徐緩貌, 言不宜汲汲也.

③ 閱(겪다)은 更歷과 같다.
閱, 猶更歷也.

④ ≪史記≫ 〈孝文本紀〉에는 皆자가 없다. 陪는 보좌한다는 뜻이다.
史記本紀, 無皆字. 陪, 輔也.

⑤ 〈"必子"는〉 반드시 자식에게 傳位할 것이라는 뜻이다.
必將傳位於子.

⑥ 釋은 버린다는 뜻이다. "宜建"은 황제의 지위를 계승할 적자를 이른다. "更議不宜"는 다시 의논해서는 안 됨을 이른다.
釋, 捨也. 宜建, 謂嫡嗣也. 更議不宜, 謂不當更議.

【綱】 3월에 竇氏를 세워 皇后로 삼았다.

三月에 立竇氏爲皇后하다

【目】 后는 太子의 어머니이기 때문에 세운 것이다. 后의 아우 竇廣國이 형 竇長君과 田宅을 많이 하사받아 長安에서 살고 있었다.

周勃과 灌嬰 등이 서로 말하기를, "우리들이 죽지 않고 오랫동안 산다면 운명이 장차 이 두 사람에게 달려 있게 될 것이다. 두 사람은 出身이 미천하니, 이들을 위해 師傅와 賓客을 선택하지 않아서는 안 될 것이다. 〈그렇지 않으면〉 또다시 呂氏가 반란을 일으킨 것을 본받을 것이다." 하고, 이에 마침내 節行이 있는 선비를 뽑아서 함께 거처하게 하니, 두 사람이 이로 인해 겸양하는 君子가 되어서 감히 尊貴하다고 하여 다른 사람에게 교만하게 굴지 않았다.

后는 太子母也라 故立之하다 后弟廣國이 與兄長君으로 厚賜田宅하여 家於長安이러니 周勃, 灌嬰等曰 吾屬不死면 命且縣此兩人[①]이라 兩人所出微하니 不可不爲擇師傅賓客이니 又復效呂氏大事也[②]라하고 於是에 乃選士之有節行者하여 與居하니 兩人이 由此로 爲退讓君子하여 不敢以尊貴驕人하니라

① 〈"命且縣此兩人"은〉 뒤에 권세를 마음대로 부리면 將相과 大臣들이 해를 입게 될까 두려워한 것이다. 縣은 懸의 古字이다.
恐其後擅權, 則將相大臣當被害. 縣, 古懸字.

② 爲(위하다)는 去聲이다. "大事"는 반란을 일으키는 것을 이른다.
爲, 去聲. 大事, 謂反也.

【綱】 詔令을 내려 곤궁한 사람을 賑恤하고 노인을 봉양하는 법을 제정하였다.

詔定振窮養老之令하다

【目】 詔令을 다음과 같이 내렸다.

"현재 봄이 화창할 때여서 초목과 여러 생물들이 모두 스스로 즐거워하는데, 우리 백성 중에 홀아비와 과부와 고아와 독신자들은 간혹 危亡한 상태에 빠져 있는데도 보살피고 걱정해주는 이가 없으니, 백성의 부모가 되어서 장차 어찌해야 하겠는가? 구휼할 방도를 의논하라."

또다시 조령을 다음과 같이 내렸다.

"늙은 자는 비단옷을 입지 않으면 따뜻하지 않고 고기를 먹지 않으면 배부르지 않다. 지금 年初(新年의 초기)이니, 不時(수시)로 사람을 보내 나이가 많은 노인을 찾아가 안부를 묻게 하라. 또 布帛과 술과 고기를 하사하지 않으면 천하의 자손이 그 어버이에게 孝誠을 다해 봉양하는 것을 어떻게 도울 수 있겠는가. 갖추어 조례를 만들라." 하였다.

이에 유사가, 80세 이상인 자에게는 매달 쌀과 술과 고기를 하사하고 90세 이상인 자에게는 비단과 솜을 더 하사하며, 長吏(縣令)가 잘 살펴본 다음 丞과 尉가 이 물건들을 전달하고, 二千石(郡守)이 都吏(督郵)를 보내 循行하게 해서 임무를 감당하지 못하는 자가 있으면 처벌하되, 이미 刑을 받은 자와 未決인 자와 耏刑(수염을 깎는 형벌) 이상의 죄를 지은 사람에게는 이 법령을 적용하지 말 것을 청하였다.

詔曰 方春和時에 草木群生이 皆有以自樂이어늘 而吾百姓鰥寡(환과)孤獨이 或阽於危亡호되 而莫之省憂①하니 爲民父母하여 將何如오 其議所以振貸之②하라 又曰 老者는 非帛不煖하고 非肉不飽하나니 今歲首③니 不時使人存問長老④하라 又無布帛酒肉之賜하면 將何以佐天下子孫孝養其親哉리오 具爲令⑤하라 有司請八十已上은 月賜米肉酒하고 九十已上은 加帛絮⑥하고 長吏閱視하고 丞若尉致⑦하며 二千石이 遣都吏循行하여 不稱者를 督之⑧호대 刑者及有罪耏(내)已上은 不用此令⑨하다

① 阽은 坫(점)과 檐(첨) 두 가지 음이니, 가장자리에 있어서 떨어지려고 하는 뜻이다. 省은 보살피는 것이다.
阽, 坫·檐二音, 近邊欲墮之意. 省, 視也.

② 振은 일어남이니, 빌려주어 存立할 수 있게 하는 것이다.
振, 起也, 爲給貸之, 令其存立也.

③ 여기서 句를 뗀다.
句.

④ 봄은 한 해의 처음이다. 存은 살펴보는 것이다. 〈"不時使人存問長老"는〉 이 歲首뿐만 아니라 수시로 使者를 보내 나이가 많은 노인을 存問(선물을 보내고 안부를 물음)함을 말한다.
春者, 歲之首. 存, 省視也. 言不卽於此歲首, 時遣使者, 存問年長老人.

⑤ 〈"具爲令"은〉 條例를 갖추어 만들게 한 것이다.
使其備爲條制.

⑥ 絮는 솜이다.
絮, 綿也.

⑦ "長吏"는 縣의 우두머리(令과 長)이다. 致는 보내어 전달하는 것이니, 丞이나 尉가 직접 전달하는 것이다.
長吏, 縣之令長也. 致者, 送至也, 或丞或尉自致之.

⑧ 郡守는 秩이 一千石이다. 都吏는 督郵이다. 行(순행하다)은 去聲이니, 차례대로 가는 것을 循行이라고 한다. 循行할 때에 조령의 뜻과 다르게 한 자가 있으면 二千石이 잘 살펴서 꾸짖고 처벌하는 것이다.
郡守, 秩一千石. 都吏, 卽督郵. 行, 去聲, 行之有序曰循行. 其循行, 有不如詔意者, 二千石察視責罰之.

⑨ "刑者"는 이전에 刑을 받은 자를 이른다. "有罪"는 獄吏에게 계류되어 있는 미결수이다. 비록 80세와 90세가 되어 물건을 더하여 하사하는 조례에 부합되는 자라도 이 가운데 刑을 받았거나 죄가 있는 자는 물건을 하사하는 이 조례를 적용하지 않음을 말한다.
刑者, 謂先被刑也. 有罪, 在吏未決者也. 言八十九十之人, 雖合加賜, 其中有被刑罪者, 不在此賜物令條中也.

【綱】 楚王 劉交가 卒하였다.

楚王交卒하다

【目】 謚號를 元이라 하였다.

謚曰元이라하다

【綱】 여름 4월에 齊나라·楚나라 지방에 地震이 일어나 산이 무너지고 큰 홍수가 나서 둑이 터지고 물이 위로 솟았다.

夏四月에 **齊楚地震山崩**하고 **大水潰出**①하다

① 옆으로 터지는 것을 潰라 하고, 위로 솟는 것을 出이라고 한다.
旁決曰潰, 上涌曰出.

【綱】 사방으로 하여금 와서 공물(진상품)을 바치지 말게 하였다.

◑ 令四方으로 毋來獻하다

【目】 당시에 千里馬를 바친 자가 있었는데, 황제가 말하기를, "鸞旗가 앞에 있고 屬車(촉거)가 뒤에 있어서 吉行에는 하루에 50리를 가고 師行에는 30리를 가니, 짐이 천리마를 타고 혼자 앞서서 어디를 가겠는가." 하였다. 이에 그 말을 돌려보내고 路費를 주었다. 그리고 조령을 내리기를, "짐은 진상하는 것을 받지 않을 것이니, 사방으로 하여금 와서 진상하게 하지 말라." 하였다.

時有獻千里馬者어늘 帝曰 鸞旗在前하고 屬車在後①하여 吉行은 日五十里요 師行은 三十里②니 朕乘千里馬하고 獨先安之리오 於是에 還其馬하고 與道里費하고 而下詔曰 朕不受獻也하노니 其令四方으로 毋求來獻③하라

천리마를 돌려보내

① 鸞旗는 깃털과 털을 엮어서 깃대 옆에 나열하여 매달아놓은 것이다. 수레 위에 싣고 다니다가, 車駕가 출동하면 길에 진열하여 앞에서 간다. 屬車는 서로 連屬해서 뒤에 늘어서 있는 것이다. 屬은 음이 燭이다.
鸞旗, 編以羽毛, 列繫幢旁. 載於車上, 車駕出, 則陳於道而先行. 屬車, 相連屬而陳於後也. 屬, 音燭.

② 吉行은 巡狩와 封禪과 같은 것이고, 師行은 征伐이다.
吉行, 如巡狩・封禪之類. 師行, 征伐也.

③ "與道里費"는 왔다가 돌아가는 데 드는 노비를 줌을 말한다.
與道里費, 謂給與來迴路費.

【綱】 宋昌을 封하여 壯武侯로 삼았다.

封宋昌爲壯武侯하다

【目】 황제가 이미 天下에 은혜를 베푸니, 遠近의 諸侯와 四夷들이 즐거워하며 화합하였다. 마침내 代나라에서 올 적에 공로가 있었던 자에 대한 論功을 시행해서 宋昌을 봉하여 壯武侯로 삼았다.

帝旣施惠天下하니 諸侯四夷遠近이 驩洽이어늘 乃修代來功하여 封宋昌爲壯武侯①하다

① "代來功"은 代나라에서 올 때에 功이 있었던 자를 이른다. ≪漢書≫ 〈地理志〉에 "壯武縣은 膠東國에 속하였다." 하였다.
代來功, 謂自代來時有功者. 班志 "壯武縣, 屬膠東國."

【目】 胡氏(胡寅)가 다음과 같이 평하였다.

"文帝가 代나라에서 올 적에 공로가 있었던 자에 대한 論功을 시행한 것이 봄, 여름, 가을의 세 계절이 지난 뒤에 있었고 또 侯로 봉한 자가 겨우 宋昌 한 사람이었으니, 이는 後世의 모범이 될 만하다. 후세에 藩王(제후왕)으로 있다가 들어와 大統을 이은 자가 있으면 옛 저택에서 함께 있었던 무리들에게 은혜를 베푸는 데 汲汲해서 매번 융성한 은혜를 더해주었으니, 이것은 천하에 자신의 마음이 넓지 못함을 보여주는 것임을 알지 못한 것이다."

胡氏曰 文帝修代來功이 在三時之後하고 又所侯者 纔宋昌一人이니 此可以爲後世法矣로다 後世에 有自藩王入繼大統者하면 汲汲施恩於其故邸之屬하여 每加隆焉하니 曾不知其示不廣於天下也니라

【綱】 가을 8월에 右丞相 周勃이 免職되었다.

秋八月에 右丞相勃이 免하다

【目】 황제가 국가의 사업을 더욱 분명히 익혔다. 조정에 臨御하여 右丞相 周勃에게 묻기를, "天下에서 1년에 獄事를 판결하는 것이 얼마나 되는가?" 하였는데, 주발이 알지 못한다고 대답하였다. 또다시 묻기를, "1년에 錢穀을 出入하는 것이 얼마나 되는가?" 하였는데, 주발이 또 알지 못한다고 대답하고는 황공하고 부끄러워 식은땀이 나서 등을 적셨다.

上이 左丞相 陳平에게 물으니, 진평은 대답하기를, "主管하는 자가 따로 있습니다." 하였다. 上이 묻기를, "누구를 이르는가?" 하니, 진평이 대답하기를, "陛下께서 獄事를

판결하는 것에 대해 물으시려면 廷尉에게 요구하시고, 錢穀에 대해 물으시려면 治粟內史에게 요구하소서." 하였다.

上이 묻기를, "그렇다면 당신이 주관하는 것은 무슨 일이오?" 하니, 진평이 대답하기를, "폐하께서 신이 노둔하고 재주가 없는 것을 알지 못하시고 宰相을 맡기셨으니, 재상은 위로 天子를 보좌하여 陰陽을 다스리고 四時에 순응하며, 아래로 萬物의 마땅함을 이루어주고 밖으로 四夷와 諸侯를 鎭撫하며, 안으로 百姓을 친히 하여 의지하게 하고, 卿大夫들에게 각기 그 직임을 감당할 수 있게 하는 것입니다." 하니, 황제가 마침내 칭찬하였다.

帝益明習國家事①라 朝而問右丞相勃曰② 天下一歲決獄이 幾何오 勃이 謝不知하다 又問一歲錢穀出入이 幾何오 勃이 又謝不知하고 惶愧하여 汗出沾背러라 上이 問左丞相平한대 平曰 有主者하니이다 上曰 謂誰오 平曰 陛下卽問決獄인대 責廷尉하시고 問錢穀인대 責治粟內史③하소서 上曰 然則君所主者는 何事也오 平이 謝曰 陛下不知其駑下하사 使待罪宰相④하시니 宰相者는 上佐天子하여 理陰陽하고 順四時하며 下遂萬物之宜하고 外鎭撫四夷諸侯하며 內親附百姓하고 使卿大夫로 各得任其職焉이니이다 帝乃稱善하다

① "明習"은 자세히 살피고 되풀이하여 익히는 것이다.
明習, 精明練習也.
② 朝는 조정에 임하는 것이다.
朝, 臨朝也.
③ 治粟內史는 秦나라의 관직이니, 穀食을 빌려주는 일을 관장하였다.
治粟內史, 秦官, 掌穀貸.
④ "駑下"는 노둔하고 재주가 없는 말〔馬〕이니, 자신의 不肖함을 스스로 여기에 비유한 것이다. 무릇 "待罪"라고 말한 것은 참으로 죄가 있는 것이 아니요, 신하가 謙辭로 하는 말이니, 使令에 걸맞지 못해서 罪過를 면할 수 없다고 스스로 말하는 것이다.
駑下, 駑駘凡下之馬, 以自喩不肖. 凡言待罪者, 非果有罪, 蓋人臣謙辭, 自言不稱使令, 不免過爾.

【目】周勃이 크게 부끄러워하고 나와서 陳平을 꾸짖기를, "그대는 어찌 평소 나에게 대답하는 방법을 가르쳐주지 않았습니까?" 하니, 진평이 웃으면서 말하기를, "그대는 그 지위에 있으면서 그 임무를 모르십니까? 또 陛下께서 만일 長安에 있는 盜賊의 數를 물어보시면 그대는 억지로 대답하고자 하십니까?" 하였다. 이에 주발은 자신의 능력이 진평보다 크게 못하다는 것을 스스로 알았다.

어떤 사람이 주발을 설득하기를, "그대는 이미 여러 呂氏를 주벌하고 代王을 세워 威勢가 天下에 진동합니다. 그런데 오랫동안 존귀한 자리에 있으면 禍가 몸에 미칠 것입니다." 하니, 주발 또한 스스로 위태롭게 여겨서 마침내 병을 이유로 免職되니, 진평이 혼자서 丞相이 되었다.

勃이 大慙하여 出讓平曰 君獨不素敎我對온여 平이 笑曰 君居其位하여 不知其任邪아 且陛下卽問長安中盜賊數인대 君欲强對邪아 於是에 勃이 自知其能不如平遠矣러라 人或說(세)勃曰 君旣誅諸呂하고 立代王하여 威震天下어늘 而久處尊位하면 禍及身矣리라 勃亦自危하여 乃謝病免하니 平이 專爲丞相[73]하다

【綱】 太中大夫 陸賈를 南越에 사신으로 보내니, 南越王 趙佗(조타)가 臣을 칭하며 貢物을 바쳤다.

遣太中大夫陸賈하여 **使南越**하니 **南越王佗稱臣奉貢**하다

【目】 애초에, 隆慮侯 周竈(주조)가 南越을 공격하였는데, 마침 날씨가 무덥고 습하여 크게 역병이 돌아서 陽山嶺을 넘을 수 없었다. 趙佗가 이로 인해 군대의 위세와 財物을 가지고 閩越과 西甌駱(서구락)에 재물을 보내어 부리고 服屬시키니, 영토가 東西로 만여 리였으며, 黃屋車를 타고 左纛(좌독)의 旗를 꽂고는 稱制해서 中國과 동등하였다.

初에 隆慮侯竈 擊南越이러니 會에 暑濕大疫하여 不能踰領①이라 趙佗因此하여 以兵威財物로 賂遺閩越, 西甌駱하여 役屬焉②하니 東西萬餘里라 乘黃屋左纛하고 稱制[74]하여 與中國侔③러라

① 慮는 음이 閭이다. ≪漢書≫ 〈地理志〉에 "隆慮縣은 河內郡에 속했다." 하였다. 後漢에 이르러 殤帝의 諱를 피하여 '林閭'로 바꾸었다. 竈(조)는 周竈이다. 踰(넘다)는 踰와 같고 領(고개)은 嶺과 같다. 領은 陽山領을 이르니, 桂陽郡에 있다.
慮, 音閭. 班志"隆慮縣, 屬河內郡." 至後漢, 避殤帝諱, 改曰林閭. 竈, 卽周竈也. 踰, 與踰同. 領, 與嶺同. 領, 謂陽山領, 在桂陽郡.

② ≪史記≫에는 威 아래에 邊이 있다. "西甌"는 바로 駱越이니, 西라고 말한 것은 東甌와 구별하기 위해서이다. 駱은 越의 別名이다. 閩越이 하나의 種族이고, 西甌駱도 하나의 種族이다. "役屬"은 부리고 服屬시키는 것이다.

73) 專爲丞相 : 漢 惠帝 5년(B.C. 190)에 처음으로 두 승상을 두었었는데, 이때에 이르러 단지 한 승상만을 두었다.

74) 稱制 : 황제의 制令(詔令)을 칭함을 이른다.

史記, 威下有邊字. 西甌, 卽駱越, 言西者, 以別東甌也. 駱者, 越別名. 蓋閩越是一種, 西甌駱是一種. 役屬者, 役使而服屬之.

③ 天子의 수레는 누런 비단으로 덮개와 속을 만든다. 纛은 道와 毒 두 가지 음이니, 들소의 꼬리로 만든다. 크기가 말[斗]과 비슷하니, 乘輿車(황제의 수레)의 가로 댄 나무 왼쪽 위에 이것을 매달며, 혹은 왼쪽 곁마의 멍에 위에 매단다.
天子車, 以黃繒爲蓋裏. 纛, 道・毒二音, 以犛牛尾爲之. 大如斗, 在乘輿車衡左方上注之, 或繫左騑馬軛上.

【目】 皇帝가 이에 眞定에 있는 趙佗의 부모 무덤을 위하여 지키는 邑을 두어 歲時에 제사를 받들게 하고, 그의 형제를 불러 물건을 후하게 하사하였다. 그리고 다시 陸賈를 南越에 사신 보내어서 조타에게 다음과 같은 詔書를 내려주었다.

"朕은 高皇帝 側室의 아들로 京畿 밖에 버려져 代나라에서 북쪽의 藩臣으로 있었으니, 길이 아득히 멀며 어둡고 우둔해서 편지를 보내지 못하였소. 고황제께서 돌아가시고 孝惠皇帝께서 세상을 떠나시니, 高后께서 친히 政事를 다스리셨지만 불행히도 병환이 드시자 여러 呂氏들이 變亂을 일으켰소. 그런데 功臣들의 힘에 의지해서 모두 토벌하니, 짐은 王, 侯, 吏가 놓아주지 않았기 때문에 할 수 없이 황제가 되었소. 근자에 듣건대, 왕이 將軍 隆慮侯(周竈)에게 편지를 보내어 '친형제를 찾고 長沙의 두 將軍을 罷하게 해 달라고 청했다.' 하니, 짐은 왕의 편지에 따라 將軍 博陽侯(周聚)를 罷하고 眞定에 있는 친형제에게는 이미 사람을 보내어 문안하고 先人의 무덤을 잘 관리하게 하였소.

이전에 듣건대, 왕이 변방에서 군대를 일으켜 끊임없이 노략질을 하는 바람에 長沙 지방은 이를 괴롭게 생각하였고 南郡은 더욱 심하였다고 하니, 아무리 왕의 나라라고 하더라도 어찌 홀로 이로웠겠소. 필시 士卒을 많이 죽이고 훌륭한 將吏를 다치게 해서 다른 사람의 아내를 과부로 만들고 다른 사람의 자식을 孤兒로 만들고 다른 사람의 부모를 외로운 사람으로 만들었을 것이니, 하나를 얻고 열을 잃는 일을 짐은 차마 하지 못하겠소. 내가 왕의 땅을 얻더라도 더 큰 나라가 될 수 없고 왕의 재물을 얻더라도 더 부유한 나라가 될 수 없으니, 服嶺 이남은 왕이 스스로 다스리시오.

하지만 왕의 稱號를 帝라 하니 두 皇帝가 나란히 서서 1乘의 使臣도 길을 통해 왕래하지 않는다면 이는 다투는 것이니, 다투면서 사양하지 않는 것은 仁者가 하지 않는 일이오. 원컨대 왕과 예전의 나쁜 감정은 함께 버리고 이제부터는 옛날처럼 사신을 서로 파견하기를 바라오."

帝乃爲佗親冢在眞定者하여 置守邑하여 歲時奉祀①하고 召其昆弟하여 厚賜之하다 復使陸賈로 使南越하여 賜佗書曰 朕은 高皇帝側室之子也②라 向棄外하여 奉北藩于代하니 道里遼遠하고 壅蔽樸愚하여 未嘗致書③라 高皇帝棄群臣하시고 孝惠皇帝卽世④하시니 高后自臨事하여 不幸有疾하사 諸呂爲變이러니 賴功臣之力하여 誅之已畢하니 朕以王侯吏不釋之故로 不得不立⑤호라 乃者에 聞王遺將軍隆慮侯書하여 求親昆弟하고 請罷長沙兩將軍하니 朕以王書로 罷將軍博陽侯⑥하고 親昆弟在眞定者를 已遣人存問하고 修治先人冢호라 前日에 聞王이 發兵於邊하여 爲寇不止하니 長沙苦之하고 南郡尤甚이라하니 雖王之國이라도 庸獨利乎⑦아 必多殺士卒하고 傷良將吏하여 寡人之妻하고 孤人之子하고 獨人父母하리니 得一亡十을 朕不忍爲也하노라 得王之地라도 不足以爲大요 得王之財라도 不足以爲富니 服領以南은 王自治之⑧하라 雖然이나 王之號爲帝라하니 兩帝竝立하여 亡(무)一乘之使以通其道면 是는 爭也니 爭而不讓은 仁者不爲也⑨라 願與王分棄前惡하고 終今以來로 通使如故⑩하노라

① 爲(위하다)는 去聲이다. 親은 父母를 이른다.
爲, 去聲. 親, 謂父母也.

② 〈"側室之子"는〉 본처가 낳은 嫡子가 아님을 말한 것이다.
言非正嫡所生.

③ 〈"未嘗致書"는〉 越과 사신을 왕래하지 못함을 말한 것이다.
言未得通使於越.

④ 卽(떠나다)은 就이니, "就世"는 죽음을 이른다.
卽, 就也. 就世, 謂終也.

⑤ "不釋"은 황제의 자리를 辭讓하였으나 내버려두지(받아들여지지) 않음을 말한 것이다.
不釋, 言辭讓帝位, 不見置也.

⑥ 呂后 7년에 趙佗가 반란을 일으켜 長沙를 공격하였기 때문에 두 將軍을 파견하여 장사에 주둔해서 대비하게 한 것이다. 두 將軍은 隆慮侯와 博陽侯 周聚이다. 혹자는 "≪史記≫ 〈功臣表〉에 博陽侯 陳濞가 있으니, 이때에 將軍이 되었을 것이다." 하였다.
呂后七年, 佗反, 攻長沙, 故遣兩將軍, 屯於長沙以備之. 兩將軍, 隆慮侯及博陽侯周聚. 或云 "功臣表, 有博陽侯陳濞, 蓋於此時爲將軍也."

⑦ 戰鬪가 벌어지면 南越에도 이익이 아님을 말한 것이다.
言方有戰鬪, 於越亦非利也.

⑧ "服領以南"은 五嶺 이남 荒服[75]의 밖을 이른다.
服領以南, 謂五嶺以南荒服之外也.

---

75) 五嶺 이남 荒服 : 五嶺은 大庾嶺・越城嶺・騎田嶺・萌渚嶺・都龐嶺의 총칭으로, 江西省・湖南省・廣東省・廣西省 사이에 있으며, 長江과 珠江 유역의 분수령이다. 荒服은 五服의 하나로, 中國의 서울을 중심으로 500리씩 순차적으로 나눈 지역 중 다섯 번째 지역이다. 서울에서 멀리 떨어진 지역을 이른다.

⑨ 亡(없다)는 無로 읽는다. 乘(탈것)과 使(사신)는 모두 去聲이다. "亡一乘之使(1乘의 使臣도 없다.)"는 한 명의 使者도 파견하여 보내지 않음을 이른다.
亡, 讀曰無. 乘・使, 竝去聲. 亡一乘之使, 謂不遣一介使車來.

⑩ 彼此 함께 나쁜 감정을 버리기 때문에 分이라고 말한 것이다. 지금부터 사신들 왕래하여 끝까지 갈 것이기 때문에 "終今以來"라고 말한 것이다.
彼此共棄, 故云分. 從今通使, 至於終久, 故云終今以來也.

【目】陸賈가 南越에 이르니, 趙佗가 두려워서 머리를 조아리며 謝罪하고 밝은 詔書를 받들어 길이 藩臣이 되어 貢職을 받들기를 원하였다. 그리하여 國中에 令을 내리기를, "두 영웅은 함께 설 수 없고 두 현인은 나란히 세상에 존재할 수 없으니, 漢나라의 황제는 어진 天子이다. 나는 이제 황제의 제도인 黃屋과 左纛을 없앤다." 하고, 인하여 편지를 써서 다음과 같이 말하였다.

"蠻夷의 酋長(추장)이며 老夫인 臣 趙佗는 죽음을 무릅쓰고 두 번 절하여 皇帝 陛下께 글을 올립니다. 노부는 옛 越 지방의 官吏였습니다. 高皇帝께서 다행히 신 조타에게 玉璽(옥새)를 하사하여 南越王으로 삼으셨고, 孝惠皇帝는 의리상 차마 끊지 못하여 노부에게 하사한 물건이 매우 후하셨는데, 高后께서 권력을 행사하실 적에 蠻夷를 특별히 차별하여 詔令을 내리기를, '蠻夷인 越에는 金鐵, 田器(농기구), 말・소・양을 주지 말고, 가령 주더라도 수컷을 주고 암컷을 주지 말라.' 하셨습니다. 이에 노부는 窮僻한 곳에 살아서 말・소・양이 이미 늙은 까닭에 스스로 제사를 제대로 지내지 못하면 죽을죄를 짓는 것이라고 생각하여, 內史 藩, 中尉 高, 御史 平 등 무릇 세 사람으로 하여금 글을 올려 사과하게 하였으나 모두 돌아오지 못하였습니다.

또 風聞에 父母의 墳墓가 이미 무너지고 兄弟와 宗族이 이미 논죄하여 죽었다고 하니, 관리들이 서로 의논하기를, '지금 안으로는 漢나라에 貶削(폄삭)되어 떨쳐 일어날 수가 없고, 밖으로는 스스로 높고 남다르게 내세울 것이 없다.'라고 하여서 일부러 칭호를 바꾸어 帝라고 칭하였으니, 스스로 자기 나라에서 황제가 되었고 감히 天下에 해를 끼치는 일은 없었습니다. 그런데 高皇后께서 듣고 크게 노하여 南越王으로 봉한 文籍을 삭제해서 사신을 서로 왕래하지 못하게 하셨습니다. 노부는 삭가 長沙王이 신을 참소한 것이라 의심하였기 때문에 군대를 동원하여 그 변방을 정벌한 것입니다.

노부가 越 지방에 있은 지가 49년이 되어 지금 손자를 안고 있습니다. 그러나 아침 일찍 일어나고 밤늦게 자면서 잠을 자도 잠자리가 편안하지 않고 음식을 먹어도 음식이 맛있지 않으며, 눈에는 아름다운 여색이 보이지 않고 귀에는 鐘鼓의 음악 소리가 들리지 않는 것은 漢나라를 섬기지 못하기 때문입니다. 이제 폐하께서 다행히 가련하게 여겨서 옛 칭호를 회복시켜주시고 옛날처럼 漢나라와 사신을 서로 왕래하게 하시니, 노부는 죽더라도 뼈는 썩지 않을 것입니다.[76] 칭호를 바꾸어 감히 帝라고 칭하지 않겠습니다."

賈至南越하니 佗恐하여 頓首謝罪하고 願奉明詔하여 長爲藩臣하여 奉貢職하다 下令國中曰 兩雄不俱立하고 兩賢不竝世하니 漢皇帝는 賢天子라 今去帝制黃屋左纛이라하고 因爲書하여 稱蠻夷大長老夫臣佗는 昧死再拜上書皇帝陛下①하노이다 老夫는 故越吏也라 高皇帝幸賜臣佗璽하여 以爲南越王하시고 孝惠皇帝義不忍絶하사 所賜老夫者甚厚러시니 高后用事에 別異蠻夷하여 出令曰 毋與蠻夷越金鐵田器馬牛羊②하고 卽予라도 予牡하고 毋予牝③이라하시니 老夫處僻하여 馬牛羊齒已長④이라 自以祭祀不修하면 有死罪라하여 使內史藩, 中尉高, 御史平凡三輩하여 上書謝過호대 皆不反⑤하니이다 又風聞父母墳墓已壞削하고 兄弟宗族已誅論⑥이라하니 吏相與議曰 今內不得振於漢하고 外亡(무)以自高異라하여 故更(경)號爲帝하니 自帝其國이요 非敢有害於天下⑦어늘 高皇后聞之하시고 大怒하여 削去南越之籍하여 使使不通하니 老夫竊疑長沙王讒臣이라 故로 發兵以伐其邊호이다 老夫處越이 四十九年이라 于今抱孫焉하니이다 然이나 夙興夜寐하여 寢不安席하고 食不甘味하며 目不視靡曼(미만)之色하고 耳不聽鐘鼓之音者는 以不得事漢也⑧일새니이다 今陛下幸憐하사 復故號하고 通使漢如故하시니 老夫死라도 骨不腐라 改號하여 不敢爲帝矣로리이다

① "大長"은 酋長이라는 말과 같다. "昧死"는, 秦나라는 신하가 되어 글을 올릴 적에 "외람되이 죽을죄를 범하며 아뢥니다."라고 말해야 했는데, 후세에 마침내 그 예를 따른 것이다.
大長, 猶言酋長也. 昧死, 秦以爲人臣上書, 當言昧犯死罪而言, 後世遂遵之.

② 越을 蠻夷라고 했기 때문에 蠻夷인 越이라고 한 것이다.
以越爲蠻夷, 故曰蠻夷越.

③ 卽(가령)은 就이다. 予는 주는 것이다. 毋는 禁止하는 말이다. 가령 말, 소, 양을 주더라도 오직 수컷만 주고 암컷은 주지 못하게 하라고 말한 것이니, 번식할까 두려워한 것이다.
卽, 就也. 予, 賜也. 毋, 禁止之辭. 言就令予馬牛羊, 亦止令予牡, 而不令予牝, 恐其蕃息也.

④ 長(늙다)은 展兩의 切이니, 〈"馬牛羊齒已長"는〉 말・소・양이 모두 이미 늙어서 祭祀에 바칠 수 없다고 말한 것이다. 祭祀에 쓰는 犧牲은 어리고 건장하고 살찐 것을 귀하게 여기기 때문에 이 글 아래에 "제사를 제대로 지내지 못한다.〔祭祀不修〕"고 말한 것이다. 모두 죽었다고 말하는 것을 꺼렸기 때문에 단지 "이미 늙었다.〔已長〕"고 한 것이다.

---

76) 老夫가……것입니다 : '白骨難忘'의 뜻으로, 몸은 죽어 쉽게 없어지지만 白骨은 오랫동안 남아 있는 바, 오래도록 그 은혜를 잊지 못함을 말한 것이다.

長, 展兩切. 言馬牛羊皆已老, 不可供祭祀. 蓋祭祀之牲, 貴少壯肥腯, 故下云祭祀不修. 諱言盡絶, 故但云已長.

⑤ 南越이 비록 蠻夷이지만 官名은 모두 漢나라 藩國의 制度를 사용하였다.
南越雖蠻夷, 官名皆用漢藩國之制.

⑥ "風聞"은 바람결에 전해 들음을 이른다. "誅論"은 死刑으로 논죄한 것이다.
風聞, 謂風聲傳聞也. 誅論者, 以罪論死也.

⑦ 振은 일어나는 것이다. 〈"不得振於漢"은〉 漢나라에 貶削되어 振起할 수 없음을 말한 것이다.
振, 起也. 言爲漢所貶削, 不得振起也.

⑧ 靡는 음이 美이니 가늘다는 뜻이고, 曼은 음이 萬으로 윤택하다는 뜻이니, "靡曼"은 아름다운 여색이다.
靡, 音美, 細也. 曼, 音萬, 澤也. 靡曼, 美色也.

【綱】河南의 郡守 吳公을 불러 廷尉로 삼고 賈誼를 太中大夫로 삼았다.

召河南守吳公하여 **爲廷尉**하고 **以賈誼爲太中大夫**하다

賈誼

【目】上이 河南의 郡守 吳公의 치적이 天下의 제일이라는 말을 듣고 불러서 廷尉로 삼았다. 오공이 洛陽 사람 賈誼를 천거하자 皇帝가 불러 博士로 삼으니, 이때 나이가 20여 세였다. 1년 동안에 크게 승진하여 太中大夫에 이르니, 正朔을 고치고 服飾의 색깔을 바꾸며 官名을 정하고 禮樂을 일으켜서 漢나라의 제도를 확립하고 秦나라의 法制를 바꿀 것을 청하였는데, 황제가 謙讓해서 이렇게 할 겨를이 없다고 하였다.

上이 **聞河南守吳公治平爲天下第一**하고 **召以爲廷尉**[①]한대 **吳公**이 **薦洛陽人賈誼**어늘 **帝召以爲博士**하니 **時年二十餘**라 **一歲中**에 **超遷**하여 **至太中大夫**하니 **請改正朔, 易服色 定官名, 興禮樂**하여 **以立漢制**하고 **更秦法**이어늘 **帝謙讓未遑也**[②]하다

① 吳는 姓이니 史書에 그 이름이 전하지 않는다. "治平"은 政治가 均平한 것을 말한다.
吳, 姓, 史失其名. 治平, 言其政治均平.

② 正朔은 예컨대 夏나라는 斗柄(북두칠성의 자루별)이 寅方을 가리키는 달을 正月로 삼고 平明(날이 샐 무렵)을 朔으로 삼았으며, 商나라는 두병이 丑方을 가리키는 달을 정월로 삼고 닭

이 울 때를 朔으로 삼았으며, 周나라는 두병이 子方을 가리키는 달을 정월로 삼고 夜半(12시)을 朔으로 삼았는데, 秦나라 때에 이르러서 10월(建亥月)을 정월로 삼고 亥時(밤 9시부터 11시까지)를 朔으로 삼았다. 服飾은 예컨대 有虞氏는 深衣를 입고 노인을 봉양하고, 夏后氏는 燕衣를 입고 노인을 봉양하고, 殷나라 사람은 縞衣를 입고 노인을 봉양하고, 周나라 사람은 玄衣를 입고 노인을 봉양한 것[77]과 같은 것이다. 色은 예컨대 夏后氏는 흑색을 숭상하고, 殷나라 사람은 백색을 숭상하고, 周나라 사람은 적색을 숭상하고, 秦나라 사람은 衣服과 羽旄와 旌旗에 모두 흑색을 숭상한 것과 같은 것이다.

正朔, 如夏建寅爲正, 平明爲朔, 商建丑爲正, 雞鳴爲朔, 周建子爲正, 夜半爲朔, 至秦改用十月爲正, 亥時爲朔. 服, 如有虞氏深衣而養老, 夏后氏燕衣而養老, 殷人縞衣而養老, 周人玄衣而養老. 色, 如夏后氏尙黑, 殷人尙白, 周人尙赤, 秦則衣服・羽旄・旌旗皆尙黑.

癸亥年(B.C. 178)

【綱】漢나라 太宗 孝文皇帝 2년이다. 겨울 10월에 丞相 曲逆侯 陳平이 卒하였다.

二年이라 冬十月에 丞相曲逆侯陳平이 卒하다

【目】諡號를 獻이라 하였다.

諡曰獻이라하다

【綱】詔令을 내려 列侯들에게 封國으로 가도록 하였다.

詔列侯之國하다

【目】上이 말하기를, "옛날에는 諸侯가 각각 자기 封地를 지켜서 백성들이 수고롭지 않았다. 그런데 지금은 列侯가 長安에 거주하여 吏卒들은 운수 비용을 마련하느라 고달프

77) 有虞氏는……것 : 有虞氏는 舜임금의 나라 이름이다. 深衣는 白布의 옷으로 몸을 깊숙이 감싼다 하여 深衣라 이름하였는데, 上下에 통용되는 의복이다. 燕衣는 천자가 군신과 연회할 때 입는 옷이며, 縞는 生絹으로 縞衣는 白布의 深衣이며, 玄衣는 검정색의 朝服이다. ≪禮記≫ 〈王制〉에 "有虞氏는 皇冠을 쓰고 제사하고 深衣를 입고 노인을 봉양하며, 夏后氏는 收冠을 쓰고 제사하고 燕衣를 입고 노인을 봉양하며, 殷나라 사람은 冔冠(후관)을 쓰고 제사하고 縞衣를 입고 노인을 봉양하며, 周나라 사람은 冕冠(면관)을 쓰고 제사하고 玄衣를 입고 노인을 봉양했다.〔有虞氏皇而祭 深衣而養老 夏后氏收而祭 燕衣而養老 殷人冔而祭 縞衣而養老 周人冕而祭 玄衣而養老〕"라고 보인다.

고 열후 역시 백성들을 다스릴 수가 없으니, 각기 封國으로 가라." 하였다.

上曰 古者에 諸侯各守其地하여 民不勞苦러니 今列侯居長安하여 吏卒은 給輸費苦하고 而列侯는 亦無由敎訓其民하니 其各之國하라

【綱】11월에 周勃을 丞相으로 삼았다.

十一月에 以周勃爲丞相하다

【綱】이달 그믐에 일식이 있자, 詔令을 내려서 賢良하고 方正하여 直言하고 極諫할 수 있는 자를 천거하게 하였다.

◑是月晦에 日食이어늘 詔擧賢良方正能直言極諫者하다

【目】詔令을 다음과 같이 내렸다.

"군주가 德이 없으면 하늘이 재앙을 보여 군주가 나라를 제대로 다스리지 못하는 것을 경계한다. 朕은 아래로 백성들을 잘 다스리고 기르지 못해서 위로 三光의 밝음에 누를 끼쳤으니, 매우 덕이 없는 것이다. 이 詔令이 이르면 짐의 과실과 識見이 미치지 못하는 바를 모두 깊이 생각해서 짐에게 고해주기 바란다. 그리고 賢良하고 方正하여 直言하고 極諫할 수 있는 자를 천거해서 짐의 뜻과 생각이 미치지 못하는 부분을 바로잡도록 하라. 이어서 각기 職任을 잘 수행하도록 신칙해서 되드록 繇役(요역)의 費用을 줄여 백성을 편하게 하고, 衛將軍의 군대를 없애고 太僕寺(태복시)에 현재 있는 말〔馬〕을 꼭 필요한 정도만 남겨두고 나머지는 모두 傳置(驛站)에 주도록 하라."

詔曰 人主不德하면 天示之災하여 以戒不治①하나니 朕이 下不能治育群生하여 上以累三光之明하니 不德이 大矣②라 令至에 其悉思朕之過失及知見之所不及하여 匄(개)以啓告朕③하고 及擧賢良方正能直言極諫者하여 以匡朕之不逮④하라 因各勅以職任하여 務省(생)繇費以便民⑤하고 罷衛將軍⑥하고 太僕見(현)馬를 遺財足하고 餘皆以給傳置⑦하라

① 治(정치)는 直吏의 切이다.
治, 直吏切.

② 三光은 해, 달, 별이다.
三光, 日月星也.

③ 令은 이 詔令을 이른다. 匄는 음이 蓋이니 구한다는 뜻이다. 啓는 열어준다는 뜻이니, 〈"以

啓告朕"은〉 過失을 朕에게 고하라고 말한 것이다.
令, 謂此詔書. 匄, 音蓋, 乞也. 啓, 開也, 言以過失開告朕躬.

④ "不逮"는 뜻과 생각이 미치지 못하는 것이다.
不逮, 意慮所不及.

⑤ 省은 줄인다는 뜻이다.
省, 減也.

⑥ ≪漢書≫에는 軍 아래에 또 軍이 있다.
漢書, 軍字下, 又有軍字.

⑦ 遺는 남겨둔다는 뜻이다. 財는 纔와 通하니, 적다는 뜻이고 겨우라는 뜻이다. 현재 있는 말을 줄여서 겨우 일을 할 수 있을 정도만 남겨둘 뿐이라고 말한 것이다. 傳(파발마)은 張戀의 切이다. 置는 驛站(역참)이다.
遺, 留也. 財, 與纔通, 少也, 僅也. 言減見(현)在之馬, 所留纔足充事而已. 傳, 張戀切. 置, 驛也.

【目】 潁陰侯(灌嬰)의 騎從인 賈山이 다음과 같이 上書하였다.

"신이 듣건대, 우레와 벼락이 치는 곳에는 부러져 꺾이지 않는 것이 없고, 萬鈞의 무게로 짓누르는 곳에는 문드러져 부스러지지 않는 것이 없다고 하였습니다. 지금 군주의 위엄은 비단 우레와 벼락 정도일 뿐만이 아니고, 권세의 중함은 비단 萬鈞 정도일 뿐만이 아닙니다. 言路를 열어 諫言을 구하고 안색을 온화하게 하여 간언을 받아들여서, 그의 말을 따르고 그의 몸을 顯達하게 해주더라도 선비들은 오히려 두려워서 감히 스스로 할 말을 다하지 못하는데, 항차 군주가 욕심을 부리고 마구 포악한 짓을 자행하여 자신의 과실을 듣기 싫어하는 경우이겠습니까.

옛날에 周나라는 1,800개의 나라였습니다. 九州의 백성으로 1,800개 나라의 군주들을 봉양하였으나, 군주들은 남은 재물이 있고 백성들은 남은 힘이 있어서 칭송하는 소리가 일어났습니다. 그런데 秦나라 황제는 1,800개 나라의 백성을 가지고 자신만을 봉양하게 하였으나, 힘이 피폐하여 그 부역을 감당하지 못하였고 재물이 탕진되어 그 요구를 감당하지 못해서 몸이 죽은 지 겨우 몇 달이 지났을 뿐인데 天下가 四面에서 秦나라를 공격하여 宗廟(국가)가 멸망하여 없어졌습니다. 秦나라 황제는 국가가 멸망하는 가운데 있으면서도 스스로 알지 못한 것은 무엇 때문입니까? 노인을 봉양하는 의리가 없었고 輔弼하는 신하가 없었으며 비방하는 사람을 물리쳤고 直諫하는 선비를 죽였습니다. 이 때문에 아첨하고 영합하여 구차하게 용납해서 그 德을 비교하면 堯·舜보다 어질다 하고 그 功을 계산하면 湯·武보다 낫다고 하여 天下가 이미 무너졌는데도 고하는 자가 없었습니다.

◑ 潁陰侯騎賈山이 上書曰[①] 臣聞雷霆之所擊에 無不摧折(최절)者요 萬鈞之所壓에 無不糜滅者[②]라하니 今人主之威는 非特雷霆也요 勢重은 非特萬鈞也라 開道而求諫하고 和顔色而受之하여 用其言而顯其身이라도 士猶恐懼而不敢自盡이어든 而況於縱欲恣暴하여 惡(오)聞其過乎잇가 昔者에 周는 蓋千八百國[③]이라 以九州之民으로 養千八百國之君호되 君有餘財하고 民有餘力하여 而頌聲이 作[④]이러니 秦皇帝는 以千八百國之民으로 自養호대 力罷(피)不能勝其役하고 財盡不能勝其求[⑤]하여 身死纔數月耳어늘 天下四面而攻之하여 宗廟滅絶矣라 秦皇帝居滅絶之中而不自知者는 何也오 亡(무)養老之義하고 亡輔弼之臣하며 退誹謗之人하고 殺直諫之士라 是以道諛하여 媮(투)合苟容[⑥]하여 比其德則賢於堯舜하고 課其功則賢於湯武라하여 天下已潰而莫之告也[⑦]하니이다

① 潁陰侯는 灌嬰이다. ≪漢書≫ 〈地理志〉에 "潁陰縣은 潁川郡에 속하였다." 하였다. 騎는 영음후의 집에서 말을 타고 수행한 자이다.
潁陰侯, 灌嬰也. 班志"潁陰縣, 屬潁川郡." 騎者, 蓋在侯家爲騎從也.

② 霆은 음이 廷이니, 요란한 우레이다.
霆, 音廷, 疾雷也.

③ 九州는 1,773개 國인데 1,800개 國이라고 말한 것은 成數를 든 것이다.[78)]
凡九州, 千七百七十三國, 曰千八百國者, 擧成數也.

④ 頌은 아름다운 盛德을 형용(칭송)하는 것이니, 帝王의 아름다운 모습이다.
頌者, 美盛德之形容, 蓋帝王之嘉致.

⑤ 罷(피폐하다)는 疲로 읽는다. 勝(감당하다)은 음이 升이다.
罷, 讀曰疲. 勝, 音升.

⑥ 道는 導로 읽으니, 아첨하여 군주의 뜻에 맞추어 奸邪함에 들어가도록 인도함을 말한다. 媮는 偸와 같으니, 또한 구차하다는 뜻이다.
道, 讀曰導, 言爲諂諛, 導迎主意, 納之於邪也. 媮, 與偸同, 亦苟且之義.

⑦ "天下已潰"는 天下가 이미 무너진 것이 물이 堤防을 무너뜨린 것과 같음을 말한다.
天下已潰, 言天下已壞, 如水之潰也.

---

78) 九州는……든 것이다 : 九州는 아홉 개의 州로 中國 전체를 이르는바 명칭이 약간 다른데, ≪書經≫ 〈禹貢〉에는 冀州, 兗州, 靑州, 徐州, 揚州, 荊州, 豫州, 梁州, 雍州로 되어 있다. 成數는 대체적인 수를 이른다. ≪禮記≫ 〈王制〉에 "무릇 四海의 안은 九州이고, 州는 사방 1,000리인데, 주마다 100리의 나라가 30개이고, 70리의 나라가 60개이고, 50리의 나라가 120개여서 모두 210개이니, 8개 주에 주마다 210개 국이다.……天子의 縣內(畿內)에는 100리의 나라가 9개이고 70리의 나라가 21개이고 50리의 나라가 63개여서 모두 93개이다.〔凡四海之內九州 州方千里 州建百里之國三十 七十里之國六十 五十里之國百有二十 凡二百一十國 是一州凡二百一十國……天子之縣內 方百里之國九 七十里之國二十有一 五十里之國六十有三 凡九十三國〕" 한 것을 든 것으로, 이를 모두 합하면 1,773개 국이 된다.

【目】 지금 폐하께서 천하로 하여금 賢良하고 方正한 선비들을 천거하게 하시니, 천하의 선비들이 정신을 깨끗하게 가다듬어 아름다운 덕을 받들지 않는 이가 없습니다. 그런데 다만 그들과 더불어 말을 달리고 수레를 몰며 활을 쏘고 사냥을 하여 하루에 두세 번씩 나가시니, 신은 조정이 해이해져서 百官들이 일을 실추시킬까 두렵습니다.

폐하께서 財用을 절약하고 백성을 사랑하시며, 獄事를 공평히 처리하고 형벌을 너그럽게 하시니, 천하에 기뻐하지 않는 이가 없습니다. 신이 듣건대, 山東의 관리가 詔令을 선포하자, 백성들이 비록 늙고 병들었으나 지팡이를 짚고 와서 듣고는 '원컨대 잠시라도 죽지 말아서 德化가 이루어지는 것을 보고 싶다.'라고 말하였다 합니다. 지금 功業이 막 成就되고 名聲이 막 밝게 나타나서 四方이 교화를 기대하고 있는데, 호걸스럽고 준걸스러운 신하와 방정한 선비들을 수행시켜, 다만 그들과 날마다 사냥을 하고 활을 쏘아 토끼를 잡고 여우를 죽여서 大業을 손상시키고 천하 사람들의 희망을 끊으시니, 신은 매우 서글프게 생각합니다.

옛날에 大臣들은 연회를 베풀어 즐겁게 노는 자리에 참석하지 못하게 하고 모두 道에 힘써서 그 節義를 높이게 하였으니, 이렇게 하면 신하들은 감히 몸을 바르게 하고 행동을 닦아서 마음을 다해 큰 禮에 맞게 하지 않는 자가 없었습니다. 선비가 집안에서 몸을 닦아 천자의 조정에서 이를 무너뜨리니, 신은 삼가 이를 근심스럽게 여깁니다.

폐하께서 여러 신하들과는 함께 연회를 베풀어 노시고, 대신과 방정한 선비들과는 함께 조정에서 논의하여, 노실 적에는 즐거움을 잃지 않고 조정에서는 禮를 잃지 않으며 의논을 하실 적에는 잘못된 계책을 내지 않으시면 매우 일을 법도에 맞게 하는 것입니다."

上이 그의 말을 아름답게 여겨 받아들였다.

今陛下使天下로 擧賢良方正之士하시니 天下之士莫不精白以承休德①이어늘 乃直與之馳驅射獵하여 一日再三出하시니 臣은 恐朝廷之解弛하여 百官之隋於事也②일까하노이다 陛下節用愛民하고 平獄緩刑하시니 天下莫不說(열)喜③라 臣聞山東吏布詔令에 民雖老羸(리)癃疾이나 扶杖而往聽之하여 願少須臾毋死하여 思見德化之成也④라하니이다 今功業方就하고 名聞方昭하여 四方鄕風⑤이어늘 而從豪俊之臣, 方正之士하여 直與之日日獵射하여 擊兎伐狐하여 以傷大業하고 絶天下之望하시니 臣竊悼之하노이다 古者에 大臣이 不得與(예)宴游⑥하고 使皆務其方하여 以高其節하니 則群臣이 莫敢不正身修行하여 盡心以稱大禮⑦하니이다 夫士修之於家而壞之於天子之廷하니 臣竊愍之하노이다 陛下與衆臣宴游하고 與大臣方正으로 朝廷論議하사 游不失樂(락)하고 朝不失禮하고 議不失計하시면 軌(궤)事之大者也니이다 上이 嘉納其言⑧하다

① "精白"은 精神을 가다듬어 潔白하게 하는 것이다.
精白, 厲精而爲潔白也.

② 解(해이하다)는 懈로 읽고, 隋(실추시키다)는 墮로 읽는다.
解, 讀曰懈. 隋, 讀曰墮.

③ 說(기쁘다)은 悅로 읽는다.
說, 讀曰悅.

④ 羸는 허약한 것이다. 癃은 피로해서 병든 것이다. 扶는 돕는 것이니, 〈"扶杖"은〉 지팡이로 스스로를 돕는 것을 이른다.
羸, 弱也. 癃, 罷(피)病也. 扶, 助也, 謂以杖自助.

⑤ 聞은 음이 問이니, 〈"名聞"은〉 聲聞(名聲)을 이른다. 鄉(향하다)은 嚮으로 읽는다.
聞, 音問, 謂聲聞也. 鄉, 讀曰嚮.

⑥ 與(참여하다)는 豫로 읽는다. 편안히 쉬는 것을 宴이라고 한다.
與, 讀曰豫. 安息曰宴.

⑦ 方은 道이니, 一說에는 廉隅(方正)라고 한다. 行(행실)은 去聲이다. 稱은 昌孕의 切이니, 부응한다는 뜻이다.
方, 道也, 一曰廉隅也. 行, 去聲. 稱, 昌孕切, 副也.

⑧ 樂(즐거움)은 음이 洛이다. 軌는 음이 簋(궤)이니, 法度를 이른다.
樂, 音洛. 軌, 音簋, 謂法度也.

【目】 上이 朝會할 때마다 郎官과 從官이 書疏를 올리면 일찍이 輦(연)을 멈추고 그 말을 받아들이지 않은 적이 없었는데, 말이 쓸 만하지 않으면 내버려두고 말이 쓸 만하면 채택하여 훌륭하다고 칭찬하지 않은 적이 없었다.

輦을 멈추고 간언을 받아들이다

◑ 上이 每朝에 郎從官이 上書疏어든 未嘗不止輦受其言하여 言不可用이면 置之하고 言可用이면 采之하여 未嘗不稱善①하니라

① 從(따르다)은 去聲이다. 疏는 所據의 切이니, 조목별로 아뢰는 것이다.
從, 去聲. 疏, 所據切, 條陳也.

袁盎의 간언을 받아들이고 금을 하사하다

【目】황제가 霸陵을 따라 올라가서 서쪽으로 수레를 몰아 가파른 언덕을 내려가려고 하니, 中郎將 袁盎이 말을 타고 황제의 수레 옆에 바짝 붙어 나란히 가면서 고삐를 잡아당겨 내달리지 못하게 하였다. 이에 上이 말하기를 "將軍은 겁이 나오?" 하니, 원앙이 아뢰기를, "신이 듣건대, 千金의 재산이 있는 부잣집의 아들은 마루 끝에 앉지 않는다 합니다. 聖主는 위험한 것을 타지 않으며 요행을 바라지 않는 법인데, 지금 陛下께서는 여섯 말이 나는 듯이 달리는 수레를 몰아 가파른 산비탈을 내려가시니, 가령 말이 놀라 수레가 부서지면 폐하께서 비록 자신을 가볍게 여기신다 하더라도 高廟(高祖의 廟)와 太后께는 어찌하시렵니까?" 하니, 上이 이에 중지하였다.

上이 총애하는 愼夫人이 궁중에 있으면서 일찍이 皇后와 자리를 함께하여 앉아 있었는데, 황제가 上林苑에 行幸하여 자리를 마련할 적에 원앙이 신부인의 자리를 뒤로 물리자, 부인이 노하고 上 또한 노하였다. 원앙이 인하여 앞에 나아가 설득하기를 "신이 듣건대 '신분의 높고 낮음에 질서가 있으면 위와 아래가 화목하다.' 하였습니다. 이제 이미 황후를 세우셨으니, 신부인은 바로 첩입니다. 첩과 主母가 어찌 한 자리에 함께 앉을 수 있겠습니까? 그리고 폐하께서는 어찌 人彘[79]를 보지 못하셨습니까?" 하였다.

上이 기뻐하여 신부인에게 말하니, 〈신부인이〉 원앙에게 50근의 금을 하사하였다.

◑ 帝從霸陵上하여 欲西馳下峻阪①이러니 中郎將袁盎이 騎하여 竝(방)車擥轡②어늘 上曰 將軍이 怯邪아 盎曰 臣聞 千金之子는 坐不垂堂③이라하니이다 聖主는 不乘危하며 不徼幸하나니 今陛下騁六飛하사 馳下峻山④하시니 有如馬驚車敗면 陛下縱自輕이나 奈高廟太后何리잇고하니 上이 乃止하다 上

79) 人彘 : 사람의 돼지란 뜻으로 呂后가 戚夫人에게 붙인 칭호인바, 앞의 惠帝 원년조에 보인다.

所幸愼夫人이 在禁中하여 常與皇后同席坐⑤러니 及幸上林布席에 盎이 引却愼夫人坐⑥한대 夫人이 怒하고 上亦怒어늘 盎이 因前說(세)曰 臣聞尊卑有序하면 則上下和라하니이다 今已立后하시니 夫人은 乃妾이라 妾主豈可與同坐哉잇가 且陛下獨不見人彘(체)乎잇가 上이 說(열)하여 語夫人한대 賜盎金五十斤⑦하다

① ≪漢書≫ 〈地理志〉에 "霸陵縣은 京兆에 속했으니, 옛 芷陽이다. 文帝의 陵邑을 만들고 인하여 이름을 霸陵으로 고쳤다." 하였다.
班志 "霸陵縣, 屬京兆, 故芷陽也. 帝起陵邑, 因更(경)名."

② 漢나라는 五官中郎將과 左中郎將, 右中郎將 세 명을 두어 통솔하였으니, 中郎은 郎中令에 속하였다. 竝은 蒲浪의 切이니, 나란히 따름이다. 擥(잡다)은 攬과 같다. 袁盎이 말을 타고 皇帝의 수레 옆에 바짝 붙어 나란히 가면서 그 고삐를 잡아당겨 아래로 내달리지 못하게 한 것이다.
漢, 有五官·左·右中郎三將典領, 中郎屬郎中令. 竝, 蒲浪切, 依也. 擥, 與攬同. 盎乘騎, 依竝(방)帝車, 擥持其轡, 不容馳下.

③ 〈"千金之子 坐不垂堂(千金의 재산이 있는 부잣집의 아들은 마루 끝에 앉지 않는다.)"은〉 부잣집 아들은 스스로 몸을 아낌이 심함을 말한 것이다. "垂堂"은 마루 끝과 가까우니, 떨어질까 두려운 것이다.
言富人之子, 則自愛深也. 垂堂者, 近堂邊外, 恐墜墮也.

④ 여섯 말의 빠름이 나는 것과 같기 때문에 六飛라고 말한 것이다.
六馬之疾若飛, 故曰六飛.

⑤ 愼은 姓이다. "同席坐"는 앉은 자리의 高下가 똑같아서 차등이 없는 것이다.
愼, 姓也. 同席坐, 所坐之處, 高下齊同, 無等差也.

⑥ 却은 뒤로 물려서 낮게 함을 이른다. 坐(자리)는 才臥의 切이다. 당시에 袁盎이 中郎將이 되어 天子가 署에 갔을 적에 미리 帷帳을 설치하고 기다렸기 때문에 愼夫人의 자리를 물릴 수 있었던 것이다. 署는 上林苑 가운데에 숙직하고 호위하는 부서이다.
却, 謂退而卑之也. 坐, 才臥切. 時盎爲中郎將, 天子幸署, 預設供張待之, 故得却愼夫人坐也. 署, 上林中直衛之署也.

⑦ ≪資治通鑑≫에 "愼夫人을 불러 말하니, 愼夫人이 袁盎에게 50근의 금을 하사했다." 하였다.
通鑑 "召語愼夫人, 愼夫人賜盎金五十斤."

【綱】 봄 정월에 황제가 籍田에서 친히 농사지었다.

春正月에 親耕籍田하다

【目】 賈誼가 上을 설득하여 다음과 같이 말하였다.

“한 지아비가 밭을 갈지 않으면 백성들 중에 혹 굶주리는 자가 있고 한 여자가 길쌈을 하지 않으면 백성들 중에 혹 추위에 떨기도 하는 자가 있다고 하니, 생산하는 데에는 때가 있는데 쓰는 데에 절도가 없으면 物力이 반드시 消盡됩니다. 옛날에는 天下를 다스리는 것이 지극히 섬세하고 주밀하였기 때문에 그 蓄積이 충분히 믿을 수 있었습니다. 그런데 지금은 本業(農業)을 버리고 末業(商工業)을 좇는 자가 매우 많으며, 지나치게 사치한 습속이 날로 자라서 생산하는 자는 매우 적고 쓰는 자는 매우 많으니, 天下의 財産이 어떻게 고갈되지 않을 수 있겠습니까. 만일 불행히 사방 2, 3천 리에 가뭄이 들면 나라가 어떻게 구휼하며, 갑작스레 邊境에 위급한 일이 발생하면 수십, 수백만의 군대에 나라가 어떻게 군량을 공급하겠습니까. 전쟁과 가뭄이 서로 일어나 天下의 재정이 크게 고갈되면 勇力이 있는 자들이 무리를 모아 제멋대로 공격할 것이고, 먼 지방에서 帝王을 僭稱(참칭)하는 자들이 모두 다투어 일어날 것이니, 그제야 놀라 해결하려 한들 어찌 해결할 수 있겠습니까.

저축은 천하의 大事입니다. 만일 곡식이 많고 재물이 충분하다면 무슨 일을 한들 이루지 못하겠습니까. 적을 공격하면 점령할 수 있고 나라를 지키면 견고하게 방어할 수 있고 싸우면 승리할 수 있으니, 敵을 회유하고 먼 지방 사람들을 따르게 함에 누구를 부른들 오지 않겠습니까. 이제 백성들을 몰아 농사로 돌아가게 해서 모두 本業에 귀착시켜 천하 사람들로 하여금 각각 자기 힘으로 농사지어 먹고 살게 하고, 末技(상공업)에 종사하고 놀고먹는 백성들을 옮겨서 농사를 짓게 한다면 저축이 풍족하여 사람들이 자기가 사는 곳을 즐거워할 것입니다.”

上이 가의의 말에 감동하여 詔命을 내리기를, “농사는 천하의 근본이니, 籍田을 열라. 朕이 친히 밭을 갈아서 宗廟의 粢盛(자성)에 바칠 것이다.” 하였다.

賈誼說(세)上曰 一夫不耕이면 或受之飢하고 一女不織이면 或受之寒이라하니 生之有時而用之亡(무)度하면 則物力必屈①이니이다 古之治天下는 至纖至悉이라 故로 其畜積足恃러니 今背本而趨末者甚衆②하고 淫侈之俗이 日日以長③하여 生之者甚少하고 而靡之者甚多하니 天下財產이 何得不蹷④이리오 卽不幸有方二三千里之旱이면 國胡以相恤이며 卒然邊境有急이면 數十百萬之衆을 國胡以餽之리오 兵旱相乘하여 天下大屈이면 有勇力者 聚徒而衡(횡)擊⑤하고 遠方之能僭擬者 竝擧而爭起矣리니 乃駭而圖之나 豈將有及乎잇가 夫積貯者는 天下之大命也라 苟粟多而財有餘면 何爲而不成이리오 以攻則取하고 以守則固하고 以戰則勝이니 懷敵附遠에 何招而不至⑥리오 今毆民而歸之農하여 皆著(착)於本하여 使天下各食其力⑦하고 末技游食之民을 轉而緣南畮(묘)⑧하면 則畜積足而人樂其所矣리이다 上이 感誼言하여 詔曰 夫農者는 天下之本也니 其開籍田하라 朕親率耕하여

以給宗廟粢盛[⑨]호리라

① 屈은 다한다는 뜻이니, 아래도 같다.
屈, 盡也. 下同.
② 本은 農業이고, 末은 工業과 商業이다.
本, 農業也. 末, 工商也.
③ 長(자라다)은 丁丈의 切이다.
長, 丁丈切.
④ 靡는 糜와 通하니, 흩는다는 뜻이다. 蹷(넘어지다)은 蹶과 같으니 기울어 다 없어지는 것이다.
靡, 與糜通, 散也. 蹷, 與蹶同, 傾竭也.
⑤ 衡(제멋대로)은 橫으로 읽는다.
衡, 讀曰橫.
⑥ 懷는 오게 하고 편안하게 하는 뜻이다.
懷, 來也, 安也.
⑦ 毆(몰다)는 驅와 같다. 著(붙이다)은 直略의 切이다. 각각 자기 힘으로 농사지어 먹을 수 있게 하니, 이것이 바로 자기의 힘으로 먹는 것이다.
毆, 與驅同. 著, 直略切. 各以力耕得食, 是卽食己之力也
⑧ 晦는 畝의 古字이다.
晦, 古畝字.
⑨ 籍(親耕하다)은 藉, 耤과 통한다. 옛날에 天子는 籍田 1천 畝를 경작하여 천하에 솔선하였다. 籍은 〈帝王의〉 典籍의 떳떳함이다. 一說에 籍(자)는 밟음이니, 친히 스스로 밭을 밟아 경작함을 말한다고 한다. "粢盛"은 음이 咨成이니, 기장과 피를 '粢'라 하고, 〈기장과 피가〉 그릇에 담겨져 있는 것을 '盛'이라고 한다.
籍, 與藉·耤通. 古者, 天子耕籍田千畝, 爲天下先. 籍者, 典籍之常也. 一說, 籍, 蹈藉也, 言親自蹈履于田而耕之. 粢盛, 音咨成, 黍稷曰粢, 在器曰盛.

【綱】 3월에 趙나라 幽王의 아들 劉辟彊을 세워 河間王으로, 朱虛侯 劉章을 城陽王으로, 東牟侯 劉興居를 濟北王으로, 아들 劉武를 代王으르, 劉參을 太原王으로, 劉揖을 梁王으로 삼았다.

三月에 立趙幽王子辟彊하여 爲河間王하고 朱虛侯章爲城陽王하고 東牟侯興居爲濟北王하고 子武爲代王하고 參爲太原王하고 揖爲梁王하다

【目】 有司가 황제의 아들을 세워 諸侯王으로 삼을 것을 청하자, 詔令을 내려 河間王, 城

陽王, 濟北王을 먼저 세운 뒤에 皇帝의 아들을 세웠다.

有司請立皇子爲諸侯王한대 詔先立河間, 城陽, 濟北王하고 然後에 立皇子①하다

① 河間은 옛 趙나라의 땅이니 兩河(河北과 河南)의 사이에 있었는데 文帝가 별도로 나누어 나라를 만든 것이다. 城陽과 濟北은 본래 모두 齊나라에 속했는데, 지금 나누어 두 사람에게 왕 노릇 하게 한 것이다.
河間, 故趙地, 在兩河之間, 文帝別爲國. 城陽・濟北, 本皆屬齊, 今分以王二人.

【綱】 여름 5월에 誹謗과 妖言에 대한 法을 없앴다.

夏五月에 除誹謗妖言法하다

【目】 詔令을 다음과 같이 내렸다.

"옛날에 天下를 다스릴 적에는 조정에 훌륭한 말을 올리는 進善旌과 정사의 過失을 말하는 誹謗木이 있었으니, 이는 治道를 막힘없이 통하게 해서 諫하는 자들을 오게 하려는 것이었다. 그런데 지금 法에 비방하고 요망한 말을 하는 罪를 다스리게 함이 있으니, 이는 여러 신하들로 하여금 감히 실정을 다 말하지 못하게 해서 임금이 過失을 들을 길이 없게 하는 것이다. 장차 어떻게 먼 지방의 賢良한 자들을 오게 할 수 있겠는가. 이 법을 없애라."

詔曰 古之治天下에 朝有進善之旌, 誹謗之木하니 所以通治道而來諫者也①러니 今法有誹謗妖言之罪하니 是②는 使衆臣不敢盡情하여 而上無由聞過失也라 將何以來遠方之賢良이리오 其除之하라

① 旌은 깃발이다. 堯임금은 進善旌을 사방으로 통하는 길거리에 설치하여 백성들 가운데 훌륭한 말을 올리고자 하는 자로 하여금 깃발 아래에 서서 말하게 하였다.
旌, 幡也. 堯設之於五達之道, 令民欲有進善者, 立於旌下言之.

② 高后 元年(B.C. 187)에 詔令을 내려 妖言을 금지하는 法을 없앴는데, 지금까지도 요망한 말을 하는 罪가 있었으니, 이는 중간에 다시 이 법 조항을 설치한 것이다.
高后元年, 詔除妖言令, 今猶有妖言之罪, 則是中間復設此條也.

【綱】 가을 9월에 천하의 백성들에게 금년 田租의 반을 경감해주었다.

秋九月에 賜天下今年田租之半하다

【目】 詔令을 다음과 같이 내렸다.

"農事는 천하의 큰 근본이니, 백성들이 믿고 살아가는 것이다. 그런데 백성들이 혹 本業(農業)에 힘쓰지 않고 末業(商工業)을 일삼기 때문에 그 삶을 이루지 못하는 것이다. 짐이 이제 친히 여러 신하들을 거느리고 농사로써 권장하노니, 천하의 백성들에게 금년 田租의 반을 경감해주도록 하라."

詔曰 農은 天下之大本也니 民所恃以生也어늘 而民或不務本而事末이라 故로 生不遂①하니 朕今親率群臣하여 農以勸之②하노니 其賜天下民今年田租之半③하라

① 衣食이 궁핍해서 일찍 죽기 때문에 그 삶을 이루지 못하는 것이다.
衣食乏絶, 致有夭喪, 故不遂其生.

② 農은 밭 갈고 씨 뿌리는 것이다.
農, 耕種也.

③ 租稅를 면제해서 거두지 않는 것이다.
免不收之.

思政殿訓義 資治通鑑綱目 제3권 하

漢 文帝 3년~漢 文帝 後7년

甲子年(B.C. 177)

【綱】 漢나라 太宗 孝文皇帝 3년이다. 겨울 10월 그믐에 일식이 있었고, 11월 그믐에 또다시 일식이 있었다.

◑ 三年이라 冬十月晦에 日食하고 十一月晦에 又食하다

【綱】 丞相인 絳侯 周勃이 免職되고 봉국으로 나아갔다.

◑ 丞相絳侯勃이 免하여 就國하다

【目】 詔令을 다음과 같이 내렸다.

"전에 列侯를 보내 봉국으로 가게 했었는데, 혹자는 하직하고서 아직 길을 떠나지 않았다. 丞相은 짐이 소중히 여기는 분이니, 짐을 위하여 열후를 데리고 봉국으로 돌아가라."

詔曰 前遣列侯之國이러니 或辭未行이라 丞相은 朕之所重이니 其爲朕하여 率列侯之國하라

【綱】 灌嬰을 丞相으로 삼고 太尉의 관직을 파하였다.

以灌嬰爲丞相하고 罷太尉官①하다

① 太尉의 관리는 丞相에게 소속시켰고, 병권은 丞相府로 귀속시켰다.
太尉官, 屬丞相. 兵柄, 歸相府.

【綱】 淮南王 劉長이 來朝하여 辟陽侯 審食其(심이기)를 죽였다.

◑ 淮南王長이 來朝하여 殺辟陽侯審食其①1)하다

① ≪漢書≫ 〈地理志〉에 "辟陽縣은 信都國에 속하였다." 하였다.
班志"辟陽縣, 屬信都國."

【目】 처음에 趙王 張敖가 美人을 高祖에게 바쳐 미인이 총애를 받고 임신하였는데, 貫高의 사건[2]이 발생하자 미인 또한 연루되어 구속되었다. 미인의 남동생이 審食其를 통하여 呂后에게 말하였으나 여후는 미인을 질투하여 고조에게 아뢰려 하지 않았다. 미인이 아들을 낳은 뒤에 원망하여 자살하자, 아전이 그 아들을 받들어 上(高祖)에게 나아가 뵈니, 上이 〈돌보지 못함을〉 후회하여 미인의 아들을 淮南王으로 봉하였다.

회남왕은 일찍 어머니를 잃고 여후를 따랐으므로 여후(呂太后) 때에 화를 입지 않았으나, 항상 심이기를 원망하여 심이기가 강력히 간쟁하지 않아서 자기 어머니를 한하다가 죽게 만들었다고 생각하였다. 그러다가 上(文帝)이 즉위하자, 회남왕이 더욱 교만하고 불손하여 법을 받들지 않았으나 上은 항상 너그럽게 용서하였다.

이해에 회남왕이 들어와 조회하고 심이기를 찾아가서 만나볼 적에, 소매 속에 숨겼던 철퇴로 심이기를 쳐 죽이고 대궐 아래로 달려와서 肉袒[3]하여 사죄하였다. 황제는 그 뜻이 어머니 때문임을 서글퍼하여 용서하고 治罪하지 않으니, 회남왕은 이 때문에 봉국으로 돌아가 더욱 교만 방자하여 警蹕(경필)하고 稱制하기를 천자와 똑같이 하였다.[4]

袁盎(원앙)이 諫하기를 "제후들이 너무 교만하니, 반드시 환란이 생길 것입니다."라고

---

1) 淮南王長……殺辟陽侯審食其 : "審食其의 관작을 쓴 것은 어째서인가? 劉長이 제멋대로 죽임을 인정하지 않은 것이다. 두 사람이 막상막하이면서 서로 죽였을 경우에는 죽였다고 쓰지 않는데, 여기에서 어찌 죽였다고 썼는가? 유장의 모반이 이것이 조짐이었으니, 이것을 쓴 것은 황제가 형벌을 제대로 시행하지 못하였음을 비난한 것이다.〔食其書爵 何 不與長之專殺也 兩下相殺不書 此何以書 長之反此其漸矣 書 譏失刑也〕" ≪書法≫
"審食其는 간사하고 편벽된 사람이니 법에 마땅히 주벌을 받아 죽어야 하는데, 어찌하여 '殺'이라 쓰고 그 관작을 제거하지 않았는가? 劉長이 제멋대로 죽임을 인정하지 않은 것이다. 이때에 현명한 天子가 윗자리에 있고 藩臣(제후)이 와서 조회하고 있었는데, 輦轂(都城) 아래에서 列侯를 함부로 살해하였으니, 죄가 이미 주벌을 받아도 용서받을 수 없는 것이다. 황제가 유장을 용서하고 죄를 묻지 않았는데, 얼마 안 되어 끝내 반역으로 주벌을 받았으니, 이는 황제가 인자하고 유약함이 지나친 것이다.〔食其 邪僻之人 法當誅死 何以書殺而不去其爵 不與劉長之擅殺也 當是時 明天子在上 藩臣來朝 乃於輦轂之下 戕害列侯 罪已不容於誅矣 赦而不問 未幾 卒以反誅 此則帝仁柔之過也〕" ≪發明≫

2) 貫高의 사건 : 貫高는 漢나라 때 趙王 張敖의 정승이다. 高祖가 趙나라에 들렀을 때 조왕을 모욕하자, 관고가 이를 분하게 여겨 고조가 묵고 있던 柏人縣의 집 뒷간 벽 속에다 사람을 숨겨두고 고조가 지나기를 기다리다가 시해하도록 음모를 꾸몄던 일을 가리킨다. 이 음모가 발각되었으나, 고조는 관고를 용서해주었는데, 그는 결국 자살하고 말았다.

3) 肉袒 : 사죄하는 뜻으로 웃통을 벗음을 이른다.

4) 警蹕(경필)하고……하였다 : 警蹕은 帝王이 출행할 적에 경계하고 사람들을 辟除함을 이르며, 稱制는 황제의 制令(詔令)을 칭함을 이른다.

하였으나, 上은 듣지 않았다.

初에 趙王敖 獻美人於高祖하여 得幸有娠이러니 及貫高事發에 美人亦坐繫라 美人弟因審食其하여 言呂后한대 呂后妬(투)하여 弗肯白이러니 美人已生子에 恚(에)하여 卽自殺[①]이어늘 吏奉其子詣上한대 上이 悔之하여 封以爲淮南王[②]하니라 王이 蚤(조)失母하고 附呂后라 故로 呂后時에 得無患이로되 而常怨食其以爲不彊爭之하여 使其母恨而死也러니 及上卽位하여 驕蹇不奉法이어늘 上이 常寬假之[③]러라 是歲入朝하고 往見食其할새 自袖鐵椎椎殺之하고 馳走闕下하여 肉袒謝罪한대 帝傷其志爲親故하여 赦弗治하니 以此로 歸國益驕恣하여 警蹕稱制를 擬於天子[④]라 袁盎이 諫曰 諸侯太驕하니 必生患이라호되 上이 不聽하다

① 恚는 於避의 切이니, 원망하고 恨한다는 뜻이다.
恚, 於避切, 怒恨也.
② "悔之"는 그 어미의 무죄함을 밝혀주지 않음을 후회한 것이다.
悔之, 謂悔不理其母.
③ 蹇은 공손하지 않음을 이른다.
蹇, 謂不順也.
④ 나갈 때에는 警을 稱하고 들어올 때에는 蹕을 말하니, 警은 경계하고 엄숙히 하는 것이다. 〈≪資治通鑑≫에서〉 出入을 말한 것은 互文이다.[5)]
出稱警, 入言蹕, 警者, 戒肅也. 言出入者, 互文耳.

【綱】 여름 5월에 匈奴가 쳐들어와 침략하자, 황제는 甘泉에 가서 丞相 灌嬰을 보내 군대를 거느리고 흉노를 공격하게 하여 패주시키고 마침내 太原에 갔다.

濟北王 劉興居[6)]가 반란을 일으키자 大將軍 柴武를 보내 공격하게 하고, 가을 7월에 환궁하였는데, 8월에 유흥거는 군대가 패하여 자살하였다.

夏五月에 匈奴入寇어늘 帝如甘泉하여 遣丞相嬰하여 將兵擊走之하고 遂如太原하니 濟北王興居反[7)]이어늘 遣大將軍柴武하여 擊之하고 秋七月에 還宮이러니 八月에 興居兵敗

5) 나갈……互文이다 : 警은 경계하는 것이고, 蹕은 行人들을 辟除하는 것이다. 互文이란 문장에 똑같은 내용이 중복된 경우 한쪽에 한 가지씩만을 써서 글을 생략하는 것으로, ≪資治通鑑≫에는 '出入稱警蹕'이라 되어 있는데, 여기서는 '警蹕'이라고만 쓴 것이다. 나가고 들어올 때에 모두 경계하고 行人들을 벽제하는데, 警과 蹕을 나누어, 나갈 때에는 警을 쓰고 들어올 때에는 蹕을 쓴다.

6) 劉興居 : 高祖의 孽子인 齊나라 悼惠王 劉肥의 아들로, 처음에 東牟侯에 봉해졌다가 뒤에 齊王이 되었다. 유비의 아들은 9명으로, 전후에 걸쳐 형제가 모두 王이 되었는데, 太子인 劉襄은 齊나라의 哀王이 되고 次子인 劉章은 처음에 朱虛侯에 봉해졌다가 뒤에 城陽景王이 되었다.

自殺[①]하다

① 황제가 太原에 간 것은 丞相의 군대의 聲勢를 돕기 위해서였다.
如太原, 爲丞相軍聲勢也.

【目】 처음에 여러 呂氏를 誅伐할 적에 특히 朱虛侯 劉章의 功이 컸다. 이에 大臣들은 趙나라 땅을 가지고 유장에게 王을 시키고, 梁나라 땅을 가지고 劉興居에게 왕을 시킬 것을 허락했었다. 그런데 황제는 유장이 처음에 아우인 齊王 劉將閭를 〈황제로〉 세우려고 했다는 말을 듣고는, 일부러 그들의 공을 낮추어 齊나라의 두 郡을 떼어 각각 왕 노릇 시키니, 유흥거는 직책을 잃고 功을 빼앗겼다고 스스로 생각하여 자못 불쾌해하였다.

유흥거는 황제가 太原으로 행차한다는 말을 듣고는 天子가 장차 직접 胡(흉노)를 공격할 것이라고 생각하여 마침내 군대를 일으켜 반란을 일으켰다. 황제가 柴武를 보내어 공격하였는데, 유흥거는 군대가 패하여 자살하였다.

初에 誅諸呂할새 朱虛侯功尤大라 大臣이 許以趙王章하고 以梁王興居[①]러니 帝聞其初欲立齊王하고 故絀(출)其功하여 割齊二郡以王之하니 興居自以失職奪功이라하여 頗怏怏이라 聞帝幸太原하고 以爲天子且自擊胡라하여 遂發兵反이어늘 帝遣柴武擊之하니 兵敗自殺하다

① 劉章은 朱虛侯의 이름이니, 처음에 大臣들이 일찍이 趙나라 땅을 가지고 왕 노릇 시킬 것을 허락하였다.
章, 朱虛侯之名. 初, 大臣嘗許以趙地王之.

【目】 胡氏(胡寅)가 다음과 같이 평하였다.

"劉章의 충성과 용맹이 陳平과 周勃의 앞에 드러났고 功 또한 진평과 주발의 아래에 있지 않았는데, 文帝는 그가 齊王(劉將閭)을 황제로 세우려고 했다 하여 그의 공을 낮추고 大臣 중에는 또 이것을 분별하여 아뢴 자가 없어서 盛德의 군주로 하여금 끝내 비난을 듣게 하였으니, 애석하다."

胡氏曰 劉章忠勇이 著於平勃之前하고 而功亦不在平勃之下어늘 文帝以其欲立齊王而絀之하고 大臣이 又無開陳하여 使盛德之主로 終負疵議하니 惜哉라

---

7) 濟北王興居反 : "안에 '反(謀反)'이라고 썼는데 '討(토벌)'라고 쓰지 않은 것은 어째서인가? 황제를 나쁘게 여긴 것이니, 황제가 劉興居에 대하여 다소 신의를 저버렸기 때문이다.〔內書反矣 不書討 何 病帝也 帝於興居 亦少負〕" ≪書法≫

【綱】張釋之를 廷尉로 삼았다.

以張釋之爲廷尉하다

【目】張釋之가 처음 騎郎이 되어서 10년 동안 調用(승진)되지 못하였는데, 袁盎이 천거하여 謁者가 되었다. 조회가 끝나자 장석지가 인하여 황제의 앞으로 나아가 일을 아뢰니, 上이 말하기를 "의논을 낮추어 지금의 일을 논하고 너무 높게 上古의 일을 말하지 말아서 지금 당장 행할 수 있게 하라." 하였다. 장석지가 이에 秦·漢 사이의 정치에 대한 득실을 말하니, 上이 기뻐하여 그를 謁者僕射(알자복야)에 제수하였다.

釋之初爲騎郎하여 十年不得調①라 袁盎이 薦之하여 爲謁者러니 朝畢에 因前言事한대 上曰 卑之하고 毋甚高論하여 令今可行也②하라 釋之乃言秦漢間得失하니 上이 說(열)하여 拜謁者僕射하다

① 郎中에 車·騎·戶 세 장수가 있었다. 수레를 주관하는 자를 車郎이라 하고, 騎馬를 주관하는 자를 騎郎이라 하고, 문의 호위를 주관하는 자를 戶郎이라 하니, 모두 中郎將이 이들을 주관하였다. 調는 徒釣의 切이니, 선발하여 등용되는 것이다.
郎中, 有車·騎·戶三將. 主車曰車郎, 主騎曰騎郎, 主戶衛曰戶郎, 皆以中郎將主之. 調, 徒釣切, 選也.

② 〈"毋甚高論 令今可行也"는〉 우선 그 뜻을 낮추고 의논을 너무 지나치게 높게 하지 말아서 다만 지금의 일을 말하고 옛날의 먼 일을 말하지 않게 하고자 한 것이다.
欲令且卑下其志, 談論勿太過高, 但依今時事說, 毋說古遠也.

【目】張釋之가 上을 수행하여 虎圈에 올랐는데, 上이 上林苑의 尉에게 장부에 등재된 여러 禽獸에 대해 물었으나 尉는 대답하지 못하였고, 호권의 嗇夫(색부)가 옆에서 尉를 대신하여 대답하였다. 색부는 대답을 매우 자세하게 하였고 자신의 재능을 보여주고자 하여 장부를 보지 않고 구두로 대답하였는데, 응답함이 메아리처럼 신속하여 막힘이 없었다. 황제가 말하기를 "관리는 마땅히 이와 같아야 하지 않겠는가." 하고, 장석지에게 詔令을 내려 색부를 上林令으로 임명하게 하였다.

장석지가 오랫동안 머뭇거리다가 앞으로 나아가 아뢰기를 "폐하께서는 周勃과 張相如[8]를 어떤 사람이라고 생각하십니까?" 하고 물으니, 上이 "덕망이 높은 長者이다."라고 대답하였다. 장석지가 다음과 같이 아뢰었다.

---

8) 周勃과 張相如 : 周勃은 武將 출신으로 漢나라의 개국공신인데, 학식이 적어 高祖로부터 "周勃은 文(文學, 文飾)이 부족하다.〔周勃少文〕"라는 평을 받았다. 張相如는 말이 적은 長者로 알려진 인물이다.

말 잘하는 嗇夫를 등용하지 않다

"이 두 분은 일을 말할 적에 일찍이 입에서 말을 제대로 내지 못했으니, 어찌 색부의 말이 많고 성실함이 부족하며 민첩하게 구변이 좋은 것을 본받는단 말입니까. 또 秦나라는 정사를 刀筆吏에게 맡겨서 재빠르고 까다롭게 살피는 것을 다투어 서로 높이니, 그 병폐가 한갓 형식만 갖추고 실상이 없게 되었습니다. 그리하여 군주가 자신의 과오를 듣지 못하여 점점 침체해져서 土崩[9]에 이르렀습니다. 그런데 지금 폐하께서 색부에게 口辯이 있다 하여 높이 승진시키려 하시니, 臣은 천하가 바람을 따라 쏠리듯이 다투어 구변만을 일삼고 그 실상이 없을까 염려됩니다. 아랫사람들이 윗사람에게 교화되는 것은 그림자와 메아리처럼 빠르니, 군주의 조처를 신중히 하시지 않으면 안 됩니다."

황제는 "좋다." 하고, 수레를 탈 적에 장석지를 불러 參乘(참승)[10]하게 하고 천천히 가면서 秦나라의 병폐를 물었다. 그러고는 公車令을 제수하였다.

從行하여 登虎圈①한대 上이 問上林尉諸禽獸簿②러니 尉不能對하고 虎圈嗇夫 從旁代尉對에 甚悉③하고 欲以觀其能하여 口對響應無窮者④라 帝曰 吏不當若是邪⑤아하고 詔釋之하여 拜嗇夫爲上林令하다 釋之久之에 前曰⑥ 陛下以周勃張相如何如人也잇고 上曰 長者니라 釋之曰 此兩人言事에 曾不能出口하니 豈效此嗇夫喋(첩)喋利口捷給哉⑦잇가 且秦以任刀筆之吏하여 爭亟(극)疾苛察相高⑧하니 其敝徒文具而無實이라 不聞其過하여 陵遲至於土崩⑨이어늘 今陛下以嗇夫口辯而超遷之하시니 臣은 恐天下隨風而靡하여 爭爲口辯而無其實하노이다 夫下之化上이 疾於景響(영향)하니 擧錯(조)를 不可不審也⑩니이다 帝曰 善타하고 就車에 召使參乘하고 徐行하여 問秦之敝하고 拜公車令⑪하다

---

9) 土崩 : 흙이 무너지는 것으로, 民亂이 일어나 수습할 수 없는 상황을 비유하는 말이다.

10) 參乘(참승) : 驂乘으로도 표기하는데, 황제를 모시고 수레를 타서 경호를 담음을 이른다. 옛날 수레를 탈 적에, 높은 분은 왼쪽에 있고 중앙에는 말을 모는 御者가 있고 오른쪽에는 모시는 자가 있었는데, 모시는 자를 참승이라 하였다.

① "從行"은 主上을 따라 수행한 것이다. 圈은 求遠의 切로 짐승을 기르는 우리인데, 上林苑 가운데에 있었다. 圈 위에 樓觀이 있었기 때문에 '오른다.〔登〕'고 한 것이다.
從行, 隨從主上行也. 圈, 求遠切, 養獸閑也, 在上林苑中. 圈之上, 有樓觀. 故曰登.

② 上林苑에는 令・丞・尉가 있었다. 簿는 문서이다.
上林, 有令・丞・尉. 簿, 簿書也.

③ 嗇夫는 관직의 이름이니, 虎圈에서 訟事를 맡은 자이다. 悉은 자세하게 다 말하는 것이다.
嗇夫, 職名, 掌聽訟於虎圈者. 悉, 詳盡也.

④ 觀은 官奐의 切이니, 보여준다는 뜻이다. "口對(구두로 대답하다.)"는 장부를 보지 않고 대답함을 말한 것이다. "響應(메아리처럼 응하다.)"은 메아리가 소리에 응하는 것처럼 신속히 한 것이니, 그 빠름을 말한 것이다.
觀, 官喚切, 示也. 口對, 言不視簿籍. 響應者, 如響應聲, 言其疾也.

⑤ 〈"吏不當若是邪"는〉 관리가 되어서는 진실로 마땅히 이와 같아야 함을 말한 것이다.
言爲吏固當如此也.

⑥ "久之"는 오랫동안 주저하면서 즉시 황제의 명을 받들어 행하지 않은 것이다.
久之, 躊躇, 未卽承命也.

⑦ 喋은 음이 牒이니, 喋喋은 말이 많은 모양이다. "利口"는 말이 많고 실상이 적은 것이다. 捷은 빠름이고, 給은 말을 잘함이다.
喋, 音牒. 喋喋, 多言貌. 利口, 多言少實也. 捷, 速也. 給, 辯也.

⑧ 옛날에 글씨를 쓸 적에 簡牘(대나무와 나뭇조각)을 사용하여 잘못 쓰면 칼로 깎아 삭제하였다. 그러므로 아전들이 모두 칼과 붓을 몸에 휴대하였다. 〈그리하여 아전들을 刀筆吏라 칭한 것이다.〉 亟은 居力의 切이니, 급히 한다는 뜻이다.
古者, 書用簡牘, 筆誤則以刀削除之. 故吏皆以刀筆自隨也. 亟, 居力切, 急也.

⑨ "陵遲"는 丘陵이 아래로 내려와 점점 낮아진 것과 같은 것이다.
陵遲, 如(立)〔丘〕[11]陵之逶遲, 稍卑下也.

⑩ 景은 影의 古字이다. 錯(조처하다)는 措와 통한다.
景, 古影字. 錯, 與措通.

⑪ ≪漢官儀≫[12]에 "公車司馬令은 궁전의 司馬門을 관장하니, 밤중에 宮中을 살피는 것과 천하에서 上書한 일과 대궐에서 모든 부르는 일을 총괄하여 주관하였다."고 하였다.
漢官儀 "公車司馬令, 掌殿司馬門, 夜徼宮中, 天下上事及闕下凡所徵召, 皆摠領之."

【目】 얼마 있다가 太子가 梁王과 함께 수레를 타고 들어와 조회할 적에 司馬門에서 내리

11) (立)〔丘〕: 저본에는 '立'으로 되어 있으나, ≪漢書≫ 顔師古 注에 의거하여 '丘'로 바로잡았다.
12) 漢官儀 : 원본은 10권으로 後漢의 應劭가 前漢의 官制를 기록한 책인데 현재는 전하지 않으며 宋나라의 劉攽이 지은 33권이 있는데 이 역시 前漢의 官制를 기록한 책이다.

지 않자, 張釋之가 쫓아가 저지하고 不敬罪로 심리하니, 薄太后가 이 말을 들었다. 황제가 〈太后 앞에서〉 관을 벗고 자식 교육을 삼가지 못하였음을 사죄하자, 박태후가 마침내 使者로 하여금 詔令을 받들어 태자와 양왕을 사면한 뒤에 들어오게 하였다.

황제가 이로 말미암아 장석지를 기특하게 여기고 中大夫를 제수하였다.

장석지가 수행하여 霸陵(文帝의 예비 능)에 이르렀는데, 上이 여러 신하들에게 이르기를 "北山의 石材로 椁(外棺)을 만들고 紵絮(솜)를 베어서 관 속에 진열하고 그 사이에 옻칠을 하면 어찌 무덤을 움직여 〈부장품을 훔쳐갈〉 수 있겠는가." 하니, 좌우의 신하들이 모두 "좋으신 의견입니다." 하고 찬동하였다.

장석지가 아뢰기를 "만약 이 속에 욕심낼 만한 물건(부장품)이 있으면 비록 쇳물을 부어 南山처럼 견고하게 만들더라도 틈이 있을 것이요, 만약 이 속에 욕심낼 만한 물건이 없으면 비록 石椁이 없더라도 또 어찌 근심할 것이 있겠습니까?" 하니, 황제가 좋은 말이라고 칭찬하였다.

頃之요 太子與梁王 共車入朝할새 不下司馬門①이어늘 釋之追止之하고 劾不敬②하니 薄太后聞之라 帝免冠하여 謝教兒子不謹한대 后乃使使承詔하여 赦太子梁王然後에 得入하니 帝由是奇釋之하여 拜爲中大夫하다 從至霸陵이러니 上이 謂群臣曰 以北山石爲椁하고 用紵絮斮(착)陳하고 漆其間이면 豈可動哉③리오 左右皆曰 善하니이다 釋之曰 使其中有可欲者면 雖錮南山이라도 猶有隙④이요 使其中無可欲者면 雖無石椁이나 又何戚焉이리잇고 帝稱善하다

① 宮衛의 法令에 "모든 궁문과 公車司馬門을 출입하는 자들은 모두 문에서 내린다."라고 되었는데, 이 법령과 같이 하지 않으면 벌금 4냥을 내게 하였다.
宮衛令 "諸出入殿門・公車司馬門者, 皆下." 不如令, 罰金四兩.

② 劾은 胡得과 戶概의 두 가지 切이니, 죄를 심리하는 것이다.
劾, 胡得・戶概二切, 按罪也.

③ 아름다운 석재가 京兆의 北山에서 나오니, 돌의 결이 세밀하여 棺을 돕는 槨(椁)을 만들 수 있다. 紵는 비단 솜으로 옷을 장식하는 것이니, 紵絮란 옷에 넣어두는 솜이다. 斮은 베는 것이고 陳은 베푸는 것이니, 〈"用紵絮斮陳 漆其間"은〉 솜을 잘라 그 사이에 진열하고 또 따라 옻칠함을 말한 것이다. 일설에 "모시〔紵〕는 어저귀〔檾〕의 등속이니, 고은 것을 絟이라 하고 거친 것을 紵라 한다." 하였다. 모시는 수십 개의 줄기가 우북이 자라고 宿根(묵은 뿌리)이 땅속에 있어서 봄이 되면 저절로 나와 해마다 심지 않아도 되며, 荊州와 揚州 사이에서는 1년에 3번 수확한다. 檾은 口穎의 切이다.
美石, 出京兆北山, 肌理細密, 可爲埤槨. 紵, 以錦絮裝衣也, 紵絮者, 可以紵衣之絮也. 斮, 斬也. 陳, 施也. 言斮絮而陳其間, 又從而漆之也. 一說 "紵, 檾(경)屬, 細者爲絟, 麤者爲紵." 科

生數十莖, 宿根在地中, 至春自生, 不歲種. 荊・揚之間, 一歲三收. 䕩, 口穎切.

④ 〈"使其中有可欲者 雖錮南山 猶有隙"은〉 만약 厚葬하여 무덤 안에 보물이 있으면 비록 쇳물을 부어 南山처럼 견고하게 만들더라도 사람들에게 발굴될 것임을 말한 것이다. 남산을 말한 것은 높고 두터운 뜻을 취한 것이니, 남산은 바로 終南山이다.
言若使厚葬, 冢中有物, 雖竝錮南山, 猶爲人所發掘也. 言南山者, 取其高厚之意, 南山, 卽終南山.

【目】 이해에 張釋之가 廷尉가 되었는데, 上이 행차하여 中渭橋를 지나갈 적에 한 사람이 다리 밑에서 갑자기 도망하는 바람에 乘輿의 말이 크게 놀랐다. 체포하여 정위에게 맡기자, 장석지가 아뢰기를 "警蹕을 범하였으니, 벌금형에 해당합니다."라고 하였다.

上이 노하자, 장석지가 다음과 같이 아뢰었다.

"法이란 천자가 천하 사람들과 함께 公共하게 쓰는 것입니다. 지금 法條文이 이와 같은데 더 무겁게 처벌한다면, 이는 法이 백성들에게 믿음을 받지 못하게 되는 것입니다. 게다가 당시에 上께서 使者를 시켜 그를 주벌하셨다면 그만이지만 지금 이미 廷尉에게 내려 죄를 다스리게 하셨습니다. 정위는 비유하면 천하의 공평한 저울대입니다. 저울대가 한 번 기울면 천하에 법을 사용하는 것이 모두 이로 인해 가볍게 되고 무겁게 될 것이니, 백성들이 어디에 손발을 두겠습니까. 엎드려 바라건대 폐하께서는 살피소서."

上이 한동안 있다가 말하기를 "정위의 처벌이 맞다." 하였다.

是歲에 爲廷尉러니 上이 行出中渭橋①할새 有一人이 從橋下走하니 乘輿馬驚이라 捕屬(촉)廷尉한대 釋之奏호되 犯蹕하니 當罰金②이니이다 上이 怒어늘 釋之曰 法者는 天子所與天下公共也라 今法如是어늘 更重之면 是는 法不信於民也니이다 且方其時하여 上이 使使誅之則已③어니와 今已下廷尉하시니 廷尉는 天下之平也④라 壹傾이면 天下用法이 皆爲之輕重⑤이리니 民安所錯(조)其手足이리잇고 唯陛下는 察之하소서 上이 良久曰 廷尉當이 是也⑥라하니라

① ≪史記索隱≫에 "지금 渭橋가 세 곳이 있다. 한 곳은 長安城 서북쪽 咸陽路에 있으니 西渭橋라 하고, 한 곳은 長安城 동북쪽 高陵路에 있으니 東渭橋라 하고, 中渭橋는 옛 城의 북쪽에 있다." 하였다.
索隱 "今渭橋有三所. 一所, 在城西北咸陽路, 曰西渭橋. 一所, 在東北高陵路, 曰東渭橋. 其中渭橋, 在故城之北也."

② 乙令[13]에 "駐蹕할 적에 앞서 와서 범한 자는 벌금 4냥을 낸다." 하였다.
乙令云 "蹕先至而犯者, 罰金四兩."

13) 乙令 : 옛 法令에 첫 번째를 甲令, 두 번째를 乙令이라 하였다.

③ 〈"且方其時 上 使使誅之則已"는〉 처음 이 사람을 잡았을 적에 천자가 즉시 명령하여 죽였으면 그 일이 곧바로 끝났을 것임을 말한다.
言初執獲此人, 天子卽令誅之, 其事卽畢.
④ 平은 음이 病이니, 공평하지 않은 것을 공평하게 하는 것을 平이라 한다.
平, 音病, 平其不平曰平.
⑤ 천하에서 廷尉를 보고서 또한 벌을 가볍게 내리거나 무겁게 내림을 이른다.
謂視廷尉而亦輕之重之也.
⑥ 當은 그 罪를 처벌함을 이른다.
當, 謂處其罪也.

【目】그 뒤에 어떤 사람이 高廟(高祖의 廟)의 자리 앞에 있는 玉環(圓形 玉器)을 도둑질하였는데, 그를 잡아 廷尉에 내려 治罪하게 하니, 張釋之가 아뢰기를 "棄市刑에 해당됩니다." 하였다. 上이 크게 노하여 말하기를 "이자가 무도하여 마침내 先帝의 기물을 도둑질하였다. 나는 그를 三族을 멸하는 죄로 무겁게 다스리고자 하였는데 그대는 법조문대로 아뢰니, 내가 宗廟를 공손히 받드는 뜻이 아니다." 하였다.

장석지가 관을 벗고 머리를 조아리고 사죄하며 아뢰기를 "法을 이와 같이 적용하면 충분합니다. 지금 宗廟의 기물을 도둑질하였다 하여 삼족을 멸한다면, 만에 하나 가령 미련한 백성이 長陵(高祖의 陵)의 한 줌 흙을 가져간다면, 폐하께서는 장차 어떻게 그 법을 적용하시겠습니까." 하니, 황제가 마침내 太后에게 아뢰어 이를 허락하였다.

其後에 人有盜高廟坐前玉環이어늘 得①하여 下廷尉治하니 釋之奏當棄市러니 上이 大怒曰 人無道하여 乃盜先帝器하니 吾欲致之族이어늘 而君以法奏之하니 非吾所以共承宗廟意也②로다 釋之免冠頓首謝曰 法如是足也니이다 今盜宗廟器而族之면 有如萬分一에 假令愚民이 取長陵一抔(부)土인댄 陛下且何以加其法乎③잇가 帝乃白太后하여 許之하다

① 得은 玉環을 도둑질한 사람이 관리에게 체포된 것이다.
得者, 盜環之人, 爲吏所捕得也.
② 法은 평상시의 法을 이른다. 共(공손하다)은 恭으로 읽는다.
法, 謂常法. 共, 讀曰恭.
③ "萬分一"은 1만 분 중의 1분을 이르니, 이는 가령 1만 분 중에 1분이라도 長陵의 흙을 가져가는 자가 있음을 가정하여 말한 것이다. 감히 곧바로 말할 수 없으므로 가정하는 말을 하였으니, '만일에 이러한 일이 있다면'이라고 말한 것과 같다. 抔는 步侯의 切이니, 손으로 움키는 것이다. 山陵을 훼손함을 차마 대놓고 말할 수 없으므로 다만 한 줌의 흙을 가져간 것으로 비유한 것이다.

萬分一, 謂萬分中一分, 此言假如萬分中一分, 有取長陵土者. 不敢質言, 故爲儻或之辭, 猶言萬一有此事. 抔, 步侯切, 以手掬之也. 不忍斥言毁撤山陵. 故止以取土爲譬.

【目】 楊氏(楊時)가 다음과 같이 평하였다.

"張釋之가 警蹕을 범한 것에 대해 논함은 그 뜻이 좋다. 그러나 말하기를 '당시에 上께서 使者를 시켜 그를 곧바로 주벌하였다면 그만이다.'라고 하였으니, 이는 군주가 함부로 사람을 죽이는 단서를 열어놓은 것이다. 이미 말하기를 '法은 천자가 천하 사람들과 公共하게 쓰는 것이다.'라고 하였으면, 법을 범한 자를 天子가 반드시 담당관〔有司〕에게 맡겨 법으로써 논죄해야 하니, 어찌 법을 뛰어넘어 멋대로 죽일 수 있단 말인가."

楊氏曰 釋之之論犯蹕이 其意善矣라 然이나 曰 方其時하여 上使人誅之則已라하니 則是開人主妄殺人之端也라 旣曰 法者는 天子所與天下公共이라하면 則犯法者를 天子必付之有司하여 以法論之니 安得越法而擅誅乎리오

乙丑年(B.C. 176)

【綱】 漢나라 太宗 孝文皇帝 4년이다. 겨울 12월에 丞相 灌嬰이 죽자, 張蒼을 丞相으로 삼았다.

四年이라 冬十二月에 丞相嬰卒[14]커늘 以張蒼爲丞相하다

【目】 張蒼은 서책을 좋아하고 聞見이 넓었으며, 특히 律歷에 심오하였다.

蒼은 好書博聞하고 尤邃律歷①하다

① 邃는 雖遂의 切이니 深遠한 것이다. 律은 12개의 律管이니 12개월을 살피는 것이요, 歷은 筭數이니 연・월・일・시・분의 수를 기록하는 것이다.
邃, 雖遂切, 深遠也. 律, 十二管, 所以候十二月. 歷, 筭數也, 所以紀歲・月・日・時・分數.

---

14) 丞相嬰卒 : "漢나라 丞相이 卒했을 적에 姓을 쓰지 않음이 灌嬰으로부터 시작되었다. 兩漢의 여러 신하가 卒하였을 적에 관작을 쓰고 姓을 쓰지 않은 것은 일반적인 칭호이고, 관작을 쓰고 姓을 쓴 것은 美稱이고, 관작을 쓰지 않은 것은 폄하한 것이다. 兩漢의 여러 신하 중에 관작을 쓰고 姓을 쓴 자가 37명이고, 관작을 쓰지 않은 자가 4명이다.〔漢丞相卒 不書姓 自嬰始 兩漢諸臣卒 書官不書姓者 恒稱也 書官爵書姓者 美稱也 不書官者 貶也 兩漢諸臣 書官爵書姓者 三十七 不書官者四〕" ≪書法≫

【綱】河東守 季布를 불러서 그가 왔는데 버림받고 河東郡으로 돌아갔다.

召河東守季布하여 至러니 罷歸郡하다

【目】上이 河東守 季布를 불러 御史大夫를 삼고자 하였는데, 혹자가 '그가 술주정을 하여 가까이하기 어렵다.'고 말하였다. 계포가 와서 京邸[15)]에 머문 지 한 달 만에 버림을 받으니, 계포가 인하여 나아가 다음과 같이 아뢰었다.

"臣이 功이 없이 은총을 도둑질하여 河東에서 죄가 내려지기를 기다리고 있었는데[16)], 폐하께서 까닭 없이 신을 부르셨으니, 이는 사람 중에 반드시 신을 가지고 폐하를 속인 자가 있어서일 것이요, 지금 신이 와서 일을 받은 바가 없이 버림을 받고 떠나가니, 이는 사람 중에 반드시 신을 훼방한 자가 있어서일 것입니다. 한 사람이 칭찬한다 하여 신을 부르시고 한 사람이 훼방한다 하여 신을 버리시니, 신은 천하에 유식한 자들이 이 말을 듣고 폐하의 속내의 깊고 얕음을 엿볼까 두렵습니다."

上은 묵묵히 부끄러워하여 한동안 있다가 말하기를 "河東은 나의 股肱[17)]과 같은 고을이므로 특별히 그대를 부른 것이다." 하였다.

上이 召河東守(李)〔季〕[18)]布하여 欲以爲御史大夫러니 有言其使酒難近者①라 至②하여 留邸一月에 見罷③하니 布因進曰 臣無功竊寵하여 待罪河東이러니 陛下無故召臣하시니 此는 人必有以臣欺陛下者④요 今臣至하여 無所受事하고 罷去하니 此는 人必有毁臣者니이다 (去)〔夫〕[19)]以一人之譽而召臣하시고 以一人之毁而去臣하시니 臣은 恐天下有識이 聞之하고 有以闚(규)陛下之淺深也하노이다 上默然慙하여 良久에 曰 河東은 吾股肱(고굉)郡이라 故로 特召君耳로라

① 술을 마시고 성질을 부림을 "使酒"라 하니, 바로 술주정이다. "難近(가까이하기 어렵다.)"은 서로 친근히 할 수 없음을 말한 것이다.
因酒縱性曰使酒, 卽酗酒也. 難近者, 謂不可與之相親近.

② 여기서 句를 뗀다.

---

15) 京邸 : 漢代에 長安에 마련되어 있던 각 郡 ·國의 저택으로, 諸侯王이나 守·相이 도성에 오면 여기에 머물렀다.

16) 河東에서……있었는데 : 원문의 '待罪'는 잘못을 저질러 죄가 내려지기를 기다린다는 말로, 자신이 그곳에 奉職함을 겸칭한 것이다. 長沙王 太傅로 있던 賈誼가 지은 〈弔屈原賦〉에도 '待罪長沙'라는 말이 보인다.

17) 股肱 : 다리와 팔이란 뜻으로 手足이란 말과 같은바, 중요하게 여김을 이른다.

18) (李)〔季〕: 저본에는 '李'로 되어 있으나, ≪資治通鑑≫에 근거하여 '季'로 바로잡았다.

19) (去)〔夫〕: 저본에는 '去'로 되어 있으나, ≪資治通鑑≫에 근거하여 '夫'로 바로잡았다.

句.

③ "見罷"는 쫓겨남〔見逐〕, 버림받음〔見棄〕이라는 말과 같다.
見罷, 猶言見逐見棄也.

④ 欺는 그의 어짊을 망령되이 〈거짓으로〉 말함을 이른다.
欺, 謂妄言其賢也.

【綱】 賈誼를 長沙王 太傅로 삼았다.

以賈誼爲長沙王太傅하다

【目】 上이 賈誼에게 公卿의 지위를 맡길 것을 의논하니, 大臣들이 대부분 훼방하여 아뢰기를 "나이 젊은 초학자가 멋대로 권력을 독점하여 여러 일을 분란시키고자 합니다." 하였다. 上이 그를 소원히 하여 그의 의논을 따르지 않고 長沙王 太傅로 삼았다.

上이 議以賈誼任公卿之位하니 大臣이 多短之하여 曰 年少初學이 專欲擅(천)權하여 紛亂諸事[①]라한대 上이 於是疏之하여 不用其議하고 以爲長沙王太傅[②]하다

① 大臣은 周勃, 灌嬰, 張相如, 馮敬의 무리를 이른다.
大臣, 謂周勃・灌嬰・張相如・馮敬之屬.

② 長沙王은 이름이 差이니, 吳芮의 玄孫이다. 漢나라 제도에, 諸侯王의 나라에 太傅가 있어서 王을 보필하였다.
長沙王, 名差, 吳芮之玄孫也. 漢制, 諸侯王國, 有太傅, 輔王.

【綱】 絳侯 周勃을 廷尉의 獄에 내려 가두었는데, 얼마 있다가 赦免하였다.

下絳侯周勃廷尉獄이러니 **既而**요 **赦之**[20]하다

【目】 周勃이 봉해진 나라로 나아가자, 매번 河東의 守와 尉가 縣을 순행하여 絳邑에 이르면 주발은 죽임을 당할까 두려워하여, 항상 갑옷을 입고 집안사람들로 하여금 병기를

---

20) 既而赦之 : "얼마 있다가 사면했다고 쓴 것은 어째서인가? 허물을 고침을 찬미한 것이다. ≪資治通鑑綱目≫에 '얼마 있다가 사면했다.'고 쓴 것이 두 번이다. 위에서 '絳侯 周勃을 하옥했다.'고 쓴 것은 죄 없는 이를 사면한 것이니 찬미한 말이고, 뒤에서 '張昌宗(唐나라 則天武后의 총신)을 하옥했다.'고 쓴 것은 죄 있는 이를 사면한 것이니 비난한 말이다. 찬미한 말과 비난하는 말이 똑같음을 혐의하지 않는다.〔既而赦之 何 美改過也 綱目書既而赦之二 上書下絳侯周勃獄 則赦無罪 美辭也 上書張昌宗下獄 則赦有罪 譏辭也 美惡不嫌同辭〕" ≪書法≫

잡고 만나보게 하였다.

어떤 사람이 주발이 반란하려 한다고 고발하였으므로 廷尉에게 내려 체포하여 治罪하게 하니, 주발이 두려워하여 변명할 말을 찾지 못하였다. 獄吏가 점점 능욕하자 주발이 千金을 옥리에게 주니, 옥리가 마침내 書板의 후면에 써서 보여주기를 '公主를 증인으로 삼아라.' 하였다. 공주는 황제의 딸이니, 주발의 太子 周勝之가 그녀에게 장가들었다.

薄太后 또한 황제에게 이르기를 "絳侯(周勃)가 예전에 여러 呂氏들을 주벌할 적에 황제의 옥새를 차고 北軍에 있었으니, 이때에 반란하지 않고 지금 한 작은 縣에 있으면서 도리어 반란하려 하겠습니까." 하였으며, 황제 또한 주발의 獄辭(供招)를 보고 마침내 使者를 시켜 節을 가지고 가서 사면해주고 官爵과 封邑을 회복시켜주었다.

주발은 감옥에서 나오자, 말하기를 "내 일찍이 백만 군대를 통솔하였으나 어찌 옥리의 귀함을 알았겠는가." 하였다.

周勃이 既就國에 每河東守尉 行縣至絳이면 勃이 恐誅하여 常被甲하고 令家人持兵以見之하다 人有告勃欲反이어늘 下廷尉逮治하니 勃이 恐하여 不知置辭[①]라 吏稍侵辱之한대 勃以千金與吏하니 吏乃書牘背하여 示之曰 以公主爲證[②]하라하니 公主者는 帝女也니 勃太子勝之尙之[③]과 薄太后亦謂帝曰 絳侯始誅諸呂에 綰皇帝璽하고 居北軍[④]하니 不以此時反하고 今居一小縣하여 顧欲反邪아 帝亦見勃獄辭하고 乃使使持節赦之하고 復爵邑하다 勃이 既出에 曰 吾嘗將百萬軍이라 然이나 安知獄吏之貴乎리오

① 置는 둘러대어 변명함이고, 辭는 獄吏에게 대답하는 말을 이른다.
置, 措也. 辭, 謂對獄之辭.

② "書牘背示之(牘版의 후면에 써서 보여주었다.)"는 獄吏가 독판의 뒷면에 변경할 말을 써서 보여주어 이 내용에 따라 진술하게 한 것이다.
書牘背示之, 言吏於牘版背後, 書辭示之, 令依此說.

③ 勝之는 太子의 이름이다.
勝之, 太子名也.

④ 綰은 맨다는 뜻이다.
綰, 繫也.

【綱】 顧成廟를 만들었다.

作顧成廟[①]하다

① 顧成廟는 長安城 남쪽에 있으니, 황제가 직접 사당을 만들었는데 규모가 왜소해서 마치 한 번 돌아보고 완성한 것과 같았다. 周나라 文王의 靈臺가 하루가 못 되어 이루어진 것처럼 신속히 완성되었으므로 '顧成'이라 하였다.[21)]
廟, 在長安城南, 帝自爲廟, 制度卑狹, 若顧望而成, 猶文王靈臺不日成之. 故曰顧成.

丙寅年(B.C. 175)

【綱】 漢나라 太宗 孝文皇帝 5년이다. 봄 2월에 地震이 있었다.

五年이라 春二月에 地震하다

【目】 胡氏(胡寅)가 다음과 같이 평하였다.

"文帝의 때에 이러한 큰 災異가 있음은 어째서인가? 천지의 변고가 한 가지가 아닌데, 모두 사람의 일이 잘못되어 災異를 불렀다고 한다면 견강부회하여 막혀서 통하지 못하고, 모두 氣數가 마침(우연히) 그랬다고 한다면 옛사람들이 德을 닦고 일을 바르게 해서 災異를 바꾸어 祥瑞로 만든 경우가 또한 적지 않았다.

요컨대 천자는 천하의 군주가 되어서 하늘을 아버지로 삼고 땅을 어머니로 삼으니, 부모가 진노하여 목소리와 얼굴빛이 평상시와 다르면 자식은 마땅히 공경하고 두려워하고 조심하여 부모의 노기가 사라져 기쁜 낯빛으로 변하게 할 방법을 생각해야 하고, 우연히 노여워하는 성질〔情性〕에서 나온 것이라고 지목하여 마침내 그만두어서는 안 된다. 문제 때에 비록 이러한 재이가 있었으나 황제가 몸소 德化를 닦고 財用을 절약하고 백성을 사랑하였으니, 이것이 비록 이러한 재이가 있었으나 그 應驗이 없었던 이유일 것이다."

胡氏曰 文帝之時에 有此大異는 何也오 曰 天地之變이 非一端也라 盡以爲人事致之면 則牽合附會하여 泥而不通이요 盡以爲氣數適然이면 則古人修德正事하여 反災爲祥者 亦不少矣라 要之컨대 爲天下主하여 父天母地하니 父母震怒하여 聲色異常이면 人子當祇栗恐懼하여 思所以平格이요 不當指爲情性所發而遂已也①라 文帝之時에 雖有此異나 然帝方躬修德化하고 節用愛人하니 此其所以雖有此異而無其應歟인저

---

21) 文王의……하였다 : 靈臺는 당시 氣象을 관찰하는 곳이라 하는데, ≪詩經≫의 〈大雅 文王靈臺〉는 바로 周나라 文王이 이 臺를 지은 것을 읊은 내용이다. "하루가 못 되어 이루어졌다.〔不日成之〕"는 것은 바로 이 시에 보이는 내용으로 臺가 빨리 완성됨을 말한 것이다.

① 要는 伊消의 切이다. 要는 여러 體가 모인 것이니, 무릇 그 宗(核心)에 모인 것을 "要之"라 한다. 平은 사라지고 그침이고 格은 변혁함이니, "平格"은 노기가 사라져 기쁜 낯빛으로 변하는 것이다.
要, 伊消切. 要者, 衆體之所會也. 凡會其宗者, 爲要之. 平, 消弭也. 格, 變革也. 平格, 消其怒氣, 變爲喜色.

【綱】 여름 4월에 다시 四銖錢(사수전)을 주조하고, 돈(동전)을 개인이 몰래 주조하면 처벌하는 법령을 없앴다.

夏四月에 **更造四銖錢**하고 **除盜鑄令**하다

四銖錢

【目】 처음에 秦나라가 半兩錢을 사용하였는데, 高祖는 그 무거움을 혐의하여 다시 莢錢(엽전의 일종)을 주조하니, 이에 물가가 크게 뛰어 쌀 한 섬에 값이 萬錢이 되었다. 이때에 이르러 다시 四銖錢을 만들고 돈을 개인이 몰래 주조하면 처벌하는 법령을 없애니, 賈誼가 다음과 같이 諫하였다.

"이 법령에 '천하 사람들로 하여금 공공연히 돈을 주조하게 하되, 감히 납〔鉛〕과 鐵을 섞는 자는 그 죄가 자자〔黥〕에 해당한다.'라고 하였습니다. 그러나 돈을 주조함은 납과 철을 섞어 재주를 부리지 않으면 이익을 얻을 수 없으니, 납과 철을 섞으면 비용은 매우 적게 드는데 이익은 매우 많습니다.

일에는 禍를 부르는 것이 있고 법령에는 간사한 죄를 짓게 하는 빌미가 있으니, 지금 백성들로 하여금 사람마다 화폐를 만드는 권세를 갖게 하여 각각 후미진 곳에 숨어서 〈납과 철을 섞어〉 돈을 주조하게 하고, 인하여 많은 이익을 가져오는 은미한 죄를 금하고자 한다면, 비록 자자하는 죄가 날마다 보고되더라도 그 형세가 그칠 수 없을 것입니다.

初에 秦用半兩錢이러니 高祖嫌其重하여 更鑄莢(협)錢①하니 於是에 物價騰踊(등용)하여 米石萬錢②이러니 至是하여 更造四銖錢하고 除盜鑄錢令③하다 賈誼諫曰 法에 使天下公得鑄錢호되 敢雜以鉛鐵者는 其罪黥④이니이다 然이나 鑄錢이 非殽雜爲巧면 則不可得贏⑤이니 而殽之甚微나 爲利甚厚⑥라 夫事有召禍而法有起姦이니 今令細民으로 人操造幣之勢⑦하여 各隱屛而鑄作⑧하고 因欲禁其厚利微姦이면 雖黥罪日報나 其勢不止⑨하리이다

① 莢은 음이 頰(협)이다. 莢錢은 바로 五分錢(오푼전)인데, 민간에서 '楡莢錢'이라고 이름하였으니, 이는 느릅나무 잎처럼 얇음을 말한 것이다. 무게는 1銖 반이고 지름은 5푼이며, 돈의 겉면에 漢興이란 글자가 새겨져 있었다.
莢, 音頰. 莢錢, 卽五分錢, 民間名曰 楡莢錢, 言如楡莢之薄也. 重一銖半, 徑五分, 文曰漢興.
② "騰踊"은 물가가 갑자기 큰 폭으로 오름이다.
騰踊, 暴貴也.
③ 四銖錢은 돈의 겉면에 새겨진 글자는 半兩(12銖)이라고 되어 있었으나 실제의 무게는 4銖[22]이다.
四銖錢, 其文爲半兩, 實重四銖.
④ 鉛은 음이 緣이다. 푸른 쇠이니, 주석과 비슷하나 색깔이 푸르다.
鉛, 音緣. 青金也, 似錫而色青.
⑤ 殽는 음이 爻이니, 어지럽게 뒤섞음을 이른다. 贏은 남은 이익이니, 납과 철을 섞지 않으면 이익이 없음을 말한다.
殽, 音爻, 謂亂雜也. 贏, 餘利也, 言不雜鉛鐵則無利也.
⑥ 微는 미세한 것이다. 간사한 백성들이 납과 철을 섞으면 그 비용은 매우 적으나 이익을 얻음은 매우 많음을 말한 것이다. 일설에 "微는 精妙함을 이르니, 납과 철을 섞는 것은 그 기술이 정묘하여 보통 사람들이 알아차리지 못하나 이익을 얻음이 매우 많음을 말한 것이다." 하였다.
微, 細也. 言姦民殽雜鉛鐵, 其所費甚微, 而得利甚厚也. 一說 "微, 謂精妙也, 言殽雜鉛鐵, 其術精妙, 不可覺知, 而得利甚厚."
⑦ 〈"人操造幣之勢"는〉 사람마다 모두 돈을 주조할 수 있음을 말한다.
言人人皆得鑄錢也.
⑧ 〈"各隱屛而鑄作"은〉 모두 후미진 곳에 몸을 숨기고 돈을 주조함을 말한다.
言皆隱身屛跡而鑄錢也.
⑨ 報는 죄를 논하여 아뢰어 보고함을 말한다. 일설에 "報는 죄수를 결단하는 것이다." 하였다.
報, 謂論奏獲報. 一說 "報者, 斷決囚."

【目】 법령을 게시하여 백성들을 유인해서 함정에 빠져들게 함이 무엇이 이보다 더 크겠습니까. 또 백성들이 사용하는 돈이 郡縣마다 다르니, 아전들이 급하게 몰아 통일시키면 너무 번거롭고 까다로워 백성들의 역량으로는 감당하지 못할 것이요, 풀어놓고 꾸짖지 않으면 시장의 가게마다 사용하는 돈이 달라 법이 매우 문란할 것이니, 만약 만든 법이 올바른 道가 아니면 어디를 향한들 옳겠습니까.

22) 4銖 : 銖는 무게의 단위로, 기장 알 10개의 무게를 1絫(루)라 하고, 10루를 1銖, 24주를 1兩, 16냥을 1斤이라 하였다. 1냥은 3.75g이다.

지금 농사를 버리고 銅을 채취하는 자가 날로 증가하여 부정한 돈이 날로 많아지고 있으니, 선량한 사람은 유혹을 받아 간사한 짓을 행하고, 공손하고 謹愼하는 백성들은 함정에 빠져 형벌로 들어가게 될 것입니다. 이렇게 되면, 국가에서는 이것을 깨닫고 근심하여서 아전들이 반드시 금할 것을 의논할 것이니, 금하면 돈이 부족하여 반드시 돈의 가치가 올라갈〔重〕 것이요, 돈의 가치가 올라가면 돈을 주조하는 이익이 더욱 많아질 것입니다.

몰래 돈을 주조하는 자가 구름처럼 일어나면 棄市하는 죄로도 이것을 금하지 못할 것이니, 감당하지 못할 정도로 부정한 행위가 자주 일어나고 法禁이 자주 무너짐은 돈이 이렇게 만드는 것입니다. 국가에서 銅을 거두어 직접 주조하는 것이 최선입니다."

夫縣法以誘民하여 使入陷阱이 孰多於此①리오 又民用錢이 郡縣不同②하니 吏急而壹之乎인댄 則爲太煩苛하여 而力不能勝이요 縱而弗呵乎인댄 則市肆異用錢하여 文大亂③이리니 苟非其術이면 何鄉而可哉④잇가 今農事棄捐하고 而采銅者日蕃⑤하여 姦錢日多라 善人怵(출)而爲姦邪하고 愿民陷而之刑戮⑥이면 國知患此하여 吏議必曰禁之리니 禁之則錢必重이요 重則其利深⑦이라 盜鑄如雲而起하면 棄市之罪로도 又不足以禁矣리니 姦數(삭)不勝而法禁數潰는 銅使之然也라 不如收之⑧니이다

① 縣(게시하다)은 懸으로 읽으니, 법을 세워 공개함을 이른다.
縣, 讀曰懸, 謂開立之.

② 황제가 다시 四銖錢을 주조하였으니, 秦나라의 돈과 莢錢은 모두 마땅히 폐지해야 하는데, 여전히 四銖錢과 함께 통행하였다. 이 때문에 혹은 가벼운 돈을 사용하고 혹은 무거운 돈을 사용하여 郡縣마다 똑같지 않은 것이다.
帝更鑄四銖錢, 秦錢與莢錢, 皆當廢之, 故與四銖竝行. 是以或用輕錢, 或用重錢, 郡縣不同也.

③ 文은 法이다.
文, 法也.

④ 術은 道이니, 법령을 세움이 혹 그 道가 아님을 말한 것이다. ≪漢書≫ 〈食貨志〉에 "돈이 가벼우면(값어치가 떨어지면) 법으로 돈을 거두고, 돈이 무거우면(값어치가 올라가면) 법으로 돈을 흩어서 화폐와 물건의 값어치가 반드시 공평하게 했다." 하였다. 鄉(향하다)은 嚮으로 읽는다.
術, 道也, 謂立法, 設或非其道也. 食貨志曰 "錢輕則以術斂之, 重則以術散之, 貨物必平矣." 鄉, 讀曰嚮.

⑤ 蕃은 음이 煩이니, 많다는 뜻이다.
蕃, 音煩, 多也.

⑥ 怵은 恤과 黜 두 가지 음이니, 유혹한다는 뜻이다. 〈"姦錢日多 善人怵而爲姦邪"는〉 선량한

사람 또한 이익에 유혹되어 간사한 짓을 함을 말한다. 愿은 음이 願이니, 謹愼함이다.
怵, 恤·黜二音, 誘也. 謂善良之人, 亦誘於利而爲姦邪(地)〔也〕[23]. 愿, 音願, 謹也.

⑦ 돈이 적기(귀하기) 때문에 값어치가 올라가는 것이니, 돈의 값어치가 올라가기 때문에 돈을 주조하는 자가 이익을 얻음이 더욱 많은 것이다.
錢少, 故重, (推)〔惟〕[24]其重也. 故鑄錢者得利爲益深.

⑧ "姦數不勝"은 부정한 행위가 자주 생기기 때문에 능히 감당할 수 없음을 말한 것이다. 潰는 흩어진다는 뜻이다. "收之"는 관청에서 銅을 거두어 직접 주조함을 이른다.
姦數不勝, 謂姦生頻數. 故不能以勝之. 潰, 散也. 收之, 謂收銅於官而官自鑄.

【目】賈山이 또한 諫하여 아뢰기를 "돈은 쓸모없는 기물인데 富貴와 바꿀 수 있으니, 부귀란 군주가 쥐고 있는 권세입니다. 백성들로 하여금 돈을 주조하게 하면 이는 군주와 권세를 共有하는 것이니, 이것을 조장해서는 안 됩니다." 하였으나 황제가 이들(賈誼와 賈山)의 말을 모두 듣지 않았다.

賈山亦諫하여 以爲 錢者는 無用器也어늘 而可以易富貴①하니 富貴者는 人主之操柄也라 令民爲之면 是與人主共操柄이니 不可長也라호되 皆不聽②하다

① "無用(쓸모없다)"은 굶주려도 먹을 수 없고 추워도 입을 수 없음을 말한 것이다.
無用, 蓋言飢不可食, 寒不可衣.

② 長은 자라남을 이르니, 이 일은 마땅히 속히 금하여 끊어야 하고 자라게 해서는 안 됨을 말한 것이다.
長, 謂畜(휵)養也, 言此事宜速禁絶, 不可畜養.

【目】이때에 太中大夫 鄧通이 총애를 받고 있었다. 上은 그가 부유하기를 바라서 그에게 蜀 땅의 嚴道에 있는 銅山을 하사하여 돈을 주조하게 하였다. 吳王 劉濞도 豫章에 있는 銅山을 소유하고는 천하의 亡命한 자들을 招致하여 돈을 주조하게 하고 동쪽으로 바닷물을 달여 소금을 만드니, 이로 인해 백성들에게 거두는 세금이 없어도 국가의 재정이 풍족하였다. 이에 오왕과 등통의 돈이 천하에 유포되었다.

時에 太中大夫鄧通이 方寵幸이라 上이 欲其富하여 賜之蜀嚴道銅山하여 使鑄錢①하다 吳王濞有豫章銅山하고 招致天下亡命者하여 以鑄錢하고 東煮海水爲鹽②하니 以故로 無賦而國用饒足③이라 於是에 吳鄧錢이 布天下하니라

23) (地)〔也〕: 저본에는 '地'로 되어 있으나, 문맥을 살펴 '也'로 바로잡았다.

24) (推)〔惟〕: 저본에는 '推'로 되어 있으나, 문맥을 살펴 '惟'로 바로잡았다.

① ≪漢書≫ 〈地理志〉에 "嚴道縣은 蜀郡에 속하였다." 하였다.
班志 "嚴道縣, 屬蜀郡."

② 豫章은 秦나라 鄣郡의 땅이니, 高帝가 나누어 豫章郡을 설치하였다. 亡命은 禍를 피하여 스스로 생명을 도피함을 이른다.
豫章, 秦鄣郡地, 高帝分置豫章郡. 亡命, 謂避禍自逃其命也.

③ 돈을 주조하고 바닷물을 달여 소금을 만들어서 그 이익을 거두어 국가의 비용을 충족하였다. 그러므로 백성들에게 세금을 부과함이 없었던 것이다.
鑄錢煮海, 收其利以足國用. 故無賦於民也.

【綱】代王 劉武를 옮겨 淮陽王으로 삼았다.

徙代王武하여 爲淮陽王하다

丁卯年(B.C. 174)

【綱】漢나라 太宗 孝文皇帝 6년이다. 겨울 10월에 복사꽃과 오얏꽃이 피었다.

◑六年이라 冬十月에 桃李華하다

【綱】淮南王 劉長이 반란을 도모하자 廢庶人하여 蜀 땅으로 옮겼는데, 도중에 죽었다.

○淮南王長이 謀反이어늘 廢徙蜀이러니 道死하다

【目】淮南王 劉長이 제멋대로 법령을 만들어 자기 나라에 시행하였으며, 漢나라에서 배치한 관리를 추방하고 스스로 정승을 세울 것을 청하자, 황제가 뜻을 굽혀 따랐다. 또 죄가 없는 사람을 멋대로 형벌하여 죽이고, 사람들을 자기 마음대로 벼슬시켜 關內侯에 이르렀으며, 여러 번 황제에게 올린 글이 공손하지 못하였다.

황제는 직접 크게 꾸짖는 것을 어렵게 여겨서 마침내 薄昭에게 편지를 주어 管叔과 蔡叔과 劉興居의 일[25]을 인용하여 경계하였다. 회남왕이 기뻐하지 않고 반란을 도모하

---

25) 管叔과……일 : 管叔 鮮과 蔡叔 度는 周나라 文王의 아들이고 成王의 叔父이다. 武王이 殷나라를 멸망시킨 뒤에 紂王의 아들 武庚을 殷나라에 봉하여 殷나라 先王의 제사를 받들게 하고 이들로 하여금 殷나라를 감시하게 하였는데, 뒤에 무왕이 죽고 어린 성왕이 즉위하여 周公이 섭정을 하자, 관숙과

였는데 이 일이 발각되어 불러 長安에 이르니, 丞相과 御史, 宗正과 廷尉가 아뢰기를 "유장의 죄가 棄市에 해당됩니다."라고 하였다. 황제가 사면하고 蜀 땅으로 옮겨 머물게 할 적에, 輜重車(짐수레)에 실어 각 縣에서 차례로 파발마로 송치하게 하였다.

淮南王長이 自作法令하여 行於其國하며 逐漢所置吏하고 請自置相이어늘 帝曲意從之①러니 又擅刑殺不辜하고 及爵人至關內侯하며 數(삭)上書不遜順②이어늘 帝重自切責之③하고 乃令薄昭與書하여 引管蔡興居하여 以爲儆戒하다 王이 不說(열)하고 謀反이러니 事覺하여 召至長安하니 丞相, 御史, 宗正, 廷尉 奏호되 長罪當棄市라하여늘 赦徙處蜀할새 載以輜車하여 縣次傳之④하다

① 제후왕의 나라는 相(정승)으로부터 內史와 中尉까지는 〈天子國인〉 漢나라에서 임명 배치하고 나머지는 제후왕이 스스로 세우게 하였는데, 지금 劉長이 교만하고 멋대로 행동하여 漢나라에서 배치한 관리를 추방하고 스스로 세울 것을 청한 것이다.
王國, 自相至內史・中尉, 漢爲置之, 餘得自置, 今長驕橫, 逐漢所置吏, 而請自置之.

② 關內侯는 봉록이 19등급이니, 爵名과 位次는 列侯여서 侯의 칭호가 있었으나 京畿에 거주하여 봉해진 나라와 食邑은 없었는데, 漢나라 때에 이르러 식읍이 있었다. 爵은 上(天子)에게서 나오니, 제후왕이 제멋대로 낼 수 있는 것이 아니다.
關內侯, 奉第十九, 爵名位次列侯, 有侯號, 而居京畿, 無國邑, 至漢, 有食邑. 爵, 自上出, 非侯王所擅.

③ 重은 어렵게 여김이다.
重, 難也.

④ 〈"縣次傳之"는〉 각 縣으로 하여금 차례에 따라 파발마로 송치하여 蜀 땅에 이르게 한 것이다.
令各縣, 案次第, 傳遞至蜀.

【目】 袁盎이 諫하기를 "上께서 평소 淮南王을 교만하게 만들어 엄한 師傅와 정승을 배치하지 않으셨습니다. 이 때문에 이 지경에 이르렀는데 지금 갑자기 그를 꺾으시니, 臣은 회남왕이 蜀 땅에서 별안간 안개와 이슬을 만나 병들어 죽으면 폐하께서 아우를 죽였다는 악명이 있을까 두렵습니다. 어찌하시렵니까." 하니, 上이 말하기를 "내가 다만 그를 잠시 고생시킬 뿐이니, 곧 왕위를 회복시켜줄 것이다." 하였다.

회남왕이 과연 분개하여 음식을 먹지 않고 죽으니, 雍 지역의 현령이 輜重車의 봉함

채숙은 '주공이 어린 성왕을 밀어내고 왕이 될 것'이라는 유언비어를 퍼뜨리며, 무경과 함께 반란을 일으켰다가 주공의 토벌을 받고 처형되었다. 劉興居는 高祖의 庶子인 齊王 劉肥의 아들로, 齊王에 봉해졌으나, 呂氏를 제거하는데 큰 功을 세웠는데도 봉지를 넓혀주지 않은 것에 불만을 품고 반란을 일으켰다가 토벌되었다.

을 열어 〈확인하고〉 죽음을 아뢰었다. 上은 몹시 슬프게 통곡하고는, 여러 縣 중에 파발마로 송치하면서 치중거의 봉함을 열어 음식을 먹이고 侍奉하지 않은 자들을 체포하여 모두 棄市刑에 처하였다. 회남왕의 시호를 '厲王'이라 하였으며, 列侯의 禮로 雍 땅에 장례하고 무덤을 지키는 30가호를 배치하였다.

袁盎이 諫曰 上이 素驕淮南王하여 弗爲置嚴傅相하여 以故至此①어늘 今暴摧折之하시니 臣은 恐卒逢霧露病死②하면 陛下有殺弟之名이니 奈何잇고 上曰 吾特苦之耳니 今復(복)之③호리라 王이 果憤恚(분에)하여 不食死하다 雍令이 發封以死聞④한대 上이 哭甚悲하고 逮考諸縣傳送不發封餽侍者하여 皆棄市하고 諡曰厲王이라하고 以列侯葬雍하고 置守冢三十戶하다

① 爲(위하다)는 去聲이다.
爲, 去聲.
② 卒(갑자기)은 猝로 읽는다.
卒, 讀曰猝.
③ 〈"吾特苦之耳 今復之"는〉 잠시 곤궁하게 하고 고생시켜서 스스로 잘못을 뉘우치게 하고 곧바로 돌아오게 하는 것이다.
暫困苦之, 令其自(侮)〔悔〕[26], 卽追還也.
④ 輜重車에 봉함이 있는 것이다.
輜車有封.

【綱】匈奴의 冒頓(묵특)이 죽으니, 아들 老上單于(흉노 제3대 선우)가 즉위하여 다시 화친을 청하였다.

匈奴冒頓死하니 **子老上單于立**하여 **復請和親**[27]하다

26) (侮)〔悔〕: 저본에는 '侮'로 되어 있으나, ≪漢書≫의 顔師古 注에 의거하여 '悔'로 바로잡았다.

27) 匈奴冒頓死……復請和親 : "冒頓에게 '單于'라고 쓰지 않은 것은 삭제한 것이다. 秦나라 始皇 32년(B.C. 215)부터 처음으로 匈奴를 썼었는데, 이때에 이르러서 單于가 처음으로 ≪資治通鑑綱目≫에 보인다. 이후로 선우가 죽고 즉위할 적에 반드시 쓴 것은 흉노가 더욱 강대해졌기 때문이다. '화친을 청했다.〔請和親〕'고 쓴 것은 '더불어 화친했다.〔與和親〕'고 쓴 것과 또 다르니, '화친을 청했다.'라고 쓴 것이 이로부터 시작되었다.〔冒頓不書單于 削之也 自秦始皇帝三十二年 始書匈奴 乏是 單于始見綱目 自後 單于死立必書 匈奴益彊大也 書曰請和親 與書與和親又異矣 書請和親始此〕" ≪書法≫
"천자국인 周나라가 쇠하자 吳나라와 楚나라가 참람하여 왕이라고 칭하였는데, ≪春秋≫에 이들을 夷狄으로 대하여 그 군주가 卒하였을 적에 장례 지낸 것을 쓰지 않은 것은 그의 참람한 칭호를 피한 것이다. ≪資治通鑑綱目≫에 모든 四夷의 君長에 대하여 모두 그 나라 풍속의 칭호를 따라서 그가 죽으면 '死'라고 쓴 것은, 중화를 귀하게 여기고 오랑캐를 천하게 여긴 의의로서 중국의 公侯의 例를 따를 수 없게 한 것이다. 이 의의가 행해지면 머리(文明한 中華)가 위에 있고 발(文明하지 못한 오랑캐)이 아래에 있는 구분이 정해지고 중화를 안으로 하고 오랑캐를 밖으로 하는 법이 밝아지니,

【目】 처음에 冒頓單于가 漢나라에 다음과 같은 편지를 보내왔다.

"지난번 황제가 화친하는 일을 말씀할 적에 편지의 뜻이 마음에 흡족하여 함께 기뻐하였는데, 漢나라 변방의 관리들이 右賢王을 침해하고 업신여기므로 우현왕이 그들과 서로 대치하여 두 나라 군주의 맹약을 끊고 형제의 친함을 이간질하였습니다. 그러므로 우현왕에게 벌을 내려 서쪽으로 月氏國을 공격하게 하였는데, 하늘의 복으로 모두 멸망시켜 항복받았고 또 그 옆에 있는 26개국이 모두 우리 匈奴가 되어, 활을 당길 수 있는 힘센 백성들이 함께 한 집안이 되어 북쪽 지방이 평정되었습니다. 군대를 휴식시키고 말을 길러서 예전의 일을 잊어버리고, 옛 약속을 회복하여 변방 백성들을 편안히 하기를 원합니다."

初에 冒頓이 遺漢書曰 前時皇帝言和親事에 稱書意하여 合歡[①]이러니 漢邊吏侵侮右賢王일새 王與相距하여 絶二主之約하고 離兄弟之親이라 故罰하여 使西擊月氏(지)러니 以天之福으로 盡夷滅降下之하고 及其旁二十六國이 皆已爲匈奴[②]하여 諸引弓之民이 幷爲一家하여 北州以定이라 願休兵, 養馬하여 除前事하고 復故約하여 以安邊民하노이다

① 稱은 尺澄의 切이니, 부응한다는 뜻이다. 보낸 편지의 뜻이 마음에 흡족하여 함께 기쁨과 친함을 맺음을 이른다.
稱, 尺澄切, 副也. 言與所遺書意相副, 而共結歡親.

② 〈"皆已爲匈奴"는〉 모두 匈奴國으로 편입된 것이다.
皆入匈奴國也.

【目】 이에 황제는 다음과 같은 답서를 보내었다.

"單于가 옛 약속을 회복하여 화친하고자 하니, 朕은 매우 가상히 여기노니, 이는 옛 聖王의 뜻이다. 漢나라와 匈奴는 형제가 되기로 약속하여 선우에게 선물을 매우 많이 보냈으나 맹약을 저버리고 형제의 친함을 이간질시킴이 항상 흉노 쪽에 있었다. 그러나 右賢王의 일은 이미 사면하기 이전에 있었으니, 선우를 깊이 문책하지 않겠다. 선우가 만약 편지의 뜻에 부응하여 분명히 관리들에게 고지해서 약속을 저버리지 아니하여 信義가 있게 한다면 내 공경히 선우의 편지와 같이 하겠다."

帝報書曰 單于欲復(복)故約하니 朕甚嘉之하노니 此古聖王之志也라 漢與匈奴로 約爲兄弟하여

그 뜻이 엄격하다.〔周衰 吳楚僭號稱王 春秋以夷狄待之 於其卒 則不書其葬者 避其號也 綱目凡四夷君長 皆從其國俗之號 至其死則書死者 貴華賤夷之義 不使得從中國公侯之例也 此義行 首上足下之分定矣 內夏外夷之法明矣 其旨嚴矣〕"≪發明≫

所以遺單于甚厚로되 倍約하고 離兄弟之親者 常在匈奴라 然이나 右賢王事는 已在赦前하니 單于를 勿深誅①호리라 單于若稱書意하여 明告諸吏하여 使無負約②하여 有信인댄 敬如單于書③호리라

① 사면하기 이전의 일을 인용한 것은 용서함에 명분이 있는 것이다. 誅는 責함이다.
引赦前者, (恕)〔恕〕[28]之有名也. 誅, 責也.
② "諸吏"는 左賢王과 右賢王의 관속을 이른다.
諸吏, 謂左右賢王之屬.
③ 〈"有信 敬如單于書"는〉 匈奴가 신의를 지키면 漢나라 또한 약속을 저버리지 않을 것임을 말한 것이다.
言匈奴有信, 則漢亦不倍約也.

【目】 이때에 冒頓單于가 죽고 아들 老上單于가 즉위하였는데, 황제가 다시 宗室의 딸인 翁主를 시집보내어 선우의 閼氏(연지)로 삼게 하면서 宦者인 中行說(중항열)로 하여금 翁主를 수행하게 하자, 중항열이 가려 하지 않았다. 억지로 가게 하니, 중항열이 도착하자마자 선우에게 항복하여 선우로부터 지극한 총애를 받았다.

중항열은 다음과 같이 선우를 설득하였다.

"匈奴의 人口는 漢나라의 한 郡도 당해내지 못합니다. 그러나 흉노가 강한 이유는 의복과 음식이 中國과 달라서 漢나라에 도움을 받을 것이 없기 때문입니다. 지금에 풍속이 변하여 漢나라의 물건을 좋아하니 〈흉노에 유입되는 漢나라의 물건이〉 漢나라에서 생산된 물건의 10분의 2를 넘지 않더라도 흉노가 모두 漢나라에 귀속되고 말 것입니다. 漢나라의 솜옷과 비단옷을 얻거든, 이것을 가지고 풀과 가시나무 가운데를 치달려 모두 찢어지고 망가지게 해서 우리 흉노의 털방석과 갖옷이 완전하고 좋음만 못함을 보여주며, 漢나라의 음식물을 얻거든 모두 버려서 우리 흉노의 湩酪(牛乳와 駝酪(타락))이 맛이 좋아 입에 맞음만 못함을 보여주어야 합니다."

중항열은 선우의 좌우로 하여금 조목별로 기록하여 人民과 가축을 계산하여 세금을 징수하게 하고, 漢나라에 보내는 간찰과 封印을 모두 길고 크게 하였으며, 말을 거만하게 하여 스스로 '하늘과 땅이 내고 해와 달이 세운 흉노의 大單于〔天地所生 日月所置 匈奴大單于〕'라 칭하게 하였다.

至是하여 冒頓死하고 子老上單于立①이어늘 帝復遣宗室女翁主하여 爲單于閼氏②할새 使宦者中行說로 傳翁主③하니 說이 不欲行이어늘 彊使之④러니 說이 至하여 降(항)單于하여 甚親幸⑤이라 說(세)

28) (恕)〔恕〕: 저본에는 '恕'으로 되어 있으나, 呂祖謙의 ≪大事記解題≫에 의거하여 '恕'로 바로잡았다.

曰 匈奴人衆이 不能當漢之一郡이라 然이나 所以彊者는 以衣食異하여 無仰於漢也일새니이다 今에 變俗하여 好漢物하니 漢物이 不過什(一)〔二〕[29]라도 則匈奴盡歸於漢矣⑥리이다 其得絮繒(서증)이어든 以馳草棘中하여 皆裂敝하여 以示不如旃裘(전구)之完善也⑦하며 得漢食物이어든 皆去之하여 以示不如湩酪(동락)之便美也⑧니이다하다 敎單于左右疏記하여 以計課其人畜⑨하고 遺漢書牘及印封을 皆令長大⑩하고 倨傲其辭하여 自稱天地所生日月所置匈奴大單于⑪라하다

① 老上單于는 號이다. 이름이 稽粥이니, 稽粥은 음이 雞育이다.
老上單于, 號也. 名, 稽粥. 稽粥, 音雞育.
② 諸王의 딸을 翁主라 하고, 또한 王主라 한다.
諸王女曰翁主, 亦曰王主.
③ 行은 胡郎의 切이니, 中行은 複姓이고 說은 이름이다.
行, 胡郎切. 中行, (復)〔複〕[30]姓. 說, 名也.
④ 彊(억지로)은 其兩의 切이다.
彊, 其兩切.
⑤ 여기서 句를 뗀다.
句.
⑥ 漢나라 물건 중에 10분의 2를 소비하여 匈奴에 유입시키면 흉노의 사람들이 모두 마음이 움직여 漢나라로 귀속됨을 말한 것이다.
言漢物費十分之二, 入匈奴, 則匈奴皆動心歸漢矣.
⑦ 旃(털방석)은 氈과 같다.
旃, 與氈同.
⑧ 湩은 음이 凍이니, 乳汁이다. 열을 가하여 간을 맞춘 것을 酪이라 한다.
湩, 音凍, 乳汁也. 熱而和之曰酪.
⑨ 疏는 去聲이니, 조목별로 기록하는 것이다.
疏, 去聲, 分條之也.
⑩ 漢나라가 單于에게 편지를 보낼 적에 木板의 길이가 1자 1치인 簡牘을 사용하였는데, 中行說이 單于로 하여금 1자 2치의 간독을 사용하게 한 것이다.
漢遺單于書, 以尺一牘, 中行說, 令單于, 以尺二寸牘.
⑪ 倨는 거만하다는 뜻이다.
倨, 慢也.

【綱】 賈誼를 梁王의 太傅로 삼았다.

---

29) (一)〔二〕: 저본에는 '一'로 되어 있으나, ≪資治通鑑≫에 의거하여 '二'로 바로잡았다.
30) (復)〔複〕: 저본에는 '復'으로 되어 있으나, 문맥을 살펴 '複'으로 바로잡았다.

以賈誼로 爲梁王太傅하다

【目】 賈誼가 다음과 같이 上疏하였다.

"臣이 엎드려 지금의 事勢를 생각해보건대 통곡할 만한 것이 한 가지요, 눈물을 흘릴 만한 것이 두 가지요, 길게 탄식할 만한 것이 여섯 가지이니, 기타 이치를 위배하고 道를 해치는 것으로 말하면 일일이 나열하여 다 들기가 어렵습니다.

말을 올려 아뢰는 자들이 모두 말하기를 '천하가 이미 편안하고 이미 다스려졌다.'라고 하나 신은 홀로 그렇지 않다고 여깁니다. '편안하고 다스려졌다.'라고 말하는 자들은, 〈신이 생각건대〉 어리석은 자가 아니면 아첨하는 자이니, 이는 모두 다스려짐과 혼란함의 본체를 참으로 아는 자가 아닙니다.

저 불을 안아다가 쌓아놓은 나무 섶 아래에 두고 그 위에서 잠을 자면서 불이 미처 타오르기 전에 인하여 편안하다고 말하니, 지금의 형세가 무엇이 이와 다르겠습니까.

誼上疏曰 臣竊惟今之事勢컨대 可爲痛哭者一이요 可爲流涕者二요 可爲長太息者六[①]이니 若其它(타)背理而傷道者는 難徧以疏擧[②]로니이다 進言者 皆曰天下已安已治矣로되 臣은 獨以爲未也라하오니 曰安且治者는 非愚則諛니 皆非事實知治亂之體者也[③]니이다 夫抱火厝(조)之積薪之下하고 而寢其上하여 火未及然에 因謂之安이라하니 方今之勢 何以異此[④]리오

① 惟는 생각한다는 뜻이다. 일이 아직 그렇게 되지 않았는데, 반드시 그렇게 될 것임을 미리 헤아리므로 事勢라 한 것이다.
惟, 思也. 事未然而逆料其所必然. 故謂之事勢.

② 〈"難徧以疏擧"는〉 너무 많아 조목조목 기록하여 다할 수 없음을 말한 것이다.
言不可盡條記也.

③ 실제로 '다스려지고 편안하다.'라고 한다면 이는 어리석은 것이요, 그러하지 않음을 알면서 거짓으로 말한다면 이는 아첨인 것이다.
實謂治安, 則是愚也, 知其不爾而假言之, 是諂諛也.

④ 厝는 千故의 切이니 둔다는 뜻이다. 然(타오르다)은 燃과 통한다.
厝, 千故切, 置也. 然, 通作燃.

【目】 제후국을 세움은 진실로 반드시 서로 의심하게 만드는 형세입니다. 아랫사람(제후왕)들은 자주 재앙(처벌)을 받고 윗사람(황제)은 자주 근심하니, 이는 심히 윗사람을 편안히 하고 아랫사람을 온전히 하는 방도가 아닙니다.

신이 예전의 일을 엎드려 헤아려보니, 대체로 강한 자가 먼저 배반하였으니, 長沙王의 나라는 겨우 25,000戶인데, 功이 적으나 가장 완전하고 형세가 소원하나 가장 충성하였으니, 이는 단지 장사왕의 성품이 타인과 다를 뿐만이 아니요, 또한 형세가 그렇게 만든 것입니다.

지난번에 만일 樊噲와 酈商, 絳侯(周勃)와 灌嬰이 수십 城의 넓은 땅을 점거하고 왕이 되었다면 지금 비록 쇠잔하여 망할 수도 있었을 것이요,[31] 가령 韓信과 彭越의 무리가 나열하여 徹侯가 되었더라면 비록 지금까지 보존될 수도 있었을 것이니,[32] 그렇다면 천하의 큰 계책을 알 수 있습니다.

夫樹國은 固必相疑之勢①라 下數(삭)被其殃하고 上數爽其憂하니 甚非所以安上而全下也②니이다 臣이 竊跡前事③하니 大抵彊者先反이니 長沙는 乃二萬五千戶耳④로되 功少而最完하고 勢疏而最忠하니 非獨性異人也요 亦形勢然也니이다 曩令樊, 酈, 絳, 灌이 據數十城而王이면 今雖以殘亡이라도 可也⑤요 令信, 越之倫이 列爲徹侯而居면 雖至今存이라도 可也니 然則天下之大計를 可知已니이다

① 제후국을 세움이 너무 크면 그 형세가 반드시 진실로 서로 의심하기 마련이다.
立國泰大, 其勢必固相疑也.
② 數(자주)은 음이 朔이다. 被(입다)는 去聲이다. 爽은 어긋남이니, 변고가 뒤섞여 나와 한결 같지 않음을 말한 것이다.
數, 音朔. 被, 去聲. 爽, 忒也, 言變雜不一.
③ 〈"竊跡前事"는〉 옛일의 지나간 자취를 찾는 것이다.
尋前事之蹤跡.
④ 長沙王은 吳芮를 이른다.
長沙, 謂吳芮也.
⑤ 曩은 예전이다.
曩, 昔時也.

【目】 여러 제후왕들이 모두 충성하고 복종하기를 바란다면 장사왕처럼 하는 것만 못하

31) 지난번에……것이요 : 樊噲와 酈商, 絳侯(周勃)와 灌嬰은 모두 開國에 功을 세웠으나 크게 활약하지는 못하여 列侯에 봉해졌다. 이들이 만약 수십 개의 城邑을 점거하고 왕 노릇 하였다면 이들도 韓信과 彭越처럼 모반을 하다가 멸망하였을 것이란 뜻이다.

32) 가령……것이니 : 徹侯는 20等爵 중 가장 높은 지위의 하나로 通侯 또는 列侯라고 칭하였는데, 작은 封邑을 소유하였다. 韓信과 彭越이 넓은 영토에 봉해지지 않고 徹侯로 있었더라면 지금까지도 망하지 않고 보존되었을 것이란 말이다.

고, 신하들이 〈배반하다가 죽임을 당하여〉 김치가 되고 젓이 담겨지지 않기를 바란다면 樊噲와 酈商 등처럼 하는 것만 못하고, 천하가 다스려지고 편안하기를 바란다면 제후들을 많이 세워서 그 힘을 분산시켜 적게 하는 것만 못하니, 힘이 약해지면 예의를 따르게 하기가 쉽고, 나라가 작으면 간사한 마음이 없어집니다.

海內의 형세로 하여금 몸이 팔뚝을 부리고 팔뚝이 손가락을 부리듯이 해서 제재하여 따르지 않음이 없게 하면 제후들이 감히 딴 마음을 품지 못하고 수레바퀴 바퀴살이 바퀴통에 모이듯이〔輻輳〕 사방에서 함께 나와 천자에게 목숨을 바칠 것이니, 땅을 떼어 제도를 정해서 齊나라, 趙나라, 楚나라로 하여금 각기 약간의 나라를 만들어서 그 자손들로 하여금 차례로 封地를 받게 하고, 경계 지어준 봉지가 많은데 자손이 적은 경우에는 나라를 세워 제후국을 만들어 비워두었다가 자손이 태어나기를 기다려서 모두 군주를 시키고, 한 치의 땅과 한 사람의 백성도 천자가 이롭게 여기는 바가 없어야 하니, 진실로 오직 다스림을 안정시킬 뿐입니다.

欲諸王之皆忠附인댄 則莫若令如長沙王이요 欲臣子勿菹醢(저해)인댄 則莫若令如樊, 酈等①이요 欲天下之治安인댄 莫若衆建諸侯而少其力이니 力少則易使以義요 國小則亡(무)邪心②이니이다 令海內之勢로 如身之使臂하고 臂之使指하여 莫不制從이면 諸侯之君이 不敢有異心하여 輻湊(폭주)竝進하여 而歸命天子③하리니 割地定制하여 令齊, 趙, 楚로 各爲若干國하여 使其子孫으로 以次受之④하고 分地衆而子孫少者는 建以爲國하여 空而置之라가 須其子孫生者하여 擧使君之⑤하고 一寸之地와 一人之衆을 天子亡(무)所利焉이니 誠以定治而已니이다

① 배반한 자가 죽임을 당하여 시신이 김치와 젓갈이 되는 것이다.
反者被誅, 爲菹醢.

② "使以義"는 禮義를 따르게 함을 이른다.
使以義, 謂使之遵禮義也.

③ 輻(바퀴살)은 음이 福이다. 湊(모이다)는 千候의 切이니 본래 輳(주)로 쓴다. 무릇 수레바퀴는 서른 개의 바퀴살이 있어서 함께 한 轂(바퀴통)에 모여드니, 이로써 사방에서 천자의 도성으로 모두 몰려옴을 비유한 것이다.
輻, 音福. 湊, 千候切, 本作輳. 凡輪有三十輻, 共輳於一轂(곡), 以喻四方皆來.

④ 若은 만일이란 뜻이니, 아직 결정하지 않은 말이다. 數가 1에서 시작해서 10에서 이루어지니, 干자는 一을 따르고 十을 따랐다. 그러므로 若干이라 하였으니, 혹은 1이거나, 혹은 10임을 말한 것이다. 무릇 數가 아직 정해지지 않은 것은 모두 若干이라 말할 수 있다.
若, 如也, 未定之辭. 數始於一而成於十, 干字從一從十. 故言若干, 謂或如一, 或如十. 凡數之未定者, 皆可言.

⑤ 分(경계 짓다, 구분하다)은 扶問의 切이니 아래도 같다. 須는 기다림이다.
分, 扶問切, 下同. 須, 待也.

【目】 천하의 형세가 방금 다리가 크게 붓는 병(수종다리)을 앓고 있어 한 다리의 크기가 거의 허리통만 하고 한 손가락의 크기가 거의 다리통만 하여, 평소에 굽히거나 펴지를 못하는 것과 같습니다. 지금 기회를 놓치고 다스리지 않으면 반드시 고질병이 될 것이니, 통곡할 만한 것은 이 병통이 바로 그것입니다.

天下之勢 方病大瘇①하여 一脛之大幾如要하며 一指之大幾如股②하여 平居에 不可屈伸하니 失今不治하면 必爲痼疾하리니 可痛哭者는 此病是也③로소이다

① 瘇은 上勇의 切이니 다리가 붓는 병이다.
瘇, 上勇切, 足腫病.
② 脛은 다리의 정강이이다. 要(허리)는 腰와 통한다.
脛, 脚脛也. 要, 與腰通.
③ 痼(고질병, 견고하다)는 錮와 통하니, 痼疾은 견고하고 오래된 병을 이른다.
痼, 通作錮. 痼疾, 謂堅久之疾也.

【目】 천하의 형세가 현재 顚倒되었으니, 무릇 天子는 천하의 머리이고 오랑캐는 천하의 발인데, 지금 匈奴는 오만하여 천자를 업신여기고 침략하며 漢나라는 해마다 금과 솜, 채색 비단을 바쳐 흉노를 받들고 있습니다. 그리하여 오랑캐들은 우리를 불러다가 명령하고 主上은 貢物을 바쳐서 발이 도리어 위에 있고 머리가 도리어 아래에 있습니다.

전도됨이 이와 같은데도 이것을 해결하는 자가 없으니, 그러고도 나라에 훌륭한 인재가 있다고 말할 수 있겠습니까. 눈물을 흘릴 만하다는 것은 이것입니다.

天下之勢方倒縣①하니 凡天子者는 天下之首也요 蠻夷者는 天下之足也어늘 今匈奴는 慢侮侵掠하고 而漢은 歲致金絮采繒以奉之하여 夷狄徵令[33]하고 主上共貢②하여 足反居上하고 首顧居下라 倒縣如此로되 莫之能解하니 猶爲國有人乎잇가 可爲流涕者此也로소이다

① 縣(매달리다)은 懸으로 읽는다.
縣, 讀曰懸.
② 共(바치다)은 供으로 읽는다.

33) 徵令 : 불러와 명령하는 것으로 ≪周禮≫ 〈天官 宰夫〉에 "여러 官府의 徵令을 맡는다.〔掌百官府之徵令〕" 하였는데, 鄭玄의 註에 "徵令은 달려가 부름에 일하는 것이다.〔趨走給召呼〕"라고 註하였다.

共, 讀曰供.

【目】이제 사나운 적은 사냥하지 않고 밭에 있는 돼지를 사냥하며, 배반한 적은 공격하지 않고 집에서 기르는 토끼를 공격해서 작은 즐김을 구경하고 큰 환난을 도모하지 아니하여, 은덕을 멀리 베풀 수 있고 위엄을 멀리 가할 수 있는데도 다만 수백 리밖에 천자의 위엄과 명령이 펴지지 못하니, 눈물을 흘릴 만하다는 것은 이것입니다.

今不獵猛敵而獵田彘(체)하고 不搏反寇而搏畜菟①하여 翫細娛而不圖大患하여 德可遠施요 威可遠加로되 而直數百里外에 威令不伸하니 可爲流涕者此也로소이다

① 菟(토끼)는 兎와 같다.
菟, 與兎同.

【目】지금 황제 자신은 스스로 검은 비단을 입으시는데 부유한 백성들의 담장과 지붕은 紋繡(무늬를 수놓은 비단)를 입히고, 天子의 后妃가 동정에 선 두르는 비단으로 庶人의 천한 첩들은 그 신에 선을 두르고 있으니, 이것이 臣이 '어그러졌다'라고 말하는 것입니다.

백 사람이 일하여 한 사람을 입히지 못하면 천하에 추위가 없고자 하나 어찌 될 수가 있겠습니까. 한 사람이 농사를 지어 열 사람이 모여서 먹으면 천하에 굶주림이 없고자 하나 될 수가 없으며, 굶주림과 추위가 백성들의 피부에 간절하면 간사한 짓을 하지 않기를 바라나 될 수가 없으니, 길게 탄식할 만하다는 것은 이것입니다.

今帝之身은 自衣皂綈(조제)어시늘 而富民牆屋은 被文繡①하고 天子之后以緣其領者로 庶人孽(얼)妾이 以緣其履하니 此臣所謂舛(천)也②니이다 夫百人作之하여 不能衣一人이면 欲天下亡(무)寒이나 胡可得也며 一人耕之하여 十人聚而食之면 欲天下亡飢나 不可得也며 飢寒이 切於民之肌膚면 欲其亡爲姦邪나 不可得也니 可爲長太息者此也로소이다

① 衣(입다)는 於旣의 切이니 아래도 같다. 綈는 徒奚의 切이니 두꺼운 비단이다.
衣, 於旣切, 下同. 綈, 徒奚切, 厚繒也.

② 緣은 熒絹의 切이니 선을 두른다는 뜻이다. 孽은 여러 천한 자이다. 舛은 어긋난다는 뜻이다.
緣, 熒絹切, 純(준)也. 孽, 庶賤者. 舛, 錯也.

【目】商君이 禮義와 仁恩을 버리고서 進取(전진하여 쟁취함)에만 마음을 쏟아 이것을 행

한 지 2년 만에 秦나라 풍속이 날로 무너졌습니다.

그러므로 집이 부유하고 자식이 장성하면 내보내어 분가시키고, 집이 가난하고 자식이 장성하면 내보내어 데릴사위〔贅壻〕[34]를 시켜서 아비에게 곰방메와 괭이를 빌려줄 적에도 생각에 은덕을 베푸는 기색이 있고, 어미가 키와 비를 빌릴 적에도 서서 군소리를 하며, 며느리가 자식을 안고 젖을 먹이면서 시아비와 함께 걸터앉고, 며느리와 시어미가 서로 좋아하지 않으면 며느리가 입술을 삐죽거리며 서로 잘잘못을 따져서, 자식만 사랑하고 이익만 좋아하는 것이 금수와 다른 점이 별로 없습니다.

지금 그 남은 풍속이 아직도 고쳐지지 못하여 예의와 염치를 버림이 날로 심해져서 다달이 달라지고 해마다 똑같지 않습니다. 지금 이 가운데 심한 자는 父兄을 죽이는데도 大臣들은 다만 문서가 기한 내에 보고되지 않음을 큰일로 여기고, 풍속이 잘못되고 세상이 파괴됨에 있어서는 인습하여 편안하게 여기고 괴이하게 여길 줄을 알지 못하여 이것을 당연하다고 여깁니다.

商君이 遺禮義, 棄仁恩하고 幷心於進取하여 行之二歲에 秦俗이 日敗라 故로 家富子壯則出分하고 家貧子壯則出贅(췌)①하여 借父耰鉏(우서)에 慮有德色②하고 毋取箕箒에 立而誶(쇄)語③하며 抱哺其子하여 與公併倨④하고 婦姑不相說(열)이면 則反(번)脣而相稽⑤하여 其慈子耆利 不同禽獸者 亡(무)幾耳⑥니이다 今其遺風餘俗이 猶尙未改하여 棄禮義, 捐廉恥 日甚하여 月異而歲不同矣라 今其甚者는 殺父兄矣어늘 而大臣이 特以簿書不報期會之間으로 以爲大故하고 至於俗流失, 世壞敗하여는 因恬而不知怪하여 以爲是適然耳⑦라하니이다

① "出贅"는 나가 데릴사위〔贅壻〕가 되는 것이다.
出贅, 出作贅壻也.

② 耰는 음이 憂이니, 흙덩이를 부수는 기구이고, 鉏는 牀魚의 切이니 서서 김맬 때에 사용하는 괭이이다. 곰방메와 괭이를 자기 아버지에게 빌려줄 적에 용모와 얼굴빛에 스스로 자랑하여 은덕을 베푸는 것으로 여김을 말한다.
耰, 音憂, 摩田器也. 鉏, 牀魚切, 立薅所用也. 謂以耰及鉏, 借與其父, 而容色自矜, 以爲恩德也.

③ 誶는 음이 碎이니, 꾸짖는다는 뜻이다.
誶, 音碎, 責讓也.

④ 哺는 먹인다는 뜻이다. 며느리가 자식을 안고 젖을 먹일 적에 마침내 그 시아버지와 함께 걸터앉음을 말한 것이니, 무례함이 심한 것이다.

---

34) 데릴사위〔贅壻〕: 贅壻(췌서)는 남자가 아내를 데리고 올 재물이 없어서 자신의 몸을 스스로 처가에 볼모로 잡히는 것이다. 이는 思政殿訓義 《資治通鑑綱目》 제2권 상 秦 始皇帝 33년조 訓義에 그 설명이 보인다.

哺, 飮也. 言婦抱其子而哺之, 乃與其舅併倨, 無禮之甚也.

⑤ 說(좋아하다)은 悅로 읽는다. 反(뒤집다)은 음이 翻이니, "反脣(입술을 뒤집는다.)"은 입술을 삐죽거리는 것이다. "相稽"는 잘잘못을 서로 비교하여 따지는 것이다.

說, 讀曰悅. 反, 音翻. 反脣, 謂口也. 相稽, 相與計校也.

⑥ 耆(좋아하다)는 嗜의 古字이니 두 글자가 통용된다. 秦나라 사람들은 孝와 義를 알지 못하고, 다만 자식만 사랑하고 이익만 탐할 줄 알 뿐이니, 이는 禽獸와 거리가 얼마 되지 않음을 말한 것이다.

耆, 古嗜字, 通用. 謂秦人不知孝義, 但知愛子貪利而已, 此其去禽獸無幾也.

⑦ "簿書"는 官府의 문서를 이르고 "期會"는 기한이란 말과 같고, "大故"는 큰일이다. 公·卿의 大臣들이 다만 문서가 기한 내에 이르는 것만 급하게 여겨서 풍속을 바로잡고 行義를 장려할 줄 모름을 말한 것이다. 恬은 편안히 여기는 것이고, 適은 당연히 여기는 것이다.

簿書, 卽簿籍文書. 期會, 猶言程限. 大故, 大事也. 言公卿大臣, (待)〔特〕[35]以簿書期會爲急, 不知正風俗, 厲行義也. 恬, 安也. 適, 當也.

【目】風俗을 바꾸어 천하 사람들로 하여금 마음을 돌려 道를 향하게 함은 대체로 세속의 관리가 할 수 있는 것이 아닙니다. 세속의 관리들이 힘쓰는 것은 〈문서를 작성하고 보관하는 데 필요한〉 칼과 붓과 상자〔筐篋〕에 있어서 大體를 알지 못하는데, 陛下께서는 또 스스로 근심하지 않으시니, 신은 적이 폐하를 위하여 애석히 여깁니다.

≪管子≫에 "禮·義·廉·恥를 四維[36]라 이르니, 四維가 펴지지 못하면 나라가 마침내 멸망한다."라고 하였으니, 이 어찌 한심하다 하지 않을 수 있겠습니까.

어찌 지금 떳떳한 제도를 정하여 임금은 임금 노릇 하고 신하는 신하 노릇 하여 상하가 차등이 있으며 父子와 六親이 각기 그 마땅함을 얻게 하는 것만 하겠습니까. 이 일이 한 번 정해지면 대대로 항상 편안하여 뒤에 지켜 따를 것이 있겠지만, 간약 떳떳한 제도를 정하지 못하면 이는 江河를 건넘에 닻줄과 노가 없는 것과 같아서 중류에서 풍파를 만나면 배가 반드시 전복될 것이니, 길게 탄식할 만하다는 것은 이것입니다.

夫移風易俗하여 使天下回心而鄕道는 類非俗吏之所能爲也①니이다 俗吏之所務는 在於刀筆筐篋(광협)하여 而不知大體②어늘 陛下又不自憂하시니 竊爲陛下惜之하노이다 筦子曰③ 禮義廉恥는 是謂四維니 四維不張이면 國乃滅亡이라하니 是豈可不爲寒心哉잇가 豈如今定經制하여 令君君, 臣臣하여 上下有差하며 父子六親이 各得其宜④리오 此業壹定이면 世世常安하여 而後有所持循

35) (待)〔特〕: 저본에는 '待'로 되어 있으나 綱에 의거하여 '特'으로 바로잡았다.

36) 四維 : 인간 사회를 유지하는 중요한 네 가지 동아줄이란 뜻이다.

矣[⑤]어니와 若夫經制不定이면 是猶度江河에 亡(무)維楫[⑥]하여 中流而遇風波면 船必覆矣리니 可爲長太息者此也로소이다

① 流俗에서 스스로 벗어나지 못하므로 "俗吏(세속의 관리)"라 한 것이다.
不能自拔於流俗. 故云俗吏.
② "筐篋"은 서류를 담는 상자이다.
筐篋, 所以盛書.
③ 筦은 管과 같다. 管仲이 지은 책 24篇을 ≪管子≫라 이름하였다.
筦, 與管同. 管仲所著書二十四篇, 名管子.
④ 經은 떳떳함이다. "六親"은 父・母, 兄・弟, 妻・子이다.
經, 常也. 六親, 父母兄弟妻子也.
⑤ "持循"은 잡아 지켜 따라서 행함을 이른다.
持循, 謂執持而順行之.
⑥ 維는 배를 동여매는 끈이고, 楫은 배를 가게 하는 노이다.
維, 所以繫船. 楫, 所以刺船.

【目】夏나라, 殷나라, 周나라는 天子가 되었을 적에 모두 수십 代를 전하였고, 秦나라는 天子가 된 지 2대 만에 망하였으니, 사람의 성품이 그리 서로 크게 다르지 않은데도 어찌하여 三代의 군주는 道가 있어 장구하였고, 秦나라는 道가 없어 갑자기 망했습니까.

옛날 王者들은 太子가 처음 태어나면 진실로 禮로써 거행하여, 有司가 공경하고 엄숙히 玄端服(검정색 예복)을 입고 면류관을 쓰고서 南郊에서 郊祭를 지낼 적에 태자를 하늘에 뵈었으며, 태자가 대궐을 지나게 되면 수레에서 내리고 사당을 지나게 되면 종종걸음으로 걸어가게 했습니다.

그러므로 태자가 갓난아이 때로부터 가르침이 진실로 이미 행해졌고, 어려서 웃고 갓 知覺이 있을 적에 三公과 三少[37)]가 孝와 仁, 禮와 義를 밝혀서 인도하여 익히게 하였으며, 간사한 사람을 쫓아 제거해서 태자로 하여금 악행을 보지 못하게 하였고, 천하의 단정한 선비로서 道와 學術이 있는 자를 선발하여 태자와 함께 거처하게 하였습니다.

그러므로 태자가 처음 태어나면 바른 일을 보고, 바른 말을 듣고, 바른 道를 행하며, 좌우와 전후에 있는 자가 모두 바른 사람이었습니다.

夏, 殷, 周는 爲天子에 皆數十世하고 秦은 爲天子에 二世而亡하니 人性이 不甚相遠也로되 何三

37) 三公과 三少 : 古代에 군왕을 보필하던 최고의 지위로 太師・太傅・太保를 '三公'이라 하고, 少師・少傅・少保를 '三少' 또는 '三孤'라 하였는데, 朝鮮朝에서는 領議政・左議政・右議政을 '三公'이라 하고 左贊成과 右贊成, 參贊을 '三孤'라 하였으며, 太子에게도 이러한 師傅 제도가 있었다.

代之君은 有道之長하고 而秦은 無道之暴(폭)也잇고 古之王者는 太子乃生이면 固擧以禮하여 有司齊(재)肅端冕하여 見(현)之南郊①하며 過闕則下하고 過廟則趨라 故로 自爲赤子로 而敎固已行矣②요 孩提有識[38]이어든 三公, 三少 明孝仁禮義以道習之③하며 逐去邪人하여 不使見惡行하며 選天下之端士有道術者하여 使與居處라 故로 太子乃生에 而見正事하고 聞正言하고 行正道하며 左右前後皆正人也니이다

① 乃는 처음(비로소)이라는 뜻이다. 齊(엄숙하다)는 齋로 읽는다. 端은 검은 옷이니, 端正하여 줄임이 없으므로 '端'이라 한 것이다. 冕은 관이다. 見(보이다)은 胡電의 切이니, "見之南郊(南郊에 보임)"는 太子를 하늘에 보이는 것이다.
乃, 始也. 齊, 讀曰齋. 端, 玄衣也, 端正無殺(쇄), 故曰端. 冕, 冠也. 見, 胡電切. 見之南郊, 以太子見于天也.

② 영아는 몸빛이 붉으므로 "赤子"라 한 것이다.
嬰兒體色赤, 故曰赤子.

③ 道(인도하다)는 導로 읽는다.
道, 讀曰導.

【目】 평소에 바른 사람과 거처하면 바르지 않을 수 없으니, 마치 齊나라에서 태어나서 자라면 齊나라 말을 하지 않을 수 없는 것과 같고, 평소에 바르지 못한 사람과 거처하면 바르지 않음이 없을 수 없으니, 마치 楚나라에서 태어나서 자라면 楚나라 말을 하지 않을 수 없는 것과 같습니다.[39]

孔子께서 말씀하시기를 '어려서 이루어짐은 天性과 같고 습관은 자연과 같다.' 하셨으니, 익힘이 지혜와 더불어 자라기 때문에 切磋琢磨하는 가르침을 입어 부끄러워할 만한 큰 잘못이 없고, 교화가 마음과 더불어 이루어지기 때문에 道에 맞음이 천성과 같은 것입니다. 三代가 장구했던 이유는 태자를 輔翼함에 이러한 방도가 있었기 때문입니다.

---

38) 孩提有識 : 孩提는 어려서 재롱을 부리며 웃는 것으로, 어려서 갓 知覺이 있을 때를 이른다.

39) 마치 齊나라에서……같습니다 : 그 지역에서 生長하면 자연 그 지방의 말을 익히게 됨을 말한 것이다. 《孟子》 〈滕文公 下〉에 "孟子가 宋나라의 신하인 戴不勝에게 말씀하기를 '그대가 그대의 왕이 善해지기를 바라는가. 내 분명히 그대에게 말하겠다. 여기에 楚나라의 大夫가 있는데 그의 아들이 齊나라 말을 하기를 바란다면 齊나라 사람으로 그 아들을 가르치게 하겠는가? 楚나라 사람으로 그 아들을 가르치게 하겠는가?' 하니, '齊나라 사람으로 가르치게 해야 할 것입니다.' 하였다. 孟子가 말씀하였다. '한 명의 齊나라 사람이 가르치거든 여러 명의 楚나라 사람들이 楚나라 말로 시끄럽게 떠들어대면 비록 날마다 종아리를 치면서 齊나라 말을 하기를 바라더라도 될 수 없겠지만, 그 아들을 데려다가 齊나라의 莊嶽의 사이에 몇 년 동안 놓아두면 비록 날마다 종아리 치면서 齊나라 말을 하기를 바라더라도 또한 될 수 없을 것이다.'"라고 하였는바, 이 내용을 인용한 것이다.

夫習與正人居之면 不能毋正이니 猶生長於齊에 不能不齊言也요 習與不正人居之면 不能毋不正이니 猶生長於楚에 不能不楚言也라 孔子曰 少成은 若天性이요 習貫은 如自然①이라하시니 習與智長故로 切而不媿하고 化與心成故로 中道若性②이니이다 夫三代之所以長久者는 以其輔翼太子에 有此具也니이다

① 貫은 工宦의 切이니 또한 익힌다는 뜻이다.
貫, 工宦切, 亦習也.

② 長(자라남)은 上聲이다. 媿는 愧의 古字이다. "切而不媿"는 매번 切磋琢磨를 입기 때문에 부끄러워할 만한 큰 잘못이 없음을 말한 것이다.
長, 上聲. 媿, 古愧字. 切而不媿, 言每被切磋, 故無大過可恥媿之事.

【目】秦나라는 趙高로 하여금 胡亥를 가르치게 하여 獄事를 가르쳐서 〈호해가〉 익힌 것이 사람을 베고 코 베는 것이 아니면 사람의 三族을 멸하는 것이었습니다. 그러므로 호해가 오늘 즉위하고는 다음 날 사람을 쏘아 죽여서 충성스럽게 諫하는 자를 비방한다 하고, 깊이 계책하는 자를 요망한 말을 한다 하여, 사람 죽이는 것을 마치 풀과 띠풀을 베듯이 하였으니, 이 어찌 다만 호해의 성품이 나빠서이겠습니까. 그를 인도한 것이 올바른 방도가 아니었기 때문입니다.

속담에 이르기를 '앞 수레가 전복되거든 뒤 수레가 경계하라.' 하였습니다. 천하의 운명은 太子에게 달려 있고, 태자의 善함은 일찍 가르치는 것과 좌우에 있는 사람을 선발하는 데에 달려 있으니, 마음이 넘치기 전에 먼저 타이르고 가르치면 교화가 쉽게 이루어지고, 가르침이 제대로 이루어지고 좌우에 있는 사람이 바르면 태자가 바루어져서 천하가 안정될 것입니다.

秦은 使趙高傅胡亥하여 而教之獄하여 所習者非斬劓(의)人이면 則夷人之三族也라 故로 今日卽位하여 而明日射人하여 忠諫者를 謂之誹謗이라하고 深計者를 謂之妖言이라하여 其視殺人을 若艾(예)草(管)〔菅〕[40] 然①하니 豈惟胡亥之性惡哉리오 彼其所以道之者 非其理故也니이다 鄙諺曰 前車覆이어든 後車誡라하니 天下之命은 縣於太子요 太子之善은 在於蚤諭教與選左右②하니 夫心未濫而先諭教면 則化易成也요 教得而左右正이면 則太子正而天下定矣리이다

① 艾(베다)는 刈로 읽는다. 菅은 음이 姦이니 띠이다.
艾, 讀曰刈. (管)〔菅〕, 音姦, 茅也.

40) (管)〔菅〕: 저본에는 '管'으로 되어 있으나, ≪漢書≫ 〈賈誼傳〉에 의거하여 訓義와 함께 '菅'으로 바로잡았다.

② 諭는 깨우쳐 고한다는 뜻이다. 與(및)는 及과 같다.
諭, 曉告也. 與, 猶及也.

【目】 무릇 사람의 지혜는 이미 그러한 것은 보고, 장차 그러할 것은 보지 못하니, 禮는 장차 그러하기 전에 금하는 것이요, 法은 이미 그러한 뒤에 금하는 것입니다. 이 때문에 법이 시행되는 것은 보기가 쉽고 禮가 생겨난 것은 알기가 어렵습니다.

경사로운 賞으로써 선행을 권면함과 형벌로써 악행을 징계함은 先王이 이 정사를 지키기를 金石처럼 견고히 하고 이 법령을 행하기를 四時처럼 미덥게 하고 이 것을 공정하게 시행하기를 天地처럼 사사로움이 없게 하셨으니, 어찌 도리어 賞罰을 쓰지 않았겠습니까. 그런데도 禮라고 말씀하고 禮라고 말씀한 것[41]은 악을 싹트기 전에 끊고 가르침을 작은 일에 일으켜서 백성들로 하여금 날마다 善으로 옮겨가고 죄를 멀리하면서도 스스로 알지 못하게 함을 귀하게 여겼기 때문입니다.

세상의 군주들이 백성이 善해지기를 바라는 마음은 똑같으나 백성들로 하여금 선하게 하는 방법이 달라서 혹은 德敎로써 인도하고 혹은 법령으로써 몰았습니다. 덕교로써 인도하는 자는 덕교가 흡족하여 백성들의 기운이 즐거워하고, 법령으로써 모는 자는 법령이 지극하여 백성들의 풍속이 슬퍼지니, 슬픔과 즐거움의 감동은 화와 복이 응하는 것입니다.

凡人之智는 能見已然이요 不能見將然하나니 夫禮者는 禁於將然之前이요 而法者는 禁於已然之後라 是故로 法之所爲用은 易見이요 而禮之所爲生은 難知也니이다 若夫慶賞以勸善과 刑罰以懲惡은 先王이 執此之政을 堅如金石하고 行此之令을 信如四時하고 據此之公을 無私如天地하시니 豈顧不用哉리오마는 然而曰禮云禮云者는 貴絶惡於未萌하고 而起敎於微眇하여 使民日遷善遠辠(고)而不自知也①니이다 蓋世主欲民之善이 同이로되 而所以使民善者異하여 或道之以德敎하고 或毆之以法令②하나니 道之以德敎者는 德敎洽而民氣樂하고 毆之以法令者는 法令極而民風哀하니 哀樂之感은 禍福之應也니이다

① 眇는 가늘고 작은 것이다.
眇, 細小也.
② 毆(몰다)는 驅와 같다.
毆, 與驅同.

---

41) 禮라고……것 : 禮를 자주 말하며 그치지 않음을 이른다.

【目】 사람이 그릇을 놓을 적에 편안한 곳에 두면 편안하고, 위태로운 곳에 두면 위태롭습니다. 천하는 큰 그릇이니, 천자가 두는 바에 달려 있습니다.

湯王과 武王은 천하를 仁義와 禮樂에 두어서 자손들이 수십 대를 이어 갔으니, 이는 천하가 함께 들은 것이요, 秦王은 천하를 법령과 형벌에 두어서 禍가 거의 자신에게 미치고 자손들이 죽임을 당하고 끊겼으니, 이는 천하가 함께 본 것입니다. 이것이 그 분명한 효험과 큰 징험이 아니겠습니까.

사람들의 말에 이르기를 '말을 듣는 방도는 반드시 그 일을 가지고 살펴보면 말하는 자가 감히 妄言을 못한다.'라고 하였습니다. 지금 혹 '예의가 법령만 못하다.' 하고, '교화가 형벌만 못하다.'고 하는 자가 있거든 군주께서는 어찌하여 殷나라·周나라와 秦나라의 일을 인용하여 살펴보지 않으십니까.

夫人之置器는 置諸安處則安하고 置諸危處則危하나니 天下는 大器也니 在天子之所置之니이다 湯, 武는 置天下於仁義禮樂하여 累子孫數十世하니 此는 天下所共聞也요 秦王은 置天下於法令刑罰하여 旤(화)幾及身하고 子孫誅絶①하니 此는 天下之所共見也니 是非其明效大驗邪잇가 人之言曰 聽言之道는 必以其事觀之하면 則言者莫敢妄言이라하니 今或言禮義之不如法令하고 敎化之不如刑罰이어든 人主胡不引殷周秦事以觀之也잇고

① 旤는 禍의 古字이다.
旤, 古禍字.

【目】 군주의 높음은 비유하면 堂과 같고, 여러 신하들은 陛(당에 오르는 섬돌)와 같고, 여러 백성들은 땅과 같습니다. 그러므로 陛가 아홉 계단 이상이 되어 지붕의 모서리가 땅에서 멀면 堂이 높고, 陛가 계단이 없어서 지붕의 모서리가 땅과 가까우면 堂이 낮습니다. 높은 것은 부여잡고 올라가기가 어렵고, 낮은 것은 올라타기가 쉬우니, 이치와 형세가 그러한 것입니다.

그러므로 옛날 聖王들이 等列을 제정하여 안에는 公·卿·大夫·士가 있고, 밖에는 公·侯·伯·子·男이 있었으니, 그런 뒤에 官師와 小吏가 있고 아래로 庶人에게까지 미쳐서 등급이 분명하고, 天子가 그 위에 계셨습니다. 그러므로 그 높음을 미칠 수 없었던 것입니다.

人主之尊은 譬如堂하고 群臣은 如陛하고 衆庶는 如地①라 故로 陛九級上②에 廉遠地則堂高③하고 陛無級하여 廉近地則堂卑하니 高者는 難攀이요 卑者는 易陵이 理勢然也④라 故로 古者聖王이 制爲

等列하여 內有公, 卿, 大夫, 士하고 外有公, 侯, 伯, 子, 男하니 然後에 有官師, 小吏하고 延及庶人하여 等級分明而天子加焉이라 故로 其尊을 不可及也⑤니이다

① 천자의 堂은 9尺이고, 諸侯는 7尺이고, 大夫는 5尺이고, 士는 3尺이다.
天子之堂九尺. 諸侯七尺. 大夫五尺. 士三尺.
② 級은 계단의 등급이다.
級, 等也.
③ 廉은 모서리이다.
廉, 側隅也.
④ 陵은 올라탄다는 뜻이다.
陵, 乘也.
⑤ 官師는 한 관청의 우두머리이다.
官師, 一官之長.

【目】 속담에 이르기를 '쥐에게 물건을 던지고자 하나 그릇이 깨질까 하여 꺼린다.' 하였으니, 이는 좋은 비유입니다. 쥐가 그릇에 가까이 있더라도 오히려 꺼리고 물건을 던지지 아니하여 그릇을 상할까 두려워하는데, 하물며 君主를 가까이 모시는 貴臣에 있어서이겠습니까.

廉恥와 禮節로 君子를 다스리므로 〈죄를 지은 大臣에게〉 죽음을 내림은 있어도 욕보임은 없으니, 이 때문에 刺字(자자)하고 코 베는 죄가 大夫에게 미치지 않은 것입니다. ≪禮記≫에 감히 군주의 路馬의 나이를 세지 않으며 路馬의 꼴을 발로 차는 자에게 벌이 있는 것은,[42] 주상을 위하여 미리 불경죄를 멀리하게 한 것입니다.

지금 王侯와 三公의 귀한 신분은 모두 天子가 용모를 고치고 예우한 자이고, 옛날에 이른바 '伯父와 伯舅'라는 자들인데, 여러 서인들과 함께 자자하고 코 베고 머리 깎고 발 베고 棄市하는 법을 똑같이 시행하게 하니, 그렇다면 堂에 階가 없는 것이 아니겠습니까. 〈대신에게〉 욕을 보이는 것은 너무 군주를 핍박하는 것이 아니겠습니까. 염치가 행해지지 못하여 대신이 막중한 권세와 큰 관직을 쥐고도 徒隷(하인)들의 염치없는 마음을 갖게 하는 것이 아니겠습니까.

望夷宮의 일에서 二世皇帝가 중형으로 처벌받은 것[43]은 쥐에게 물건을 던지고 그릇

42) 禮記……것은 : 路馬는 군왕이 타는 수레를 끄는 말이다. 옛날에 말과 소의 입을 벌려 이빨이 난 것과 이빨이 빠진 것을 보아 말과 소의 나이를 알았다. 위의 내용은 ≪禮記≫ 〈曲禮〉에 그대로 보인다.

43) 望夷宮의……것 : 望夷宮은 秦나라 때 宮의 이름으로 二世皇帝가 여기에서 趙高에게 시해당하였다. 이보다 앞서 丞相 조고는 이세황제에게 民亂이 일어난 사실을 숨기고 말하지 않았는데, 劉邦 등이

이 깨지는 것을 꺼리지 않은 습관 때문이었습니다.

諺曰 欲投鼠而忌器라하니 此善諭也라 鼠近於器라도 尙憚不投하여 恐傷其器어든 況於貴臣之近主乎잇가 廉恥節禮로 以治君子라 故로 有賜死而亡(무)戮辱하니 是以로 黥劓(경의)之辠 不及大夫니이다 禮에 不敢齒君之路馬하며 蹩(축)其芻者有罰은 所以爲主上豫遠不敬也[①]니이다 今에 自王侯三公之貴는 皆天子之所改容而禮之者也요 古之所謂伯父伯舅也어늘 而令與衆庶로 同黥, 劓, 髡, 刖, 棄市之法[②]하니 然則堂不無陛乎잇가 被戮辱者 不泰迫乎[③]잇가 廉恥不行하여 大臣이 無乃握重權大官而有徒隷無恥之心乎잇가 夫望夷之事에 二世見當以重法者는 投鼠而不忌器之習也[④]니이다

① 齒는 그 나이를 살핌을 이른다. 蹩(차다)은 蹴과 통한다.
齒, 謂審其齒歲也. 蹩, 通作蹴.
② 천자가 제후의 年長者를 부를 적에 同姓이면 伯父라 하고, 異姓이면 伯舅라 한다.
天子呼諸侯長者, 同姓則曰伯父, 異姓則曰伯舅.
③ 泰(너무)는 太와 통하니, "泰迫"은 天子를 너무 핍박함을 이른다.
泰, 通作太. 泰迫, 謂偪迫天子也.
④ 當(해당되다)은 平聲이니, 죄를 결단함이다.
當, 平聲, 決罪也.

【目】臣이 들으니, '신발이 비록 고우나 베개 위에 올려놓지 않고, 冠이 비록 해졌으나 신발의 깔창으로 삼지 않는다.' 하였으니, 이미 일찍이 귀하고 총애하는 지위에 있어서 天子가 용모를 고쳐 禮貌로 대하였고, 관리와 백성들이 일찍이 부복하여 존경하고 두려워하였습니다.

지금에 만일 허물이 있으면 황제가 폐출시키는 것도 괜찮고 물러나게 하는 것도 괜찮고, 사약을 내리는 것도 괜찮고, 삼족을 멸하는 것도 괜찮지만, 이들을 속박하고 묶어서 司寇에 수송하고 徒官에 편입시켜 낮은 아전들이 함부로 꾸짖고 매를 때리고 볼기를 치니, 이것은 자못 여러 庶人들로 하여금 보게 할 만한 것이 아닙니다.

낮고 천한 자들이, 존귀한 자가 하루아침(갑자기) 형벌을 받게 되면 우리도 마침내 이러한 모욕을 가할 수 있다는 것을 익히 알게 하니, 이는 높은 사람을 높이고 귀한 사람

봉기하여 秦나라를 공격하자, 이세황제가 사람을 시켜 조고를 질책하니, 조고는 자신의 사위인 閻樂으로 하여금 황제를 望夷宮에 유폐하고 꾸짖기를 "足下는 교만 방자하여 사람들을 함부로 살해하고 무도하여 천하가 모두 배반하니, 신이 승상의 명을 받아 족하를 주살한다."라 하여 자살하게 하였으므로 말한 것이다.

을 귀하게 대우하는 교화가 아닙니다.

臣이 聞之호니 履雖鮮이나 不加於枕하고 冠雖敝나 不以苴履①라하니 夫已嘗在貴寵之位하여 天子改容而體貌之矣요 吏民嘗俯伏以敬畏之矣라 今而有過면 帝令廢之可也요 退之可也요 賜之死可也요 滅之可也어니와 若夫束縛之하고 係緤(설)之하여 輸之司寇하고 編之徒官하여 小吏詈罵(이매)而榜笞之하니 殆非所以令衆庶見也②니이다 夫卑賤者習知尊貴者之一旦③에 吾亦乃可以加此也하니 非所以尊尊貴貴之化也니이다

① 鮮은 相然의 切이니 좋다는 뜻이다. 苴는 子余의 切이니 신발 안의 바닥에 까는 깔개이다.
鮮, 相然切, 善也. 苴, 子余切, 履中之藉也.

② 緤(매다)은 紲과 통하니, 〈"係緤之"는〉 긴 끈을 가지고 연하여 맴을 이른다. 司寇는 刑罰을 주관하는 관원이다.[44] 編은 名簿에 이름을 차례로 나열함을 이른다. 徒官은 형벌 받은 무리로서 관청에 실려가 노역하는 자를 이른다.
緤, 與紲通. 謂以長繩連係之也. 司寇, 主刑罰之官. 編, 謂列次名籍也. 徒官, 謂刑徒輸作於官者.

③ 〈"習知尊貴者之一旦"은〉 하루아침에 형벌이 가해질 수 있음을 아는 것이다.
知有一旦之刑.

【目】 옛날에 大臣이 청렴하지 못한 죄에 걸려서 폐출당하는 자가 있으면 죄목을 '簠簋가 잘 정돈되지 못했다.'라 하였고, 더럽고 음란한 죄에 걸린 자가 있으면 죄목을 '휘장〔帷薄〕이 닦이지 못했다.'라 하였고, 피폐하고 연약하여 임무를 감당하지 못한 죄에 걸린 자가 있으면 죄목을 '아래 관원들이 직무를 제대로 수행하지 못했다.'라고 하였습니다.

그러므로 귀한 대신이 참으로 죄가 있더라도 오히려 곧바로 지목하여 죄명을 부르지 않고 오히려 이리저리 돌려 숨겨주었으며, 큰 견책과 큰 꾸짖음의 罪科에 있는 자는 흰 冠에 들소 꼬리 갓끈 차림으로 소반에 물을 담고 그 위에 칼을 얹어 請室에 나아가 죄를 청하였고, 결박하여 데려가지는 않았습니다.

그리하여 이 가운데 중급의 罪가 있는 자는 명령을 따라 스스로 버려져 〈죽어서〉 임금이 사람을 시켜 목을 비틀고 칼과 톱을 가하게 하지 않았으며, 큰 죄가 있는 자는 북

44) 司寇는……관원이다 : 司寇는 《周禮》에 大司寇와 小司寇로 나뉘는데, 大司寇는 뒤에 刑部尙書라 하였고, 우리나라에서는 刑曹判書에 해당된다. 그러나 여기서는 "司寇에 수송하고 徒官에 편입시킨다.〔輸之司寇 編之徒官〕"라고 한 것으로 보아 司寇와 徒官에 관한 형벌 명칭으로 보는 것이 옳을 듯하다. 司寇는 또한 漢代의 형벌 이름으로 邊境에 실려 가서 수자리를 살며 적을 방어하였다. 이때의 '司'는 '伺'와 통한다.

향하여 再拜하고 무릎 꿇고서 스스로 목숨을 끊어서 임금이 사람을 시켜 상투를 잡고 눌러서 죽이게 하지 않았습니다. 그리하여 임금이 이르기를 '그대(子大夫)가 본래 잘못이 있을지언정 내가 그대를 대우함은 禮가 있었다.'라고 하였습니다.

古者에 大臣이 有坐不廉而廢者면 曰簠簋(보궤)不飾①이라하고 坐汙穢淫亂者면 曰帷薄不修②라하고 坐罷(피)軟不勝任者면 曰下官不職③이라하니이다 故로 貴大臣이 定有辠(고)矣라도 猶未斥然正以呼之也하여 尙遷就而爲之諱也④하며 其在大譴大何之域者는 則白冠氂纓(리영)으로 盤水加劍하여 造請室而請辠耳요 不執縛係引而行也⑤하며 其有中辠者는 聞命而自弛하여 上不使人頸盭(경려)而加也⑥하며 其有大辠者는 北面再拜하고 跪而自裁하여 上不使人捽抑(졸억)而刑之也⑦하여 曰 子大夫自有過耳언정 吾遇子有禮矣⑧로라하니이다

① 簠簋는 음이 甫軌이니, 네모진 것을 簠라 하고 둥근 것을 簋라 하니, 밥을 담는 그릇이다. 飾은 整齊한다(정돈하여 가지런히 함)는 뜻이다.
簠簋, 音甫軌, 方曰簠, 圓曰簋, 盛飯器. 飾, 整齊也.

② 帷는 휘장이다. 薄은 一本에는 '箔'으로 되어 있으니, 발〔簾〕이다. 卿·大夫는 帷를 사용하고 士는 簾을 사용하니, 스스로 내실을 가리는 것이다. 修는 다스린다는 뜻이다.
帷, (慢)〔幔〕45)也. 薄, 一作'箔', 簾也. 卿大夫帷, 士以簾, 所以自障蔽也. 修, 理也.

③ 罷는 疲로 읽으니, 일을 폐지하는 것이다. 軟(연)은 약하다는 뜻이다.
罷, 讀曰疲, 廢於事也. 軟, 弱也.

④ 斥은 指斥이다.
斥, 指斥也.

⑤ 譴은 문책한다는 뜻이다. 何는 呵와 통하니, 노하여 꾸짖는 것이다. "白冠(흰 冠)"은 喪服이다. 氂(리)는 음이 釐이니, 氂는 바로 들소의 꼬리이다. 喪服은 들소의 꼬리를 사용하여 갓끈을 만들어서 冠을 꾸민다. "盤水(소반의 물)"는 물의 성질이 평평하니, 만약 자신이 참으로 죄가 있으면 군주가 소반의 물처럼 공평한 법으로 다스려 달라는 뜻이다. "加劍(劍을 얹다.)"은 마땅히 스스로 목을 찔러 죽어야 하는 것이다. 혹자는 "희생을 잡는 자가 소반의 물로써 짐승의 목의 피를 취하므로 이와 같음을 보인 것이다."라고 한다. 造는 이른다는 뜻이다. "請室"은 죄를 청하는 방이다.
譴, 責問也. 何, 與呵通, 怒責也. 白冠, 喪服也. 氂, 音釐, 氂, 是氂牛之尾. 喪服, 用氂爲纓, 以飾冠也. 盤水, 水性平, 若已有正罪, 君以平法治之也. 加劍, 當以自刎也. 或曰"殺牲者, 以盤水取頸血. 故示若此也." 造, 至也. 請室, 請罪之室也.

⑥ 弛는 폐함이니, 〈"自弛"는〉 스스로 폐하여 죽음을 이른다. 盭(비틀다)는 戾의 古字이다. 盧結의 切이니 捩와 통한다. "頸盭"는 그 목을 비틀어 직접 칼과 톱을 가하는 것이다.
弛, 廢也. 謂自廢而死. 盭, 古戾字, 盧結切, 與捩通. 頸盭, 戾其頸而親加刀鋸也.

---

45) (慢)〔幔〕: 저본에는 '慢'으로 되어 있으나, ≪御批資治通鑑綱目≫에 의거하여 '幔'으로 바로잡았다.

⑦ "自裁"는 스스로 형벌하여 죽음을 이른다. 捽은 才兀의 切이니 머리털을 잡는 것이고, 抑은 누름을 이른다.
自裁, 謂自刑殺也. 捽, 才兀切, 持頭髮也. 抑, 謂按之也.
⑧ 子는 남자의 美稱이니, 子大夫는 옛날 士大夫의 通稱이다.
子者, 男子之美稱. 子大夫, 古者士大夫通稱也.

【目】 신하들을 대우함에 禮가 있었기 때문에 여러 신하들이 스스로 자기 志氣(志操와 氣槪)를 아꼈으며, 염치로 사람들을 대하였기 때문에 사람들이 節行을 높였습니다. 그리하여 교화가 이루어지고 풍속이 안정되면 신하 된 자들이 모두 행실을 돌아보고 이익을 잊으며 절개를 지키고 義를 따랐던 것입니다.

이 때문에 〈大臣에게〉 제어할 수 없는 권한을 맡기고 6尺의 어린 임금을 부탁할 수 있었던 것이니, 이는 염치를 장려하고 예의를 행한 소치입니다. 主上께서 무슨 손실이 있으시기에 이것을 행하지 않고 도리어 저것을 오랫동안 행하십니까. 그러므로 길게 탄식할 만하다는 것은 이것입니다."

遇之有禮故로 群臣自憙[①]하며 嬰以廉恥故로 人矜節行[②]하여 化成俗定이면 則爲人臣者 皆顧行而忘利하며 守節而伏義라 故로 可以託不御之權이요 可以寄六尺之孤[③]니 此는 厲廉恥, 行禮誼之所致也니이다 主上이 何喪焉[④]이완대 此之不爲하고 而顧彼之久行[⑤]하시니 故로 曰可爲長太息者此也[⑥]로소이다

① 憙는 許吏의 切이니 좋아한다는 뜻이니, 志氣의 일을 하기 좋아함을 이른다.
憙, 許吏切, 好也, 謂好爲志氣也.
② 嬰은 가한다는 뜻이고, 矜은 높인다는 뜻이다.
嬰, 加也. 矜, 尙也.
③ "可以託不御之權(제어할 수 없는 권한을 맡긴다.)"은 신하가 항상 군주를 생각하고 자신을 잊으며, 나라를 걱정하고 집안을 잊음을 말한 것이니, 이와 같다면 權柄을 맡겨주어서 다시 제재할 필요가 없는 것이다.
可以託不御之權, 言念主忘身, 憂國忘家, 如此, 可托權柄, 不須復制御也.
④ 喪은 잃는다는 뜻이다. 이와 같이 하면 主上에게 손상되는 바가 없음을 말한 것이다.
喪, 失也. 言如此, 則於主上, 無所失也.
⑤ 此는 禮義와 廉恥로 신하를 대우함을 이르고, 彼는 貴臣을 욕보임을 이르니, 이것을 하지 않고 도리어 저것을 오랫동안 행함을 말한 것이다.
此, 謂以禮義廉恥遇其臣, 彼, 謂戮辱貴臣, 言不爲此而反久行彼也.
⑥ 〈賈誼의〉 ≪新書≫에 "天子의 정승을 丞相이라 하고, 諸侯의 정승을 丞相이라 한다."라고

운운한 한 節이 있으니, 이것이 길게 탄식할 만한 첫 번째 일인데, 史官이 삭제하여 없애었다. 간사한 짓을 하여도 잡을 수 없는 것이 두 번째 길게 탄식할 만한 일이요, 떳떳한 제도를 정하지 않은 것이 세 번째 길게 탄식할 만한 일이요, 일찍 太子를 타이르고 가르치지 않는 것이 네 번째 길게 탄식할 만한 일이요, 殷나라·周나라와 秦나라의 일을 살펴보지 않는 것이 다섯 번째 길게 탄식할 만한 일이요, 大臣을 예모로 대하지 않는 것이 여섯 번째 길게 탄식할 만한 일이다.

新書, 有"天子之相號爲丞相, 諸侯之相號爲丞相."云云一節, 此太息之一而史削之亡. 爲姦邪不可得, 二太息. 經制不定, 三太息. 早諭教太子, 四太息. 觀殷周秦事, 五太息. 體貌大臣, 六太息.

【目】上이 그의 말을 깊이 받아들여 신하를 기름(대함)에 절도가 있으니, 이후에 대신이 죄를 지으면 모두 자살하고 형벌을 받지 않았다.

上이 深納其言하여 養臣下有節하니 是後에 大臣有罪면 皆自殺하고 不受刑하니라

戊辰年(B.C. 173)

【綱】漢나라 太宗 孝文皇帝 7년이다. 여름 4월에 赦免하였다.

七年이라 夏四月에 赦하다

【綱】6월에 未央宮의 동쪽 대궐인 罘罳(부사)에 화재가 발생하였다.

六月에 未央宮東闕罘罳災[①]하다

① 罘는 음이 浮이고 罳는 음이 思이다. 자연적으로 불이 난 것을 災라 하니, 東闕인 罘罳에 화재가 남을 이른다. 혹자는 "東闕과 그 양 옆에 있는 罘罳(그물 모양의 건축물)에 모두 화재가 났다."라고 한다. 罘罳는 대궐과 이어진 굽은 閣을 이르니, 二重으로 조각한 담장을 덮은 곳이 그 모습이 마치 새그물을 쳐놓은 듯하였다. 일설에 "罘罳는 병풍이다." 罘는 다시란 뜻이고 罳는 생각한다는 뜻이니, 신하가 군주에게 조회할 적에 병풍 밖에 이르러서 아뢸 일을 그 아래에서 다시 생각하는 것이다." 하였다.

罘, 音浮. 罳, 音思. 天火曰災, 謂東闕之罘罳災也. 或云 "東闕與其兩旁罘罳皆災也." 罘罳, 謂連闕曲閣也, 以覆重刻垣墉之處, 其形罘罳然. 一說 "罘罳, 屛也. 罘者, 復也. 罳者, 思也. 臣朝君, 至屛外, 復思所奏之事於其下也."

己巳年(B.C. 172)

【綱】漢나라 太宗 孝文皇帝 8년이다. 여름에 淮南厲王의 아들 네 사람을 封하여 列侯로 삼았다.

八年이라 夏에 封淮南厲王子四人하여 爲列侯하다

【目】백성 중에 淮南王의 죽음을 노래한 자가 있어 말하기를 "〈형제간에는〉 한 자의 삼베도 오히려 꿰매어 입을 수 있고 한 말의 곡식도 오히려 방아 찧어 먹을 수 있는데, 형제 두 사람이 서로 용납하지 못한다."라 하였다. 황제가 이 노래를 듣고 〈자신의 잘못을〉 걱정하여 회남왕의 아들인 劉安 등 네 사람을 봉하여 列侯로 삼았다.

賈誼는 上이 반드시 장차 다시 이들을 왕으로 삼을 것을 알고 다음과 같이 상소하여 諫하였다.

"회남왕이 패역무도하였으니, 천하에 어느 누가 그의 죄를 모르겠습니까. 그런데 지금 죄인의 자식들을 받들어 높이시니, 다만 천하에 비방을 살 뿐입니다. 이 자식들이 점점 장성하면 어찌 자기 아비의 원한을 잊겠습니까. 淮南이 비록 작으나 黥布가 일찍이 이 지역을 이용하여 반란하였으니, 그때 漢나라가 보존된 것은 단지 요행일 뿐이었습니다. 원수들이 멋대로 이 지역을 차지하도록 내버려두면 충분히 漢나라를 위태롭게 할 밑천이 되니, 계책에 있어 불편합니다. 그런데 그들에게 백성을 주고 그들에게 재물을 쌓아주시니, 이는 이른바 '적에게 병기를 빌려주고 호랑이에게 날개를 붙여준다는 것입니다."

그러나 上이 따르지 않았다.

民有歌淮南王者하여 曰 一尺布도 尙可縫이요 一斗粟도 尙可舂(용)이어늘 兄弟二人이 不相容①이로다 帝聞而病之하여 封王子安等四人하여 爲列侯②하다 賈誼知上必將復王之也하고 上疏諫曰 淮南王이 悖逆無道하니 天下孰不知其辜리오 今奉尊罪人之子하니 適足以負謗於天下耳③라 此人少壯이면 豈能忘其父哉④리잇가 淮南雖小나 黥布嘗用之矣니 漢存은 特幸耳⑤라 夫擅仇人이면 足以危漢之資니 於策不便⑥이어늘 予之衆하고 積之財하시니 所謂假賊兵爲虎翼者也니이다 上이 弗聽⑦하다

① 한 자의 삼베도 꿰매어 형제가 함께 입을 수 있고 한 말의 곡식도 방아 찧어서 형제가 함께 먹을 수 있는데, 하물며 천하의 넓음을 가지고 형제가 서로 용납하지 못한단 말인가라고 말한 것이다.

一尺布可縫而共衣, 一斗粟可舂而共食, 況以天下之廣而不相容乎.

② 病(걱정하다)은 患과 같다. 劉安을 阜陵侯에, 劉勃을 安陽侯에, 劉賜를 陽周侯에, 劉良을 東城侯에 봉하였다.
病, 猶患也. 安封阜陵侯, 勃封安陽侯, 賜封陽周侯, 良封東城侯.

③ 만약 그 아들을 높여 왕 노릇 시키면 이는 厲王(淮南王 劉長의 시호)이 죄가 없는데, 漢나라에서 억울하게 죽인 것이 됨을 말한 것이다.
言若尊王其子, 則是厲王無罪, 漢枉殺之.

④ "少壯"은 점점 長大해진다는 말과 같다.
少壯, 猶言稍長大也.

⑤ 〈"漢存 特幸耳"는〉 漢나라가 黥布를 이기고 보존됨은, 이는 다만 천행이었을 뿐임을 말한 것이다.
言漢之勝布得存, 此直天幸耳.

⑥ 네 아들에게 물자와 권력을 빌려주면 마땅히 漢나라를 위태롭게 할 것임을 말한 것이다.
言假四子以資權, 則當危漢.

⑦ ≪周書≫에 "범에게 날개를 붙여주지 말지어다. 장차 날아서 고을에 들어와 사람을 골라 잡아먹을 것이다."라 하였다.[46]
周書云 "無爲虎傅翼. 將飛入邑, 擇人而食之."

【綱】 長星이 동쪽에 나타났다.

長星이 **出東方**①[47]하다

① 孛星(패성)·彗星(혜성)·長星 세 별은 그 占(災變)이 대략 같다. 그러나 그 형상은 다소 다르다. 패성은 光芒(광채)이 짧고 빛이 사방으로 퍼져나가며, 혜성은 光芒이 길어서 땅을 쓰는 빗자루처럼 길고, 장성은 光芒이 일직선으로 되어 있는데, 가리킴이 혹은 하늘 끝에 이르고, 혹은 열 길, 세 길, 두 길이어서 일정함이 없다. 장성은 대부분 兵亂의 상이 된다.
孛·彗·長三星, 其占略同. 然其形象少異. 孛星, 光芒短, 其光四出. 彗星, 光芒長, 參參如掃彗. 長星, 光芒有一直, 指或竟天, 或十丈, 三丈, 二丈, 無常也. 長星, 多爲兵革事.

---

46) 周書에……하였다 : ≪逸周書≫ 〈寤儆解〉에 "호랑이에게 날개를 달아주지 말라. 〈날개를 달아주면〉 장차 날아서 집에 들어와 사람을 골라 잡아먹을 것이다.〔無虎傅翼 將飛入宮 擇人而食〕"라고 보인다.

47) 長星出東方 : "이때 군주의 덕이 밝고 정사에 잘못이 없었는데, '長星이 동쪽에 나타났다.〔長星出東方〕'라고 쓴 것은 아마도 吳·楚 7國이 배반할 조짐일 것이다.〔是時 君德方明 政事無闕 書長星出東方 其殆吳楚七國之應歟〕" ≪發明≫

庚午年(B.C. 171)

【綱】 漢나라 太宗 孝文皇帝 9년이다. 봄에 크게 가물었다.

九年이라 **春**에 **大旱**하다

辛未年(B.C. 170)

【綱】 漢나라 太宗 孝文皇帝 10년이다. 겨울에 將軍 薄昭가 죄가 있어 자살하였다.

十年이라 **冬**에 **將軍薄昭 有罪自殺**[48]하다

【目】 薄昭가 漢나라 使者를 죽였는데, 황제가 차마 주벌을 가하지 못하고 公卿들로 하여금 그를 따라 술을 마시게 하고 스스로 칼을 끌어다가 자결〔引分〕하게 하려 하였으나 박소가 죽으려 하지 않자, 여러 신하들로 하여금 상복을 입고 가서 곡하게 하니, 마침내 자살하였다.

薄昭殺漢使者한대 **帝不忍加誅**하여 **使公卿從之飮酒**하여 **欲令自引分**호되 **昭不肯**이어늘 **使群臣**으로 **喪服往哭之**하니 **乃自殺**①하다

① "引分"은 引決(자살하다)이란 말과 같으니, 〈"令自引分"은〉 자살하게 함을 이른다. "往哭之(가서 곡하게 하다.)"는 그를 赦免하지 않을 것임을 보인 것이다.
引分, 猶言引決, 謂令自殺也. 往哭之, 以示其不赦也.

---

48) 有罪自殺 : "薄昭가 죽은 것은 漢나라 使者를 죽인 죄에 걸려서이다. '죄가 있어 자살하였다.'라고 썼으니, ≪資治通鑑綱目≫에서 이 옥사를 결단한 것이다.〔坐殺漢使也 書曰有罪自殺 綱目有以斷斯獄矣〕" ≪書法≫
"薄昭의 죽음에 대해 先儒들이 논한 것이 많다. 이제 ≪資治通鑑綱目≫에 '장군 박소를 죽였다.'고 쓰지 않고, '장군 박소가 죄가 있어 자살하였다.'라고 썼으니, 그렇다면 〈죄가 있다고〉 결단한 것이 매우 분명하다. 박소가 비록 황제의 외숙이나 또한 신하이니, 어찌 신하로서 천자의 使者를 죽이고서 그 죄를 피할 수 있겠는가. 禮에 '신하는 감히 군주의 수레를 끄는 말의 입을 벌려 〈이빨이 난 것과 이빨이 빠진 것을 보아 말의〉 나이를 따지지 않는다.'고 하였는데, 하물며 천자의 使者이겠는가. 주벌한 것이 당연하다.〔薄昭之死 先儒論者多矣 今綱目 不書殺將軍薄昭 而書將軍薄昭有罪自殺 則所斷爲甚明 夫昭雖帝之舅 亦人臣爾 安有人臣殺天子之使者而可逭其罪哉 禮不敢齒君之路馬 況使者乎 誅之當矣〕" ≪發明≫

【目】 司馬溫公(司馬光)이 다음과 같이 평하였다.

"李德裕[49]가 이르기를 '漢나라 文帝가 薄昭를 죽인 것은, 결단은 분명하게 하였으나 의리에는 온당하지 못하다. 太后에게 오직 한 아우인 박소가 있었는데 그를 죽였으니, 어떻게 어머니(太后)의 마음을 위로하겠는가.'라 하였다.

나는 생각하건대, 法은 천하의 공정한 기물이니, 오직 법을 잘 유지하는 사람은 친한 자와 소원한 자에게 똑같이 법을 적용하여 법이 시행되지 않는 바가 없으니, 그리하면 사람마다 감히 믿는 바가 있어서 죄를 범하지 못할 것이다. 박소가 漢나라 使者를 죽였으니, 이것은 믿는 바가 있어서 그러한 것이 아니겠는가. 그런데 만약 또 따라서 그를 용서한다면 漢나라 成帝와 哀帝의 세대와 무엇이 다르겠는가.

魏나라 文帝[50]가 말하기를 '舅后(임금의 외숙과 태후)의 집안은 다만 은혜로써 길러주어야 하고, 권세를 빌려주어서는 안 된다. 이미 죄와 법을 저촉하였으면 주벌하지 않을 수 없다.' 하였으니, 문제가 처음에 박소를 막지 않았음을 비판한 것이다. 이 말이 맞다. 그렇다면 어머니의 마음을 위로하려는 자는 장차 처음에 삼가야 할 것이다."

司馬公曰 李德裕以爲漢文誅薄昭는 斷則明矣나 於義則未安也라 太后唯一弟而殺之하니 何以慰母氏之心哉①리오하니 臣愚는 以爲法者는 天下之公器니 惟善持法者는 親疎如一하여 無所不行이면 則人莫敢有所恃而犯之也라하노라 夫薄昭殺漢使者하니 非有恃而然乎아 若又從而赦之면 則與成哀之世로 何異哉②리오 魏文帝曰 舅后之家는 但當養育以恩이요 而不當假借以權이니 旣觸罪法이면 又不得不害라하니 譏文帝之始不防閑昭也니 斯言이 得之矣라 然則欲慰母心者는 將愼之於始乎인저

① 李德裕는 唐나라의 趙郡 사람이다.
德裕, 唐趙郡人.
② 成帝와 哀帝 두 황제는 권력이 外家에 있었다.
成・哀二帝, 權在外家.

【目】 程子가 다음과 같이 평하였다.

"두 분(李德裕・司馬溫公)은 모두 한 가지만을 고집한 의논이니, 의리에 미진하다. 의리가 이미 온당하지 못하면 명확한 결단이 아니니, 법이 시행되지 못하는 바가 있더라

49) 李德裕 : 唐나라 武宗 때의 정승으로 字는 文德이며, 唐 憲宗 때의 명재상인 李吉甫의 아들이다.
50) 魏나라 文帝 : 漢나라 말기 삼국시대 魏나라의 曹조로 아버지 曹操의 뒤를 이어 魏王이 되었으며, 뒤에 漢나라 獻帝를 시해하고 帝位에 올랐다.

도 어찌 公正한 기물이 됨에 해롭겠는가. 의리에 맞지 않으면 바른 은혜가 아니요, 바른 은혜를 해치면 義가 될 수 없다.

만일 薄昭가 長陵[51]의 흙을 훔쳤다면(도굴했다면) 太后가 비록 먹지 않고 굶어서 죽더라도 박소를 주벌하지 않을 수 없다. 그리고 漢나라 使者를 죽인 것에도 종류가 또한 차이가 있으니, 만약 박소에게 죄가 있어서 사자에게 명하여 가서 죄를 다스리게 했는데, 박소가 사자를 잡아 죽였다면 태후의 마음을 상하게 하더라도 박소를 용서할 수 없지만, 만약 태후가 반드시 자신의 생명을 끊으려 한다면 박소를 살려두어 태후를 온전히 하는 것도 괜찮고, 박소가 혹 사자와 분노하여 다투다가 죽였으면 박소를 용서하여 어머님 마음을 위로하는 것도 괜찮으니, 이것을 일러 '저울질을 잘한다.'라고 하는 것이다.

先王의 제도에 八議가 베풀어진 뒤에 죄의 경중이 마땅함을 얻었으니, 義가 어찌 굽힘이 있겠는가. 법은 의를 주장하니, 의가 마땅한데 '법을 굽혔다'고 말하는 것은 법을 알지 못하는 자이다."

程子曰 二公이 皆執一之論이니 未盡於義也라 義旣未安이면 則非明也니 有所不行이나 豈害其爲公器哉리오 蓋不得於義면 則非恩之正이요 害恩之正이면 則不得爲義矣라 使薄昭盜長陵土면 則太后雖不食而死라도 昭不可不誅也라 其殺漢使도 爲類亦有異焉하니 若昭有罪하여 命使往治어늘 昭執而殺之면 太后之心을 可傷也나 昭不可赦也어니와 后若必喪其生이면 則存昭以全后도 可也요 或與忿爭而殺之면 則貸昭以慰母心도 可也니 此之謂能權이라 蓋先王之制也에 八議設而后에 重輕得其宜하니 義豈有屈乎아 法主於義하니 義當而謂之屈法은 不知法者也①니라

① ≪周禮≫의 〈秋官 司寇〉에 小司寇가 八辟(여덟 가지 용서하는 법)으로 나라의 법을 적용하였으니, 첫 번째는 '황제의 친척을 審議하는 법'이고, 두 번째는 황제의 '옛 친구를 심의하는 법'이고, 세 번째는 '어짊(덕행)을 심의하는 법'이고, 네 번째는 '재능을 심의하는 법'이고, 다섯 번째는 '功을 심의하는 법'이고, 여섯 번째는 '귀함을 심의하는 법'이고, 일곱 번째는 '勤勞를 심의하는 법'이고, 여덟 번째는 '국빈을 심의하는 법'이다.
禮, 小司寇以八辟麗邦法, 一曰議親之辟, 二曰議故之辟, 三曰議賢之辟, 四曰議能之辟, 五曰議功之辟, 六曰議貴之辟, 七曰議勤之辟, 八曰議賓之辟.

壬申年(B.C. 169)

【綱】 漢나라 太宗 孝文皇帝 11년이다. 여름에 梁王 劉揖이 卒하자, 淮陽王 劉

51) 長陵 : 高祖인 劉邦의 陵이다.

B.C. 169년 諸侯國의 영역도

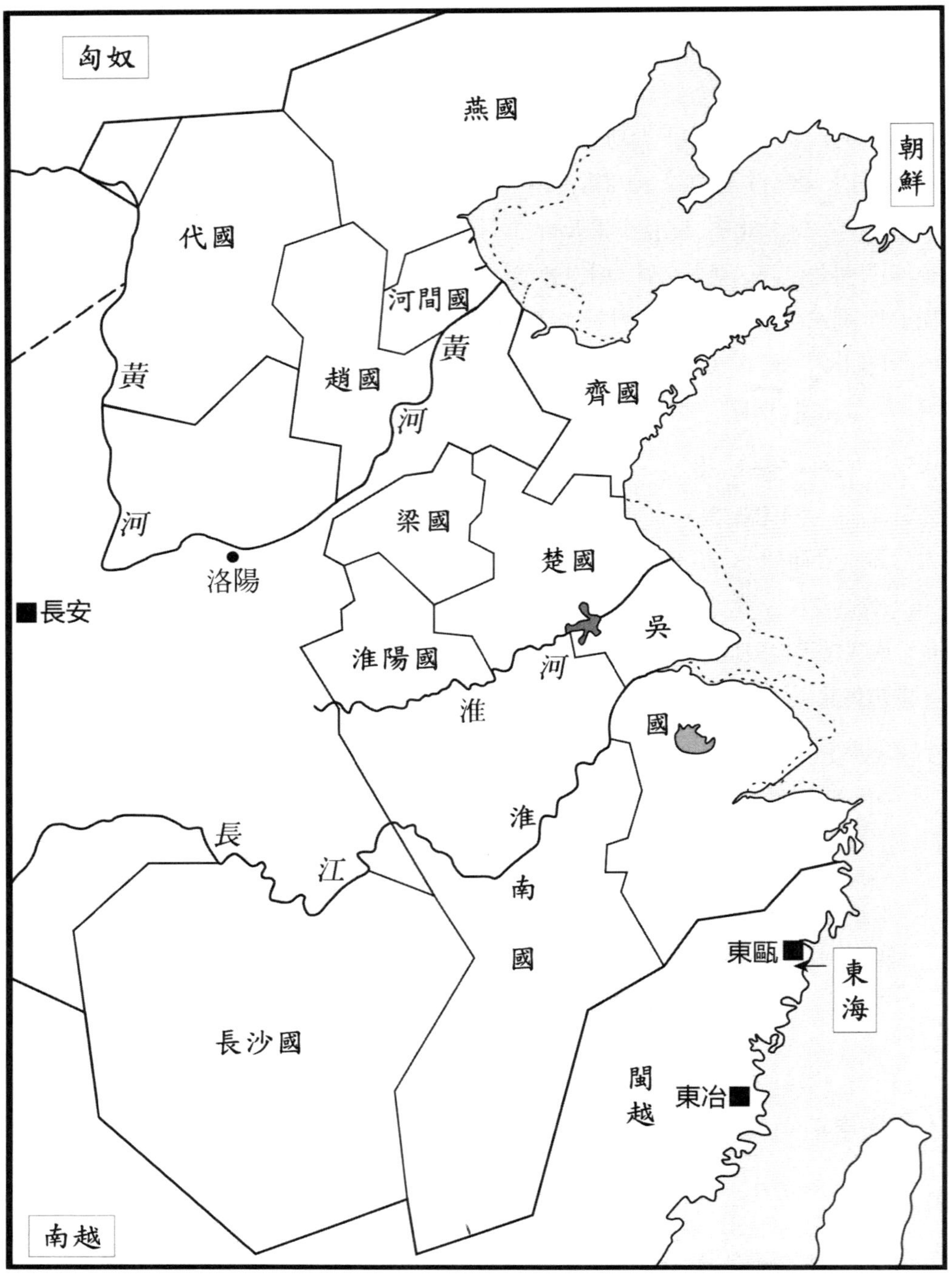

武를 옮겨 梁王으로 삼았다.

十一年이라 夏에 梁王揖이 卒커늘 徙淮陽王武하여 爲梁王하다

【目】 梁懷王이 薨하니, 아들이 없었다. 賈誼가 상소하여 다음과 같이 말하였다.

"陛下께서 법제를 정하지 않으시니, 지금과 같은 형세로는 불과 한두 번 자손에게 전하고 나면 漢나라 법이 시행될 수 없을 것입니다. 폐하께서 蕃屛(울타리)으로 삼아 믿는 것은 오직 淮陽과 代 두 나라 뿐인데, 代나라는 북쪽으로 匈奴와 접경해 있으니 스스로 완전히 지키면 충분하고, 淮陽은 여러 큰 제후들에 비하면 겨우 사마귀가 얼굴에 붙어 있는 것처럼 작아서 〈간사한 도둑들을〉 금할 수가 없습니다.

臣은 원컨대 淮南 땅을 모두 淮陽에 보태주고 梁王을 위해 後嗣를 세워주며 동쪽 고을을 떼어 梁나라에 더 보태주어야 하니, 梁나라는 新郪(신처)에서 시작하여 북쪽으로 황하에 닿게 하고, 淮陽은 陳 땅을 아울러서 남쪽으로 長江과 경계하게 하면 큰 제후 중에 딴마음을 품고 있는 자들이 간담이 서늘해져서 감히 반역을 도모하지 못할 것입니다.

이렇게 하면 梁나라는 충분히 齊나라와 趙나라를 막을 수 있고, 淮陽은 충분히 吳나라와 楚나라를 막을 수 있어서 폐하께서는 베개를 높이 베고 누워서 끝내 山東 지방의 근심이 없을 것이니, 이는 두 세대(文帝와 太子)의 이로움입니다. 지금 나라가 편안하고 마침 제후들이 모두 나이가 어릴 때를 만났으니, 몇 년 뒤에는 폐하께서 장차 이것을 보게 되실 것입니다.

梁懷王이 薨하니 無子라 賈誼上疏曰 陛下不定制하시니 如今之勢는 不過一傳再傳이면 漢法이 不得行矣[①]리이다 陛下所以爲蕃扞은 唯淮陽, 代二國耳[②]로되 代는 北邊匈奴하니 能自完則足矣요 而淮陽之比大諸侯는 廑如黑子之著(착)面하여 不足以有所禁禦[③]니이다 臣은 願擧淮南地하여 以益淮陽하고 而爲梁王立後[④]하며 割東郡以益梁이니 梁은 起於新郪以北하여 著(착)之河[⑤]하고 淮陽은 包陳以南하여 揵之江[⑥]이면 則大諸侯之有異心者 破膽而不敢謀하리니 梁足以扞齊趙요 淮陽足以禁吳楚하여 陛下高枕하사 終無山東之憂矣리니 此二世之利也[⑦]니이다 當今恬然하고 適遇諸侯之皆少[⑧]하니 數歲之後에 陛下且見之矣리이다

① "一傳再傳"은 한두 번 代를 傳함을 이른다.
一傳再傳, 謂一二傳世也.

② 蕃은 병풍이고, 扞은 호위한다는 뜻이다.
蕃, 屛也. 扞, 衛也.

③ 廑(겨우)은 僅과 같다. "黑子"는 사마귀이다. 著(붙이다)은 直略의 切이니 아래도 같다. "廑

如黑子之著面(겨우 사마귀가 얼굴에 붙어 있는 것과 같다.)"은 淮陽國의 땅이 협소함을 비유한 것이다. 黶은 么減의 切이니 검은 사마귀이다.

廑, 與僅同. 黑子, 黶(염)子也. 著, 直略切, 下同. 廑如黑子之著面, 喩淮陽陜小也. 黶, 么減切, 黑痕也.

④ 爲(위하다)는 去聲이다.

爲, 去聲.

⑤ 郪는 千移의 切이다. ≪漢書≫ 〈地理志〉에 "新郪縣은 汝南郡에 속하였다." 하였다.

郪, 千移切. 班志 "新郪縣, 屬汝南郡."

⑥ 包는 취한다는 뜻이다. 揵은 음이 蹇이니, 국경의 경계를 세우는 것이다. 혹자는 "揵은 접함이다."라고 하였다.

包, 取也. 揵, 音蹇, 立封界也. 或曰 "揵, 接也."

⑦ 文帝와 太子의 세대를 당해서는 親子와 親弟가 큰 나라에 왕 노릇 하여 진실로 그 도움을 얻지만, 손자인 武帝의 세대에 이르러는 服屬(친족)이 더욱 소원해진다. 그러므로 '두 세대의 이로움'이라고 한 것이다.

當帝與太子之世, 親子弟王大國, 固得其助, 至於武帝之世, 則服屬又疏矣. 故曰二(出)〔世〕[52] 之利也.

⑧ 少는 나이가 어림을 이른다.

少, 謂年少.

【目】秦나라는 밤낮으로 마음을 괴롭히고 힘을 수고롭게 해서 六國의 禍를 제거하였는데, 지금 폐하께서는 힘이 천하를 통제하여 턱과 손가락으로 마음대로 제후들을 부릴 수가 있는데도 팔짱을 높이 끼고서 六國의 禍를 이루게 하시니, 지혜롭다고 말하기 어렵습니다. 그리고 진실로 자신은 무사하나 난을 쌓아두고 화를 묵혔다가 돌아가시고 난 뒤에 늙은 어머니와 어린 아들에게 전하여 장차 편안하지 못하게 한다면 仁이라고 말할 수 없습니다."

夫秦은 日夜苦心勞力하여 以除六國之旤(화)어늘 今陛下는 力制天下하여 頤指如意로되 高拱以成六國之旤하시니 難以言智①요 苟身無事나 畜亂宿旤라가 萬年之後에 傳之老母弱子하여 將使不寧이면 不可謂仁②이로소이다

① 頤는 음이 怡이니, 다만 턱을 움직이고 손가락으로 지휘하기만 하면 원하는 바가 모두 뜻대로 되는 것이다.

頤, 音怡. 但動頤指麾, 則所欲皆如意.

52) (出)〔世〕: 저본에는 '出'로 되어 있으나, 目의 내용에 의거하여 '世'로 바로잡았다.

② 畜은 蓄으로 읽으니, 묵혀두는 것이다.
畜, 讀曰蓄, 宿留也.

【目】이에 淮陽王 劉武를 옮겨 梁王으로 삼아 북쪽으로 泰山과 경계하고 서쪽으로 高陽에 이르게 하니, 큰 고을 40여 城을 소유하였다. 뒤에 1년 남짓 만에 賈誼 역시 죽으니, 죽을 때에 나이가 33세였다.

於是에 徙淮陽王武하여 爲梁王하여 北界泰山하고 西至高陽하니 得大縣四十餘城이러라 後歲餘에 賈誼亦死하니 死時에 年三十三矣러라

【綱】匈奴가 狄道를 침략하였다.

匈奴寇狄道하다

【目】이때에 匈奴가 자주 변경의 우환이 되자, 太子家令으로 있는 鼂錯(조조)[53]가 다음과 같이 말하였다.

"兵法에 '必勝의 장수는 있고 必勝의 병사는 없다.' 하였습니다. 이것을 가지고 살펴보면 변경을 편안히 하여 功名을 세우는 것은 훌륭한 장수에게 달려 있으니, 잘 선택하지 않으면 안 됩니다. 신이 또 들으니 '用兵의 급선무가 세 가지이니, 첫 번째는 유리한 지형을 얻는 것이요, 두 번째는 병사들이 훈련을 익히는 것이요, 세 번째는 병기와 장비가 예리한 것이다.' 하였습니다.

보병과 전차병과 기병, 弓弩와 긴창, 방패와 짧은 창〔鋋〕, 劍과 방패를 쓰는 지역이 각기 마땅한 곳이 있으니, 그 마땅함을 얻지 못한 자는 혹 열 명이 한 명을 당해내지 못하고, 병사들을 선발하여 훈련시키지 못하고 병사들이 무예를 익히지 못하였으면 백 명이 한 명을 당해내지 못하고, 병기가 완전하고 예리하지 못하고 갑옷이 견고하고 치밀하지 못하고 쇠뇌가 먼 곳에 미치지 못하고 쏘아도 맞히지 못하고 맞혀도 깊이 들어가지 못하면 다섯 명이 한 명을 당해내지 못합니다.

그러므로 말하기를 '병기〔器械〕가 예리하지 못하면 그 병사들을 적에게 그대로 주는 것이요, 병사들이 훈련되지 아니하여 쓸 수 없으면 그 장수를 적에게 그대로 주는 것이요, 장수가 병법을 알지 못하면 그 군주를 적에게 그대로 주는 것이요, 군주가 장수를

53) 鼂錯(조조) : 晁錯로도 쓴다. 漢나라 景帝 때의 謀臣으로 智囊으로 불리었으며 또한 伏生에게 ≪今文尙書≫를 배우기도 하였다. 削藩과 匈奴 등의 국내외 문제에 대한 대책을 건의하였다.

잘 가려 뽑지 않으면 자기 나라를 적에게 그대로 주는 것이다.' 하였으니, 이 네 가지는 병법 중에 지극히 중요한 것입니다.

時에 匈奴數(삭)爲邊患이어늘 太子家令鼂錯言曰[①] 兵法曰 有必勝之將이요 無必勝之民이라하니 繇(유)此觀之컨대 安邊境하여 立功名은 在於良將하니 不可不擇也[②]니이다 臣又聞用兵之急者三이니 一曰得地形요 二曰卒服習이요 三曰器用利라 步兵, 車, 騎, 弓弩, 長戟, 矛, 鋋(선), 劍, 楯之地各有所宜하니 不得其宜者는 或十不當一[③]이요 士不選練하고 卒不服習이면 百不當一이요 兵不完利하고 甲不堅密하고 弩不及遠하고 射不能中하고 中不能入이면 五不當一이라 故로 曰 器械不利면 以其卒予敵也요 卒不可用이면 以其將予敵也요 將不知兵이면 以其主予敵也요 君不擇將이면 以其國予敵也라하니 四者는 兵之至要也니이다

① 太子家令은 詹事(첨사)에 속하였으니, 太子에게 소속된 창고의 곡식과 음식을 올리는 것을 주관하였다. 太子의 집을 家라 칭하기 때문에 家令이라 한 것이다. 鼂는 朝의 古字이니, 세속에서는 晁로 쓴다. 錯는 음이 厝이다.
太子家令, 屬詹事, 主呈太子倉穀飮食. 太子稱家, 故曰家令. 鼂, 古朝字, 俗作晁. 錯, 音厝(조).

② 繇(말미암다)는 由로 읽는다.
繇, 讀曰由.

③ 矛는 戟의 등속이니 길이가 두 길이다. 鋋은 음이 蟬이니 쇠자루가 달린 짧은 창〔矛〕이다.
矛, 戟屬, 長二丈. 鋋, 音蟬, 鐵柄短矛也.

【目】 臣이 또 들으니 '나라가 작고 큼에 따라 〈적을 대하는〉 形이 다르고, 힘이 강하고 약함에 따라 勢가 다르고, 지세가 험하고 평탄함에 따라 대비가 다르다.' 하였으니, 몸을 낮추어 강한 나라를 섬김은 소국의 형세요, 작은 나라들을 합하여 큰 나라를 공격함은 힘이 대등한 나라의 형세요, 蠻夷를 가지고 蠻夷를 공격함은 중국의 형세입니다.

지금 匈奴의 지형과 技藝가 중국과 다르니, 산판을 오르내리고 골짜기를 출입하며 험한 길과 경사진 곳에서 한편으로는 말을 달리고 한편으로는 활을 쏘면서 비바람이 몰아치고 피로할 적에 굶주림과 갈증에 피곤해하지 않음은 이는 흉노의 長技입니다. 만약 평원의 평탄한 지역에 경쾌한 兵車(전차)와 돌격하는 騎兵〔突騎〕과 강한 쇠뇌와 긴창이 먼 곳을 쏘아 맞추고 먼 곳에 미치며, 말에서 내려 땅에서 싸울 적에 검과 창으로 서로 접전함은 중국의 장기입니다.

그러나 병기는 흉기이고 전쟁은 위태로운 일입니다. 큰 것을 작은 것으로 만들고 강함을 약함으로 만드는 것이 고개를 한 번 숙였다가 쳐드는 잠깐 사이에 달려 있으니,

한 번 넘어져 다시 일어나지 못하면 후회막급입니다.

臣又聞小大異形하고 彊弱異勢하고 險易(이)異備[①]라하니 夫卑身以事彊은 小國之形也요 合小以攻大는 敵國之形也[②]요 以蠻夷攻蠻夷는 中國之形也[③]니이다 今匈奴地形技藝 與中國異하니 上下山阪하고 出入溪澗하며 險道傾仄(경측)에 且馳且射하며 風雨罷(피)勞에 飢渴不困은 此匈奴之長技也[④]니이다 若夫平原易地에 輕車突騎와 勁弩長戟이 射疏及遠하며 下馬地鬪에 劍戟相接은 此中國之長技也[⑤]니이다 然이나 兵은 凶器요 戰은 危事라 以大爲小와 以彊爲弱이 在俛仰(부앙)之間耳[⑥]니 跌而不振이면 則悔無及也[⑦]니이다

① 易(평탄하다)는 去聲이니, 평탄한 지형이다. 아래도 같다.
易, 去聲, 平勢也. 下同.

② 〈"合小以攻大(작은 나라를 합하여 큰 나라를 공격하다.)"는〉 彼我의 힘이 균등하여 서로 이길 수 없으면 모름지기 외부의 원조와 연결하여 함께 제재하는 것이다.
彼我力均, 不能相勝, 則須連結外援, 共制之也.

③ 〈"以蠻夷攻蠻夷(만이를 가지고 만이를 공격하다.)"는〉 중화〔華夏〕의 군대를 번거롭게 동원하지 않고, 같은 오랑캐 무리끼리 서로 공격하게 하는 것이다.
不煩華夏之兵, 使其同類自相攻擊也.

④ 上(오르다)은 上聲이고 下(내리다)는 去聲이다. 仄(경사지다)은 側의 古字이다.
上, 上聲. 下, 去聲. 仄, 古側字.

⑤ 突騎는 용맹하고 빨라서 이들을 사용하여 적을 충돌할 수 있음을 말한 것이다. 疏 또한 넓고 먼 것이다. 굳센 쇠뇌〔弩〕는 멀리까지 쏠 수 있고, 긴창은 멀리까지 미칠 수 있다.
突騎, 言其驍銳, 可用衝突敵人也. 疏亦闊遠也. 勁弩, 所以射疏. 長戟, 所以及遠也.

⑥ 전투하는 방법을 알지 못하면 나라가 비록 크더라도 반드시 작아지고, 군대가 비록 강하더라도 반드시 약해짐을 말한 것이다.
言不知其術, 則雖大必小, 雖彊必弱.

⑦ 跌은 발을 헛디디는 것이니, 〈"跌而不振"은〉 넘어져서〔蹉跌〕 다시 일어나지 못함을 말한다.
跌, 足失據也. 謂蹉跌, 不可復起也.

【目】帝王의 道는 萬全을 기하는 데서 나옵니다. 지금 우리 漢나라에 와서 歸服한 오랑캐인 義渠는 마시고 먹는 것과 長技가 匈奴와 같으니, 이들에게 견고한 갑옷과 솜옷, 강한 弓弩와 예리한 화살을 지급하고, 변방 고을의 長技가 있는 자를 보태주어서 현명한 장수 중에 그들의 習俗을 잘 알고 그들의 마음을 화합시킬 수 있는 자로 하여금 이들을 거느리게 하여, 만약 험하고 막힌 곳이 있으면 이들로 오랑캐를 대응하게 하고, 평지와 사방으로 통하는 큰 길에서는 경쾌한 전차와 材官으로 제압하게 하소서. 그리하

여 두 군대가 서로 表裏가 되어서 각각 그 장기를 사용한다면 이는 만전의 계책입니다."

황제가 그의 말을 가상히 여겨 우대하는 답을 내렸다.

鼂錯는 사람됨이 엄하고 각박하며 말을 잘하여 太子에게 총애를 얻으니, 智囊이라 칭하였다.

帝王之道는 出於萬全이니 今降胡義渠來歸誼者는 飮食長技 與匈奴同①이라 可賜之堅甲, 絮衣, 勁弓, 利矢하고 益以邊郡之長技②하여 令明將能知其習俗, 和輯其心者로 將之③하여 卽有險阻어든 以此當之하고 平地通道에는 則以輕車, 材官으로 制之하여 兩軍이 相爲表裏하여 而各用其長技하면 此萬全之術也니이다 帝嘉之하여 賜書寵答焉하다 錯爲人이 峭直刻深하고 以其辯으로 得幸太子하니 號曰智囊④이러라

① "歸誼"는 후세에 이른바 '돌아와 복종한다.〔歸服〕'란 말과 같다.
歸誼, 若後世所謂歸服也.
② 風俗 또한 匈奴와 같은 것이다.
風俗亦與匈奴同.
③ 輯(모으다)은 集과 같다.
輯, 與集同.
④ 峭는 千笑의 切이니 성품이 급하고 좁음을 이른다. 智囊은 그 몸에 소유한 것이 모두 智謀와 계책이어서 주머니와 전대에 물건이 담겨 있는 것과 같음을 말한다.
峭, 千笑切, 謂峻陿也. 智囊, 言其一身所有, 皆是智筭, 若囊橐之盛物然.

【綱】 백성을 모집하여 변방 부근으로 이주시켰다.

募民하여 徙塞下하다

【目】 鼂錯가 또다시 아뢰었다.

"군대를 일으킬 적에 그 형세를 알지 못할 경우, 전투하면 적에게 사로잡히고 주둔하면 병사들의 시신이 쌓입니다. 오랑캐 사람들은 옷과 음식을 장만하는 생업이 〈목축이기 때문에〉 토착생활을 하지 않아서 그 형세가 변경을 소란시키기 쉬워 오고 가면서 수시로 쳐들어오고 수시로 옮겨가니, 이는 오랑캐 사람들의 생업이어서 중국 사람들이 이 때문에 남쪽 밭이랑을 떠나는 것입니다.

지금 오랑캐들이 자주 우리 변방 부근에서 옮겨 다니며 목축을 하고 수렵을 하면서 변방을 수비하는 병사들을 엿보아 병사가 적으면 침입하니, 이들을 구원하지 않으면 변

경 백성들이 절망하여 적에게 항복하고, 이들을 구원하려고 군대를 출동시켜 도착해보면 오랑캐들이 또 이미 떠났으며, 군대를 집결시키고 해산하지 않으면 비용이 너무 많이 소비되고, 군대를 해산하면 오랑캐들이 다시 쳐들어오니, 이와 같이 해를 거듭하면 중국이 가난하고 괴로워하여 백성들이 편안하지 못할 것입니다.

鼂錯又言曰 兵起而不知其勢면 戰則爲人禽이요 屯則卒積死니이다 胡人衣食之業이 不著(착)於地하여 其勢易以擾亂邊境하여 往來轉徙하여 時至時去①하니 此胡人之生業而中國之所以離南畮(묘)也②니이다 今胡人이 數(삭)轉牧行獵於塞(새)下하여 以候備塞之卒하여 卒少則入③하니 不救면 則邊民絶望而降敵이요 救之纔到면 則胡又已去하며 聚而不罷(파)면 爲費甚大하고 罷之면 則胡復入하니 如此連年이면 則中國貧苦而民不安矣리이다

① "不著於地"는 牧畜을 따라 옮겨 다니고 토지에 정착하지 아니하여 일정한 거처가 없음을 이른다.
不著於地, 謂隨畜牧移徙, 不著土地而無常居.
② 離(떠나다)는 力智의 切이다. "南畮(남쪽 이랑)"는 밭 갈고 심는 곳이다.
離, 力智切. 南畮, 耕種之處.
③ 數(자주)은 음이 朔이다. 塞(변방)는 去聲이다.
數, 音朔. 塞, 去聲.

【目】 폐하께서 다행히 변경을 걱정하시고 병사들을 출동시켜 변방을 다스리게 하시니, 매우 큰 은혜입니다. 그러나 먼 지방의 병사들로 하여금 1년 동안 변방을 지키게 하고 교대시켜 〈병사들이〉 오랑캐들의 능력을 제대로 알지 못합니다.

변경에 오래 거주할 자들을 뽑아서 집을 마련해주고 농사를 짓게 하여 우선 〈적의 침공에〉 대비하게 하고, 편의대로 높은 성과 깊은 해자를 만들며 要害處에 적당히 城邑을 세우되 1,000가호 이하로 하지 말고, 우선 집을 지어주고 농기구를 장만해주어야 합니다. 그런 다음 백성들을 모집해서 죄를 면제해주고 관작을 제수해주며 그 家戶에 대한 세금을 면제해주고 겨울옷, 여름옷과 창고의 양식을 지급하여 자급자족하거든 지원을 중지하되, 오랑캐들이 침입하여 백성과 가축을 몰고 갈 적에 능히 그 몰고 가는 것을 저지한 자에게는 그 절반을 상으로 주고 縣官(국가)에서 대신 그 백성에게 보상해주는 것만 못합니다.

이렇게 하면 邑里끼리 서로 구원하고 도와주어서 오랑캐에게 달려들고 죽음을 피하지 않을 것이니, 東方의 수자리 사는 병사들이 지형에 익숙하지 못하여 마음속으로 오

랑캐를 두려워하는 것과 비교하면 功效가 서로 만 배나 차이가 날 것입니다.

또 먼 지방 백성들로 하여금 멀리 가서 주둔하여 수자리 사는 일이 없고, 변방 부근의 백성들이 부자간에 서로 보호해서 오랑캐에게 포로로 사로잡혀 가는 근심이 없을 것이니, 어찌 아름답지 않겠습니까."

上이 그의 말을 따랐다.

陛下幸憂邊境하사 發卒治塞(새)하시니 甚大惠也라 然이나 令遠方之卒로 守塞一歲而更(경)하여 不知胡人之能①이니이다 不如選常居者하여 家室田作하여 且以備之②하고 以便爲之하여 高城深塹③하고 要害之處에 調立城邑호되 毋下千家④하고 先爲室屋, 具田器하여 乃募民하여 免罪, 拜爵하고 復其家⑤하며 予冬夏衣, 稟(름)食하여 能自給而止⑥하되 胡人入驅에 而能止其所驅者는 以其半予之하고 縣官爲贖⑦其民이니이다 如是면 則邑里相救助하여 赴胡不避死하리니 其與東方之戍卒이 不習地勢而心畏胡者로 功相萬也⑧니이다 且使遠方으로 無屯戍之事하고 塞下之民이 父子相保하여 無係虜之患하리니 豈不美哉잇가 上이 從其言하다

① 更은 음이 庚이니, 바꾸어 교대함을 이른다.
更, 音庚, 謂易代也.
② "常居者"는 오랫동안 거주할 사람이다. "家室"은 백성들을 위하여 집을 지어주는 것이요, "田作"은 나아가 밭 갈고 곡식을 심게 하는 것이다. "備之"는 防秋[54]란 말과 같다.
常居者, 久住之人也. 家室, 爲之築室屋也. 田作, 就耕種也. 備之, 猶言防秋也.
③ 〈"以便爲之 高城深塹"은〉 山川과 지형의 편리함을 따라 城과 참호를 만드는 것을 이른다.
謂因山川地形之便, 而爲之城塹也.
④ 우리에게 있어 중요한 곳은 적에게 해로움이 된다. 그러므로 "要害"라 한 것이다. 調는 去聲이니, 계산하여 헤아림이다. 〈"調立城邑 毋下千家"는〉 백성들을 위하여 계산하고 헤아려서 城邑을 세워서 천 가호 이상이 되게 함을 이른다.
在我爲要, 於敵爲害, 故曰要害. 調, 去聲, 算度(탁)之也. 謂爲之算度, 而創立城邑, 令有千家以上也.
⑤ "免罪拜爵"은 죄가 있는 자는 그 죄를 면제해주고, 죄가 없는 자는 관작을 제수하여, 이주를 권장함을 이른다. "復其家"는 백성 중에 이주하여 변경으로 가고자 하는 자에게 그 家戶의 征役을 면제해줌을 이른다.
免罪拜爵, 謂有罪者免其罪, 無罪者拜爵, 以勸其徙也. 復其家, 謂民之欲往者, 復除其家征役也.
⑥ 稟은 廩으로 읽으니, 지급한다는 뜻이다. 옛날에 사람들에게 양식을 지급할 적에 창고에서

54) 防秋 : 가을 수확기에 오랑캐의 침입을 대비하여 특별히 경계하고 수비함을 이른다. 옛날 匈奴族 등의 유목민들은 가을에 수확기가 되면 이른바 '天高馬肥'라 하여 말이 살찌는데, 이때 남쪽 중국으로 침입하여 곡물과 가축을 약탈하고 어린이와 부녀자들을 납치하여 노예로 삼았다. 중국에서는 이에 대비하여 가을이 되면 병력을 소집 배치하고 경계를 강화하였는바, 이것을 '防秋'라 하였다.

취하였기 때문에 稟給, 稟食이라 칭한 것이다. 처음에 이주시킬 적에는 우선 縣官(국가)에서 옷과 양식을 지급해주고 뒤에는 스스로 장만하게 하여, 옷과 양식이 충분하지면 비로소 지원을 중지함을 말한 것이다.

稟, 讀曰廩, 給也. 古者給人以食, 取諸倉廩, 故稱稟給・稟食. 言初徙之時, 縣官且廩給其衣食, 於後能自供贍, 乃止也.

⑦ 漢나라는 天子를 일러 縣官이라 하였으니, 이 縣官은 국가〔公家〕라는 말과 같다. 爲(위하다)는 去聲이다. 오랑캐가 침입하여 도둑질하여 漢나라의 人民과 가축을 몰아가고 노략질할 적에 백성들이 그들이 몰고 가는 것을 저지하여 얻은 자에게는 그 본래 주인으로 하여금 절반을 상으로 주게 하고, 관청에서 값을 구비하여 대신 보상해주는 것이다.

漢謂天子爲縣官, 此縣官, 猶言公家也. 爲, 去聲. 言胡人入爲寇, 驅略漢人及畜産, 而他人能止得其所驅者, 令其本主, 以半賞之, 官爲備價贖之也.

⑧ 그 功效(효험)가 東方의 수자리 사는 병사보다 1만 배나 많음을 말한 것이다.

言其功萬倍於東方之戍卒也.

【目】 鼂錯가 다시 말하였다.

"陛下께서 다행히 백성들을 모집하여 이주시켜 변방 지역을 채우셔서 주둔하는 병사들이 더욱 줄어들게 하고 수송해 보내는 물건이 더욱 줄어들게 하셨으니, 매우 큰 은혜입니다. 아래 관리들이 진실로 上의 두터운 은혜에 부응하여, 분명한 법령을 받들어 시행해서 노약자들을 위문하고 구휼하며 壯士들을 잘 대우하여 그 마음을 화합시키고 침해하지 말아서 먼저 온 자들로 하여금 편안하고 즐거워하여 그향을 생각하지 않게 한다면, 가난한 백성들이 서로 흠모하여 이주해 가기를 권면할 것입니다.

신이 듣건대 옛날에 백성을 이주시키는 자들은 음양의 조화로움을 살피고 샘물의 맛을 맛보았다고 합니다. 그런 뒤에 고을과 城을 세우고 마을을 만들고 택지를 떼어주며 기물을 배치해서 백성들로 하여금 이르는 곳마다 살 곳이 있게 하고 일할 때에는 사용할 기물이 있게 하였으니, 이 때문에 백성들이 자신의 고향을 쉽게 떠나 기꺼이 새 고을로 간 것입니다.

醫巫[55]를 배치하여 질병을 구원하고 제사를 지내게 하며, 남자와 여자가 혼인하여 배필이 있으며 사람이 죽었을 적에 서로 구휼하며 墳墓(先塋)를 따라 장례하고 나무를 심고 가축을 기르게 하였으니, 이는 백성들로 하여금 새로운 거처를 즐거워하여 영원히

55) 醫巫 : 병을 치료하는 의원과 무당으로 보기도 하나 中國의 文字學者인 楊伯峻은 ≪孟子≫ 〈公孫丑上〉의 '巫醫'에 대하여 "古代에는 무당이 의원 노릇을 함께 했다." 하여 한 사람으로 보았는바, '醫巫' 또한 '巫醫'와 같은 것으로 보인다.

거주할 마음이 있게 한 것입니다.

錯復言호되 陛下幸募民以實塞下하여 使屯戍益省(생)하고 輸將益寡하시니 甚大惠也①라 下吏誠能稱厚惠, 奉明法②하여 存恤老弱하고 善遇其壯士하여 和輯其心而勿侵刻하여 使先至者로 安樂而不思故鄕이면 則貧民相慕而勸往矣리이다 臣聞古之徙民者는 相其陰陽之和하고 嘗其水泉之味③라하니 然後에 營邑立城하고 製里割宅하며 置器物焉하여 使民至有所居하고 作有所用④하니 此民所以輕去故鄕而勸之新邑也⑤니이다 爲置醫巫하여 以救疾病, 修祭祀하고 男女有昏⑥하며 生死相卹(휼)하고 墳墓相從하고 種樹畜(휵)長⑦하니 此所以使民樂其處而有長居之心也니이다

① 將은 보낸다는 뜻이다. 혹자는 "물자〔資〕라는 뜻다."라고 하였다.
將, 送也. 或曰"資也."
② 稱(걸맞게 하다)은 尺孕의 切이다.
稱, 尺孕切.
③ 相은 去聲이니 살펴본다는 뜻이다.
相, 去聲, 視也.
④ 器物이 이미 갖추어짐을 이른다.
謂器物已備.
⑤ 之는 간다는 뜻이다.
之, 往也.
⑥ 昏은 혼인하여 배필을 얻음을 이른다.
昏, 謂婚姻配合也.
⑦ "種樹(나무를 심다.)"는 뽕나무와 과실수의 등속을 심는 것을 이른다. 畜(기르다)은 許六의 切이고 長(기르다)은 竹兩의 切이다. "畜長"은 六畜을 기르는 것이다.
種樹, 謂桑果之屬. 畜, 許六切. 長, 竹兩切. 畜長, 六畜也.

【目】 옛날 변경 고을을 만들어 적을 대비할 적에 다섯 가호를 伍로 만들어서 10오에 한 里가 있고, 4리에 한 連이 있고, 10연에 한 邑이 있었는데, 어질고 재능이 있어서 백성들을 보호할 수 있으며 지형에 익숙하고 민심을 아는 자를 모두 가려 뽑아서 우두머리로 삼았습니다. 그리하여 평상시에는 백성들에게 활 쏘는 법을 익히게 하고 출동하면 백성들에게 적에 대응하는 방법을 가르쳐서 훈련이 이루어지고 직업을 바꾸지 말게 하였습니다.

이렇게 하면 〈伍의 대원끼리〉 어려서는 함께 놀고 자라서는 함께 일하며, 야간 전투에서는 목소리를 들으면 서로 알아들어 충분히 구원할 수 있고, 주간 전투에서는 눈으

로 서로 보면 충분히 얼굴을 알 수 있으며, 즐거워하고 사랑하는 마음이 충분히 서로를 위해 죽을 수가 있으니, 이와 같이 하고서 많은 賞으로 권면하고 무거운 형벌로 위엄을 보이면 병사들이 앞장서서 필사적으로 싸워 발길을 되돌리지 않을 것입니다.

이주시킨 백성들은 건장하고 재주가 있는 자가 아니면 다만 옷과 양식을 허비할 뿐이고 전투에 쓸 수가 없으며, 비록 재주와 힘이 있더라도 훌륭한 관리를 얻지 못하면 오히려 효과가 없을 것입니다.

폐하께서 匈奴와 국교를 끊고 화친하지 않으시니, 신은 저들이 겨울에 남쪽으로 쳐들어올까 적이 의심되니, 한 번 크게 다스리면 종신토록 징계될 것입니다.

위엄을 세우고자 할 경우에는 아교가 꺾일 정도로 굳어서 〈활과 쇠뇌를 사용할 수 있는〉 겨울철에 시작하여야 하니, 저들이 쳐들어오는데도 우리가 저들을 곤궁하게 하지 못해서 오랑캐들로 하여금 氣勢를 얻고 돌아가게 한다면 뒤에 복종시키기가 쉽지 않을 것입니다."

古之制邊縣以備敵也에 使五家爲伍하여 十伍一里하고 四里一連하고 十連一邑호되 皆擇其賢材有護, 習地形, 知民心者하여 爲之長[①]하여 居則習民於射法하고 出則敎民於應敵하여 服習以成하고 勿令遷徙[②]하니 幼則同遊하고 長則共事하며 夜戰에 聲相知면 則足以柜救요 晝戰에 目相見이면 則足以相識이요 懽愛之心이 足以相死니 如此而勸以厚賞하고 威以重罰이면 則前死而不還(선)踵矣리이다 所徙之民은 非壯有材者면 但費衣糧이요 不可用也며 雖有材力이나 不得良吏하면 猶亡(무)功也리이다 陛下絶匈奴하여 不與和親[③]하시니 臣은 竊意其冬來南也[④]하노니 壹大治면 則終身創矣[⑤]리이다 欲立威者는 始於折膠[⑥]니 來而不能困하여 使得氣去면 後未易服也[⑦]리이다

① "有護"는 변방 고을을 잘 보호하는 유능한 자를 이른다.
有護, 謂保護邊縣之能者.

② "勿令遷徙"는 저마다 그 직업을 지킴을 이른다.
謂各守其業也.

③ 匈奴가 狄道 지역을 침입해왔기 때문에 절교한 것이다.
以其寇狄道. 故絶之.

④ 意는 의심함이다.
意, 疑之也.

⑤ 創은 初亮의 切이니 징계한다는 뜻이다. 만약 한 차례 크게 군대를 일으켜 匈奴를 응징하면 종신토록 징계되어 변방에 근심이 없을 것임을 보장하는 것이다.
創, 初亮切, 懲也. 若一次大擧兵治之, 則可爲終身懲戒, 保無邊患也.

⑥ 가을 기운이 이르면 날씨가 추워져 아교가 꺾일 수 있을 정도로 굳어서 활과 쇠뇌를 사용

할 수 있으니, 匈奴가 항상 이때를 절후로 삼아서 출병하였다.
秋氣至, 膠可折, 弓弩可用, 匈奴常以此爲候而出軍.

⑦ "使得氣去"는 오랑캐들로 하여금 승리하여 뜻과 기운을 펴고 돌아가게 함을 이른다.
使得氣去, 謂使其得勝, 逞志氣而去.

癸酉年(B.C. 168)

【綱】 漢나라 太宗 孝文皇帝 12년이다. 겨울 12월에 黃河가 酸棗(산조)로 터져서 동쪽으로 金隄를 무너트리자 군대를 징발하여 막았다.

十二年이라 冬十二月에 河決酸棗하여 東潰金隄어늘 興卒塞(색)之①하다

① 潰는 멋대로 터지는 것이다. 黃河의 제방은 汴口 以東으로부터 황하를 따라 돌을 쌓아 제방을 만들었다. 黃河의 옛 어구까지 통틀어 모두 金隄라 한다.
潰, 橫決也. 河隄自汴口以東, 緣河積石爲堰. 通河古口, 咸曰金隄.

【綱】 봄 3월에 관문을 없애어 '傳(통행증)'을 사용하지 않게 하였다.

◑ 春三月에 除關하여 無用傳①하다

① 關은 국경의 관문이다. 傳은 張戀의 切이니 신표이다. 옛날에 棨信(통행증)을 사용해서 나무를 조각하여 合符[56]를 만들고, 혹은 비단을 사용하여 두 줄로 비단에 써서 하나씩 나누어 가지고 있다가 관문을 출입할 적에 합치되어야 비로소 통과할 수 있었다. 漢나라 초기에는 관문을 설치하여 비상에 대비하게 하였는데, 지금 관문을 제거하여 출입할 적에 금함이 없어서 신표를 사용하지 않은 것이다. 棨는 음이 啓이다.
關, 界上門也. 傳, 張戀切, 信也. 古者, 用棨, 刻木爲合符, 或用繒帛, 兩行書繒帛, 分持其一, 出入關合之, 乃得過. 漢初, 置關以備非常, 今除去關, 出入無禁, 不用傳也. 棨, 音啓.

【綱】 詔令을 내려서 백성들이 변방 고을에 곡식을 바쳐 관직을 제수 받고 죄를 면하게 하며, 농민들에게 금년 조세의 절반을 감면해주게 하였다.

◑ 詔民入粟邊하여 得拜爵, 免罪[57]하고 賜農民今年半租하다

---

56) 合符 : 신표인(符節印)을 서로 맞춰봄을 이른다. 옛날에 나무와 비단 등으로 符節을 만들고 이것을 반으로 나누어 갖고 있다가 진실 여부를 확인할 적에 이것을 상대방에게 보여주면 서로 맞춰보아 진실여부를 확인하였다. 이후로 두 가지가 서로 맞는 것을 '合符' 또는 '符合'이라 하였다.

【目】鼂錯가 다음과 같이 아뢰었다.

"聖王이 윗자리에 있으면 백성들이 헐벗고 굶주리지 않는 것은 군주가 능히 밭을 갈아 밥을 먹여주고 비단을 짜서 옷을 입혀주는 것이 아니요, 백성들을 위하여 물자와 재물을 얻는 방도를 열어주기 때문입니다.

지금 海內가 통일되고 水害와 旱害의 재앙이 없는데도 저축이 미치지 못함은 어째서입니까? 땅에는 버려진 이익이 있고 백성들은 남은 노동력이 있어서, 곡식을 생산하는 땅이 다 개간되지 못하고 산과 늪의 이익이 다 생산되지 못하며, 놀고먹는 백성들이 모두 농사로 돌아가지 않았기 때문입니다.

배가 고픈데도 밥을 얻어먹지 못하고 피부가 추운데도 옷을 얻어 입지 못하면 비록 사랑하는 어머니라도 그 자식을 보전할 수가 없으니, 군주가 어떻게 그 백성을 소유할 수 있겠습니까. 현명한 군주는 이러한 사실을 압니다. 그러므로 백성들에게 농사와 누에치기를 힘쓰게 하고 세금을 적게 거두며 저축을 넓혀서 倉廩(창름)을 채우고 수해와 한해를 대비하였습니다. 이 때문에 군주가 백성들을 소유할 수 있었던 것입니다.

鼂錯言曰 聖王在上而民不凍飢者는 非能耕而食之, 織而衣之也요 爲開其資財之道也①니이다 今海內爲一하고 無有水旱之災어늘 而畜積未及者는 何也오 地有遺利하고 民有餘力하여 生穀之土未盡墾하고 山澤之利未盡出하고 游食之民이 未盡歸農也일새니이다 夫腹飢不得食하고 膚寒不得衣하면 雖慈母나 不能保其子하나니 君安能以有其民哉리오 明主知其然也라 故로 務民於農桑하며 薄賦斂하고 廣畜積하여 以實倉廩하고 備水旱이라 故로 民可得而有也니이다

① 爲(위하다)는 去聲이다.
爲, 去聲.

【目】珠玉과 金銀은 굶주려도 먹을 수 없고 추워도 입을 수 없으나 그런데도 사람들이 귀하게 여기는 이유는 위에서 이것을 사용하기 때문입니다. 이러한 물건들은 가볍고 작아 보관하기가 쉬워서 손에 갖고 있으면 海內를 두루 돌아다녀도 굶주리고 추울 근심이

---

57) 得拜爵免罪 : "秦 始皇의 초년에 '백성들로 하여금 곡식을 바치게 하고 관작을 제수하였다.'라고 썼으나, 죄를 사면하지는 않았는데, 이때 처음으로 형벌을 속죄함이 있게 되었다. 이로부터 武帝 때에 '백성들에게 속죄할 수 있도록 詔令을 내렸다.'고 썼고, '株送徒로 하여금 재물을 바치게 했다.'고 썼으며, '죽을죄를 지은 자로 하여금 재물을 바쳐 속죄하게 했다.'고 썼고, 明帝 때에 '조령을 내려 죄가 있어 망명한 자에게 속죄할 수 있도록 들어주었다.'라고 썼고, 梁 武帝 때에 '贖刑條를 세우게 하였다.'고 썼으니, 贖刑하는 법을 복구한 것을 이루 다 쓸 수가 없다.〔秦政之初 書令民納粟拜爵矣 未免罪也 於是 始有贖罰焉 自是 武帝書詔民得贖罪 書令株送徒入財 令死罪入贖 明帝書詔聽有罪亡命者贖 梁武帝書立贖刑條 復贖刑法 不可勝書矣〕" ≪書法≫

없으니, 이것이 신하들로 하여금 군주를 가볍게 배반하게 하고, 백성들로 하여금 자신의 고향을 쉽게 떠나게 하며, 도적들로 하여금 도둑질을 권장하게 하고 도망자들로 하여금 가벼운 재화를 얻게 하는 것입니다.

곡식과 쌀, 삼베와 비단은 땅에서 생산되고 오랜 시간이 걸려서 자라며 많은 사람들의 힘이 축적된 것이어서 하루아침에 갑자기 이루어지는 것이 아니요, 무게가 여러 石[58]이 되어 보통 사람들은 들 수가 없어서 간사한 자들이 이롭게 여길 수가 없으나 단 하루라도 이것을 얻지 못하면 굶주림과 추위가 뒤따르니, 이 때문에 현명한 군주는 五穀을 귀하게 여기고 金玉을 천하게 여기는 것입니다.

夫珠玉金銀은 飢不可食이요 寒不可衣로되 然而衆貴之者는 以上用之故也라 其爲物이 輕微易藏하여 在於把握이면 可以周海內而無飢寒之患①이니 此는 令臣輕背其主하고 而民易去其鄕하며 盜賊有所勸하고 亡逃者得輕資니이다 粟米布帛은 生於地하고 長於時하고 聚於力하여 非可一日成也요 數石之重은 中人이 弗勝하여 不爲姦邪所利로되 一日弗得이면 而飢寒至②하니 是故로 明君은 貴五穀而賤金玉하니이다

① 易(쉽다)는 去聲이니 아래도 같다. 周는 두루 놀러 다님을 이른다.
易, 去聲, 下同. 周, 謂周徧而游行.

② "中人"은 강자와 약자의 중간에 처한 자(보통 사람)이다. "不勝"은 감당하여 들지 못함을 이른다.
中人, 處彊弱之間者. 不勝, 謂不堪擧.

【目】지금 다섯 식구의 농가에서 국가의 부역에 동원되는 자가 두 사람 이상인데도 경작지는 100畝에 불과하고 수확이 100섬을 넘지 못합니다.

봄에 밭을 갈고 여름에 김을 매고 가을에 수확을 하고 겨울에 갈무리를 하며, 땔나무를 베어오고 官府를 수리하고 부역에 동원되어 四時의 사이에 휴식하는 날이 없으며, 또 사사로이 가는 사람을 전송하고 오는 사람을 맞이하며, 죽은 이를 조문하고 병자를 問病하며, 孤兒를 길러주고 어린이를 자라게 하는 것이 이 가운데에 들어 있어서 근로하고 고생함이 이와 같은데도 다시 水害와 旱害의 재앙을 입으며, 각박한 정사와 포악한 세금이 수시로 내려져 아침에 명령하고 저녁에 바꿉니다.

그리하여 곡식을 소유한 자는 반값(헐값)에 곡식을 팔아먹고, 곡식이 없는 자는 2배〔倍稱〕의 이자를 주고 빚을 내니, 이에 농토와 집을 팔고 자손을 팔아 빚을 갚는 자가

58) 石 : 옛날 중량의 단위로 120斤을 1石이라 하였다.

있습니다.

그런데 商賈 중에 큰 장사꾼은 물건을 쌓아놓고 이자를 곱절로 받으며 작은 장사꾼은 늘어선 점포에 앉아서 물건을 팔아, 남는 것을 가지고 날마다 도시로 놀러 다니며, 위(국가)에서 급히 구매하는 기회를 틈타면 물건을 반드시 곱절의 값을 받습니다. 그리하여 남자는 밭을 갈거나 김을 매지 않고 여자는 누에를 치거나 베를 짜지 않는데도 옷은 반드시 문채 나는 화려한 옷을 입고 음식은 반드시 고량진미를 먹으며, 王侯들과 交通하여 권력이 관리들의 세력보다도 더하며 좋은 수레를 타고 살찐 말을 몰며 생사로 만든 꽃신을 신고 흰 비단옷을 걸치고 다니니, 이는 商人이 兼併하고 농민이 流亡하는 이유입니다.

今에 農夫五口之家는 其服役者 不下二人①이로되 其耕이 不過百畮(묘)요 收不過百石이라 春耕, 夏耘, 秋穫, 冬藏하고 伐薪樵, 治官府, 給繇役하여 四時之間에 亡(무)日休息하며 又私自送往迎來하고 弔死問疾하고 養孤長幼가 在其中②하여 勤苦如此어늘 復被水旱之災하며 急政暴賦 朝令夕改라 有者는 半賈(가)而賣하고 無者는 取倍稱之息③하니 於是에 有賣田宅, 鬻(육)子孫하여 以償責(채)者矣④어늘 而商賈(고)大者는 積貯倍息하고 小者는 坐列販賣⑤하여 操其奇贏(영)하고 日游都市⑥하며 乘上之急이면 所賣必倍⑦라 男不耕耘하고 女不蠶織호되 衣必文采하고 食必粱肉⑧하며 交通王侯하여 力過吏勢하며 乘堅策肥하고 履絲曳縞(예호)⑨하니 此는 商人所以兼并而農民所以流亡者也⑩니이다

① 服은 일한다는 뜻이니, 公事의 부역에 동원되는 것이다.
服, 事也, 給公事之役也.

② 長은 展兩의 切이니 기른다는 뜻이다.
長, 展兩切, 養也.

③ 賈(값)는 價라고 읽는다. "半賈"는 본래 값이 1,000전인 것을 다만 500전을 얻음을 이른다. 稱(걸맞다)은 尺證의 切이다. 하나를 취하고 둘로 갚는 것을 倍稱이라 한다.
賈, 讀曰價. 半賈, 謂本直(치)千錢者, 止得五百也. 稱, 尺證切. 取一償二, 爲倍稱.

④ 鬻은 음이 育이니, 이 또한 파는 것이다.
鬻, 音育, 亦賣也.

⑤ 列은 시장 안에 늘어선 점포이니, 바로 시장 안에 물건을 파는 항렬이다.
列, 市列也, 卽市中賣物行也.

⑥ "奇贏"은 남은 재물이 있어서 기이한 물건을 저축함을 이른다. 일설에 "奇는 남은 물건을 이른다." 하였다.
奇贏, 謂有餘財而蓄聚奇異之物也. 一說"奇, 謂殘餘物也."

⑦ 위(국가)에서 급히 구매하면 그 값이 배로 높아지는 것이다.
上所急求, 則其價倍貴.

⑧ 粱은 조와 비슷한데 크니, 쌀(좁쌀) 중에 精한 것이다.
粱, 似粟而大, 米之精者.

⑨ 乘은 멍에한다는 뜻이고, 堅은 좋은 수레이며, 策은 몬다는 뜻이고 肥는 살찐 말이다.
乘, 駕也. 堅, 好車也. 策, 驅也. 肥, 肥馬也.

⑩ "兼幷"은 大家에서 일반 백성을 겸하여 사역시키고, 부자가 가난한 백성을 겸하여 사역시킴을 이른다.
兼幷, 謂大家兼役小民, 富者兼役貧民也.

【目】 지금의 급선무는 백성들로 하여금 농업을 힘쓰게 하는 것보다 더한 것이 없으니, 백성들이 농업을 힘쓰게 하고자 한다면 곡식을 귀하게 함에 달려 있습니다.

지금 천하 사람들을 모집하여 縣官(국가)에 곡식을 바쳐 관작을 제수받고 죄를 면제받게 한다면, 부자들은 관작을 소유하고 농민들은 돈을 소유하며 곡식이 분산될 곳이 있어서 가난한 백성들의 부세를 줄일 수가 있으니, 이른바 '有餘한 것을 덜어 부족한 것에 보태주어서 명령이 나오면 백성이 이롭다.'는 것입니다.

神農氏의 가르침에 '튼튼한 石城이 열 길이고 범접할 수 없는 끓는 해자가 백 步이고 갑옷을 입은 병사 백만 명이 있더라도 곡식이 없으면 지키지 못한다.' 하였습니다.

관작은 위에서 마음대로 주는 것이어서 입에서 나와 무궁무진하고, 곡식은 백성들이 가꾸는 것이어서 땅에서 나와 다하지 않으니, 백성들로 하여금 변경 고을에 곡식을 바쳐 관작을 제수받고 죄를 면제받게 하면 3년이 못 되어 변경의 곡식이 반드시 많아질 것입니다."

황제가 그의 말을 따랐다.

方今之務는 莫若使民務農而已矣니 欲民務農인댄 在於貴粟이니이다 今募天下하여 入粟縣官하여 得以拜爵除罪하면 則富人有爵하고 農民有錢하며 粟有所渫(설)하여 而貧民之賦를 可損[①]이니 所謂損有餘補不足하여 令出而民利者也니이다 神農之教에 曰 有石城十仞, 湯池百步, 帶甲百萬이나 而無粟이면 弗能守也[②]라하니 爵者는 上之所擅이라 出於口而無窮하고 粟者는 民之所種이라 生於地而不乏하나니 使人入粟於邊하여 以受爵, 免罪하면 不過三歲에 塞下之粟이 必多矣리이다 帝從之하다

① 渫은 음이 薛이니 흩어진다는 뜻이요, 損은 줄인다는 뜻이다.
渫, 音薛, 散也. 損, 減也.

② 8척을 仞이라 한다. 湯은 물이 뜨겁게 끓어 가까이 범할 수 없음을 비유한 것이다.

八尺曰仞. 湯, 喩沸熱不可近也.

【目】 鼂錯가 다시 아뢰었다.

"邊境의 양식이 충분히 5년을 지탱할 수 있으면 郡縣에 곡식을 바치게 하고, 군현의 양식이 충분히 1년을 지탱할 수 있으면 때로 죄인들을 사면하고 농민에게 조세를 걷지 마소서. 이와 같이 하면 덕택이 만백성에게 가해지고 백성들이 더욱 농업에 힘써서 크게 부유해지고 즐거워할 것입니다."

錯復言호되 邊食이 足以支五歲어든 可令入粟郡縣이요 郡縣足支一歲어든 可時赦하고 勿收農民租니 如此면 德澤이 加於萬民하고 民愈勤農하여 大富樂矣리이다

【目】 이에 詔令을 다음과 같이 내렸다.

"백성을 다스리는 길은 本業(농업)을 힘쓰는 데 있다. 朕이 직접 천하의 농업을 권장하는데도 田野가 더 개간되지 못하고 年事가 한 번만 풍년 들지 않으면 백성들이 굶주린 기색이 있으니, 이는 관리들이 나의 조령을 열심히 받들지 아니하여 백성들에게 권장함이 밝지 못해서이다. 또 우리 농민들이 매우 고생하는데 관리들이 이것을 보살펴주지 않으니, 장차 어떻게 농업을 권장할 수 있겠는가. 농민에게 금년 조세의 절반을 감면해주라."

詔曰 道民之路 在於務本①이라 朕親率天下農호되 而野不加辟하고 歲一不登이면 民有飢色②하니 是는 吏奉吾詔不勤하여 而勸民不明也라 且吾農民이 甚苦어늘 而吏莫之省하니 將何以勸焉이리오 其賜農民今年租稅之半하라

① 道는 다스림이다. 혹자는 "道(인도하다)는 導로 읽는다." 하였다.
道, 治也. 或曰 "道, 讀曰導."

② 辟(개간하다)은 闢으로 읽는다. 登은 곡식이 성숙한 것이다.
辟, 讀曰闢. 登, 成熟也.

甲戌年(B.C. 167)

【綱】 漢나라 太宗 孝文皇帝 13년이다. 봄 2월에 詔令을 내려 〈皇帝와 皇后가〉 직접 밭을 갈고 누에 치는 禮儀(예절과 의식)를 갖추게 하였다.

十三年이라 春二月에 詔具親耕桑禮儀하다

【目】 詔令을 다음과 같이 내렸다.

"朕이 친히 밭을 갈아 粢盛(제기에 담은 곡물)을 바치고 皇后가 친히 누에를 쳐서 祭服을 받들 것이니, 그 예의를 갖추어라."

詔曰 朕親耕하여 以供粢盛하고 皇后親桑하여 以奉祭服호리니 其具禮儀하라

【綱】 여름에 秘祝(숨기는 祝願文)을 없앴다.

夏에 除秘祝하다

【目】 처음 秦나라 때에 祝官들은 秘祝이 있어서 만일 災祥(재앙)이 있으면 번번이 아랫사람들에게 허물(화)을 전가하였는데, 이때에 이르러 다음과 같이 조령을 내렸다.

"禍는 원망에서 일어나고 福은 德으로 말미암아 일어난다. 百官의 잘못은 마땅히 朕의 몸에서 연유한 것인데, 지금 秘祝의 관원이 허물을 아랫사람들에게 전가하니, 朕은 이것을 취하지 않는다. 이것을 없애라."

初秦時에 祝官有秘祝하여 卽有災祥이면 輒移過於下①러니 至是하여 詔曰 禍自怨起요 福繇(유)德興이라 百官之非는 宜由朕躬이어늘 今에 秘祝之官이 移(禍)〔過〕[59]於下하니 朕甚弗取하노니 其除之하라

① 祝(지원하다)은 之秀의 切이다. 祝官은 ≪周禮≫의 太祝이 六祝의 말을 관장하여 人鬼(사람의 영혼)·天神·地祇(地神)를 섬기는 것과 같다. 秘祝의 관원이 아랫사람들에게 허물을 전가함을 국가에서 숨겼으므로 秘라 한 것이다. 妖孽(요얼)이 밖에서 생기는 것을 祥이라 한다.
祝, 之秀切. 祝官, 猶周禮太祝, 掌六祝之辭, 以事鬼神祇(기). 秘祝之官, 移過於下, 國家諱之, 故曰秘也. 妖孽自外來, 謂之祥.

【綱】 5월에 肉刑[60]을 없앴다.

---

59) (禍)〔過〕: 저본에는 '禍'로 되어 있으나, ≪資治通鑑≫에 의거하여 '過'로 바로잡았다.

60) 肉刑 : 옛날 죄인의 몸에 직접 가하는 형벌로 다섯 가지가 있다. 시대와 기록에 따라 약간의 차이가 있으나 ≪書經≫의 〈周書 呂刑〉을 보면 얼굴에 자자하는 墨刑(黥刑), 코를 베는 劓刑, 발을 베는 剕刑(刖刑), 남녀의 생식기를 못 쓰게 하는 宮刑, 死刑인 大辟을 이른다.

五月에 除肉刑[61]하다

淳于緹縈

【目】 齊나라 太倉令 淳于意가 죄가 있어 형벌을 받게 되었는데, 그의 어린 딸인 緹縈(제영)이 다음과 같이 상소하였다.

"妾의 아비가 관리가 되었을 적에 齊나라 안에서 모두 청렴하고 공평하다고 칭송하였는데, 지금 법에 걸려 형벌을 받게 되었습니다. 첩은 죽은 자는 다시 살아날 수 없고 형벌(肉刑)을 받은 자는 다시 이어 붙일 수가 없으니, 허물을 고쳐 스스로 새로워지기를 바라나 그럴 방법이 없는 것을 서글퍼합니다. 원컨대 첩이 籍沒되어 官婢가 되어 형벌을 받을 아비의 죄를 속죄하려 합니다."

齊太倉令淳于意 有罪當刑①이러니 其少女緹縈이 上書曰②妾父爲吏에 齊中이 皆稱其廉平이러니 今坐法當刑하니 妾은 傷夫死者는 不可復生이요 刑者는 不可復屬(촉)③이니 雖欲改過自新이나 其道無繇(유)라 願沒入爲官婢하여 以贖父刑罪하노이다

① 太倉令은 齊王의 관속이다.
太倉令, 齊王國官也.

② 緹은 體와 帝 두 가지 음이고 縈은 음이 嬰이니, 緹縈은 少女의 이름이다.
緹, 體·帝二音. 縈, 音嬰. 緹縈, 少女名.

③ 屬은 음이 燭이니, 연결한다는 뜻이다.
屬, 音燭, 聯也.

【目】 天子가 그녀의 뜻을 가엽게 여기고 슬퍼하여 다음과 같이 조령을 내렸다.

"지금 사람들은 허물(잘못)이 있으면 가르침이 시행되기 전에 형벌이 이미 가해져서 잘못된 행실을 고치려고 하나 이를 수가 없으니, 朕이 몹시 안타깝게 생각하노라. 형벌

61) 除肉刑 : "肉刑을 없앤다고 쓴 것은 어째서인가? 이를 훌륭하게 인정한 것이다. 肉刑은 옛 법이었는데, 文帝로부터 처음 옛 법을 폐지하였으니, 그렇다면 어찌하여 이것을 훌륭하게 인정하였는가? 사람을 차마 해치지 못하는 마음을 훌륭하게 여겼기 때문이다. 그러므로 '처음'이라고 쓰지 않았으니, 처음이라고 쓰면 井田을 폐지한 것과 같은 경우라고(周 顯王 19년조 '始廢井田'이라 하였음) 의심할까 염려해서였다. ≪資治通鑑綱目≫에서 형벌을 조심하는 정사에 除를 쓴 것이 10번인데, 문제가 그중에 셋을 차지한다.〔除肉刑 何 予之也 肉刑 古法也 自帝始廢古法 則曷爲予之 不忍人之心也 故不書始 書始則疑於廢井田 綱目恤刑之政 書除十 文帝居三焉〕" ≪書法≫

이 肢體를 자르고 피부에 새김에 이르면 종신토록 뼈와 살이 자라나지 못하니, 어찌면 그리도 비통하고 덕이 없는가. 어찌 백성의 부모가 된 意義이겠는가. 肉刑을 없애고 딴 것으로 바꾸어서 자세히 법령을 만들라."

天子憐悲其意하여 詔曰 今人有過면 教未施而刑已加하여 欲改行而無繇至하니 朕甚憐之하노라 夫刑至斷支體, 刻肌膚하면 終身不息①하니 何其痛而不德也오 豈爲民父母之意哉리오 其除肉刑하고 有以易之하여 具爲令②하라

① 息은 자란다는 뜻이다. 이미 코를 베고〔劓〕 발을 베고〔刖〕 脛骨을 자르고〔臏〕 去勢〔割〕를 하면 〈뼈와 살이〉 다시 자라나기를 바라나 될 수 없음을 말한 것이다.
息, 生也. 言旣劓・刖・臏・割, 而欲其復生長, 不可得矣.

② 肉刑은 墨, 劓, 臏, 宮, 大辟이니, 鄭玄이 이르기를 "皐陶가 臏을 고쳐 剕(발을 자름)로 만들어 ≪書經≫ 〈周書 呂刑〉에는 剕가 있고 周나라는 이것을 고쳐 刖로 만들었다." 하였다. ≪史記≫ 〈文帝本紀〉의 詔令에 "지금 法에 肉刑이 셋이 있다." 하였는데, 注에 "李奇[62]가 말하기를 '高帝가 약속한 法 3章에는 肉刑이 없었는데, 文帝는 육형이 있었다.' 하였으며, 孟康[63]이 말하기를 '黥과 劓 두 가지에 왼발과 오른발을 베는 것이 합쳐 하나이니, 모두 셋이다.' 하였다."고 하였다. 崔浩[64]의 ≪漢律書≫에 "文帝가 육형을 없앴으나 宮刑은 바꾸지 않았다." 하였는데, 張斐(장비)[65]가 이르기를 "음란한 사람의 행위는 族類(혈통)를 문란하게 하기 때문에 바꾸지 않은 것이다." 하였다.
肉刑者, 墨・劓・臏・宮・大辟. 鄭氏云 "皐陶改臏爲剕, 呂刑有剕, 周改爲刖." 文帝本紀, 詔曰 "今法有肉刑三." 注 "李奇曰 '高帝約法三章, 無肉刑, 文帝則有肉刑.' 孟康曰 '黥・劓二, 刖左右趾合〔一〕[66], 凡三也.'" 崔浩漢律序云 "文帝除肉刑而宮不易." 張斐曰 "以淫亂人族類, 故不易之也."

【目】 丞相과 御史가 법률을 정할 것을 청하여 아뢰기를 "髡(머리 깎음)에 해당되는 자는 城旦[67]과 방아를 찧게 하고, 黥(자자함)과 髡에 해당되는 자는 재갈을 물려 城旦과 방

---

62) 李奇 : 어떤 인물인지 자세하지 않다.

63) 孟康 : 삼국시대 魏나라 사람으로 ≪漢書音義≫를 지었다.

64) 崔浩 : 北魏의 淸河 사람으로 字는 伯淵이다. 젊어서부터 학문을 좋아하여 經史와 百家를 모두 통달하였으며 著作郎을 역임하였다.

65) 張斐(장비) : 晉나라 때 법학자로 晉나라의 ≪泰始律≫에 주해를 했으며 ≪律解≫, ≪漢晉律序注≫ 등을 저술하였다.

66) 〔一〕 : 저본에는 '一'이 없으나, 문맥을 살펴 보충하였다.

67) 城旦 : 낮에는 오랑캐들을 방비하고 밤에는 長城 쌓기를 4년 동안 하는 형벌이다. 일설에 "아침에 일어나 가서 성을 쌓는 것이다."라고 한다.

아를 찧게 하고, 劓(코를 벰)에 해당되는 자는 笞刑 300대를 치고, 斬左止(왼발을 벰)에 해당되는 자는 笞刑 500대를 치고, 斬右止(오른발을 벰)와 사람을 죽이고 먼저 자수하여 죄를 면제받은 자와 관리로서 뇌물을 받고 법을 부정하게 적용한 자와 縣官(국가)의 財物을 맡고서 도둑질한 죄에 걸린 자를 이미 論罪하였는데 다시 笞刑의 죄를 범하였을 경우에는 모두 棄市하고, 城旦과 방아를 찧는 경우에는 각각 복역하는 年數를 두어서 면죄시켜야 합니다." 하니, 制하기를 "좋다." 하였다.

丞相御史請定律曰 諸當髡(곤)者는 爲城旦, 舂(용)하고 當黥, 髡者는 鉗(겸)爲城旦, 舂①하고 當劓(의)者는 笞三百하고 當斬左止者는 笞五百②하고 斬右止와 及殺人先自告와 及吏坐受賕枉法과 守縣官財物而卽盜之를 已論而復有笞罪者는 皆棄市③하고 爲城旦, 舂者는 各有歲數以免이라한대 制曰 可④라하다

① "當黥髡"은 ≪漢書≫ 〈刑法志〉에 "黥(자자)에 해당되는 자는 머리를 깎았다."라고 되어 있다.
當黥髡者, 刑法志 "作當黥者髡."
② 止는 趾와 같으니, 발이다.
止, 與趾同, 足也.
③ 오른발을 벰에 해당되는 자는 그 죄가 두 번째로 무겁기 때문에 棄市를 따른 것이다. "殺人先自告"는 사람을 죽이고 먼저 자수하여 죄를 면제받은 자를 이른다. 賕는 음이 求이니 뇌물이다. "吏受賕枉法"은 관리가 뇌물을 받고서 공정한 법을 부정하게 적용함을 이르고, "守縣官財物而卽盜之(縣官의 財物을 맡고서 도둑질했다.)"는 바로 법률에 이른바 '맡아서 지키는 자[主守]가 스스로 도둑질했다.'는 것이다. 사람을 죽인 것은 폐해가 심하고, 뇌물을 받는 것과 국가의 물건을 도둑질한 것은 贓罪를 지은 더러운 몸이다. 그러므로 이 세 가지 죄는 이미 논죄하는 이름을 입었는데 또다시 笞刑을 범했으면 또한 모두 棄市하는 것이다.
當斬右足者, 以其罪次重, 故從棄市也. 殺人先自告, 謂殺人而自首, 得免罪者也. 賕, 音求, 賂也. 吏受賕枉法, 謂受賂而曲公法者也. 守縣官財物而卽盜之, 卽律所謂主守自盜者也. 殺人害重, 受賕盜物, 贓汚之身, 故此三罪, 已被論名而又犯笞, 亦皆棄市也.
④ 城旦과 방아를 찧게 하는 데 복역한 지 만 3년이 되었으면 鬼薪과 白粲[68]에 복역하게 하며, 1년 동안 귀신과 백찬에 복역하였으면 노비가 되게 하며, 노비를 1년 동안 하였으면 죄를 면하여 庶人이 되게 한다. 노비를 한 지 만 2년이 되었으면 司寇[69]에 복역하게 하고, 1년 동안 사구에 복역하였거나 또는 사구처럼 2년 동안 부역하였으면 모두 죄를 면하여

68) 鬼薪과 白粲 : 鬼薪은 秦·漢시대 일종의 徒刑이다. 겨울에 '宗廟에서 사용하는 나무 섶을 채취해온다.'하여 붙여진 이름으로, 官府의 잡역에 종사하거나 手工業의 생산 및 각종 노동하는 일을 담당하였다. 白粲 역시 秦·漢시대의 형벌로, 精米를 선별하여 제사의 쓰임에 공급하였는데, 고급 관리의 命婦 또는 그 후예의 여자로서 죄를 저지른 자에게 가하였다.

69) 司寇 : 2년 동안 변방에 가서 수자리 서는 형벌로, 二歲刑이라고도 한다.

庶人이 되게 한다.

城旦・舂, (蒲)〔滿〕[70]三歲爲鬼薪・白粲, 鬼薪・白粲一歲, 爲隷臣妾, 隷臣妾一歲, 免爲庶人. 隷臣妾, (蒲)〔滿〕二歲爲司寇, 司寇一歲及作如司寇二歲, 皆免爲庶人.

【目】上이 이미 몸소 玄默을 닦고, 장수와 정승들이 모두 옛 功臣이었으므로 文飾이 적고 질박함이 많으며, 멸망한 秦나라의 정사를 징계하고 미워해서 의논이 되도록 관대하고 후덕함에 있으며 남의 과실을 말하는 것을 부끄러워하니, 교화가 천하에 행해져서 고자질하는 풍속이 바뀌었으며, 관리들은 관직을 편안히 여기고 백성들은 생업을 즐거워하여 저축이 해마다 증가하고 戶口가 점점 불어났다. 그리하여 流風이 篤厚하고 法網이 엉성해져서 죄가 의심스러운 자는 백성들에게 형벌을 맡겨주어 가벼운 형벌을 따르도록 하니, 이 때문에 형벌이 크게 줄어들어서 온 천하에 死罪를 지은 사람이 400명에 이르러 형벌을 버려두고 쓰지 않는 유풍이 있게 되었다.

上이 旣躬修玄默하고 而將相이 皆舊功臣이라 少文多質①하고 懲惡(오)亡秦之政하여 論議 務在寬厚하며 恥言人之過失하니 化行天下하여 告訐(알)之俗이 易②하며 吏安其官하고 民樂其業하여 畜積歲增하고 戶口寖息③이라 風流篤厚하고 禁罔疏闊하여 罪疑者를 予民④하니 是以로 刑罰大省(생)하여 至於斷獄四百하여 有刑錯(조)之風焉⑤이러라

① ≪道德經≫에 "검고 또 검음은 여러 묘함의 문이다." 하였는데, 註에 "玄은 有도 아니고 無도 아니어서 미묘함의 극치이다." 하였다.
道德經曰 "玄之又玄, 衆妙之門." 註云 "玄者, 非有非無, 微妙之極致也."

② 訐은 남의 陰私(비밀스러운 일)를 공격하여 드러냄을 이른다.
訐, 謂攻發人之陰私.

③ 畜(쌓다)은 蓄으로 읽는다. 寖은 浸과 같으니 더욱이라는 뜻이다.
畜, 讀曰蓄. 寖, 浸同, 益也.

④ 罔은 網과 통하니, 法禁으로 막는 것이 그물눈이 성글어 엉성한 것과 같음을 말한다. 予(주다)는 與와 같으니, 형벌이 가벼운 쪽을 따라 단죄함을 이른다.
罔, 與網通, 言禁防, 如網之踈闊也. 予, 猶與也, 謂從輕斷也.

⑤ 斷(단죄하다)은 丁亂의 切이다. "斷獄四百"은 온 천하에 죽을죄를 지은 사람이 400명에 지나지 않음을 말한다. 錯(조)는 버려둔다는 뜻이다. 옛날에 백성들이 법을 범하지 아니하여 형벌을 버려두고 쓰지 않았는데, 지금 비록 옛날에 미치지는 못하였으나 거의 옛날의 遺風이 있는 것이다.
斷, 丁亂切. 斷獄四百, 謂普天之下, 死罪人不過四百也. 錯, 置也. 古者, 民不犯法, 刑錯而不

70) (蒲)〔滿〕: 저본에는 '蒲'로 되어 있으나, ≪資治通鑑≫ 註에 의거하여 '滿'으로 바로잡았다.

用, 今雖未及於古, 庶幾有古之遺風.

【綱】 6월에 田地의 조세를 면제하였다.

六月에 除田之租稅[71)]하다

【目】 詔令을 다음과 같이 내렸다.

"농업은 천하의 근본이니, 힘써야 할 일이 이보다 더 큰 것이 없는데, 지금 몸을 부지런히 놀려 농업에 종사하는데 조세의 부역이 있으니, 이는 本業에 종사하는 자와 末業에 종사하는 자가 차이가 없는 것이니, 농민들에게 조세를 면제하라."

詔曰 農은 天下之本이니 務莫大焉이어늘 今에 勤身從事로대 而有租稅之賦하니 是는 爲本末者無以異也니 其除之①하라

① 本은 농업이고 末은 商賈이다. 농민과 商賈가 모두 조세를 내어 차이가 없으므로 농민의 田租를 면제하라고 말한 것이다.
本, 農也. 末, 賈也. 言農與賈俱出租, 無異也, 故除去田租.

乙亥年(B.C. 166)

【綱】 漢나라 太宗 孝文皇帝 14년이다. 겨울에 匈奴가 쳐들어와 침략하므로, 군대를 보내어 공격하였는데, 흉노가 변방을 나가자 돌아왔다.

十四年이라 冬에 匈奴入寇어늘 遣兵擊之러니 出塞而還[72)]하다

71) 除田之租稅 : "'除'라고 쓴 것은 무엇인가? 영원히 면제한 것이다. 천하의 조세의 절반을 두 번 감면해준 것이다. 그런데 이때 마침내 영원히 면제했으니, 황제가 검약하여 나라에 충분한 저축이 있는 상황이 아니라면 이와 같이 할 수 있었겠는가.≪資治通鑑綱目≫이 끝날 때까지 한 번뿐이다.〔除者 何 永除也 再賜天下半租 仁矣 於是 遂永除之 非帝之儉約 國有餘蓄 能若是乎 終綱目一而已矣〕" ≪書法≫

72) 十四年……出塞而還 : "특별히 쓴 것이니, 〈武帝 때에〉 祈連山에 이르렀다가 돌아오고, 狼居胥山을 봉하고 돌아오고, 燕然山에 올라 공을 돌에 새겨 기록하고 돌아온 것을 쓴 것과 크게 차이가 있다.〔特筆也 與書至祈連而還 封狼居胥山而還 登燕然山 刻石勒功而還者 大有逕庭矣〕" ≪書法≫
"11년에 '匈奴가 狄道로 침입하자, 백성들을 모집하여 변방 아래로 이주시켰다.'라고 썼고, 이해에 또다시 '흉노가 쳐들어와 침략하자, 군대를 보내어 공격해서 흉노가 변방을 나가자 돌아왔다.'라고 썼으니, 옛날 周나라 宣王이 잠깐 玁狁(험윤, 周나라 때 흉노의 명칭)을 정벌하여 太原에 이른 것과 한 바퀴자국에서 나온 것처럼 똑같다. 변경을 침범함은 바로 개와 양과 같은 오랑캐들의 일상적인 일이다. 이들을 몰아내어 국경을 나가면 즉시 중지하였으니, 이는 盛德의 일이다. 무력을 남용하여

【目】 匈奴의 14만 騎兵이 朝那(주나)와 蕭關으로 침입하여 北地都尉 孫卬(손앙)을 죽이고 사람과 가축을 사로잡아 간 것이 매우 많았으며, 騎兵으로 침입하여 回中宮을 불태우니, 정탐하는 기병이 雍 땅의 甘泉宮에까지 이르렀다.

詔令을 내려 兵車(전차) 1천 乘과 騎卒 10만 명을 징발하고, 上이 직접 군대를 무장하여 직접 흉노를 정벌하고자 하였다. 여러 신하들이 간하였으나 듣지 않았는데 皇太后가 강력히 만류하자 上이 마침내 중지하고, 張相如와 欒布(난포)를 將軍으로 삼아서 흉노를 공격하여 내쫓아 흉노가 변방을 나가자 돌아왔다.

匈奴十四萬騎 入朝(주)那, 蕭關①하여 殺北地都尉卬하고 虜人畜甚多②하고 使騎兵으로 入燒回中宮하니 候騎至雍甘泉③이라 詔發車千乘, 騎卒十萬하고 上이 親勒兵하여 欲自征匈奴하니 群臣이 諫호대 不聽이러니 皇太后固要한대 上이 乃止④하고 以張相如, 欒布로 爲將軍하여 擊逐出塞而還하다

① ≪漢書≫ 〈地理志〉에 "朝那縣은 安定郡에 속하였다." 하였다. 朝는 追輸의 切이다. 蕭關은 朝那의 경계에 있다.
班志 "朝那縣, 屬安定郡." 朝, 追輸切. 蕭關, 在朝那界.

② 卬은 五郎의 切이니, 이름이다. 姓은 孫이다.
卬, 五郎切, 名也, 姓孫.

③ 回中宮은 安定郡 回中 지역에 있다. 騎는 奇寄의 切이니, 候邏(巡邏)하는 기병이다.
回中宮, 在安定郡回中地. 騎, 奇寄切, 候騎, 候邏騎也.

④ 要(요구하다)는 邀로 읽으니, "固要"는 강력히 만류함을 이른다.
要, 讀曰邀. 固要, 謂力止之也.

【綱】 作徒(징역형으로 일한) 魏尙을 사면하여 다시 雲中守로 삼았다.

赦作徒[73]魏尙하여 復爲雲中守하다

【目】 上이 輦(연)을 타고 郎署를 지날 적에 낭서의 長인 馮唐(풍당)에게 "父老(당신)의 집

〈武帝가〉 오랑캐의 조정을 갈아엎어 밭으로 만들고 소굴을 소탕함은 과연 무슨 일인가? 특별히 여기에 기록하였으니, 이는 찬미한 것이다.〔十一年 書匈奴寇狄道 募民徙塞下 是年 又書入寇 遣兵擊之 出塞而還 殆與薄伐玁狁 至于太原者 如出一轍 夫侵邊犯境 乃犬羊之常爾 驅而出之 盡境卽止 此盛德事也 窮兵黷武 犁庭掃穴 果何爲哉 特筆于此 蓋美之也〕" ≪發明≫

73) 作徒 : "'作徒'라고 쓴 것은 어째서인가? 황제가 허물을 고침을 아름답게 여긴 것이다. '다시 그로써 ~을 삼다.〔復以爲之〕'라고 한 예가 네 가지가 있으니, 〈군주가〉 허물을 고친 말이 있고, 〈군주가〉 허물을 되풀이한 말이 있고, 군주가 마음대로 명령하지 못하는 말이 있고, 그대로 인습하는 말이 있다.〔書作徒 何 美改過也 復以爲之例 有四 有改過之辭 有貳過之辭 有不能令之辭 有因仍之辭〕" ≪書法≫

은 어디에 있는가?"라고 물으니, 풍당이 대답하기를 "저는 趙나라 사람입니다." 하였다.

上이 말하기를 "내가 代나라에 있을 적에 尙食監 高祛(고거)가 자주 나를 위해 趙나라 장수 李齊의 유능함을 말하면서 鉅鹿城 아래에서 용감히 싸운 일을 말하였는데, 나는 지금도 밥을 먹을 때마다 마음이 일찍이 거록성에 있지 않은 적이 없다. 父老는 이 사람(李齊)을 아는가?" 하니, 풍당이 대답하기를 "이제는 오히려 廉頗와 李牧이 장수 노릇했던 것만 못합니다." 하였다.

上이 넓적다리를 치며 말하기를 "아! 내 오직 염파와 이목과 같은 사람을 얻어 장수로 삼지 못하였으니, 〈염파와 이목과 같은 사람을 얻어 장수로 삼는다면〉 내 어찌 흉노를 걱정하겠는가." 하였다. 이에 풍당이 아뢰기를 "폐하께서는 비록 이들을 얻더라도 등용하지 못하실 것입니다." 하였다.

上이 輦過郎署①할새 問郎署長馮唐曰 父家安在②오 對曰 趙人이로소이다 上曰 吾居代時에 尙食監高祛 數(삭)爲我하여 言趙將李齊之賢호되 戰於鉅鹿下③러니 今吾每飯에 意未嘗不在鉅鹿也로니 父知之乎④아 對曰 尙不如廉頗李牧之爲將也니이다 上이 搏髀(박폐)曰⑤嗟乎라 吾獨不得頗牧爲將이로다 吾豈憂匈奴哉리오 唐曰 陛下雖得之나 弗能用也시리이다

① 사람을 멍에 하여 가게 하는 것을 輦이라 한다. 署는 郎官[74]이 근무하는 집무실이다.
駕人以行曰輦. 署, 郎舍也.

② ≪漢書≫ 〈馮唐傳〉에 "父老는 언제부터 郎官이 되었으며, 집은 어디에 있는가?"라고 되어 있다.
漢書, 馮唐傳 "父老何自爲郎, 家安在."

③ 尙은 주관함이니, 尙食監은 군주의 반찬과 음식을 주관하는 관원이다. 祛는 음이 墟이다.
尙, 主也, 尙食監, 主膳食之官. 祛, 音墟.

④ 飯(밥을 먹다)은 上聲이다. 매번 밥을 먹을 때마다 高祛가 말한 것을 생각하여 마음이 일찍이 鉅鹿에 있지 않은 적이 없음을 말한 것이다.
飯, 上聲. 言每食時, 念高祛所言, 其心未嘗不在鉅鹿.

⑤ 搏은 친다는 뜻이고 髀는 음이 陛이니, 넓적다리의 바깥쪽이다. 넓적다리를 친 것은 격동한 바가 있어 그러한 것이다.
搏, 拊也. 髀, 音陛, 股之外也. 拊之者, 有所激然耳.

【目】上이 "公이 어떻게 아는가?" 하고 추궁하자, 馮唐이 다음과 같이 대답하였다.

---

74) 郎官 : 녹봉이 比三百石 이상으로, 禁衛를 제외하고는 특별한 관직이 아니고 정원도 없다. 낭관은 대부분 選擧로 뽑히며, 낭관이 되었다는 것은 황제를 가까이 모시는 가신단에 포함된다는 것을 의미한다.

"상고시대에 王者가 장군을 파견할 적에 무릎을 꿇고 수레바퀴를 밀어주며 말하기를 '도성문 이내는 寡人이 통제하고 도성문 이외는 장군이 통제하라.' 하였습니다. 그리하여 군대의 功과 爵祿과 賞賜를 모두 밖에서 장군이 자유롭게 결단하게 하고 장군이 돌아와서 군주에게 아뢰기만 하였으니, 이는 빈말이 아닙니다.

李牧이 趙나라 장수가 되었을 적에 군대 안에 설치한 시장에서 받는 조세를 모두 자기 마음대로 사용하여 병사들에게 연향을 베풀어주었으며, 賞으로 하사하는 것을 중앙(조정)에 아뢰게 하지 않고 이목에게 專任해서 성공을 책임지웠습니다. 그러므로 이목이 자신의 지혜와 재능을 다하여 趙나라를 거의 霸者가 되게 했던 것입니다.

지금 臣이 엎드려 듣건대 魏尙이 雲中守가 되어서 군대 안에 설치한 시장에서 받는 조세를 모두 사용하여 사졸들에게 연향을 베풀어주고, 사사로이 가솔들을 봉양하는 돈을 가지고 스스로 賓客과 軍吏와 舍人들에게 연향을 베풀어주었다고 합니다. 이 때문에 흉노가 멀리 피하여 雲中郡의 변경에 가까이 오지 못하였는데, 오랑캐가 일찍이 한 번 침입하자 위상이 이들을 공격하여 죽인 것이 매우 많았다고 합니다.

병졸들은 밭 가운데에서 농사짓다가 종군하였으니, 어찌 尺籍과 伍符를 알겠습니까. 종일토록 힘써 싸워서 수급을 베고 포로를 잡았는데, 幕府에 戰功을 보고할 적에 한 마디 말이 서로 부합하지 않았다 하여, 법조문을 맡은 관리가 법으로 다스려서 賞은 행해지지 않고 형벌하는 법만 적용되었다 합니다.

또 위상이 수급을 베고 포로로 잡은 戰功을 보고할 적에 여섯 명의 수급이 차이가 나는 죄에 걸렸는데, 폐하께서 그를 獄吏에게 내려서 관작을 삭탈하고 벌을 주셨으니, 이를 가지고 말하면 폐하께서는 비록 염파와 이목이 있더라도 등용하지 못하실 것입니다."

上曰 公何以知之오 對曰 上古王者之遣將也에 跪而推轂(퇴곡)曰 閫以內者는 寡人制之하고 閫以外者는 將軍制之①하라하여 軍功爵賞을 皆決於外하고 歸而奏之하니 此非虛言也니이다 李牧이 爲趙將에 軍市租를 皆自用饗士하고 賞賜를 不從中覆(복)하여 委任而責成功이라 故로 牧이 得盡其智能하여 而趙幾霸②하니이다 今臣이 竊聞호니 魏尙이 爲雲中守하여 其軍市租를 盡以饗士卒하고 私養錢으로 自饗賓客, 軍吏, 舍人③이라 是以로 匈奴遠避하여 不近雲中之塞(새)러니 虜曾一入이어늘 尙이 擊之하여 所殺甚衆하니이다 夫士卒이 起田中從軍하니 安知尺籍伍符④리오 終日力戰하여 斬首捕虜호되 上功幕府에 一言이 不相應이라하여 文吏以法繩之하여 其賞不行하고 而法必用⑤하니이다 且尙이 坐上功首虜에 差六級이어늘 陛下下之吏하여 削其爵하고 罰作之⑥하시니 由此言之하면 陛下雖有頗牧이라도 弗能用也시리이다

① 推(밀다)는 通回의 切이다. "推轂"은 천자가 직접 그 수레바퀴를 밀어줌을 말한 것이다. 閫은 苦本의 切로 문지방인데, 여기서는 도성문의 문지방을 이른 것이다.
推, 通回切. 推轂, 言天子親爲推其車轂也. 閫, 苦本切, 門橛也, 此謂郭門之閫也.

② "不從中覆"은 굳이 조정에 覆奏한 뒤에 행하지 않음을 말한 것이다. 일설에 "중앙에서 그 사용한 바의 數를 다시 따지지 않는 것이다." 하였다.
不從中覆, 言不必覆奏朝廷而後行. 一說 "不從中覆校其所用之數."

③ "私養錢"은 魏尙의 私錢(개인 돈)이다. 혹자는 말하기를 "官에서 특별히 지급한 것이다." 한다. 賓客은 유세하는 선비로서 위상의 손님이 된 자이다.
私養錢, 魏尙之私錢也. 或曰 "官所別稟給也." 賓客, 游士爲尙所賓者也.

④ 籍(기록하다)은 秦昔의 切이다. 尺籍은 軍令을 쓴 것이고 伍符는 병사들이 伍마다 서로 보증한 符信이다. 일설에 "尺籍은 수급을 베고 적을 사로잡은 功을 한 자 정도 되는 판자에 쓴 것이다."라고 하였다.
籍, 秦昔切. 尺籍, 所以書軍令. 伍符, 軍士伍伍相保之符信也. 一說 "尺籍者, 書其斬捕之功於一尺之板."

⑤ 上(올리다)은 時掌의 切이다. "上功"은 적의 수급을 베고 포로로 잡은 숫자를 올려 보고함을 이른다. 應(부합하다)은 去聲이다. "不相應"은 수급을 베고 포로로 잡은 숫자가 서로 맞지 않음을 말한다. 繩은 먹줄〔索〕이니, 먹줄을 튕겨 줄을 그어 곧음을 취하는 것이다. 법조문을 맡은 관리가 바로 이 일을 다스리기를 먹줄과 같이 곧게 하였음을 말한 것이다.
上, 時掌切. 上功, 謂上斬首捕虜之數也. 應, 去聲. 不相應, 謂斬捕之數不同也. 繩, 索(삭)也, 所以彈畫而取直者. 言文法之吏, 正治其事, 亦猶繩也.

⑥ "罰作"은 罰로 복역함을 이르니, 1년 동안 勞役하는 형벌이다.
罰作, 謂罰爲徒, 居作一歲刑也.

【目】上이 기뻐하여 이날 즉시 馮唐으로 하여금 節을 가지고 가서 魏尙을 사면하여 다시 雲中守로 삼고, 馮唐을 제수하여 車騎都尉로 삼았다.

上이 說(열)하여 是日에 令唐으로 持節赦魏尙하여 復以爲雲中守하고 而拜唐爲車騎都尉①하다

① ≪漢書≫ 〈百官表〉를 자세히 살펴보면 漢나라에는 '車騎都尉'란 관직이 없으니, 이때에 馮唐으로 하여금 中尉와 郡國의 전차병을 주관하게 한 것이다.
詳考班表, 漢無車騎都尉官, 時使唐主中尉及郡國車士.

【綱】봄에 여러 제사하는 壇과 마당과 珪玉과 폐백을 더 늘리게 하였다.

春에 增諸祀壇場珪幣하다

【目】 詔令을 내려 여러 제사 지내는 곳의 壇과 마당, 珪玉과 幣帛을 더 늘리게 하고 또 다음과 같이 말하였다.

"先王은 멀리 베풀되 보답을 바라지 않고 望祭[75]를 지내되 福을 기원하지 않았으며, 어진 이를 높이고 친척을 낮추었으며, 백성을 우선하고 자신을 뒤에 하였으니, 이는 현명함의 극치이다. 지금 내 들으니, 祠官이 축원하여 복을 기원할 적에 모두 복을 朕의 몸에 돌리고 백성을 위하지 않는다고 하니, 짐이 몹시 이것을 부끄러워하노라. 祠官(禮官)으로 하여금 공경을 지극히 하고, 복을 기원하는 일이 없도록 하라."

詔廣增諸祀의 壇場珪幣①하고 且曰 先王이 遠施호되 不求其報하고 望祀호되 不祈其福하며 右賢左戚하고 先民後己는 至明之極也②라 今吾聞祠官祝釐(희)에 皆歸福於朕躬하고 不爲百姓이라하니 朕甚愧之③하노라 其令祠官致敬하고 無有所祈하라

① 흙을 쌓아 壇을 만들고 땅을 소제하여 마당을 만든다. 珪玉과 幣帛은 神에게 올리는 예물이다.
築土爲壇, 除地爲場. 珪・幣, 所以薦神.
② "右賢左戚"은 현자를 우선하고 친척을 뒤에 함을 이른다.
右賢左戚, 謂先賢後親也.
③ 祠官은 제사 일을 대행하는 자이다. 釐는 음이 禧이니, 복이라는 뜻이다. 爲(위하다)는 去聲이다.
祠官, 攝行祀事者也. 釐, 音禧, 福也. 爲, 去聲.

丙子年(B.C. 165)

【綱】 漢나라 太宗 孝文皇帝 15년이다. 봄에 黃龍이 成紀에 나타났다.

十五年이라 春에 黃龍이 見(현)成紀①하다

① ≪漢書≫ 〈地理志〉에 "成紀縣은 天水郡에 속하였다." 하였다.
班志 "成紀縣, 屬天水郡."

【目】 처음에 張蒼은 "漢나라는 水德을 얻었다."[76] 하고, 魯나라 사람 公孫臣은 "마땅히

75) 望祭 : 멀리서 바라보고 제사함을 이른다. 옛날 山川의 神에게 직접 가서 제사하기 어려울 경우 일정한 장소에 단을 설치하고 멀리서 바라보면서 제사하였는데, 때로는 江에 가로막혀 갈 수가 없을 경우 先祖의 묘소에도 望祭를 지냈다 한다.

土德이 되어야 하니, 그 應驗은 黃龍이 나타날 것이다." 하였는데, 장창이 옳지 않다고 논박하여 그를 파직시켰다.

이때에 황제가 공손신을 불러 博士를 삼아서 諸生들과 土德을 거듭 밝혀 冊曆과 의복의 색깔을 고치는 일을 草하게 하니, 장창이 이로부터 스스로 굽혔다.

初에 張蒼은 以漢得水德이라하고 魯人公孫臣은 以爲當土德이니 其應이 黃龍見이라한대 蒼이 以爲非是라하여 罷之①러니 至是에 帝召臣爲博士하여 與諸生으로 申明土德하여 草改歷服色事②하니 蒼이 由此自絀(굴)하니라

① 應의 음은 應對의 應이다.
應音, 應對之應.
② 草는 創造함을 이른다.
草, 謂創造之也.

【綱】 여름 4월에 황제가 雍 땅에 가서 처음으로 郊祭에서 五帝를 알현하였다.

夏四月에 帝如雍하여 始郊見(현)五帝①[77]하다

---

76) 漢나라가……얻었다 : 水德은 水의 德으로 왕 노릇 함을 이른다. 고대 陰陽家에서 帝王이 天命을 받음을 五行의 德과 연관시켜 이것을 五德이라 칭하였다. 五德은 첫째 水德으로 색깔은 黑色이고 숫자는 1과 6이며, 둘째 火德으로 색깔은 赤色이고 숫자는 2와 7이며, 셋째 木德으로 색깔은 靑色이고 숫자는 3과 8이며, 넷째 金德으로 색깔은 白色이고 숫자는 4와 9이며, 다섯째 土德으로 색깔은 黃色이고 숫자는 5와 10이다. 그리하여 아래에 '土德이 되어야 하니, 그 응험은 黃龍이 나타날 것이다.'라고 말한 것이다.

77) 始郊見(현)五帝 : "하늘은 하나일 뿐인데, 五帝가 있다고 말한 것은 옛 법이 아니다. 이로부터 이후로 五畤에 郊祀를 지낸 것을 이루 다 쓸 수 없다. 처음이라고 쓴 것은 황제를 나쁘게 여긴 것이다. 이 때문에 文帝가 행차한 것을 대부분 쓰지 않았으나 오직 여기에만 특별히 쓴 것이다.〔天一而已 而曰有五帝焉 非古也 自是以後 郊祀五畤 不可勝書矣 書始 病帝也 是故文帝行幸多不書 惟此特書之〕"《書法》
"천하의 일은 처음 시작할 때보다 더 소중한 것이 없으니, 처음을 삼가지 않으면 뒷날을 장차 어찌하겠는가. 이 때문에 典則을 두어 자손에게 물려줌은 훌륭한 禹王이 된 이유이고, 후손들에게 좋은 계책을 물려주어 자손을 편안히 도와줌은 훌륭한 武王이 된 이유이다. 文帝는 겸손하고 공손한 임금이어서 애초에 어느 일에 빠진 적이 없었으나 마침내 처음으로 五帝를 제사하였다. 上帝는 하나일 뿐이니, 어찌 다섯이 있을 수 있겠는가. 더구나 후일 紛紛하게 제사한 것이 실로 이때 시작되었음에랴. 그러므로 《資治通鑑綱目》에 처음 오제에게 郊祭를 지냈다고 특별히 써서 단서를 연 잘못을 나타내었다. 후일 武帝가 五畤를 제사 지낸 것에 이르러서는 다만 雍 땅에 갔다고만 썼으니, 이는 진실로 《자치통감강목》에서 처음을 삼가는 뜻이다. 배우는 자가 능히 앞뒤에 쓴 글을 합하여 살펴본다면 그 뜻을 알 것이다.〔天下之事 莫重於其始 始之不謹 後將若何 是故有典則以貽子孫 所以爲禹 貽孫謀以燕翼子 所以爲武王 文帝謙恭之君 初無所溺 而乃始爲五帝之祀 夫帝一而已 安得有五 況異時紛紛祠祀 實昉于此 故綱目特以始郊五帝書之 以見開端之失 至他日武帝五畤之祠 止書如雍 此固綱目謹始之意 學者惟能合前後所書而觀之 則得其旨矣〕"《發明》

① 五帝는 五行의 精氣이다. 秦나라에서 白帝, 赤帝, 黃帝, 青帝의 畤(제사 터)를 雍 땅에 세웠는데, 高帝가 다시 黑帝畤를 세웠다. 그러므로 雍 땅에 五帝의 畤[78]가 있게 된 것이다.
五帝, 五行之精氣也. 秦立白帝・赤帝・黃帝・青帝畤(치)於雍, 高帝又立黑帝畤, 故雍有五帝畤.

【綱】 赦免하였다.

赦하다

【綱】 가을 9월에 賢良으로서 능히 直言하고 極諫하는 자를 친히 策問해서 鼂錯(조조)를 中大夫로 삼았다.

秋九月에 **親策**[79]**賢良能直言極諫者**하여 **以鼂錯**로 **爲中大夫**[①80]하다

① 천자가 前殿에 나와서 선비들을 策問하였다. 그러므로 親策이라 한 것이다.
天子臨軒[81]策士, 故曰親策.

【目】 鼂錯가 對策의 높은 등급으로 발탁되어 中大夫가 되어서 또다시 제후들의 영지를 줄이는 것과 법령에 변경해야 할 만한 것들을 말하니, 글이 모두 30편이었다. 上이 비록 그의 말을 다 따르지는 않았으나 그의 재주를 기특히 여겼다.

---

78) 五帝의 畤 : 五帝는 東方의 青帝, 西方의 白帝, 南方의 赤帝, 北方의 黑帝, 中央의 黃帝이며, 畤는 제사 지내는 터(자리)를 이른다.

79) 親策 : 帝王이 직접 선비들을 면대하고 經書의 깊은 뜻이나 정사의 어려운 문제를 묻는 것을 이른다. 이것을 策問이라 하며, 이에 대한 대책을 밝힌 것을 對策文이라 하여 우수한 자를 선발해서 급제시켰다.

80) 親策賢良能直言極諫者 : "'친히 책문했다.〔親策〕'고 쓴 것은 어째서인가? 비판한 것이다. 어째서인가? 황제가 친히 책문해서 얻은 사람이 鼂錯뿐이었기 때문이니, 이것을 인물을 잃은 것이라고 여겼으므로 비난한 것이다. 이 때문에 文帝가 선비들을 책문하여 조조를 얻었으면 '親'이라고 썼고, 武帝가 선비들을 책문하여 公孫弘을 얻었으면 '親'이라고 썼고, 唐나라 文宗이 선비들을 책문하여 劉蕡을 잃었으면 '親'이라고 썼으니, 모두 비난한 것이다. ≪資治通鑑綱目≫이 끝날 때까지 '親策'이라고 쓴 것은 세 번 뿐이다.〔親策 何 譏也 何 譏躬親策之而所得者鼂錯爾 以是爲失人 故譏之 是故 文帝策士而得鼂錯則書親 武帝策士而得公孫弘則書親 文宗策士而失劉蕡則書親 皆譏也 終綱目書親策 三而已〕" ≪書法≫
"鼂錯가 直言으로 對策하였는데도 대답한 말이 도리어 정직하지 못하였다. 그러므로 조조가 대답한 말을 모두 삭제하고 기록하지 않은 것이니, 그렇다면 조조 또한 그 명성에 부끄러움이 많은 것이다. 아, 文帝와 같이 훌륭한 군주가 있고 또 직언으로 선비들을 책문하였는데도 오히려 바른 의논으로 직언을 하지 못하였으니, 어찌 심히 애석해할 만하지 않은가.〔錯以直言對策 而言乃不直 故所對之詞 皆削而不錄 然則錯亦有愧於其名 多矣 嗚呼 有君如文帝 又以直言策士 猶且不能正議直言 豈不深可惜歟〕" ≪發明≫

81) 臨軒 : 임금이 正殿에 앉아 있지 않고 친히 前殿으로 나와서 신하를 대면하는 것을 이른다.

錯以對策高第로 擢爲中大夫①하여 又言宜削諸侯及法令可更(경)定者하니 書凡三十篇이라 上이 雖不盡聽이나 然奇其材러라

① 對策이란 政事와 經義(經書의 뜻)를 드러내놓고 물어서 각각 대답하게 하고 그 문장을 관찰하여 고하의 등급을 정하는 것이다.
對策者, 顯問以政事經義, 令各對之, 而觀其文辭, 定其高下也.

【綱】 渭陽에 五帝의 廟를 만들었다.

作渭陽五帝廟[82]하다

【目】 趙나라 사람 新垣平이 말하기를 "長安의 동북쪽에 神의 氣가 있어서 五采를 이루었다."라고 하므로 이에 渭陽에 五帝의 廟를 만들었다.

趙人新垣平이 言長安東北에 有神氣하여 成五采라하여늘 於是에 作渭陽五帝廟①하다

① 廟(五帝 廟)는 한 집에 다섯 殿閣이니, 면마다 다섯 개의 문이 있어서 각각 그 方位에 해당하는 帝의 색깔을 따랐다. ≪括地志≫에 "五帝의 廟는 雍州 咸陽縣 동쪽 30리 지점에 있다." 하였다.
廟, 一宇五殿, 面有五門, 各依其方帝色. 括地志"廟在雍州咸陽縣東三十里."

丁丑年(B.C. 164)

【綱】 太宗 孝文皇帝 16년이다. 여름 4월에 〈五帝의 廟에〉 친히 제사하고 新垣平을 上大夫로 삼았다.

十六年이라 夏四月에 親祠之[83]하고 以新垣平爲上大夫하다

---

82) 作渭陽五帝廟 : "이는 新垣平이 청한 것이니, 황제가 이에 다소 미혹한 것이다. 황제가 渭陽과 汾陰에 제사한 뒤로 이에 武帝가 부엌에 제사하고 神君에 제사하고 越 지방에 사당을 세웠으며, 昭帝가 봉황에 제사하고, 宣帝가 金馬碧鷄에게 제사하였으니, 이는 모두 유래가 있는 것이다. 唐나라에 이르러서는 九宮의 貴神에 대한 제사가 있었으니, 세상 군주의 미혹이 어쩌면 이리도 많은가.〔垣平請也 帝於是少惑矣 自帝有渭陽汾陰之祠 於是武帝祠竈 祠神君 立越祠 昭帝祠鳳凰 宣帝祠金馬碧鷄 皆有自來矣 至唐則有九宮貴神之祠 世主之惑 何多也〕" ≪書法≫

83) 親祠之 : "'親'이라고 쓴 것은 어째서인가? 황제가 친히(직접) 해서는 안 되는 것이니, 이미 郊祭에서 뵈었고 또 廟를 지어 친히 제사하였다. 이 때문에 文帝가 五帝의 廟에 제사하면 '親'이라고 쓰고, 武帝가 부엌에 제사하면 '親'이라 쓰고, 桓帝가 老子에게 제사하면 '親'이라고 썼으니, 모두 황제가

【目】上이 渭陽의 五帝의 廟에 친히 제사하고 新垣平을 귀하게 해서 上大夫에 이르렀고, 博士의 諸生들로 하여금 六經의 내용을 뽑아 〈王制〉를 만들고 巡狩와 封禪하는 일을 의논하게 하였다.

上이 郊祀渭陽五帝廟하고 貴平至上大夫하고 而使博士諸生으로 刺六經中하여 作王制하고 議巡狩封禪事①하다

① 博士에게서 經書를 수학한 자를 博士 諸生이라 한다. 刺는 七賜의 切이니 采取하는 것이다. 〈王制〉는 ≪禮記≫의 〈王制〉篇이다.
受經於博士者, 曰博士諸生. 刺, 七賜切, 采取之也. 王制, 卽禮記王制篇.

【綱】齊나라 땅을 나누어 悼惠王의 아들 여섯 명을 세워 왕으로 삼았다.

分齊地하여 立悼惠王子六人하여 爲王하다

【目】齊王 劉則이 薨하니, 아들이 없어 나라가 없어졌다. 上이 마침내 齊나라 땅을 나누어 悼惠王 劉肥의 아들 劉將閭를 세워 齊王으로 삼고, 劉志는 濟北王, 劉賢은 菑川王, 劉雄渠는 膠東王, 劉卬은 膠西王, 劉辟光은 濟南王으로 삼았다.

齊王則이 薨하니 無子하여 國除①라 上이 乃分齊地하여 立悼惠王肥子將閭하여 爲齊王하고 志爲濟北王하고 賢爲菑(치)川王하고 雄渠爲膠東王하고 卬爲膠西王하고 辟光爲濟南王②하다

① 劉則은 哀王 劉襄84)의 아들이다.
則, 哀王襄之子.
② 濟北王은 盧에, 菑川王은 劇에, 膠東王은 卽墨에, 膠西王은 高苑에, 濟南王은 東平陵에 도읍하였다.
濟北王都盧, 菑川王都劇, 膠東王都卽墨, 膠西王都高苑, 濟南王都東平陵.

【綱】淮南 땅을 나누어 厲王의 세 아들을 세워 왕으로 삼았다.

分淮南地하여 立厲王子三人하여 爲王하다

직접 할 일이 아닌데 직접 한 것이다.〔親者 何 不宜親者也 旣郊見矣 又作廟而親祠之 是故文帝祠五帝廟則書親 武帝祠竈則書親 桓帝祠老子則書親 皆非所親而親者也〕" ≪書法≫

84) 哀王 劉襄 : 悼惠王 劉肥의 長子로 왕위를 세습한 자이다.

齊나라 분할도

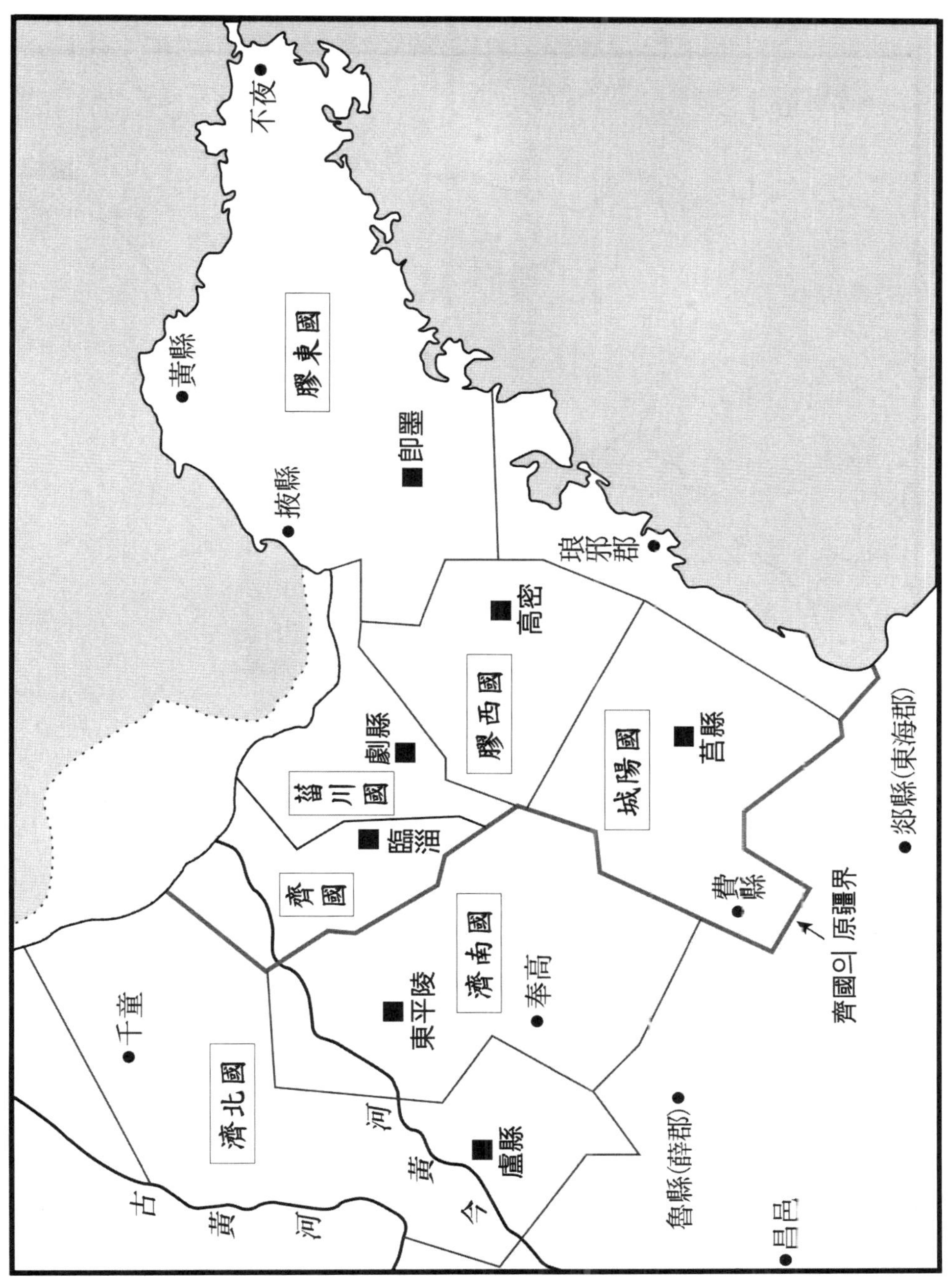

不夜
膠東國
黃縣
即墨
掖縣
琅邪郡
高密
膠西國
城陽國
莒縣
劇縣
菑川國
臨淄
齊國
濟南國
東平陵
奉高
費縣
齊國의 原疆界
郯縣(東海郡)
千童
濟北國
盧縣
今
黃
河
古
黃
河
魯縣(薛郡)
昌邑

淮南國 분할도

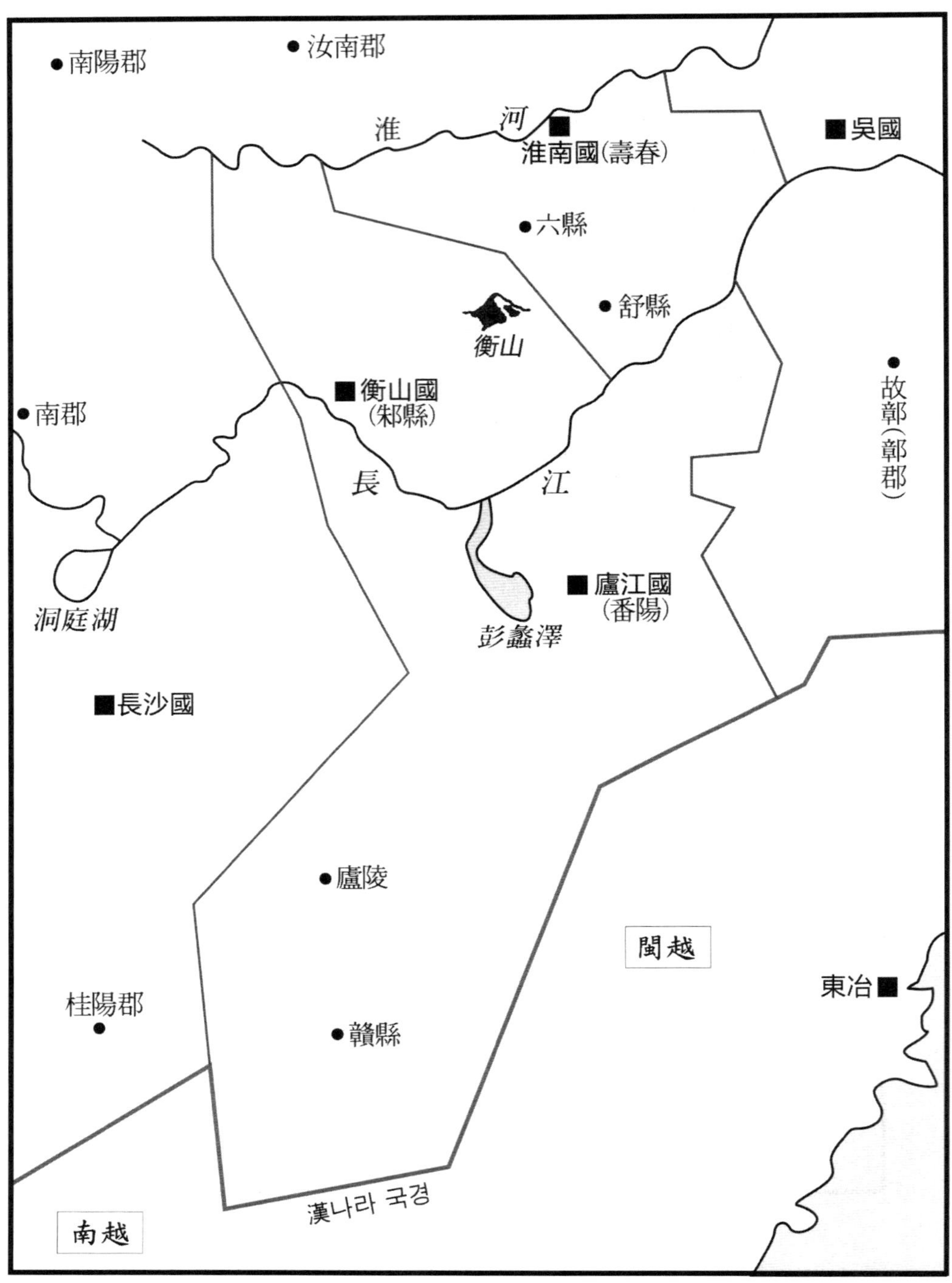
南陽郡
汝南郡
淮
河
淮南國(壽春)
吳國
六縣
舒縣
衡山
衡山國
(邾縣)
南郡
故鄣
(鄣郡)
長
江
盧江國
(番陽)
洞庭湖
彭蠡澤
長沙國
盧陵
閩越
東冶
桂陽郡
贛縣
漢나라 국경
南越

【目】 劉安은 淮南王, 劉勃은 衡山王, 劉賜는 廬江王으로 삼았다.

安爲淮南王하고 勃爲衡山王하고 賜爲廬江王①하다

① 淮南王은 壽春에, 衡山王은 六에, 廬江王은 江南에 도읍하였다.
淮南王都壽春, 衡山王都六, 廬江王都江南.

【綱】 詔令을 내려 改元하여 明年을 元年으로 삼고, 汾陰의 사당을 수리하게 하였다.

詔更(경)以明年爲元年[85]하고 治汾陰廟하다

【目】 新垣平이 말하기를 "대궐 아래에 寶玉의 기운이 있다." 하고, 사람을 시켜 옥잔을 가지고 대궐에 가서 바치게 하니, 옥잔에 '군주가 수명을 연장한다.〔人主延壽〕'라고 새겨져 있었다. 또 말하기를 "해(태양)를 헤아려보건대, 두 번 中天(태양이 하늘의 한복판에 떠있음)이 될 것이다." 하였는데, 얼마 안 있어 해가 中天을 지나갔다가 다시 중천이 되니, 이에 처음으로 연호를 고쳐 17년을 元年으로 삼고, 천하로 하여금 크게 잔치하게 하였다.

신원평이 말하기를 "周나라 솥이 泗水 가운데 있었는데, 지금 황하가 터져서 사수와 통하고 汾陰에 金寶의 기운이 있으니, 짐작건대 솥이 여기에서 나올 것입니다." 하니, 황제가 이에 분음의 사당을 수리해서 제사하여 솥이 나오기를 바랐다.

新垣平이 言 闕下에 有寶玉氣라하고 而使人持玉杯하여 詣闕獻之①하니 刻曰 人主延壽러라 又言 候日再中②이라하더니 居頃之요 日却復中③하니 於是에 始更以十七年으로 爲元年하고 令天下大

85) 詔更以明年爲元年 : "군주가 즉위하면 1년을 元年으로 삼는 것이 옛 법이다. 魏侯 罃(魏 惠王)이 齊나라와 서로 王을 칭한 뒤(周 顯王 35년조에 보인다.)로 魏나라 惠王이 즉위한 지 36년이 되는 이해에 처음 改元하여 1년이라고 칭하니, 군자들이 이것을 비난하였다. 이때 황제(文帝)가 즉위한 지 16년이었는데, 異端의 말에 혹하여 다시 이러한 잘못이 있었으니, ≪資治通鑑綱目≫에 이것을 쓴 것은 황제가 미혹한 것을 비판한 것이다. 이로부터 景帝는 中元年과 後元年이 있었고, 武帝는 열한 번 改元하여 더욱 紛紛하였다.〔人主卽位 謂一爲元 古也 自魏罃與齊相王 始以三十六年改元 稱一年 君子非之 於是 帝卽位十六年矣 惑於異端 復有此失 綱目書之 譏惑也 自是 景帝有中元後元 武帝十一改元 滋紛紛矣〕" ≪書法≫
"임금이 즉위하면 '元'으로 紀年을 한다. 그러므로 비록 수십 년이 되더라도 고치지 않는 것이다. 文帝가 즉위한 지가 이때에 이미 16년이 되었는데, 마침내 간사한 신하의 말에 혹하여 이유 없이 改元을 하였으니, 과연 무슨 의의인가? 直筆로 썼으니, 그 잘못이 저절로 드러난다.〔人君卽位 以元紀年 故雖累數至百 不改也 文帝至是 已十六年 乃訹於邪臣之說 無故改元 果何義哉 直筆書之 其失自見〕" ≪發明≫

醢[④]하다 平이 言 周鼎이 在泗水中이러니 今河決하여 通於泗하고 而汾陰에 有金寶氣하니 意鼎出乎인저하니 於是에 治廟汾陰하여 欲祠出鼎하니라

① 新垣平이 〈옥잔을 땅속에 묻어두었다가 발굴하고〉 거짓으로 사람을 시켜 옥잔을 바치게 한 것이다.
平詐令人獻之.

② 候는 추측한다는 뜻이다. 시기에 앞서 해그림자가 중천에 있다가 〈퇴각하고〉 다시 중천에 이름을 말한 것이다.
候, 推測也. 前期, 言日晷中而又中.

③ 却은 퇴각함이니, 〈"日却復中"은〉 해그림자가 이미 중천에 있다가 퇴각하고, 이미 퇴각하였다가 또다시 중천에 이름을 말한 것이다.
却, 退也. 言日晷旣中而退却, 旣却而又中.

④ 新垣平이 "해를 헤아려보건대 두 번 중천이 될 것이다." 하였는데, 이것을 '吉祥'이라고 생각하였으므로 元年을 고쳤으니, 수명을 연장하는 복을 바란 것이다.
平"候日再中." 以爲吉祥, 故改元年, 以求延年之祚也.

戊寅年(B.C. 163)

【綱】 太宗 孝文皇帝 後元年이다. 겨울 10월에 新垣平이 伏誅되었다.

後元年이라 冬十月에 新垣平이 伏誅[86)]하다

86) 新垣平伏誅 : "文帝를 기록한 篇에 훌륭한 德과 善한 정사에 대해 쓴 것이 서로 책에 이어졌는데 말년에 이르러 '여러 제사하는 곳의 壇과 마당, 珪玉과 폐백을 늘리게 하였고, 처음으로 郊祭에서 五帝를 뵙고 五帝의 廟를 지어 친히 제사하고 新垣平을 上大夫로 삼고 汾陰의 사당을 수리하였다.'고 썼으니, 이는 〈황제의 잘못이〉 일식과 월식과 같아서 온전한 아름다움에 누가 되지 않을 수 없었다. 그러다가 '新垣平이 伏誅되었다.'고 씀에 이르러서는 이른바 '잘못을 고침에 사람들이 모두 우러러본다.'는 것이다. ≪資治通鑑綱目≫에 이단〔左道〕을 억제하여 모든 方士들을 처형한 것을 반드시 '伏誅'라고 썼다.〔文帝之篇 令德善政 相望于冊 至末年 而書增壇場珪幣 始郊見五帝 作五帝廟 親祠之 以新垣平爲上大夫 治汾陰廟 如日月之食 不能不爲全美之累焉 及書新垣平伏誅 則所謂更也人皆仰之矣 綱目抑左道 凡方士必以伏誅書〕" ≪書法≫

"文帝는 盛德의 군주인데다 깨끗하고 고요하고 玄默하여 특별히 좋아하는 것이 없었으니, 진실로 신선술을 좋아했던 秦나라 始皇帝와 漢나라 孝武帝와 비할 바가 아니었다. 이보다 앞서 秘祝을 없앤 것을 책에 썼는데, 14년에 이르러는 珪玉과 폐백을 더 늘렸고, 15년에는 처음으로 雍 땅에 가서 郊祭를 지냈다. 그러나 모두 복을 구하는 뜻이 있는 것이 아니고, 소인이 그 틈을 엿보아 군주의 비위를 맞추는 일이 있어 기도하고 제사하는 일이 紛紛하게 서로 일어났던 것이다. 지금 ≪資治通鑑綱目≫에 위에 '五帝의 廟를 짓고 친히 제사하였고 新垣平을 上大夫로 삼았다.'고 썼으니, 그렇다면 이 廟는 바로 신원평이 세운 것이 매우 분명하다. 이때에 이르러 또다시 '改元을 하고 汾陰에 제사하고 신원평이 伏誅되었다.'고 썼으니, 소인의 속임수가 너무 심하여 실패한 것이다. 다행스럽게도 황제

【目】 어떤 사람이 상소하여 '新垣平이 말한 것이 모두 거짓이다.'라고 아뢰자, 獄吏에게 회부하여 죄를 다스리게 하여 신원평을 誅殺하였다. 이후로 上은 또한 正朔과 服色을 바꾸고 귀신을 제사하는 일에 게을러져서 渭陽에 있는 五帝를 祠官으로 하여금 관장하여 때에 따라 禮를 다하게 하고 직접 가지 않았다.

人有上書하여 告平所言皆詐也라한대 下吏治하여 誅夷平하다 是後에 上亦怠於改正服, 鬼神之事[①]하여 渭陽五帝를 使祠官領하여 以時致禮하고 不往焉하니라

① 正은 正朔이고, 服은 의복의 색깔이다.
正, 正朔也, 服, 服色也.

【綱】 詔令을 내려 백성을 도울 만한 것을 의논하게 하였다.

詔議可以佐百姓者하다

【目】 御史에게 다음과 같이 詔令을 내렸다.

"근래 몇 년 동안 풍년이 들지 못하고 또 水害와 旱害, 疫病의 재앙이 있었으니, 朕이 몹시 근심하노라. 짐작컨대 짐의 정사가 잘못된 바가 있고 행실에 과오가 있어서인가? 어찌하여 이런 재앙들이 이르는가? 토지를 헤아려봄에 토지가 더 적어지지 않았고 백성을 헤아려봄에 백성이 더 많아지지 않았는데, 양식이 심히 부족한 것은 백성 중에 末業(商工業)에 종사하여 농사를 해치는 자가 많고, 술과 막걸리를 만들어 곡식을 허비하는 것이 많고, 六畜이 곡식을 먹는 것이 많기 때문이 아니겠는가. 丞相과 列侯, 二千石의 관리와 博士들과 함께 이를 상의하여 백성을 도울 만한 것이 있거든 마음을 다해 깊이 생각하여 숨기는 바가 없도록 하라."

詔御史曰 間者에 數年不登하고 又有水旱疾疫之災하니 朕甚憂之[①]하노라 意朕之政이 有所失而

가 신속히 잘못을 깨닫고 허물을 바로바로 고쳐서 즉시 그의 죄를 물었으니, 그렇지 않았다면 어찌 盛德의 누가 되지 않겠는가. 황제가 신원평을 誅殺하였으나, 신원평의 소행을 다 그치지는 못하여 후세 사람(군주)들로 하여금 뒤따라 행하게 하였으니, 또한 아직 완전하게 善하지는 못한 것이다. ≪자치통감강목≫의 앞뒤에 쓴 것을 보면 모두 깊은 뜻이 있으니, 그렇다면 군주가 좋아하고 숭상함에 또한 어찌 그 기미를 삼가지 않을 수 있겠는가.〔文帝盛德之主 淸靜玄默 無所偏好 固非秦皇孝武求仙者之比 前此方除秘祝 書之於冊 至十四年 增珪幣 十五年 始郊雍 然皆非有徼福之意 小人以闖其隙 思有中之於是 禱祠之事 紛紛交擧 今綱目 上書作五帝廟 親祠之 以新垣平爲上大夫 則是祠乃垣平所立 爲甚明 至是 又書改元 祀汾陰 垣平伏誅 則小人之詐 以甚而敗 幸帝速悟 不遠而復 卽抵其罪 不然 豈不爲盛德之累耶 雖然 帝能誅垣平 而不能盡改垣平之所爲 使後人得以踵而行之 則亦猶爲未善也 觀綱目前後所書 皆有深意 然則人主好尙 盍亦謹其微哉〕" ≪發明≫

行有過與아 何以致此오 夫度(탁)田에 非益寡요 計民에 未加益이로되 而食之甚不足者는 無乃百姓之從事於末以害農者蕃하고 爲酒醪(료)以靡穀者多하고 六畜之食焉者衆與②아 其與丞相, 列侯, 吏二千石, 博士로 議之하여 有可以佐百姓者어든 率意遠思하여 無有所隱③하라

① 間者는 근자 이래를 이른다.
間者, 謂近者以來.

② 度(헤아리다)은 徒各의 切이다. "非益寡(더 적어지지 않았다.)"는 頃·畝의 수가 옛날과 같아서 일찍이 더 적어지지 않았음을 말한 것이다. 蕃은 많다는 뜻이다. 醪는 來高의 切이니 찌꺼기가 있는 술을 이른다. 靡는 음이 縻이니 흩는다는 뜻이다. 六畜은 말, 소, 양, 돼지, 개, 닭이다.
度, 徒各切. 非益寡, 言頃畝之數如故, 未嘗加少. 蕃, 多也. 醪, 來高切, 謂滓酒也. 靡, 音縻, 散也. 六畜, 馬·牛·羊·豕·犬·鷄也.

③ 率은 쓴다는 뜻이다.
率, 用也.

己卯年(B.C. 162)

【綱】 漢나라 太宗 孝文皇帝 後2년이다. 여름에 다시 匈奴와 화친하였다.

二年이라 夏에 復與匈奴和親[87]하다

【目】 匈奴가 해마다 변경에 침입하여 사람을 죽이고 노략질한 것이 매우 많아 雲中郡과 遼東郡은 죽은 사람이 만여 명이나 되었다. 上이 이를 걱정하여 마침내 흉노에게 편지를 보내니, 單于 또한 當戶로 하여금 답장하여 사례하게 하고 다시 화친하였다.

匈奴連歲入邊하여 殺略甚多하여 雲中, 遼東郡에 萬餘人이라 上이 患之하여 乃遺匈奴書하니 單于亦使當戶報謝하고 復和親①하다

① 匈奴의 벼슬 중에 左右의 大當戶[88]가 있었다.

---

87) 復與匈奴和親 : "6년에 '화친을 청했다.〔請和親矣〕'고 썼는데 11년에 '匈奴가 狄道로 침입했다.'고 썼고, 이때 또 다시 '흉노와 화친했다.'고 썼는데 6년에 '흉노가 上郡과 雲中으로 침입했다.'고 썼으니, 황제의 성대한 덕으로도 오랑캐와의 화친을 믿을 수 없음이 이와 같은 것이다. ≪資治通鑑綱目≫에 자세히 썼으니, 천하를 소유한 자가 거울로 삼아야 할 것이다.〔六年書請和親矣 十一年而書匈奴寇狄道 於是又書復與匈奴和親矣 六年而書匈奴寇上郡雲中 以帝之盛德而和親不足恃如此 綱目備書之 有天下者可以鑑矣〕" ≪書法≫

匈奴官, 有左右大當戶.

【綱】 가을 8월에 丞相 張蒼이 면직되고 申屠嘉를 丞相으로 삼았다.

秋八月에 丞相蒼이 免하고 以申屠嘉로 爲丞相하다

【目】 張蒼이 면직되니, 황제가 황후의 아우인 竇廣國이 어질고 훌륭한 행실이 있다 하여 그를 정승으로 삼고자 하였는데, 〈이윽고〉 말하기를 "천하 사람들이 '내가 두광국을 사사로이 봐준다고 말할까 염려된다." 하여 오랫동안 생각한 끝에 불가하다 하고, '申屠嘉는 옛날 材官 출신으로서 발로 쇠뇌를 밟고 당길 수 있는 勇力이 있어 高帝를 수행하였고, 인품이 청렴하고 정직하여 家門에서 사사로운 청탁을 받지 않는다.' 하여 마침내 그를 丞相으로 삼았다.

張蒼이 免하니 帝以后弟廣國이 賢有行이라하여 欲相之러니 曰 恐天下以吾私廣國이라하여 久念不可요 而申屠嘉는 故以材官蹶(궤)張으로 從高帝①하고 爲人廉直하여 門不受私謁이라하여 遂以爲丞相하다

① 申屠는 複姓이고 嘉는 이름이다. 材官 중에 힘이 센 자는 능히 다리(발)로 강한 쇠뇌를 밟아 펼 수 있으므로 "蹶張"이라 한 것이다.
申屠, 複姓, 嘉, 名也. 材官之多力者, 能脚蹋彊弩張之, 故曰蹶張.

【目】 이때에 太中大夫 鄧通이 上의 총애를 받고 있었는데, 申屠嘉가 일찍이 궁중에 들어가 황제를 뵐 적에 등통이 上의 곁에 있으면서 태만하였다. 신도가가 일을 아뢰기를 마친 다음 인하여 아뢰기를 "陛下께서 신하들을 총애하고 사랑하신다면 그를 부귀하게 할 수는 있지만 조정의 禮에 이르러서는 엄숙하지 않으면 안 됩니다." 하였다. 上은 말하기를 "그대는 말하지 말라. 내 사사로이 가르치겠다." 하였다.

조회가 끝나자, 신도가가 丞相府에 앉아 있으면서 檄文을 만들어 등통을 부르되 "오지 않으면 장차 목을 베겠다." 하니, 등통이 두려워 上에게 갈하였으나, 上은 말하기를

88) 左右의 大當戶 : 匈奴의 관직에 대해서는 학자마다 의견이 다르다. 그러나 대체로 흉노의 관직은 左賢王과 右賢王을 중심으로 나누어진 좌우분통체제로 이루어진다고 보고 있다. 흉노의 관직은 정치 조직이자 바로 군사 조직으로, 이들은 기마군단의 우두머리이기도 하다. 이들은 대부분 單于를 배출하는 씨족인 攣鞮氏의 일족으로 보고 있다. 大當戶는 이들 관직 중 중급 지휘관에 속하는 것으로 보며, 當戶는 흉노의 제왕이나 대신들의 속관으로 보고 있다. ≪史記 外國傳 譯註≫·≪漢書 外國傳 譯註≫(동북아역사재단, 2009)

"너는 다만(우선) 가라." 하였다.

등통이 丞相府에 나아가 관을 벗고 맨발로 머리를 조아리며 사죄하였으나 신도가는 태연히 앉아 꾸짖기를 "조정은 高帝의 조정인데 등통 그대는 낮은 신하로서 대궐 위에서 희롱하여 크게 不敬하였으니, 斬刑에 해당한다. 獄吏는 당장 이자를 끌고 나가 참형을 행하라." 하니, 등통이 머리를 조아려 피가 흘렀지만 풀어주지 않았다.

上은 丞相이 이미 등통에게 곤욕을 주었을 것임을 헤아리고는 使者를 시켜 符節을 잡고 가서 등통을 부르고, 승상에게 사례하기를 "이 자는 나의 弄臣[89]이니, 그대는 석방하라." 하였다.

寵臣 鄧通을 丞相에게 보내 사죄하게 하다

등통이 와서 上에게 울며 말하기를 "승상이 거의 臣을 죽이려 하였습니다."라 하였다.

是時에 太中大夫鄧通이 方愛幸이러니 嘉嘗入朝할새 通이 居上旁怠慢이어늘 嘉奏事畢에 因言曰 陛下幸愛群臣인댄 卽富貴之어니와 至於朝廷之禮하여는 不可以不肅이니이다 上曰 君勿言하라 吾私之①호리라 罷朝에 嘉坐府中하여 爲檄召通호되 不來면 且斬호리라 通이 恐하여 言上한대 上曰 汝第往②하라 通이 詣丞相하여 免冠徒跣하고 頓首謝한대 嘉坐自如하여 責曰 朝廷者는 高帝之朝廷也어늘 通이 小臣으로 戲殿上하여 大不敬하니 當斬이라 吏今行斬之③하라 通이 頓首出血호되 不解라 上이 度(탁)丞相已困通하고 使使持節하여 召通而謝丞相호되 此吾弄臣이니 君은 釋之④하라 通이 至하여 爲上泣曰 丞相이 幾殺臣이러이다

① 사사로이(조용히) 경계하고 가르치겠다는 말이다.
言欲私戒教之.

② 第는 다만이라는 뜻이다.

89) 弄臣 : 임금이 심심풀이로 데리고 노는 신하를 말한다.

第, 但也.

③ 〈"吏今行斬之"는〉 申屠嘉가 獄吏에게 말하기를 "지금 당장 斬刑을 행하라."라고 한 것이다.
嘉語其吏曰 "今便行斬之."

④ 弄은 희롱한다는 뜻이니, 〈弄臣의〉 褻慢한 행동은 大體에는 관계됨이 없음을 말한 것이다.
弄, 戲也, 謂狎褻, 無關大體.

【目】 楊氏(楊時)가 다음과 같이 평하였다.

"文帝가 竇廣國을 정승으로 삼지 않은 것은 사사로운 마음으로 스스로 혐의한 것이고, 至公無私함으로 처신한 것이 아니었다. 두광국이 과연 어질다면 비록 친척이라도 버려서는 안 되고, 과연 어질지 않다면 비록 친척이라도 등용해서는 안 되니, 내(군주)가 어찌 마음에 담아둘 것이 있겠는가."

楊氏曰 文帝之不相廣國은 蓋以私意自嫌이요 而不以至公處已也라 廣國이 果賢邪인댄 雖親이나 不可廢요 果不賢邪인댄 雖親이나 不可用이니 吾何容心哉리오

庚辰年(B.C. 161)

【綱】 漢나라 太宗 孝文皇帝 後3년이다. 봄에 匈奴의 老上單于가 죽으니, 아들 軍臣單于(흉노 제4대 선우)가 즉위하였다.

三年이라 春에 匈奴老上單于死하니 子軍臣單于立하다

辛巳年(B.C. 160)

【綱】 漢나라 太宗 孝文皇帝 後4년이다. 여름 4월 그믐에 일식이 있었다.

四年이라 夏四月晦에 日食하다

【綱】 5월에 赦免하였다.

◑五月에 赦하다

壬午年(B.C. 159)

【綱】漢나라 太宗 孝文皇帝 後5년이다.

五年이라

癸未年(B.C. 158)

【綱】漢나라 太宗 孝文皇帝 後6년이다. 겨울에 匈奴가 上郡과 雲中郡으로 침입하자, 장군 周亞夫 등에게 명하여 군대를 주둔하여 대비하게 하였다.

六年이라 冬에 匈奴寇上郡, 雲中이어늘 詔將軍周亞夫等[90]하여 屯兵以備之하다

【目】匈奴가 上郡과 雲中郡으로 침입하여 사람을 죽이고 약탈함이 매우 많으니, 봉화가 甘泉과 長安에 이르렀다. 장군 令免을 보내어 군대를 飛狐에 주둔시키고, 蘇意는 句注에, 張武는 北地에, 周亞夫는 細柳에, 劉禮는 霸上에, 徐厲는 棘門에 주둔하여 오랑캐의 침입을 대비하게 하였다.

匈奴入上郡, 雲中하여 殺略甚衆하니 烽火通於甘泉, 長安이어늘 遣將軍令免하여 屯飛狐①하고 蘇意는 屯句注②하고 張武는 屯北地③하고 周亞夫는 次細柳④하고 劉禮는 次霸上하고 徐厲는 次棘門하여 以備胡⑤하다

① 令免은 사람의 姓名이다.
令免, 姓名.
② 句는 음이 鉤이다. ≪漢書≫ 〈郡國志〉에 "句注는 산세가 험한 곳의 이름이니, 雁門 陰館縣에 있다." 하였다.
句, 音鉤. 郡國志 "句注, 山險名, 在雁門陰館縣."
③ 秦나라가 義渠를 멸망시키고 北地郡을 설치하였다.
秦滅義渠, 置北地郡.
④ 周亞夫는 周勃의 아들이다. 하룻밤을 유숙하는 것을 宿이라 하고, 이틀 밤을 유숙하는 것

90) 詔將軍周亞夫等 : "'等'이라고 쓴 것은 어째서인가? 생략한 것이다. 이때 여섯 명의 장군이 오랑캐를 방비하였는데, 周亞夫의 서열이 네 번째였으나, ≪資治通鑑綱目≫에서 諸將들을 '等'이라 하고 周亞夫를 맨 앞에 놓았으니, 그의 將材를 인정한 것이다.〔等者 何 略之也 於是 六將軍備胡 而亞夫之序在四 綱目等諸將而首亞夫 予之也〕" ≪書法≫

을 信이라 하고, 이틀 밤이 넘는 것을 次라 한다. 細柳는 지명이다. 張揖[91]이 달하기를 "細柳는 昆明池 남쪽에 있다." 하였다.

亞夫, 勃之子也. 一宿曰宿, 再宿曰信, 過信曰次. 細柳, 地名. 張揖曰 "在昆明池南."

⑤ 棘門은 長安의 북쪽에 있으니, 秦나라 때의 宮門이다.

棘門, 在長安北, 秦時宮門也.

【目】 上이 직접 군대를 위로할 적에 霸上과 棘門의 군영에 이르러는 곧장 수레를 몰아 들어갔고, 장수 이하 사람들이 말을 타고 맞이하고 전송하였다. 이윽고 細柳의 군영에 가보니, 병사와 관리들이 갑옷을 입고 예리한 병기를 잡고 활과 쇠뇌를 가득히 당기고 있어서 先驅(前導)가 이르렀으나 들어가지 못하였다. 先驅가 말하기를 "天子가 장차 이를 것이다." 하니, 軍門都尉가 말하기를 "장군의 명령에 '군중에서는 장군의 명령을 듣고 천자의 詔令을 듣지 않는다.'라고 하였습니다." 하였다. 上이 도착하여 또다시 들어가지 못하였다.

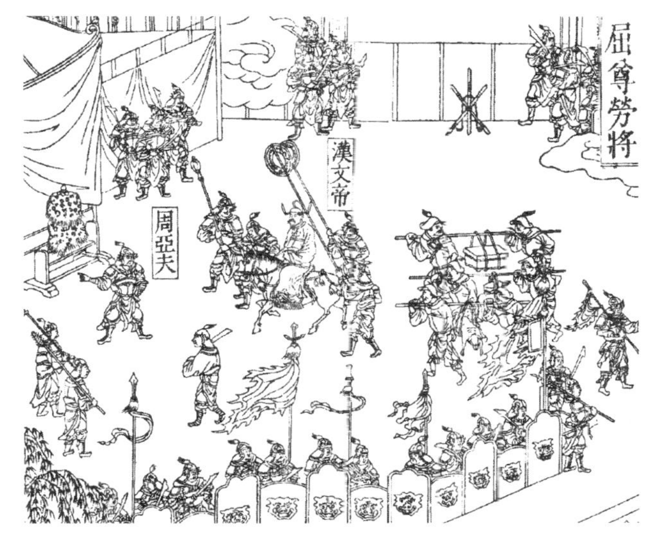

황제의 존귀함을 굽히고 장군을 위로하다

이에 上이 마침내 使者를 시켜 節을 가지고 가서 장군에게 명하기를 "내 군대를 위로하고자 하노라." 하였다. 周亞夫가 마침내 말을 전하여 진영의 문을 열게 하니, 성문의 병사가 車騎에게 청하기를 "장군의 약속에 '군중에서는 말을 달려 빠르게 수레를 몰 수 없다.'라고 하였습니다." 하였다.

上이 自勞軍할새 至霸上及棘門軍하여는 直馳入하고 將以下騎迎送①이러니 已而요 之細柳軍하여는 軍士吏被甲하고 銳兵刃하고 彀(구)弓弩持滿②이라 先驅至하여 不得入하고 曰 天子且至③라한대 軍門都尉曰 將軍令에 曰 軍中엔 聞將軍令이요 不聞天子之詔④라하니이다 上이 至하여 又不得入이라 於是에 上이 乃使使持節하여 詔將軍호되 吾欲勞軍하노라 亞夫乃傳言하여 開壁門⑤한대 門士請車騎曰

91) 張揖 : 魏나라 淸河 사람으로 字가 稚讓인데 太和(227~232) 연간에 博士를 지냈으며, 저서로 ≪廣雅≫가 있다.

將軍約에 軍中에 不得驅馳라하니이다

① 騎(말을 타다)는 奇寄의 切이다.
騎, 奇寄切.

② 彀는 활을 가득히 당긴다는 뜻이다. "持滿"은 활을 가득히 당기기만 하고 발사하지 않는 것이다.
彀, 張也. 持滿者, 但引滿而不發.

③ 先驅는 바로 前導이니, 앞에 있으면서 車駕를 인도하는 자이다.
先驅, 卽前導也, 在前引導車駕者.

④ ≪六韜≫[92] 〈龍韜〉에 이르기를 "軍中의 일은 군주의 命을 듣지 않는다." 하였고, ≪司馬法≫[93]에 이르기를 "장수가 군중에 있으면 군주의 명령도 받지 않는 경우가 있다." 하였다.
六韜云 "軍中之事, 不聞君命." 司馬法曰 "將在軍, 君命有所不受."

⑤ "壁門"은 軍壘(군영)의 문이다.
壁門, 軍壘之門.

【目】 이에 마침내 天子가 말고삐를 잡고 천천히 수레를 몰고 가서 군영에 이르렀다. 周亞夫가 병기를 잡고 읍하며 아뢰기를 "갑옷을 입고 투구를 쓴 장사는 절하지 않으니, 軍禮로 뵙기를 청합니다." 하였다. 천자가 차렷 자세를 취하여 용모를 바꾸고 수레에서 경례하고 사람을 시켜 致辭하기를 "天子가 공경히 장군을 위로하노라." 하고는 禮를 이루고 떠나가니, 여러 신하들이 모두 놀랐다.

上이 말하기를 "아! 이 사람은 참으로 장군이다. 지난번 霸上과 棘門의 군대는 아이들 장난과 같을 뿐이다. 저들 장수는 진실로 오랑캐가 기습하여 사로잡을 수 있지만 주아부의 군대에 이르러서는 범할 수 있겠는가." 하고, 훌륭하다고 칭찬하기를 오랫동안 하였다.

한 달이 지난 뒤에 匈奴가 변방을 멀리 떠나가자, 군대를 해산시키고 주아부를 中尉로 임명하였다.

於是에 天子乃按轡徐行하여 至營하니 亞夫持兵揖曰 介胄(개주)之士는 不拜하니 請以軍禮見(현)①하노이다 天子爲動하여 改容式車②하고 使人稱謝호되 皇帝敬勞將軍하노라하고 成禮而去③하니 群臣皆驚이라 上曰 嗟乎라 此眞將軍矣로다 曩者霸上, 棘門軍은 若兒戲耳라 其將은 固可襲而虜

---

92) 六韜 : 太公의 兵法書로 알려져 있는데, 〈文韜〉·〈武韜〉·〈龍韜〉·〈虎韜〉·〈豹韜〉·〈大韜〉로 이루어져 있어 '六韜'라 칭한다. 韜는 '韜略'으로 軍을 통솔하는 지혜나 계책을 이른다.

93) 司馬法 : 전국시대 齊나라의 명장인 司馬穰苴가 周나라의 군사제도인 ≪司馬法≫에 자신의 견해를 덧붙여 지은 兵法書이다. 그러나 아래 나온 말은 현재 남아 있는 ≪司馬法≫이 아닌 ≪史記≫ 〈司馬穰苴列傳〉에 보인다.

也어니와 至於亞夫하여는 可得而犯邪아하고 稱善者久之러라 月餘에 匈奴遠塞(새)[④]어늘 兵罷하고 拜亞夫爲中尉[⑤]하다

① ≪禮記≫ 〈少儀〉에 "갑옷을 입은 자는 절하지 않는다.〔介者不拜〕" 하였으니, 이는 방해되는〔枝柱〕 바가 있어서 몸을 펴고 굽히는데 편하지 못하기 때문이다.
禮 "介者不拜." 爲其有所枝柱, 不利屈伸.

② 爲(위하다)는 去聲이다. 위하여 차렷〔竦動〕함은 禮貌로 대한 것이다.
爲, 去聲. 爲之竦動, 所以禮貌之也.

③ 謝는 고함이다.
謝, 告也.

④ "遠塞"는 변방(長城)을 나가 멀리 떠나감을 말한다.
遠塞, 言出塞遠去也.

⑤ 中尉는 京師의 순찰을 맡았다.
中尉, 掌徼循京師.

【綱】 여름에 크게 가물고 蝗蟲의 재해가 있자, 詔令을 내려 山澤의 禁令을 풀어주어 함께 사용하게 하고 황제의 운용 비용을 줄여 백성들을 구휼하게 하였다.

夏에 大旱[94], 蝗이어늘 詔弛利省(생)費以振民하다

【目】 諸侯들로 하여금 들어와 貢物을 바치지 말게 하고 山澤의 禁令을 풀어주고 〈황제가 사용하는〉 여러 服御(복식・거마・기물 등)를 줄이고 郎吏(郎官)의 인원을 줄였으며, 창고를 열어 백성들을 구휼하고 백성들에게 관작을 매매하게 하였다.

令諸侯로 無入貢하고 弛山澤하고 減諸服御하고 損郎吏員하며 發倉庾(창유)하여 以振民하고 民得賣爵[①]하다

① 弛는 풀어준다는 뜻이다. "弛山澤"은 물고기와 소금, 대나무와 나무를 채취하는 山澤의 禁令을 풀어주고 금하지 않아서 백성들과 이익을 함께 함을 말한 것이다. 庾는 음이 愈이니, 邑에 있는 것을 倉이라 하고, 들에 있는 것을 庾라 한다. "賣爵(관작을 매매하게 하다.)"은 부자들은 관작을 원하고 가난한 사람들은 돈을 원하므로 관작을 매매함을 들어준 것이다.
弛, 解也. 弛山澤, 謂魚鹽竹木之利, 解而不禁, 與衆庶同其利也. 庾, 音愈, 在邑曰倉, 在野曰庾. 賣爵者, 富人欲爵, 貧人欲錢. 故聽賣買.

94) 大旱 : "大旱을 쓴 것이 이때 처음 시작되었다.〔書大旱 始此〕" ≪書法≫

甲申年(B.C. 157)

【綱】 漢나라 太宗 孝文皇帝 後7년이다. 여름 6월에 황제가 崩하였는데, 遺詔를 내려 喪期를 단축하게 하였다.

七年이라 **夏六月**에 **帝崩**[95)]하니 **遺詔短喪**[①]하다

① 향년이 48세이다.
壽四十八.

【目】 遺詔는 다음과 같다.

"만물의 생명이 죽지 않는 것이 없으니, 죽음은 天地의 이치이고 만물의 법칙이니, 어찌 심히 슬퍼할 것이 있겠는가. 지금 세상에 모두 사는 것을 좋게 여기고 죽는 것을 슬퍼해서 厚葬하여 家業을 파산하고 지나치게 상복을 입어 생명을 손상하니, 나는 심히 취하지 않노라.

또 朕은 이미 덕이 없어서 백성들을 도와준 것이 없는데, 지금 죽음에 또다시 지나치게 상복을 입고 오랫동안 臨哭하여, 남의 父子를 슬프게 하고 그들의 음식을 줄이고 鬼神의 제사를 끊게 해서 나의 不德을 더한다면 천하에서 나를 보고 무어라 하겠는가.

짐이 하찮은 몸으로 천하 君王의 위에 의탁한 지가 20여 년이 되었다. 하늘의 신령스

---

95) 帝崩 : "賀善의 贊에 다음과 같이 말하였다. '文帝는 三代 이래로 어진 군주였는데, 첫 번째로 옛일을 변경한 것이 두 가지이니, 肉刑을 없앤 것과 詔令을 내려 喪期를 단축하게 한 것이다. 이 두 가지는 모두 큰일인데, ≪資治通鑑綱目≫에 어찌하여 始(처음)라고 쓰지 않았는가? 肉刑을 없앤 것은 그래도 사람을 차마 상하게 하지 못하는 마음이 있다고 할 수 있지만, 喪期를 단축한 것은 古禮를 폐하여 후세를 그르침이 큰 것인데, 여기에서 '처음〔始〕'이라고 쓰지 않은 것은 어째서인가? ≪자치통감강목≫의 뜻은 오로지 文帝만 죄책하지는 않은 것이다. 그렇다면 오히려 누구를 죄책한 것인가? 그 뒤를 이은 군주(景帝)와 신하들을 죄책한 것이다. 문제가 일찍이 詔令을 내려 자신의 陵인 霸陵을 다스릴 적에 金銀과 銅錫으로 꾸미지 못하도록 하였다. 그러나 晉나라 愍帝 때에 도둑이 패릉을 도굴하여 金帛을 많이 얻었고, 당시에 오히려 그 나머지를 거두어 內府(내탕고)를 채웠으니, 그렇다면 薄葬의 제도는 경제가 일찍이 결행하여 따르지 않은 것이다. 더구나 〈君父에 대한〉 삼년상은 臣子들이 자신의 마음을 다해야 하는 것이니, 만일 경제가 여기에서 아버지의 명령대로 따르는 것만이 효도가 아니라는 뜻으로 결단하여, 한결같이 古禮를 따랐다면 후세에 또한 누가 감히 문제의 잘못된 명령을 뒤따랐겠는가. ≪자치통감강목≫에 이 때문에 '처음'이라고 쓰지 않은 것이니, 책임이 오로지 문제에게만 있지는 않은 것이다.'〔賀善贊曰 文帝三代以來賢主也 而首變古之事二焉 除肉刑也 詔短喪也 二者皆大節 綱目曷爲不書始 肉刑之除 猶曰有不忍之心云爾 短喪則廢古禮 誤後世之大者 其不書始 何也 綱目之意 不專罪帝也 然則尙奚罪 罪其嗣君與臣子爾 帝嘗詔治霸陵 不得以金銀銅錫爲飾 然晉愍之世 盜發霸陵 得其金帛甚多 當時猶收其餘 以實內府 則薄葬之制 景帝蓋未嘗果從也 況三年之喪 臣子所以自盡其心者 使景帝於此 斷以從令非孝之義 一由古禮 後世亦孰敢踵其失哉 綱目所以不書始 責不專在文帝也〕" ≪書法≫

러움과 社稷의 복에 힘입어 지금 사방이 편안하여 전쟁〔兵革〕이 없다. 짐이 이미 불민하여 항상 잘못된 행동을 저질러 先帝의 遺德을 욕보일까 두려워하였으며, 항여 오래 살아서 제대로 끝을 마치지 못할까 염려하였는데, 지금 다행히 天壽〔天年〕를 누려 다시 高廟에 공양하게 되었으니, 어찌 슬픈 생각이 있겠는가.

遺詔曰 萬物之生이 靡有不死하니 死者는 天地之理요 物之自然이니 奚可甚哀리오 當今之世에 咸嘉生而惡(오)死하여 厚葬以破業하고 重服以傷生하니 吾甚不取하노라 且朕旣不德하여 無以佐百姓이어늘 今崩에 又使重服久臨①하여 哀人父子하고 損其飮食하고 絶鬼神之祭祀하여 以重吾不德이면 謂天下何리오 朕獲以眇眇之身으로 託于天下君王之上이 二十有餘年矣②라 賴天之靈, 社稷之福하여 方內安寧하여 靡有兵革③이라 朕旣不敏하여 常畏過行하여 以羞先帝之遺德④하고 惟年之久長하여 懼于不終이러니 今乃幸以天年으로 得復供養于高廟하니 其奚哀念之有⑤리오

① 臨(臨哭하다)은 去聲이니, 아래도 같다.
臨, 去聲, 下同.
② "眇眇"는 細末(작다)이란 말과 같다.
眇眇, 猶言細末也.
③ "方內"는 사방의 안을 이른다.
方內, 謂四方之內.
④ 行(행실)은 去聲이니, "過行"은 행실에 잘못이 있는 것이다. 羞는 〈先祖를〉 욕되게 함을 이른다.
行, 去聲. 過行, 行有過失也. 羞, 謂忝辱也.
⑤ 供(바치다)은 居用의 切이고, 養(봉양하다)은 弋向의 切이다.
供, 居用切. 養, 弋向切.

【目】 천하의 관리와 백성들로 하여금 이 詔令이 이르거든 나와서 臨哭한 지 3일에 모두 상복을 벗고, 시집가고 장가들고 제사 지내고 술을 마시고 고기를 먹는 것을 금하지 말며, 본래 마땅히 喪事를 맡아 처리하고 상복을 입고 임곡해야 할 자는 모두 맨발로 있지 말고 絰帶[96]는 3寸을 넘지 말며, 수레와 병기를 삼베로 싸지 말고 백성들을 징발하여 궁전 가운데에서 임곡하게 하지 말 것이요, 궁전 가운데에 마땅히 임곡해야 할 자는 모두 아침저녁으로 모두 15번 슬피 곡하는 소리를 내어 禮가 끝나면 그만두고, 下棺한 뒤에는 大功服은 15일, 小功服은 14일, 가는 삼베옷은 7일을 입고서 服을 벗도록 하라.

96) 絰帶 : 首絰과 腰帶로, 군주와 부모를 위한 喪服의 한 종류인데, 머리에 쓰는 것을 首絰, 허리에 차는 것을 腰帶 또는 腰絰이라 하였다.

기타 이 詔令 안에 들어 있지 않은 것들은 모두 이 조령을 기준해서 같은 종류끼리 비교하여 종사하고, 霸陵의 산과 냇물을 옛날의 지형을 따르고 고치지 말며, 夫人 이하 少使에 이르기까지 집으로 돌려보내라."

其令天下吏民으로 令到①어든 出臨三日에 皆釋服하고 無禁嫁取, 祠祀, 飮酒, 食肉②하며 自當給喪事服臨者는 皆無跣하고 絰帶無過三寸이요 毋布車及兵器③하고 毋發民哭臨宮殿中이요 殿中當臨者는 皆以旦夕으로 各十五擧音하여 禮畢④에 罷⑤하고 已下棺⑥이어든 服大功十五日, 小功十四日, 纖七日하여 釋服⑦하라 他不在令中者는 皆以此令으로 比類從事⑧ 하고 霸陵山川을 因其故하여 毋有所改⑨하고 歸夫人以下至少使⑩하라

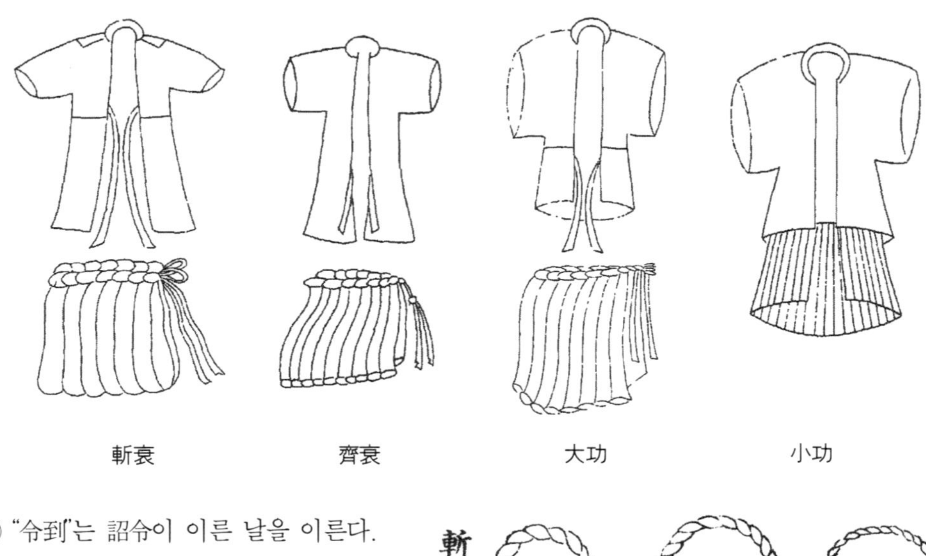

斬衰　　齊衰　　大功　　小功

① "令到"는 詔令이 이른 날을 이른다.
令到, 謂詔令到日.

② 取(장가들다)는 娶로 읽는다.
取, 讀曰娶.

③ 〈"毋布車及兵器"는〉 삼베를 가지고 수레와 병기를 싸지 않음을 이른다.
謂無以布衣車及兵器也.

④ 여기서 句를 뗀다.
句.

⑤ 여기서 句를 뗀다.
句.

⑥ 〈"下棺"은〉 靈柩를 이미 구덩이에

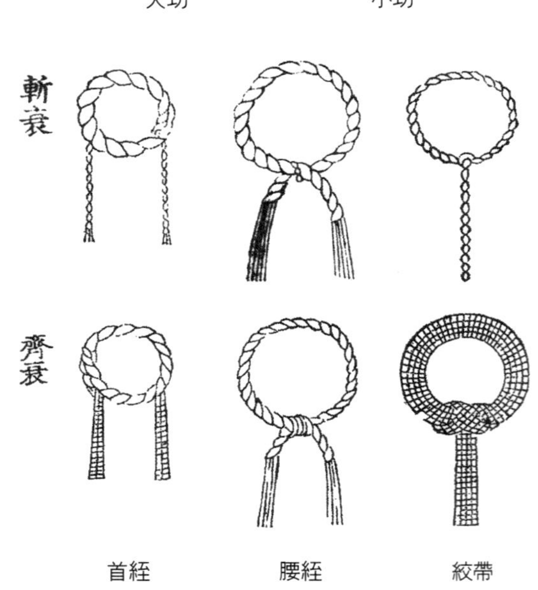

首絰　　腰絰　　絞帶

안치함을 이른다.

謂柩已至於壙.

⑦ 大功과 小功은 삼베이고, 繐은 가는 삼베옷이다. 장례한 다음 무거운 상복을 벗고 大功과 小功으로 옷을 만들어 입으니, 점점 吉服으로 나아가는 것이다.[97]

大功·小功, 布也. 繐, 細布衣也. 旣葬, 除重服, 制大功·小功, 所以漸卽吉耳.

⑧ 이 詔令 가운데 글이 없는 것은 모두 비슷한 것끼리 비교하여 行事함을 말한 것이다.

言此詔中無文者, 皆以比類而行事.

⑨ 山의 형태를 따라 무덤을 만들어서 다시 봉분을 만들지 말고, 산 아래에 흐르는 냇물을 지나치게 막지 않는 것이다.

因山爲藏, 不復起墳, 山下川流, 不過絶.

⑩ 夫人 이하에 美人과 良人, 八子와 七子, 長使와 少使가 있으니, 모두 집으로 돌려보낸 것은 人類를 끊음을 중하게 여긴 것이다.[98]

夫人已下, 有美人·良人·八子·(十)〔七〕[99]子·長使·少使, 皆遣歸家, 重絶人類.

【目】 胡氏(胡寅)가 다음과 같이 평하였다.

"孝文帝가 작은 仁에 빠져서 喪期를 단축하고 상례를 폐하였으니 진실로 잘못이 있지만, 자식이 이것을 행하여 義에 어긋나면 비록 아버지의 명령이라도 따를 수가 없는 것이다. 더구나 삼년상은 살아 있는 자(자식)의 효심을 다하는 것이요, 또 아버지가 명령할 수 있는 것이 아니다. 그렇다면 孝景帝가 군주와 어버이에게 박하게 한 것은 그 죄가 더욱 크다."

胡氏曰 孝文이 溺於小仁하여 短喪廢禮하니 信有罪矣어니와 然이나 行而有悖於義면 雖有父令이나 不可從也어든 況三年之喪은 所以盡生者之孝心이요 又非父之所得令者也라 然則孝景之薄于君親이 其罪益大矣로다

【綱】 霸陵에 안장하였다.

---

97) 장례한……것이다 : 무거운 상복〔重服〕은 군주와 父母의 삼년상을 가리킨다. 상복에는 斬衰와 齊衰의 삼년복, 期年服, 大功 9월, 小功 5월, 緦麻 3월이 있는데, 삼년상으로부터 삼베의 굵기가 점점 가늘어진다. 吉服은 凶服인 喪服과 반대되는 개념으로, 禮服이나 平常服을 이르는데, 삼년상일 경우 大祥에 脫喪하여 상복을 벗지만 한 달간 흰옷을 입다가 禫祭와 吉祭를 지나게 되면 완전히 吉服을 입는다.

98) 人類를……것이다 : 황제를 모시던 여인들을 돌려보내어 시집가게 해서 자녀를 生育하여 人類를 끊지 않게 함을 말한 것이다.

99) (十)〔七〕: 저본에는 '十'으로 되어 있으나, ≪漢書≫ 〈外戚傳〉에 의거하여 '七'로 바로잡았다.

葬霸陵하다

【目】황제는 즉위한 지 23년 동안 宮室과 苑囿, 車騎와 服御를 더 늘린 것이 없었고, 백성들에게 불편한 것이 있으면 그때마다 풀어주어 백성들을 이롭게 하였다. 일찍이 露臺를 짓고자 해서 匠人을 불러 비용을 계산해보니, 값이 100金이었다. 上이 말하기를 "100금은 중등의 백성 열 집의 재산이다. 내가 先帝의 궁실을 받들어 사용하는데 항상 욕되게 할까 두려우니, 어찌 臺를 만들겠는가." 하고 중지하였다.

황제는 몸소 검은 비단 옷을 입고 총애하는 愼夫人도 옷이 땅에 끌리지 않게 하였으며, 帷帳(휘장)에 文繡를 없애어 질박함을 보여서 천하의 솔선이 되었다.

霸陵을 다스리되 모두 질그릇을 사용하였고, 金銀과 구리, 주석으로 아름답게 꾸미지 못하게 하였으며, 山의 형태를 따라 무덤을 만들어서 봉분을 만들지 않았다.

吳王이 거짓으로 병을 핑계 대고 조회에 오지 않자 안석과 지팡이를 하사하였으며, 신하들 중에 袁盎 등의 간하는 말이 비록 간절하였으나 항상 말소리와 얼굴빛을 너그럽게 해서 포용하여 받아들이고, 張武 등이 뇌물로 金과 돈을 받았다가 발각되었으나 다시 賞을 더 주어 그의 마음을 부끄럽게 해서 오로지 德으로 백성을 교화함에 힘썼다. 이 때문에 海內가 편안하였으며 집안이 넉넉하고 백성들이 풍족하여 후세에 능히 미칠 자가 적었다.

帝卽位二十三年에 宮室, 苑囿와 車騎, 服御가 無所增益하고 有不便이면 輒弛以利民이라 嘗欲作露臺하여 召匠計之하니 直(치)百金①이어늘 上曰 百金은 中人十家之產也②라 吾奉先帝宮室에 常恐羞之하니 何以臺爲리오하다 身衣弋綈(익제)③하고 所幸愼夫人이 衣不曳(예)地④하고 帷帳에 無文繡하여 以示敦朴하여 爲天下先하다 治霸陵호되 皆瓦器요 不得以金銀銅錫爲飾하며 因其山하여 不起墳하다 吳王이 詐病不朝한대 賜以几杖⑤하고 群臣袁盎等이 諫說雖切이나 常假借納用焉⑥하고 張武等이 受賂金錢이라가 覺⑦이로되 更加賞賜하여 以愧其心하여 專務以德化民이라 是以로 海內安寧하고 家給人足하여 後世에 鮮能及之러라

① 露臺는 臺 위에 지붕을 씌우지 아니하여 노출시켰으므로 露臺라고 이름한 것이다. 顔師古가 말하기를 "지금 新豐縣 남쪽 驪山의 정상에 露臺鄕이 있으니, 지극히 높게 드러나 있는데, 文帝가 臺를 짓고자 했던 곳이 아직도 남아 있다." 하였다. 直(치)는 값이고, 百金은 황금 100斤을 사용하는 것이니, 1金은 값어치가 1만 錢이다.
露臺, 以臺上不屋, 顯露爲名. 師古曰"今新豐縣南驪山之頂, 有露臺鄕, 極爲高顯, 猶有文帝所欲作臺之處." 直, 價也. 百金者, 用金百斤. 一金, 直萬錢."

② 中은 부유하지도 않고 가난하지도 않음을 이른다.
中, 謂不富不貧.

③ 衣(입다)는 於旣의 切이다. 弋은 逸職의 切이니, 검은색이다.
衣, 於旣切. 弋, 逸職切, 黑色也.

④ 曳는 끈다는 뜻이다. "不曳地"는 옷의 길이가 땅에 닿지 않음을 이른다.
曳, 引也. 不曳地, 謂衣之長, 不被地也.

⑤ 几(안석)는 기대어 앉는 것이고, 杖(지팡이)은 의지하여 걷는 것이다. 禮에 大夫가 70세에 致事를 하는데, 만약 사퇴할 수가 없으면 군주가 안석과 지팡이를 하사하니, 안석과 지팡이는 신체를 길러주는 것이다.
几, 所以凭(빙)而坐. 杖, 所以倚而行. 禮, 大夫七十而致事, 若不得謝, 則賜之几杖, 所以養其身體也.

⑥ 〈"常假借納用焉"은〉 말소리와 얼굴빛을 너그럽게 해서 그의 말을 받아들여 다름을 이른다.
謂假借以辭色, 納其言而用之.

⑦ 金錢은 金과 돈이다.
金錢, 金及錢也.

【綱】 太子 劉啓가 즉위하여 皇太后를 높여 太皇太后라 하고, 皇后를 皇太后라 하였다.

太子啓卽位하여 **尊皇太后曰太皇太后**라하고 **皇后曰皇太后**라하다

孝景帝 劉啓

【綱】 9월에 孛星(패성)이 서쪽에 나타났다.

◑ **九月**에 **有星孛于西方**하다

【綱】 長沙王 吳著가 죽으니, 아들이 없어 나라가 없어졌다.

◑ **長沙王著卒**하니 **無子**하여 **國除**[①]하다

① 著은 陟慮의 切이니 ≪漢書≫에는 '差'로 되어 있다.
著, 陟慮切, 漢書, 作差.

【目】 처음에 高祖가 文王 吳芮를 어질게 여겨 御史에게 制詔(천자의 명령)를 내려 "長沙王(吳芮)이 충성스러우니, 법령을 정하여 〈그를 우대하는 제도를〉 만들라." 하여, 여러 代

에 걸쳐 나라를 전하게 하였는데, 이때에 이르러 마침내 끊겼다.

初에 高祖賢文王芮하여 制詔御史호되 長沙王忠하니 其定著令①하라하여 傳國數世러니 至是乃絶하다

① 漢나라 약속에 劉氏가 아니면 왕 노릇 하지 못하였는데, 高祖는 吳芮가 지극히 충성스럽다 하여 詔令을 만들어 특별히 왕 노릇 하게 한 것이다.
漢約, 非劉氏, 不王, 高祖以吳芮至忠. 故著令, 使特王之.

思政殿訓義 資治通鑑綱目 제4권 상

漢 景帝 원년~漢 武帝 建元 원년

≪資治通鑑綱目≫ 제4권은 乙酉年 漢 景帝 원년(B.C. 156)부터 시작해서 庚午年 漢 武帝 元鼎 6년(B.C. 111)까지이니, 모두 46년이다.

起乙酉漢景帝元年하여 盡庚午漢武帝元鼎六年이니 凡四十六年이라

乙酉年(B.C. 156)

【綱】漢나라 孝景皇帝 원년이다. 겨울 10월에 高皇帝를 높여 太祖라 하고, 孝文皇帝를 太宗이라 하고, 郡國으로 하여금 太宗의 廟를 세우게 하였다.

孝景皇帝元年이라 冬十月에 尊高皇帝爲太祖하고 孝文皇帝爲太宗하고 令郡國立太宗廟하다

【目】丞相 申屠嘉 등이 아뢰기를 "功은 高皇帝보다 더 큰 분이 없고 德은 孝文皇帝보다 더 성대한 분이 없으시니, 고황제는 마땅히 廟號를 太祖라 하고, 효문황제는 마땅히 묘호를 太宗이라고 해야 합니다. 그리고 天子가 대대로 제사를 올려야 할 것이니, 郡國에 마땅히 각각 太宗의 廟를 세워야 합니다." 하니, 制하기를 "좋다." 하였다.

丞相嘉等이 奏호되 功莫大於高皇帝요 德莫盛於孝文皇帝니 高皇帝宜爲太祖之廟요 孝文皇帝宜爲太宗之廟라 天子世世獻①이니 郡國에 宜各立太宗廟니이다 制曰可라하다

① 祖는 시작함이니 처음 天命을 받아 帝王이 된 것이다. 宗은 높음이니 德이 있어 높일 만한 것이다. 일설에 "처음 天命을 받은 분을 太祖라 칭하는데, 功이 있는 분 또한 祖라 칭한다."라고 하였다. 獻은 제사를 올림을 이른다.
祖, 始也, 始受命也. 宗, 尊也, 有德可尊. 一說"始受命, 稱太祖, 而有功亦稱祖." 獻, 謂祭獻.

【綱】 봄 정월에 詔令을 내려 백성들이 넓은 땅으로 이주하기를 원하면 들어주게 하였다.

春正月에 詔聽民徙寬大地하다

【目】 詔令을 다음과 같이 내렸다.

"郡國에 어떤 곳은 땅이 척박하고 좁아서 농사짓고 뽕나무를 심을 곳이 없으며, 어떤 곳은 땅이 비옥하고 넓으며 水利가 편리한 곳이 있으니, 백성들이 넓은 땅으로 이주하기를 원하는 자가 있으면 들어줄 것을 의논하라."

詔曰 郡國或磽陜(교협)하여 無所農桑①하며 或饒廣하고 水泉利하니 其議民欲徙寬大地者를 聽之하라

① 磽는 苦交의 切이니 척박하다는 뜻이다.
磽, 苦交切, 瘠薄也.

【綱】 여름에 赦免하였다.

夏에 赦하다

【綱】 다시 백성들에게 田租(租稅)의 반을 거두어 30분의 1을 세금으로 내게 하였다.[1)]

◑ 復(부)收民田半租하여 三十而稅一[2)]하다

【綱】 笞刑하는 법률을 경감하였다.

---

1) 田租(租稅)의……하였다 : 漢 文帝가 田租를 면제해주기 이전의 전조는 15분의 1 세였는데 이때 이를 절반으로 줄여 30분의 1 세로 바꾼 것이다.

2) 復(부)收民田半租 三十而稅一 : "'다시〔復〕'라고 쓴 것은 어째서인가? 일찍이 조세를 면제하였기 때문이다. 文帝 때에 면제했다가 景帝 때에 이르러 다시 조세를 거두었으니, 이는 부득이해서였다. 그러나 다만 절반의 조세를 거두었다면 백성들에게 절반의 조세를 면제해준 것이니, 이로부터 마침내 떳떳한 제도가 되었다. 이해에 절반의 조세를 면제해주었으니, 이는 경제로부터 시작되었다. '다시 거두었다.〔復收〕'라고 쓴 것은 〈唐나라의〉 '魏徵이 綿麻稅를 복구했다.'라고 쓴 것과는 다르다.〔復者何 嘗除也 文帝除之 至景帝而復收 非得已也 然止收半租 則賜民半租矣 自是 遂爲常制 是歲賜半租 自帝始也 書曰復收 與魏徵綿麻稅書復者異矣〕" ≪書法≫

◑ 減笞法하다

【目】 처음에 文帝가 肉刑을 제거하니, 겉으로는 형벌을 경감한다는 명분이 있었으나 속으로는 실상 사람을 죽였다. 그리하여 笞刑 500대를 맞은 자는 대부분 죽었는데, 이해에 詔令을 내려 "태형을 가함은 重罪(사형)와 차이가 없으니, 요행히 죽지 않더라도 정상인이 될 수 없다. 법률을 개정하여 태형 500대를 300대로 하고 300대를 200대로 낮추도록 하라." 하였다.

初에 文帝除肉刑하니 外有輕刑之名이나 內實殺人이라 笞五百者는 率多死러니 是歲에 詔曰 加笞는 重罪無異①하니 幸而不死라도 不可爲人②이라 其定律하여 笞五百曰三百하고 三百曰二百하라

① 重罪는 사형을 이른다.
重罪, 謂死刑.
② 〈笞刑을 받은 자가〉 자유롭게 몸을 움직이지 못함을 말한다.
謂不能自起居也.

【綱】 張歐를 廷尉로 삼았다.

以張歐爲廷尉하다

【目】 張歐가 〈예전에〉 太子宮에서 황제를 섬겼는데, 비록 刑名家의 학문을 전공하였으나 사람됨이 후덕한 長者였다. 사람들을 조사하여 문초하는 일을 말한 적이 없고 오로지 진실한 장자로 관직에 처하니, 官屬들이 또한 감히 크게 속이지 못하였다.

歐事帝於太子宮①이러니 雖治刑名家[3]나 爲人이 長者라 未嘗言案人②하고 專以誠長者로 處官하니 官屬이 亦不敢大欺하니라

① 歐는 음이 嘔이고, 또 於友의 切이다.
歐, 音嘔, 又於友切.
② 案은 조사하여 문초하는 것이다.
案, 驗問也.

---

3) 刑名家 : 전국시대에 명칭과 실상이 부합해야 한다는 名實論과 信賞必罰에 의한 法治를 주장하던 학파로, 대표적인 인물로는 申不害와 韓非子 등이 있다.

丙戌年(B.C. 155)

【綱】漢나라 孝景皇帝 2년이다. 겨울 12월에 孛星이 서남쪽에 나타났다.

二年이라 冬十二月에 有星孛于西南하다

【綱】남자로 하여금 20세에 비로소 호적에 이름을 올려 力役(부역)과 兵役에 종사하게 하였다.

◑ 令男子로 二十始傅①하다

① 옛 법에는 23세가 되면 호적에 이름을 올려 力役과 兵役에 종사하게 하였다.
舊法, 二十三而傅.

【綱】봄 3월에 아들 劉德을 세워 河間王으로 삼고, 劉閼(유알)을 臨江王으로, 劉餘를 淮陽王으로, 劉非를 汝南王으로, 劉彭祖를 廣川王으로, 劉發을 長沙王으로 삼았다.

◑ 春三月에 立子德爲河間王하고 閼爲臨江王하고 餘爲淮陽王하고 非爲汝南王하고 彭祖爲廣川王하고 發爲長沙王①하다

① 閼은 一喝의 切이다. 河間王은 樂成에, 臨江王은 江陵에, 淮陽王은 陳에, 汝南王은 平輿에, 廣川王은 信都에, 長沙王은 長沙에 도읍하였다.
閼, 一喝切. 河間王都樂成, 臨江王都江陵, 淮陽王都陳, 汝南王都平輿, 廣川王都信都, 長沙王都長沙.

【綱】여름 4월에 太皇太后(薄氏)가 崩하였다.

◑ 夏四月에 太皇太后崩하다

【綱】6월에 丞相 申屠嘉가 卒하였다.

◑ 六月에 丞相嘉卒하다

【目】 이때에 內史 鼂錯(조조)가 자주 틈을 내달라고 청하여 政事에 대해 말하면 황제가 번번이 들어주니, 총애함이 九卿을 압도하고 법령을 변경하여 새로 정한 것이 많았다. 丞相 申屠嘉가 스스로 모욕을 당하였다고 생각하여 조조를 미워하였다. 〈조조가 內史가 되어서〉 內史의 관청 문이 동쪽으로 나 있어 불편하다 하여 다시 한 문을 뚫어 남쪽으로 출입하였는데, 남쪽으로 출입하면 太上皇의 사당 바깥담과 안담 사이의 빈터를 지나게 되었다. 신도가가 이 말을 듣고 조조를 주벌할 것을 주청하려 하였는데, 客이 이 사실을 조조에게 말하자 조조가 두려워하여 밤중에 궁중으로 들어가 스스로 自首하였다.

조회할 적에 신도가가 〈조조를 처벌할 것을〉 주청하자, 上이 말하기를 "조조가 뚫어 통하게 한 것은 〈사당의 담이 아니라〉 바로 사당의 바깥담과 안담 사이의 빈터이다. 그러므로 散官이 그 안에 살고 있고, 또 내가 그를 시켜 만들게 하였으니, 조조는 죄가 없다." 하였다.

신도가는 조회가 끝나자, 나와서 말하기를 "내가 후회스럽게도 먼저 조조를 베지 못하고서 도리어 그에게 농락을 당하였구나." 하고는 피를 토하고 죽었다.

時에 內史鼂錯 數(삭)請間言事하면 輒聽하니 寵幸이 傾九卿하고 法令을 多所更(경)定①이라 丞相嘉自絀(굴)하여 疾錯러니 內史門이 東出不便이라하여 更穿一門南出하니 南出者는 太上皇廟堧垣(연원)也②라 嘉聞하고 爲奏請誅錯러니 客有語錯한대 錯恐하여 夜入宮自歸③하다 至朝하여 嘉請④한대 上曰 錯所穿은 乃外堧垣이라 故로 冗(용)官이 居其中⑤하고 且我使爲之하니 錯는 無罪니라 嘉罷朝하고 曰 吾悔不先斬錯하여 乃爲所賣라하고 歐血而死⑥하니라

① 漢나라는 正卿이 아홉이니, 奉常·郎中令·衛尉·太僕·廷尉·典客·宗正·治粟內史·少府가 이것이다. 更(변경하다)은 平聲이다.
漢正卿九, 奉常·郎中令·衛尉·太僕·廷尉·典客·宗正·治粟內史·少府, 是也. 更, 平聲.
② ≪三輔黃圖≫에 "太上皇의 사당은 長安 香室 길거리 남쪽과 馮翊府 북쪽 사이에 있다." 堧은 人緣의 切로 남는다는 뜻이니, 바깥담의 안과 안담의 바깥 사이를 이른다.
三輔黃圖 "大上皇廟在長安香室街南·馮翊府北." 堧, 人緣切, 餘也, 謂外垣之內·內垣之外.
③ "自歸"는 돌아가 천자에게 자수함을 이른다.
自歸, 謂歸首於天子也.
④ 朝(조회하다)는 直遙의 切이다.
朝, 直遙切.
⑤ "冗官"은 散官이다.
冗官, 散官也.
⑥ 歐는 嘔와 같으니, 토한다는 뜻이다.

歐, 與嘔同, 吐也.

【綱】陶青을 丞相으로 삼고, 鼂錯를 御史大夫로 삼았다.

以陶青爲丞相하고 鼂錯爲御史大夫하다

【綱】彗星이 동북쪽에 나타났다.

◑ 彗星이 出東北[4)]하다

【綱】가을에 衡山에 우박이 내렸다.

◑ 秋에 衡山에 雨雹(박)[①5)]하다

① 雹은 弼角의 切이니 陽의 專氣(온전한 氣)가 싸락눈이 되고, 陰의 專氣가 우박이 된다. 왕성한 陽의 기운이 빗물에 있으면 날씨가 따뜻하여 비가 되고, 陰氣가 압박하여 서로 들어가지 못하면 수증기가 뭉쳐서 우박이 된다. 왕성한 陰의 기운이 빗물에 있으면 물이 엉겨 눈이 되고, 陽氣가 압박하여 서로 들어가지 못하면 수증기가 사라지고 흩어져 눈이 내리는데 물로 인해 싸락눈이 되는 것이다.
雹, 弼角切, 陽之專氣爲霰, 陰之專氣爲雹. 盛陽之氣在雨水, 則溫暖而爲雨, 陰氣薄而脅之, 不相入, 則摶(단)而爲雹也. 盛陰之氣在雨水, 則凝滯而爲雪, 陽氣薄而脅之, 不相入, 則消散而下, 因水而爲霰.

【目】우박의 크기는 5寸이고 두께는 2尺이었다.

大者는 五寸이요 深者는 二尺이러라

【綱】熒惑星(형혹성)이 역행하여 北辰(북극성)에 머물고, 달이 北辰 사이에서 뜨고, 歲星이 天廷 가운데를 역행하였다.

熒惑이 逆行하여 守北辰하고 月出北辰間하고 歲星이 逆行天廷中[①]하다

---

4) 彗星 出東北 : "彗星에 대해 쓴 것은 이변을 기록한 것이다. 이로부터 熒惑星과 歲星이 역행하였고 다음 해에 長星이 나왔는데, 吳·楚 7國이 반란을 일으켜서 군대가 천하에 가득하였으니, 이것이 바로 그 응험이다.〔書彗星 記異也 自是 熒惑歲星逆行 明年長星出 而七國反 兵滿天下 此其應也〕" ≪書法≫

5) 雨雹 : "우박에 대해 쓴 것은 災異를 기록한 것이니, '우박이 내렸다.〔雨雹〕'고 쓴 것이 이때 시작되었다.〔書雹 記災也 書雨雹始此〕" ≪書法≫

① 熒惑은 火星이다. 화성은 그 조짐이 병란이 되고 도적이 되고 질병이 되고 國喪이 되고 기근이 되고 전쟁이 되니, 이 별이 머무는 분야의 나라는 재앙을 받는다. 北辰은 北極이니, 하늘의 中樞이다. 달은 아홉 길이 있다. 黑道 둘은 黃道 북쪽에서 나오니 立冬부터 冬至 때까지 이 길로 가고, 靑道 둘은 黃道 동쪽에서 나오니 立春부터 春分 때까지 이 길로 가고, 赤道 둘은 黃道 남쪽에서 나오니 立夏부터 夏至 때까지 이 길로 가고, 白道 둘은 黃道 서쪽에서 나오니 立秋부터 秋分 때까지 이 길로 간다. 北極星과의 거리가 멀고 가까움이 있으나 끝내 이 北辰의 사이를 벗어나지 않으니, 北辰의 사이를 벗어나면 그 길을 잃은 것이다.
歲星은 木星이다. 목성이 있는 나라는 정벌해서는 안 되고, 다른 나라는 정벌할 수 있다. 출입함이 그 차례에 합당하지 않으면 반드시 하늘의 재앙이 이 歲星이 머무는 곳에 나타나게 된다.
太微를 天廷이라 하는데 가운데에 다섯 개의 帝座星이 있으니, 北極과 太微는 임금의 별자리인데, 혹은 머물고 혹은 나가고 혹은 역행하여 지나감은 모두 變故이다. 일설에 "龍星의 왼쪽 부분을 天田이라 하고, 오른쪽 부분을 天廷이라 한다." 하였다.
熒惑, 火星也. 爲亂·爲賊·爲疾·爲喪·爲飢·爲兵, 所居之宿, 國受殃. 北辰, 北極, 天之樞也. 月有九行. 黑道二, 出黃道北, 自立冬冬至行之. 靑道二, 出黃道東, 立春春分行之. 赤道二, 出黃道南, 立夏夏至行之. 白道二, 出黃道西, 立秋秋分行之. 其去極有遠近, 終不能出北辰之間, 出北辰間, 失其行也. 歲星, 木星也. 所在國, 不可伐, 可以伐人, 出入不當其次, 必有天袄見(현)其舍也. 太微爲天(延)〔廷〕[6], 中有五帝座. 北極及太微, 人君之位, 或守之, 或出之, 或逆行經之, 皆變也. 一說"龍星左角曰天田, 右角曰天廷."

丁亥年(B.C. 154)

【綱】漢나라 孝景皇帝 3년이다. 겨울 10월에 梁王 劉武가 와서 조회하였다.

三年이라 **冬十月**에 **梁王武來朝**하다

【目】梁孝王(劉武)은 竇太后의 막내아들이었으므로 특별한 총애를 받았다. 그리하여 천하의 비옥한 땅을 차지하고 賞으로 하사받은 것을 이루 다 말할 수 없었으며, 府庫의 金錢과 珠玉과 寶器가 京師보다도 많았다. 東苑을 세웠는데 둘레가 300여 리로 70리인 睢陽城보다 넓었으며, 宮室을 크게 세워 複道를 만든 것이 30여 리이고 사방의 호걸스러운 선비들을 초치하였다.

매번 조회할 때마다, 들어오면 上을 모셔 함께 輦(연)을 타고, 나가던 수레를 함께 타

6) (延)〔廷〕: 저본에는 '延'으로 되어 있으나, 綱에 의거하여 '廷'으로 바로잡았다.

고 사냥하면서 혹 반년 동안 서울에 머물고, 梁나라의 侍中과 郎官, 謁者들이 門籍(궁문통행증)을 매달아놓고 천자의 대궐문을 자유롭게 드나들어 漢나라의 宦官과 다름이 없었다.

梁孝王이 以竇太后少子故로 有寵하여 居天下膏腴(유)之地하고 賞賜를 不可勝道[①]요 府庫金錢珠玉寶器 多於京師라 築東苑하니 方三百餘里로 廣睢(수)陽城七十里[②]하고 大治宮室하여 爲複道三十餘里하고 招延四方豪俊之士하다 每朝에 入則侍上同輦하고 出則同車射獵하며 留或半歲요 梁侍中郎謁者 著(착)籍引하여 出入天子殿門하여 與漢宦官으로 無異[③]러라

① 道는 말한다는 뜻이다.
道, 言也.
② 廣은 더 넓힌 것이다.
廣, 更大之也.
③ 著은 竹略의 切이니 매달아둔다는 뜻이다. 籍은 2척짜리 竹牒이니, 출입하는 사람의 태어난 연도〔年紀〕와 이름과 字, 얼굴의 특징〔物色〕을 기록하여 宮門에 매달아놓고, 이것을 살펴보아 서로 맞아야 비로소 들어갈 수 있었다. 梁나라의 侍中과 郎官, 謁者로 하여금 모두 그들의 이름을 門籍에 적어 매달아놓고 通引(안내)하여 출입하게 한 것이다.
著, 竹略切, 置也. 籍者, 二尺竹牒, 記其年紀名字物色, 懸之宮門, 案省相應, 乃得入也. 令梁國之侍中・郎官・謁者, 皆著其名於門籍, 通引出入也.

【目】上이 일찍이 잔치를 열어 梁孝王과 술을 마실 적에 조용히 말하기를 “내가 죽은 뒤[7]에는 왕에게 傳位하겠다.” 하니, 왕이 사양하였다. 그는 비록 上의 말이 진심이 아님을 알고 있었으나 마음속으로 기뻐하였다.

詹事(첨사) 竇嬰(두영)이 술잔을 들어 上에게 罰酒를 올리며 말하기를 “천하는 高祖의 천하이고, 부자간이 서로 傳位함은 漢나라의 약속인데, 어떻게 梁王에게 傳位할 수 있겠습니까.” 하였다. 太后가 이로 인해 두영을 미워하여, 두영이 병으로 인해 면직하자, 태후가 두영의 門籍을 없애버리니, 양왕이 이 때문에 더욱 교만해졌다.

上이 嘗與宴飮할새 從容言曰 千秋萬歲後에 傳於王[①]호리라 王이 辭謝하여 雖知非至意나 然心內喜라 詹事竇嬰이 引卮(치)酒하여 進上曰 天下者는 高祖之天下요 父子相傳은 漢之約也니 何以得傳梁王[②]이시니잇고 太后由此憎嬰이어늘 嬰이 因病免이러니 太后除嬰門籍[③]하니 梁王이 以此益驕하니라

---

7) 죽은 뒤 : 원문의 “千秋萬歲後”는 帝王의 죽음을 완곡하게 표현하는 말이다.

① 이때에 아직 太子를 세우지 않았다.
時, 未置太子.

② 詹은 음이 瞻이니, 살피고 공급한다는 뜻이다. 皇后와 太子가 각각 詹事를 두었는데 근무하는 곳에 따라 관명을 삼았으니,[8] 秩이 眞二千石[9]이었다. 竇嬰은 竇太后의 사촌 오라비의 아들이다. 술을 들어 올린 것은 罰爵(벌주잔)이다.
詹, 音瞻, 省也, 給也. 皇后太子, 各置詹事, 隨其所在以名官, 秩眞二千石. 嬰, 竇太后從兄子也. 引酒進之, 蓋罰爵也.

③ 竇嬰이 비록 면직하였으나 여전히 외척으로서 門籍을 매달아놓고 궁문을 통행하였는데, 竇太后가 그가 바른말을 한 것을 미워하였으므로 문적까지 아울러 없앤 것이다.
嬰雖免官, 猶以外戚通門籍, 竇太后惡其正論, 故併與門籍除之.

【綱】 봄 정월에 赦免하였다.

春正月에 赦하다

【綱】 長星이 서쪽에 나타났다.

◑長星이 出西方[10]하다

---

8) 皇后와……삼았으니 : 皇后殿에서 근무하면 '太后詹事', 太子宮에서 근무하면 '太子詹事'로 관직명을 삼았음을 이른다.

9) 眞二千石 : 中二千石과 같은 말로 매월 俸祿이 180斛이어서 연봉이 2,160石이며, 二千石은 매월 봉록이 120斛이어서 연봉이 1,440石이며 比二千石은 매월 봉록이 100斛이어서 연봉이 1,200石이었는바, 中二千石의 中은 滿의 뜻이다. 漢나라는 九卿의 품계가 中二千石이며 郡守와 제후국의 정승〔相〕은 二千石이었으므로, 二千石은 일반적으로 지방관인 守·相을 지칭하는 말로 쓰였다.

10) 長星出西方 : "景帝가 즉위한 지 겨우 3년이 되었을 뿐인데 孛星과 彗星, 雨雹, 熒惑星과 歲星의 변고가 紛紛하게 史冊에 보이고, 이때에 이르러 또다시 長星이 서방에 나왔다고 썼는데, 洛陽의 東宮에 화재가 났으며, 얼마 안 되어 吳·楚 7國의 반란이 일어나 漢나라가 거의 보존되지 못할 지경이었으나, 황제(景帝)가 어찌 정사를 잘못하고 명령을 거역하여 천지의 和氣를 범한 일이 있었겠는가. 너그럽고 인자하고 공손하고 검소한 家法을 바꾸지 않았는데도, 하늘의 변고가 이와 같았다. 先儒가 말하기를 "군주가 한 번 善한 생각을 하면 상서로운 바람과 온화한 기운이 이르고, 한 번 惡한 생각을 하면 요망한 별과 厲鬼가 나타난다." 하였으니, 景帝의 失德이 나타나지 않았으나 다만 시기하고 각박하고 은혜가 적기 때문에 이변의 응함이 그림자와 메아리처럼 빨리 나타났던 것이다. 그렇다면 군주가 한 번 생각하는 사이에 관계되는 바가 이와 같이 큰 것이다. ≪資治通鑑綱目≫에서 쓴 것을 보면 은미함이 드러나서 성실함을 가릴 수 없음이 이와 같은 것을 알 수 있으니, 어찌 삼가지 않을 수 있겠는가.〔景帝卽位 纔三年爾 孛彗雨雹熒惑歲星之變 紛紛見於史冊 至是 又書長星出西方 洛陽東宮災 未幾 果有七國之亂 漢幾不保 帝豈有舛政逆令以干天地之和者乎 寬仁恭儉 家法未改 而天變若此 先儒有言 一念之善 祥風和氣 一念之惡 祆星厲鬼 景帝失德未形 特以忌刻少恩 而變異應之 捷如影響 然則人君一念之間 所繫若此 觀之綱目之所書 則知微之顯 誠之不可掩也如是 可不謹諸〕" ≪發明≫

【綱】 洛陽의 東宮에 화재가 났다.

◑ 洛陽東宮災①하다

① 高祖가 예전에 洛陽에 거처한 적이 있었는데, 이로 인하여 洛陽에 宮室을 건축하여 南宮과 北宮, 東宮이 있게 되었다.
高祖先居洛陽, 因築宮室, 有南宮・北宮・東宮.

【綱】 吳王 劉濞와 膠西王 劉卬(유앙), 膠東王 劉雄渠, 菑川王 劉賢, 濟南王 劉辟光, 楚王 劉戊, 趙王 劉遂가 반란을 일으키자, 周亞夫를 太尉로 삼아 군대를 거느려 토벌하게 하고 御史大夫 鼂錯를 죽였다. 2월에 주아부가 吳・楚의 반란군을 크게 격파하니, 오왕 유비는 도망하여 越나라로 달아났고 초왕 유무는 자살하였다.

◑ 吳王濞와 膠西王卬과 膠東王雄渠와 菑(치)川王賢과 濟南王辟光과 楚王戊와 趙王遂 反이어늘 以周亞夫爲太尉하여 將兵討之하고 殺御史大夫鼂錯[11]하다 二月에 亞夫大破吳楚軍하니 濞는 亡走越하고 戊는 自殺하다

【目】 처음에 孝文帝 때에 吳나라의 太子가 들어와 황제를 뵐 적에 皇太子를 모시고 술을 마시며 바둑을 두다가 바둑 두는 길을 다투었는데 공손하지 못하자, 황태자가 바둑판을 던져서 吳나라 태자를 죽였다. 이에 吳王이 병을 핑계로 京師에 조회 오지 않자, 吳나라

11) 殺御史大夫鼂錯 : "吳王 劉濞가 반역을 도모한 것이 이미 오래되었는데, 다만 鼂錯를 인하여 일어났을 뿐이다. 그러나 만일 조조가 서서히 계책을 세우고 또 한꺼번에 여러 제후국의 영토를 삭탈하지 않았더라면 유비 역시 군대를 일으킬 단서가 없었을 것이다. 그러므로 조조의 죽음을 吳・楚 7國의 반란 아래에 써서 禍變이 일어난 것이 조조로부터 시작되었음을 나타내었다. 그렇다면 '殺'이라고 쓰고 관직을 제거하여 쓰지 않은 것은 어째서인가? 조조가 계책을 세운 것은 비록 잘못된 경거망동이었으나 요컨대 종묘사직을 위한 큰 계책이었지, 조조 한 몸을 위한 계책이 아니었다. 景帝가 변고를 듣고 황급한 나머지 이렇다 할 계책이 없어서 소인의 말을 한 번 듣고 갑자기 가볍게 죽였으니, 후세의 신하들이 누가 감히 마음을 다하여 국가를 위해 도모하겠는가. 세상의 선비들은 조조를 논할 적에 혹은 '충성했다.' 하고, 혹은 '어리석었다.' 하여 그 말이 똑같지 않은데, 이제 ≪資治通鑑綱目≫에서 쓴 것을 보면 조조가 죄 없이 살해당한 것이 매우 분명하니, 후세에 조조를 논하는 자들은 마땅히 이것을 기준으로 삼아야 할 것이다.〔濞爲逆已久 特因鼂錯而發爾 然使錯徐爲之計 又不倂削諸國 則濞亦無以爲興兵之端 故書錯死於七國反之下 以見禍變之興 由錯而發 然則書殺而不書去官 何哉 錯之爲謀 雖曰失於輕擧 要之爲宗社大計 非爲一己計也 景帝聞變 倉皇無策 一聞小人之說 遽爾輕殺 後之臣子 孰敢盡心爲國謀慮者哉 世儒論錯 或以爲忠 或以爲愚 其說不一 今觀綱目所書 則錯無罪見殺 較然甚明 後之論錯者 要當以是爲的〕" ≪發明≫

吳나라의 영역도

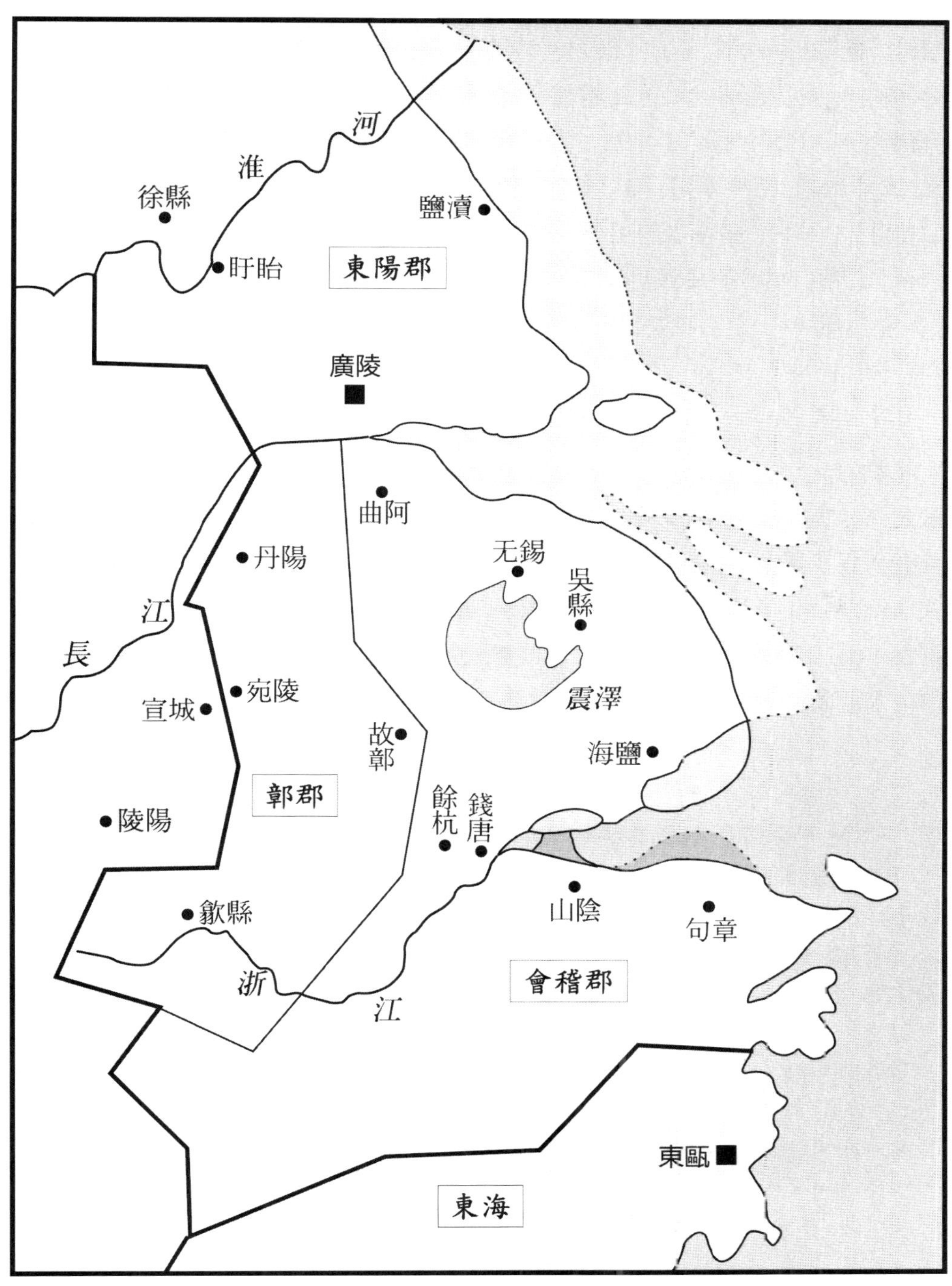
河
淮
徐縣
盱眙
鹽瀆
東陽郡
廣陵
曲阿
丹陽
无錫
吳縣
江
長
宛陵
宣城
震澤
故鄣
海鹽
鄣郡
餘杭
錢唐
陵陽
歙縣
山陰
句章
浙
江
會稽郡
東甌
東海

使者를 구속하여 다스리고 조사하여 심문하니, 오왕이 두려워하여 처음으로 반란할 계책을 품게 되었다.

오왕이 뒤에 使者를 시켜 조회〔秋請〕하게 하므로 文帝가 다시 〈신하들에게〉 물으니, 대답하기를 "연못 속의 물고기를 자세히 살펴보는 것은 吉하지 못하니, 바라건대 上께서는 예전의 허물을 용서하시고 함께 새롭게 시작하소서." 하였다. 이에 문제가 吳나라의 使者를 사면하여 돌려보내고, 오왕에게 几杖(안석과 지팡이)을 하사하고 늙었다는 이유로 조회 오지 않게 하니, 吳나라의 謀反하려던 계책이 점점 해이해졌다.

그러나 吳나라는 銅과 소금이 생산되기 때문에 〈나라가 부유하여〉 백성들이 세금과 부역이 없었고, 병사들이 踐更(대신 번을 섬)할 적에 번번이 공평한 값을 주었으며, 歲時에 훌륭한 재주가 있는 사람들을 위문하고 閭里에 賞을 하사하였으며, 다른 郡과 제후국의 관리가 와서 도망한 자를 찾아내어 체포하고자 하면 공공연히 막고 주지 않았으니, 이와 같이 한 것이 40여 년이었다.

初에 孝文時에 吳太子入見[①]할새 得侍皇太子飮하여 博이라가 爭道不恭[②]이어늘 皇太子引博局하여 提殺之[③]하다 吳王이 稱疾하고 不朝京師어늘 繫治하고 驗問吳使者한대 吳王이 恐하여 始有反謀하니라 後에 使人爲秋請(정)[④]이어늘 文帝復問之한대 對曰 察見淵中魚不祥하니 唯上은 棄前過하사 與之更(경)始[⑤]하소서 於是에 文帝乃赦吳使者하여 歸之하고 而賜吳王几杖하고 老不朝하니 吳謀益解라 然이나 以銅鹽故로 百姓無賦[⑥]하고 卒踐更(경)에 輒與平賈[⑦]하며 歲時에 存問茂材하고 賞賜閭里[⑧]하며 他郡國吏 欲來捕亡人者를 公共禁弗予하니 如此者四十餘年[⑨]이러라

① 太子의 이름은 賢이다.
太子, 名賢.

② "爭道"는 바둑 두는 길을 다투는 것이다.
爭道, 爭行棊之路.

③ "博局"은 바둑판이다. 提는 음이 第이니, 던진다는 뜻이다.
博局, 棊槃. 提, 音第, 擲也.

④ 請은 음이 淨이니, 봄에 뵙는 것을 朝라 하고, 가을에 뵙는 것을 請이라 한다. 〈"使人爲秋請"은〉 吳王 劉濞가 직접 가지 않고 사람을 시켜 자신을 대신해서 秋請의 禮를 바치게 함을 말한 것이다.
請, 音淨, 春曰朝, 秋曰請. 言濞不自行, 使人代己, 致秋請之禮也.

⑤ 황제가 신하들의 은밀한 일〔陰私〕을 알아서 신하들로 하여금 근심하여 변을 일으키게 하는 것은 상서롭지 못하다. 그러므로 마땅히 용서하고 사면하여 스스로 새로워지게 해야 하는 것이다. 更(바꾸다)은 工衡의 切이니, 아래의 '踐更'도 같다.

知臣下陰私, 使憂患生變, 爲不祥, 故當赦宥, (便)〔使〕[12] 自新也. 更, 工衡切, 下踐更同.

⑥ 吳나라에는 돈을 주조하고 소금을 굽는 이로움이 있었다. 그러므로 백성들에게 따로 부역과 세금을 부과하지 않은 것이다.

吳國, 有鑄錢煮鹽之利, 故百姓不別徭賦也.

⑦ 更(경)은 수자리 사는 병졸이다. 옛날에는 正兵이 일정한 인원수가 없고 사람들이 모두 번갈아 한 달에 한 번 更을 섰는데, 가난한 자 중에 대신 更을 서주고 돈을 얻고자 하는 자가 있으면, 부자 중에 숙직할 차례가 된 자가 돈을 내어 고용하였으니, 이것을 "踐更"이라 하였다. 賈(값)는 價로 읽으니, "輒與平賈(번번이 공평한 값을 주었다.)"는 吳王이 민심을 얻고자 해서 남을 위해 병졸이 되는 자를 관청에서 돈을 내어 고용하고 당시의 품삯을 공평한 값으로 쳐줌을 이른다.

更, 戍卒也. 古者, 正卒無常, 人皆迭爲之, 一月一更, 貧者欲得雇更錢者, 次直者出錢雇之, 是爲踐更. 賈, 讀曰價. 輒與平賈, 謂吳王欲得民心, 借人自代爲卒者, 官爲出錢雇, 其時(唐)〔庸〕[13] 平賈也.

⑧ 茂는 아름다움이니, "茂材"는 훌륭한 재주가 있는 사람이다. ≪周禮≫에 "5家를 比라 하고 5比를 閭라 하며, 또 5家를 隣이라 하고 5隣을 里라 한다." 하였다.

茂, 美也. 茂材者, 有美材之人也. 周禮"五家爲比, 五比爲閭, 又五家爲隣, 五隣爲里."

⑨ "捕亡人"은 禍를 피하여 도망한 자를 찾아내어 체포함을 이른다. 公은 본음대로 읽으니 드러냄(공공연함)이요, 共은 모두이다. 予(주다)는 與로 읽는다.

捕亡人, 謂避禍而逃亡者, 討捕之也. 公, 如字[14], 顯然也. 共, 皆也. 予, 讀曰與.

【目】 鼂錯가 "吳나라의 잘못은 領地를 삭감할 만합니다." 하고 여러 번 아뢰었지만, 文帝가 차마 따르지 못했는데, 황제(景帝)가 즉위하자 조조가 다음과 같이 아뢰었다.

"高帝가 세 庶孼(서얼)을 봉하여 천하의 절반을 나누어주셨습니다. 지금 吳王이 조회 오지 않으니, 옛 법에 의거하면 마땅히 죽여야 하는데, 文帝께서 차마 벌을 내리지 못하시니, 德이 지극히 후합니다. 오왕은 마땅히 허물을 고치고 스스로 새로워져야 할 터인데, 도리어 더욱 교만해져서 천하의 망명한 자들을 유인하여 반란을 일으킬 것을 도모하니, 지금 영지를 삭감해도 배반할 것이고 삭감하지 않아도 배반할 것입니다. 그러나 영지를 삭감하면 반란은 빠르나 禍가 적고, 영지를 삭감하지 않으면 반란은 늦으나 화가 클 것입니다."

上이 列侯와 公卿, 宗室들로 하여금 모여 의논하게 하니, 아무도 감히 논란하지 못하

---

12) (便)〔使〕: 저본에는 '便'으로 되어 있으나, 문맥을 살펴 '使'로 바로잡았다.

13) (唐)〔庸〕: 저본에는 '唐'으로 되어 있으나, ≪資治通鑑≫의 注에 의거하여 '庸'으로 바로잡았다.

14) 如字 : 한 글자에 여러 독음이 있는 경우 本音대로 읽으라는 것이다.

였으나 오직 竇嬰만이 이것을 간쟁하였다.

조조는 또 '楚나라와 趙나라는 죄가 있다.' 하여 모두 한 郡을 삭감하고, '膠西王은 간악한 일이 있었다.' 하여 여섯 縣을 삭감하고, 장차 吳나라의 땅을 삭감할 것을 의논하였다.

이에 吳王이 두려워하고 이로 인해 계책을 내어 擧事할 적에, 膠西王이 용감하고 병법을 좋아한다는 말을 듣고는 사람을 보내 그를 설득하고, 또 자신이 직접 膠西에 가서 교서왕과 대면하여 약속하고는 마침내 使者를 보내 齊, 菑川, 膠東, 濟南과 약속하니, 모두 반란할 것을 허락하였다.

鼂錯數(삭)言吳過可削이라호되 文帝不忍[①]이러니 及帝卽位에 錯曰 高帝封三庶孼하사 分天下半[②]하니이다 今吳王不朝하니 於古法에 當誅로되 文帝不忍하시니 德至厚라 王이 當改過自新이어늘 反益驕하여 誘天下亡人하여 謀作亂하니 今削之亦反이요 不削亦反이어니와 削之면 其反亟(극)이나 禍小요 不削이면 其反遲나 禍大하리이다 上이 令列侯, 公卿, 宗室雜議하니 莫敢難호되 獨竇嬰爭之[③]라 錯又言楚趙有罪라하여 皆削一郡[④]하고 膠西有姦이라하여 削其六縣[⑤]하고 方議削吳하니 吳王이 恐하여 因發謀擧事할새 聞膠西王이 勇, 好兵하여 使人說(세)之하고 又身至膠西面約하고 遂發使하여 約齊, 菑川, 膠東, 濟南하니 皆許諾하다

① 削은 그 支郡(屬郡)을 삭탈함을 이른다.
削, 謂削其支郡.

② 세 庶孼은 楚王 劉交와 代王 劉喜, 齊王 劉肥를 이른다.
三庶孼, 謂楚王交・代王喜・齊王肥也.

③ 難(논란하다)은 乃但의 切이다.
難, 乃但切.

④ 楚王 劉戊가 薄太后를 위하여 服을 입을 적에 服舍(상주가 거처하는 여막)에서 은밀히 간통하였다.
楚王戊爲薄太后服, 私姦服舍.

⑤ 〈"膠西有姦"은 膠西王이〉 관작을 팔아먹은 일로 부정이 있었다.
以賣爵事有姦.

【目】 처음에 楚 元王이 서책을 좋아하여 魯나라의 申公, 穆生, 白生과 함께 ≪詩經≫을 浮丘伯에게 배웠는데, 楚王에 봉해지자 세 사람을 中大夫로 삼았다. 목생은 술을 좋아하지 않으니, 〈술자리를 베풀 적에〉 元王이 매번 그를 위해 단술을 진설했었는데, 손자 劉戊가 즉위해서는 항상 단술을 진설하다가 뒤에 진설하는 것을 잊었다.

목생이 물러가며 말하기를 "내가 떠나가야 한다. 단술을 진설하지 않으니, 왕의 뜻이 태만해진 것이다. 떠나가지 않으면 楚나라 사람이 장차 나를 〈죄인으로 삼아〉 시장에서 재갈을 물릴 것이다." 하고는 마침내 병을 핑계로 누워 있었다.

◑初에 楚元王이 好書하여 與魯申公, 穆生, 白生으로 俱受詩於浮丘伯①이러니 及王楚에 以三人爲中大夫하니라 穆生은 不耆酒하니 元王이 每爲設醴②하더니 及孫戊卽位③에 常設이라가 後忘設焉한대 穆生이 退曰 可以逝矣라 醴酒不設하니 王之意怠라 不去면 楚人이 將鉗我於市라하고 遂稱疾臥하다

① 申公은 이름이 培이니, 魯나라 사람이다. 浮丘는 複姓이고 伯은 이름이며 齊나라 사람이니, 秦나라 때의 儒生이었다.
 申公, 名培, 魯人. 浮丘, 複姓, 伯, 名, 齊人, 秦時儒生.
② 醴는 단술이니 누룩이 적고 쌀이 많아 이틀 밤이면 익는데, 즙과 찌꺼기가 서로 섞여 있다.
 醴, 甘酒也, 少麴多米, 二宿而熟, 汁滓相將.
③ 劉戊는 夷王 劉郢客의 아들이다.
 戊, 夷王郢客之子.

【目】 申公과 白生이 〈出仕하라고〉 강력히 권하면서 말하기를 "어찌 先王의 은덕을 생각하지 않는가. 지금 왕이 하루아침에 작은 실례를 하였는데 어찌 이렇게까지 할 것이 있겠는가." 하니, 목생이 대답하기를 "군자는 기미를 보고 일어나서 하루가 끝나기를 기다리지 않으니, 先王이 우리 세 사람을 예우한 까닭은 〈우리들에게〉 道가 있었기 때문이다. 그런데 지금 이것을 소홀히 하니, 이는 道를 잊은 것이다. 道를 잊은 사람과 더불어 어찌 오래 거처할 수 있겠는가. 어찌 區區한 禮를 따지는 것이겠는가." 하고는 마침내 병을 핑계하고 떠나갔다.

劉戊가 점점 포악한 짓을 자행하자, 太傅 韋孟이 시를 지어 諷諫하였으나 듣지 않으니, 그 역시 떠나갔다.

申公, 白生이 彊起之曰 獨不念先王之德與아 今王이 一旦失小禮어늘 何足至此리오 穆生曰 君子는 見幾而作하여 不俟終日하나니 先王之所以禮吾三人者는 爲道存也어늘 今而忽之하니 是는 忘道也라 忘道之人을 胡可與久處리오 豈爲區區之禮哉아하고 遂謝病去하다 戊稍淫暴어늘 太傅韋孟이 作詩諷諫호되 不聽하니 亦去하다

【目】 劉戊가 영지를 삭감하는 일에 연루되어 마침내 吳나라와 공모하여 반란을 계획하

였는데, 申公과 白生이 유무에게 간하자, 유무는 이들을 죄인〔胥靡〕으로 만들어서 붉은 죄수복을 입혀 시장에서 절굿공이를 높이 들고 절구질하게〔雅舂〕 하였다.

吳나라의 會稽郡과 豫章郡을 삭감한다는 글이 이르자, 吳王이 마침내 군대를 일으켜 漢나라에서 파견한 관리를 죽였으며, 膠西, 膠東, 菑川, 濟南, 楚, 趙 또한 모두 반란할 적에 楚나라 정승 張尙과 太傅 趙夷吾, 趙나라 정승 建德과 內史 王悍이 모두 간하다가 살해되었다.

齊王은 이를 후회하여 약속을 배반하고 城을 지켰으며, 濟北王은 城이 파괴되어 아직 완전히 보수되지 못했는데, 그의 郎中令이 왕을 협박하고 지켜서(감시하여) 군대를 징발할 수가 없었다.

戊坐削地事하여 遂與吳通謀어늘 申公, 白生이 諫戊한대 戊胥靡之하여 衣之赭衣하여 使雅舂(용)於市[①]하니라 及削吳會稽豫章郡書至에 吳王이 遂起兵하여 殺漢吏하고 膠西, 膠東, 菑川, 濟南, 楚, 趙亦皆反할새 楚相張尙과 太傅趙夷吾와 趙相建德과 內史悍이 皆諫被殺[②]하니라 齊王은 後悔하여 背約城守하고 濟北王은 城壞未完이러니 其郎中令이 劫守王하여 不得發兵하니라

① 위의 衣(입다)는 於旣의 切이니, 아래 "衣朝"의 衣도 같다. "雅舂"은 팔을 높이 올려 절굿공이를 들고 몸을 바르게 하고서 절구질하는 것이다.
上衣, 於旣切, 下衣朝同. 雅舂, 高肱擧杵, 正身而舂之.

② 建은 姓이고 德은 名이다. 悍의 姓은 王이다.
建姓, 德名. 悍姓王.

【目】 膠西, 膠東, 菑川, 濟南이 함께 齊나라를 공격하여 臨菑城을 포위하고 趙王이 마침내 군대를 징발하여 齊나라의 서쪽 경계에 머물면서 북쪽으로 匈奴에 사신을 보내어 병력을 연합하였다.

吳王이 士卒 20여만 명을 총동원하니, 閩(민)과 東越도 군대를 출동시켜 뒤를 따랐다. 廣陵에서 출발하여 서쪽으로 淮水를 건너 楚나라 군대와 합쳤으며, 제후들에게 서신을 보내어 鼂錯의 죄상을 나열하고서, 병력을 모아 조조를 주벌하고자 하였다. 이들이 梁나라의 棘壁城을 격파하여 승세를 타고 매우 예리하게 공격하니, 梁나라는 장군을 보내어 이들을 공격하게 하였는데, 모두 패하여 달아났다.

전에 文帝가 임종할 적에 太子를 주의시키기를 "만약 위급한 일이 있으면 周亞夫는 참으로 장수의 임무를 맡길 만하다." 하였는데, 이때에 上이 마침내 주아부를 太尉로 제수하여 36명의 장군을 거느리고 가서 吳나라와 楚나라를 공격하게 하였으며, 酈寄를

吳 · 楚 7국의 난

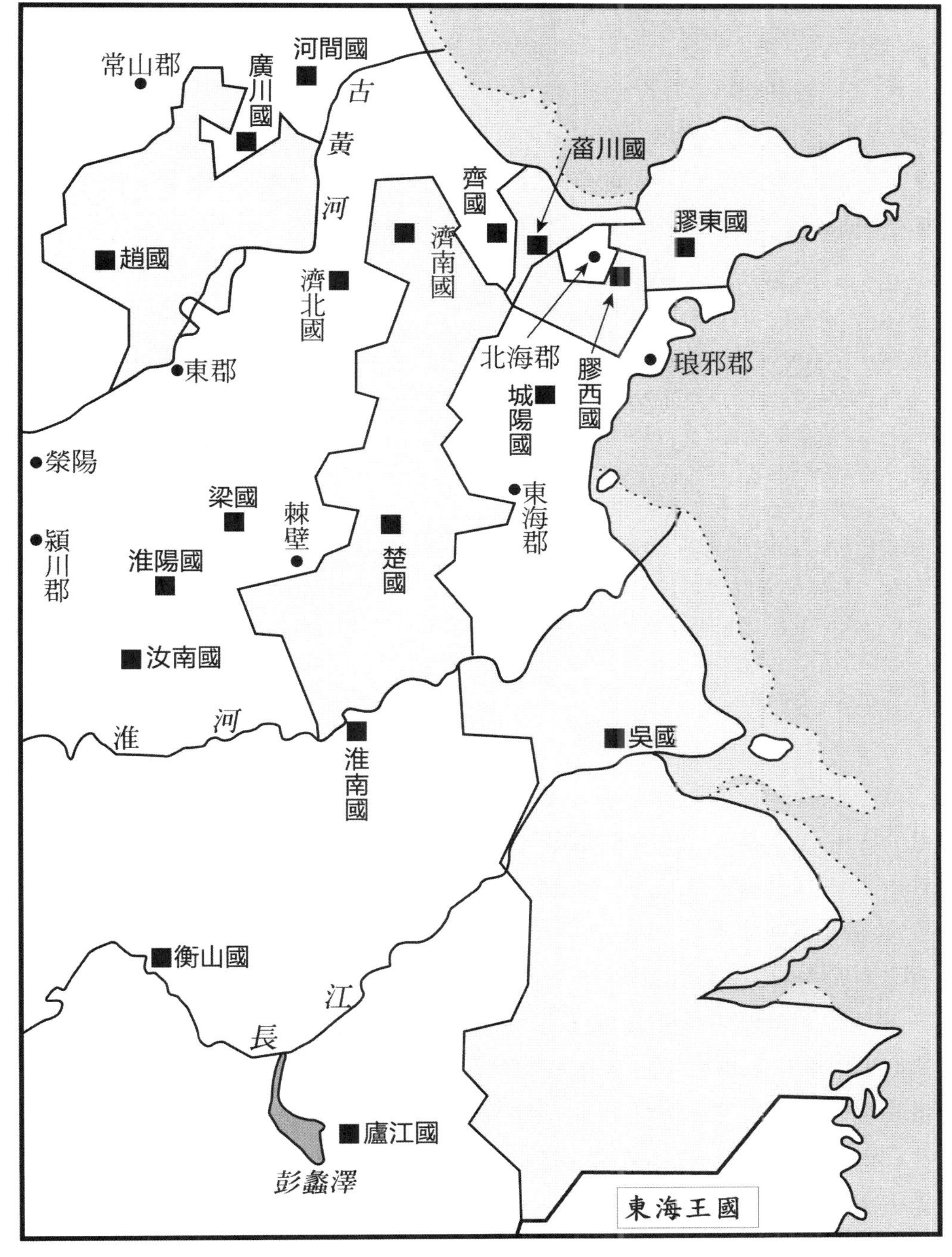
常山郡
廣川國
河間國
古黃河
齊國
菑川國
膠東國
趙國
濟南國
濟北國
北海郡
膠西國
琅邪郡
東郡
城陽國
滎陽
梁國
棘壁
東海郡
潁川郡
淮陽國
楚國
汝南國
淮河
淮南國
吳國
衡山國
江
長
廬江國
彭蠡澤
東海王國

보내 趙나라를 공격하고 欒布를 보내 齊나라를 공격하게 하였으며, 竇嬰은 滎陽에 주둔하여 齊나라와 趙나라의 군대를 감시하게 하였다.

◑ 膠西, 膠東, 菑川, 濟南이 共攻齊하여 圍臨菑[①]하고 趙王이 遂發兵하여 住其西界하여 北使匈奴하여 與連兵하다 吳王이 悉其士卒二十餘萬하니 閩, 東越이 亦發兵從이라 起廣陵하여 西涉淮하여 幷楚兵[②]하고 遺諸侯書하여 罪狀鼂錯하여 欲合兵誅之[③]하다 破梁棘壁하여 乘勝銳甚[④]하니 梁이 遣將軍擊之러니 皆敗還走하다 初에 文帝且崩에 戒太子曰 卽有緩急이어든 周亞夫眞可任將兵이라하더니 至是에 上이 乃拜亞夫爲太尉하여 將三十六將軍하여 往擊吳, 楚하고 遣酈寄擊趙하고 欒布擊齊하고 竇嬰屯滎陽하여 監齊趙兵[⑤]하다

① 臨菑는 齊나라의 도읍이다.
臨菑, 齊都.

② 惠帝 3년(B.C. 192)에 閩越君 騶搖를 東海王으로 삼아 東甌에 도읍하게 하니, 바로 東越이다. 從(따르다)은 才用의 切이다. 廣陵은 吳나라의 도읍이다.
惠帝三年, 立閩越君搖, 爲東海王, 都東甌, 卽東越也. 從, 才用切. 廣陵, 吳都.

③ 狀은 형용함이니, 그 글에서 鼂錯의 죄를 형용한 것이다.
狀, 形容之也, 其書形狀鼂錯之罪.

④ 梁은 梁나라를 이른다. "棘壁"은 城 이름이니, 梁나라에 속하였다.
梁, 謂梁國. 棘壁, 城名, 屬梁國.

⑤ 〈"監齊趙兵"은 趙나라를 공격하는〉 酈寄와 〈齊나라를 공격하는〉 欒布의 군대를 감독한 것이다.
監酈寄・欒布兵也.

【目】 처음에 鼂錯가 법령 30章을 변경하니, 제후들이 크게 일어나 비난하였다. 조조의 아버지가 이 말을 듣고 潁川에서 京師(長安)로 와서 조조에게 이르기를 "上이 처음 즉위하였는데, 그대가 정사를 맡아 권력을 행사하면서 제후의 영지를 侵削하여 남의 골육간의 情을 소원하게 해서 사람들의 구설에 올라 원망이 많으니, 그대는 어찌하여 이렇게 하는가?" 하니, 조조가 대답하기를 "이와 같이 하지 않으면 천자께서 높아지지 않으시고 宗廟가 편안하지 못할 것입니다." 하였다.

조조의 아버지가 말하기를 "劉氏는 편안하겠지만 우리 鼂氏는 위태롭다." 하고는 마침내 독약을 마시고 죽으면서 말하기를 "내 차마 화가 내 몸에 미치는 것을 보지 못하겠다." 하였는데, 10여 일 후에 吳・楚 등 일곱 나라가 반란하여 조조를 죽이는 것을 명분으로 삼았다.

上이 조조와 군대를 출동시키는 일을 의논할 적에 조조는 上이 직접 군대를 거느리고 출동하게 하고 자신은 도성에 남아 지키고자 하였으며, 吳나라가 아직 점령하지 못한 徐邑과 僮邑 부근 지역을 吳나라에게 주어 회유하여야 한다고 하였다.

初에 錯更(경)令三十章하니 諸侯讙譁(훤화)①라 錯父聞之하고 從潁川來②하여 謂錯曰 上이 初卽位에 公이 爲政用事하여 侵削諸侯하여 疏人骨肉하여 口語多怨하니 公何爲也오 錯曰 不如此면 天子不尊이요 宗廟不安이리이다 父曰 劉氏는 安矣어니와 而鼂氏는 危라하고 遂飮藥死曰 吾不忍見禍逮身이라하더니 後十餘日에 七國反하여 以誅錯爲名하다 上이 與錯議出軍事할새 錯欲令上自將兵而身居守하고 徐僮之旁의 吳所未下者를 可以予吳라하니라

① 更(고치다)은 工衡의 切이다.
更, 工衡切.
② 鼂錯는 潁川 사람이다.
錯, 潁川人.

【目】鼂錯는 평소 吳나라 정승 袁盎과 사이가 좋지 못하여 일찍이 한 堂에서 함께 말한 적이 없었는데, 이때에 이르러 丞과 史에게 이르기를 "원앙이 吳王의 금전을 많이 받아먹고 오왕의 죄를 오로지 은폐하고 숨겨서 반란하지 않을 것이라고 말했었는데, 지금 과연 반란하였다. 원앙을 治罪할 것을 청하고자 하니, 원앙은 의당 吳나라의 반란하려는 계책을 알았을 것이다." 하였다.

어떤 사람이 이것을 원앙에게 말하자, 원앙이 두려워하여 밤에 竇嬰(두영)을 만나 吳나라가 반란한 이유를 설명하고 황제의 앞에 나아가 口頭로 상황을 설명할 것을 청하였다.

두영이 들어가 말하자 上이 마침내 원앙을 부르니, 원앙이 들어왔다. 上이 이때 막 조조와 군량을 조달하는 문제를 상의하고 있었는데, 원앙에게 묻자 원앙이 대답하기를 "근심할 것이 못 됩니다." 하였다.

上이 말하기를 "오왕이 산에서 銅을 채취하여 동전을 주조하고 바닷물을 달여 소금을 만들며, 천하의 호걸들을 유인해서 머리가 허옇게 센 사람으로서 거사를 하였으니, 어찌 그가 아무 일을 하지 못할 것이라고 말하는가?" 하니, 원앙이 대답하기를 "오왕이 銅과 소금의 이로움은 소유하고 있지만 어찌 호걸들을 얻어 유인했겠습니까. 가령 吳나라가 호걸들을 얻었다면 또한 장차 오왕을 보필하여 의로운 일을 하였을 것이니, 반란하지 않았을 것입니다." 하였다.

錯素與吳相袁盎으로 不善하여 未嘗同堂語러니 至是하여 謂丞史曰[①] 袁盎이 多受吳王金錢하고 專爲蔽匿하여 言不反이라하더니 今果反하니 欲請治盎하노니 宜知其計謀리라 人有告盎하니 盎이 恐하여 夜見竇嬰하여 爲言吳所以反하고 願至前口對狀[②]이어늘 嬰이 入言한대 上이 乃召盎하니 盎이 入이라 上이 方與錯調兵食[③]이러니 問之한대 盎이 對曰 不足憂也니이다 上曰 吳王이 卽山鑄錢하고 煮海爲鹽하고 誘天下豪傑하여 白頭擧事하니 何以言其無能爲也[④]오 對曰 吳銅鹽之利則有之어니와 安得豪傑而誘之리오 誠令吳得豪傑이면 亦且輔而爲誼니 不反矣리이다

① 丞史는 丞과 史이다. 御史大夫는 두 丞이 있었으니 秩이 千石이고, 侍御史가 15명이 있었다.
丞史, 丞及史也. 御史大夫有兩丞, 秩千石, 侍御史十五人.

② 〈"願至前口對狀"은〉 奏章을 사용하지 않고 主上의 앞에 나아가 구두로 대답하기를 원한 것이다.
言不用奏章, 願至主上前, 口對說也.

③ 調는 徒釣의 切이니, 계책을 낸다는 뜻이다.
調, 徒釣切, 計發也.

④ 卽은 나아간다는 뜻이다. 지혜가 백 명 중에 뛰어난 것을 '豪'라 하고, 재주가 만 명 중에 뛰어난 것을 '傑'이라 한다. "白頭擧事(머리가 허연 사람으로서 擧事했다.)"는 이때 吳王의 나이가 62세였다.
卽, 就也. 智過百人曰豪, 才過萬人曰傑. 白頭擧事, 時吳王年六十二.

【目】上이 묻기를 "계책을 어떻게 내야 하겠는가?" 하니, 원앙이 대답하기를 "左右를 물리쳐주소서." 하였다.

上이 사람들을 물리치니 鼂錯만이 홀로 남았는데, 원앙이 말하기를 "臣이 아뢸 내용은 신하는 알 수 없는 것입니다." 하니, 마침내 조조를 물러가게 하였다.

원앙이 아뢰기를 "吳나라와 楚나라가 서로 서신을 주고받으며 말하기를 '賊臣 조조가 멋대로 제후들의 잘못을 지적하여 영지를 빼앗고 있다. 이 때문에 반란하여 서쪽으로 가서 함께 조조를 주벌하고 옛 영토를 회복하면 그만두고자 한다.'라고 하였으니, 지금 오직 조조의 목을 베고 使者를 보내어 제후들의 죄를 사면하여 옛 영지를 회복시켜주면 병사들은 병기에 피를 묻히지 않고도 모두 해산시킬 수 있을 것입니다." 하였다.

上은 한동안 묵묵히 있다가 말하기를 "생각건대 진실로 어찌해야 하겠는가? 내 한 사람을 아끼느라 천하 사람들의 뜻을 물리치지는 않을 것이다."라고 하고는 마침내 원앙을 太常으로 제수하여 은밀히 행장을 갖추어 길을 떠나게 하였다.

上曰 計安出고 盎이 對曰 願屛左右하노이다 上이 屛人하니 獨錯在러니 盎曰 臣所言은 人臣不得

知니이다 乃屛錯한대 盎曰 吳楚相遺書하여 言賊臣鼂錯 擅適諸侯하여 削奪之地라 以故反하여 欲西共誅錯하여 復故地而罷①라하니 今獨有斬錯하고 發使赦之하여 復其故地하면 則兵可無血刃而俱罷하리이다 上이 默然良久에 曰 顧誠何如②오 吾不愛一人以謝天下호리라하고 乃拜盎爲太常하여 密裝治行③하다

① 適은 讁과 통하니, 견책하고, 벌주는 뜻이다.
適, 與讁通, 責也, 罰也.
② 顧는 생각한다는 뜻이고, 誠은 진실로라는 뜻이다.
顧, 念也. 誠, 實也.
③ 행장을 꾸리고 행차를 갖추어 吳나라에 사신 가라고 독촉한 것을 이른다. 密은 비밀로 숨기는 것이다.
謂促裝治具行李, 以使吳也. 密, 秘之也.

【目】그리고 丞相과 廷尉로 하여금 鼂錯를 탄핵하게 하기를 "조조가 主上의 은덕과 신의를 칭송하지 않고 여러 신하와 백성들을 소원하게 하고자 하였으며, 또 城邑을 吳나라에 주고자 하였으니, 臣子의 禮가 없어서 대역무도합니다. 조조는 腰斬刑에 해당하고 부모와 처자식과 형제들은 노소의 구별 없이 모두 棄市를 하여야 합니다."라고 하니, 制하기를 "옳다."라고 하였는데, 조조는 전혀 이 사실을 알지 못하였다.

上이 中尉로 하여금 조조를 불러 속여서 수레에 태워 시장을 순행하게 하니, 조조가 朝服을 입은 채 동쪽 시장에서 斬刑을 당하였다. 마침내 袁盎으로 하여금 吳나라에 사신 가게 하였다.

令丞相, 廷尉로 劾奏錯不稱主上德信하고 欲疏群臣百姓하며 又欲以城邑予吳하니 無臣子禮하여 大逆無道라 錯當要斬하고 父母妻子同產을 無少長히 皆棄市니이다 制曰 可라하니 錯는 殊不知러라 上이 使中尉召錯하여 紿載行市①하니 錯衣朝衣하고 斬東市②하다 乃使盎使吳하다

① 行(순행하다)은 去聲이다. 속여 말하기를 "수레를 타고 市中을 순행한다."라고 한 것이다.
行, 去聲. 誑云"乘車按行市中也."
② 朝衣는 朝服이다.
朝衣, 朝服也.

【目】謁者僕射(알자복야) 鄧公이 校尉가 되어 군대의 일을 보고하기 위해 上을 뵙자, 上이 묻기를 "그대는 吳나라 軍中에서 왔는데, 鼂錯가 죽었다는 말을 듣고 吳나라와 楚나

라에서 군대를 해산시켰는가?" 하니, 등공이 다음과 같이 대답하였다.

"吳나라가 반란을 도모한 지가 수십 년입니다. 조조를 죽이는 것을 명분으로 삼았으나 그 뜻은 조조에게 있지 않습니다. 조조는 제후들이 강하고 커서 제재할 수 없음을 염려하였으므로 제후들의 영지를 삭감할 것을 청하여 京師를 높였으니, 이는 萬代의 이익입니다. 그런데 계획이 막 시행되자 갑자기 죽임을 당하여 안으로는 충신의 입을 막고 밖으로는 제후들을 위해 원수를 갚아주셨으니, 신은 삼가 폐하께서 그리하지 않았어야 한다고 생각합니다."

황제가 길게 탄식하며 말하기를 "公의 말이 옳으니, 나 또한 후회한다." 하였다.

謁者僕射鄧公이 爲校尉하여 以言軍事見(현)上①한대 上曰 道軍所來하니 聞鼂錯死하고 吳楚罷不(부)②아 鄧公曰 吳爲反이 數十歲矣라 以誅錯爲名이나 其意는 不在錯也니이다 夫鼂錯患諸侯彊大不可制라 故로 請削之하여 以尊京師하니 萬世之利也어늘 計畫始行에 卒受大戮하여 內杜忠臣之口하고 外爲諸侯報仇하시니 臣은 竊爲陛下不取也하노이다 帝喟然曰 公言이 善하니 吾亦恨之하노라

① 鄧公은 이름이 先이다.
鄧公, 名先.

② 道는 去聲이니, 경유한다는 뜻이다. 不는 否로 읽는다.
道, 去聲, 由也. 不, 讀曰否.

【目】 袁盎이 吳나라에 이르자, 吳나라에서는 그를 협박하여 장수로 삼고자 하였는데, 원앙이 틈을 타 도망하여 돌아와 보고하였다.

周亞夫가 上에게 아뢰기를 "楚나라 군대는 강하고 날래서 함께 銳鋒을 다투기가 어려우니, 원컨대 梁나라에게 楚나라를 맡게 하고 楚나라의 군량 수송로를 끊어야 비로소 제압할 수 있을 것입니다." 하니, 上이 이를 허락하였다.

주아부가 6乘의 傳車를 타고 가서 장차 滎陽에서 군대를 집결시키고 출발하여 霸上에 이르려 하였는데, 趙涉이 길을 가로막고 주아부를 다음과 같이 설득하였다.

"吳王이 평소 부유하여 죽음을 각오한 장사들을 불러 모은 지가 오래되었습니다. 장군이 장차 이곳을 지나갈 것을 알고, 반드시 殽山(효산)과 澠水(승수)의 좁은 길목 사이에 복병을 배치했을 것입니다. 또 군대의 일은 신비하고 헤아릴 수 없는 것을 숭상하니, 장군은 어찌하여 여기에서 오른쪽으로 가서 藍田으로 달려가고 武關으로 나와 洛陽에 이르지 않으십니까. 이렇게 하면 시간은 하루, 이틀 지체함에 불과할 뿐이니, 곧바로 洛陽의 武庫에 들어가서 鳴鼓(큰북)를 치면 반란한 제후들이 듣고 장군이 하늘에서

내려왔다고 여길 것입니다."

盎이 至吳한대 吳欲劫使將이어늘 盎이 得間하여 脫亡歸報①하니라 周亞夫言於上曰 楚兵剽輕하여 難與爭鋒하니 願以梁委之하고 絶其食道라야 乃可制也리이다 上이 許之②하다 亞夫乘六乘傳하고 將會兵滎(형)陽하여 發至霸上③이러니 趙涉이 遮說亞夫曰 吳王이 素富하여 懷輯死士 久矣라 知將軍且行하고 必置間人於殽澠阸陿(효승액협)之間④이리이다 且兵事는 尙神密하니 將軍은 何不從此右去하여 走藍田하고 出武關하여 抵洛陽이니잇고 間不過差一二日⑤이니 直入武庫하여 擊鳴鼓⑥하면 諸侯聞之하고 以爲將軍從天而下也라하리이다

① 間(틈)은 居莧의 切이니, 아래 間人도 같다.
間, 居莧切, 下間人同.
② 輕은 去聲이니, 持重(신중)하지 않다는 뜻이다.
輕, 去聲, 不持重也.
③ 아래의 乘(수레)은 去聲이고 傳(수레)은 張戀의 切이니, 六乘傳은 傳車(驛站의 수레) 6乘이다. "會兵"은 대병력을 집결하는 것이다.
下乘, 去聲. 傳, 張戀切. 六乘傳, 傳車六乘也. 會兵, 集大兵也.
④ "間人"은 伏兵을 이른다. 殽山과 澠水 사이는 그 길이 좁다.
間人, 謂伏兵也. 殽山·澠水之間, 其道阸陿.
⑤ 間은 그간의 日數를 이른다. 霸上으로부터 왼쪽으로 殽山과 澠水를 따라서 洛陽에 가면 길이 편리하고 가까우며, 만약 패상으로부터 오른쪽으로 藍田으로 달려가 武關으로 나와서 낙양에 가면 길이 우회하여 굽다. 그러므로 하루 이틀의 차이가 나는 것이다.
間, 謂其間日數. 自霸上, 左趨殽·澠, 至洛陽, 其道便近, 若自霸上, 右趨藍田, 出武關, 至洛陽, 其道迂曲, 故差一二日.
⑥ 洛陽에는 武庫가 있다.
洛陽有武庫.

【目】周亞夫가 그의 계책을 따랐는데, 낙양에 이르러 기뻐하며 말하기를 "내가 傳車를 타고 뜻밖에 온전하게 이곳에 도착하였다. 지금 내가 滎陽을 점거하고 있으니, 형양 以東은 근심할 것이 없다." 하고는 관리를 시켜 殽山과 澠水(승수) 사이를 수색하게 하여 과연 吳나라의 복병을 발견하고, 마침내 조정에 청하여 趙涉을 護軍으로 삼아서 동북쪽인 昌邑으로 달려가게 하였다.

亞夫如其計러니 至洛陽하여 喜曰 吾乘傳至此하니 不自意全①이라 今吾據滎陽하니 滎陽以東은 無足憂者라하고 使吏搜殽澠間하여 果得吳伏兵하고 乃請涉爲護軍하여 而東北走昌邑하다

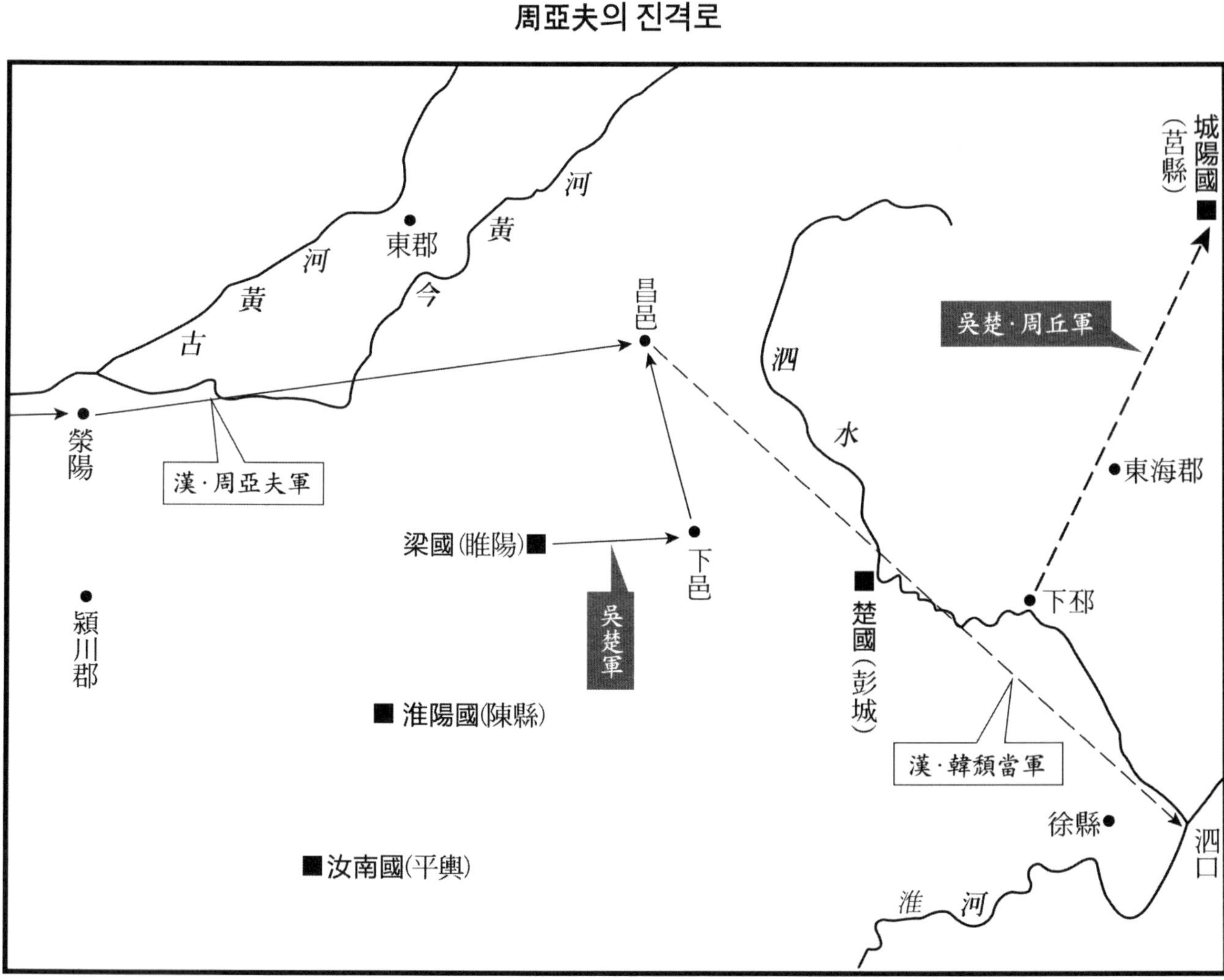
周亞夫의 진격로
古黃河
東郡
今黃河
昌邑
滎陽
漢·周亞夫軍
梁國(睢陽)
下邑
吳楚軍
潁川郡
淮陽國(陳縣)
汝南國(平輿)
泗水
楚國(彭城)
吳楚·周丘軍
城陽國(莒縣)
東海郡
下邳
漢·韓頹當軍
徐縣
泗口
淮河

① 〈"不自意全"은〉 스스로 뜻하지 않게 편안하고 온전하게 洛陽에 도착하였음을 말한 것이다.
言不自意得安全至洛陽也.

【目】 吳나라가 梁나라를 맹렬히 공격하니, 梁나라가 여러 번 使者를 보내어 구원병을 청하였으나 周亞夫가 허락하지 않자, 또다시 上에게 하소연하였다. 上이 使者를 보내 주아부에게 梁나라를 구원하라고 명하였으나, 주아부는 詔命을 받들지 않고 날쌘 기병으로 하여금 泗水가 淮水로 들어가는 어귀로 나가서 吳나라 軍과 楚나라 軍의 후방을 차단하게 하여 군량 수송로를 막았다.

梁나라에서 韓安國과 張羽를 장군으로 삼으니, 장우는 힘써 싸우고 한안국은 신중히 수비하여 마침내 吳나라 군대를 크게 패배시켰다. 吳나라 군대는 서쪽으로 진격하고자 하였으나 梁나라가 城을 굳게 지켜 감히 서쪽으로 가지 못하였고, 곧장 漢나라의 군대(관군)를 공격하려 하였으나 주아부가 성벽을 굳게 지키고 싸우지 않았다.

주아부의 군중에서 밤중에 소란이 일어나 안에서 자기들끼리 서로 공격하여 대장이 머무는 장막 아래까지 소란스러움이 이르렀다. 그러나 주아부는 굳게 누워 일어나지 않았는데, 얼마 후 다시 진정되었다.

吳나라 군대가 관군의 성벽 동남쪽 귀퉁이로 달려오자 주아부는 서북쪽을 대비하게 하였는데, 얼마 있다가 吳나라의 정예병이 과연 서북쪽으로 달려왔으나 〈대비가 있어〉 들어오지 못하였다. 吳나라와 楚나라의 士卒들이 대부분 굶어 죽고 배반하여 흩어지니, 마침내 군대를 이끌고 떠나갔다.

吳攻梁急한대 梁數(삭)使使(사시)求救호되 亞夫不許하니 又愬(소)於上이라 上이 使告亞夫救梁호되 亞夫不奉詔하고 而使輕騎로 出淮泗口하여 絶吳楚兵後하여 塞其饟(향)道[①]하다 梁이 使韓安國, 張羽爲將軍하니 羽는 力戰하고 安國은 持重하여 乃得頗敗吳兵이라 吳兵欲西호되 梁城守하여 不敢西하고 卽走漢軍이로대 亞夫堅壁不戰하다 軍中이 夜驚하여 內相攻擊하여 擾亂至帳下호되 亞夫堅臥不起러니 頃之에 復定하니라 吳奔壁東南陬(추)어늘 亞夫使備西北[②]이러니 已而요 其精兵이 果奔西北이라가 不得入하다 吳楚士卒이 多飢死叛散하니 乃引而去하니라

① 泗水가 남쪽으로 흘러 淮水로 유입되므로 "淮泗口"라 한 것이다. 饟은 餉의 古字이다.
泗水南入淮. 故謂之淮泗口. 饟, 古餉字.
② 陬는 음이 鄒이니, 모퉁이란 뜻이다.
陬, 音鄒, 隅也.

【綱】2월에 周亞夫가 정예병을 출동시켜 반란군을 추격하여 大破하니, 吳王 劉濞는 군대를 버리고 밤중에 도망하였고 楚王 劉戊는 자살하였다.

二月에 亞夫出精兵하여 追擊大破之하니 吳王濞는 棄軍夜亡走하고 楚王戊는 自殺[15)]하다

【目】吳王이 처음 군대를 출동할 적에 그의 신하인 田祿伯이 아뢰기를 "병력을 모아 서쪽으로 가면서 별다른 기이한 방법을 쓰지 않으면 功을 세우기 어렵습니다. 臣은 원컨대 5만 명의 병력을 얻어 별도로 長江과 淮水를 따라 올라가서 淮南과 長沙를 점령하고 武關으로 들어가서 大王과 만나면 이 또한 하나의 기이한 계책입니다." 하였다.

吳王의 太子가 간하기를 "왕께서 반란을 명분으로 삼으셨으니, 이 군대를 남에게 맡기기 어렵습니다. 그가 또한 배반한다면 왕께서는 어쩌시겠습니까." 하니, 왕이 전록백의 계책을 허락하지 않았다.

吳王之初發也에 其臣田祿伯曰 兵屯聚而西하여 無他奇道하면 難以立功이라 臣은 願得五萬人하여 別循江淮而上하여 收淮南, 長沙하고 入武關하여 與大王會하면 此亦一奇也니이다 王太子諫曰 王以反爲名하시니 此兵을 難以屬(촉)人이라 人亦且反하리니 王奈何잇고 王이 卽不許祿伯①하다

① 여기서 句를 뗀다.
句.

【目】桓將軍이 아뢰기를 "吳나라는 보병이 많으니 보병은 험한 지역에 유리하고, 漢나라는 전차와 騎兵이 많으니 전차와 기병은 평지가 이롭습니다. 원컨대 대왕께서는 지나가는 곳에 城이 항복하지 않으면 곧바로 버리고 빨리 서쪽으로 가서 洛陽의 武庫를 점거하고 敖倉의 곡식을 먹으며 山河의 험고한 지역을 의지하여 제후들을 호령하면, 비록 關中(長安)에 들어가지 못하더라도 천하가 진실로 이미 평정될 것입니다. 大王께서 천천히 행군하여 머물면서 城邑을 항복시키려 하다가, 漢나라 군대의 전차와 기병이 달려와 梁나라와 楚나라의 교외로 들이닥치면 일이 실패할 것입니다." 하였으나, 왕이 그의 말도 따르지 않았다.

桓將軍曰 吳多步兵하니 步兵은 利險하고 漢多車騎하니 車騎는 利平地라 願大王은 所過에 城不下어든 直去하고 疾西하여 據洛陽武庫하고 食敖倉粟하고 阻山河之險하여 以令諸侯하면 雖無入關이나

15) 二月……自殺 : 저본에는 目으로 되어 있으나, ≪朱子全書≫의 ≪資治通鑑綱目≫과 ≪御批資治通鑑綱目≫에 의거하여 綱으로 바로잡았다.

天下固已定矣리이다 大王이 徐行하여 留下城邑이라가 漢軍車騎至하여 馳入梁楚之郊하면 事敗矣리이다 王亦不用하니라

【綱】 이달 그믐에 일식이 있었다.

是月晦에 日食하다

【綱】 越나라 사람이 吳王 劉濞를 죽였고, 齊王 劉將閭와 膠西王 劉卬과 趙王 劉遂는 모두 자살하였고, 膠東王 劉雄渠와 菑川王 劉賢과 濟南王 劉辟光은 모두 伏誅되었다. 濟北王 劉志를 옮겨 菑川王으로 삼았다.

◑ 越人이 誅濞하고 齊王將閭及卬, 遂는 皆自殺하고 雄渠, 賢, 辟光은 皆伏誅하다 徙濟北王志하여 爲菑川王[16]하다

【目】 吳王이 淮水를 건너 丹徒로 달아나 東越을 확보하고 있었는데, 東越 사람이 그를 죽였다.

---

16) 越人……爲菑川王 : "'越'이란 어느 越인가? 東越이다. 吳王이 반란했을 적에 東越이 일찍이 군대를 일으켜 따랐는데 이것을 쓰지 않고, 여기에 '劉濞를 죽였다.〔誅濞〕'라고 쓴 것은 어째서인가? 東越이 吳나라를 따라서 배반한 것은 위협에 못 이겨 따른 것이다. ≪資治通鑑綱目≫에는 夷狄을 다스리지 않았으므로 동월이 吳나라를 따라서 반란한 것을 생략하였고, 유비를 죽인 것을 쓴 것은 바른 데로 돌아온 것을 권장한 것이다. ○ 齊王에 대해 배반했다고 쓰지 않고 자살했다그 쓴 것은 어째서인가? 제왕이 약속을 배반하고 城을 지켰으니, 또한 미혹되어 돌이켜 살피지 않은 자가 아니다. ≪자치통감강목≫에서 사람을 대해 善을 끊지 아니하여 반란했다고 쓰지 않아서 7國과 동등하게 취급하지 않은 것이다. 그러나 그의 자살을 劉卬과 劉遂와 나란히 쓴 것은 그의 심정을 은미하게 나타내어 처음을 제대로 도모하지 않는 자들을 경계한 것이다.〔越者 何 東越也 吳王之反 東越嘗發兵從矣 不書 書誅濞 何 越之從吳 蓋脅從也 綱目不治夷狄 故略之 書誅濞 勸反正也 ○ 齊王不書反矣 其書自殺 何 齊王背約城守 則亦非迷而不復者 綱目不絶人於善 不書反 不使夷於七國也 然其自殺 則與卬遂竝書之 所以微著其情 以爲不謀始者之戒也〕" ≪書法≫

"7國이 반란함을 쓸 적에, 齊나라는 처음에 참여하지 않았고, 또 吳나라와 楚나라를 따르지 않는다는 이유로 포위를 당한 것이 매우 오래였는데, 이제 마침내 劉卬과 劉遂와 똑같이 자살했다고 쓴 것은 어째서인가? 처음에 吳나라가 사신을 보내어 齊나라와 약속할 적에 齊나라가 이미 반란하기로 허락하였으니, 이는 처음에 반란을 함께한 것이다. 나중에 비록 약속을 배반하고 城을 지켰으나 얼마 뒤에 포위되어 다급해지자 또다시 은밀히 吳나라와 함께 모반하였으니, 이는 시종 반란을 함께한 것이다. 다시 무슨 말을 하겠는가. 그렇지 않다면 ≪資治通鑑綱目≫에서 마땅히 특별히 써서 그의 무죄함을 밝혔을 것이니, 또 어찌 劉卬과 劉遂와 함께 말할 수 있겠는가.〔七國書反 齊初不與 又以不從吳楚之故 見圍甚久 今乃與卬遂概書自殺 何哉 始焉 吳遣使約齊 齊已許諾 則是始謀與之同矣 後雖背約城守 未幾圍急 又復陰與同謀 則是始終同逆 夫復何詞 不然 綱目當特筆以明其無罪 又可與卬遂同日語哉〕" ≪發明≫

吳 · 楚 7국의 난 평정

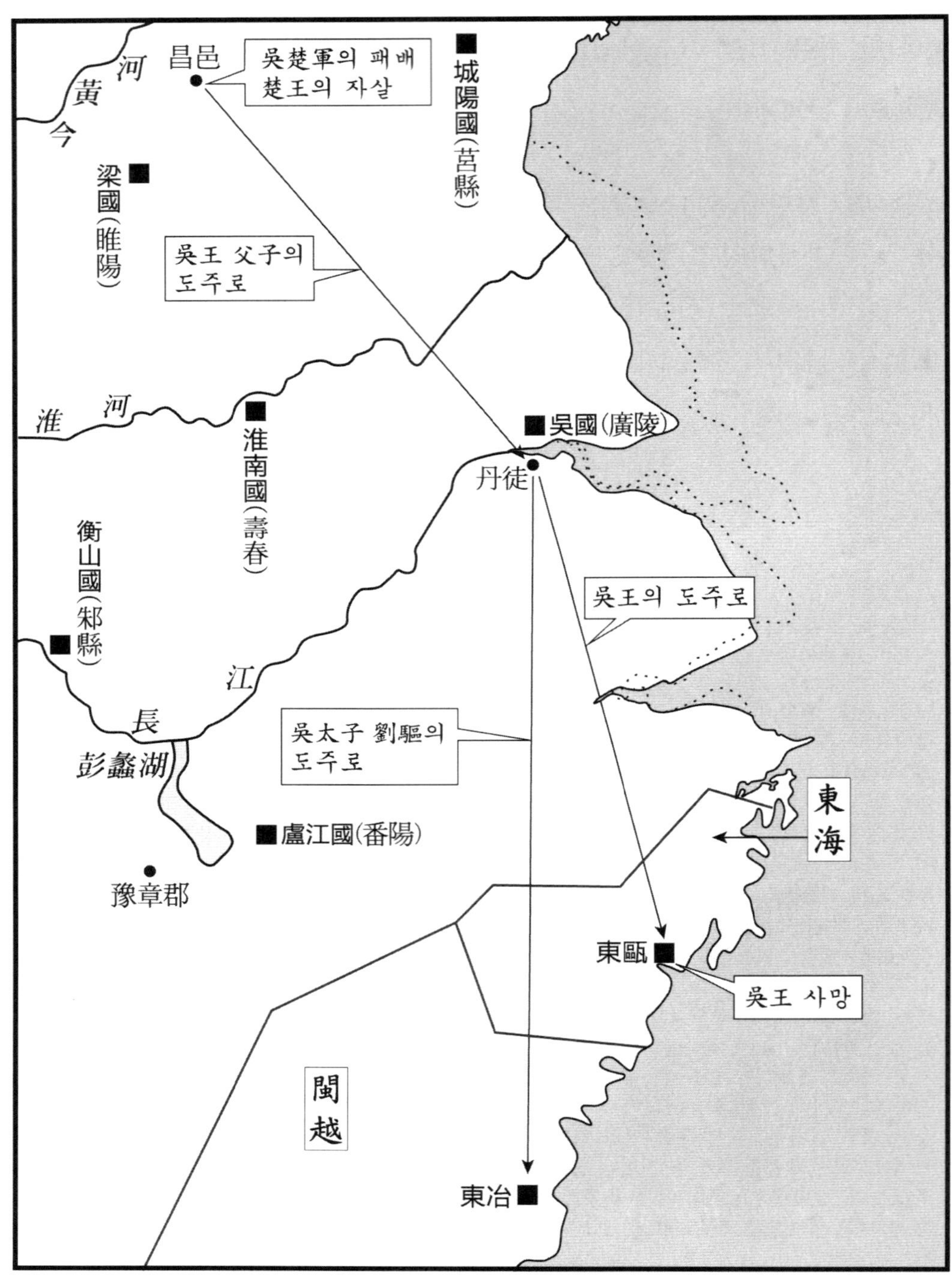

昌邑
吳楚軍의 패배
楚王의 자살
城陽國(莒縣)
黃河
今
梁國(睢陽)
吳王 父子의
도주로
淮河
淮南國(壽春)
吳國(廣陵)
丹徒
衡山國(邾縣)
吳王의 도주로
江
長
彭蠡湖
吳太子 劉駒의
도주로
廬江國(番陽)
豫章郡
東海
東甌
吳王 사망
閩越
東冶

세 왕이 〈齊나라의 도성인〉 臨菑를 포위했을 적에 齊王이 路中大夫로 하여금 天子에게 아뢰게 하니, 천자는 그를 다시 돌려보내 제왕에게 "굳게 수비하라. 漢나라 군대가 지금 곧 吳나라와 楚나라를 격파할 것이다."라고 알리게 하였다.

노중대부가 齊나라에 이르니, 〈膠西·臨菑·濟南의〉 세 나라 군대가 臨菑城을 몇 겹으로 포위하고 있었다. 세 나라 장수가 노중대부와 맹세하여 말하기를 "너는 '漢나라가 이미 격파되었으니, 齊나라는 속히 세 나라에게 항복하라.'라고 뒤집어서 말하라. 이렇게 하지 않으면 장차 임치성을 도륙할 것이다." 하였다.

노중대부가 이를 허락하고는 城 아래에 이르러서 齊王을 멀리서 바라보며 말하기를, "漢나라가 이미 백만 명의 군대를 징발하여 吳나라와 楚나라의 군대를 격파하고, 곧 군대를 이끌고 와서 齊나라를 구원할 것이니, 齊나라는 반드시 굳게 지키고 항복하지 마소서."라고 하였다.

吳王이 度淮하여 走丹徒하여 保東越하니 東越人이 殺之[①]하다 三王之圍臨菑也[②]에 齊王이 使路中大夫로 告於天子[③]어늘 天子復令還報하여 告齊王호되 堅守하고 漢兵이 今破吳楚矣라하다 路中大夫至하니 三國兵이 圍臨菑數重이라 三國將이 與盟曰 若이 反言漢已破矣니 齊趣(촉)下三國하라 不(부)면 且見屠[④]라하라 路中大夫旣許하고 至城下하여 望見齊王하고 曰 漢已發兵百萬하여 擊破吳楚하고 方引兵救齊하리니 齊必堅守無下하소서

① 《漢書》〈地理志〉에 "丹徒縣은 會稽郡에 속하였다." 하였다.
班志 "丹徒縣, 屬會稽郡."

② 세 王은 膠西王 劉卬과 菑川王 劉賢과 濟南王 劉辟光이다.
三王, 膠西·菑川·濟南.

③ 路는 姓이니, 史書에 그의 이름이 전하지 않는다. 일설에 "이름이 卬이다." 하였다.
路姓, 史失其名. 一云 "名卬."

④ 將(장수)은 卽亮의 切이다. 若은 너라는 뜻이다. 反은 그 말을 뒤집어 바꿈을 이른다. "趣下"는 속히 항복하라는 말과 같다.
將, 卽亮切. 若, 汝也. 反, 謂反易其辭也. 趣下, 猶言急降.

【目】齊나라는 처음에 포위되어 위급하자 은밀히 세 나라와 같이 반란할 것을 획책하였는데, 마침 路中大夫가 漢나라에서 오니, 齊나라의 대신들이 마침내 왕에게 항복하지 말 것을 다시 권하였고, 欒布 등의 군대가 와서 세 나라의 군대를 격파하였다.

뒤에, 난포 등은 齊나라가 처음에 반란을 획책하였다는 말을 듣고 齊나라를 정벌하고

자 하니, 齊나라의 孝王이 두려워하여 독약을 마시고 자살하였다. 膠西王 劉卬 또한 자살하였고, 膠東王, 菑川王, 濟南王은 모두 伏誅되었다.

酈寄가 趙나라를 공격하여 7개월이 되어도 함락시키지 못했는데, 난포가 돌아와 병력을 합치고 물을 끌어다가 城에 주입하니, 趙王이 마침내 자살하였다. 황제는 齊나라가 협박을 받아 반란하려는 계책을 하였던 것이고 그의 죄가 아니라 하여, 齊王의 太子 劉壽를 불러다가 齊王으로 세웠다.

齊初圍急에 陰與三國通謀러니 會에 路中大夫從漢來하니 其大臣이 乃復勸王無下하고 而欒布等兵至하여 擊破三國兵하다 後에 聞齊初有謀하고 欲伐之한대 齊王이 懼하여 飮藥自殺하다 膠西王卬이 亦自殺하고 膠東, 菑川, 濟南王은 皆伏誅하다 酈寄攻趙七月不下러니 欒布還하여 幷兵引水灌之하니 王遂自殺하다 帝以齊迫劫有謀요 非其辠也라하여 召立其太子壽하다

【目】濟北王 또한 자살하고자 하였는데, 齊나라 사람 公孫玃(공손곽)이 제북왕을 위하여 梁王을 다음과 같이 설득하였다.

"濟北의 땅은 동쪽으로는 강한 齊나라와 접하였고 남쪽으로는 吳나라와 越나라에게 견제당하고 북쪽으로는 燕나라와 趙나라에게 협박을 받으니, 이는 사분오열하는 나라입니다. 權謀로 스스로 나라를 지킬 수 없고 굳센 힘으로 적을 막을 수 없고, 또 기이한 계책으로 難을 대비할 수 있는 것이 아니니, 제북왕이 비록 吳나라의 유혹하는 말에 넘어갔으나 진정한 계책이 아니었습니다. 만일 제북왕이 實情을 보여서 吳나라와 楚나라를 따르지 않는 단서를 보였더라면 吳나라는 필시 먼저 齊나라를 지나가고 濟北 지역을 모두 차지하여 燕나라와 趙나라의 군대를 들어 공격했을 것이니, 이와 같으면 山東의 合從이 이루어져 〈관군이 공격할〉 틈이 없었을 것입니다. 지금 吳王이 군대를 연합하여 서쪽으로 천자와 높음을 다투는데, 제북왕이 홀로 충절을 닦고 항복하지 않았으니, 吳나라로 하여금 黨與를 잃어 도움이 없어서 격파되어 구원하지 못하게 만든 것은 반드시 제북왕의 功이 아니라고 하지 못할 것입니다. 功과 義가 이와 같은데도 오히려 上께 의심을 받으니, 신은 藩臣으로서 직책을 지키는 자들이 의심할까 두렵습니다.

신이 엎드려 헤아려보건대, 능히 西山을 지나 長樂宮을 거쳐서 未央宮에 이르러 옷소매를 떨치고 일어나 바르게 의논하실 분은 오직 大王 한 분 뿐입니다. 이렇게 하시면 위로 망한 나라를 온전히 하고 아래로 백성들을 편안히 하여 德이 뼛속 깊이 스며들고 은혜가 끝없이 가해질 것이니, 원컨대 대왕께서는 유념하여 자세히 생각하소서."

梁孝王이 이 일을 황제에게 아뢰자, 제북왕은 죄에 연좌되지 아니하여 옮겨 菑川王에

封해졌다.

濟北王이 亦欲自殺이러니 齊人公孫獲이 爲說(세)梁王曰[①] 夫濟北之地는 東接彊齊하고 南牽吳越하고 北脅燕趙하니 此는 四分五裂之國[②]이라 權不足以自守요 勁不足以捍寇요 又非有奇怪以待難也니 雖墜言於吳나 非其正計也[③]니이다 鄕使濟北見(현)情實하여 示不從之端이런들 則吳必先歷齊하고 畢濟北하여 招(교)燕趙而總之[④]하리니 如此면 則山東之從이 結而無隙矣[⑤]리이다 今吳王이 連兵하여 西與天子爭衡[⑥]이어늘 濟北이 獨底(지)節不下[⑦]하니 使吳失與而無助하여 破敗而不救者는 未必非濟北之力也[⑧]라 功義如此어늘 尙見疑於上하니 臣은 恐藩臣守職者疑之하노이다 臣竊料之컨대 能歷西山하여 徑長樂하여 抵未央하여 攘袂而正議者는 獨大王耳[⑨]라 上全亡國하고 下安百姓하여 德淪骨髓하고 恩加無窮하리니 願大王은 留意詳惟之[⑩]하소서 孝王以聞한대 濟北王이 得不坐하여 徙封菑川하니라

① 獲은 厥縛의 切이니, 이름이다.
獲, 厥縛切, 名也.

② 〈"四分五裂之國"은〉 사방으로 적의 침공을 받고 濟北이 중앙에 있어 다섯이 되는 것이다.
四方受敵, 濟北居中央爲五.

③ 墜(잘못되다)는 失과 같다. 權謀와 勁力(굳센 힘)이 이미 적을 막아 지키지 못하고, 또 難을 막을 만한 기이하고 신령스러운 계책이 없어서, 스스로 온전하지 못할까 두려우므로 吳나라의 유인하는 말에 넘어감을 말한 것이다.
墜, 猶失也. 言權謀勁力旣不能扞守, 又無奇怪神靈可以禦難, 恐不能自全, 故墜言於吳也.

④ 鄕(가령)은 向으로 읽는다. 見(보이다)은 賢遍의 切이다. 歷은 지난다는 뜻이고 畢은 다한다는 뜻이니, 齊나라를 경유하여 濟北의 땅을 모두 점령하는 것이다. 招는 음이 翹(교)이니, 든다는 뜻이다.
鄕, 讀曰向. 見, 賢遍切. 歷, 過也. 畢, 盡也, 由齊而盡收濟北之地也. 招, 音翹, 擧也.

⑤ 從(합종하다)은 子容의 切이다.
從, 子容切.

⑥ 衡은 평평하다는 뜻이니, 두 사람이 대등함을 말한다.
衡, 平也, 言二人齊也.

⑦ 底는 砥(숫돌)와 같으니, 스스로 염치를 갈고 닦기를 숫돌에 칼을 가는 것과 같이 함을 말한다.
底, 與砥同, 言其自修廉隅, 若磨厲於石也.

⑧ "失與"는 黨與를 잃는 것이다.
失與, 失其黨與.

⑨ 西山은 崤山(효산)과 華山을 이른다. 徑은 지름길로 비껴 지나감이다. 抵는 이름(도달함)이다. 長樂宮은 太后가 거처하는 곳이고 未央宮은 천자가 거처하는 곳이다. "徑長樂 抵未央

(長樂宮을 거쳐 未央宮에 도달한다.)"는 太后의 처소로부터 황제의 처소에 이른다고 말한 것과 같다. 攘은 떨친다는 뜻이고, 袂는 옷의 소매이다.
西山, 謂崤及華山也. 徑, 斜過也. 扺, 至也. 長樂宮, 太后所居. 未央宮, 天子所居. 徑長樂, 扺未央, 猶言自太后所, 至帝所也. 攘, 却也. 袂, 衣袖也.

⑩ 惟는 생각한다는 뜻이다.
惟, 思也.

【綱】淮陽王 劉餘를 옮겨 魯王으로 삼고, 汝南王 劉非를 江都王으로 삼고, 楚元王의 아들 劉禮를 세워 楚王으로 삼았다.

徙淮陽王餘爲魯王하고 汝南王非爲江都王하고 立楚元王子禮爲楚王①하다

① 江都王은 옛날 吳나라 지역을 다스렸다.
江都王, 治故吳國.

【目】처음에 吳나라와 楚나라의 후손을 모두 이어주려고 하였는데, 太后가 말하기를 "吳王이 첫 번째로 紛亂을 일으켰으니, 어찌 그 후손을 이어줄 수 있겠습니까." 하였고, 楚나라는 뒤를 이을 것을 허락해주었으므로 마침내 劉禮를 세웠다.

初에 欲續吳楚러니 太后曰 吳王이 首爲紛亂하니 奈何續其後리오하고 許立楚後한대 乃立禮하다

【綱】아들 劉端을 膠西王으로 봉하고 劉勝을 中山王으로 봉하였다.

子端爲膠西王하고 勝爲中山王①하다

① 中山王은 盧奴에 도읍하였다.
中山王, 都盧奴.

戊子年(B.C. 153)

【綱】漢나라 孝景皇后 4년이다. 봄에 다시 관문을 설치하고서 傳(통행증)을 사용하여 출입하게 하였다.

四年이라 春에 復置關하여 用傳出入①하다

① 文帝 12년(B.C. 268)에 관문을 제거하고 傳을 사용하지 않게 하였는데. 지금 다시 관문을 설치하고 傳을 사용하게 한 것은, 吳·楚의 7國이 새로 반란을 일으켜 비상사태에 대비하려 하였기 때문이다.

文帝十二年, 除關, 無用傳, 今復置用之, 以七國新反, 備非常也.

【綱】 여름 4월에 아들 劉榮을 세워 皇太子로 삼고, 劉徹을 膠東王으로 삼았다.

◑ **夏四月**에 **立子榮爲皇太子**하고 **徹爲膠東王**하다

【綱】 赦免하였다.

◑ **赦**하다

【綱】 겨울 10월 그믐에 일식이 있었다.

◑ **冬十月**[17] **晦**에 **日食**①하다

① 살펴보건대 漢 武帝의 太初 이전에는 모두 겨울 10월을 정월〔歲首〕로 삼았는데, 이해에 먼저 봄과 여름을 쓴 것은 錯簡이다.

按太初以前, 皆以冬十月, 爲歲首, 此年, 先書春夏, 錯簡也.

【綱】 衡山王 劉勃을 옮겨 濟北王으로 삼고, 廬江王 劉賜를 衡山王으로 삼았다.

◑ **徙衡山王勃爲濟北王**하고 **廬江王賜爲衡山王**하다

【目】 처음에 吳·楚의 7國이 반란을 일으켰을 적에 吳나라 使者가 衡山에 이르렀는데, 衡山王이 굳게 수비하고 두 마음을 품지 않았다. 上은 형산왕이 바르고 신의를 지켰다고 하여 濟北王으로 옮겨 봉하여 표창하고, 廬江王은 越나라와 접경이 되어 자주 사신을 통한다 하여 형산왕으로 옮겼다.

初에 **七國反**할새 **吳使者至衡山**하니 **衡山王**이 **堅守無二心**이라 **上以爲貞信**이라하여 **徙王於濟**

17) 冬十月 : "漢나라는 武帝 太初 元年(B.C. 104) 이전에는 모두 建亥月(10월)을 정월로 삼았다. 이해와 中元 4년(B.C. 146)에 먼저 봄과 여름을 쓰고 뒤에 겨울을 썼으니, 班固의 ≪漢書≫에도 모두 같다. ≪史記≫에 이해는 같고 中元 4년에는 겨울을 먼저 썼으나, 後元 2년(B.C. 142)에는 또한 먼저 정월을 쓰고 뒤에 10월을 썼다.〔漢自太初以前 皆建亥也 是年及中四年 先書春夏 後書冬 班史竝同 史記是年同 中四年先冬 後二亦先書正月 後書十月〕" ≪書法≫

北하여 以褒之하고 廬江王은 以邊越數(삭)通使라하여 徙王衡山①하다

① "邊越"은 변방의 경계가 越나라와 서로 접한 것이다.
邊越者, 邊界與越相接也.

己丑年(B.C. 152)

【綱】漢나라 孝景皇帝 5년이다. 봄 정월에 陽陵에 邑을 만들고서 백성을 모집하여 이주시켰다.

五年이라 春正月에 作陽陵邑하여 募民徙居之①하다

① ≪漢書≫ 〈地理志〉에 "陽陵縣은 馮翊에 속하였다." 하였으니, 본래는 弋陽縣이다. ≪史記索隱≫에 "景帝가 미리 壽陵(자신의 예비 陵)을 만들었다." 하였다.
班志 "陽陵縣, 屬馮翊." 本弋陽縣. 索隱曰 "景帝豫作壽陵也."

【綱】公主를 보내어 匈奴의 軍臣單于에게 시집보냈다.

◑ 遣公主하여 嫁匈奴單于[18)]하다

【綱】廣川王 劉彭祖를 옮겨 趙王으로 삼았다.

◑ 徙廣川王彭祖하여 爲趙王하다

庚寅年(B.C. 151)

【綱】漢나라 孝景皇帝 6년이다. 겨울 12월에 우레가 치고 큰 장맛비가 내렸다.

---

18) 遣公主 嫁匈奴單于 : "高帝 9년(B.C. 198)에 家人의 자식을 취하여 長公主라 이름하여 單于에게 시집보냈으나 이에 대해 쓰지 않고 '和親'이라 썼는데, 여기서 '公主'라고 쓴 것은 어째서인가? 황제의 자식을 소중히 여긴 것이다. 황제가 처음 이 조처를 한 뒤로는 이 뒤를 이어 계속해서 이처럼 한 것을 모두 쓸 수가 없다. 그러므로 이보다 앞서 다시 화친했는데 이를 쓰지 않고 반드시 공주를 시집보낸 뒤에야 썼으니, 공주를 흉노에게 시집보낸 것을 쓴 것이 景帝로부터 시작되었다.〔高帝九年 取家人子 爲長公主 嫁單于 不書 書和親 此其書公主 何 重帝子也 自帝創有此擧 繼是不可勝書矣 故先是再和親 不書 必嫁公主而後書 書公主嫁匈奴 自景帝始〕" ≪書法≫

六年이라 冬十二月에 雷하고 大霖雨하다

【綱】 가을 9월에 皇后 薄氏를 폐위하였다.

◑ 秋九月에 廢皇后薄氏[19]하다

辛卯年(B.C. 150)

【綱】 漢나라 孝景皇帝 7년이다. 겨울 11월에 太子 劉榮을 폐하여 臨江王으로 삼았다.

七年이라 冬十一月에 廢太子榮[20]하여 爲臨江王하다

【目】 처음에 燕王 臧荼(장도)의 손녀 臧兒가 王仲에게 시집가서 아들 王信과 두 딸을 낳았는데, 왕중이 죽자 다시 田氏에게 시집가서 田蚡(전분)을 낳았다.

文帝 때에 장아의 장녀가 金王孫의 부인이 되어 딸 金俗을 낳았는데, 점을 치자 점괘에 이르기를 "〈王氏에게서 낳은〉 두 딸(王娡와 王息姁)이 모두 마땅히 귀하게 될 것이다." 하였다. 장아가 마침내 金氏의 부인인 장녀를 이혼시켜 太子宮에 들여서 아들 劉徹을 낳았다.

황제(景帝)가 즉위하자, 長公主 劉嫖(유표)가 그 딸(王美人)을 太子 劉榮에게 시집보내려고 하였는데, 유영의 어머니인 栗姬는 後宮과 여러 미인들이 모두 長公主를 통하여 황제를 뵙고 총애를 받는다 하여 노하고 허락하지 않았다. 장공주가 劉徹에게 딸을 주려고 하자, 王夫人(王娡)이 이를 허락하니, 이로 말미암아 장공주가 날마다 율희를 비방

19) 廢皇后薄氏 : "폐하는 말에 두 가지가 있으니, '皇后 某氏를 폐위하였다.'고 쓴 것은 죄가 없다는 말이고, '皇后 某氏가 폐위되었다.'고 쓴 것은 죄가 있다는 말이다. ≪資治通鑑綱目≫에 皇后를 폐위하였다고 쓴 것이 景帝로부터 시작되었다.〔廢辭有二 書廢皇后某氏 無罪之辭也 皇后某氏廢 有罪之辭也 綱目書廢皇后 自景帝始〕" ≪書法≫

20) 廢太子榮 : "景帝 4년(B.C. 153) 여름에 '아들 劉榮을 세워 皇太子로 삼았다.'고 썼는데, 이때 이미 4년이 지났으나 황태자에게 失德이 있다는 말을 듣지 못하였다. 그런데 어찌하여 갑자기 폐위한단 말인가? 경제가 시기하고 각박한 것을 여기에서 볼 수 있다. '廢'라고 쓰고 '죄가 있다.'고 쓰지 않았으니, 폐위당한 것이 도리에 맞지 않았음을 알 수 있다. 위에서 '廢后薄氏'라고 쓴 것도 그 뜻이 또한 이와 같다.〔四年夏 書立子榮爲皇太子 至是 已閱四載 未聞其有失德 何爲遽廢之哉 景帝忌刻 於斯可見 書廢而不書有罪 則見廢之不以其理 爲可知 上書廢后薄氏 其義亦然〕" ≪發明≫

하고 劉徹의 미덕을 칭찬하였으며, 황제 자신도 유철을 어질게 여겼다.

初에 燕王臧荼의 孫女臧兒 嫁王仲하여 生男信與兩女러니 仲死에 更嫁田氏하여 生蚡①하다 文帝時에 臧兒長女 爲金王孫婦하여 生女俗②하니 卜筮之한대 曰 兩女皆當貴라하더니 臧兒乃奪金氏婦하여 內(납)之太子宮하여 生男徹③하다 及帝卽位하여 長公主嫖 欲以女嫁太子榮④하니 其母栗姬以後宮諸美人이 皆因公主見(현)帝라하여 怒不許[21]하다 公主欲予徹이어늘 王夫人이 許之하니 由是로 公主日讒栗姬而譽徹之美하고 帝亦自賢之하니라

① 蚡은 扶粉의 切이다.
蚡, 扶粉切.
② 俗은 그녀가 〈金氏에게서〉 낳은 딸의 이름이다.
俗, 其所生女名.
③ 內(납)은 들인다는 뜻이다.
內, 入也.
④ 황제의 자매를 長公主라 칭한다. 嫖는 음이 飄이니, 長公主의 이름이다. 堂邑侯 陳午가 그녀에게 장가들었다.
帝之姊妹, 稱長公主. 嫖, 音飄, 長公主之名也. 堂邑侯陳午尙之.

【目】王夫人은 황제가 栗姬에게 서운한 마음을 품고 있는 것을 알고는 노여움이 풀리지 않았을 때를 이용하여, 은밀히 사람을 시켜 大行을 재촉해서 율희를 皇后로 세울 것을 청하게 하니, 황제가 노하여 말하기를 "이것이 네가 마땅히 말해야 할 일인가."라 하고는 마침내 대행을 조사하여 죽이고 태자를 폐위시켰다.

太傅 竇嬰이 강력히 간쟁하였으나 받아들여지지 않자, 두영은 마침내 병으로 사양하여 면직하고, 율희는 성내며 한을 품고 죽었다.

王夫人이 知帝嗛(함)栗姬①하고 因怒未解[22]하여 陰使人趣(촉)大行하여 請立栗姬爲皇后②한대 帝怒曰 是而所宜言邪③아하고 遂按誅大行하고 而廢太子하다 太傅竇嬰이 力爭不能得하여 乃謝病

21) 其母栗姬……怒不許 : ≪史記≫ 〈外戚世家〉에는 이 부분이 "栗姬는 질투심이 많았는데, 景帝의 여러 美人이 모두 長公主를 통하여 황제를 뵙고 귀함과 총애를 받는 것이 모두 율희보다 더하였다. 이 때문에 율희가 원망하고 노여워하여 장공주의 청혼을 사절하고 허락하지 않았다.〔栗姬妬 而景帝諸美人皆因長公主見景帝 得貴幸 皆過栗姬 栗姬日怨怒 謝長公主 不許〕"라고 기록되어 있다.

22) 王夫人……因怒未解 : ≪史記≫ 〈外戚世家〉에 "景帝가 일찍이 몸이 불편하여 마음이 즐겁지 못하여서 王으로 봉해진 여러 아들들을 栗姬에게 부탁하기를 '내가 죽은 뒤에 이들을 잘 보살펴주어라.' 하였는데, 율희가 怒하여 응하려 하지 않고 말을 불손하게 하였다. 경제가 노하여 서운한 마음을 품었으나 아직 드러내지는 않았다.〔景帝常體不安 心不樂 屬諸子爲王者於栗姬 曰 百歲後 善視之 栗姬怒 不肯應 言不遜 皇帝恚 心嗛之而未發也〕"라고 보인다.

免하고 栗姬는 恚(에)恨而死하다

① 嗛은 銜과 통하니 恨한다는 뜻이요, 또 苦簟의 切이다.
嗛, 與銜通, 恨也, 又苦簟切.

② 大行은 官名이니, 天地에 지내는 郊祭와 先祖에 지내는 廟祠의 禮를 행하는 것과 九賓을 돕는 일을 관장하였다.
大行, 官名, 掌郊廟行禮·讚九賓.

③ 而는 너라는 뜻이니, 이 일은 마땅히 네가 말할 수 있는 바가 아니라는 말이다.
而, 汝也, 言此事非汝所當得言.

【綱】 이달 그믐에 일식이 있었다.

是月晦에 **日食**하다

【綱】 봄에 丞相 陶青이 면직되니, 周亞夫를 丞相으로 삼고 太尉의 관직을 없앴다.

◑ **春**에 **丞相青**이 **免**하니 **以周亞夫爲丞相**하고 **罷太尉官**하다

【綱】 여름 4월에 夫人 王氏(美人 王娡)를 皇后로 세우고, 膠東王 劉徹을 皇太子로 삼았다.

◑ **夏四月**에 **立夫人王氏**하여 **爲皇后**하고 **膠東王徹爲皇太子**하다

【綱】 郅都(질도)를 中尉로 삼았다.

◑ **以郅都爲中尉**①[23] 하다

① 郅은 음이 質이니, 姓이다.
郅, 音質, 姓也.

【目】 처음에 郅都가 中郎將이 되어서 과감하게 直諫을 하였다. 일찍이 황제를 따라 上林苑

---

23) 以郅都爲中尉 : "'中尉'에 대해 쓴 적이 없는데, 景帝에 이르러서 처음으로 썼다. 郅都와 甯成이 바로 中尉였으니, 황제의 각박하고 까다로움이 이들을 불러들인 것이다.[中尉未有書者 至景帝 始書則郅都甯成其人焉 帝之刻深 有以召之矣]" ≪書法≫

에 들어갔었는데, 賈姬가 측간에 갔을 적에 멧돼지가 갑자기 달려와 측간으로 들어갔다.

上이 질도에게 〈구원하라고〉 눈짓을 하였으나 질도가 가지 않으니, 황제가 직접 달려가 가희를 구원하려고 하였다. 질도가 上의 앞에 엎드려 아뢰기를 "한 가희를 잃으면 다시 한 가희(美女)를 올릴(바칠) 수 있으니, 천하의 젊은 아가씨가 어찌 가희뿐이겠습니까. 폐하께서 비록 스스로 몸을 가볍게 여기시나 宗廟와 太后를 어찌하시렵니까." 하니, 上이 마침내 돌아왔다.

질도는 사람됨이 용감하고 공정하고 청렴하여 사사로운 편지를 왕래하지 않았으며 선물을 받는 바가 없었고 청탁을 들어주는 일이 없었다. 中尉가 되자 엄격함과 혹독함을 앞세워 법을 시행함에 貴戚을 꺼리지 않으니, 列侯와 宗室들이 질도를 볼 적에 두려워하여 똑바로 보지 못하였고 '푸른 새매〔蒼鷹〕'라고 불렀다.

始에 都爲中郎將하여 敢直諫하다 嘗從入上林이러니 賈姬如厠에 野彘(체)卒來入厠[①]이라 上이 目都호되 都不行[②]이어늘 欲自救姬러니 都伏上前曰 亡一姬면 復一姬進이니 天下所少 寧賈姬等乎잇가 陛下縱自輕이나 奈宗廟太后何잇고하니 上이 乃還하다 都爲人이 勇悍公廉하여 不發私書하며 問遺를 無所受하고 請謁을 無所聽이러니 及爲中尉에 先嚴酷하여 行法에 不避貴戚[③]하니 列侯, 宗室이 見都에 側目而視하고 號曰蒼鷹[④]이라하다

① 賈姬는 趙王 劉彭祖와 中山王 劉勝을 낳은 자이다. 卒(갑자기)은 猝로 읽는다.
賈姬, 生趙王彭祖及中山王勝者也. 卒, 讀曰猝.
② 目은 눈동자를 움직여 눈짓으로 시키는 것이다.
目, 動目以使也.
③ 先(우선하다)은 悉薦의 切이다.
先, 悉薦切.
④ 〈새매〔蒼鷹〕는〉 매우 사납게 공격함을 말한 것이다.
言其鷙擊之甚.

壬辰年(B.C. 149)

【綱】 漢나라 孝景皇帝 中元年이다.

中元年[①]이라

① 태자를 세웠기 때문에 改元한 것이다.
爲立太子而改元也.

【綱】 여름 4월에 赦免하였다.

夏四月에 赦하다

【綱】 地震이 있었다.

◑ 地震하다

【綱】 衡山의 原都에 우박이 내렸다.

◑ 衡山原都에 雨雹①하다

① 原都는 地名이니, 衡山國에 속하였다.
原都, 地名, 蓋屬衡山國.

【目】 우박이 큰 것은 1尺 8寸이었다.

大者는 尺八寸이러라

癸巳年(B.C. 148)

【綱】 漢나라 孝景皇帝 中2년이다. 봄 3월에 臨江王 劉榮을 불러 獄吏에게 회부하자 劉榮이 자살하였다.

二年이라 春三月에 徵臨江王榮하여 下吏[24]한대 榮이 自殺하다

【目】 臨江王 劉榮이 太宗(文帝) 사당의 담장을 침범하여 궁궐을 지은 죄에 걸려 부름(출석)을 받고 中尉府에 나와 서면으로 사실을 조사받게 하니, 임강왕이 필기도구를 얻어

24) 徵臨江王榮 下吏 : "옥리에게 내린 말이 세 가지가 있으니, '아무개를 옥리에게 내렸다.〔下某吏〕'는 것과 '아무개를 불러 옥리에게 회부하였다.〔徵某下吏〕'는 것은 죄가 없다는 말이고, '아무개가 죄로 옥리에게 회부되었다.〔某以罪下吏〕'는 것은 죄가 있다는 말이고, '아무개가 옥리에게 회부되었다.〔某下吏〕'는 것은 죄가 적다는 말이다. 태자 劉榮이 사당의 담장을 침범한 죄에 걸렸는데, 죄가 없는 경우로 쓴 것은 어째서인가? 유영이 참소하는 말로 폐위되어서 그가 죄에 걸린 것은 왕왕 없는 허물을 찾아내어 만든 말이었는데 이로 인하여 자살하게 만들었으니, ≪資治通鑑綱目≫에서 불쌍히 여긴 것이다.〔下吏之辭有三 下某吏 徵某下吏 無罪之辭也 某以罪下吏 有罪之辭也 某下吏 薄乎云爾之辭也 榮坐侵廟壖垣 則其以無罪書 何 榮以讒廢 其所坐 往往吹毛之辭耳 而使自殺 綱目之所矜也〕" ≪書法≫

편지를 써서 上에게 사죄하고자 하였으나, 郅都 휘하의 단속하는 관리들이 허락해주지 않았다.

竇嬰이 사람을 시켜 틈을 보아 필기도구를 주자, 임강왕이 편지를 쓴 뒤에 자살하였다. 太后가 이 말을 듣고 노하여 뒤에 끝내 혹독한 법으로 질도를 중상하여 죽였다.

臨江王榮이 坐侵太宗廟壖垣(연원)爲宮하여 徵詣中尉府하여 對簿①하니 王이 欲得刀筆하여 爲書謝上이어늘 而郅都禁吏不予러니 竇嬰이 使人間與之②한대 王既爲書에 因自殺하다 太后聞之하고 怒하여 後竟以危法으로 中都殺之③하니라

① 황제가 郡國으로 하여금 太宗의 사당을 세우게 하였다. 그러므로 臨江王의 나라에도 사당이 있었던 것이다. 簿는 獄辭의 문서이니, "對簿"는 文簿를 가지고 차례로 하나하나 책망하여 그로 하여금 대답하게 한 것이다.
帝令郡國, 立太宗廟. 故臨江王國亦有之. 簿者, 獄辭之文書也. 對簿, 以文簿次第一一責之, 而令其對辭也.
② 〈"間與之"는〉 틈을 엿보아 사사로이(은밀히) 준 것이다.
伺間隙而私與也.
③ 中은 竹仲의 切이니, 혹독한 법으로써 郅都를 中傷함을 이른다.
中, 竹仲切, 謂以危法中傷郅都也.

【綱】 여름 4월에 孛星이 서북쪽에 나타났다.

夏四月에 有星孛于西北하다

【綱】 아들 劉越을 세워 廣川王으로 삼고, 劉寄를 膠東王으로 삼았다.

◑ 立子越爲廣川王하고 寄爲膠東王하다

【綱】 가을 9월 그믐에 일식이 있었다.

◑ 秋九月晦에 日食하다

【綱】 梁王 劉武가 사람을 시켜 袁盎을 죽였다.

◑ 梁王武使人殺袁盎[25]하다

25) 梁王武使人殺袁盎 : "袁盎은 무슨 벼슬을 하였는가? 奉常이었다. 그렇다면 어찌하여 관직을 쓰지

【目】 처음에 梁孝王이 황제의 至親으로 功이 있어서 天子의 旌旗를 하사받아 나가고 들어올 때 蹕警을 하였다. 孝王이 羊勝과 公孫詭를 총애하여 신임하였는데, 양승과 공손궤는 효왕으로 하여금 漢나라 황제의 후사가 되기를 요구하게 하였다.

栗太子(劉榮)가 폐위되자, 太后는 양왕을 후사로 삼고자 하여, 일찍이 술자리를 베풀고 황제에게 이르기를 "安車의 큰 멍에를 양왕에게 주시오." 하니, 황제가 무릎을 꿇고 "예. 그대로 하겠습니다." 하였다.

袁盎 等이 아뢰기를 "옛날에 宋나라 宣公이 아들을 세우지 않고 아우를 세워서 禍亂을 만들어 5代에 걸쳐 끊이지 않았으니, 작은 일에 차마 못하면 大義를 해칩니다.[26] 그러므로 ≪春秋≫에서 正道를 지키는 것을 훌륭하게 여긴 것입니다." 하니, 이로 말미암아 太后의 의논이 중지되었다.

梁王이 이 때문에 원앙을 원망하였는데, 마침내 양승과 공손궤와 상의하고는 은밀히 사람을 시켜 원앙과 기타 이의를 제기한 신하 10여 명을 찔러 죽였다.

初에 梁孝王이 以至親有功하여 得賜天子旌旗하여 出蹕入警①이라 王이 寵信羊勝, 公孫詭②하니 勝詭使王求爲漢嗣하다 栗太子廢한대 太后欲以梁王爲嗣③하여 嘗因置酒하고 謂帝曰 安車大駕를 用梁王爲寄하라 帝跪曰 諾호리이다 袁盎等曰 昔에 宋宣公이 不立子而立弟하여 以生禍亂하여 五世不絶하니 小不忍은 害大義라 故로 春秋大居正④하니이다 由是로 太后議格(각)⑤하니 梁王이 由此怨

않았는가? 梁王의 죄를 하찮게 여긴 것이다. 양왕이 천자의 의논하는 신하를 살해하였는데 어찌하여 죄가 적다고 하는가? 황제가 형벌을 제대로 행하지 못했다 하여 황제를 나쁘게 여기지 않은 것이다. 황제를 나쁘게 여기지 않음은 어째서인가? 梁王 劉武는 태후가 총애하는 아들이어서 태후가 그를 위해 심지어 눈물을 흘리고 음식을 먹지 않기까지 하였으니, 황제가 진실로 차마 처벌할 수 없는 상태였다. 황제는 평소 각박한 사람으로 알려졌는데, 이때에 天理의 마음이 크게 일어났으니, 진실로 형벌을 제대로 행하지 못했다 하여 나쁘게 여길 수가 없는 것이다. 이 때문에 형벌을 제대로 행하지 못했다 하여 군주를 나쁘게 여기면 비록 審食其라도 관작을 쓰고, 형벌을 제대로 행하지 못했다고 하여 그 군주를 나쁘게 여기지 않으면 비록 원앙이라도 관직을 쓰지 않았으니, ≪資治通鑑綱目≫에서 판단함이 분명하다.〔袁盎何 奉常也 然則曷爲不書官 薄梁罪也 殺天子之議臣 則曷爲薄之 不以失刑病帝也 其不以病帝 何 武 太后所愛 至爲涕泣不食 則帝誠有所不忍矣 帝素刻薄者 於是而天理之心油然 固不得以失刑病之也 是故 以失刑病其君 則雖審食其 書爵 不以失刑病其君 則雖袁盎 不書官 綱目之權衡審矣〕" ≪書法≫

"袁盎은 천자의 의논하는 신하이니, 梁王이 어떻게 사람을 시켜서 그를 살해한단 말인가. 漢나라 법은 굳이 말할 것이 못된다. 그러나 鄭伯이 아우 段을 죽인 것을 ≪春秋≫에서 비판하였으니, 그렇다면 아우의 惡을 길러 교만하게 만들어서 이 지경에까지 이른 것은 景帝의 잘못이 아니겠는가. 사실에 입각하여 곧바로 쓰면 그 의의가 저절로 나타난다.〔袁盎 天子之議臣 梁王安得使人殺之 漢法爲不足道矣 雖然鄭伯克段 春秋譏之 然則養成其惡 驕而至此 獨非景帝之過歟 據事直書 其義自見〕" ≪發明≫

26) 작은……해칩니다 : "小不忍"은 작은 일에 과감히 결단하지 못하고 차마 못하는 인자한 마음을 이른다. ≪論語≫ 〈衛靈公〉에 "작은 일에 차마 못 하면 큰 계책을 어지럽힌다.〔小不忍則亂大謀〕"라고 보인다.

盎이라 乃與勝詭謀하고 陰使人刺(척)殺盎及他議臣十餘人하다

① 吳·楚의 7國이 반란했을 적에 梁나라가 이들을 막아서 7國으로 하여금 서쪽으로 오지 못하게 하였다. 그러므로 功이 있다고 한 것이다.
七國反, 梁距之, 使不能西. 故曰有功.
② 詭는 이름이다.
詭, 名也.
③ 太子 劉榮은 栗姬의 아들이다. 그러므로 栗太子라 이름한 것이다.
太子榮, 栗姬之子. 故號栗太子.
④ 宋나라 宣公이 아들 與夷를 버리고 穆公을 세웠고, 穆公이 또다시 아들 馮을 버리고 與夷를 세웠는데, 그 뒤에 馮은 끝내 與夷와 나라를 다투었다.
宋宣公舍其子與夷而立穆公, 穆公又舍其子馮而立與夷, 其後馮卒與與夷爭國.
⑤ 格은 음이 閣이니, 중지한다는 뜻이다.
格, 音閣, 止也.

【目】이에 천자가 梁王의 소행이라고 의심하여 賊(자객)을 쫓게 하니, 과연 양왕이 한 짓이었다. 田叔을 보내어 梁나라에 가서 公孫詭와 羊勝을 조사하여 체포하게 하였는데, 공손궤와 양승이 양왕의 後苑에 있는 궁궐에 숨었다.

內史인 韓安國이 양왕을 뵙고 울며 말하기를 "군주가 욕을 당하면 신하는 죽는 법입니다. 대왕께서 훌륭한 신하가 없기 때문에 紛紛함이 여기에 이르렀으니, 지금 양승과 공손궤를 잡아가지 못하면 신은 大王을 하직하고 賜死하기를 청합니다." 하였다. 양왕이 말하기를 "어찌 이렇게까지 할 것이 있는가?" 하니, 한안국이 눈물을 떨구며 다음과 같이 아뢰었다.

"대왕께서 간사한 신하들의 근거 없는 말에 유혹되어 天子의 禁令을 범해서 밝은 법을 저축하셨는데, 천자께서는 太后가 계시기 때문에 차마 법대로 처리하지 못하고 계십니다. 태후께서 밤낮으로 눈물을 흘리면서 대왕이 스스로 허물을 고치기를 바라고 계신데, 대왕께서 끝내 깨닫지 못하다가 만일 태후가 승하하시는 일이 있으면 대왕은 누구를 의지하시겠습니까."

於是에 天子意梁[①]하여 逐賊하니 果梁所爲[②]라 遣田叔往하여 按捕詭, 勝한대 詭, 勝이 匿王後宮이어늘 內史韓安國이 見王泣曰 主辱이면 臣死라 大王이 無良臣故로 紛紛至此하니 今勝詭不得이면 請辭賜死하노이다 王曰 何至此오 安國이 泣數行下曰 大王이 訹(술)邪臣浮說하여 犯上禁하여 撓明法[③]이어시늘 天子以太后故로 不忍致法하니이다 太后日夜涕泣(체읍)하여 幸大王自改어시늘 大王이 終

不覺寤라가 有如太后宮車卽晏駕[27])하면 大王이 尙誰攀乎잇가

① "意梁"은 짐작으로 억측하여 梁王의 소행인 줄 안 것이다.
意梁者, 以意測度(탁), 知其爲梁所爲也.

② 자객이 찔러 죽이고 그 칼을 그대로 버려두어 칼이 몸에 꽂혀 있었다. 이 칼이 새로 주조된 것을 보고는 長安에서 칼을 주조하는 工人들에게 물으니, 공인이 말하기를 "梁나라의 郎官 아무개가 와서 이 칼을 제작했다." 하였다. 이 때문에 발각되었다.
賊刺之, 置其劍, 劍着身. 視其劍新治, 問長安中削厲工, 工曰 "梁郎某子來治此劍." 以此發覺.

③ 訹는 음이 戌이니, 유혹한다는 뜻이다.
訹, 音戌, 誘也.

【目】韓安國이 말을 마치기도 전에 梁王은 눈물을 줄줄 흘리며 公孫詭와 羊勝으로 하여금 자살하게 하여 시신을 내주고, 鄒陽을 보내어 皇后(王娡)의 오라비인 王信을 뵙고 말하기를 "長君(王信)의 누이가 上에게 총애를 받고 있으나 장군의 행적이 道理를 따르지 않은 것이 많습니다. 지금 梁王이 즉시 伏誅되면 태후께서는 화풀이를 할 곳이 없어서 귀한 신하들에게 이를 갈며 눈을 흘기실 것이니, 삼가 足下를 위하여 근심스럽게 생각합니다. 장군이 진실로 上께 말씀드려 양왕의 일을 끝까지 조사하지 말게 하시면, 태후께서는 장군의 은덕을 뼛속 깊이 생각할 것이요, 장군의 누이가 두 宮(태후와 황제)에게 총애를 받을 것이니, 이는 〈지위를〉 金城(철옹성)처럼 견고하게 할 수 있는 방법입니다. 옛날에 象이 날마다 舜임금을 죽이는 것을 일삼았으나 순임금이 천자가 되자 그를 有庳(유비)에 봉하셨으니[28]), 이 때문에 후세 사람들이 순임금을 칭찬하는 것입니다. 이러한 내용을 가지고 천자를 설득하면 요행히 양왕의 일을 끝까지 上奏하지 않게 할 수 있을 것입니다."

장군이 틈을 타 황제에게 말하자, 황제의 노여움이 다소 풀렸다. 이때에 태후가 양왕의 일을 걱정하여 밥을 먹지 않고 밤낮으로 눈물을 흘려 그치지 않으니, 황제 또한 이것을 염려하였다.

語未卒에 王泣數行下하고 令詭勝自殺하여 出之하고 使鄒陽으로 見皇后兄王信曰 長君弟得幸

27) 晏駕 : 왕의 수레가 제때에 거동하지 않고 뒤늦게 출동하는 것으로, 저왕이나 황후의 죽음을 우회적으로 이르는 말이다.

28) 象이……봉하셨으니 : 象은 舜임금의 이복동생이다. 순임금은 아버지가 완악하고 어머니가 거짓말을 하였으며, 象이 오만하여 날마다 순임금을 죽일 것을 도모하였다. 堯임금이 舜의 孝行을 듣고 가상히 여겨 섭정하게 하였으며, 뒤에 帝位를 선양받아 天子가 되자, 象을 有庳에 봉하였는바, 이 내용이 ≪孟子≫ 〈萬章 上〉에 자세히 보인다.

於上이나 而長君行迹이 多不循道理者[①]라 今梁王이 卽伏誅하면 太后無所發怒하여 切齒側目於貴臣하리니 竊爲足下憂之하노라 長君이 誠爲上言하여 毋竟梁事하면 太后德長君이 入骨髓요 而長君之弟 幸於兩宮하리니 金城之固也[②]라 昔者에 象이 日以殺舜爲事호되 及舜立爲天子하여는 封之於有庳하시니 是以로 後世稱之하니이다 以是說(세)天子하면 儌幸梁事不奏리라 長君이 乘間言之한대 帝怒稍解하다 時에 太后憂梁事不食하고 日夜泣不止하니 帝亦患之하다

① 長은 知兩의 切이다. 長君은 王信을 이르고, 아우(누이)는 皇后를 이른다. 行(행실)은 去聲이다.
長, 知兩切. 長君, 謂王信也. 弟, 謂皇后. 行, 去聲.

② "兩宮"은 太后宮과 황제의 宮이다. "金城"은 영화와 은총이 무궁하여 무너지지 않음을 비유한 것이다.
兩宮, 太后宮及帝宮也. 金城, 喩其榮寵無極, 不可壞也.

【目】田叔 등이 돌아와 霸昌觀의 마구간〔御廐〕에 이르러 梁王의 獄辭를 모두 불태우고 빈손으로 돌아와서 황제를 뵈니, 황제가 묻기를 "양왕에게 그러한 사실이 있었는가?" 하였다. 전숙이 대답하기를 "臣 등이 죽을죄를 지었으니, 그런 일이 있었습니다." 하였다. 上이 묻기를 "이 일을 적은 기록이 어디에 있는가?" 하니, 전숙이 대답하기를 "上께서는 양왕의 일을 끝까지 추궁하지 마소서. 지금 양왕이 伏誅되지 않으면 이는 漢나라 법이 제대로 시행되지 못하는 것이요, 양왕이 법대로 복주되어 太后께서 식사를 해도 달게 드시지 못하고 누워도 자리에 편히 눕지 못하시면 이는 우환이 陛下에게 있게 됩니다." 하였다.

上이 이 말을 크게 옳게 여겨 전숙 등을 보내 태후를 뵙고 아뢰기를 "양왕은 이 사실을 알지 못하였고, 이러한 짓을 한 자는 양왕이 총애하는 신하인 羊勝과 公孫詭의 무리였는데, 삼가 이미 伏誅되었으니, 양왕은 아무 탈이 없습니다."라고 하자, 태후가 즉시 일어나 앉아 밥을 먹어 氣候가 회복되었다.

田叔等이 還至霸昌廐하여 悉燒梁獄辭하고 空手來見[①]한대 帝曰 梁有之乎아 對曰 死罪니 有之[②]러이다 上曰 其事安在[③]오 田叔曰 上은 毋以梁事爲問也[④]하소서 今梁王이 不伏誅하면 是는 漢法不行也요 伏法而太后食不甘味하시고 臥不安席하시면 此는 憂在陛下也니이다 上이 大然之하여 使叔等으로 謁太后曰[⑤] 梁王은 不知也요 爲之者는 幸臣羊勝, 公孫詭之屬耳러니 謹已伏誅하니 梁王은 無恙(양)也[⑥]하니이다 太后立起坐餐하여 氣平復하다

① "霸昌廐"는 霸昌觀의 마구간이니, 長安의 동쪽에 있었다.

霸昌廐, 霸昌觀之廐也, 在長安東.

② "死罪"는 田叔이 스스로 사죄한 것이다.
死罪, 叔自謝也.

③ 〈"其事安在"는〉 그 사실을 적은 글(獄辭)을 찾은 것이다.
索其狀也.

④ 〈"毋以梁事爲問也"는〉 굳이 다시 논할 것이 없음을 말한다.
言不須更論之也.

⑤ 謁은 아뢴다는 뜻이다.
謁, 白也.

⑥ 恙은 사람을 파먹는 벌레인데, 사람의 뱃속에 잘 침입하여 사람의 심장을 파먹으니, 상고 시대에 사람들이 풀 속에서 살고 노숙을 하다가 이 해충의 독을 많이 입어 세속에서는 모두 이것을 염려하였다. 그러므로 사람이 서로 만나거나 혹은 서신을 통하여 서로 위로할 적에 탈이 없느냐〔無恙〕고 하였다.
恙, 齧蟲也, 善入人腹, 食人心. 上古之時, 草居露宿, 多被此毒, 俗悉患之, 故人相見, 或通書相勞, 云無恙乎.

【目】梁王이 이로 인하여 글을 올리고 조회할 것을 청하였는데, 관문에 이르러 삼베로 싼 수레를 타고 두 기병만 딸려서 대궐 아래에서 斧質(도끼와 모탕)에 엎드려 사죄하니, 太后와 황제가 크게 기뻐하여 서로 울고 다시 예전과 같이 지내었다. 그러나 황제는 더욱 양왕을 멀리하여 수레와 輦을 함께 타지 않았다. 그리고 田叔을 어질다고 여겨 魯나라 정승으로 발탁하였다.

梁王이 因上書請朝러니 至關하여 乘布車하고 從兩騎하여 伏斧質於闕下하여 謝罪[①]하니 太后帝大喜하여 相泣하고 復如故라 然이나 帝益疏王하여 不與同車輦矣러라 以田叔爲賢이라하여 擢爲魯相하다

① 삼베로 싼 수레를 타고 降服(강복)을 하여 자신을 喪人에 비긴 것이다.
布車, 降服, 自比喪人也.

甲午年(B.C. 147)

【綱】漢나라 孝景皇帝 中3년이다. 겨울 11월에 諸侯國의 御史大夫의 관직을 없앴다.

三年이라 冬十一月에 罷諸侯御史大夫官[①]하다

① 제후의 권세를 억제하고 줄이기 위해서였다.
所以抑損其權.

【綱】 여름 4월에 지진이 있었다.

◑ **夏四月**에 **地震**하다

【綱】 가뭄이 들자, 술을 파는 것을 금지하였다.

◑ **旱**이어늘 **禁酤酒**①하다

① 酤는 음이 固이니, 술을 파는 것이다.
酤, 音固, 賣酒也.

【綱】 아들 劉乘을 세워 淸河王으로 삼았다.

◑ **立子乘爲淸河王**①하다

① 高帝가 淸河郡을 齊나라와 趙나라의 사이에 설치하였는데, 이제 이 지역을 王의 나라로 삼은 것이다.
高帝置淸河郡於齊・趙之間, 今以爲王國.

【綱】 가을 9월에 蝗蟲의 재해가 있었다.

◑ **秋九月**에 **蝗**하다

【綱】 孛星이 서북쪽에 나타났다.

◑ **有星孛於西北**하다

【綱】 이달 그믐에 일식이 있었다.

◑ **是月晦**에 **日食**하다

【綱】 丞相 周亞夫가 면직되었다.

◑ **丞相亞夫免**하다

【目】 전에 上이 栗太子를 폐위할 적에 周亞夫가 굳이 간쟁하였으나 듣지 않았고, 梁王이 매번 太后와 함께 주아부의 단점을 말하였다. 태후가 王信을 侯로 봉하고자 하였는데, 황제가 주아부와 의논하니, 이에 주아부가 대답하기를 "高帝의 약속에 '功이 있는 자가 아니면 侯로 봉하지 않는다.'라고 하였습니다. 왕신이 비록 황후(王娡)의 오라비이지만 공이 없는데 侯로 봉하는 것은 고제의 약속에 어긋납니다." 하니, 황제가 묵묵히 있다가 중지하였다.

뒤에 匈奴王 徐盧 등 6명이 항복해오자, 황제가 이들을 侯로 봉하여 後人들을 권면하고자 하였다. 이에 주아부가 아뢰기를 "저들이 자기 군주를 배반하고 항복해왔으니, 저들을 侯로 봉한다면 신하 중에 충절을 지키지 않는 자를 어찌 꾸짖을 수 있겠습니까." 하였다. 황제는 "丞相의 의논은 따를 수 없다."라 하고는 마침내 모두 侯로 봉하니, 주아부가 이로 인해 병을 핑계하고 면직하였다.

初에 上이 廢栗太子할새 周亞夫固爭之不得하고 而梁王이 每與太后로 言亞夫短이라 太后欲侯王信이어늘 帝與亞夫議之한대 亞夫曰 高帝約非有功不侯하시니 信雖后兄이나 無功侯之는 非約也니이다 帝默然而止하다 後에 匈奴王徐盧等六人이 降이어늘 帝欲侯之以勸後한대 亞夫曰 彼背其主而降하니 侯之면 則何以責人臣不守節者乎잇가 帝曰 丞相議不可用이라하고 乃悉侯之①하니 亞夫因謝病免하다

① 徐盧는 容城侯, 賜는 桓侯, 陸彊은 遒侯(주후), 僕黖(복달)은 易侯, 范代는 范陽侯, 邯鄲은 翕侯이다. 黖은 음이 怛이다.
徐盧, 容城侯. 賜, 桓侯. 陸彊, 遒侯. 僕黖, 易侯. 范代, 范陽侯. 邯鄲, 翕侯. 黖, 音怛.

【綱】 劉舍를 丞相으로 삼았다.

以劉舍爲丞相하다

乙未年(B.C. 146)

【綱】 漢나라 孝景皇帝 中4년이다. 여름에 蝗蟲의 재해가 있었다.

四年이라 夏에 蝗하다

【綱】 겨울 10월에 일식이 있었다.

◑冬十月에 日食①하다

① 여름에 蝗蟲이 있었던 일은 마땅히 일식의 뒤에 있어야 한다. 위의 景帝 4년(B.C. 153)과 같은 경우이니, 또한 錯簡이다.
夏蝗, 當在日食下, 與四年同, 亦錯簡也.

丙申年(B.C. 145)

【綱】 漢나라 孝景皇帝 中5년이다. 여름에 아들 劉舜을 세워 常山王으로 삼았다.

五年이라 夏에 立子舜爲常山王①하다

① 高帝가 常山郡을 설치하여 趙나라에 소속시켰는데, 呂后가 常山郡을 나누어 常山王의 나라를 만들고, 文帝가 합병하여 趙나라를 만들었다가, 지금 다시 이곳에 劉舜을 봉한 것이다.
高帝置常山郡, 屬趙國, 呂后分爲王國, 文帝併爲趙國, 今復以王舜.

【綱】 6월에 赦免하였다.

◑六月에 赦하다

【綱】 큰 홍수가 있었다.

◑大水하다

【綱】 가을 8월에 未央宮 東闕에 화재가 있었다.

◑秋八月에 未央宮東闕災[29]하다

29) 未央宮東闕災 : "文帝의 세대에 未央宮 東闕에 화재가 난 것을 썼는데, 이때 다시 쓴 것이다.〔文帝之世 未央東闕書災矣 於是再書〕" ≪書法≫

【綱】 9월에 詔令을 내려 의심스러운 옥사를 平議(公平하게 論斷함)하게 하였다.

◑ 九月에 詔獄疑者를 讞(언)之하다

【目】 詔令을 다음과 같이 내렸다.

"刑獄은 사람의 목숨이 걸려 있는 중대한 일이고, 죽은 자는 다시 살아날 수 없으므로 朕은 매우 안타깝게 여긴다. 여러 의심스러운 옥사는, 비록 법조문에 따라 사람을 죄에 몰아넣었더라도 사람들의 마음에 만족스럽지 않은 경우에는 그때마다 곧바로 平議하라."

詔曰 獄者는 人之大命이라 死者不可復生일새 朕甚憫之하노니 諸獄疑者는 雖文致於法이나 而於人心에 不厭者는 輒讞之①하라

① "文致於法"은 법조문을 가지고 사람을 죄에 몰아넣는 것이다. 厭은 一涉과 於涉의 두 가지 切이니 복종하는 것이다. 讞은 魚蹇과 魚列의 두 가지 切이니 공평하게 의논하는 것이다.
文致於法, 以文法致人於罪. 厭, 一涉·於涉二切, 服也. 讞, 魚蹇·魚列二切, 平議也.

【綱】 지진이 있었다.

地震하다

丁酉年(B.C. 144)

【綱】 漢나라 孝景皇帝 中6년이다. 겨울 10월에 梁王 劉武가 와서 조회하였다.

六年이라 冬十月에 梁王武來朝하다

【目】 梁王이 上疏하여 도성에 머물고자 하였으나 上이 허락하지 않으니, 양왕이 본국으로 돌아가서 실의에 빠져 마음이 즐겁지 못하였다.

王이 上疏欲留어늘 上이 不許하니 王이 歸國하여 意忽忽不樂①하니라

① 漢나라 법에 제후왕이 조회 와서 알현할 적에 무릇 長安에 머무는 것이 20일을 넘지 못하도록 하였다.
漢法, 諸侯王朝見, 凡留長安, 不過二十日.

【綱】 여러 관직명을 고쳤다.

改諸官名하다

【目】 奉常을 太常이라 하고, 廷尉를 大理라 하고, 典客을 大行令이라 하였다.[30)]

奉常曰太常이라하고 廷尉曰大理라하고 典客曰大行令이라하다

【綱】 봄 2월에 五畤(오치)에서 郊祭를 지냈다.

春二月에 郊五畤[①]하다

① 畤는 止와 市 두 가지 음이니, 머문다는 뜻이다. 畤는 흙을 모아 높이 쌓은 곳이니, 神靈이 머무는 곳이다. 五畤에서 五帝에 제사를 지냈으니, 모두 雍 지역에 있었다.
畤, 止·市 二音, 止也. 封土積高之所, 神靈之所止也. 五畤以祭五帝, 皆在雍.

【綱】 3월에 함박눈이 내렸다.

◑三月에 雨雪[31)]하다

【綱】 여름 4월에 梁王 劉武가 卒하자, 梁나라 땅을 나누어 그의 다섯 아들을 왕으로 봉하였다.

◑夏四月에 梁王武卒커늘 分梁地하여 王其子五人하다

【目】 梁孝王이 죽자, 태후가 곡을 하고 음식을 먹지 않으며 말하기를 "황제가 과연 내 아들을 죽였다." 하니, 황제가 슬퍼하고 두려워하여 어찌할 바를 알지 못하였다.
이에 梁나라를 나누어 다섯 나라를 만들어서 孝王의 다섯 아들을 모두 왕으로 봉하여

30) 奉常을……하였다 : 이들은 모두 九卿에 속한다. 구경은 皇室과 중앙정부의 업무만을 담당하였다. 太常은 황실의 종묘와 天地에 대한 제사를 주관하였으며, 大理는 형법을 관장하는 중앙정부의 사법기관이며, 大行令은 나중에 大鴻臚로 개칭되었는데 제후왕과 열후의 入朝, 주변 이민족들의 朝貢과 입조, 궁실에서 거행하는 제사에 관한 의식과 예의의 준비를 담당하였다.

31) 三月雨雪 : "3월에 눈이 내린 것을 쓴 것은 異變을 기록한 것이니, 눈이 내린 것을 쓴 것이 이때 처음 시작되었다. ≪資治通鑑綱目≫이 끝날 때까지 겨울에 눈이 내린 것을 쓴 것이 1번이고, 정월에 눈이 내린 것을 쓴 것이 1번이고, 2월에 눈이 내린 것을 쓴 것이 1번이고, 3월에 눈이 내린 것을 쓴 것이 4번이고, 4월에 눈이 내린 것을 쓴 것이 2번인데, 大雪이라고 쓴 것은 모두 3번이다.〔三月雪 記異也 書雪始此 終綱目 書冬雪一 書正月雪一 書二月雪一 書三月雪四 書四月雪二 而書大者凡三〕" ≪書法≫

劉買는 梁王, 劉明은 濟川王, 劉彭離는 濟東王, 劉定은 山陽王, 劉不識은 濟陰王으로 삼고, 딸 다섯 명은 모두 湯沐邑을 食邑으로 삼게 하니, 태후가 이에 기뻐하여 황제를 위해 밥을 한 번 더 먹었다.

梁孝王이 薨커늘 太后哭不食하고 曰 帝果殺吾子라하니 帝哀懼하여 不知所爲라 乃分梁爲五國하여 盡立孝王男五人爲王하여 買爲梁王하고 明爲濟川王하고 彭離爲濟東王하고 定爲山陽王하고 不識爲濟陰王하고 女五人은 皆食湯沐邑하니 太后乃說(열)하여 爲帝加一餐①하니라

① 梁나라는 그대로 睢陽(수양)에 도읍하였고, 濟川國은 陳留와 東郡의 사이에 있었고, 濟東國은 뒤에 漢나라로 편입되어 大河郡이 되었다가, 뒤에 다시 東平國이 되었고, 山陽國은 바로 山陽郡이고, 濟陰國은 바로 濟陰郡이다.
梁仍都睢陽. 濟川國在陳留・東郡之間. 濟東國後入漢爲大河郡, 後又爲東平國. 山陽國卽山陽郡. 濟陰國卽濟陰郡.

【綱】다시 笞刑의 법률을 경감하고 볼기를 치는 刑具에 대한 법령을 정하였다.

更減[32]笞法하고 定箠(추)令하다

【目】이미 笞刑의 법률을 경감하였으나 태형을 받은 자가 여전히 온전하지 못하니, 이에 다시 경감하여 태형 300대를 200대로 하고 태형 200대를 100대로 하였다. 또 볼기를 치는 刑具에 대한 법령을 정하니, 볼기 치는 刑具는 길이가 5尺, 그 밑부분은 굵기가 1寸이니 대나무이다. 끝은 나무의 굵기가 가늘어져서 반 寸이 되고, 그 마디를 깎아 모두 평평하게 하였으며, 태형을 받는 자는 볼기에 태형을 가하되, 한 가지 죄에 대한 징벌이 끝나면 마침내 매를 때리는 사람을 다른 사람으로 바꾸니, 이로부터 볼기 맞은 자가 생명을 온전히 할 수 있었다. 그러나 사형은 너무 무겁고 生刑(태형)은 또 가벼워서 백성들이 죄를 쉽게 범하였다.

旣減笞法이로되 笞者猶不全이어늘 乃更減하여 笞三百曰二百이라하고 笞二百曰一百이라하고 又定箠令하니 箠는 長五尺이요 其本大一寸이니 竹也라 末薄半寸하고 皆平其節①하고 當笞者는 笞臀(둔)호되 畢一罪에 乃更(경)人②하니 自是로 笞者得全이라 然이나 死刑旣重하고 而生刑又輕하여 民易犯之하니라

32) 更減 : "다시 형벌을 감해준 것은 어떤 것인가? 형벌을 가볍게 해준 것이다. 앞서 笞刑하는 법을 경감했다고 썼는데 여기서 다시 경감했다고 썼으니, 형벌을 가볍게 해준 것을 거듭 좋게 인정한 것이다.〔更減 何 易輕刑也 前書減笞法 於是書更減 重予之也〕" ≪書法≫

① 箠는 몽둥이이니, 볼기를 치는 도구이다. 長(길이)은 直亮의 切이다.
箠, 策也, 所以擊者也. 長, 直亮切.

② 臀은 徒門의 切이니, 볼기이다. 예전에는 등에 笞刑을 가했었는데 지금은 볼기를 친 것이다.
臀, 徒門切, 髀也. 先時笞背, 今則笞臀也.

【綱】 6월에 匈奴가 雁門과 上郡에 침입하였다.

六月에 匈奴寇雁門, 上郡하다

【目】 匈奴가 雁門과 上郡에 침입하였는데, 李廣이 상군의 郡守가 되어 일찍이 100명의 騎兵을 거느리고 출전하였다가 갑자기 수천 명에 달하는 흉노의 기병을 만났다. 이광의 기병들이 급히 달려 돌아오려고 하자, 이광이 말하기를 "우리는 지금 大軍과 수십 리 떨어져 있다. 이제 도망하면 흉노가 추격하여 우리를 쏘아서 우리가 당장 다 죽을 것이요, 우리들이 이곳에 그대로 버티고 있으면 흉노가 반드시 우리들을 大軍의 유인하는 군대라고 의심하여 감히 공격하지 못할 것이다." 하고는 기병들에게 "전진하라."고 명령하였다.

그리하여 흉노의 진영에서 2리 쯤 되는 곳에 이르러 모두 말에서 내려 안장을 풀어 도망하지 않을 것처럼 보이게 하였다. 白馬를 탄 흉노의 장수가 나와 이광의 군대를 감시하자, 이광이 말에 올라 10여 명의 기병과 함께 달려가 그를 쏘아 죽이고 돌아와 안장을 풀고는 병사들로 하여금 모두 말을 풀어놓고 자리에 눕게 하였는데, 마침 날이 저물었다. 흉노의 병사들은 끝내 기이하게 여겨서 감히 공격하지 못하고 밤중에 군대를 이끌고 떠나갔다.

匈奴入雁門, 上郡이러니 李廣이 爲上郡守하여 嘗從百騎出이라가 卒遇匈奴數千騎하다 廣騎欲馳還[①]이어늘 廣曰 吾去大軍이 數十里라 今走하면 匈奴追射我立盡이요 今我留하면 匈奴必以我爲大軍之誘라하여 不敢擊하리라하고 令諸騎曰 前하라 未到匈奴陳二里所[②]하여 令皆下馬解鞍하여 以示不走하다 匈奴有白馬將이 出護其兵[③]이어늘 廣이 上馬하여 與十餘騎로 犇(분)射殺之而還解鞍하고 令士皆縱馬臥[④]러니 會暮라 胡兵이 終怪之하여 不敢擊하고 夜引而去하니라

① 卒(갑자기)은 猝로 읽는다. "廣騎"는 李廣이 거느린 100명의 騎兵이다.
卒, 讀曰猝. 廣騎, 廣之百騎.

② 陳(진영)은 陣으로 읽는다.
陳, 讀曰陣.

匈奴의 雁門과 上郡 침공도

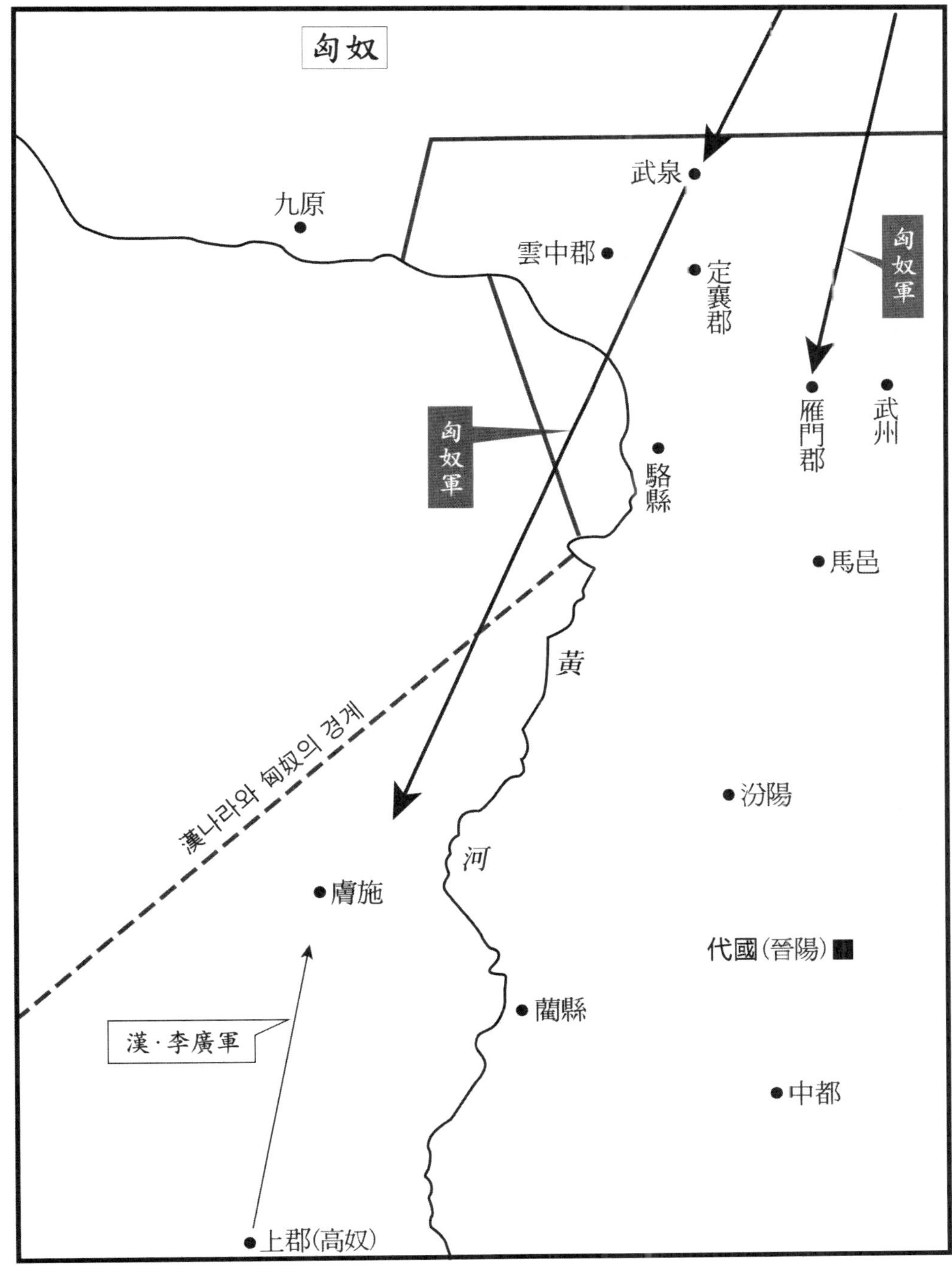

③ "白馬將"은 장수 중에 白馬를 탄 자이다. 護는 감시함을 이른다.
白馬將, 將之乘白馬者. 護, 謂監視之.

④ 縱은 풀어놓는다는 뜻이다.
縱, 放也.

【綱】 가을 7월 그믐에 일식이 있었다.

秋七月晦에 日食하다

【綱】 甯成(영성)을 中尉로 삼았다.

◑ 以甯成爲中尉하다

【目】 郅都가 죽은 뒤로부터 長安의 宗室들이 포악한 짓을 자행하여 법을 범하는 일이 많았는데, 上이 마침내 甯成을 불러 中尉로 삼으니, 그의 다스림은 질도를 본받았으나 청렴함은 질도만 못하였다. 그러나 宗室과 豪傑들이 모두 두려워하였다.

自郅都死로 長安宗室이 多暴犯法이어늘 上이 乃召甯成爲中尉하니 其治效郅都로되 其廉은 不如라 然이나 宗室豪傑이 人人惴(췌)恐하니라

戊戌年(B.C. 143)

【綱】 漢나라 孝景皇帝 後元年이다. 봄 정월에 刑獄을 다스리는 자에게 명하여 너그러움을 먼저 힘쓰도록 하였다.

後元年이라 春正月에 詔治獄者하여 務先寬[33]하다

【目】 詔令을 다음과 같이 내렸다.

33) 務先寬 : "앞에 '詔令을 내려 獄事가 의심스러운 것을 平議하게 하였다.'고 썼고, 뒤이어 '다시 笞刑의 법을 경감하고 行刑하는 刑具에 대한 法令을 정하였다.'고 썼고, 여기에서는 '옥사를 다스리는 자에게 명하여 너그러움을 먼저 힘쓰도록 하였다.'고 써서 3년 동안에 형벌을 경감한 정사를 쓴 것이 3번이니, 景帝가 비록 타고난 자품이 각박하고 까다로웠으나 刑獄에 있어서는 또한 마음을 깊이 썼다고 이를 만하다.〔前書詔獄疑者讞之 繼書更減笞法 定箠令 此書詔治獄者務先寬 三年而書恤刑之政三 帝雖天資刻深 而於刑獄 亦可謂用情矣〕" ≪書法≫

"刑獄은 중대한 일이니, 사람은 지혜롭고 어리석은 자가 있고 벼슬은 높고 낮은 차이가 있다. 형옥 중에 의심스러운 것을 有司에게 平議하게 하고, 유사가 해결하지 못하는 것을 廷尉에게 이송하여 평의한 뒤에 유사의 평의가 합당하지 못하더라도 평의한 자를 탓하지 않아서, 형옥을 다스리는 자로 하여금 너그러움을 먼저 힘쓰게 하고자 하노라."

詔曰 獄은 重事也니 人有智愚하고 官有上下라 獄疑者를 讞有司하고 有司所不能決을 移廷尉하여 讞而後에 不當이라도 讞者不爲失하여 欲令治獄者로 務先寬①하노라

① 當(합당하다)은 去聲이다. 가령 평의가 끝난 뒤에 그 처리가 합당하지 못하더라도 평의한 사람〔有司〕을 죄 주거나 탓하지 않는 것이다.
當, 去聲. 假令讞訖, 其理不當, 所讞之人, 不爲罪失.

【綱】 3월에 赦免하였다.

三月에 赦하다

【綱】 여름에 5일 동안 백성들에게 크게 잔치를 베풀어주니, 백성들이 술을 팔 수 있었다.[34]

◑夏에 大酺五日하니 民得酤酒하다

【綱】 〈5월에〉 지진이 있었다.

◑地震하다

【目】 진동이 모두 22일 동안 계속되어 上庸城의 성벽을 파괴하였다.

震凡二十二日하여 壞上庸城垣①하다

① ≪漢書≫ 〈地理志〉에 "上庸縣은 漢中郡에 속하였다." 하였다.
班志 "上庸縣, 屬漢中郡."

【綱】 丞相 劉舍가 면직되었다.

---

34) 여름에……있었다 : 景帝 中3년(B.C. 147)에 가뭄이 들어 술 파는 것을 금지시켰는데, 이때 이를 완화한 것이다.

丞相舍免하다

【綱】 가을 7월에 그믐에 일식이 있었다.

◑ 秋七月晦에 日食하다

【綱】 8월에 衛綰을 丞相으로 삼고, 直不疑를 御史大夫로 삼았다.

◑ 八月에 以衛綰爲丞相하고 直不疑爲御史大夫하다

【目】 처음에 衛綰이 中郎將으로 文帝를 섬겼는데, 醇厚하고 신중하여 딴마음이 없었다. 上이 태자로 있을 적에 文帝의 좌우를 불러 술을 마시게 하였으나 위관이 병을 칭탁하고 가지 않았는데, 문제가 임종하려 할 적에 上(景帝)에게 부탁하기를 "위관은 長者이니, 잘 대우하라." 하였다. 그러므로 上 또한 그를 총애하고 신임하였다.

直不疑가 郎官이 되었을 적에 같은 방을 쓰는 낭관이 휴가를 받아 집에 돌아갔는데, 잘못하여 같은 방을 쓰는 낭관의 金을 가지고 갔다. 같은 방을 쓰는 낭관이 직불의를 의심하자, 직불의는 金을 사서 보상하였다. 뒤에 휴가를 갔던 자가 와서 주인에게 금을 돌려주자, 금을 잃었던 낭관이 크게 부끄러워하니, 이 때문에 사람들이 직불의를 長者라고 칭하였다.

사람들이 혹 '직불의가 형수와 간통했다.'고 의심하니, 직불의가 말하기를 "나는 형이 없다." 하였다. 그러나 끝내 스스로 변명하지 않았다.

初에 綰以中郎將으로 事文帝호되 醇謹無佗[①]라 上이 爲太子時에 召文帝左右飮호되 而綰이 稱病不行이러니 文帝且崩에 屬(촉)上曰 綰은 長者니 善遇之하라 故로 上亦寵任焉하니라 不疑爲郎에 同舍有告歸할새 誤持其同舍郎金去러니 同舍郎이 意不疑어늘 不疑買金償[②]하다 後에 告歸者至而歸金한대 亡金郎이 大慙하니 以此로 稱爲長者러라 人或毁不疑以爲盜嫂라한대 不疑曰 我乃無兄이로라 然이나 終不自明也하니라

① 醇은 專一(순수)하고 후덕함이다. "無佗"는 딴생각이 없는 것이다.
醇, 專厚也. 無佗, 無餘志念也.

② "意不疑"는 直不疑가 金을 훔쳐 가져갔다고 의심함을 이른다.
意不疑, 謂疑其盜取.

【綱】 條侯 周亞夫를 하옥시키니, 주아부가 굶어 죽었다.

下條侯周亞夫獄하니 **亞夫不食死**①하다

① ≪漢書≫ 〈地理志〉에 "勃海郡에 脩縣(조현)이 있으니, 음이 條이다." 하였다.
班志 "勃海郡, 有脩縣, 音條."

周亞夫

【目】 황제가 周亞夫를 불러 음식을 하사할 적에 오직 큰 고깃점만을 진설하여 편육〔切肉〕이 없고 또 젓가락도 놓지 않자, 주아부가 마음속으로 못마땅하게 여겨 尙席을 돌아보고 말하여 젓가락을 가져오게 하였다. 上이 이것을 보고 웃으며 말하기를 "이것은 그대의 마음에 불만족스럽게 여기는 것이 아닌가?" 하니, 주아부가 관을 벗고 上에게 사죄하자, 上이 말하기를 "일어나라." 하였다. 주아부가 인하여 종종걸음으로 나가니, 上이 눈으로 전송하며 말하기를 "이 사람이 불평불만하니, 나이 어린 군주를 보필할 수 있는 신하가 아니다." 하였다.

얼마 있다가 주아부의 아들이 아버지를 위하여 장례에 사용할 工官 尙方에서 만든 갑옷과 방패를 샀다가 남에게 고발을 당하여 이 일이 주아부에게까지 연루되었다. 주아부를 불러 廷尉에게 出頭하게 하니, 주아부가 음식을 먹지 않은 지 5일 만에 피를 토하고 죽었다.

帝召周亞夫賜食할새 **獨置大胾**(지)하여 **無切肉**하고 **又不置箸**①어늘 **亞夫心不平**하여 **顧謂尙席取箸**②하니 **上**이 **視而笑曰 此非不足君所乎**아 **亞夫免冠謝上**한대 **上曰 起**하라 **亞夫因趨出**하니 **上**이 **目送之曰 此 鞅鞅**하니 **非少主臣也**③로다 **居無何**에 **亞夫子爲父**하여 **買工官尙方甲楯可葬者**④라가 **爲人所告**하여 **事連汙亞夫**라 **召詣廷尉**한대 **不食五日**에 **歐血而死**하니라

① 胾는 側吏의 切이니 큰 고깃점이니, 뼈가 붙어 있는 삶은 고기를 자른 것을 殽라 하고, 순 살코기를 자른 것을 胾라 한다.
胾, 側吏切, 大臠(련)也, 熟肉帶骨而臠曰殽, 純肉而臠曰胾.

② 尙席은 官名이니, 武帳의 장막을 관장하였다.
尙席, 官名, 掌武帳帷幔.

③ "不足君所"는 그대의 뜻에 만족스럽지 않다는 말과 같다. 황제가 음식을 먹을 도구를 진설

하지 않은 것은 그가 성내고 두려워하는 기색을 살펴서 등용하거나 버리고자 한 것이고, 그가 불평함을 보고서 웃은 것은 또 조롱한 것이다. 사죄하자 곧바로 꾸짖어 일어나게 하였으니, 이때에는 등용하지 않을 뿐만 아니라 제거하려는 마음까지 있었던 것이다.

不足君所, 猶言不滿汝意也. 帝不設食具, 蓋欲察其慍懼之色而用舍之也. 見其不平, 乃視而笑, 且譏之也. 及謝而直呵使起, 於此, 非惟不用, 而有翦除之心矣.

④ 爲(위하다)는 去聲이다. 工官은 바로 尙方의 공인이니, 만든 물건이 尙方에 속하였으므로 '工官 尙方'이라 한 것이다. 尙方은 少府[35]의 속관이니, 帝王에게 進供하는 기물을 만들었다.

爲, 去聲. 工官, 卽尙方之工, 所作物屬尙方, 故云工官尙方. 尙方, 少府之屬官, 作供御器物.

己亥年(B.C. 142)

【綱】 漢나라 孝景皇帝 後2년이다. 봄 정월에 땅이 하루에 세 번 진동하였다.

二年이라 春正月에 地一日三動하다

【綱】 內郡[36]에서 말에게 곡식을 먹이는 것을 금지하고, 말에게 곡식을 먹이면 그 말을 籍沒하여 官으로 들이게 하였다.

◑ 禁內郡食(사)馬粟하고 沒入之[①]하다

① 食(먹이다)는 飤(사)로 읽으니, 곡식을 말에게 먹이면 그 말을 적몰하여 官으로 들인 것이다.
食, 讀曰(飮)〔飤〕[37], 以粟食馬者, 沒其馬入官.

【目】 해(年事)가 풍년이 들지 않았기 때문이다.

以歲不登故也라

【綱】 여름 4월에 詔令을 내려 二千石의 관리에게 직무를 잘 수행하도록 경계하였다.

---

35) 少府 : 九卿의 하나이다. 漢나라는 국가 재정과 황실 재정이 분리되었는데, 大司農은 국가 재정을 담당하였고, 少府는 皇帝와 皇室에서 소요되는 재정을 담당하였다.

36) 內郡 : 內地에 있는 郡을 말한다. 外地, 즉 京都와 멀리 떨어져 있는 外郡과 상대되는 말이다.

37) (飮)〔飤〕: 저본에는 '飮'으로 되어 있으나, ≪資治通鑑≫ 註에 의거하여 '飤'로 바로잡았다.

夏四月에 **詔戒二千石修職事**하다

【目】 詔令을 다음과 같이 내렸다.

"器物에 여러 가지 무늬를 아로새기는 것은 농사를 해치는 것이고, 비단에 수를 놓고 붉은 인끈을 짜는 것은 女工(부녀자들이 하는 길쌈질)을 해치는 것이다. 농사를 해치는 것은 굶주림의 근본이요, 여공을 해치는 것은 추위의 근원이니, 굶주림과 추위가 함께 이르면 능히 나쁜 짓을 하지 않을 자가 적을 것이다.

朕이 親耕을 하고 황후가 親蠶을 하여 宗廟의 粢盛과 祭服을 받들어 천하의 솔선이 되었다. 공물을 받지 않고 太官을 줄이고 부역을 줄여 천하 사람들로 하여금 농업과 누에치기를 힘써서 평소에 저축하여 재해에 대비하게 하며, 강한 자가 약한 자의 것을 빼앗지 말고 많은 사람이 적은 사람을 포악하게 대하지 말게 하며, 노인들은 장수하여 일생을 잘 마치고 어린이와 고아들이 잘 자랄 수 있게 하고자 하였노라. 그런데도 지금 年事가 혹 풍년이 들지 않아서 백성들의 식량이 크게 부족하니, 그 허물이 어디에 있는가. 혹은 거짓으로 관리를 사칭하고 뇌물을 받기를 장사꾼이 물건을 사고파는 것처럼 하여, 백성들의 물건을 침탈하고 만민을 침해하는데, 縣丞은 長吏(현령의 보좌)인데도 법률을 농간하여 도둑을 도와 도둑질하게 하니, 심히 부당하다. 二千石으로 하여금 저마다 자기 직책을 닦게 하되, 관직을 제대로 수행하지 못하고 昏亂하게 하는 자를 丞相이 보고하여 죄줄 것을 청하라."

詔曰 雕文刻鏤①는 傷農事者也요 錦繡纂組②는 害女工者也라 農事傷則飢之本이요 女工害則寒之原也니 夫飢寒竝至면 而能亡(무)爲非者 寡矣③라 朕親耕하고 后親桑하여 以奉宗廟粢盛祭服하여 爲天下先하노라 不受獻하고 減太官하고 省(생)繇賦④하여 欲天下務農蠶하여 素有蓄積하여 以備災害하며 彊毋攘弱하고 衆毋暴寡하며 老耆以壽終하고 幼孤得遂長⑤하노라 今歲或不登하여 民食頗寡하니 其咎安在오 或詐僞爲吏하고 以貨賂爲市하여 漁奪百姓하고 侵牟萬民⑥이어늘 縣丞은 長吏也로되 姦法與盜盜⑦하니 甚無謂也라 其令二千石으로 各修其職호되 不事官職하고 耗亂者를 丞相以聞하여 請其罪⑧하라

① 鏤는 음이 漏이니, 조각한다는 뜻이다.
鏤, 音漏, 刻也.

② 纂은 붉은 끈이다.
纂, 赤組也.

③ 亡(없다)는 無와 통한다.

亡, 無通.

④ 太官은 少府의 屬官이니, 황제의 반찬과 음식을 주관하였다.
太官, 少府屬官也, 主膳食.

⑤ 遂는 이룬다는 뜻이다. 長(자라다)은 知兩의 切이다.
遂, 成也. 長, 知兩切.

⑥ "詐僞爲吏"는 거짓으로 관리를 사칭함을 이르고, "貨賂爲市"는 법을 농간하고 재물을 받기를 시장의 장사꾼이 물건을 사고파는 것과 같이 함을 말한다. "漁奪"은 백성들에게 착취하기를 물고기를 잡고 짐승을 사냥하는 것과 같이 함을 말한다. 牟는 취하고 침해한다는 뜻이다.
詐僞爲吏, 謂詐自稱吏. 貨賂爲市, 言弄法受財, 若市賈之交易也. 漁奪, 言掊克其民, 若漁獵然. 牟, 取也, 侵也.

⑦ "姦法"은 법을 이용하여 부정한 짓을 자행하는 것이다. "與盜"는, 〈관리가〉 도둑질한 자를 마땅히 다스려야 하는데 실정을 알고도 도리어 그를 도와주니, 이는 함께 도둑질하는 것과 다름이 없음을 말한다. 일설에 "'與盜盜'는 도둑과 함께 도둑질하는 것이다."라 하였다.
姦法, 因法作姦也. 與盜, 謂盜者當治, 而知情反佐與之, 是則共盜無異也. 一說 "與盜盜者, 共盜爲盜耳."

⑧ '秏'는 眊와 같으니, 밝지 못하다는 뜻이다.
秏, 與眊同, 不明也.

【綱】 詔令을 내려 재산이 4算(4만 錢)이면 관직을 얻게 하였다.

詔訾算四得官하다

【目】 詔令을 다음과 같이 내렸다.

"지금은 재산이 10算(10만 錢) 이상이어야 비로소 관직을 얻을 수 있으니, 청렴한 선비는 재물〔算〕이 반드시 많지 못할 것이다. 朕이 매우 이것을 민망히 여기노니, 재산이 4算이면 관직을 얻게 하라. 그리하여 청렴한 선비들로 하여금 오랫동안 관직을 잃지 않게 하고 탐욕스런 지아비로 하여금 이익을 오래도록 소유하지 못하게 하라."

詔曰 今訾算十以上이라야 **迺得官**하니 **廉士**는 **算不必衆**이라 **朕甚愍之**하노니 **訾算四**어든 **得官**하여 **亡**(무)**令廉士久失職, 貪夫長利**①하라

① 訾(재산)는 貲와 통한다. 옛날에는 관리들의 탐욕을 미워하고, 衣食이 풍족하여야 영화와 치욕을 안다 하여, 재산을 제한하여 10算이 되어야 비로소 관리가 될 수 있었으니, 10算은 10만 錢이다. 장사꾼들은 재산이 있더라도 관리가 될 수 없고, 청렴한 선비는 재물이

없어서 또 관직을 얻지 못하였다. 그러므로 재산을 줄여 4算이면 관직을 얻게 한 것이다. "長利"는 그 이익을 오래도록 얻는 것이다.

訾, 與貲通. 古者, 疾吏之貪, 衣食足, 知榮辱, 限訾十算, 迺得爲吏, 十算, 十萬也. 賈人有財, 不得爲吏, 廉士無貲, 又不得官. 故減貲四算得官矣. 長利, 長獲其利也.

【綱】 가을에 크게 가물었다.

秋에 大旱하다

庚子年(B.C. 141)

【綱】 漢나라 孝景皇帝 後3년이다. 겨울 10월에 해와 달이 모두 붉은색이 되었다.

三年이라 冬十月에 日月皆赤하다

【目】 모두 5일 동안 붉은색이 되었다.

凡五日이라

【綱】 12월에 우레가 치고 太陽이 자주색이 되었으며, 五星[38]이 역행하여 太微垣에 머물고 달이 天廷의 가운데를 관통하였다.

十二月에 雷하고 日如紫하며 五星逆行하여 守太微하고 月貫天廷中①[39]하다

---

38) 五星 : 水·木·金·火·土의 5대 行星으로, 東方의 歲星인 木星, 南方의 熒惑인 火星, 中央의 鎭星인 土星, 西方의 太白인 金星, 北方의 辰星인 水星을 이른다.

39) 十二月……月貫天廷中 : "景帝가 3년(B.C. 154)에 吳·楚 7國의 반란을 평정한 뒤로부터 이때에 이르기까지 12년 동안 일식을 쓴 것이 7번이고, 지진을 쓴 것이 4번이고, 孛星과 蝗蟲을 쓴 것이 각각 2번이고, 우박이 내린 것과 겨울의 우레와 큰 장맛비와 큰 홍수와 봄의 함박눈과 東闕의 화재와 가을의 큰 가뭄을 쓴 것이 모두 한 번씩 보이는데, 이해에 해와 달이 붉게 된 것 등의 재변을 쓴 것이 더욱 두려워할 만하다. 황제가 그리 큰 失德이 있지 않았고, 다만 각박하고 시기하여 은혜가 적었기 때문이다. 鼂錯는 충성스런 계책을 건의하였다가 살해당하고, 황태자는 죄 없이 폐위되고, 丞相 周亞夫는 正道를 지키고 아첨하지 않다가 죽었으니, 이는 모두 작은 연고가 아니다. 上天의 재변과 괴이함이 어찌 우연이겠는가. 오직 앞뒤에 쓴 것을 모아 고찰하면 황제의 잘잘못을 분명하게 알 수 있으니, 군주들은 天道가 멀다고 생각하지 말아야 할 것이다.〔景帝自三年平七國後 至此凡十二年間 書日食七 地震四 星孛蝗各二 雨雹 冬雷 大霖雨 大水 春雨雪 東闕災 秋大旱皆一見 是年所書日月皆赤等災

① 太微는 天帝의 南宮이다. 太微宮의 담장에 있는 10星이 翼宿(익수)와 軫宿(진수)의 자리에 있으니, 天子의 궁궐이고 옥황상제〔玉帝〕의 자리이다.
太微, 天帝南宮也. 太微宮垣十星, 在翼・軫之地, 天子之宮, 玉帝之坐.

【綱】 봄 정월에 詔令을 내려 농사와 누에치기를 권장하고 黃金과 珠玉을 채취하는 것을 금지하였다.

◑ **春正月**에 **詔勸農桑**하고 **禁采黃金珠玉**하다

【目】 詔令을 다음과 같이 내렸다.

"농사는 천하의 근본이니, 黃金과 珠玉은 굶주려도 먹을 수가 없고 추워도 입을 수가 없다. 근간에 年事가 혹 풍년이 들지 않은 것은 짐작건대 商工業에 종사하는 자가 많고 농민이 적기 때문일 것이다. 郡國으로 하여금 농사와 누에치기에 힘쓰고 나무를 더욱 많이 심게 하면 입고 먹을 물건을 얻을 수 있을 것이니, 관리 중에 백성을 징발하거나 고용하여 황금과 주옥을 채취하는 자는 장물을 받고 도둑질한 죄로 다스리고, 二千石(郡守와 國相 등)으로서 이 사실을 들어 알고도 〈적발하지 않은〉 자는 죄를 똑같이 다스리겠다."

詔曰 農은 **天下之本也**니 **黃金珠玉**은 **飢不可食**이요 **寒不可衣**라 **間歲或不登**은 **意爲末者衆**하고 **農民寡也**①라하노니 **其令郡國**으로 **務勸農桑**하고 **益種樹**하면 **可得衣食物**이니 **吏發民若取庸**하여 **采黃金珠玉者**는 **坐贓爲盜**②하고 **二千石聽者**는 **與同罪**호리라

① 間은 近間이란 말과 같다.
間, 猶言近間.

② "發民"은 백성을 동원하는 것이고, "取庸"은 재물을 가지고 고용하는 것이다. "坐贓爲盜"는 장물을 받아 도둑질한 죄에 걸림을 말한다.
發民, 用其民也. 取庸, 取其資以雇庸也. 坐贓爲盜, 謂坐受贓而得爲盜罪也.

【綱】 황제가 崩하였다.

帝崩①[40]하다

尤爲可畏 帝非有甚失德也 特以刻忌少恩故爾 鼂錯以忠謀殺 皇后太子以無罪廢 丞相亞夫以守正不阿死 此皆非小故也 上天變異 夫豈適然 惟合先後所書而考之 則帝之得失 粲然可知 人主其無曰天道遠云〕" ≪發明≫

40) 帝崩 : "賀善의 贊에 말하였다. '景帝의 자품은 평소 각박하고 까다롭다고 알려졌는데, ≪資治通鑑綱

① 享年이 48세였다.
壽四十八.

孝武帝 劉徹

【綱】 太子 劉徹이 즉위하였다.

太子徹이 卽位하다

【目】 나이가 16세였다.

年十六이라

【綱】 皇太后를 높여 太皇太后라 하고, 皇后를 皇太后라 하고, 2월에 陽陵에 장례하였다.

尊皇太后하여 爲太皇太后하고 皇后爲皇太后하고 二月에 葬陽陵하다

【目】 班固가 다음과 같이 평하였다.

"孔子께서 말씀하시기를 '이 백성은 三代시대에 道를 곧게 하여 행하던 자들이다.'[41] 라고 하셨으니, 참으로 옳은 말씀이다. 周나라와 秦나라의 피단은 법망이 치밀하고 법조문이 준엄한 것이었는데도 간사한 자들을 감당하지 못하였다. 그런데 漢나라가 일어나자, 번거롭고 까다로운 법령을 깨끗이 제거하여 백성들과 함께 휴식하였고, 孝文帝에 이르러서는 공손하고 검소함을 더하였으며, 孝景帝는 基業을 잘 따랐다. 그리하여 5, 60년 사이에 풍속이 바뀌어 黎民(백성)들이 순후해져서 周나라에서는 成王과 康王을 말하고 漢나라에서는 文帝와 景帝를 말하니, 아름답다.'

班固曰 孔子稱斯民也는 三代之所以直道而行也라하시니 信哉라 周秦之敝는 罔密文峻이로되 而

目≫에 쓴 것을 가지고 고찰해보면 鼂錯를 살해하고 薄后를 폐위하고 太子 劉榮을 살해하고 周亞夫를 하옥한 것은 모두 그 병통의 뿌리가 나타난 것이다. 그러나 田叔의 말을 따라 梁王의 일을 不問에 부친 것을 보면 또한 거의 쉽게 깨닫는 자이다. 景帝 中5년(B.C. 145) 이후로 3년 동안 형벌을 삼가는 정사를 쓴 것이 3번이니, 그렇다면 군자가 심하게 끊지는 않은 것이다.'〔賀善贊曰 景帝之資素號刻深 以所書考之 殺鼂錯 廢薄后 殺太子榮 獄周亞夫 皆其病根之發見者也 然觀其從田叔之言 置梁事於不問 亦庶幾易悟者 中五年以後三年 而書恤刑之政三 則君子蓋未嘗深絶之〕" ≪書法≫

41) 孔子께서……자들이다 : 이 내용은 ≪論語≫ 〈衛靈公〉에 보이는데, 朱子의 ≪集註≫에 "지금 이 사람들은 바로 三代時代에 善을 선하게 여기고 惡을 미워해서 私曲한 바가 없는 사람들이기 때문에 내가 남을 헐뜯거나 과찬하지 않는 것이다." 하였다.

姦軌不勝[①]이러니 漢興에 掃除煩苛하여 與民休息하고 至于孝文하여는 加之以恭儉하고 孝景遵業하여 五六十載之間에 至於移風易俗하여 黎民醇厚하여 周云成康하고 漢言文景하니 美矣라

① "罔密"은 禁防(금지함)이 그물처럼 빽빽한 것이고, "文峻"은 법조문이 각박하고 준엄한 것이다. "不勝"은 감당할 수 없는 것이다.
罔密, 禁防如網之密. 文峻, 文法深峻也. 不勝, 不可勝.

【目】 또 다음과 같이 평하였다.

"漢나라 초기에는 秦나라의 피폐함을 이어받아서 일은 급하고 재물은 궁핍하니, 천자로부터 색깔이 같은 駟馬를 갖출 수 없었고 장수와 정승들은 혹 소가 끄는 수레를 탔으며, 평민들은 덮어 보관할 만한 물건이 없었다. 천하가 이미 편안해지자 高祖가 마침내 장사꾼들로 하여금 비단옷을 입거나 수레를 타지 못하게 하였으며, 조세를 무겁게 징수하여 장사꾼들에게 困辱을 주었는데, 孝惠皇帝와 高后 때에는 천하가 처음 안정되었다 하여 다시 商賈를 제재하는 법률을 풀어주었으나 市井(상인)의 자손들이 또한 벼슬하여 관리가 될 수 없었다. 관리들의 녹봉을 헤아리고 관청의 비용을 헤아려서 백성들에게 세금을 부과하였으며, 山東의 곡식을 漕運하고 수송하여 中都(서울)의 여러 官府에 주었으나 1년에 수십만 石에 불과하였다.

又曰 漢初에 接秦之弊하여 作業劇而財匱[①]하니 自天子로 不能具鈞駟[②]하고 而將相이 或乘牛車[③]하며 齊民이 無藏蓋[④]라 天下已平에 高祖乃令賈(고)人으로 不得衣絲乘車하고 重租稅하여 以困辱之러니 孝惠, 高后時에 爲天下初定이라하여 復弛商賈之律이라 然이나 市井之子孫이 亦不得仕宦爲吏라 量吏祿하고 度(탁)官用하여 以賦於民하며 漕轉山東粟하여 以給中都官호되 歲不過數十萬石[⑤]이러라

① 劇은 奇昔의 切이니, 빠르다(급하다)는 뜻이다.
劇, 奇昔切, 疾也.
② 천자가 駟馬를 멍에할 적에 그 말의 색깔이 마땅히 같아야 하는데, 당시에는 국가가 가난하여 천자가 색깔이 같은 駟馬를 갖추지 못하였음을 말한다.
天子駕駟馬, 其色宜齊同, 言當時國家貧, 天子不能具鈞色之駟馬也.
③ 소로써 수레를 멍에한 것이다.
以牛駕車也.
④ "齊民"은 平民이란 말과 같으니, 신분이 똑같아서 귀천이 없었기 때문에 齊民이라 이른 것이다. "無藏蓋"는 덮어서 보관할 만한 물건이 없는 것이다.
齊民, 猶言平民, 齊等, 無有貴賤, 故謂之齊民. 無藏蓋, 無物可蓋藏也.

⑤ 中都官은 京師의 여러 官府이다.
中都官, 京師諸官府也.

【目】 뒤이어 文帝와 景帝는 청렴하고 공손하고 검소하여 천하를 편안히 길러주니, 70여 년 사이에 국가에 일이 없어서 水災와 旱害를 만난 경우가 아니면 사람들이 넉넉하고 집집마다 풍족하여 도성과 시골에 창고가 모두 가득 차고 府庫에 재물이 남아 있었으며, 京師의 돈이 여러 鉅萬이었다. 돈꿰미의 끈이 썩어서 돈이 얼마인지 셀 수가 없었고, 太倉의 곡식이 오래 묵어 서로 쌓여서 차고 넘쳐 밖에 노적을 쌓아두어 곡식이 부패해서 먹을 수 없을 지경에 이르렀으며, 평민들도 街巷에 말이 있어서 암말을 타는 자를 물리쳐 모임에 참여할 수 없게 하였고, 閭閻(여항의 문)을 지키는 자들도 膏粱과 고기를 먹었으며, 관리가 된 자는 자손이 장성하도록 한 직임에 오래 근무하였고, 관직에 있는 자는 관직의 명칭을 姓氏의 칭호로 삼았다. 그러므로 사람마다 자기 몸을 아껴 법을 범함을 어렵게 생각하여 훌륭한 행실을 우선하고 남을 내치거나 욕보이는 것을 뒤로 하였다.

그러나 법망이 엉성하고 백성들이 부유해져서 재물을 믿고는 교만하고 넘쳐서 혹은 강자가 약자를 겸병함에 이르고 豪富한 무리들이 鄕曲에서 무력을 사용하여 위세를 부렸으며, 토지를 소유한 宗室과 公卿 이하가 다투어 사치를 일삼아서 윗사람보다 참람하여 한도가 없었으니, 물건이 성하면 쇠하는 것은 진실로 당연한 변화이다. 이로부터 孝武帝가 안으로는 사치함과 화려함을 다하고 밖으로는 夷狄을 물리쳐서 천하가 소란하여 財力이 소모되었다.”

繼以文景이 清淨恭儉하여 安養天下하니 七十餘年之間에 國家無事하여 非遇水旱이면 則人給家足하여 都鄙廩庾(름유)皆滿하고 而府庫餘貲財하며 京師之錢이 累鉅萬이라 貫朽而不可校①요 太倉之粟이 陳陳相因하여 充溢露積於外하여 至腐敗不可食②하며 衆庶街巷有馬하여 乘字牝者를 擯而不得聚會③하고 守閭閻者食粱肉④하며 爲吏者長子孫⑤하고 居官者以爲姓號⑥라 故로 人人自愛而重犯法⑦하여 先行義而後絀(출)辱焉⑧이러라 然이나 網疏民富하여 役財驕溢하여 或至兼并하고 豪黨之徒 以武斷於鄕曲하며 宗室有土와 公卿以下 爭于奢侈하여 僭上無度하니 物盛而衰는 固其變也⑨라 自是之後로 孝武內窮侈靡하고 外攘夷狄하여 天下蕭然하여 財力이 耗矣⑩러라

① 都鄙는 國都와 변방 고을이다. 累는 數를 겸한 것이니, 하나에 그치지 않는다. 鉅는 큼이니, 大萬(鉅萬)은 萬萬을 이른다.[42] 校는 헤아리고 셈함을 이른다.
都鄙, 國都及邊鄙. 累者, 兼數, 非止一也. 鉅, 大也, 大萬, 謂萬萬也. 校, 謂計數也.

② 陳은 오래 묵음을 이른다.
陳, 謂久舊也.
③ 길이 곧은 것을 街라 하고, 굽은 것을 巷이라 한다. "字牝"은 새끼를 기르는 어미 말이니 사람들이 모두 수말을 타는데, 암말이 그 사이에 끼어 있으면 수말이 서로 발로 차고 물기 때문에 〈암말을 탄 사람을〉 배척하여 내보내서 함께 모이지 못하게 한 것이다. 일설에 "이 당시에 부유하여 암말을 타는 것을 부끄러워한 것이지, 굳이 발로 차고 물기 때문만은 아니다." 하였다.
直曰街, 曲曰巷. 字牝, 畜母也, 皆乘父馬, 有牝馬間其間, 則相踶齧, 故斥出不得會同. 一說 "時富饒, 恥乘字牝, 不必以其踶齧也."
④ 閭은 음이 臚이니, 마을〔里〕 가운데의 문이다.
閭, 音臚, 里中門也.
⑤ 당시에 일이 없어서 관리들이 자주 轉職하지 아니하여, 子孫을 낳아 성장함에 이르도록 轉職하지 않은 것이다.
時無事, 吏不數轉, 至於生長子孫而不轉職也.
⑥ 〈"居官者以爲姓號"는〉 관직의 명칭을 姓氏로 삼은 것이니, 倉氏와 庫氏는 倉庫를 맡은 관리의 후손이다.
以官名爲姓氏, 如倉氏・庫氏, 則倉庫吏之後也.
⑦ 〈"重犯法"은〉 가볍게 법을 범하려 하지 않음을 말한다.
謂不肯輕易犯法也.
⑧ 行(행실)은 去聲이다. 훌륭한 행실을 우선으로 삼고, 남을 내치고 욕보이는 것을 뒤로 삼음을 말한다.
行, 去聲. 謂以行義爲先, 黜辱爲後.
⑨ 役은 사역이다. 〈"役財驕溢"은〉 재물의 노예가 되어 교만하고 넘침을 이른다. 鄕里를 曲이라 한다. 鄕曲의 富豪들은 관직과 지위가 없으면서 威勢로써 曲直을 결단하므로 武斷이라 한 것이다. "宗室有土"는 나라의 宗姓(宗親이나 同姓)으로 封邑을 받아서 토지를 소유한 자를 말한다. "爭于奢侈"의 于는 오자인 듯하다. 一本에는 事로 되어 있다.
役, 使也. 謂爲財所使而驕溢也. 鄕里曰曲. 鄕曲豪富, 無官位而以威勢主斷曲直, 故曰武斷. 宗室有土, 謂國之宗姓受封邑有土地者也. 于字, 疑誤. 一本, 作事.
⑩ 攘은 물리친다는 뜻이다.
攘, 却也.

【目】 胡氏(胡寅)가 다음과 같이 평하였다.

42) 大萬은……이른다 : 萬萬은 萬을 만 번한 것으로 億을 이른다. 옛날 億은 10만에서부터 100만, 1,000만, 10,000만에 이르렀다.

“文帝와 景帝가 백성을 기른 것이 厚하였으나 仲尼의 말씀[43]을 가지고 상고해보면 또한 백성들을 부유하게 하고 많게 했을 뿐이지, 가르침이 있지는 못하였다. 그러나 문제는 寬厚한 長者로서 德으로 사람들을 교화해서, 일이 없으면 겸손하여 능하지 못한 듯이 하였고 일이 있으면 英氣를 떨쳤다. 그런데 경제는 성질이 각박하고 권모술수를 사용하여 속임수와 무력으로 아랫사람들을 다스려서, 평소에는 주벌과 상이 멋대로 행해지고 위급한 일이 있으면 벌벌 떨고 두려워하여 어찌할 바를 몰랐으니, 그 대의가 크게 차이 남이 이와 같았다. 또 총애가 없다 하여 正后를 폐위해서 부부간의 道가 박해졌고, 죄가 없이 太子를 폐위하여 부자간의 은혜가 어긋났으며, 梁王을 지나치게 사랑하여 傳位를 가볍게 허락함으로써 형제간의 우애가 끝까지 이어지지 못하였고, 참소하는 말을 믿고 重傷하는 말을 따라서 申屠嘉를 내치고 鼂錯를 죽이고 周亞夫를 죽여서 군신간의 도리가 어긋나고 이지러졌으니, 문제에 비하면 서로의 격차가 더욱 멀다. 오직 근검절약하고 백성을 사랑한 한 가지 일만이 능히 선대의 基業을 따랐을 뿐이니, 어찌 成王·康王과 똑같이 아름다운 칭호를 얻을 수 있겠는가.”

胡氏曰 文景養民이 厚矣로되 稽諸仲尼之言하면 則亦富庶之而已요 未有以教之也라 然이나 文帝는 寬厚長者로 以德化人하여 無事則謙抑如不能하고 有事則英氣奮發이러니 景帝는 刻薄任數하여 以詐力御下①하여 平居則誅賞肆行하고 緩急則惴慄(췌율)失措하니 其大致懸絶如此요 而又以無寵으로 廢正后하여 而夫婦之道薄하고 以無罪로 廢太子하여 而父子之恩睽②하고 過愛梁王하여 輕許傳位하여 而兄弟之好不終하고 信讒用譖하여 絀申屠嘉, 戮鼂錯, 殺周亞夫하여 而君臣之道乖缺하니 其視文帝에 益相遼矣③라 獨節儉愛民一事는 克遵前業耳니 夫豈可與成康同得美稱哉리오

① 任은 쓴다는 뜻이다. 數는 智數와 術數를 이른다.
任, 用也. 數, 謂智數·術數.

② 睽는 어긋난다는 뜻이다.
睽, 乖也.

③ 遼는 멀다는 뜻이다.
遼, 遠也.

---

43) 仲尼의 말씀 : ≪論語≫ 〈子路〉에 “孔子께서 衛나라에 가실 적에 冉有가 수레를 몰았는데, 孔子께서 ‘백성들이 많구나.’ 하셨다. 염유가 ‘이미 백성들이 많으면 또 무엇을 더하여야 합니까?’ 하고 묻자, ‘富裕하게 하여야 한다.’ 하셨다. ‘이미 부유해지면 또 무엇을 더하여야 합니까?’ 하고 묻자, ‘가르쳐야 한다.’ 하셨다.〔子適衛 冉有僕 子曰 庶矣哉 冉有曰 既庶矣 又何加焉 曰 富之 曰 既富矣 又何加焉 曰 教之〕”라고 보인다.

辛丑年(B.C. 140)

【綱】 漢나라 世宗 孝武皇帝 建元 원년이다.

世宗孝武皇帝建元元年①이라

① 예전에는 帝王이 年號가 없었는데, 이때에 처음 시작되었다.
自古帝王, 未有年號, 始起於此.

董仲舒

【綱】 겨울 10월에, 賢良하고 方正하여 直言極諫하는 선비를 뽑아 董仲舒를 江都相으로 삼고, 申不害와 韓非子, 蘇秦과 張儀의 학설을 전공한 자를 모두 罷하였다.

冬十月에 擧賢良方正直言極諫之士[44)]하여 以董仲舒爲江都相하고 治申韓蘇張之言

44) 擧賢良方正直言極諫之士 : "특별히 쓴 것이다. 文帝의 세대에 賢良方正과 直言極諫을 2번 썼으나 罷한 것은 쓰지 않았는데, 이때 특별히 申不害와 韓非子, 蘇秦과 張儀의 학설을 공부한 자를 모두 파했다고 썼으니, 이는 학문이 하나로 통일됨을 가상히 여긴 것이다.〔特筆也 文帝之世 再書賢良方正直言極諫矣 不書所罷 於是特書治申韓蘇張之言皆罷之 嘉統一也〕" 《書法》

"三代가 興起하였을 적에 명철한 왕이 대대로 있었다. 그러나 시종 德을 온전히 보전하여 특출하게 사람들에게 알려진 자는 또한 많이 보기가 쉽지 않다. 禹王과 湯王, 文王과 武王은 모두 창업한 군주이고, 그 자손에 이르러서는 夏나라의 啓와 少康, 商나라의 盤庚과 武丁, 周나라의 成王과 康王, 宣王 등 몇몇 군주에 불과할 뿐이다. 商나라 太甲은 초년에 典刑(떳떳한 法)을 전복하였고, 周나라 宣王은 詩人의 풍자를 면치 못하였다. 三代의 1,800년 동안 어진 군주가 겨우 이 정도일 뿐인데, 하물며 후세에 있어서이겠는가. 漢나라가 개국해서 두 번 전하여 文帝와 景帝가 있었으니, 문제는 진실로 德이 성대한 군주이고, 경제에 이르러는 이미 부끄러운 德이 있었으나, 武帝가 뒤를 이어서 걸출하게 공업을 이룩하였다. 즉위한 초기에 다른 일은 할 겨를이 없었고 첫 번째로 賢良方正한 자를 천거하여 조정에서 친히 책문하고, 또 한 시대의 大儒인 董仲舒를 얻어 첫 번째로 천거하였다. 이에 百家를 罷黜하여 세상의 배우는 자들로 하여금 孔氏를 높일 줄 알게 하였으니, 이는 모두 漢代에 일찍이 발명하지 못했던 것들이다. 이때를 당하여 〈武帝의 마음이〉 물결이 일지 않는 물과 먼지가 끼지 않은 거울과 같았으니, 만약 무제가 매사를 이와 같이 하였다면 그 성대한 德을 조금이라도 비난할 수 있었겠는가.

그런데 어찌하여 수년 뒤에는 놀고 잔치하고 사치스런 욕심을 부려서 宮室을 짓고 神仙術을 구하고 가렴주구하여 정벌하는 일이 紛紛히 서로 일어났단 말인가. 漢나라가 秦나라처럼 망하지 않은 것도 다행이다. 《資治通鑑綱目》에서 초년에 '마음이 淸淨하여 간략하고 욕심이 적었다.'라고 쓴 것을 보면 나중에 분분하게 일이 많은 것과 서로 거리가 멀다. 그런 뒤에야 군주 중에 자품이 높은 자도 반드시 나아가기를 빨리하면 물러나기를 신속히 하는 근심이 없지 않고, 시종 德을 온전히 하는 군주를 三代 이후에는 더욱 쉽게 얻을 수 없다는 것을 알 수 있다. 《詩經》에 "처음에는 모두 잘하지만 능히 有終의 美를 거두는 자가 적다."라고 하였으니, 이것을 보면 끝을 삼가기를 처음과

者를 皆罷之하다

【目】賢良하고 方正하고 直言極諫하는 선비를 뽑아 上이 친히 策問하였는데, 廣川 사람 董仲舒가 다음과 같이 대답하였다.

"臣이 삼가 ≪春秋≫의 기록을 살펴 前代에 이미 행해진 일을 보고서 하늘과 사람이 서로 感應하는 즈음을 살펴보니, 매우 두려울 만하였습니다. 국가가 장차 道를 잃어 패망함이 있으려 할 때에는 하늘이 먼저 재해를 내어 견책하여 경고하고, 그래도 스스로 살필 줄을 모르면 또다시 변괴를 보여 경계하고 두렵게 합니다. 그런데도 변할 줄을 모르면 傷敗가 마침내 이르니, 이로써 하늘의 마음이 임금을 仁愛하여 그 혼란을 그치게 하고자 함을 알 수 있습니다.

만일 크게 무도한 세상이 아니면 하늘이 모두 붙들어주어 온전히 하고 편안히 하고자 하니, 일은 힘써 노력함에 달려 있을 뿐입니다. 학문을 힘쓰면 견문이 넓어져 지혜가 더욱 밝아지고, 道를 행함을 힘쓰면 德이 날로 일어나 크게 功이 있으니, 이는 모두 곧바로 이르러서 당장 효험이 있게 하는 것입니다.

舉賢良方正直言極諫之士하여 上이 親策問之러니 廣川董仲舒對曰 臣謹按春秋之中하여 視前世已行之事하여 以觀天人相與之際하니 甚可畏也니이다 國家將有失道之敗면 而天迺先出災害以譴告之[①]하고 不知自省이어든 又出怪異以警懼之호되 尙不知變이면 而傷敗迺至하나니 以此로 見天心之仁愛人君而欲止其亂也니이다 自非大亡(무)道之世者면 天盡欲扶持而全安之하나니 事在勉强而已矣[②]라 强勉學問이면 則聞見博而知益明하고 勉强行道면 則德日起而大有功하나니 此皆可使還(선)至而立有效者也[③]니이다

① 譴은 견책한다는 뜻이다.
譴, 責也.

② 强(힘쓰다)은 其兩의 切이다.
强, 其兩切.

같이 하지 않을 수 있겠는가.〔三代之興 哲王世有 然始終全德 表表在人耆 亦未易多得 禹湯文武 皆創業之君 至其子孫 不過啓少康盤庚武丁成康宣王此數君而已 太甲初年顚覆典刑 宣王未免詩人之刺 三代千八百年 賢君僅止若此 況後世邪 漢世開基 再傳而有文景 文帝固盛德之主 至景已有慙德 武帝繼之 傑然有立 觀其卽位之始 他務未遑 首擧賢良方正 親策於廷 又得一代大儒 爲之擧首 於是罷黜百家 俾世之學者 知尊孔氏 此皆漢世之所未發明者 方是時也 如水未波 如鑑未塵 使帝每事若此 其盛德可少訾哉 夫何數年之後 遊宴奢慾 宮室神仙聚斂征伐之事 紛紛交擧 漢之不爲秦者幸爾 觀綱目初年所書淸淨簡寡 與後來擾擾多事 相去遠甚 然後知人主資稟之高者 未必不有進銳退速之患 而始終全德之君 在三代而下 益不易得也 詩曰 靡不有初 鮮克有終 觀此 可不謹終如始云〕"
≪發明≫

③ 知(지혜)는 智로 읽으니, 아래의 "知明"과 "盡知"도 같다. 還은 旋으로 읽으니, 빠르다는 뜻이다.

知, 讀曰智, 下知明・盡知同. 還, 讀曰旋, 速也.

【目】 道는 말미암아 다스림에 나아가는 길이니, 仁義와 禮樂이 모두 그 도구입니다. 그러므로 聖王이 별세한 뒤에도 자손들이 장구하게 수백 년 동안 편안하였으니, 이는 모두 禮樂으로 교화한 功입니다.

임금 중에는 나라가 편안하고 보존되기를 바라고 위태롭고 망하게 되는 것을 싫어하지 않는 이가 없습니다. 그러나 정사가 혼란하고 나라가 위태로운 경우가 매우 많은 것은, 임용한 자가 올바른 사람이 아니고 행한 바가 올바른 道가 아니었기 때문입니다. 그러므로 정사가 날로 쇠퇴하여 멸망에 이른 것입니다.

周나라의 道가 幽王과 厲王에서 쇠하였으니, 道가 망한 것이 아니고 유왕과 여왕이 행하지 않은 것입니다. 宣王에 이르러서는 옛 선왕의 德을 생각하여 침체한 것을 일으키고 해진 것을 보충하여, 文王과 武王의 功業을 밝혀서 周나라의 道가 찬란하게 부흥하였습니다. 이에 上天이 선왕을 도와 어진 보좌를 내어 후세의 칭송이 지금까지도 끊어지지 않으니, 이는 선왕이 밤낮으로 게을리하지 않고 善을 행한 결과입니다.

그러므로 나라의 治亂과 興亡은 군주 자신에게 달려 있는 것이지, 하늘이 내린 명이어서 돌이킬 수 없는 것이 아닙니다.

道者는 所繇(유)適於治之路也①니 仁義禮樂이 皆其具也라 故로 聖王이 已沒이라도 而子孫이 長久安寧數百歲하니 此는 皆禮樂敎化之功也니이다 夫人君이 莫不欲安存而惡(오)危亡이니이다 然而政亂國危者甚衆은 所任者非其人이요 而所繇者非其道라 是以로 政日以仆(부)滅也②니이다 夫周道衰於幽厲하니 非道亡也요 幽厲不繇也라 至於宣王하여 思昔先王之德하여 興滯補敝하여 明文武之功業하여 周道粲然復興이라 上天이 祐之하사 爲生賢佐하여 後世稱誦이 至今不絶[45]하니 此는 夙夜不懈行善之所致也라 故로 治亂廢興은 在於己요 非天降命不可反也③니이다

① 適은 간다는 뜻이다.

45) 至於宣王……至今不絶 : 宣王은 周나라를 中興한 군주이다. ≪詩經≫ 〈大雅 烝民〉에 "하늘이 周나라를 살펴보시니 밝은 德으로써 아래에서 感格시키기에 天子를 保祐하사 仲山甫를 낳으셨다.〔天監有周 昭假于下 保玆天子 生仲山甫〕" 하였는데, 朱子의 ≪集傳≫에 "하늘이 周나라를 굽어보시니, 능히 昭明한 德으로써 아래에서 하늘을 感格시켰다. 그러므로 하늘이 보우하여 宣王을 위해 이 어진 보좌를 내시니 仲山甫라 하였다.〔天之監視有周 能以昭明之德 感格于下 故保祐之 而爲之生山賢佐 曰仲山甫焉〕"라고 해석하였다.

適, (舛)〔往〕[46]也.

② 仆는 죽음이다.
仆, 斃也.

③ 反은 돌아온다는 뜻이다.
反, 還也.

【目】 臣이 들으니, 命은 하늘이 명령한 것이고 性은 타고난 본질이고 情은 사람의 욕망이라고 하였습니다. 堯임금과 舜임금이 德을 행하면 백성들이 仁하고 장수하며, 桀王과 紂王이 포악한 짓을 행하면 백성들이 탐욕스럽고 요절하여, 다스려짐과 혼란함이 생기게 되었습니다. 그러므로 똑같지 않은 것입니다.

王者가 훌륭한 일을 하고자 한다면 마땅히 그 단서를 하늘에서 찾아야 합니다. 天道의 큰 것은 陰·陽에 있으니, 陽은 덕이고 陰은 형벌이며, 형벌은 죽이는 것을 위주로 하고 덕은 살리는 것을 위주로 합니다. 이 때문에 陽은 항상 한여름〔大夏〕에 있어 生育하고 長養하는 것을 일로 삼고, 陰은 항상 한겨울〔大冬〕에 있어 공허하여 쓰지 않는 곳에 쌓이니, 이로써 하늘이 德에 맡기고 형벌에 맡기지 않음을 알 수 있습니다. 王者는 하늘의 뜻을 받들어 從事하므로 德教에 맡기고 형벌에 맡기지 않는 것입니다.

지금 先王의 덕교를 맡은 관원을 폐하고 오직 법을 집행하는 관리에게 맡기고서 덕교가 四海에 입혀지기를 바라시니, 이는 어려운 일입니다.

臣聞 命者는 天之令也요 性者는 生之質也요 情者는 人之欲也라 堯舜行德이면 則民仁壽하고 桀紂行暴면 則民鄙夭하여 有治亂之所生이라 故로 不齊也①니이다 王者欲有所爲인댄 宜求其端於天이니 天道之大者는 在陰陽하니 陽爲德이요 陰爲刑이요 刑主殺而德主生이라 是故로 陽은 常居大夏하여 而以生育長養爲事하고 陰은 常居大冬하여 而積於空虛不用之處하니 以此로 見天之任德, 不任刑也니이다 王者는 承天意以從事라 故로 任德教而不任刑也니이다 今廢先王德教之官하고 獨任執法之吏하여 而欲德教之被四海하시니 難矣니이다

① 仁은 탐욕스럽거나 속이지 않음이고, 壽는 요절하지 않음이다.
仁者, 不鄙詐. 壽者, 不夭折也.

【目】 임금이 된 자는 마음을 바로잡아 朝廷을 바로잡고, 조정을 바로잡아 百官을 바로잡고, 백관을 바로잡아 萬民을 바로잡고, 만민을 바로잡아 四方을 바로잡아야 하니, 사방

46) (舛)〔往〕: 저본에는 '舛'으로 되어 있으나, 朱子의 ≪集傳≫에 근거하여 '往'으로 바로잡았다.

이 바루어지면 멀고 가까운 지역이 감히 한결같이 바르지 않은 것이 없어서 간사한 기운이 그 사이에 침범할 수가 없습니다. 이 때문에 陰陽이 조화로워 바람과 비가 제때에 내리고 여러 생물이 화합하여 萬物이 번식해서 여러 福스러운 물건과 祥瑞로운 일들이 모두 이르지 않음이 없어서 王道가 잘 끝마쳐지는 것입니다.

지금 폐하께서 귀함은 天子가 되셨고 富는 四海를 소유하시어 행실이 높고 은혜가 두터우시며 지혜가 밝고 뜻이 아름다우시며 백성을 사랑하고 선비들을 좋아하시니, 義로운 군주라고 이를 만합니다. 그런데도 하늘과 땅이 호응하지 아니하여 아름다운 상서가 이르지 않는 것은 모두 교화가 확립되지 못하여 만민이 바르지 못하기 때문입니다.

爲人君者 正心以正朝廷하고 正朝廷以正百官하고 正百官以正萬民하고 正萬民以正四方이니 四方正이면 遠近이 莫敢不壹於正하여 而亡(무)有邪氣奸其間者①라 是以로 陰陽調而風雨時하며 群生和而萬物殖하여 諸福之物과 可致之祥이 莫不畢至하여 而王道終矣②니이다 今陛下貴爲天子하시고 富有四海하사 行高而恩厚하시고 知明而意美하시고 愛民而好士하시니 可謂誼主矣③라 然而天地未應而美祥莫至者는 凡以敎化不立而萬民不正也일새니이다

① 奸은 범한다는 뜻이다.
奸, 犯也.
② 殖은 생장한다는 뜻이다.
殖, 生也.
③ 行(행실)은 去聲이다. 아래에 나오는 "行發", "言行", "行哉"의 行도 같다.
行, 去聲. 下行發·言行·行哉之行同.

【目】萬民이 이익을 따름은 물이 아래로 흐르는 것과 같으니, 교화로써 이것을 막지 않으면 저지할 수 없습니다. 옛날 王者들은 교화를 큰 임무로 삼지 않은 자가 없어서 國都에는 學校(太學)를 세워 가르치고, 邑에는 庠·序를 설치하여 고을에서 교화해서 백성들을 仁으로써 젖어들게 하고 誼로써 연마하고 禮로써 절제하게 하였습니다. 그러므로 그 형벌이 매우 가벼운데도 국가에서 금지하는 것을 범하지 않았으니, 이는 교화가 제대로 행해져서 習俗이 아름답기 때문이었습니다.

聖王이 亂世를 이을 적에는 예전의 나쁜 자취를 깨끗이 청소하여 모두 제거하고 다시 교화를 닦아 높이 일으켜서, 교화가 이미 밝아지고 습속이 이미 이루어져서, 자손들이 이것을 따라 5, 6백 년을 행하여도 여전히 무너지지 않았습니다.

夫萬民之從利는 如水之走下하니 不以敎化隄防之면 不能止也라 古之王者 莫不以敎化爲大

務하여 立學校以教於國하고 設庠序以化於邑[①]하여 漸民以仁하고 摩民以誼하고 節民以禮[②]라 故로 其刑罰甚輕而禁不犯者는 教化行而習俗美也니이다 聖王之繼亂世也에 掃除其跡而悉去之하고 復修教化而崇起之하여 教化已明하고 習俗已成하여 子孫循之하여 行五六百歲에 尙未敗也[③]니이다

① 庠과 序는 모두 학교의 이름이다.
庠・序, 皆學名.
② 漸은 음이 尖이니, 점점 스며들어 적시는 것이다. 摩는 연마하는 것이다.
漸, 音尖, 浸潤之也. 摩, 砥厲之也.
③ 循은 따른다는 뜻이니, 따라서 행하는 것이다.
循, 順也, 順而行之.

【目】그런데 秦나라에 이르러서는 군주가 先聖의 道를 없애고 오로지 자기 멋대로 구차하고 간략한 정치를 행하니, 이 때문에 즉위하여 천자가 된 지 14년 만에 망한 것입니다. 그러나 그 남은 해독과 禍患이 지금까지도 없어지지 아니하여, 습속이 야박해지고 백성들이 완악하고 어리석어져서 비록 잘 다스리고자 하나 어찌할 방도가 없습니다. 그리하여 새로운 법이 나오면 간사함이 생겨나고, 명령이 내려지면 속임수가 일어나고 있습니다.

이것을 거문고와 비파에 비유해보면 소리가 조화롭지 못함이 심한 경우에는 반드시 줄을 풀어서 고쳐 매야 비로소 연주할 수 있는 것과 같으니, 정사를 하는데 행해지지 않음이 심한 경우에는 반드시 변화시켜 교화를 새롭게 해야 비로소 다스릴 수 있습니다.

漢나라가 천하를 얻은 이래로 항상 나라가 잘 다스려지기를 바랐으나 지금까지도 잘 다스려지지 못하는 것은, 마땅히 변경하여 교화해야 하는데 다시 교화하지 않은 데서 잘못되었기 때문입니다.

至秦하여 滅先聖之道하고 而專爲自恣苟簡之治[①]하니 故로 立爲天子 十有四年而亡[②]하니이다 然이나 其遺毒餘烈이 至今未滅하여 使習俗薄惡하고 人民頑嚚(완은)[③]하여 雖欲善治之나 亡(무)可奈何하여 法出而姦生하고 令下而詐起하니이다 譬之琴瑟[④]컨대 不調甚者는 必解而更(경)張之라야 乃可鼓也니 爲政而不行甚者는 必變而更化之라야 乃可理也[⑤]니이다 漢得天下以來로 常欲治로되 而至今不可善治者는 失之於當更化而不更化也니이다

① 苟는 權利에 구차함이고 簡은 仁義에 간략함이다.
苟, 苟於權利也. 簡, 簡於仁義也.
② 秦 始皇이 처음 천하를 겸병한 뒤로 망할 때까지 세어보면 14년이다.

自始皇初幷天下, 數之至亡十四年.

③ 마음으로 德義의 떳떳한 도리를 본받지 않는 것을 頑이라 하고, 입으로 忠信의 말을 하지 않는 것을 嚚이라 한다.
心不則(칙)德義之經爲頑, 口不道忠信之言爲嚚.

④ 여기서 句를 뗀다.
句.

⑤ 琴은 길이가 3尺 6寸 6分이고, 다섯 줄이었는데 뒤에 文絃과 武絃 두 줄을 더하였다. 五音이 서로 조화함을 調라 한다. 更은 음이 庚이니, 고친다는 뜻이다. "更化"는 반드시 때의 마땅함을 저울질하여 質로써 忠을 대신하고 忠으로써 文을 대신하여 교화함을 말한다.
琴, 長三尺六寸六分, 五絃, 後加文・武二絃. 五音相和曰調. 更, 音庚, 改也. 更化, 謂必須權時之宜, 以質代忠, 以忠代文以化之.

【目】上이 다시 策問하자, 董仲舒가 다음과 같이 대답하였다.

"臣이 들으니, 聖王이 천하를 다스릴 적에 어려서는 학교에서 익히게 하고 장성해서는 재목에 따라 지위를 맡겨주어, 관작과 녹봉으로써 그 德을 길러주고 형벌로써 그 惡을 두렵게 한다고 하였습니다. 그러므로 백성들이 禮誼(禮義)를 분명히 알아서 윗사람을 범하는 것을 부끄럽게 여긴 것입니다.

武王이 大誼(大義)를 행하여 殘賊을 평정하시고 周公이 禮樂을 만들어 文飾을 가하셨는데, 成王과 康王에 이르러서는 〈죄인이 없어서〉 감옥이 40여 년 동안 텅 비었으니, 이는 교화가 젖어들어 仁義가 흘러 퍼졌기 때문입니다.

秦나라에 이르러는 그렇지 아니하여 申不害와 韓非子의 학설을 스승으로 삼고 帝王의 道를 미워하여, 탐욕스럽고 사나운 것을 풍속으로 삼으며, 명분을 責하고 실질을 살피지 않아, 善을 행한 자가 반드시 화를 면하지는 못하였고 惡을 범한 자가 반드시 형벌을 받지는 못하였습니다. 이 때문에 百官이 모두 빈말을 꾸미고 실제를 돌아보지 아니하여, 겉으로는 임금을 섬기는 禮가 있으나 속으로는 윗사람을 배반하는 마음을 품고 있어서 거짓을 지어내고 속임수를 꾸며서 이익을 쫓고 부끄러움이 없었습니다.

이 때문에 형벌 받은 자가 매우 많고 죽은 자가 서로 이어졌으나 간악함이 그치지 않았으니, 세속의 변화가 그렇게 만든 것입니다.

上이 復策之한대 仲舒對曰 臣聞聖王之治天下也에 少則習之學하고 長則材諸位하여 爵祿以養其德하고 刑罰以威其惡이라 故로 民曉於禮誼而恥犯其上[①]하니이다 武王이 行大誼하여 平殘賊하시고 周公이 作禮樂以文之러시니 至於成康하여 囹圄(영어)空虛 四十餘年하니 此는 敎化之漸而仁義之

流也②니이다 至秦則不然하여 師申韓之說하고 憎帝王之道하여 以貪狼爲俗하며 誅名而不察實하여 爲善者不必免하고 而犯惡者未必刑也③라 是以로 百官이 皆飾虛辭而不顧實하여 外有事君之禮나 內有背上之心하여 造僞飾詐하여 趨利無恥라 是以로 刑者甚衆하고 死者相望호되 而姦不息하니 俗化使然也니이다

① "材諸位"는 재질의 우열에 따라 지위를 맡겨줌을 이른다. 일설에 "지위를 주어 그 재능을 시험한다." 하였다.
材諸位, 謂隨其材之優劣, 而授之位也. 一說"授之位, 以試其材也."

② 殘賊은 紂王을 이른다.[47] 囹은 음이 零이고 圄는 음이 語이니, 囹圄는 秦나라 감옥의 명칭이다. 囹은 명령하여 듣게 하는 것이고 圄는 말해주어 깨닫게 하는 것이다 일설에 "囹은 거느림이고 圄는 막음이니, 죄수들을 거느려 잘못을 금하고 막게 하는 것이다." 하였다.
殘賊, 謂紂也. 囹, 音零. 圄, 音語. 囹圄, 秦獄名. 囹, 令之使聆也. 圄, 語之使悟也. 一說"囹, 領也. 圄, 禦也. 領錄囚徒禁禦也."

③ 이리의 성품이 모두 탐욕스럽기 때문에 탐욕스러운 자를 貪狼이라 한다. 誅는 責함이다.
狼性皆貪, 故謂貪者爲貪狼也. 誅, 責也.

【目】지금 폐하께서는 천하를 모두 소유하시어 천하에 따르고 복종하지 않는 자가 없으나 功이 백성들에게 베풀어지지 못하는 것은 아마도 王者의 다음을 베풀지 않으셨기 때문일 것입니다.

曾子가 말씀하기를 '들은 바를 높이면 高明해지고 아는 바를 행하면 光大해지니, 고명함과 광대함은 다른 데에 있는 것이 아니라 뜻을 두는 데 있을 뿐이다.'라고 하셨습니다.[48] 원컨대 폐하께서는 들은 바를 행하시되, 誠心을 안에 간직하고 지극히 행하시면 三王과 무엇이 다르겠습니까.

폐하께서 새벽에 일찍 잠에서 깨어 일어나셔서 賢者를 구하는 일을 힘쓰시니, 이는 바로 堯·舜의 마음 쓰심입니다. 그런데도 훌륭한 선비를 얻지 못하는 것은 선비들을 평소 권면하여 양성하지 않았기 때문입니다. 평소 선비를 기르지 않고 현자를 구하고자 하면, 이는 비유하건대 옥을 쪼아 다듬지 않고 文采를 구하는 것과 같습니다.

---

47) 殘賊은……이른다 : ≪孟子≫ 〈公孫丑 下〉에 "仁을 해치는 자를 賊이라 이르고, 義를 해치는 자를 殘이라 이르고, 殘賊한 사람을 一夫라 이르니, 一夫인 紂王을 주벌했다는 말은 들었지만 군주를 시해했다는 말은 듣지 못하였다.〔賊仁者 謂之賊 賊義者 謂之殘 殘賊之人 謂之一夫 聞誅一夫紂矣 未聞弑君也〕"라고 보인다.

48) 曾子가……하셨습니다 : ≪文章正宗≫의 註에 "武帝는 한갓 듣기만 하고 따르지 않았으며 한갓 알기만 하고 행하지 않았으니, 이것이 병통이 생겨나게 된 근본이다. 그러므로 董仲舒가 〈이 말을 가지고〉 경계한 것이다.〔武帝徒聞而不遵 徒知而不行 此其受病之本 故仲舒箴之〕" 하였다.

그러므로 선비를 기르는 데 있어 太學보다 중요한 것이 없으니, 태학은 어진 선비의 關門이고 교화의 근본입니다. 원컨대 태학을 일으키고 현명한 스승을 배치하여, 천하의 선비를 길러서 자주 상고하고 물어 그 재능을 다하게 하시면 英材와 俊傑들을 마땅히 얻을 수 있을 것입니다.

今陛下幷有天下하사 莫不率服이로되 而功不加於百姓者는 殆王心未加焉이니이다 曾子曰 尊其所聞則高明矣요 行其所知則光大矣니 高明光大는 不在於它요 在乎加之意而已①라하시니이다 願陛下는 因用所聞하사 設誠於內而致行之하시면 則三王何異哉잇고 陛下夙寤晨興하사 務以求賢하시니 亦堯舜之用心也로되 而未云獲者는 士不素厲也②니이다 夫不素養士而欲求賢이면 譬猶不琢玉而求文采也라 故로 養士는 莫大虖太學③하니 太學者는 賢士之所關也요 教化之本原也④라 願興太學하고 置明師하여 以養天下之士하사 數(삭)考問以盡其材하시면 則英俊을 宜可得矣리이다

① 이 말은 ≪曾子全書≫ 〈外篇 晉楚 疾病篇〉에 나온다.
語出曾子疾病篇.
② 厲는 勸勉함을 이른다. 일설에 "그 행실을 갈고닦음이다." 하였다.
厲, 謂勸勉之也. 一曰"砥礪其行也."
③ 虖는 乎의 古字이다.
虖, 古乎字.
④ 關은 경유한다는 뜻이다.
關, 由也.

【目】郡守와 縣令은 백성들의 본보기이니, 이들로 하여금 임금의 流澤을 받들어 교화를 펴게 하여야 합니다. 본보기가 어질지 못하면 군주의 德이 베풀어지지 못하고 은택이 유포되지 못합니다.

지금 관리들이 아래에서 백성들을 教訓함이 없고 혹 主上의 법을 받들어 따르지 않아서 백성들을 포학하게 대하여 간사한 자들과 협잡해서 재물을 얻고 있으니, 빈궁한 자와 외롭고 약한 자들이 원통하고 괴로워하고 직책을 잃어서 심히 폐하의 뜻에 부합하지 않습니다. 이 때문에 陰陽이 어긋나 나쁜 기운이 天地에 충만해서 뭇 생명이 제대로 생장하지 못하고 백성들이 구제되지 못하는 것입니다.

저 長吏(守令)[49]는 郎中과 中郎, 二千石 관리의 자제 출신인 자가 많고, 郎吏(郎官)를

49) 長吏(守令) : 長吏는 지위가 높은 관원이나 郡縣의 丞이나 尉와 같은 수령의 보좌관을 가리키나 여기서는 守令을 가리킨 말이다. ≪漢書≫ 〈景帝紀〉에 관리 중 품계가 六百石 이상을 모두 長吏라 하였다.

선발할 적에는 또 많은 재산으로써 하니,[50] 〈많은 재산이 있는 자가〉 반드시 어질지는 못합니다. 또 옛날에 이른바 공로라는 것은 관직을 맡아 직책을 잘 수행하는 정도로 등급을 분별하였으니, 벼슬한 기간이 오래됨을 말한 것이 아닙니다. 그러므로 작은 재주는 비록 벼슬한 지가 오래되었더라도 작은 벼슬을 벗어나지 못하였고, 훌륭한 재주는 비록 벼슬한 지가 오래되지 않았더라도 군주를 보좌함에 무방하였으니, 이 때문에 有司들이 힘을 다하고 지혜를 다해서 업무를 잘 처리하여 공로를 이루기를 힘썼던 것입니다.

그런데 지금은 그렇지 않아서 벼슬한 지 오래되면 귀한 지위에 오르고 또 높은 관직에 이릅니다. 이 때문에 염치가 문란해지고 어진 자와 어질지 못한 자가 뒤섞여서 그 진실을 알 수 없게 된 것입니다.

郡守, 縣令은 民之師帥(솔)이니 所使承流而宣化也①라 師帥不賢이면 則主德不宣하고 恩澤不流니이다 今吏旣亡(무)敎訓於下하고 或不承用主上之法하여 暴虐百姓하여 與姦爲市하니 貧窮孤弱이 冤苦失職하여 甚不稱陛下之意②라 是以로 陰陽錯繆(착류)하여 氛氣充塞하여 群生寡遂하고 黎民未濟也③니이다 夫長吏는 多出於郎中, 中郎, 吏二千石子弟하고 選郎吏에 又以富訾하니 未必賢也니이다 且古所謂功者는 以任官稱職爲差하니 非謂積日累久也④라 故로 小材는 雖累日이라도 不離於小官하고 賢材는 雖未久라도 不害爲輔佐⑤하니 是以로 有司竭力盡知하여 務治其業而以赴功하니이다 今則不然하여 累日以取貴하고 積久以致官이라 是以로 廉恥貿亂하고 賢不肖混殽(혼효)하여 未得其眞也⑥니이다

① 帥는 所類의 切이다.
帥, 所類切.[51]
② "與姦爲市"는 낮은 관리 중에 간사하고 속임수를 쓰는 자를 수령이 다스리지 않고 도리어 그와 往來하여 이익을 구함을 이른다.
與姦爲市, 言小吏有爲姦欺者, 守令不擧, 乃反與之交易求利也.
③ 錯은 어긋난다는 뜻이고, 繆는 어그러진다는 뜻이다. 氛은 음이 紛이니, 나쁜 기운이다.

50) 郎吏(郎官)를……하니 : 당시 관리들이 평소 너무 가난하면 예의와 염치를 돌보지 않는다 하여 관리가 되려면 최소한 4算(40만 錢)이 있어야 임용될 수 있었으므로 말한 것이다. 이 내용은 위의 景帝 後2년(B.C. 142)조에 보인다. 郎官이 된다는 것은 황제의 가신단에 포함된다는 의미로 낭관은 모두 選擧를 통해 뽑았으며 정원이 없다.

51) 帥 所類切 : 帥는 솔과 수 두 가지 음이 있는바 表率(표솔)로 쓸 경우에는 '솔'로 읽고, 將帥(장수)로 쓸 경우에는 '수'로 읽는다. 師帥(사수)는 ≪周禮≫ 〈夏官 序官〉에 보이는데, 직급이 中大夫로 冊長이라 한다. 그러나 여기서는 表率이라는 뜻으로 썼으므로 師帥를 '사솔'로 읽어야 할 터인데 註에 음을 所類의 切로 단 것은 잘못인 듯하다.

錯, 乖也. 繆, 戾也. 氛, 音紛, 惡氣也.

④ 差는 음이 叉이니, 차례한다는 뜻이다.
差, 音叉, 次也.

⑤ 離(벗어나다)는 力智의 切이다. 害(방해하다)는 妨과 같다.
離, 力智切. 害, 猶妨也.

⑥ 貿는 바뀐다는 뜻이다.
貿, 易也.

【目】臣은 생각하건대, 여러 列侯와 郡守들로 하여금 각각 자기 관리와 백성 중에 어진 자를 선발하여 해마다 각각 두 명씩을 천거하게 해서 宿衛에 충당하고, 한편으로는 大臣의 재능을 관찰하여 천거된 자가 어질면 상을 주고 천거된 자가 어질지 못하면 벌이 있게 해야 하니, 이와 같이 하면 二千石의 관리들이 모두 賢者를 구하는 데 마음을 다해서 천하의 훌륭한 선비를 얻어 벼슬을 시킬 수 있을 것입니다.

벼슬한 날짜가 오래된 것을 공로로 삼지 마시고, 실제로 어질고 유능한 사람을 시험하여 上等으로 삼으시어, 재능을 헤아려 관직을 맡겨주고 德을 살펴 지위를 정하시면 염치를 아는 자와 알지 못하는 자의 길이 달라지고 어진 자와 어질지 못한 자의 처지가 달라질 것입니다."

臣愚는 以謂使諸列侯, 郡守로 各擇其吏民之賢者하여 歲貢各二人하여 以給宿衛하고 且以觀大臣之能하여 所貢이 賢者어든 有賞하고 所貢이 不肖者어든 有罰이니 夫如是면 諸吏二千石이 皆盡心於求賢하여 天下之士를 可得而官使也[①]리이다 毋以日月爲功[②]하고 實試賢能爲上하사 量材而授官하시고 錄德而定位하시면 則廉恥殊路하고 賢不肖異處矣[③]리이다

① 〈"官使"는〉 관직을 주어 맡기고 부림을 이른다.
謂授之以官而任使之.

② 여기서 句를 뗀다.
句.

③ 量(헤아리다)은 음이 良이다. 錄은 위문하고 살펴보는 것이다.
量, 音良. 錄, 存視也.

【目】上이 세 번째로 策問하자, 董仲舒가 다시 다음과 같이 대답하였다.

"臣이 들으니, 하늘은 萬物의 시조이므로 만물을 두루 덮어주고 포용하여 차별하는 바가 없고, 聖人 또한 하늘을 본받아 道를 세울 적에 두루 사랑하고 사사로움이 없다고

하였습니다. 봄은 하늘이 만물을 낳는 것이고 仁은 군주가 백성을 사랑하는 것이며, 여름은 하늘이 만물을 자라게 하는 것이고 德은 군주가 백성을 길러주는 것이며, 서리는 하늘이 만물을 죽이는 것이고 형벌은 군주가 백성들에게 벌을 내리는 것입니다.

孔子께서 ≪春秋≫를 지으실 적에 위로는 天道를 헤아리고 아래로는 人情에 바탕을 두셨습니다. 그리하여 옛날을 참작하고 지금을 상고하셨으니, 이 때문에 ≪춘추≫에서 비판한 것은 재해가 가해지는 것이고, ≪춘추≫에서 싫어한 것은 괴이한 일이 시행되는 것이었습니다. 공자께서 국가의 잘못을 기록할 적에 災異의 變故도 아울러 기록하셨으니, 이로써 사람의 행위에 지극히 아름답거나 추악한 것이 마침내 천지와 유통하여 오고 가며 서로 응함을 볼 수 있으니, 이 또한 天道를 말하는 한 단서입니다.

上이 三策之한대 仲舒復對曰 臣聞 天者는 群物之祖라 故로 遍覆(변부)包函而無所殊①하고 聖人은 法天而立道에 亦溥(부)愛而亡(무)私②라하니이다 春者는 天之所以生也요 仁者는 君之所以愛也며 夏者는 天之所以長也요 德者는 君之所以養也며 霜者는 天之所以殺也요 刑者는 君之所以罰也라 孔子作春秋하실새 上揆之天道하고 下求諸人情하사 參之於古하고 考之於今하시니 故로 春秋之所譏는 災害之所加也요 春秋之所惡(오)는 怪異之所施也라 書邦家之過에 兼災異之變하시니 以此로 見人之所爲其美惡之極이 乃與天地流通而往來相應이니 此亦言天之一端也니이다

① 函(포함하다)은 含과 같다.
函, 與含同.
② 溥는 음이 普이니, 두루한다는 뜻이다.
溥, 音普, 徧也.

【目】 하늘이 사물과 물건에게 명한 것을 命이라 하니 命은 聖人이 아니면 행하지 못하고, 질박한 것을 性이라 하니 性은 교화가 아니면 이루어지지 못하고, 사람의 욕망을 情이라 하니 情은 制度가 아니면 절제하지 못합니다.

이 때문에 王者가 위로는 하늘의 뜻을 삼가 받들어 命을 순히 따르고, 아래로는 교화를 밝혀 백성들을 교화해서 性을 이루기를 힘쓰며, 법도의 마땅함을 바루고 상하의 차례를 분별하여 욕망을 막으니, 이 세 가지를 닦으면 큰 근본이 거행됩니다.

사람은 하늘에서 命을 부여받아 본래 여러 생물과는 超然히 달라서 들어가면 부모와 형제의 친함이 있고 나가면 군신과 상하의 의리가 있으며, 만나고 서로 모일 적에 耆老와 長幼의 차례를 베풂이 있습니다. 그리하여 찬란하게 문채가 있어 서로 대하며, 즐겁게 은혜가 있어 서로 사랑합니다.

이 때문에 孔子께서 말씀하시기를 "천지가 낳은 것 중에 사람이 가장 귀하다."라고 하셨으니, 天性을 밝게 알아서 스스로 萬物보다 귀함을 안 뒤에야 仁誼를 알 수 있고, 仁誼를 안 뒤에야 예절을 중하게 여기고, 예절을 중하게 여긴 뒤에야 善에 처하기를 편안히 여기고, 善에 처하기를 편안히 여긴 뒤에야 이치를 따르기를 좋아하고, 이치를 따르기를 좋아한 뒤에야 君子라 이를 수 있는 것입니다.

天令之謂命이니 命은 非聖人이면 不行이요 質樸之謂性이니 性은 非敎化면 不成이요 人欲之謂情이니 情은 非制度면 不節이라 是故로 王者上謹於承天意以順命也하고 下務明敎化民以成性也하며 正法度之宜하고 別上下之序하여 以防欲也하니 修此三者면 而大本擧矣라 人이 受命於天하여 固超然異於群生하여 入有父子兄弟之親하고 出有君臣上下之誼하고 會遇相聚에 有耆老長幼之施①하여 粲然有文以相接하며 驩然有恩以相愛라 故로 孔子曰 天地之性②에 人爲貴라하시니 明於天性하여 知自貴於物然後에 知仁誼하며 知仁誼然後에 重禮節하며 重禮節然後에 安處善하며 安處善然後에 樂循理하며 樂循理然後에 謂之君子니이다

① 施는 베푼다는 뜻이니, 그 차례를 진설하는 것이다.
施, 設也, 陳設其序.
② 性은 태어난다는 뜻이다.
性, 生也.

【目】臣이 또 들으니, 적은 것을 모아 많음을 이루고 작은 것을 쌓아 큰 것을 이룬다고 하였습니다. 그러므로 聖人은 어둠으로써 밝음을 이루고 은미함으로써 드러남을 이루지 않은 적이 없습니다. 이 때문에 堯임금은 諸侯의 신분으로 發身하여 천자가 되셨고 舜임금은 깊은 산중에서 일어나 천자가 되셨으니, 하루아침에 현달한 것이 아니고 점차적으로 이루어진 것입니다.

말은 자신에게서 나와 막을 수가 없고, 행실은 몸에서 드러나 가릴 수가 없습니다. 말과 행실은 좋은 정치를 하는 중대한 요인으로, 군자가 하늘과 땅을 감동시키는 것입니다. 그러므로 작은 것을 극진하게 하는 자는 커지고 은미한 것을 삼가는 자는 드러나서, 몸에 善을 쌓는 것은 사람의 키가 날로 자라는데도 〈키가 자란 것을〉 사람들이 알지 못하는 것과 같고, 몸에 惡을 쌓는 것은 불이 기름을 태우는데도 〈기름이 줄어든 것을〉 사람들이 보지 못하는 것과 같으니, 이것이 堯임금과 舜임금은 훌륭한 명성을 얻고 桀王과 紂王은 두려워할 만한 대상이 된 이유입니다.

臣又聞之호니 衆少成多하고 積小致鉅라하니이다 故로 聖人이 莫不以晻致明하고 以微致顯[①]이라 是以로 堯發於諸侯하시고 舜興虖深山하시니 非一日而顯也요 蓋有漸以致之矣[②]니이다 言出於己하여 不可塞也요 行發於身하여 不可掩也라 言行은 治之大者니 君子之所以動天地也라 故로 盡小者는 大하고 愼微者는 著[③]하여 積善在身은 猶長日加益而人不知也하고 積惡在身은 猶火銷膏而人不見也[④]하나니 此唐虞之所以得令名이요 而桀紂之可爲悼懼者也니이다

① 晻(어둠)은 暗의 古字이다.
晻, 古暗字.
② 堯임금은 唐侯로 있다가 천자의 지위에 올랐고, 舜임금은 歷山에서 농사를 지었다.
堯從唐侯, 升天子之位, 舜耕于歷山.
③ 능히 여러 작은 것을 다하면 高大한 것을 이루고, 은미한 것을 삼가면 그 善이 밝게 드러나는 것이다.
能盡衆小, 則致高大, 能謹於微, 則其善著明也.
④ 長은 신체의 길고 짧음을 말하니, 어릴 때로부터 장성함에 이르는 것이다.
長, 言身形之修短, 自幼及壯也.

【目】즐거우면서도 혼란하지 않고 반복하여도 싫지 않는 것을 道라 이릅니다. 道는 만세토록 폐단이 없으니, 폐단이 나타나는 것은 道를 잃은 것입니다. 先王의 道에도 반드시 편벽되어 실행할 수 없는 부분이 있었습니다. 그러므로 정사가 밝지 못하여 행해지지 못하는 것이 있거든, 편벽된 것을 들어 그 폐단을 보조할 뿐이었습니다.

三王의 道가 元祖로 삼은 것이 똑같지 않음은 서로 반대된 것이 아니고, 장차 넘치는 것을 바로잡고 쇠퇴한 것을 붙들려고 한 것이니, 조우한 상황이 그렇게 만든 것입니다. 그러므로 王者는 제도를 고쳤다는 명칭은 있고 道를 변경한 실제는 없었습니다. 夏나라가 忠을 숭상하고 殷나라가 敬을 숭상하고 周나라가 文을 숭상했던 것은, 先代로부터 계승한 폐단을 바로잡음에 마땅히 이것을 사용해야 했기 때문입니다.

夫樂而不亂하고 復而不厭者를 謂之道[①]니 道者는 萬世亡(무)敝하나니 敝者는 道之失也라 先王之道에 必有偏而不起之處라 故로 政有眊而不行이어든 擧其偏者하여 以補其敝而已矣[②]니이다 三王之道 所祖不同은 非其相反이요 將以捄溢扶衰니 所遭之變이 然也[③]니이다 故로 王者는 有改制之名하고 亡變道之實하니 夏上忠하고 殷上敬하고 周上文者는 所繼之捄에 當用此也[④]일새니이다

① 復은 음이 服이니, 반복하여 행함을 이른다.
復, 音服, 謂反覆行之也.

② 眊는 莫報의 切이니 밝지 못한 것이다.
眊, 莫報切, 不明也.
③ 捄는 救의 古字이다.
捄, 古救字.
④ 上(숭상하다)은 尙과 같다. 繼는 先代에게서 받은 차례를 이른다. 捄는 폐단을 바로잡음을 이른다.
上, 與尙同. 繼, 謂所受先代之次也. 捄, 謂救其弊也.

【目】 道의 큰 근원이 하늘에서 나왔으니, 하늘이 변하지 않으면 道도 변하지 않습니다. 이 때문에 禹임금은 舜임금을 이으시고 舜임금은 堯임금을 이으시어 세 聖人이 서로 天子의 자리를 물려주셨는데, 한 가지 道를 지켜서 폐단을 바로잡는 정사가 없으셨습니다. 이것을 가지고 관찰해보면 治世를 잇는 자는 그 道가 같고, 亂世를 잇는 자는 그 道가 바뀌는 것입니다.

지금 漢나라는 크게 혼란한 뒤를 이었으니, 마땅히 周나라의 文飾을 다소 덜고 夏나라의 忠을 취하여 사용해야 할 것입니다. 옛날의 천하는 또한 지금의 천하이니, 똑같은 천하인데 옛날을 가지고 지금을 헤아려봄에 어쩌면 그리도 미치지 못함이 심하단 말입니까. 짐작컨대 옛날의 道에 위배되는 바가 있어서일 것이고, 하늘의 이치에 어긋나는 바가 있어서일 것입니다.

道之大原이 出于天하니 天不變이면 道亦不變이라 是以로 禹繼舜하고 舜繼堯하사 三聖相授而守一道하여 亡(무)捄敝之政也[①]하니이다 繇是觀之컨대 繼治世者는 其道同하고 繼亂世者는 其道變이라 今漢이 繼大亂之後하니 若宜少損周之文하고 致用夏之忠者[②]니이다 夫古之天下는 亦今之天下니 共是天下어늘 以古準今에 壹何不相逮之遠也잇고 意者컨대 有所失於古之道與인저 有所詭於天之理與[③]인저

① 〈"亡捄敝之政也"는〉 정사가 화평하여 굳이 폐단을 바로잡지 않아도 됨을 말한다.
言政和平, 不須救弊也.
② "致用"은 취하여 쓴다는 말과 같다.
致用, 猶言取而用之.
③ 詭는 어긋나고 다르다는 뜻이다.
詭, 違也, 異也.

【目】 하늘도 또한 구분하여 주는 것이 있어서 이빨을 준 자에게는 뿔을 주지 않고 날개

를 붙여준 자에게는 발을 둘로 만들었으니, 큰 것을 받은 자는 작은 것을 취할 수 없는 것입니다. 옛날에 녹봉을 받는 자들이 자기 힘으로 농사지어 먹지 않고 상공업(末業)에도 종사하지 않았던 것은 하늘과 뜻을 같이한 것입니다.

이미 큰 것을 받고 또 작은 것까지 취하면 하늘도 풍족하게 할 수 없는데, 하물며 사람이겠습니까. 이것이 백성들이 시끄럽게 떠들어대면서 부족함을 괴롭게 여기는 이유입니다. 몸은 군주의 총애를 받아 높은 지위에 오르고 집안은 부유하여 많은 녹봉을 받고 있는데, 부귀한 재물과 권력을 이용하여 백성들과 아래에서 이익을 다투고 있으니, 백성들이 어찌 이들과 경쟁할 수 있겠습니까.

백성들의 살림이 날로 줄어들고 달로 위축되어 점점 더 크게 곤궁해져서 부유한 자는 사치하여 넘쳐나고, 가난한 자는 곤궁하여 근심하고 괴로워해서 백성들이 사는 것을 좋아하지 않으니, 백성들이 어떻게 죄를 피하겠습니까. 이것이 형벌이 날로 많아지는데도 간사한 자들을 이길 수 없는 이유입니다.

夫天亦有所分予[①]하여 予之齒者는 去其角[②]하고 傅之翼者는 兩其足[③]하니 是所受大者는 不得取小也니이다 古之所予祿者 不食於力하고 不動於末은 與天同意者也[④]니이다 夫已受大하고 又取小하면 天不能足이어든 而況人虖잇가 此는 民之所以囂(효)囂苦不足也[⑤]니이다 身寵而載高位하고 家溫而食厚祿[⑥]이어늘 因乘富貴之資力하여 以與民爭利於下하니 民安能如之哉잇가 民이 日削月朘(선)하여 寖以大窮[⑦]하여 富者는 奢侈羨溢(연일)하고 貧者는 窮急愁苦[⑧]하여 民不樂生하니 安能避罪리오 此는 刑罰之所以蕃이로되 而姦邪不可勝者也니이다

① 分(구분하다)은 去聲이고, 予(주다)는 與로 읽는다.
分, 去聲. 予, 讀曰與.

② 소는 윗니(앞니)가 없으니 뿔이 있고, 그 나머지 뿔이 없는 것들은 윗니가 있음을 말한 것이다.
謂牛無上齒, 則有角, 其餘無角者, 則有上齒.

③ 傅는 附로 읽으니 붙인다는 뜻이다. 새는 네 개의 발이 달려 있지 않음을 말한 것이다.
傅, 讀曰附, 著(착)也. 言鳥不四足.

④ "不食於力"은 자기 집안사람들로 하여금 힘을 들여 곡식과 채소를 심는 일을 해서 그 이익을 거두어 먹게 하지 않음을 이르니, 또한 백성들과 이익을 다투지 않는다는 뜻이다. 末은 商工業을 이른다.
不食於力, 謂不使其家爲勞力種植之事, 以收其利爲食也, 亦不與民爭利之意. 末, 謂工商之業.

⑤ 囂(근심하는 소리)는 嗸와 같으니, "囂囂"는 여러 사람이 원망하고 근심하는 소리이다.
囂, 與嗸同, 囂囂, 衆怨愁聲也.

⑥ 載는 오른다는 뜻이다.
載, 乘也.
⑦ 削은 깎인다는 뜻이다. 朘(줄어든다)은 음이 宣이다. 〈"日削月朘"은〉 더욱 위축됨을 말한다.
削, 刻也. 朘, 音宣, 謂轉蹙也.
⑧ 羨은 衍과 같으니, 남는다는 뜻이다.
羨, 與衍同, 饒也.

【目】天子의 大夫는 백성들이 보고 본받는 바이고 먼 지방의 사람들이 사면에서 바라보고 있는 바이니, 어찌 어진 사람의 지위에 있으면서 庶人의 행동을 한단 말입니까. 급급하게 財利를 추구하여 항상 궁핍함을 두려워하는 것은 서인의 생각이고, 급급하게 仁義를 추구하여 항상 백성들을 교화시키지 못할까 염려하는 것은 대부의 생각입니다. 만약 君子의 지위에 있으면서 군자의 행실에 합당하게 하려 한다면, 公儀休가 魯나라의 정승이 되었던 것을 제외하고는 달리 행할 만한 것이 없습니다.

天子大夫者는 下民之所視傚요 遠方之所四面而內望也니 豈可以居賢人之位而爲庶人行哉리오 夫皇皇求財利하여 常恐乏匱(핍궤)者는 庶人之意也요 皇皇求仁義하여 常恐不能化民者는 大夫之意也[①]니 若居君子之位하여 當君子之行인댄 則舍公儀休之相魯면 無可爲者矣[②]니이다

① "皇皇"은 급속하다는 뜻이다.
皇皇, 急速之意.
② 舍(버리다)는 捨로 읽는다. 公儀休가 魯나라의 정승이 되었을 적에 녹봉을 먹는 자들로 하여금 백성들과 이익을 다투지 못하게 하였다. 공의휴는 자기 집안에서 가꾸어 먹는 채소(아욱)가 맛이 좋자 성내면서 이 아욱을 뽑아 버렸고, 자기 집안에서 짜는 비단이 좋은 것을 보고는 怒하여 부인을 내쫓고, 말하기를 "〈우리 집에서 채소를 가꾸어 먹고 비단을 짜서 입는다면〉 農夫와 工女로 하여금 어디에서 그 貨物을 팔게 하겠는가." 하였다.
舍, 讀曰捨. 公儀休相魯, 使食祿者, 不得與民爭利之. 其家茹食而美, 慍而拔去其葵, 見其家織帛好, 怒而出其婦, 曰 "令農夫工女, 安所售其貨乎."

【目】≪春秋≫에 一統을 크게 여긴 것은 천하의 떳떳한 經道이고 고금에 통하는 의리인데, 지금은 스승마다 道를 달리하고 사람마다 의논을 달리해서, 百家가 방도를 달리하여 가리키는 뜻이 똑같지 않습니다. 이 때문에 위에서 一統을 지키지 못하여 法制를 자주 변경해서 아랫사람들이 지킬 바를 알지 못하니, 어리석은 臣은 생각하건대 여러 六藝(六經)의 과목과 孔子의 학술에 들어 있지 않은 것들은 모두 그 道를 막아서 나오지

못하게 하여 간사한 말이 없어지고 종식되게 하여야 할 것이니, 그런 뒤에야 紀綱을 하나로 만들고 법도를 밝힐 수가 있어서 백성들이 따를 바를 알게 될 것입니다."

春秋大一統者는 天下之常經이요 古今之通誼也①어늘 今에 師異道하고 人異論하여 百家殊方하여 指意不同이라 是以로 上無以持一統하여 法制數(삭)變하여 下不知所守하니 臣愚는 以爲諸不在六藝之科, 孔子之術者를 皆絶其道하여 勿使竝進하여 邪辟之說이 滅息이니 然後에 統紀可一而法度可明하여 民知所從矣②리이다

① ≪春秋公羊傳≫ 隱公 元年 春王 正月에 "어찌하여 '王正月'이라 말하였는가. 一統을 크게 여긴 것이다." 하였으니,[52] 이는 제후가 모두 천자에게 매여 있고 통솔을 받아서 스스로 제멋대로 행동하지 못함을 말한 것이다.
春秋公羊傳隱公元年春王正月 "何言乎王正月. 大一統也." 此言諸侯皆繫統天子, 不得自專也.

② 六藝는 ≪禮經≫·≪樂經≫·≪春秋≫·≪易經≫·≪詩經≫·≪書經≫이다. 藝는 심음이니, 배우는 자가 六經에 공력을 씀은 농부가 곡식을 심고 가꾸는 데에 힘을 쓰는 것과 같은 것이다. 辟(간사하다)은 僻으로 읽는다.
六藝, 禮·樂·春秋·易·詩·書. 藝, 種也, 學者用功於六經, 猶農者用功於種藝也. 辟, 讀曰僻.

【目】 천자가 그의 對策을 좋게 여겨 董仲舒를 江都國의 정승〔相〕으로 삼았다. 丞相 衛綰이 이로 인하여 선발한 賢良들 중에 혹 申不害와 韓非子, 蘇秦과 張儀의 학설[53]을 전공하여 국정을 어지럽히는 자들을 모두 罷할 것을 청하자, 아뢴 대로 하라고 하였다.

天子善其對하여 以仲舒爲江都相하다 丞相衛綰이 因奏所擧賢良이 或治申韓蘇張之言하여 亂國政者를 請皆罷한대 奏可하다

【目】 董仲舒는 젊어서부터 ≪春秋≫를 전공하여 博士가 되어서 나아가고 물러가는 절도와 행동거지를 禮法이 아니면 행하지 않으니, 學士들이 모두 스승으로 삼아 높였다. 그

52) 春秋公羊傳……하였으니 : 春王正月은 '어느 해 봄 周나라 王이 쓰는 달력으로 정월'이라는 뜻인데, ≪春秋≫에 통용된 연대 표기 방식이다. 이와 관련해서 ≪春秋公羊傳≫은 隱公 원년조에 "왜 王正月이라고 하였는가? 大一統을 하기 위해서이다."라고 하였다. 대일통은 천하의 諸侯가 모두 周나라 왕에게 귀의하여 이를 중심으로 통일되어야 한다는 의미이다.

53) 申不害와……학설 : 申不害와 韓非子를 刑名家라고 하고, 蘇秦과 張儀를 縱橫家라 한다. 縱橫은 合縱과 連橫을 이른다. 소진은 楚·燕·齊·韓·魏·趙의 六國이 合縱하여 秦나라에 대항할 것을 주장하였고, 장의는 약소국인 6國이 강대국인 秦나라를 잘 섬겨야 無事함을 주장하였다. 合縱은 合從으로 連橫은 連衡으로도 표기한다.

러다가 江都國의 정승이 되어 易王(역왕)을 섬겼다. 王은 황제의 형이라서 평소 교만하고 용맹을 좋아하였는데 동중서가 禮로써 바로잡으니, 王이 공경하고 소중히 대하였다.

王이 일찍이 동중서에게 묻기를 "粵王(월왕) 句踐이 대부 泄庸(설용), 文種, 范蠡(범려)와 함께 吳나라를 쳐서 멸망시켰으니, 寡人은 '粵나라에 三仁(세 명의 仁者)이 있었다.[54)]'라고 여기는데 어떠한가?" 하자, 동중서가 다음과 같이 대답하였다.

"옛날 魯나라 임금이 齊나라를 정벌하는 일을 柳下惠에게 묻자, 유하혜가 근심스런 얼굴빛으로 대답하기를 '제가 들으니, 남의 나라를 정벌할 적에는 仁한 사람에게 묻지 않는다고 하였는데, 이 말씀이 어찌 저에게 이른단 말입니까.' 하였습니다. 유하혜는 단지 묻기만 하였는데도 부끄러워하였는데, 하물며 속임수를 써서 행하는 경우이겠습니까. 仁한 사람은 의리를 바로잡고 이익을 도모하지 않으며, 道를 밝히고 功을 계산하지 않습니다. 이 때문에 仲尼의 문하에서는 5尺의 동자도 五霸를 말하는 것을 부끄러워하였습니다. 이는 오패가 속임수와 무력을 앞세우고 仁義를 뒷전으로 여겼기 때문이니, 이것을 가지고 말한다면 粵나라에는 일찍이 한 사람의 仁한 사람도 있지 않은 것입니다."

王은 "좋은 말이다."라고 칭찬하였다.

仲舒少治春秋爲博士하여 進退容止를 非禮不行하니 學士皆師尊之러니 及爲江都相하여 事易王①하니 王은 帝兄이라 素驕好勇이어늘 仲舒以禮匡正하니 王이 敬重焉이러라 嘗問之曰 粵王句踐이 與大夫泄庸, 種, 蠡로 伐吳滅之하니 寡人은 以爲粵有三仁이라하노니 何如②오 仲舒對曰 昔에 魯君이 問伐齊於柳下惠한대 惠有憂色曰 吾聞伐國에 不問仁人이라하니 此言이 何爲至於我哉잇가하니 徒見問耳로되 猶且羞之어든 況設詐以行之乎잇가 夫仁人者는 正其誼하고 不謀其利하며 明其道하고 不計其功이라 是以로 仲尼之門에 五尺之童이 羞稱五伯(패)는 爲其先詐力而後仁義也니 繇(유)此言之하면 則粵未嘗有一仁也니이다 王曰 善타

① 易은 음이 亦이니, 시호이다. 역왕의 이름은 非이다.
易, 音亦, 諡也. 王名, 非.

② 句踐은 粵王의 이름이다. 泄은 姓이고 庸은 이름이다. 種은 바로 大夫 文種이고, 蠡는 范蠡이다.
句踐, 粵王名. 泄姓, 庸名也. 種, 卽大夫種也. 蠡, 范蠡也.

54) 粵나라에……있었다 : 三仁은 세 仁者로, 孔子가 일찍이 微子와 箕子, 比干을 칭찬하여 "殷나라에 세 분의 仁者가 있었다.〔殷有三仁焉〕"라고 한 말씀을 따라 말한 것이다. ≪論語 微子≫ 粵는 越과 통한다.

【目】 뒤에 公孫弘 또한 ≪春秋≫를 전공하였는데, 세속에 영합하여 권세를 부렸다. 董仲舒가 공손홍을, 군주를 따라 아첨한다고 비판하니, 공손홍이 그를 미워하였다. 그리하여 생각하기를 膠西王은 上의 형으로 매우 放縱하여 자주 二千石의 관리[55]를 살해한다고 하여, 上에게 아뢰어 동중서로 하여금 교서왕의 정승이 되게 하였다. 그러나 교서왕은 평소 동중서가 어질다는 소문을 듣고 잘 대우하였다.

동중서가 전후로 교만한 두 왕을 섬길 적에 모두 몸을 바르게 해서 아랫사람들을 통솔하여 부임하는 곳마다 잘 다스려졌다. 벼슬을 버리고 집에 있게 되자, 産業(집안의 살림)에 관여하지 않고 오로지 講學과 著書를 일삼았으며, 조정에 큰 의논이 있을 적에 사자를 보내어 찾아가 물으면 그 대답이 모두 분명한 법식이 있었다.

後에 公孫弘이 亦治春秋而希世用事①러니 仲舒以弘爲從諛라하니 弘이 嫉之하여 以膠西王亦上兄으로 尤縱恣하여 數(삭)害吏二千石이라하여 言於上하여 使仲舒相之한대 王이 素聞其賢하고 善待之러라 仲舒兩事驕王에 皆正身以率下하여 所居而治러니 及去位家居에 不問産業하고 專以講學著書爲事하며 朝廷有大議에 使使就問之어든 其對皆有明法하니라

① 希는 살펴본다는 뜻이다.
希, 觀相也.

【目】 程子가 말씀하였다.

"〈董子(董仲舒)가〉 '의리를 바로잡고 이익을 도모하지 않으며 道를 밝히고 功을 계산하지 않는다.'라고 하였으니, 이것이 董子가 諸子들보다 크게 뛰어난 이유일 것이다."

또 말씀하였다.

"漢나라의 여러 儒者 중에 오직 董子만이 儒者의 기상이 있었다."

程子曰 正其誼하고 不謀其利하며 明其道하고 不計其功이라하니 此董子所以度越諸子也與①인저 又曰 漢之諸儒에 唯董子有儒者氣象하니라

① 度는 뛰어나다는 뜻이다.
度, 過也.

【綱】 봄 2월에 赦免하였다.

---

55) 二千石의 관리 : 연봉이 二千石으로 郡守와 諸侯國의 相(정승)이 여기에 해당하였는데, 여기서는 특별히 相을 말한 것이다.

春二月에 赦하다

【綱】 三銖錢을 발행하였다.

◑ 行三銖錢①하다

① 四銖錢을 없애고 새로 이 돈을 주조한 것이니, 돈의 무게가 돈에 쓰여 있는 글자와 같았다. 新壞四銖錢, 造此錢也, 重如其文.

【綱】 여름 6월에 丞相 衛綰이 면직되니, 竇嬰을 丞相으로 삼고 田蚡을 太尉로 삼고 趙綰을 御史大夫로 삼고 王臧을 郎中令으로 삼았으며, 申公을 맞이하여 太中大夫로 삼았다.

◑ 夏六月에 丞相綰이 免하니 以竇嬰爲丞相하고 田蚡爲太尉하고 趙綰爲御史大夫하고 王臧爲郎中令하고 迎申公하여 爲太中大夫하다

【目】 上은 평소 儒學에 뜻을 두었고 竇嬰과 田蚡은 모두 儒學을 좋아해서, 趙綰을 추천하여 御史大夫로 삼고 王臧을 郎中令으로 삼았다.

조관이 明堂을 세울 것을 청하고 자신의 스승인 申公을 추천하자, 上이 使者를 보내어 부들로 바퀴를 싼 安車[56]를 받들고 束帛에 璧玉을 가하여 맞이하게 하였다. 申公이 오자, 황제가 나라가 다스려지고 혼란해지는 일을 물었는데, 그는 이때 나이가 80이 넘었다. 대답하기를 "정치를 하는 것은 많은 말에 달려 있지 않고 다만 힘써 행하기를 어떻게 하느냐에 있을 뿐입니다." 하였다.

부들로 바퀴를 싼 安車로 申公을 부르다

56) 安車 : 앉아서 탈 수 있는 작은 수레이다. 옛날 큰 수레는 모두 서서 탔는데, 이 수레는 노인을 태우기 위해 만든 것이다.

이때 上은 文詞(文章)를 좋아하였는데, 申公의 대답을 듣고는 〈마음에 들지 않으므로〉 묵묵부답이었다. 그러나 이미 招致하였으므로 太中大夫를 삼아 魯나라 저택에 머물게 하여, 明堂과 巡狩, 책력과 복식의 색깔을 바꾸는 등의 일을 논의하게 하였다.

上이 雅嚮儒術하고 嬰, 蚡이 俱好儒하여 推轂(퇴곡)趙綰하여 爲御史大夫하고 王臧爲郎中令①하다 綰이 請立明堂하고 薦其師申公②한대 上이 使使者하여 奉安車蒲輪하고 束帛加璧하여 迎之③하다 旣至에 問治亂之事하니 申公이 年八十餘라 對曰 爲治者는 不(至)〔在〕[57] 多言이요 顧力行何如耳④니이다 時에 上이 方好文詞러니 見申公對하고 默然이라 然이나 已招致하여 則以爲太中大夫하여 舍魯邸하여 議明堂, 巡狩, 改歷服色事⑤하다

① "推轂"은 賢者를 천거하는 것이 수레바퀴를 밀어주는 것과 같아서 나아감을 주장함을 말한다.
推轂, 謂薦進賢者, 若推車轂然, 主於進也.

② 明堂은 王者가 거처하면서 政令을 내는 곳이다. 申公은 바로 楚王 劉戊가 일찍이 胥靡[58]로 삼았던 자이다.
明堂, 王者所居以出政令之所也. 申公, 卽楚王戊嘗胥靡者也.

③ "安車蒲輪"은 부들을 사용하여 수레바퀴를 싼 것이니, 편안함을 취한 것이다. 帛은 바로 옛 三帛[59]과 같은 것이니, 옛날 폐백을 만들 적에 길이가 1丈 8尺이고 묶음이 10끝〔端〕[60]이었다. 또 璧玉을 그 위에 가하였으니, 璧은 옥이니, 테두리〔肉〕가 구멍〔好〕보다 배가 되고 형체가 둥글고 속이 비었는데, 이로써 禮物을 삼아 만나보는 禮로 삼은 것이다.
安車蒲輪, 用蒲(裹)〔褁〕[61]車輪, 取其安也. 帛, 卽如古三帛, 古者制幣, 其長丈八尺, 其束十端也. 又加璧其上, 璧, 玉也, 肉倍於好, 其形圓, 其中虛, 所以爲贄見之禮.

④ 顧字가 句의 머리에 있는 경우, 發語辭가 있고, 反語辭가 있고 돌아보고 연연한다는 뜻이 있다. 그러나 '다만 살피다'는 뜻으로 삼아야 하는 경우가 있으니, 이 부분과 "顧王策安決耳"의 따위가 이 경우이다. 力行은 힘써서 행함을 이른다.
顧字, 在句首者, 有發語辭, 有反語辭, 有眷戀之意, 有當爲但視之義者, 此處及顧王策安決耳之類, 是也. 力行, 謂勉力而行也.

⑤ 舍는 머물러 휴식함이다. 申公이 魯나라 사람이므로 魯나라 저택에 머물게 한 것이다.

---

57) (至)〔在〕: 저본에는 '至'로 되어 있으나, ≪史記≫와 ≪漢書≫ 등에 근거하여 '在'로 바로잡았다.

58) 胥靡 : 古代에 勞役에 복무하는 노예나 刑徒를 말한다.

59) 옛 三帛 : 相見禮에 폐백으로 사용되던 분홍 비단, 검은 비단, 누런 비단을 이른다. ≪書經≫ 〈虞書 舜典〉에 "五玉과 三帛과 二生과 一死의 贄"라고 보이는데, 孔穎達의 傳에 "三帛은, 諸侯의 世子는 분홍 비단을, 公의 孤卿은 검은 비단을, 附庸國의 君主는 누런 비단을 폐백으로 삼는다.〔三帛 諸侯世子執纁 公之孤執玄 附庸之君執黃〕"라고 해석하였다.

60) 10끝〔端〕: 端은 古代 束帛의 양 끝의 길이의 단위로, 비단 한 필은 길이가 40尺인데, 이것을 양쪽에서 말아오면 두 끝〔端〕이 되며, 다섯 필이면 10端, 곧 10끝이 된다.

61) (裹)〔褁〕: 저본에는 '裹'로 되어 있으나, 문맥을 살펴 '褁'로 바로잡았다.

舍, 止息也. 申公魯人, 故舍於魯邸.

【目】胡氏(胡寅)가 말하였다.

"申公의 말이 마땅하나, 다만 그가 말한 '힘써 행한다.'는 것이 무슨 일인지 알지 못하겠다. 신공이 단서만 꺼내고 다 말하지 않았는데, 武帝가 뜻에 거슬린다 하여 묻지 않았으니, 애석하다. 그러나 明堂과 巡狩, 책력과 복식의 색깔을 바꾸는 것이 어찌 힘써 행할 급선무이겠는가. 대답이 맞지 않고 또 그대로 머물고 떠나가지 않았으니, 穆生[62]에게 미치지 못함을 더욱 알 만하다.

胡氏曰 申公之言이 當矣로되 第未知所謂力行者 何事耳라 申公이 開端而未告어늘 武帝咈意而不問하니 惜哉라 然이나 明堂, 巡狩, 改歷服色이 豈力行之急務哉아 對旣不合하고 又留不去하니 其不逮穆生을 又可見矣로다

62) 穆生 : 楚王 劉戊의 門客으로, 申公・白生과 함께 楚나라에 있었는데, 초왕이 단술을 마련하지 않자 왕의 뜻이 태만하다 하여 그대로 떠나왔다. 위에 유무가 吳・楚 등과 반란을 도모하자 신공과 백생이 이를 간하니, 왕이 노하여 이들을 모두 죄인으로 만들었는바, 위의 景帝 3년(B.C. 154)조에 보인다.

附錄

思政殿訓義 資治通鑑綱目3 年表

年度	在位年	역문쪽수	주요 사건
B.C. 202 己亥年	漢 高祖 5	13	• 項羽가 漢軍의 포위를 뚫고 달아나다 烏江에서 자살함.
		21	• 漢王 劉邦이 定都로 돌아와 韓信의 군대를 접수함.
			• 齊王 韓信을 楚王, 魏나라 相國 彭越을 梁王에 봉함.
		22	• 漢王 劉邦이 皇帝에 즉위함
		23	• 衡山王 吳芮를 長沙王, 越王 無諸를 閩越王에 봉함.
		24	• 洛陽에 도읍함.
			• 20등작 중 七大夫 이상에게 식읍을 내리고, 그 이하에는 身役과 戶稅, 徭役과 賦稅를 면제함.
		25	• 洛陽 南宮에서 蕭何, 張良, 韓信 三傑을 칭찬함.
		27	• 田橫을 불렀으나 洛陽에 이르러 자살함.
		29	• 項羽의 부하 季布를 郎中으로 삼고 丁公을 斬함.
		31	• 婁敬(劉敬)의 건의로 關中을 도읍으로 삼음.
		38	• 燕王 臧荼의 반란을 진압하고 盧綰을 燕王에 봉함.
		39	• 趙王 張耳가 사망하자 張敖가 계승함.
			• 利幾의 반란을 진압함.
			• 長安의 長樂宮을 수리함.
B.C. 201 庚子年	漢 高祖 6	41	• 高祖가 陳 지역을 순행하여 楚王 韓信을 사로잡고서 낙양으로 돌아와 淮陰侯로 삼음.
		45	• 주요 공신 20여 명을 列侯에 봉함.
		47	• 劉賈를 荊王, 劉交를 楚王, 劉喜를 代王, 劉肥를 齊王에 봉함.
		49	• 曹參을 齊나라 相國으로 삼음.
		50	• 韓나라 후예 韓信을 韓王에 봉함.
			• 雍齒 등 나머지 공신들을 봉함.
		52	• 주요 공신의 순위를 정하여, 丞相 蕭何를 우등으로 함.
		54	• 太公을 太上皇으로 높임.
		55	• 韓王 韓信이 흉노와 연합함.
		57	• 博士 叔孫通이 조정의 의례를 起草함.
B.C. 200 辛丑年	漢 高祖 7	59	• 長樂宮을 완공하자 의례에 따라 朝禮를 거행함.
		63	• 高祖가 직접 韓王 韓信과 匈奴를 공격하여 추격하였다가 흉노에게 平城에서 포위당함.(平城 전투)

年度	在位年	역문쪽수	주요 사건
B.C. 200 辛丑年	漢 高祖 7	67 69 72	• 고조가 趙王 張敖를 모욕함. • 흉노가 代나라를 침공하자 代王 劉喜가 도망치니, 劉如意를 代王으로 삼음. • 구레나룻 깎는 죄 이상은 조정에 알리고 백성들 중에 자식을 낳은 자에게 2년형〔二歲刑〕을 받지 않게 함. • 蕭何가 未央宮을 완성하자 長安으로 천도함. • 宗正官을 설치함.
B.C. 199 壬寅年	漢 高祖 8	72 73	• 趙王 張敖의 신하 貫高가 高祖를 시해하고자 함. • 상인에게 비단과 견직물의 착용과 騎馬 등을 금함.
B.C. 198 癸卯年	漢 高祖 9	73 75 76 79	• 匈奴에 長公主를 시집보내고 보내 화친함. • 齊와 楚 지역의 大族과 豪傑을 關中으로 이주시킴. • 趙王 張敖는 貫高의 高祖 암살 미수 사건이 알려져 폐위되었다가 宣平侯가 됨. 代王 劉如意를 조왕에 봉함. • 丞相 蕭何를 相國으로 높임.
B.C. 197 甲辰年	漢 高祖 10	79 80 82 83	• 太上皇이 사망하자 제후국에 태상황 묘를 세우게 함. • 高祖가 戚姬에게 낳은 아들 趙王 劉如意를 총애하여 태자를 폐하고자 하자 御史大夫 周昌이 반대함. 고제가 조왕을 보호하고자 주창을 趙나라 정승으로 삼음. • 呂后가 商山四皓를 불러와 태자의 측근으로 삼음. • 代나라 相國 陳豨가 반란을 일으킴.
B.C. 196 乙巳年	漢 高祖 11	86 90 91 92 93 95 101	• 高祖가 직접 출전하여 陳豨의 군대를 격파함. 淮陰侯 韓信이 진희의 일에 연관되어 呂后에게 죽임을 당함. • 韓王 韓信이 漢나라 장군 柴武와 싸우다 전사함. • 고조가 한신에게 배반할 것을 권한 蒯徹을 용서함. • 劉恒을 代王으로 삼음. • 인두세인 口賦法을 제정함. • 郡國에 詔令을 내려 遺賢을 구함. • 梁王 彭越을 모반죄로 죽임. • 劉恢를 梁王, 劉友를 淮陽王에 봉함. • 漢나라가 陸賈를 보내 趙佗를 南越王에 봉함. 육가가 황제를 위해 ≪新語≫를 저술함. • 淮南王 黥布가 반란을 일으키자, 고조가 출전함. 劉長을 회남왕에 봉함. 경포가 荊王 劉賈를 죽이고, 또 楚나라 군대를 격파함.

年度	在位年	역문쪽수	주요 사건
B.C. 195 丙午年	漢 高祖 12	107 108 109 110 112 114 117 118 119 120 122 124	• 高祖가 黥布를 격파하고 長沙王 吳臣이 경포를 죽임. • 沛縣의 부세와 요역을 대대로 면제함. • 太尉 周勃이 陳豨를 죽이고 반란을 평정함. • 劉濞를 세워 吳王으로 삼음. • 고조가 魯나라 지역의 孔子 사당에 제사함. • 고조가 商山四皓를 보고 태자의 폐위를 단념함. • 相國 蕭何를 뇌물죄로 구속하였다가 사면함. • 燕王 盧綰이 반란하자 樊噲를 파견하여 토벌하게 함. • 南武侯 織을 南海王에 봉함. • 고조가 陳平과 周勃을 보내서 번쾌의 군대를 빼앗게 함. • 고조 사망. • 노관이 匈奴로 도망감. • 고조를 長陵에 안장함. • 태자 劉盈이 황제에 즉위하고 呂后를 皇太后로 높임. • 번쾌가 사면되어 관작과 봉읍을 회복함. • 郡國에 高廟를 세움.
B.C. 194 丁未年	漢 惠帝 1	124 127	• 呂太后가 趙나라 相國 周昌을 장안으로 불러온 뒤에 趙王 劉如意를 죽이고 戚夫人을 人彘로 만듦. • 淮陽王 劉友을 趙王에 봉함. • 長安의 성벽을 축조하기 시작함.
B.C. 193 戊申年	漢 惠帝 2	128	• 蕭何가 사망하자 曹參을 相國으로 삼음.
B.C. 192 己酉年	漢 惠帝 3	131 133	• 匈奴 冒頓單于가 呂太后에게 편지를 보내자 여태후가 답서하자 묵특선우가 사신을 보내 화친함. • 閩越君 騶搖를 東海王에 봉함.
B.C. 191 庚戌年	漢 惠帝 4	133 134 135	• 呂太后가 魯元公主의 딸 張氏를 황후로 세움. • 효성스럽고 공경하고 농사일에 근면한 백성을 뽑아 신역을 면제함. • 惠帝가 관례를 행함. • 挾書律을 폐지함. • 叔孫通의 건의로 原廟를 세움.
B.C. 190 辛亥年	漢 惠帝 5	138 139	• 曹參 사망. • 長安城 완공.

年度	在位年	역문쪽수	주요 사건
B.C. 189 壬子年	漢 惠帝 6	139	• 王陵을 右丞相으로 陳平을 左丞相으로 삼음. • 張良 사망. • 周勃을 太尉로 삼음.
B.C. 188 癸丑年	漢 惠帝 7	140 142	• 惠帝 사망. • 呂太后가 呂台와 呂産에게 南軍과 北軍을 통솔하게 함. • 혜제를 安陵에 안장함. 太子 劉恭(少帝 恭)이 황제 즉위하고 여후가 制를 칭함.
B.C. 187 甲寅年	漢 高皇后 1	144 146 147 148	• 王陵을 太傅, 陳平을 右丞相, 審食其를 左丞相으로 삼음. • 呂公을 宣王으로 追尊하고 呂澤을 悼武王에 봉함. • 三族을 멸하는 罪와 妖言을 다스리는 法令을 없앰. • 魯元公主가 죽자 그의 아들 張偃을 魯王에 봉함. • 惠帝의 아들인 劉山, 劉朝, 劉武를 列侯에 봉하고, 劉彊을 淮陽王, 劉不疑를 恒山王에 봉함. • 呂台를 呂王으로 봉함.
B.C. 186 乙卯年	漢 高皇后 2	148 149 150	• 呂台 사망. • 齊王의 아우 劉章을 朱虛侯로 봉하고 宿衛하게 함. • 恒山王 劉不疑 사망. • 八銖錢을 발행함. • 劉山(劉義)을 恒山王으로 봉함.
B.C. 185 丙辰年	漢 高皇后 3		
B.C. 184 丁巳年	漢 高皇后 4	151 152	• 呂嬃를 臨光侯에 봉함. • 少帝 恭을 廢位시켜 죽이고, 劉義를 皇帝로 삼고 弘으로 개명시키고(少帝 弘), 劉朝를 恒山王에 봉함. • 曹窋를 御史大夫로 삼음.
B.C. 183 戊午年	漢 高皇后 5	152 153	• 南越王 趙佗가 반란함. • 淮陽王 劉彊이 사망하자, 劉武를 淮陽王에 봉함. • 戍卒을 해마다 교대하게 함.
B.C. 182 己未年	漢 高皇后 6	153 154	• 呂王 呂嘉를 廢位시키고 呂産을 呂王으로 봉함. • 五分錢(莢錢)을 발행함.

年度	在位年	역문쪽수	주요 사건
B.C. 181 庚申年	漢 高皇后 7	154 155 156 159	• 趙王 劉友를 幽閉시켜서 죽임. • 梁王 劉恢를 趙王, 呂王 呂産을 梁王에 봉함. • 劉太를 濟川王에 봉함. • 營陵侯 劉澤을 琅邪王에 봉함. • 趙王 劉恢가 자살하자, 呂祿을 趙王에 봉함. • 燕王 劉建이 사망하자, 燕나라를 없앰. • 將軍 周竈를 보내어 南越을 공격하게 함.
B.C. 180 辛酉年	漢 高皇后 8	159 160 161 166	• 呂通을 燕王에 봉함. • 呂太后가 사망, 遺詔를 남겨 呂産을 相國, 呂祿의 딸을 皇后, 審食其를 太傅로 삼게 함. • 齊王 劉襄이 呂氏들을 토벌하자, 相國 呂産이 大將軍 灌嬰을 보내 제왕을 공격하게 함. 관영이 滎陽에 주둔하고 齊나라와 聯合함. 太尉 周勃이 北軍을 장악하고 丞相 陳平, 朱虛侯 劉章와 함께 呂産과 呂祿 등을 토벌하자 제왕과 관영의 군대가 모두 해산함. • 大臣들이 代王 劉恒을 황제에 세움.
B.C. 179 壬戌年	漢 文帝 1	170 172 174 176 177 178 180 185	• 琅邪王 劉澤을 燕王, 劉友의 아들 劉遂를 趙王에 봉함. • 陳平을 左丞相, 周勃을 右丞相, 灌嬰을 太尉로 삼음. • 죄인의 처자식을 연좌하여 노비를 삼는 법을 없앰. • 劉啓를 皇太子로 삼고 竇氏를 皇后로 세움. • 곤궁한 사람을 賑恤하고 노인을 봉양하는 법을 제정함. • 楚王 劉交 사망. • 사방에서 진상하는 공물을 바치지 말게 함. • 宋昌을 壯武侯에 봉함. • 右丞相 周勃이 면직됨. • 陸賈가 南越王 趙佗에게 사신 가 남월이 稱臣하게 함. • 賈誼를 太中大夫로 삼음.
B.C. 178 癸亥年	漢 文帝 2	186 187 188 192 193	• 陳平 사망. • 詔令을 내려 列侯들에게 封國으로 돌아가게 함. • 周勃을 丞相으로 삼음. • 賢良方正하여 直諫할 수 있는 자를 천거하게 하고, 요역의 비용을 줄이고, 衛將軍의 군대를 없애게 함. • 賈山이 상소를 올림. • 袁盎이 수레를 달리는 것과 愼夫人의 자리에 대해 간언함. • 賈誼가 농사를 권장하자 황제가 籍田에서 親耕함.

年度	在位年	역문쪽수	주요 사건
B.C. 178 癸亥年	漢 文帝 2	195 196	• 趙幽王의 아들 劉辟彊을 河間王, 朱虛侯 劉章을 城陽王, 東牟侯 劉興居를 濟北王, 황제의 아들 劉武를 代王, 劉參을 太原王, 劉揖을 梁王에 봉함. • 言路를 위해 誹謗과 妖言에 대한 法을 없앰. • 田租의 반을 경감함.
B.C. 177 甲子年	漢 文帝 3	198 200 202	• 丞相 周勃이 免職되어 封國으로 감. • 灌嬰을 丞相으로 삼고 太尉의 관직을 파함. • 淮南王 劉長이 來朝하여 辟陽侯 審食其를 죽임. • 匈奴가 침략하자 灌嬰을 보내 패주시키고 황제가 太原으로 행차함. 濟北王 劉興居가 반란을 일으키자 柴武를 보내 패퇴시키니 유흥거가 자살함. • 張釋之를 廷尉로 삼음.
B.C. 176 乙丑年	漢 文帝 4	208 209 210 211	• 灌嬰이 사망하자 張蒼을 丞相으로 삼음. • 河東郡守 季布를 御史大夫를 삼고자 불렀으나 돌려보냄. • 대신들의 참소로 賈誼를 長沙王 太傅로 삼음. • 周勃을 廷尉에게 내렸다가 사면함. • 顧成廟를 축조함.
B.C. 175 丙寅年	漢 文帝 5	213 217	• 四銖錢을 발행함. 돈을 개인적으로 주조하는 것을 금하는 법령을 없앰. 賈誼와 賈山이 이에 반대하는 간언함. • 代王 劉武를 옮겨 淮陽王으로 삼음.
B.C. 174 丁卯年	漢 文帝 6	217 219 221 222	• 淮南王 劉長이 반란을 도모함, 유배 가는 도중 사망. • 匈奴 冒頓單于가 사망하고 老上單于가 즉위함. 당시 묵특선우가 右賢王을 보내 月氏를 평정함. • 황제가 翁主를 노상선우에게 시집보내고 환관 中行說에게 수행하게 하자 중항렬이 흉노에 투항함. • 賈誼를 梁나라 太傅로 삼음. 가의가 상소하여, 대신이 죄를 지으면 자살하고 형벌을 받게 하지 않게 함.
B.C. 173 戊辰年	漢 文帝 7		
B.C. 172 己巳年	漢 文帝 8	241	• 淮南王 劉長의 아들 네 사람을 封하여 列侯로 삼음.
B.C. 171 庚午年	漢 文帝 9		

年度	在位年	역문쪽수	주요 사건
B.C. 170 辛未年	漢 文帝 10	243	• 太后의 아우 薄昭가 자살함.
B.C. 169 壬申年	漢 文帝 11	245 249 252	• 梁王 劉揖이 사망하자, 賈誼가 제후들을 견제하기 위한 상소를 올려 淮陽王 劉武를 梁王으로 삼음. • 鼂錯가 匈奴를 방비할 대책을 건의함. • 조조가 건의하여 백성들을 모아 변방으로 이주시킴.
B.C. 168 癸酉年	漢 文帝 12	258	• 황하의 제방이 터짐. • 관문과 통행증을 없앰. • 조조가 백성들에게 納贖과 捐納을 시행하고 농민들에게 租稅의 절반을 감면할 것을 건의함.
B.C. 167 甲戌年	漢 文帝 13	263 264 269	• 詔令을 내려 親耕과 親蠶하는 의식을 제정하게 함. • 조령을 내려 秘祝을 없앰. • 조령을 내려 肉刑을 없애고, 각종 형벌의 형량을 삭감함. • 조령을 내려 田地의 租稅를 면제함.
B.C. 166 乙亥年	漢 文帝 14	269 270 273	• 匈奴가 雍 지역의 甘泉宮까지 쳐들어옴. • 魏尙을 사면하여 雲中守로, 馮唐을 車騎都尉로 삼음. • 제사하는 곳의 壇과 마당과 珪玉과 폐백을 늘림.
B.C. 165 丙子年	漢 文帝 15	275 276 277	• 황제가 雍 땅에서 五帝에게 郊祭를 지냄. • 賢良하여 直言 極諫하는 자를 策問하여 鼂錯를 中大夫로 삼음(조조의 對策 : 제후왕의 영지 삭감). • 新垣平의 건의로 渭陽에 五帝의 廟 축조.
B.C. 164 丁丑年	漢 文帝 16	277 278 281	• 황제가 친히 五帝의 廟에 제사함. • 齊王 劉則이 사망하자 齊나라 땅을 분할하여 劉肥의 아들 劉將閭를 齊王, 劉志를 濟北王, 劉賢을 菑川王, 劉雄渠를 膠東王, 劉卬을 膠西王, 劉辟光을 濟南王에 봉함. • 淮南의 땅을 나누어 劉長의 아들 劉安을 淮南王, 劉勃을 衡山王, 劉賜를 廬江王으로 삼음. • 新垣平의 건의로 다음 해를 元年으로 삼고, 汾陰의 사당을 수리하게 함.
B.C. 163 戊寅年	漢 文帝 後1	282	• 新垣平을 주살함.

年度	在位年	역문쪽수	주요 사건
B.C. 162 己卯年	漢 文帝 後2	284 285	• 匈奴와 화친함. • 丞相 張蒼이 면직되고 申屠嘉를 丞相으로 삼음.
B.C. 161 庚辰年	漢 文帝 後3	287	• 匈奴 老上單于가 사망하자 軍臣單于가 즉위함.
B.C. 160 辛巳年	漢 文帝 後4		
B.C. 159 壬午年	漢 文帝 後5		
B.C. 158 癸未年	漢 文帝 後6	288 291	• 匈奴가 쳐들어오자 周亞夫 등에게 대비하게 함. • 蝗蟲이 있자 山澤의 禁令을 풀어주고 황제가 쓰는 비용을 줄여 백성들을 구휼하게 하고, 捐納을 시행함.
B.C. 157 甲申年	漢 文帝 後7	292 295 297	• 文帝가 사망하였는데, 遺詔로 喪期를 단축함. • 문제를 霸陵에 안장함. • 太子 劉啓가 즉위함. • 長沙王 吳著가 사망하자 아들이 없어 나라를 없앰.
B.C. 156 乙酉年	漢 景帝 1	299 300 301	• 廟號를 만들어 高祖를 太祖, 文帝를 太宗이라 하고, 郡國에 太宗廟를 축조하게 함. • 좁고 척박한 곳에 사는 백성들이 넓은 땅으로 이주하는 것을 허락함. • 租稅의 세율을 1/30로 하여 거둠. • 笞刑을 경감함. • 張歐를 廷尉로 삼음.
B.C. 155 丙戌年	漢 景帝 2	302 304	• 연령 20세의 남자를 호적에 올리게 함. • 劉德을 河間王, 劉閼을 臨江王, 劉餘를 淮陽王, 劉非를 汝南王, 劉彭祖를 廣川王, 劉發을 長沙王에 봉함. • 太皇太后 薄氏 사망. • 丞相 申屠嘉 사망. • 陶靑을 丞相, 鼂錯를 御史大夫로 삼음.
B.C. 154 丁亥年	漢 景帝 3	308	• 鼂錯의 건의로 제후왕의 영지를 삭감하자 吳王 劉濞와 膠西王 劉卬, 膠東王 劉雄渠, 菑川王 劉賢, 濟南王 劉辟光, 楚王 劉戊, 趙王 劉遂가 반란을 일으킴(吳·楚 7국의

年度	在位年	역문쪽수	주요 사건
B.C. 154 丁亥年		 325 330	난). 周亞夫를 太尉로 삼아 군대를 거느려 토벌하게 하고 조조를 죽임. 주아부가 吳·楚의 군대를 격파하니, 오왕은 도망하여 越나라로 달아나고 초왕은 자살함. • 越나라가 오왕을 죽임. 齊王과 膠西王과 趙王은 자살하고, 膠東王과 菑川王과 濟南王은 모두 伏誅됨. 濟北王 劉志를 菑川王에 봉함. • 淮陽王 劉餘를 魯王, 汝南王 劉非를 江都王, 楚元王의 아들 劉禮를 楚王에 봉함. 劉端을 膠西王, 劉勝을 中山王에 봉함.
B.C. 153 戊子年	漢 景帝 4	330 331	• 관문을 설치하고 통행증을 사용하게 함. • 劉榮을 皇太子, 劉徹을 膠東王으로 삼음. • 衡山王 劉勃을 濟北王, 廬江王 劉賜를 衡山王에 봉함.
B.C. 152 己丑年	漢 景帝 5	332	• 陽陵에 邑을 만들고서 백성을 모집하여 이주시킴. • 軍臣單于에게 公主를 시집보냄. • 廣川王 劉彭祖를 趙王에 봉함.
B.C. 151 庚寅年	漢 景帝 6	333	• 皇后 薄氏를 폐위함.
B.C. 150 辛卯年	漢 景帝 7	333 335	• 栗姬의 아들 太子 劉榮을 폐위하여 臨江王에 봉함. • 丞相 陶靑이 면직되니, 周亞夫를 丞相으로 삼고 太尉의 관직을 없앰. • 王夫人을 皇后, 膠東王 劉徹을 皇太子로 삼음. • 郅都를 中尉로 삼음.
B.C. 149 壬辰年	漢 景帝 中1	336	• 새로 태자를 세웠기 때문에 改元함.
B.C. 148 癸巳年	漢 景帝 中2	337 338	• 臨江王 劉榮이 자살하자, 竇太后가 中尉 郅都를 죽임. • 劉越을 廣川王, 劉寄를 膠東王에 봉함. • 梁王 劉武가 袁盎을 죽였으나 竇太后의 총애로 용서함.
B.C. 147 甲午年	漢 景帝 中3	343 344	• 諸侯國의 御史大夫의 관직을 없앰. • 가뭄으로 민간에 술 매매를 금지함. • 劉乘을 淸河王에 봉함. • 丞相 周亞夫가 면직되자 劉舍를 丞相으로 삼음.

年度	在位年	역문쪽수	주요 사건
B.C. 146 乙未年	漢 景帝 中4	346	• 劉舜을 常山王에 봉함.
B.C. 145 丙申年	漢 景帝 中5	347	• 疑獄을 平議하게 함.
B.C. 144 丁酉年	漢 景帝 中6	348 349 350 352	• 奉常을 太常, 廷尉를 大理, 典客을 大行令으로 개칭함. • 梁王 劉武가 사망하자 梁나라 땅을 분할하여 劉買를 梁王, 劉明을 濟川王, 劉彭離을 濟東王, 劉定을 山陽王, 劉不識을 濟陰王에 봉함. • 笞刑을 경감하고 刑具에 대한 법령을 정함. • 匈奴가 雁門과 上郡에 침입하였는데, 李廣이 활약함. • 甯成을 中尉로 삼음.
B.C. 143 戊戌年	漢 景帝 後1	352 353 354 355	• 刑獄을 다스리는 자에게 너그러움을 먼저 힘쓰도록 함. • 민간의 술 매매 금지를 완화시킴. • 丞相 劉舍가 면직되자 衛綰을 丞相, 直不疑를 御史大夫로 삼음. • 條侯 周亞夫가 하옥을 당하자 굶어 죽음.
B.C. 142 己亥年	漢 景帝 後2	356 358	• 내지의 郡에서 말에게 곡식을 먹이는 것을 금지함. • 二千石의 관리에게 직책을 잘 수행할 것을 명함. • 관직을 얻는 재산 기준을 10算에서 4算으로 줄임.
B.C. 141 庚子年	漢 景帝 後3	360 361	• 농사와 누에치기를 권장하고 황금과 주옥의 채취를 금함. • 景帝가 사망하자 太子 劉徹이 즉위함. • 경제를 陽陵에 안장함.
B.C. 140 辛丑年	漢 武帝 建元 1	366 386	• 황제가 策問하여 董仲舒를 뽑아 江都相으로 삼고, 法家와 縱橫家의 학설을 전공한 자를 모두 罷職함. • 三銖錢을 발행함. • 丞相 衛綰이 면직되자 竇嬰을 丞相, 田蚡을 太尉, 趙綰을 御史大夫, 王臧을 郎中令으로 삼음. 申公을 太中大夫로 삼고 明堂과 巡狩, 冊曆과 服色의 개정을 논의하게 함.

譯註者 略歷

成百曉

忠南 禮山 出生
家庭에서 父親 月山公으로부터 漢文 修學
月谷 黃璟淵, 瑞巖 金熙鎭 先生 師事
民族文化推進會 國譯硏修院 修了
高麗大學校 教育大學院 漢文教育科 修了
한국고전번역원 부설 고전번역교육원 名譽漢學教授(現)
傳統文化硏究會 副會長(現) 해동경사연구소 소장(現)
古典國譯賞 受賞

論文 및 譯書

〈艮齋의 性理說小考〉〈燕岩의 學問思想硏究〉
四書集註 ≪詩經集傳≫ ≪書經集傳≫ ≪周易傳義≫
≪古文眞寶≫ ≪牛溪集≫ 등 數十種 國譯
≪宣祖實錄≫ ≪宋子大全≫ ≪茶山集≫ ≪退溪集≫ 등 共譯

李圭玉

東國大學校 史學科 졸업
瑞巖 金熙鎭 先生 師事
民族文化推進會 國譯硏修院 硏修部 졸업
民族文化推進會 國譯硏修院 常任硏究部 졸업
民族文化推進會 編纂室長, 企劃室長
韓國古典飜譯院 責任硏究員(現)

論文 및 譯書

共譯 ≪光海君日記≫ ≪仁祖實錄≫ ≪顯宗改修實錄≫ ≪正祖實錄≫ ≪承政院日記≫ ≪日省錄≫ ≪弘齋全書≫ 등

譯註 思政殿訓義 資治通鑑綱目 3 정가 24,000원

2014년 12월 30일 초판 발행
2015년 10월 20일 초판 2쇄

責任飜譯 成百曉
共同飜譯 李圭玉
編 輯 古典國譯編輯委員會
發行人 李啓晃
發行處 社團法人 傳統文化研究會
서울시 종로구 삼일대로 428 낙원빌딩 411호
전화 : (02)762-8401 전송 : (02)747-0083
전자우편 : juntong@juntong.or.kr
홈페이지 : juntong.or.kr
사이버書堂 : cyberseodang.or.kr
온라인서점 : book.cyberseodang.or.kr
등록 : 1989. 7. 3. 제1-936호

인쇄처 : 한국법령정보주식회사(02-462-3860)
총 판 : 한국출판협동조합(070-7119-1750)

ISBN 979-11-5794-072-1 94910
979-11-5794-061-5(세트)

※ 이 책은 2014년도 교육부 고전문헌 국역지원사업으로 초판 간행.